ÉGYPTE

Directeur	David Brabis
Rédactrice en chef	Nadia Bosquès
Responsable éditoriale	Béatrice Brillion
Rédaction	Julie Wood, Laurent Gontier, Laurence Michel
Cartographie	Alain Baldet, Michèle Cana, Véronique Aissani, Thierry Lemasson, Fabienne Renard, Évelyne Girard, DzMap Algérie, Dominique Defranchi
Iconographie	Cécile Koroleff, Stéphanie Quillon
Secrétariat de rédaction	Pascal Grougon, Jacqueline Pavageau, Danièle Jazeron, Anne Duquénoy
Correction	Sophie Jilet
Mise en pages	Jean-Paul Josset, Cécile Lisiecki
Maquette intérieure	Agence Rampazzo
Création couverture	Laurent Muller
Fabrication	Pierre Ballochard, Renaud Leblanc
Marketing	Ana Gonzalez, Flora Libercier
Ventes	Gilles Maucout (France), Charles Van de Perre (Belgique), Fernando Rubiato (Espagne), Philippe Orain (Italie), Jack Haugh (Canada), Stéphane Coiffet (Grand Export)
Relations publiques	Gonzague de Jarnac
Régie pub et partenariats	michelin-cartesetguides-btob@fr.michelin.com *Le contenu des pages de publicité insérées dans ce guide n'engage que la responsabilité des annonceurs.*
Pour nous contacter	Le Guide Vert Michelin Cartes & Guides 46, avenue de Breteuil 75324 Paris Cedex 07 ✆ 01 45 66 12 34 – Fax : 01 45 66 13 75 LeGuideVert@fr.michelin.com www.ViaMichelin.fr

Parution 2007

Note au lecteur

L'équipe éditoriale a apporté le plus grand soin à la rédaction de ce guide et à sa vérification. Toutefois, les informations pratiques (prix, adresses, conditions de visite, numéros de téléphone, sites et adresses Internet…) doivent être considérées comme des indications du fait de l'évolution constante des données. Il n'est pas totalement exclu que certaines d'entre elles ne soient plus, à la date de parution du guide, tout à fait exactes ou exhaustives. Elles ne sauraient de ce fait engager notre responsabilité.

Le Guide Vert,

la culture en mouvement

Vous avez envie de bouger pendant vos vacances, le week-end ou simplement quelques heures pour changer d'air ? Le Guide Vert vous apporte des idées, des conseils et une connaissance récente, indispensable, de votre destination.

Tout d'abord, **sachez que tout change**. Toutes les informations pratiques du voyage évoluent rapidement : nouveaux hôtels et restaurants, nouveaux tarifs, nouveaux horaires d'ouverture... Le patrimoine aussi est en perpétuelle évolution, qu'il soit artistique, industriel ou artisanal... Des initiatives surgissent partout pour rénover, améliorer, surprendre, instruire, divertir. Mêmes les lieux les plus connus innovent : nouveaux aménagements, nouvelles acquisitions ou animations, nouvelles découvertes enrichissent les circuits de visite.

Le Guide Vert **recense** et **présente ces changements** ; il réévalue en permanence le niveau d'intérêt de chaque curiosité afin de bien mesurer ce qui aujourd'hui vaut le voyage (distingué par ses fameuses 3 étoiles), mérite un détour (2 étoiles), est intéressant (1 étoile). Actualisation, sélection et évaluation sur le terrain sont les maîtres mots de la collection, afin que Le Guide Vert soit à chaque édition le reflet de la réalité touristique du moment.

Créé dès l'origine pour **faciliter et enrichir vos déplacements**, Le Guide Vert s'adresse encore aujourd'hui à tous ceux qui aiment connaître et comprendre ce qui fait l'identité d'un pays. Simple, clair et facile à utiliser, il est aussi idéal pour voyager en famille. Le symbole 👪 signale tout ce qui est intéressant pour les enfants : zoos, parcs d'attractions, musées insolites, mais également animations pédagogiques pour découvrir les grands sites.

Ce guide vit pour vous et par vous. N'hésitez pas à nous faire part de vos remarques, suggestions ou découvertes ; elles viendront enrichir la prochaine édition de ce guide.

L'ÉQUIPE DU GUIDE VERT MICHELIN
LeGuideVert@fr.michelin.com

ORGANISER SON VOYAGE

QUAND ET OÙ PARTIR

À FAIRE AVANT DE PARTIR

À SAVOIR SUR PLACE

À VOIR ET À FAIRE

POUR PROLONGER SON VOYAGE

COMPRENDRE L'ÉGYPTE

NATURE

HISTOIRE DE L'ÉGYPTE

MYTHOLOGIE DE L'ÉGYPTE ET ÉGYPTOLOGUES

ART ET ARCHITECTURE

CULTURE

L'ÉGYPTE AUJOURD'HUI

SOMMAIRE

DÉCOUVRIR L'ÉGYPTE

VILLES ET SITES

À l'intérieur du premier rabat de couverture, la **carte générale** intitulée « **Les plus beaux sites** » donne :

- une **vision synthétique** de tous les lieux traités ;
- les **sites étoilés** visibles en un coup d'œil ;
- les **circuits de découverte**, dessinés en vert, aux environs des destinations principales.

Dans la partie « **Découvrir les sites** » :

- les **destinations principales** sont classées par région ;
- les **destinations moins importantes** leur sont rattachées sous les rubriques « Aux alentours » ou « Circuits de découverte » ;
- les **informations pratiques** sont présentées dans un encadré vert dans chaque chapitre.

L'**index** permet de retrouver rapidement la description de chaque lieu.

Felouques sur le Nil, Assouan.

B. Kaufmann / MICHELIN

ORGANISER SON VOYAGE

QUAND ET OÙ PARTIR

Les atouts de l'Égypte au fil des saisons

QUAND VOYAGER EN ÉGYPTE

Que le touriste soit assuré d'une chose : il fera beau et chaud, sauf de décembre à février où le temps est plus aléatoire. La période la plus agréable pour visiter l'Égypte est l'**automne**.

TEMPÉRATURES MINIMUM/MAXIMUM EN °C	Janv.	Fév.	Mars	Avr.	Mai	Juin	Juil.	Août	Sept.	Oct.	Nov.	Déc.
Alexandrie	9/18	9/19	11/21	13/23	16/26	20/28	22/29	23/30	21/29	18/27	14/27	11/20
Assouan	8/23	9/26	13/30	17/36	21/40	24/42	24/42	24/42	22/39	19/37	16/32	10/26
Le Caire	9/19	9/20	11/23	14/28	17/32	20/34	21/35	22/35	20/32	18/30	14/21	10/21
Dâkhla	4/21	6/24	9/28	14/33	20/40	22/39	23/40	23/40	21/36	17/33	12/28	7/23
Hurghada	9/20	10/20	13/23	16/26	20/29	23/31	25/32	25/33	23/30	21/28	15/25	11/22
Louxor	5/23	7/25	10/29	15/35	21/39	22/40	23/41	23/41	21/39	17/35	12/29	8/25

Le climat – Hormis pour la zone méditerranéenne, le climat de l'Égypte est de type désertique subtropical. Dans la majeure partie du pays et tout au long de l'été qui dure environ de cinq à sept mois il fait donc chaud et sec durant la journée, et relativement frais pendant la nuit. En dehors du Caire où il est généralement couvert à l'instar des grandes métropoles, le ciel est bleu et sans nuages. D'une manière générale, il existe de grands écarts de température entre la journée et la nuit, et cette variation est particulièrement sensible dans les déserts où ces écarts peuvent s'avérer extrêmes, un froid vif succédant souvent à une chaleur écrasante.

Au printemps, c'est-à-dire entre mars et mai, le temps peut être inconstant. Lorsque souffle le khamsin le pays est comme paralysé par ce vent brûlant venu du sud ; cette situation est encore aggravée lorsque souffle le sobaa qui peut obscurcir toute visibilité.

La pluviométrie diffère notablement d'une région à l'autre. Si Assouan n'enregistre que 10 mm de pluie tous les cinq ans, Le Caire ne connaît que quelques jours de pluie par an alors que les pluies d'hiver sont fréquentes à Alexandrie, située seulement à 225 km de la capitale. On a toutefois constaté des modifications climatiques marquantes depuis la construction du haut barrage d'Assouan, car l'Égypte a subi localement d'importantes pluies torrentielles au cours des dernières années.

Une ville et ses environs en quelques jours

La carte des lieux de séjour et des circuits de découverte (*voir p. 14 et 15*) tient compte des capacités d'hébergement des villes-étapes, grandes agglomérations ou localités de quelque importance possédant des capacités d'hébergement en suffisance. Elle tient également compte des grandes attractions touristiques et des possibilités réelles de déplacement.

Les villes et stations balnéaires citées ci-dessous permettent, par leurs curiosités, leurs animations et leur situation géographique d'envisager un séjour allant de trois jours à une semaine.

ALEXANDRIE (3 JOURS)

Dès le premier jour, vous serez conquis et surpris par cette ville méditerranéenne. Il faut entamer un séjour alexandrin par la **Corniche**, étonnamment longue, s'y promener à pied et en calèche, entre le **fort de Qaitbay** et la toute récente **Bibliotheca Alexandrina**, héritière de la mythique Bibliothèque d'Alexandrie qui a contribué, avec Alexandre le Grand et Cléopâtre, à bâtir la légende éternelle de cette ville raffinée. Après ce bain d'air iodé, on ira dîner en soirée d'un poisson grillé puis on se baladera le long des rues commerçantes, toujours animées à ces heures-là. Le lendemain sera consacré à la visite des **sites archéologiques**, avec les catacombes, la colonne de Pompée et l'amphithéâtre romain, que l'on poursuivra par une plongée dans l'univers toujours déconcertant des souks. En soirée, on pourra aller boire un verre dans un des cafés délicieusement désuets du centre-ville et rêver au bord de l'eau aux fabuleuses découvertes sous-marines qui assurent depuis peu une nouvelle actualité à Alexandrie. Le 3ᵉ et dernier jour pourra débuter par la visite du **Musée national** et du **Musée gréco-romain** (s'il a réouvert) aux richesses insoupçonnées, qui réveilleront, l'espace de quelques heures, le passé mirifique de la ville. Ne manquez pas non plus la toute nouvelle Bibliothèque à l'architecture audacieuse et aux musées fascinants. Puis, avant de repartir vers Le Caire, et s'il fait beau, on pourra gagner les plages situées à l'est de la Corniche pour aller jouer avec les vagues, ou pousser jusqu'à **Aboukir** pour aller déjeuner d'un plat de fruits de mer sur la terrasse ombragée d'un restaurant.

ASSOUAN (4 JOURS)

La lumière et l'air d'Assouan vous envoûteront dès que vous serez arrivé sur le Nil que longe une belle **Corniche** ombragée d'arbres. Devant la douceur du fleuve que borde une rive ouest désertique face à la ville, vous ne résisterez pas bien longtemps à l'envie d'aller vous promener en felouque, au rythme indolent d'une voile gonflée d'un vent léger qui vous rafraîchit délicieusement. Faites comme les Nubiens, prenez votre temps et profitez du cadre magnifique qui s'offre à vous le long du fleuve : promenez-vous sur ses **îles Éléphantine** et **Kitchener** et flânez en buvant le site des yeux. Au lendemain d'une bonne nuit, rendez-vous au temple de **Philæ**, reconstitué sur une île entre les deux barrages et que vous gagnerez en bateau à moteur. C'est une des merveilles de l'Égypte. Après un repos mérité au bord de la piscine, allez découvrir en soirée le plus beau, le plus attrayant et le plus riche des **souks** du pays où l'ambiance est des plus sympathiques. Vous pourriez consacrer votre 3ᵉ jour par un aller-retour en avion ou en bus vers le site d'**Abou Simbel**, qui impose à ses visiteurs la vision inoubliable de ses temples rupestres et de ses colosses, au bord du **lac Nasser** dont vous verrez les rives éloignées rougeoyer au coucher du soleil avant de vous en retourner à Assouan, boire un verre et dîner dans un restaurant nubien où vous assisterez à des danses folkloriques. Le 4ᵉ jour, profitez de la matinée pour visiter le **musée de la Nubie** à l'architecture et au contenu fort intéressants, puis allez voir le gigantesque ouvrage du **haut barrage** d'Assouan avant d'aller visiter le **temple de Kalabsha**, rarement visité, peu spectaculaire, mais si séduisant dans sa solitude éternelle.

Hany A. Aziz / MICHELIN

La felouque, l'embarcation emblématique du Nil.

HURGHADA (3 JOURS)

Trois jours à Hurghada, sur la côte occidentale de la **mer Rouge**, signifient trois jours de détente et de loisirs sportifs. Vous serez dans l'une des stations balnéaires parmi les plus fréquentées de cette région du globe. On ne vient pas par ici pour aller visiter des sites archéologiques, quoique vous pouvez demander à la réception de votre hôtel de vous organiser une excursion vers le Mons Porphyritis, où un temple romain a pour cadre le paysage grandiose de djebels inhabités. Les principales « activités » d'Hurghada sont la plage et la **plongée sous-marine**. C'est l'occasion rêvée de vous initier à ce sport qui prend ici une dimension merveilleuse par les récifs coralliens et la multitude de poissons multicolores que l'on peut admirer dans les eaux situées au débouché du détroit de Gubal. Et si l'idée de plonger vous rebute tout de même, vous pourrez aller explorer les fonds marins grâce à un petit submersible qui vous emportera dans le monde magique des profondeurs. En trois jours, vous profiterez de tout cela, ainsi que des activités sportives à disposition dans les hôtels, depuis le ski nautique au tour en ULM.

LE CAIRE (5 JOURS)

La capitale est si dense, si complexe, si vaste, qu'elle inquiète plus d'un visiteur qui la traverse à la descente de l'avion. Derrière son image menaçante de pieuvre urbaine coiffée de pollution, la capitale de l'Égypte regorge de prodiges artistiques à découvrir calmement. Au 1er jour, il faut entamer le contact avec cette ville étonnante par la visite du **Musée égyptien**, pour lequel les mots ne sont pas assez évocateurs à traduire l'extrême richesse du contenu, puis sonder ses quartiers commerçants et animés aux environs de la place Tahrir. Le 2e jour, puisque vous n'y tenez déjà plus, allez découvrir les fameuses **pyramides de Gizeh**, situées à l'ouest de la ville, l'une des Sept Merveilles du monde antique, et prolongez par la visite du site de **Saqqara**, moins impressionnant, mais beaucoup plus riche en termes de décorations funéraires. Le soir, vous serez fatigué, n'en doutez pas. Aussi, démarrez calmement votre 3e jour en allant voir le vieux Caire ou **quartier copte**, qui est à l'origine de la ville. Après, visitez le **musée Oum Kalsoum** ainsi que le Nilomètre et rendez-vous à la **citadelle** pour dominer la ville qui commence à vous apprivoiser. Acclimatation faite, vous serez prêt à vous plonger dans **Le Caire islamique** jusqu'à la fin du jour à la découverte des palais et des maisons cachés dont certains ont été restaurés et terminez par le stupéfiant **souk de Khan el-Khalili** où vous fumerez une chicha parmi les vieux Cairotes. Le 4e jour, poursuivez votre découverte du Caire islamique, entrez dans ses vieilles **mosquées**, sans rater celles **d'El-Azhar et d'Ibn Touloun**,

B. Pérousse / MICHELIN

Les pyramides de Gizeh.

admirez-y la splendeur décorative des sultans, vous en serez tout étourdi. Le soir arrivera bien vite tant il y a de choses à contempler. Votre dernier jour est déjà arrivé ! Vous avez le choix : aller du côté d'**Héliopolis** ou dans les cimetières nord et sud, mieux connus sous le nom de « **cité des Morts** », ou revoir les lieux qui vous ont plu. Mais, ne quittez pas cette ville qui, sans aucun doute, vous aura conquis, sans un passage par le **musée d'Art islamique**. Il parachèvera votre séjour.

LOUXOR (6 JOURS)

Ce n'est évidemment pas par hasard si Louxor est la ville qui attire le plus de touristes en Égypte. Toute l'histoire pharaonique y est résumée. Le 1er jour sera réservé tout d'abord au site de **Karnak**, dont la salle hypostyle reste gravée dans la mémoire de tous ceux et celles qui ont pénétré sa forêt de colonnes. Après une promenade le long de la **Corniche**, on ira, comme à Assouan, se promener en felouque en regardant le soleil se coucher sur les falaises de la vallée, dont on découvrira les merveilles le lendemain. Dès le lever, départ très tôt, à la fraîche, pour traverser le **Nil**, visiter quelques temples funéraires à la limite des cultures ainsi que le site de **Deir el-Bahari** et son splendide temple d'Hatchepsout. Le soir, flânerie dans le

souk et ses alentours après une pause à l'hôtel. Le 3e jour sera consacré à la découverte de la **Vallée des Rois**, authentique joyau de pierres peintes et gravées, souterrain et funéraire, où les pharaons du Nouvel Empire avaient choisi de vivre éternellement sous la protection des dieux. C'est dans ce dialogue avec l'indicible que l'on saisit toute la grandeur de ces souverains universels. L'après-midi, promenez-vous parmi les maisons colorées du village d'**El-Gourna** et visitez la **Vallée des Reines**, dont la tombe de Néfertari, probablement la plus belle. Après une nuit réparatrice, profitez de l'aube pour découvrir en montgolfière la vallée du Nil et les contreforts de la chaîne libyque. De là haut, vous prendrez conscience que le Nil fut pour les Égyptiens ce « don des dieux » sans lequel leur civilisation eût été inexistante. L'après-midi, promenez-vous à vélo dans ces plantations que vous avez dominées le matin même, à la rencontre de la population toujours très accueillante qui travaille dans les **palmeraies** environnant Louxor. Au 5e jour, cap au nord, pour une excursion à **Dendérah** dont le temple d'Hathor est un des plus beaux qui puisse se voir. Vous serez rentré suffisamment tôt pour profiter du **son et lumière de Karnak**, inoubliable et féerique. Pour votre 6e et dernier jour, restez en ville, déambulez, faites les magasins, puis visitez le **musée de Louxor**. En fin de journée, une fois la nuit tombée, rendez-vous au temple de Louxor dont l'éclairage nocturne clôturera de la plus magnifique des façons votre séjour dans la Thèbes antique.

SHARM EL-SHEIKH (4 JOURS)

Pour beaucoup, du moins pour ceux qui la connaissent, Sharm el-Sheikh est la plus séduisante des stations balnéaires égyptiennes. À la pointe sud du **Sinaï**, elle est un excellent point de départ d'excursions dans les djebels et le centre mondial de la **plongée sous-marine**. Le 1er jour, profitez du soleil, de la mer et des baptêmes de plongée sous-marine, de préférence du côté de **Naama Bay**, la luxueuse plage de la ville. Le soir, initiez-vous à la vie nocturne et animée qui se développe le long de cette baie. Le lendemain, n'hésitez pas à vous lever tard, et l'après-midi, reposez-vous sur la plage et faites une sieste. Cette relative inactivité a pour but de préserver vos forces, car en fin de journée, partez en excursion au **mont Moïse**, que vous gravirez de nuit, à pied ou à dos de dromadaire à partir du **monastère Sainte-Catherine**. Vos efforts seront récompensés par un lever de soleil sur les montagnes qui découpent l'horizon tout autour de ce pic biblique. De retour en début de matinée, vous pourrez découvrir les richesses du monastère avant de regagner le lieu de votre séjour. Après une sieste, vous pourrez retrouver votre coin de serviette et la fraîcheur de l'eau après avoir connu la sécheresse des djebels. Le 4e jour, partez pour le **parc Ras Mohammed** où nichent des oiseaux migrateurs. Là, vous pourrez aussi vous baigner, faire de la plongée sous-marine sur les plus beaux sites de la mer Rouge et bénéficier d'une nature préservée. Le soir, nul doute qu'enivré par tant de beautés diverses, vous regretterez de ne pas avoir prolongé votre séjour.

Propositions d'itinéraires

Pour visualiser l'ensemble des circuits proposés, reportez-vous à la carte p. 14 et 15.

Nos circuits de découverte proposent **six itinéraires** s'adressant aux voyageurs individuels découvrant l'Égypte en dehors des circuits entièrement organisés pour des groupes par des voyagistes. Pour réaliser ces circuits, un certain esprit d'aventure et un sens de la débrouillardise ne sont pas superflus, non qu'ils traversent des secteurs à risque, mais parce que lorsqu'on voyage de sa propre initiative dans un pays comme l'Égypte, il faut être prêt à utiliser divers moyens de transport, à perdre du temps, à devoir improviser des solutions d'hébergement. Mais, voyager de cette façon, c'est l'assurance de découvrir toute l'authenticité de l'Égypte en s'écartant des sentiers battus sans pour autant les négliger. C'est aussi la certitude de ramener de son périple des images, d'autant plus inoubliables que l'on en aura été en quelque sorte l'artisan.

1 – FRAÎCHEUR MÉDITERRANÉENNE ET CHALEUR DÉSERTIQUE

Circuit de 1 262 km/AR au départ d'Alexandrie, suivi de 112 km/AR vers Rosette. Moyens de transport recommandés : location d'un véhicule avec chauffeur ou bus climatisé ; en taxi ou en train pour Rosette.

De la grande ville ouverte sur le monde à la petite **oasis de Siwa** dont la population berbère a longtemps vécu isolée, une unique et bonne route s'étire comme un interminable ruban d'asphalte. Bordant d'abord d'innombrables villages de vacances apparemment vides, elle passe ensuite par **El-Alamein**, où Montgomery défit Rommel, et dessert deux stations balnéaires fréquentées par les Égyptiens. À partir de **Marsa Matrouh**, elle affronte la montée de la température, traversant jusqu'à Siwa un désert uniformément plat. Alexandrie est soudain si loin ! Dans ce havre de calme, seuls les appels des muezzins viennent rompre l'impressionnant silence de l'oasis. Revenu à **Alexandrie**, on retrouvera les palmeraies en se rendant à **Rosette** aux belles maisons ottomanes et où fut découverte la célèbre pierre qui porte son nom.

2 – PYRAMIDES ET VILLES MODERNES

Circuit de 806 km au départ du Caire. Moyens de transport recommandés : location d'un véhicule avec chauffeur ou taxi du Caire à Beni Suef, bus de Beni Suef à Suez, et de Suez à Port-Saïd ; retour au Caire en train.

Gizeh, **Saqqara**, **Dachour**, **Meidoum**… un fabuleux chapelet de pyramides qui égraine à proximité du Nil quelques-uns des plus anciens monuments du monde ! C'est aussi la garantie d'un historique quasi complet des pyramides, des plus anciennes… aux plus « récentes ». Traversant ensuite par une excellente route les vallées du **désert Arabique**, on gagne la sérénité du **monastère copte de Saint-Antoine** avant de remonter le golfe de **Suez** jusqu'à sa ville éponyme. Ici s'ouvre l'une des plus spectaculaires réalisations de l'ère moderne : le **canal de Suez**, percé par Ferdinand de Lesseps. Avec la petite ville d'**Ismaïlia** et le port franc de **Port-Saïd**, c'est à la fois l'Égypte colonisée et l'Égypte indépendante qui se révèle, à la frontière entre l'Afrique et l'Asie.

3 – DJEBELS ET MER CHAUDE

Circuit de 646 km au départ de Sharm el-Sheikh. Moyens de transport recommandés : en taxi, si vous êtes plusieurs à partager les frais, ou en bus, en demandant à votre hôtel de Sharm el-Sheikh d'organiser votre excursion.

Le point de départ et le terme de ce circuit concentre toutes les splendeurs de la **mer Rouge**. S'il sera difficile pour certains de quitter les récifs coralliens et les agréments du littoral pour découvrir ce que recèlent les montagnes du **Sinaï**, qu'ils se rassurent, des merveilles les attendent ! Après les petites stations de **Dahab** et **Nuweiba**, le paysage change de palette, quittant les bleus du **golfe d'Aqaba** pour les teintes plus sèches de l'**oasis d'Ain Hudra** et du **Coloured Canyon**. Après cette curiosité géologique peu visitée, cap sur le **monastère Sainte-Catherine** et le **mont Moïse** que l'on gravit traditionnellement de nuit pour assister au lever du soleil sur l'immense solitude du Sinaï. Il n'est pas un visiteur qui ait regretté cette excursion biblique… La douce et verdoyante oasis de Feran précèdera votre retour à **Sharm el-Sheikh**, où vous pourrez à nouveau goûter aux merveilles de la plongée sous-marine aux abords du superbe et préservé **parc Ras Mohammed**.

Hany A. Aziz / MICHELIN

La vallée des champignons dans le désert Blanc.

4 – D'OASIS EN OASIS

Circuit de 1 674 km au départ du Caire. Moyens de transport recommandés : location d'un véhicule avec chauffeur ou en bus climatisé, d'étape en étape jusqu'à Louxor, d'où l'on peut regagner Le Caire en train.

Hormis sa fertile vallée du Nil, l'Égypte est aride. Or, le **désert Libyque** ne réserve pas que la sécheresse de son horizon à ceux qui entreprennent d'y pénétrer. Une route en très bon

Circuits de découverte et

Pour de plus amples explications, consulter les rubriques du même nom dans la partie "Organiser son voyage" en début de guide.

lieux de séjour

état relie les **oasis de Baharîya, Farâfra**, **Dâkhla** et **Khârga**. Sa probable monotonie est rompue par la diversité des paysages des **déserts Blanc et Noir**, par les larges pans de verdure que distillent autour d'elle les oasis, et par l'étrange luminosité de la grande mer de sable qui s'étend au sud-ouest du pays. Et puis, ces oasis encore méconnues sont autant d'occasion de découvrir une Égypte radicalement différente de celle des bateaux de croisière. Au fil des ces concentrations humaines isolées, on marche sur les traces des anciennes pistes caravanières, en admirant à la fois la somptuosité et la simplicité des décors sans cesse redessinés par la couleur changeante du soleil, avant qu'il nous abandonne à la splendeur de la voûte étoilée quand vient la nuit. On retrouve ensuite à Louxor la **vallée du Nil**, qui n'est en somme qu'une longue et étroite oasis taillée dans le désert. Si l'emploi du temps le permet, on pourra enchaîner sur l'itinéraire suivant et découvrir les merveilles archéologiques de la haute vallée du Nil. Sinon, il sera toujours temps de regagner Le Caire, de préférence par le confortable train de nuit.

Fl. El Abd / MICHELIN

Paysage de la vallée fertile du Nil et djebel.

5 – VESTIGES DU NIL

Circuit de 976 km/AR au départ de Louxor, suivi de 328 km/AR vers Abydos. Moyens de transport recommandés : bateau de croisière de Louxor à Assouan ; bateau rapide, bus ou avion d'Assouan à Abou Simbel et retour ; taxis ou train de Assouan à Louxor ; taxi de Louxor à Abydos et retour.

Aucun doute, une **croisière sur le Nil entre Louxor et Assouan** est une des plus fascinantes expériences touristiques qui soient. De Louxor, qui avec ses environs réserve les sites les plus magiques de l'Égypte antique, à Assouan, dont la douceur et la beauté nubiennes ne sont pas une légende lorsqu'on s'y promène en felouque, tout invite au plaisir des yeux et à plonger dans une des plus anciennes civilisations du monde. C'est, du reste, la visite type qu'effectuent la plupart des touristes venant pour la première fois au pays du Nil. Aussi, l'immense **lac Nasser** et ses temples sauvés de la ruine, dont ceux d'**Abou Simbel**, viennent-ils couronner un séjour en Haute-Égypte. De Louxor, on peut également s'en aller visiter les temples de **Dendérah**, où se trouve l'unique représentation en bas-relief connue de Cléopâtre VII, et **Abydos**, berceau du culte funéraire du dieu Osiris.

6 – DU NIL AUX TRÉSORS DE LA MER ROUGE

Circuit de 724 km/AR au départ de Louxor. Moyens de transport recommandés : bus ou taxi (parfois par convoi) de Louxor à Hurghada ; taxi pour transiter d'une station à l'autre.

Après avoir visité **Louxor et ses vallées royales**, il est relativement aisé et rapide de gagner la **mer Rouge**, située de l'autre côté du désert Arabique qui la sépare du Nil. Quatre stations balnéaires, offrant chacune des particularités différentes, se succèdent sur la côte ouest de cette mer d'où l'on acheminait jadis le café et les épices de l'Orient. **Hurghada**, la plus populaire et la plus importante, est renommée pour ses sites de plongée sous-marine et compte de nombreux complexes hôteliers placés directement sur la côte, face au soleil levant. Au nord de celle-ci, **El-Gouna**, minuscule en comparaison, cultive dans sa marina paradisiaque le goût du repos et d'un luxe particulièrement raffiné. Au sud, **Safaga**, tout en transformations et où transitent les pèlerins embarquant pour La Mecque, est rafraîchie par une bise qui attire les véliplanchistes. Enfin, plus au sud, **Quseir** présente encore le profil des petits ports de l'Afrique orientale ouverts aux commerces de toutes natures. On peut encore y voir une étonnante architecture en corail, cependant que poussent autour de nouveaux hôtels de béton.

À FAIRE AVANT DE PARTIR

Où s'informer ?

RENSEIGNEMENTS TOURISTIQUES

Les premières pistes à explorer pour la préparation de votre voyage.

Offices de tourisme égyptiens

Belgique – *179 av. Louise - 1050 Bruxelles - ✆ 02 647 38 58/07 - fax 02 647 15 44.*

Canada – *Suite 250, 1253 McGill College Avenue - Montréal - Québec H3B2Y5 - ✆ 86 14 420 - fax 86 18 071.*

France – *90 av. des Champs-Élysées - 75008 Paris - ✆ 01 45 62 94 42/3 - fax 01 42 89 34 81.*

Suisse – *59 Marktgasse - 3011 Bern - ✆ 313 112 210.*

ORGANISMES OFFICIELS

Belgique – Ambassade : *19 av. de l'Uruguay - 1000 Bruxelles - ✆ 02 663 58 00/08.*

Canada – Ambassade : *454 Laurier Av. E - Ottawa - Ontario Kin 6R3 - ✆ 234 49 58.* Consulat : *1 pl. Ville-Marie - Montréal - Québec - ✆ 866 84 55.*

France – Ambassade : *56 av. d'Iéna - 75016 Paris - ✆ 01 53 67 88 30.* Consulat : *58 av. Foch - 75016 Paris - ✆ 01 45 00 77 10 et 166 av. de Hambourg - 13008 Marseille - ✆ 04 91 25 04 04.*

Suisse – Ambassade : *Elfenauweg 61 - 3006 Bern - ✆ 352 80 12/13 - fax 352 06 25.* Consulat : *47 ter route de Florissant - 1206 Genève - ✆ 347 63 79.*

Centre culturel égyptien – *111 bd St-Michel - 75005 Paris - ✆ 01 46 33 75 67 - www.culture-egypte.com.* Expositions, concerts, rencontres autour de l'Égypte.

SITES INTERNET

Le terme « Egypt » donne accès à une kyrielle de liens. Voici quelques sites qui apportent des éclairages divers .

Ministère français des Affaires étrangères – *www.diplomatie.gouv.fr.* Précis, il fournit des renseignements utiles et actualisés sur les conditions de visite dans les différents pays du monde.

Site officiel de l'office de tourisme égyptien – *www.egypt.travel.* Tout nouveau site.

Tour Egypt ! – *touregypt.net.* Intéressant panorama du pays en anglais.

Institut français d'archéologie orientale au Caire – *www.ifao.egnet.net.* L'acturalité archéologique en Égypte.

Egypt.edu – *www.egypt.edu.* Un site sobre mais complet. Nombreuses ressources sur le pays (histoire, culture, bibliographie).

Forum des expatriés - *www.mfe.org/forums.* Une source d'information inépuisable. Les expatriés en Égypte partagent volontiers leur expérience et sauront vous renseigner.

Al-Ahram Hebdo – *www.ahram.org.eg/hebdo.* Bonne source (en français) de l'actualité locale.

Egypt Today – *www.egypttoday.com.* Site (en anglais) du mensuel égyptien du même nom. Très intéressant.

Baron & Baron – *www.baronbaron.com/egypte.* Un site personnel formidable riche de conseils, d'informations et de bons plans.

AGENCES DE VOYAGES

Les voyages organisés représentent actuellement l'essentiel du tourisme égyptien. Parmi les circuits proposés, la croisière sur le Nil entre Louxor et Assouan fait, à juste titre, figure de curiosité incontournable. Mais une variété croissante de circuits sont désormais accessibles. On voit enfin de plus en plus apparaître des propositions de croisière sur le lac Nasser, ainsi que des circuits safaris en 4x4 dans le désert Libyque ou des séjours à thème tels que la plongée sous-marine en mer Rouge ou la randonnée dans les djebels Sinaï.

Lors de votre choix, comparez que ce qui est comparable, car la qualité de l'hébergement ou le rythme des visites change d'un circuit à l'autre.

En France

Impossible de dresser ici une liste exhaustive des voyagistes, aussi nous limitons-nous à citer une petite sélection parmi les principaux. Dans toutes les grandes villes vous trouverez des agences aptes à vous renseigner.

Egypt Nile Cruises – *30 r. de Versigny - 75018 - ✆ 01 44 92 97 77 - fax 01 44 92 97 82 - www.egypt-nile.com.* Cette agence, spécialiste de la destination, propose des croisières, des safaris et des vols depuis Paris, Rennes, Montpellier et Bordeaux.

Les Voyages de Pharaon – *20 r. des Fossés-Saint-Bernard - 75005 Paris - ✆ 01 43 29 36 36 - fax 01 43 54 62 26 - www.voyages-pharaon.com*. Le grand spécialiste du lac Nasser et des croisières en général. Propose aussi des voyages à la carte.

Autrement l'Égypte – *72 bd. Saint-Michel - 75006 Paris - ✆ 01 44 41 69 95 - fax 01 44 07 21 80 - www.autrement-legypte.com*. De nombreuses croisières proposées, ainsi que des circuits en boucle vers Alexandrie et le Sinaï.

Djos'Air Voyages – *153 av. Jean-Lolive - 93500 Pantin - ✆ 01 41 71 19 19 - fax 01 41 71 19 39 - www.djosair.fr*. Grand choix de circuits, y compris des randonnées dans le Sinaï ou la visite des oasis.

Explorator – *16 r. de la Banque - 75002 Paris - ✆ 01 53 45 85 85 - fax 01 42 60 80 00 - www.explorator.fr*. Spécialiste des voyages hors des sentiers battus. Treks en Moyenne-Égypte, croisière en voilier entre Louxor et Assouan.

Clio – *27 r. du Hameau - 75015 Paris - ✆ 01 53 68 82 82 - fax 01 53 68 82 60 - www.clio.fr*. Le spécialiste du voyage culturel. L'accompagnement est assuré par des conférenciers fort érudits.

Nouvelles Frontières – *74 r. de Lagny - 93107 Montreuil Cedex - ✆ 0 825 000 747 (numéro national) - www.nouvelles-frontières.fr*. On ne présente plus. Les formules sont nombreuses, la gamme des tarifs est large.

Oriensce – *164 r. Jeanne-d'Arc - 75013 Paris - ✆ 01 43 36 10 11 - fax 01 43 36 03 00 - www.oriensce.fr*. Croisière sur le Nil en felouque de Louxor à Assouan.

Comptoir des Déserts – *5 r. Fustel-de-Coulanges - 75005 Paris - ✆ 0 892 236 363 - fax 01 53 10 21 61 - www.deserts.fr*. Le désert, exclusivement : méharées ou randonnées pédestres, sur mesure si nécessaire.

Blue Lagoon – *81 r. Saint-Lazare - 75009 Paris - ✆ 01 44 63 64 10 - fax 01 40 23 01 43 - www.blue-lagoon.fr*. Spécialiste de la plongée sous-marine.

Terres d'Aventure – *6 r. Saint-Victor - 75005 Paris - ✆ 01 53 73 77 77 - fax 01 43 29 96 31 - www.terdav.com*. Des circuits pour petits groupes souvent tracés en dehors des sentiers battus.

Ultramarina – *29 r. de Clichy - 75009 Paris - ✆ 0 825 029 802 (numéro national) ; 37 r. Saint-Léonard - 44032 Nantes Cedex 1 - ✆ 02 40 89 34 44 - www.ultramarina.com*. Spécialiste de la plongée sous-marine.

Look Voyages – *12 r. Truillot - 94204 Ivry-sur-Seine - ✆ 01 45 15 15 00 - www.lookvoyages.fr*. Spécialiste du vol « sec », donc possibilités de très bons prix sur l'Égypte.

En Belgique

Nouvelles Frontières – *2 bd. Maurice-Lemonnier - 1000 Bruxelles - ✆ 02 547 44 08*.

Neckermann – *17 pl. De Brouckère - 1000 Bruxelles - ✆ 02 250 01 50 - fax 02 217 90 95 - www.neckermann.be*. Croisières le long du Nil.

Joker – *37 bd Maurice-Lemonnier - 1000 Bruxelles - ✆ 02 502 19 37 - fax 02 502 29 23 - www.joker.be*. Propose des billets d'avion pas chers et des circuits explorant le pays.

Au Canada

Nouvelles Frontières - Vacances Tours Mont-Royal – *1180 r. Drummond - H3G251 Montréal - ✆ (514) 871 00 60 - www.nf-tmr.com*.

Vacances Tourbec – *3419 r. Saint-Denis - H2X3L2 Montréal - ✆ (514) 288 44 558 - fax (514) 288 16 11 - www.nf-tmr.com*.

En Suisse

Nouvelles Frontières – *10 r. Chantepoulet - 1201 Genève - ✆ (022) 906 80 80 - fax (022) 906 80 90 - www.nouvelles-frontieres.ch*.

STA Voyages – *3 r. Vignier - 1205 Genève - ✆ (058) 450 48 30 - fax (058) 450 48 38 - www.statravel.ch*. Propose des possibilités diverses aux étudiants et un suivi en cas de pépin.

Formalités

DOCUMENTS IMPORTANTS

Visa et passeport

Les citoyens français et belges peuvent se rendre en Égypte munis de leur simple carte d'identité en cours de validité. Le visa sera alors délivré sur une feuille volante qu'il faudra, bien sûr, veiller à ne pas perdre. À moins d'être un ressortissant d'un pays arabe, il faut donc obtenir un visa pour entrer en Égypte. Il s'obtient soit auprès d'un consulat d'Égypte (en 24h et avec une photo d'identité), soit à l'aéroport du Caire (immédiatement et sans photo). Dans ce dernier cas, achetez les timbres au bureau Thomas Cook (15 €) avant de franchir le contrôle de douane. Vous devez obligatoirement être en possession d'un passeport valide au moins 6 mois après la date de votre retour. À titre indicatif, un visa Tourisme à entrée unique coûte 26 € ; un visa Affaires à entrées multiples coûte 56 €. Réglables en espèces uniquement, ils s'achètent au consulat entre 9h30 et 11h30 du lundi au vendredi et sont, l'un et l'autre, valables 3 mois et couvrent un séjour d'un mois.

Sur place – Votre passeport vous sera demandé dans les hôtels, à l'occasion d'opérations de change et d'achat de titres de transport, ainsi que lors des contrôles de police (déserts et Sinaï).

Conseil – Avant de partir, pensez à photocopier les pages 2 à 5 de votre passeport. En cas de vol, demandez une attestation au commissariat de police le plus proche et rendez-vous à votre consulat avec les photocopies et si possible votre carte d'identité, ce qui facilitera l'obtention d'un laissez-passer.

Permis de conduire

Un permis de conduire international est exigé en Égypte. Pour l'obtenir, adressez-vous à votre préfecture (service des permis de conduire) avec votre permis, une photo d'identité, un justificatif de domicile et une enveloppe timbrée à 1 €.

Carte d'étudiant

L'*International Student Identification Card* (ISIC) donne droit à 50 % de réduction dans la plupart des musées et sites archéologiques, ainsi qu'à une réduction sur certains billets de train. Si vous ne possédez pas de carte internationale, présentez-vous au Medical Scientific Centre (*103 Mathaf al-Manial, Roda, Le Caire*), avec une carte d'étudiant de votre pays ou une lettre de votre université (en anglais).

SANTÉ

Vaccins

Si aucune vaccination n'est exigée par l'autorité sanitaire, il est conseillé de se faire vacciner contre la diphtérie, le tétanos, l'hépatite A et B. La fièvre jaune n'est pas endémique en Égypte. Sachez tout de même que tout voyage effectué dans de mauvaises conditions d'hygiène nécessite une vaccination contre la typhoïde. Pour tout renseignement, consultez le service médical d'Air France : *148 r. de l'Université - 75007 Paris - ✆ 0 836 686 364 - vaccinations@airfrance.fr.*

Conseil – Si vous devez recevoir des injections au cours de votre voyage, n'oubliez pas de vous munir de seringues à usage unique avant votre départ, ainsi que de l'ordonnance de prescription.

Assurances

De nombreux organismes tels Europ Assistance ou Mondial Assistance (consultez aussi votre assureur habituel) couvriront vos dépenses d'ordre médical sur place et assureront votre rapatriement en cas de problème grave. Il est recommandé de contracter une assurance de ce type. Si vous partez en voyage organisé, interrogez votre voyagiste à ce sujet.

Europ Assistance – *1 prom. de la Bonnette - 92230 Gennevilliers - ✆ 01 41 85 85 85 (24h/24) - www.europ-assistance.fr* - Assure principalement le rapatriement en cas de maladie ou de blessure (31 €/sem.) avec prise en charge des frais médicaux.

Mondial Assistance – *2 r. Fragonard - 75807 Paris Cedex 17 - ✆ 01 55 40 25 52 04 - www.mondial-assistance.fr.* Différentes formules adaptables à vos besoins. Pour une assistance complète, prévoir 36 €/sem. comprenant rapatriement sanitaire, retour anticipé en cas de maladie, assistance juridique et une couverture des frais médicaux.

Axa Assistance – *12 bis bd des Frères-Voisin - 92798 Issy-les-Moulineaux Cedex 09 - ✆ 01 55 92 40 00.* 45 €/mois pour une formule proposant des garanties individuelles accident et maladie, rapatriement et annulation voyage.

DOUANE

Vous avez le droit d'entrer en Égypte avec 2 l d'alcool, 1 l de parfum et 200 cigarettes (plus 25 cigares). Vous avez 48h pour acheter ce type d'articles dans les magasins détaxés de l'Egypt Free Shops Company. Vous pouvez entrer avec 5 000 £ ; il n'y a aucune limitation pratique à l'importation des devises étrangères (théoriquement si).

Vidéos

À votre arrivée à l'aéroport, vous devez faire viser votre caméscope (après la douane), dont le n° de série sera inscrit sur votre passeport, ceci afin que vous ne le revendiez pas en Égypte.

Se rendre en Égypte

EN BATEAU

Depuis que les lignes Brindisi-Alexandrie et Athènes-Alexandrie ont été interrompues, il n'existe plus de liaison maritime assurant un service passagers entre l'Europe et l'Égypte. On parle néanmoins, depuis quelques années, de les remettre en service.
Navires de fret – Il existe des rotations circulaires reliant Felixstowe (G.B.), Rotterdam (Pays-Bas), Anvers (Belgique), Hambourg et Brême (Allemagne), Gênes (Italie) et Marseille (France) à Alexandrie et Port-Saïd, mais les prix sont très élevés.

M. Magni / MICHELIN

Bateau de croisière sur le Nil.

EN AVION

Des vols réguliers sont assurés par Air France et Egyptair.

Compagnies régulières

Air France – *2 r. Esnault-Pelterie - 75007 Paris -* ☏ *0 820 820 820.* Un vol quotidien relie Paris (CDG) au Caire, à partir de 550 € (hors promotions occasionnelles). Avec la formule Tempo, plus vous réservez tôt, plus bas est le tarif. Au Caire : *2 midan Talaat Harb (près de la place Tahrir) -* ☏ *(02) 575 88 99 ; aéroport* ☏ *(02) 265 21 43.*

Egyptair – *1 bis r. Auber - 75009 Paris -* ☏ *01 44 94 85 30.* Un vol quotidien relie Paris (Orly-Sud) au Caire, à partir de 430 €. Un vol hebdomadaire relie le samedi Paris (Orly-Sud) à Louxor, à partir de 485 €.

Compagnies à bas coût (low cost)

Dégriftour – Consulter les offres de *www.degriftour.fr.*

Réductour – Idem, mais sur *www.reductour.fr.*

Vols charters – Les agences de voyages proposent des vols charters entre plusieurs grandes villes d'Europe et Le Caire, Louxor, Hurghada et Sharm el-Sheikh. Le vol est généralement compris dans un forfait. Hors saison, les prix chutent de 40 à 60 %.

Réserver son hébergement

Deux cas de figure se présentent au voyageur qui part en Égypte : soit il se joint à un groupe pris en charge par un voyagiste, soit il voyage seul ou avec un petit groupe d'amis.

Dans le premier cas, il ne s'occupera de rien concernant ses hôtels et ses restaurants, puisque tout est organisé. En général, et il y a très peu d'exceptions à la règle, les voyagistes s'assurent les services d'hôtels de première catégorie (les 5 étoiles égyptiennes) comprenant tout le confort et des services divers. Les mauvaises surprises sont rares mais possibles, notamment dans le cas des séjours à très bas prix souvent proposés dans les stations de la mer Rouge. Vous pouvez alors vous retrouver dans un établissement sans charme et assez éloigné des principaux centres d'intérêt. Habituellement, les groupes déjeunent dans des restaurants typiques proches des sites visités, dînent à l'hôtel et disposent de « quartiers libres » en fin d'après-midi et en soirée.

Dans le second cas, il faut organiser son voyage au préalable en réservant au moins une chambre le soir de son arrivée et la veille de son départ. Si l'on est certain de son itinéraire, il est préférable de réserver la totalité de ses nuitées, surtout si l'on part en haute saison, car les hôtels confortables des villes touristiques affichent rapidement complet. Évidemment, les prix pratiqués pour des voyageurs individuels ne sont en rien comparables à ceux obtenus à travers un voyagiste. Ils sont même très élevés (le double de ceux pratiqués pour un Égyptien ou une personne résidant en Égypte). Si l'on est un peu aventureux, on peut prendre le risque de chercher une chambre une fois sur place. S'il reste des chambres libres, il ne faut alors pas hésiter à négocier le prix puisque pour l'hôtelier une chambre non occupée est un manque à gagner. Hors saison, c'est même une règle à appliquer, les prix chutant de façon assez spectaculaire si l'on a un tant soit peu le sens du marchandage. Au cas où vous ne trouveriez aucune chambre libre dans les hôtels de catégories supérieures, il faudra vous rabattre sur les catégories inférieures où vous trouverez toujours à vous loger.

Décalage horaire

L'Égypte compte une heure de décalage avec la France. Ainsi, lorsqu'il est 12h à Paris, les horloges affichent 13h au Caire.

Argent

MONNAIE

La monnaie nationale est la livre égyptienne (£) : *guinay* en arabe, *pound* en anglais. Une livre se divise en 100 piastres (pt), *'irsh* en arabe. Il existe des billets de 1, 5, 10, 20, 50, 100 £ ; de 10, 25 et 50 pt ; ainsi que des pièces de 5, 10, 20 et 25 pt. Notez qu'une nouvelle pièce de 1 £, bien pratique, a fait son apparition au printemps 2006. Les billets de banque sont écrits en arabe d'un côté, en anglais de l'autre.

Conseil – Réservez les petites coupures (pas si fréquentes) à vos bakchichs ou au paiement de vos déplacements en taxi (car à défaut vous verrez que le chauffeur n'aura pas la monnaie…).

Entrée en Égypte – Vous avez le droit d'entrer avec 5 000 £, mais il est extrêmement difficile de s'en procurer en dehors du pays.

Sortie d'Égypte – En quittant le territoire égyptien, vous pouvez ramener 5 000 £ à dépenser en cadeaux à l'aéroport ou à conserver pour votre prochain voyage.

CHANGE

Devises – Si la plupart des devises peuvent être changées en Égypte, il est toutefois préférable d'arriver avec des dollars américains ou des euros – de plus en plus prisés – que vous pourrez changer dans les agences Thomas Cook et American Express, les banques commerciales et les bureaux de change des grands hôtels.

À titre indicatif, **en 2006 le taux de change pour une livre égyptienne étaient de 7,24 £ pour 1 €.**

Chèques de voyage – C'est assurément le moyen le plus sûr pour vous approvisionner en liquidités. Ils sont nominatifs et sont remplacés en cas de perte ou vol sur présentation du bordereau (à séparer des chèques lors de votre voyage). Les sociétés American Express, Thomas Cook, Visa et Travelex proposent des chèques de voyage, auxquelles on peut ajouter Citicorp pour les Canadiens. Renseignez-vous auprès de votre banque. Souvent, une petite commission sera facturée lors du change.

CARTES DE CRÉDIT

Elles sont acceptées un peu partout – très rarement dans les oasis – mais renseignez-vous tout de même avant de vous attabler ou de monter dans votre chambre. Visa et Master Card sont les plus répandues.

Distributeurs – Vous trouverez facilement des distributeurs automatiques dans les grands hôtels ou à proximité, du moins dans les grandes villes comme Le Caire, Alexandrie, Louxor, Assouan et Sharm el-Sheikh. Plus difficilement dans les villes de moindre importance et à Siwa. **Pas du tout dans les oasis** pas plus qu'à **Ste-Catherine**. Une commission, parfois conséquente, est prélevée à chaque retrait. Il est donc plus intéressant de retirer des sommes relativement importantes pour réduire le nombre d'opérations au cours de votre voyage et donc les frais de retriat. Pour retirer de l'argent auprès d'un guichet de banque, votre passeport vous sera demandé. Évitez autant que possible cette dernière option fort coûteuse en frais de change.

Budget

L'Égypte est un pays **très bon marché**. Compter 50 à 150 £ pour une chambre de bon confort (aux alentours de 200 £ dans les villes). On déjeune très bien pour 50 £ et une légère collation dans un petit restaurant ne vous reviendra pas plus cher que 20 £.

Côté transports, le prix d'une course en taxi au Caire tourne autour de 2 à 5 £ en moyenne et peut atteindre les 20 £ pour les longues distances. Compter 60 £ pour rejoindre le Sinaï en bus depuis Le Caire et 34 £ pour un voyage en train et en première classe pour rallier Alexandrie depuis la capitale. Sharm el-Sheikh, où les prix sont en moyenne multipliés par quatre, détient la palme de la ville la plus chère d'Égypte.

Les dépenses les plus importantes concerneront les musées et les visites. L'accès au Musée égyptien se négocie 35 £ auxquels il faut rajouter 70 £ pour visiter la salle des momies. Quant à la pyramide de Chéops, l'entrée coûte 100 £ ! Le prix des souvenirs ne dépend, lui, que de votre capacité à vous illustrer dans l'art du marchandage.

Qu'emporter ?

Vêtements

Compte tenu du climat, préférez des vêtements en fibres naturelles de teinte claire et n'oubliez pas votre chandail pour vous protéger de la fraîcheur vespérale. Si le short est bien agréable durant les journées, n'oubliez pas qu'il vous faudra un pantalon pour visiter les lieux sacrés et se protéger des moustiques à certains endroits. Il serait dommage d'oublier un maillot de bain, car la piscine de l'hôtel ou du bateau de croisière vous rafraîchira agréablement après la séance des visites. Enfin, comme vous allez marcher dans les villes et dans les sites, équipez-vous de bonnes chaussures de sport ou de randonnée que vous aurez « faites » préalablement.

Accessoires

Une ceinture du type « banane » s'avérera utile pour ranger vos papiers et votre argent, de même qu'un petit sac à dos pour les petites excursions. Munissez-vous d'un chapeau, de lunettes de soleil et de crème solaire, et glissez une petite torche électrique (plus les piles de rechange) dans votre valise ou sac à dos pour la visite des tombes et mastabas.
Si vous voyagez hors circuit, emportez un couteau suisse (à ranger dans votre sac en soute lors de vos voyages en avion), du savon de Marseille et du ruban adhésif pour bien fermer vos sacs à dos lors du retour.
Dans un autre registre, achetez des films et pellicules en suffisance. Cette remarque est surtout valable pour les films vidéo car les prix de vente sur les sites touristiques sont souvent élevés et les conditions de conservation (chaleur) ne sont pas des meilleures. Par ailleurs, le choix de ces formats, supplantés par le numérique, tend à se restreindre fortement. N'espérez plus dénicher de film noir et blanc ou diapos en dehors des magasins professionnels. Côté numérique, vous trouverez facilement dans les grands centres touristiques boutiques et cybercafés où faire graver vos photos pour quelques dizaines de livres.

Les personnes qui portent des lentilles de contact prendront la précaution d'emporter avec elles leur propre solution ainsi qu'une paire de lunettes de vue car la poussière et le sable seront au rendez-vous.

Téléphones portables

Le téléphone portable fonctionne très bien sur la presque totalité du pays à l'exception de certaines zones isolées dans les déserts. Pensez à souscrire à l'option monde auprès de votre opérateur avant de partir.

Médicaments

Si le sparadrap est toujours de mise en voyage, n'oubliez pas d'emporter quelques médicaments de base.
De l'aspirine ou du paracétamol, de l'antiseptique, un antidiarrhéique (pour soigner ce désagrément qui frappe bien souvent le touriste au bout de quelques jours), un antihistaminique si vous avez des allergies. Vous pouvez également ajouter de la crème antimoustique et du collyre.

À SAVOIR SUR PLACE

Adresses utiles

Faire précéder l'appel de votre correspondant de l'indicatif : (*02*) pour Le Caire et (*03*) pour Alexandrie.

OÙ S'INFORMER

Offices de tourisme

Vous trouverez l'adresse et les coordonnées téléphoniques des principaux offices de tourisme dans les chapitres consacrés aux villes et sites.

Ambassades au Caire

Belgique – *20 sh. Kamel el-Shennawi, Garden City. ✆ (02) 794 74 94, fax (02) 794 31 47.*

Canada – *26 sh. Kamel el-Shennawi, Garden City. ✆ (02) 794 31 10, fax (02) 796 35 48.*

France – *29 av. Charles-de-Gaulle, Gizeh. ✆ (02) 570 39 16/17/20, fax (02) 571 02 76, www.ambafrance-eg.org.*

Suisse – *10 sh. Abdel Khalek Saroit. ✆ (02) 575 82 84.* Même adresse pour le consulat.

Consulats

Belgique – Alexandrie : *2 sh. Lumumba. ✆ (03) 495 00 00, fax (03) 495 80 00.*

France – Le Caire : *5 sh. el-Fadl. ✆ (02) 393 43 16 ou (02) 393 46 45, www.consulfrance-caire.org.* Alexandrie : *2 midan Ahmed Orabi. ✆ (03) 484 79 50 ou (03) 480 90 38.*

Canada – Le Caire : *6 sh. Mohamed Fahmy el-Sayed, Garden City. ✆ (02) 794 31 10.*

EN CAS D'URGENCE

Santé

Coups de chaleur, insolations, problèmes alimentaires (infectieux ou parasitaires), piqûres d'insectes ou affections graves peuvent survenir. Par principe, méfiez-vous de l'autodiagnostic. Au moindre doute, consultez un médecin. Vos ambassades et consulats vous en recommanderont un selon l'endroit où vous vous trouvez. Pour les villes principales, voici quelques numéros de téléphone d'hôpitaux privés (évitez les hôpitaux publics) :

Le Caire

Hôpital Al-Salam International – *Corniche El Nil - Maadi - ✆ (02) 524 02 50 ou 526 22 44.*

Hôpital anglo-américain – *Zamalek - Gezira - ✆ (02) 735 61 62/63/65.*

Hôpital Dar el-Fouad – *Cité du 6-Octobre - ✆ (02) 356 030 et (02) 356 040.*

Hôpital Misr International – *12 sh. el-Saraya - Dokki - ✆ (02) 760 82 61/69.*

Alexandrie

Centre médical Semouha – *av. du 14-Mai - ✆ (03) 427 26 52.*

Louxor

Hôpital de Louxor – *✆ (095) 37 20 25.*

En Égypte sévit une maladie grave appelée **bilharziose**, que l'on contracte en se baignant en eau douce, dans le Delta et la vallée du Nil ; plus rarement dans les oasis. Si vous vous êtes baigné dans un lac ou un ruisseau, ou si vous êtes entré en contact avec l'eau du Nil, et que vous avez de la fièvre, des troubles digestifs et des maux de tête, consultez immédiatement un médecin.

En cas d'urgence et d'impossibilité de joindre vos consulats, sachez que le numéro d'appel national des ambulances est le **123**.

Pour les indispositions bénignes, les pharmaciens pourront vous venir en aide, de nombreux médicaments étant délivrés sans ordonnance. Ils sont en outre habitués aux maux « touristiques » fréquents et sont généralement au moins anglophones. Vous préviendrez un grand nombre d'inconvénients en buvant suffisamment (de l'eau minérale) afin d'éviter la déshydratation. Le simple bon sens devrait vous éviter bien des désagréments.

S. Sauvignier / MICHELIN

Monnaies et billets égyptiens.

Numéros nationaux

Police : ✆ *122.*

Police touristique : ✆ *126.*

Premiers secours : ✆ *123.*

Pompiers : ✆ *125.*

Cartes bancaires

En cas de perte ou de vol, appelez les numéros suivants. N'oubliez pas de noter quelque part votre numéro de carte et celui de votre compte. Pour faire opposition, composez l'un des numéros locaux suivants :

MasterCard/Visa – ✆ *(02) 357 11 48.*

Diners Club – ✆ *(02) 736 87 78.*

Amex – ✆ *(02) 569 61 11/22.*

ARGENT

Virements internationaux

Si vous avez besoin de faire venir de l'argent, renseignez-vous auprès des banques dont les adresses sont mentionnées dans les carnets pratiques. Une solution efficace consiste à faire appel aux services de sociétés internationales comme la Western Union Money Transfer. Le transfert est rapide et sûr. Renseignements sur le site *www.westernunion.com*.

Sécurité

D'une manière générale, l'Égypte est un pays très sûr. L'état d'urgence décrété en 1981 à la suite de l'assassinat du président Sadate et la présence policière omniprésente qui en découle n'y sont bien sûr pas pour rien. L'accueil des Égyptiens est à la hauteur de leur réputation d'hospitalité. Vous serez aussi à l'aise dans les zones touristiques (où les sollicitations nombreuses restent souvent courtoises et où les petites arnaques font partie du folklore) que dans les quartiers plus populaires où le touriste est rare. Même constat la nuit où l'ambiance reste sereine. Comme partout, respectez les précautions élémentaires. Évitez les quartiers isolés ou peu recommandables (la réception de votre hôtel pourra vous les indiquer) et ne vous promenez pas en portant une grosse somme d'argent ou des possessions de valeur en évidence. Dans les conversations avec des inconnus, n'abordez pas les sujets à polémique que constituent la politique et surtout la religion.

Depuis 1997, le terrorisme reste une menace réelle mais marginale. Les principaux sites touristiques sont équipés de détecteurs et la police y est plus que présente. Les attentats de juillet 2005 et d'avril 2006 qui ont touché le Sinaï ont renforcé la prise de conscience de ce phénomène condamné par les Égyptiens dans leur ensemble. Certaines régions à risque sont déconseillées (Moyenne-Égypte) quand elles ne sont pas interdites. Dans le Fayoum, vous serez accompagné d'une escorte armée et il est obligatoire de voyager en convoi dans la vallée du Nil. Pour vous tenir au courant, consultez le site du ministère des Affaires étrangères : *www.diplomatie.gouv.fr.*

MISE EN GARDE POUR LES FEMMES VOYAGEANT SEULES

L'Égypte est un pays conservateur. Le rôle et le statut de la femme y sont bien définis. Si une certaine émancipation est à l'ordre du jour, et commence même à être d'actualité pour certaines femmes volontaires et courageuses, du moins ne concerne-t-elle pas encore la plupart de la population. Certes, on ignore trop souvent que des milliers de femmes égyptiennes travaillent et exercent des responsabilités, ou qu'elles ont récemment obtenu le droit de pouvoir sortir du territoire sans l'autorisation écrite de leur époux ou fait modifier en leur faveur la législation sur le divorce. Sans aborder plus loin ce problème complexe, nous voulons toutefois attirer l'attention des femmes voyageant seules en Égypte sur certaines attitudes à tenir.

De nombreux Égyptiens ont une vision quelque peu stéréotypée de la femme occidentale, souvent véhiculée par les chaînes de télévision, de même que nous portons souvent un regard tout aussi figé sur leur société. Il n'est pas question ici de juger, mais de prévenir.

Conseils – Le fait d'être seule et de ne pas connaître tous les usages doit vous inciter à éviter toute exubérance. Ne portez pas de minijupe ; abstenez-vous de fumer dans la rue ; couvrez votre tête d'un foulard dans les mosquées ; ignorez les éventuels harcèlements verbaux (en cas de réels problèmes, interpellez une femme ou un policier qui vous sortiront d'un mauvais pas) ; dans les taxis ne vous installez pas à côté du chauffeur (vous auriez l'air de lui faire des avances) ; sachez que dans le métro du Caire, les deux wagons de tête sont réservés aux femmes.

Se déplacer en Égypte

EN AVION

La majeure partie des vols réguliers intérieurs est assurée par **Egyptair** (Air Sinai est une filiale d'Egyptair). Les tarifs sont élevés et il est recommandé de réserver à l'avance en haute saison. À titre d'exemple, un aller-retour Le Caire-Assouan coûte approximativement 272 €, Le Caire-Hurghada ou Sharm el-Sheikh 208 €, Le Caire-Louxor 200 € et Le Caire-Abou Simbel 350 €.

EN BATEAU

S'il n'est pas complet, il est possible d'embarquer sur l'un des énormes bateaux qui assurent les croisières des voyagistes. Il faut alors passer par une agence cairote *(voir Louxor, Carnet pratique)*.

La felouque, embarcation traditionnelle du Nil, est un moyen d'excursion tout à fait typique, particulièrement à Assouan *(voir Carnet pratique à ce nom)*.

Il existe une liaison quotidienne entre Hurghada et Sharm el-Sheikh *(voir Carnet pratique à ces noms)*, entre Aqaba (Jordanie) et le port de Nuweiba *(voir Carnet pratique à ce nom)*.

EN BUS

Expérience indéniable – et même mémorable – les bus municipaux des grandes villes sont lents et il y règne une chaleur souvent suffocante pour un Occidental. Un trajet vous fera probablement passer l'envie de recommencer.

En revanche, les cars climatisés et confortables des compagnies privées qui assurent la liaison entre les grandes villes sont un excellent moyen de transport (West Delta Bus Company, East Delta Bus Company, Superjet). Il faut acheter son billet à la gare routière de la ville de départ, de préférence quelques jours à l'avance en haute saison ; le prix dépend de la longueur du trajet et du niveau de confort.

Le Caire – La gare routière de **Turgoman** *(sh. al-Gisr)* est le point de départ pour Alexandrie, Marsa Matrouh, les villes du Delta, Suez, Ismaïlia, Port-Saïd, Louxor, Assouan, Sharm el-Sheikh, Dahab, Nuweiba, Hurghada, Safaga, Quseir et pour les oasis.

La gare routière **Mounib** *(Midan Gizeh)* est le point de départ pour le Fayoum, El-Minya et Assiout.

La gare routière d'**Abbassiyya** (au nord du Caire islamique) est un autre point de départ pour les stations du Sinaï.

Alexandrie – La gare routière se trouve à côté de la gare Sidi Gaber et est le point de départ pour Le Caire et Marsa Matrouh.

Louxor – La gare routière, située à côté de l'aéroport, est le point de départ pour Le Caire, Hurghada, Suez et Assouan.

Assouan – La gare routière se situe rue Abtal at-Tahrir et est le point de départ pour Louxor, Le Caire et (probablement) Abou Simbel.

Hurghada – La gare routière de la compagnie Superjet se trouve à Dahar *(Downtown)*, près de la mosquée. La gare routière de la compagnie Upper Egypt se trouve à Dahar (au sud). Elles sont les points de départ pour Louxor, Suez et Le Caire.

Sharm el-Sheikh – La gare routière de la compagnie East Delta se trouve entre Sharm el-Sheikh et Naama Bay, derrière la station Mobil. Elle est le point de départ pour Suez et Le Caire.

EN TRAIN

À partir du Caire, les lignes desservant Alexandrie, Louxor et Assouan sont un excellent moyen pour rejoindre ces villes. Concernant ces deux dernières, il est préférable sinon très recommandé de prendre un train de nuit à wagons-lits servant un petit-déjeuner (réserver à l'avance auprès des gares). Ces trains sont confortables et s'avèrent un peu moins onéreux que l'avion. En dehors de ces cas, le train n'est pas un moyen pratique pour se déplacer en Égypte, sauf si l'on voyage avec un budget serré. Il est lent, et l'état des wagons laisse très souvent à désirer.

Pour gagner les villes de Moyenne-Égypte, par exemple, il faut emprunter un train omnibus au confort particulièrement pittoresque mais aux tarifs il est vrai très modestes.

Il existe 3 classes : 1re (place assise ou wagon-lit), 2e (avec ou sans climatisation et sièges rembourrés), 3e (banquette de bois). Faites votre choix !

L. Gontier / MICHELIN

Taxi à Alexandrie.

EN TAXI

Indispensable dans les villes, les taxis peuvent aussi servir à se rendre rapidement hors des agglomérations, et même parfois assez loin de celles-ci. Ces véhicules sont rarement dotés d'un taximètre en état de fonctionnement (s'ils n'ont pas de taximètre, ce ne sont pas des taxis). Un conseil à suivre à la lettre, surtout si vous utilisez un taxi à la journée ou à la demi-journée : mettez-vous toujours d'accord sur le prix à l'avance et ne payez le chauffeur que lorsque la course est achevée. Préparez-vous à de solides discussions, surtout à Assouan et Louxor, et surtout si le chauffeur vous annonce qu'il vous fait un prix « spécial » : c'est mauvais signe. Les villes égyptiennes regorgent de taxis, et si vous n'arrivez pas à une entente, il est aisé de trouver un autre chauffeur.

Depuis 2006, de nouveaux taxis de couleur jaune sillonnent Le Caire et Alexandrie. Neufs, climatisés et conduits par des chauffeurs anglophones et au fait de la géographie de leur ville, ils sont équipés d'un taximètre. Ils reviennent légèrement plus cher, mais le confort est à ce (petit) prix.

Couleur des taxis – Chaque gouvernorat dote ses taxis de couleurs distinctives. Ils sont orange et blanc à Ismaïlia, azur et blanc à Damiette, Louxor, Marsa Matrouh et Sharm el-Sheikh, bleu marine et blanc à Port-Saïd, noir et blanc au Caire, bordeaux et blanc à El-Mansura, jaune et noir à Alexandrie, vert et blanc à Rosette, blancs à Assouan.

Taxis collectifs – Autre possibilité, les taxis collectifs qui suivent des itinéraires interurbains. On en trouve près des gares routières. Ce moyen de transport est très bon marché et très pratique, mais il faut accepter d'être un rien coincé entre ses voisins de course et d'affronter un taux d'accidents non négligeable. Aux gares routières, ils ne démarrent qu'une fois pleins (hors saison, cela peut prendre « un certain temps »), après avoir annoncé leur destination. Question tarif, pas de problème, le prix est le même pour tout le monde, de quelques piastres à quelques livres. Ces véhicules très bon marché sont en général des breaks Peugeot 504.

Microbus – Un peu plus grands que les taxis collectifs, ce sont en général des véhicules de marque japonaise où s'engouffrent davantage de personnes que vous ne l'auriez supposé. Ils fonctionnent sur le même principe, à la différence qu'ils desservent des destinations moins éloignées.

EN VOITURE OU À MOTO

Autant le dire tout de suite : conduire en Égypte, et particulièrement au Caire et à Alexandrie, relève de l'audace ou de l'inconscience. La prudence au volant prônée en Europe ou en Amérique du Nord semble être une notion absente du code de la route égyptien. Résultat : l'Égypte accuse l'un des taux de mortalité routière parmi les plus élevés de la planète. S'il est vrai que les autorités veulent manifestement améliorer la sécurité routière dans leur pays, le comportement au volant y demeure souvent ahurissant pour un Occidental de passage. Il faut toutefois admettre qu'une légère amélioration semble apparaître puisqu'on commence à voir des véhicules s'arrêter au feu rouge (parce qu'il y a un policier à côté). En conclusion, nous vous déconseillons fortement de louer un véhicule en Égypte.

Si toutefois vous souhaitez tout de même louer une voiture, les principaux loueurs sont présents dans les aéroports ainsi que dans les hôtels quatre et cinq étoiles.

Limousine Misr – ✆ *(02) 685 61 25.*
Avis – ✆ *(02) 794 86 98.*
Hertz – ✆ *(02) 302 78 83.*
Europ Car – ✆ *(02) 303 56 30.*

Location avec chauffeur – Beaucoup plus raisonnable, cette formule vous permet de profiter au mieux de votre voyage et de consacrer votre temps à la découverte plutôt qu'à tenter de vous faufiler dans le trafic ou encore à trouver votre chemin. Renseignez-vous auprès des agences de location et de votre hôtel qui pourra vous mettre en relation avec un chauffeur. Prenez soin de bien vous faire préciser les tarifs et les frais éventuels liés à l'hébergement et la nourriture du chauffeur en cas d'excursion de plusieurs jours.

AUTREMENT...

La calèche – Très pratique de jour, romantique en fin de journée, elle est le moyen de transport idéal à Louxor, Assouan et Edfou. Comme vous l'aurez déjà compris, faites-vous préciser le prix de la course à l'avance.

Le dromadaire – Un rien folklorique, il est davantage prétexte à la promenade qu'au moyen de transport en tant que tel. Très facile à trouver à proximité des sites archéologiques.

Le vélo – Louxor et ses environs (Karnak, la Vallée des Rois et les plantations), mais aussi une oasis comme Siwa se prêtent à merveille à cette activité. On trouve à louer des vélos à Assouan, Hurghada, à Dahab (gare au vent!) et à Sharm el-Sheikh, mais d'une manière générale il faut limiter son usage aux petites villes. Au Caire, c'est inutile et surtout dangereux.

SE DÉPLACER EN DEHORS DES CIRCUITS ORGANISÉS

Lorsqu'on se déplace dans le pays en louant une voiture ou en affrétant un taxi ou un minibus de façon privée, on est amené à rencontrer quelques difficultés. Certes, on est libre de circuler à peu près partout, mais une **autorisation** est indispensable pour accéder à certaines zones telle la côte de la mer Rouge au-delà de Marsa Alam ou encore sur les pistes et dans les déserts des oasis de l'Ouest, en particulier Siwa. Elle s'obtient en deux à trois semaines **auprès du ministère de l'Intérieur** *(voir adresse plus loin)*. Si vous décidez de faire appel à un chauffeur, celui-ci se chargera de se la procurer. Dans les oasis et sur les routes du Sinaï, vous devrez présenter votre passeport aux check-points. On vous y demandera votre itinéraire et/ou les hôtels où vous comptez loger. Ces contrôles et ces restrictions sont destinés à vous protéger. En cas de problème, ces postes ne vous voyant pas arriver déclencheront immédiatement l'envoi des secours.

La frontière soudanaise et certains secteurs le long du canal de Suez et du Sinaï sont interdits. Si vous persistez à vouloir y pénétrer, la police est habilitée à vous retirer votre passeport.

Pour toute autorisation spéciale, formulez votre demande auprès du **ministère de l'Intérieur** : *110 r. Qasr el-Aini, Le Caire, ✆ (02) 402 78 55 ou (02) 402 12 33 - fax (02) 263 13 00.*

Convois

Certaines liaisons interurbaines se déroulent en convoi, sous escorte militaire. C'est notamment le cas entre Louxor et Assouan (arrêts à Edfou et Kom Ombo), le Fayoum et Louxor (arrêts à Dendérah et Abydos) et entre Hurghada et Louxor. Ces convois démarrent à des horaires a priori fixes *(rarement respectés, voir carnets pratiques)* et ne s'arrêtent qu'à des endroits précis pour permettre aux voyageurs de se désaltérer.

Se restaurer

DANS LES HÔTELS

Dans les hôtels est servie une nourriture occidentale, couplée de quelques plats typiquement égyptiens tels que le foul, la tahina, les koftas et les kebabs. Les crudités y sont soigneusement lavées avec de l'eau traitée et les risques de désagréments sanitaires sont donc restreints – le simple changement de climat suffit parfois à provoquer ce que l'on nomme pudiquement la *tourista*.

DANS LES RESTAURANTS

En dehors des grands hôtels et des grands restaurants, il est tout à fait possible de très bien manger en Égypte et à peu de frais. On déjeune vers 13-14h et l'on dîne vers 20-21h, certains restaurants restant ouverts tout l'après-midi. Pas d'inquiétude pendant la période du ramadan, on trouve toujours quelque chose d'ouvert. La cuisine égyptienne a subi les influences méditerranéennes de la Grèce, de la Turquie, de la Syrie et du Liban. Sans parler de gastronomie, bon nombre de restaurants servent différents plats succulents, à la façon des mezzés, et les amateurs de desserts trouveront leur bonheur. À Alexandrie et Port-Saïd, les plats de grosses crevettes, de calamars et de poissons sont variés et excellents, généralement cuits au four ou grillés. Au Caire et le long de la vallée du Nil, les végétariens seront aussi bien servis que les amateurs de viande. À l'exception des poissons, on retrouve

NOS CATÉGORIES DE PRIX		
	Se restaurer (prix menu déjeuner)	**Se loger** (prix de la chambre double)
	moins de 30 £	moins de 100 £
	de 30 à 70 £	de 100 à 200 £
	de 70 à 150 £	plus de 250 £
	plus de 150 £	plus de 130 $

partout le même éventail de plats et de salades, ainsi que des pizzas, garnies selon votre goût *(voir aussi La cuisine égyptienne)*.

Pour répondre à toutes les envies, notre sélection de restaurants couvre les établissements typiquement égyptiens mais aussi ceux servant une cuisine internationale, parfois adaptée avec talent aux recettes locales. N'oubliez pas que les restaurants d'hôtels peuvent vous accueillir, même si vous n'êtes pas client. Un principe : vérifiez toujours l'addition. Vous constaterez qu'elle inclut différentes taxes et sera de ce fait un peu plus élevée que ce que vous auriez pu calculer en choisissant vos plats.

Pour rompre une petite faim, on trouvera dans les villes et les villages, surtout à proximité des souks, des marchands de fruits et légumes, ainsi que des pâtisseries où se régaler de petits gâteaux. Quant aux repas sur le pouce dans les gargotes et les petits restos… pourquoi pas, si vous êtes autant sûr de vous que de ce qu'on vous y sert.

Précautions à suivre – Quelques précautions s'avèrent indispensables dans des conditions d'hygiène incertaines : impérativement se laver les mains avant chaque repas ; ne boire que de l'eau minérale ou des sodas et des bières ; refuser tout glaçon, même dans une boisson alcoolisée ; préférer les aliments bien cuits aux aliments crus et ne pas abuser des crudités ; ne jamais acheter ou consommer de fruits déjà épluchés. Méfiez-vous aussi des glaces, certains endroits prennent des libertés avec la chaine du froid. Si l'on évite les établissements douteux, tout se passera bien. N'oubliez pas de boire en quantité, la déshydratation étant le principal facteur de déséquilibre alimentaire ; sucrez plus qu'à l'habitude vos petits-déjeuners, salez davantage vos plats ; sucez un citron de temps à autre.

Lecture du journal dans un café du Caire.

E. Valenne / GEOSTORY

Se loger

LES CATÉGORIES D'HÔTELS

Le classement en étoiles des catégories évoquées ci-dessous répond à celui édicté par le ministère égyptien du Tourisme.
Une règle de base, surtout dans les établissements de une à trois étoiles : demandez à visiter la chambre, vérifiez la présence d'eau chaude et les serrures ainsi que la propreté des draps. N'oubliez pas qu'en ville, un minaret n'est jamais loin mais s'il est trop proche, l'appel à la prière lancé de nuit ne manquera pas de vous réveiller. Méfiez-vous des suppléments qui risquent d'alourdir la note. Le tarif comprend-il le petit-déjeuner, les 5 % de taxes gouvernementales et les 12 % de service ? À défaut, le prix de votre chambre s'envole ! À propos des prix, leur éventail varie très sensiblement d'un hôtel à l'autre, d'une ville à l'autre, à tel point qu'il est impossible de donner une valeur moyenne, d'autant qu'en matière d'hôtellerie, l'Égypte est plus chère d'année en année.

Une et deux étoiles – Il faut y ajouter les établissements non étoilés : quelques-uns sont en effet comparables à des deux étoiles. Cette catégorie regroupe des hôtels bon marché, modestes et ne répondant en réalité à aucun critère. Il est tout à fait possible de dénicher une chambre correcte et pas chère dans un hôtel sans étoile et de payer jusqu'à 50 £ dans un hôtel deux étoiles sans douche. Enfin, dans cette catégorie, la plupart des chambres disposent d'une salle de bains collective. Mais, chaque hôtel a bien souvent une ou plusieurs chambres avec salle de bains privée, à un tarif légèrement plus élevé.

Trois et quatre étoiles – Cette catégorie intermédiaire est bien évidemment préférable à la précédente. Le confort y est acceptable voire à la hauteur, particulièrement dans le cas d'un bon nombre de quatre étoiles qui, sans piscine, ne connaissent pas l'honneur de la catégorie supérieure. Dans ce dernier cas, on peut disposer d'une chambre spacieuse et parfaitement équipée à un prix très accessible.

Cinq étoiles – Le haut de gamme ! Les chambres et les infrastructures répondent aux normes internationales des hôtels de luxe. C'est la catégorie des grandes chaînes occidentales. Les prestations y sont nombreuses, l'accueil y est très aimable, la situation est d'ordinaire idéale. En revanche, certains cinq étoiles, particulièrement dans les grandes stations balnéaires de la mer Rouge, peuvent se révéler décevants. Vous pouvez éviter les déconvenues en choisissant des établissements sérieux appartenant à des grandes chaînes, y compris égyptiennes.

LES ADRESSES DU GUIDE

Nous vous livrons une sélection au fil du guide, dans chacune des villes où l'on peut faire étape. Confort, tranquillité et qualité des services ont été nos critères essentiels en tenant compte des conditions locales d'hébergement et de restauration. Il peut arriver que des modifications aient eu lieu depuis notre dernier passage, notamment concernant les tarifs très changeants. Faites-le nous savoir ; vos remarques et suggestions seront les bienvenues !

Mode d'emploi

Pour rejoindre un hôtel, l'adresse importe peu ; c'est le nom de l'établissement qui compte et que vous devrez indiquer au chauffeur de taxi ou au policier auquel vous demanderez le renseignement. Les prix sont indiqués en dollars US, en euros et en livres égyptiennes, les grands hôtels privilégiant la devise américaine (la facture sera toujours comptabilisée en livres) et de plus en plus d'établissements affichent les prix en monnaie européenne. Pour certains établissements, nous indiquons deux tarifs : le premier concerne la haute saison (globalement de septembre à avril) ; le second la basse saison (de mai à août).

Les catégories – Dans chaque carnet, les hôtels et les restaurants sont classés en quatre catégories de prix, chacune repésentée par un nombre de pièces de monnaie.

Vous partez avec un petit budget ? Choisissez vos adresses parmi celles notées par **une pièce** : vous trouverez là des établissements simples, propres et très abordables. Il existe une foule d'hôtels moins chers que ceux que nous proposons ; nous avons préféré les écarter pour des raisons évidentes de confort et de propreté. Dans cette catégorie, vous trouverez des hôtels deux et trois étoiles.

Votre budget est un peu plus large, optez pour des étapes à **deux ou trois pièces**. De meilleur confort, ces adresses sont aussi plus agréablement situées et aménagées. Dans cette catégorie, vous trouverez quelques très bons hôtels trois étoiles, des hôtels quatre étoiles, surtout des hôtels cinq étoiles.

Vous voulez vous faire plaisir le temps d'une nuit, vous aimez voyager dans des conditions très confortables ou souhaitez découvrir un hôtel luxueux ? Repérez les établissements précédés de **quatre pièces**... Ils ne sont pas légion et répondent à des critères de prix autant que de charme. Cette cotation stricte a permis de dégager une petite série d'établissements réellement hors norme où vous pourrez mener la vie d'un pacha. De vrais palaces !

HÔTELS

Sauf indication contraire, les prix comprennent le petit-déjeuner et les taxes gouvernementales et de service. La majorité des établissements, surtout à partir de 100 £ la nuit, assurent un service de restauration également accessible à la clientèle extérieure. En dehors des grandes villes, les hôtels équipés d'une piscine sont nombreux. Ils en autorisent généralement l'accès aux non-résidents moyennant un droit d'entrée. Bon à savoir lorsqu'on voyage avec un petit budget pendant les périodes chaudes, car les autres possibilités de baignade sont réduites lorsqu'on ne se trouve pas en bord de mer.

AUBERGES DE JEUNESSE

Nous n'avons retenu aucune des quinze auberges de jeunesse que compte l'Égypte. Elles sont souvent isolées, difficiles à repérer et ne répondent pas à nos critères de propreté et de calme. De plus, dans leur ensemble, elles refusent les couples.

Si toutefois vous souhaitez opter pour ce type d'hébergement, adressez-vous à l'**Association des auberges de jeunesse** – *135 sh. Abdel Aziz al-Saoud - Le Caire - ✆ (02) 368 41 07.*

CAMPINGS

Ils sont rares et l'inconfort est de rigueur. Certains hôtels – en général dans les oasis ou du côté de Nuweiba et Dahab – acceptent que des campeurs plantent une tente sur leur terrain. Le camping sauvage n'est pas conseillé, quand il n'est pas interdit. Pour tout savoir sur les possibilités locales, rendez-vous dans les offices de tourisme des villes où vous souhaitez tenter cette expérience. Mais, le camping le plus recommandable est celui des expéditions dans les déserts : une nuit dans un bivouac à la belle étoile aménagé au milieu des dunes.

Communications

POSTE

Tarifs – Pour l'Europe, une carte postale ou une lettre n'excédant pas 15 g s'affranchissent à 1,50 £ ; le délai d'acheminement varie de 6 jours à deux semaines, parfois plus.

Poste restante – Il est possible de recevoir du courrier si l'on ne connaît pas à l'avance les adresses de ses points de chute. Votre correspondant le rédigera comme suit : Votre identité, C/O Poste restante, Main Post Office, Code postal de la localité, Égypte. De votre côté, vous devrez présenter votre passeport pour retirer le courrier (attention, il est peut-être classé à votre prénom), et, surtout, soyez patient.

Conseil – Au cas où vous souhaiteriez recevoir ou envoyer des colis, confiez-les à un transporteur spécialisé. La poste égyptienne est peu fiable et les paquets, souvent ouverts pour contrôle, atteignent rarement leurs destinataires.

TÉLÉPHONE

Téléphoner vers l'Égypte – Composez le **00** (Canada 011), puis le 20 (code national pour l'Égypte), puis l'indicatif régional (sans le faire précéder du 0), enfin le numéro de votre correspondant.

Principaux indicatifs régionaux – Le Caire (02), Alexandrie (03), Ismaïlia (064), Hurghada (065), Port-Saïd (066), El-Arish (068), Sharm el-Sheikh (069), Louxor (095), Assouan (097) ; réseaux portables : Mobinil (012), Click (010).

Téléphoner en Égypte et vers l'étranger – Les tarifs facturés par les hôtels étant exorbitants, le plus simple est d'acheter une carte téléphonique pour appeler depuis un appareil public. En fait, ces appareils publics à carte sont gérés par des opérateurs privés, reconnaissables à des couleurs distinctives. Ainsi, si vous achetez une carte Ménatel, vous devez appeler depuis une cabine Ménatel de couleur jaune et vert ; les cabines NilePhone sont rouge et blanc. Les façades des boutiques vendant de telles cartes portent des enseignes correspondant aux couleurs des opérateurs.

Évitez les centrales téléphoniques, elles sont bondées le soir, et la perte de temps ne compensera pas l'économie réalisée par rapport aux cartes.

Votre téléphone portable fonctionnera très bien en Égypte, si vous vous êtes assuré d'un tel service. Renseignez-vous au préalable sur les tarifs pratiqués par votre opérateur, car la facture risque d'être douloureuse à votre retour.
Vous pouvez aussi souscrire un abonnement temporaire auprès d'une compagnie locale de téléphonie mobile (Mobinil ou Click). L'ouverture de la ligne revient autour de 100 £. Comptez ensuite 20 à 100 £ par recharge. Attention : n'achetez que des recharges produites par votre nouvel opérateur. On trouve des cartes génériques sur lesquelles une commission, pouvant s'élever à 50 %, est prévelée !

L'**indicatif international** depuis l'Égypte est le 00.

INTERNET

L'Égypte s'équipe avec enthousiasme de cette nouvelle technologie ;

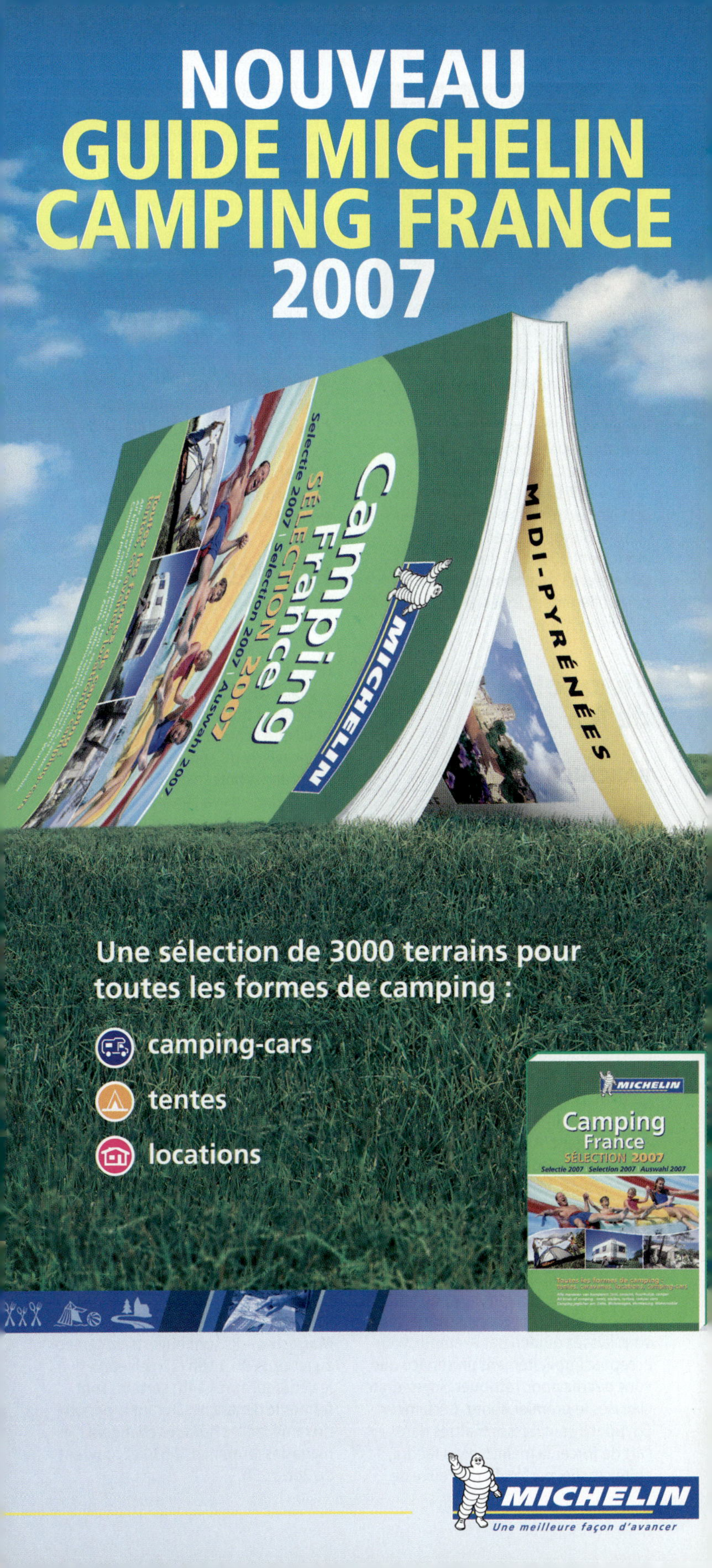
NOUVEAU
GUIDE MICHELIN
CAMPING FRANCE
2007
MICHELIN
Camping
France
SÉLECTION 2007
Selectie 2007 / Selection 2007 / Auswahl 2007
MIDI-PYRÉNÉES
Une sélection de 3000 terrains pour
toutes les formes de camping :
camping-cars
tentes
locations
MICHELIN
Camping
France
SÉLECTION 2007
Selectie 2007 Selection 2007 Auswahl 2007
MICHELIN
Une meilleure façon d'avancer

B. Kaufmann / MICHELIN

Le souk de Khan el-Khalili au Caire.

les grandes villes et les centres touristiques ne manquent pas de cybercafés. Compter en général entre 4 et 7 £ pour une heure. Dans les villes extrêmement touristiques comme Sharm el-Sheikh, les tarifs atteignent 20 £/h. D'une manière générale, à l'exception des endroits particulièrement isolés, l'ADSL est devenu la norme.

Vie quotidienne de A à Z

BAKCHICH

Le bakchich, qui désigne en fait un pourboire, est une institution en Égypte comme dans tous les pays musulmans. Récompensant un menu service, il est en fait un dérivé de l'aumône prônée par l'islam pour assurer un minimum vital aux nécessiteux et représente pour certains une véritable source de revenus, pour d'autre, un complément à un salaire modeste. N'hésitez pas à laisser quelques livres à qui vous rendra service, par exemple en vous guidant, portant vos bagages ou à un éventuel interprète improvisé.
Au restaurant, il est de coutume de laisser au serveur 10 % du montant de l'addition. Vous serez très fréquemment sollicité, en particulier dans les zones touristiques où enfants et adultes se précipiteront pour vos aider alors que vous n'aurez souvent rien demandé. N'oubliez pas qu'un silence vaut acceptation et que si vous vous laissez guider, par exemple, vous acceptez implicitement un service que vous devrez donc rétribuer. Soyez donc clair dès le premier abord. Certains Égyptiens sont passés maîtres dans l'art de forcer la main. Il vous faudra, en revanche, parfois faire preuve de discernement si la personne ne vous demande aucune contrepartie. Elle peut aussi bien attendre quelques pièces que se sentir offensée d'en recevoir, considérant son aide comme un acte gratuit d'hospitalité. À vous de juger !

Le bakchich décoince bien souvent des situations qui paraissent sans issue (visiter un site fermé, obtenir une bonne chambre d'hôtel). Prenez garde toutefois à ne pas confondre bakchich et pot-de-vin. Si vous souhaitez obtenir rapidement des documents officiels, vous insulteriez votre interlocuteur.

Conseil – il est toujours utile de séparer les billets de 25 pt, 50 pt et de 1 £ des autres billets ; vous aurez ainsi toujours de quoi donner un bakchich sans exposer vos réserves.

ÉLECTRICITÉ

En Égypte, le courant fourni est du 220 volts. Les prises de courant sont compatibles pour les rasoirs, les chargeurs de téléphone ou les radios, mais si vous transportez un ordinateur portable, il vous faudra peut-être acheter un adaptateur à la quincaillerie du coin ou dans un grand magasin si l'hôtel n'en dispose pas. (Les Canadiens veilleront à apporter avec eux un transformateur.)

HORAIRES

Administrations, banques et bureaux de change

La plupart des administrations, des banques et des magasins sont fermés le vendredi, jour de la prière.
Les banques sont généralement ouvertes du dimanche au jeudi de 8h à 14h. Dans les grands centres, certaines sont ouvertes tous les jours et plus tard. Les bureaux de change sont généralement ouverts de 9h à 15h et de 18h à 22h, souvent fermés le vendredi avant 13h30 et le samedi (ces horaires sont plus tardifs dans les grands hôtels, renseignez-vous à votre arrivée). Durant la période du ramadan, les banques sont ouvertes de 8h à 13h30.

Magasins et restaurants

Magasins – Ils sont ouverts du samedi au jeudi de 9h à 18h (22h en été) et le vendredi après 14h ; certains sont fermés le dimanche. Durant la période du ramadan les horaires changent : les magasins ferment à 15h30 et rouvrent de 20h à 23h.

Restaurants – Ils fonctionnent souvent sans interruption, mais durant la période du ramadan, certains ferment, d'autres n'ouvrent leur porte qu'après le coucher du soleil.

JOURS FÉRIÉS

Les principales fêtes égyptiennes sont religieuses et correspondent donc à des célébrations islamiques ou coptes. Le calendrier islamique comporte un décalage de 10 à 12 jours chaque année, il n'est donc pas aisé de lister à l'avance et avec précision les dates des fêtes.
Parmi les dates mobiles, notons l'Aïd el-Adha (commémorant le sacrifice d'Abraham), l'Aïd el-Fitr, le début de l'année islamique et l'anniversaire du Prophète.

Noël : 7 janvier.

Épiphanie : 19 janvier.

Aïd el-Adha (commémore le sacrifice d'Abraham) : date mobile.

Ras as-Sana (Nouvel An de l'hégire) – date mobile.

Pâques : mars-avril.

Cham en-Nessim (fête du printemps) : correspond au lundi de Pâques.

Célébration de la libération du Sinaï : 25 avril.

Fête du Travail : 1er mai.

Mouled el-Nabi (anniversaire du prophète Mahomet) : date mobile.

Fête de la révolution de 1952 : 23 juillet.

Fête des Forces armées : 6 octobre.

Ramadan : la date est fixée tous les ans. Il se termine le jour de l'**Aïd el-Fitr** (fête la fin du ramadan), 29 à 30 jours après son commencement.

MARCHANDAGE

Qui ne s'adonne au marchandage passe à côté d'un des aspects les plus ludiques et excitants de son voyage en Égypte. C'est une véritable tradition mais aussi le moyen de communiquer avec des Égyptiens. Au-delà de la simple transaction, chaque partie se découvre un peu à l'autre. La conversation quitte souvent le terrain du commerce pour s'engager dans d'autres plus personnels. Quoi qu'il en soit, de la chambre d'hôtel au souvenir, tout est sujet au marchandage, à l'exception, entre autres, des transports, grands magasins aux prix affichés et pharmacies. L'objectif est que chacun ressorte satisfait de l'échange.

Pour ne pas se sentir floué, une fois l'objet de vos convoitises découvert, le mieux est de vous fixer mentalement le prix auquel vous l'estimez ainsi qu'un autre que vous ne souhaitez pas dépasser. Ce seront là vos arguments principaux. Tout se joue dans ces limites. N'hésitez pas à dévier la conversation sur des sujets plus légers, vous attirerez la sympathie voire le respect de votre interlocuteur. Au cours de l'échange, ramenez progressivement le prix dans vos cordes. Si vous n'y parvenez pas, tentez une sortie, on vous rattrapera sans doute.

PRESSE ET MÉDIAS

Presse écrite francophone – Vous y trouverez des articles sur les actualités égyptienne et internationale ainsi que toutes les informations nécessaires concernant l'actualité culturelle. *Al Arham Hebdo* paraît le mercredi alors que *Le Progrès égyptien* est quotidien. Désormais arrêtée, *La Revue d'Égypte* proposait d'excellents articles de fond sur la culture et la société. Le ton y était parfois assez polémique et l'on n'hésitait pas à aborder des sujets brûlants. On peut parfois encore trouver d'anciens numéros dans les librairies et chez les bouquinistes.

Télévision francophone – La chaîne *Nile TV* propose plusieurs fois par jour des reportages et des journaux en français.

SOUKS

Véritables curiosités des villes égyptiennes, les souks, que l'on peut traduire par « bazars » ou « marchés », étendent leurs étals et leurs boutiques le long d'une rue ou de plusieurs pâtés de maisons selon leur ampleur.

Nous décrivons les plus importants, à savoir ceux d'Assouan, de Louxor, du Caire, avec son étonnant bazar du Khan el-Khalili, et d'Alexandrie. Mais, vous en trouverez partout. À l'écart des grands itinéraires touristiques, ils sont modestes et essentiellement alimentaire. Colorés et attachants, ils sont les meilleurs endroits où acheter des fruits et des légumes, ainsi que des vêtements traditionnels. Les plus touristiques ont des spécialités, comme le tissu à Alexandrie ou le travail du cuir au Caire, ainsi que d'une multitude de souvenirs hétéroclites dont la revue ne constitue pas la moindre des singularités.

À VOIR ET À FAIRE

Les activités et loisirs de A à Z

CROISIÈRES

Découvrir l'Égypte par le Nil permet de porter un autre regard sur le pays. Reportez vous au carnet pratique des villes concernées pour toute information sur les réservations. La majorité des croisières effectuent la liaison Louxor-Assouan en 4, 6 ou 8 jours, tout dépend du temps accordé à chaque escale. Les grands navires de 80 cabines jettent l'ancre à Esna, Edfou et Kom Ombo afin que les passagers puissent visiter les sites archéologiques. Navigant de 7 à 9 jours, les dahabiehs, voiliers à deux mats, ne comportent que 8 à 12 cabines. Leur faible tirant d'eau leur permet d'accoster à El-Kab (avant Edfou), Djebel Silsileh (avant Kom Ombo) et Daraw (avant Assouan). La croisière revient plus cher mais charme et flânerie sont au rendez-vous. Si votre bourse le permet, embarquez à bord du *Soudan*, véritable monument historique remontant aux années 1920. Il effectue la traversée en 6 jours. L'agence **Voyageurs du Monde** – *55 r. Ste-Anne - 75002 Paris - ☏ 892 23 73 73 - www.vdm.com,* est la seule à proposer cette prestation.
Le vaste lac Nasser se prête aussi à la navigation. Les navires atteignent Abou Simbel en 2 jours où ils font escale 24h avant de rejoindre leur port d'attache à Assouan. Ce sont là les croisières les plus méridionales mais aussi les plus chères d'Égypte.

GOLF

Mode dernier cri auprès des Égyptiens aisés, le golf connaît un véritable boom depuis quelques années. Le pays compte actuellement 16 terrains, notamment à 6-October-City (à l'ouest du Caire), Gizeh (Mena House Oberoi), Alexandrie, Louxor, Hurghada, El-Gouna, Sharm el-Sheikh et Taba. Le plus grand golf du Proche-Orient a ouvert au nord du Caire, à proximité de la Desert Road reliant la capitale à Alexandrie : il s'agit du Golf Al-Suleimaniya (27 trous, 840 ha).

Si vous souhaitez pratiquer, toutes les réceptions des grands hôtels d'Égypte vous renseigneront sur les possibilités les plus proches et vous organiseront une navette.

MUSÉES

Compléments indispensables des sites archéologiques, les musées vous feront découvrir les richesses de l'Égypte de jadis. Incontournable, le Musée égyptien du Caire renferme la plus importante collection d'antiquités égyptiennes au monde dont le fabuleux trésor de Toutankhamon. Vénérable, l'endroit, s'il possède un charme désuet indéniable, semble n'avoir pas changé depuis le début du 20e s. L'Égypte s'attache aujourd'hui à rénover son patrimoine muséographique comme en témoignent les travaux engagés au musée d'Art islamique et au Musée copte du Caire ainsi qu'au musée d'Art gréco-romain d'Alexandrie. Dans cette dernière ville, le nouveau Musée national et les salles d'exposition de la Nouvelle Bibliothèque montrent une véritable volonté de mise en valeur des objets exposés. Muséographie soignée, ambiance, salles multimédias plongent le visiteur dans les collections. À Saqqara, le musée Imhotep doit ouvrir d'un moment à l'autre et semble plein de promesses.

Seul point noir, l'accès à ces temples de la culture est souvent fort cher. Notez aussi que s'ils ouvrent tôt le matin, ils ferment également tôt dans l'après-midi *(voir chapitre Horaires)*.

PÊCHE

Depuis quelques années, la taille des poissons du lac Nasser attire de plus en plus de pêcheurs. Cette activité est encore balbutiante mais se structure progressivement. Que les amoureux de la nature se rassurent, les poissons sont rejetés dans le lac une fois pêchés. En général, on ne pêche pas durant les mois de juillet et août étant donné la chaleur.

African Angler – Pour tous renseignements, contacter l'agence Abercombie & Kent, au Caire : *☏ (02) 393 62 55.*

Bohayrat Orascom – Pour tous renseignements, contacter à Assouan le *☏ (097) 231 40 90, fax : même numéro.* Cet organisme propose des safaris-crocodile.

PLONGÉE SOUS-MARINE

Destination plongée sur les côtes de la mer Rouge, pour les amateurs de paysages sous-marins. De Marsa Alam à Safaga, de Safaga à Hurghada, de Hurghada à El-Gouna, la côte africaine regorge de sites. En face, la pointe sud du Sinaï est encore plus réputée, avec un chapelet de sites s'étendant du parc Ras Mohammed à l'île Tiran, et même jusque dans le golfe d'Aqaba.

Fédération française d'études et de sports sous-marins – *24 quai de Rive-Neuve - 13284 Marseille Cedex 07 - ✆ 04 91 33 99 31 - www.ffessm.fr,* vous fournira tous les renseignements nécessaires concernant les aptitudes physiques nécessaires et la conduite à tenir en milieu sous-marin.

RANDONNÉES ÉQUESTRES

Dans les stations balnéaires du Sinaï, au pied des pyramides de Gizeh, mais également sur la rive ouest de Louxor, il est possible de pratiquer ce sport à l'heure, à la demi-journée ou à la journée. Consultez les carnets pratiques et reportez-vous aux sections « safaris » : les organismes qui programment des safaris proposent notamment des randonnées à cheval. Pour Gizeh, les écuries se situent près du guichet d'entrée et près du Sphinx.

TENNIS, SQUASH

Quelques hôtels (de luxe) disposent de terrains de tennis. Lors d'un séjour au Caire, il est possible d'aller échanger quelques balles dans un club, à deux pas du Nil. On le sait peu, mais l'Égypte est une pépinière de champions de squash. Si vous parlez un peu l'anglais et si vous pratiquez ce sport, les clubs ci-dessous vous informeront sur les possibilités qui s'offrent à vous.

Gezira Sporting Club – *15 sh. Saray al-Gezira - Zamalek - ✆ (02) 735 60 00.*

Heliopolis Sporting Club – *17 sh. al-Sayyid al-Mirghany - Héliopolis - ✆ (02) 417 00 61.*

Zamalek Sporting Club – *Sh. Sitta wi-Ashrin Yulyu - Mohandissen - ✆ (02) 302 63 00.*

VOILE ET PLANCHE À VOILE

Le découpage des côtes égyptiennes n'offre pas de baies a priori favorables à ces sports. Et pourtant, de nombreux hôtels d'Hurghada, sur la mer Rouge, proposent cette activité au menu de

K. Tigrine / MICHELIN

La mer Rouge est un haut lieu de la plongée sous-marine.

leurs loisirs. Quant à Safaga, un peu plus au sud de cette station, elle est un spot de planche à voile et de funboard. La côte asiatique du golfe de Suez commence à exploiter les vents qui soufflent sur la péninsule. La plage de Moon Beach à Ras Sudr se taille depuis peu une petite réputation de spot moyen-oriental. Au sud de la péninsule du Sinaï, Sharm el-Sheikh et Dahab sont les deux stations où l'on peut pratiquer ces sports.

Que rapporter ?

À PORTER

Vêtements traditionnels – Plus connues en Europe sous le nom de djellabas – utilisées en Afrique du Nord – les *galabiyyas* sont de longues robes (sans capuchon) que porte la plupart des Égyptiens vivant en dehors des villes. Elles font de pratiques et souvent élégants vêtements d'intérieur ou de plage. De la plus simple au modèle brodé.

Vêtements en coton – La réputation du coton égyptien n'est plus à faire. On trouve quantité de chemises, T-shirts et pantalons à bon prix et d'excellente qualité, surtout au Caire (à Port-Saïd, méfiez-vous des contrefaçons des grandes marques). Un grand classique est le T-shirt brodé d'un prénom en alphabet hiéroglyphique. Tous les bateaux de croisière possèdent une boutique où faire réaliser cette fantaisie qui ravira enfants et amis à votre retour.

Bijoux – L'or et l'argent n'étant pas onéreux en Égypte, on trouve de petits souvenirs dans les bijouteries ou les boutiques spécialisées de plusieurs grands hôtels ; jusque dans le souk de Khan el-Khalili et le quartier islamique du Caire. Si vous êtes en groupe, vous verrez qu'à Louxor et au Caire, votre guide, qui suit un circuit déterminé par son agence, vous emmènera plus que probablement dans l'une des grandes bijouteries de la ville ; cela fait partie des habitudes, le guide ne percevant du reste qu'une petite commission par rapport à celle réservée à l'agence. L'éventail des bijoux proposés est très large. De nombreuses bijouteries travaillent également sur commande. L'or est vendu au poids. Il peut s'avérer utile de consulter le cours du jour dans l'*Egyptian Gazette* lorsqu'on souhaite acheter une pièce de prix. C'est une bonne base de discussion, tout en tenant compte de la valeur ajoutée par le travail de l'artisan.

Parfums – Au Caire, au souk Khan el-Khalili on trouve dans de petites échoppes des essences pures, vendues à l'once (28,35 g) et que l'on peut acquérir dans des fioles en verre soufflé de diverses couleurs. On trouve également, et pas uniquement dans le souk, des produits dilués meilleur marché ainsi que des huiles parfumées très agréables.

À DÉGUSTER

Épices – Difficile de résister à la tentation d'en ramener, d'autant plus qu'elles sont de bien meilleure qualité que celles vendues dans nos supermarchés. C'est léger, c'est pas cher, ça sent diablement bon, et il y en a pas mal qu'on ne connaît pas. Un bémol toutefois pour le safran (souvent du curcuma), utilisé en Égypte pour colorer mais sans apporter de goût aux aliments, de même que pour le curry, sans saveur. Dans ce domaine, le souk d'Assouan et un coin de Khan el-Khalili *(voir Carnet pratique du Caire)* sont les meilleurs lieux d'achat.

Condiments – Pour ceux qui ont apprécié la *tahina* ou le *sahlab*, on peut en acheter dans les épiceries ou bien dans les supermarchés des grandes villes. La *tahina* est vendue en petit pot, sous forme concentrée, à diluer par petites doses avec de l'eau chaude.

À REGARDER

Papyrus – De nombreux papyrus peints que l'on trouve en Égypte sont confectionnés avec des feuilles de bananiers ou de maïs. Qu'importe ! Ces souvenirs plaisent, et ils ne coûtent que quelques livres. L'affaire se corse quand on veut acheter un travail réellement exécuté à la main sur un vrai papyrus (nous ne parlons pas ici d'antiquités). Le prix affiché n'est pas une garantie suffisante. Regardez d'abord si le motif est totalement imprimé (c'est un faux), si le support se déchire lorsqu'on le roule ou le froisse légèrement (c'est un faux), s'il vous reste un peu d'encre sur vos doigts à peine humidifiés lorsque vous le touchez (c'est probablement un vrai), si placé sur un fond noir le papyrus ne supporte pas la transparence (c'est un faux, car le vrai est plus épais et la supporte). Une adresse sûre est l'Institut du papyrus du Dr Ragab, au Caire *(rive ouest du Nil, 500 m au sud de la place Al-Gala)*, dont l'expo-vente affiche des prix toutefois élevés.

Antiquités – Ne vous faites aucune illusion ! Le domaine des antiquités – des vraies – appartient aux connaisseurs et aux personnes ayant les moyens. Concernant les antiquités d'époque pharaonique, la situation est simple : il est interdit de sortir du territoire égyptien en possession d'un tel objet. Nous parlons ici des antiquités plus « récentes », celles que l'on trouve au souk Attarine d'Alexandrie ou rue Hoda Sha'rawy, au Caire. Les vendeurs s'y connaissent plus que vous, mais cela n'empêche pas de chiner.

À UTILISER

Artisanat du métal – Des objets en cuivre et en laiton, du simple cendrier aux théières, sont vendus dans les souks. Au Caire, certains objets sont certifiés d'époque mamelouke. Contentez-vous d'un clin d'œil pour revenir à des choses plus sérieuses.

Artisanat du cuir – À l'instar du coton, le cuir est bon marché ; la qualité laisse cependant parfois à désirer. Le bon truc consiste à choisir une peau qui vous plaît et de faire réaliser l'objet dont vous avez envie. Le cuir est une spécialité du souk de Khan el-Khalili, au Caire. Derrière la mosquée Al-Azhar se niche un relieur capable de réaliser de magnifiques reliures plein cuir pour un prix défiant toute concurrence *(voir carnet pratique du Caire)*.

Chicha – Pour beaucoup, c'est le souvenir incontournable. Elles sont désormais souvent vendues avec un sac de transport. Mieux vaut se fournir en tabac en dehors des marchés à touristes où les prix ont tendance à être très exagérés.

D. Pazery / Michelin

- ☐ a. ***Muséum National d'Histoire Naturelle (Paris)***
- ☐ b. ***Natural History Museum (Londres)***
- ☐ c. ***Musée d'Histoire naturelle (Berlin)***

Vous ne savez pas quelle case cocher ?

Alors plongez-vous dans Le Guide Vert Michelin !

- tout ce qu'il faut voir et faire sur place
- les meilleurs itinéraires
- de nombreux conseils pratiques
- toutes les bonnes adresses

Le Guide Vert Michelin, l'esprit de découverte

MICHELIN
Une meilleure façon d'avancer

Marqueterie – Les artisans ébénistes fabriquent de très beaux objets, boîtes, plateaux de backgammon ou miroirs portant des incrustations d'os ou de nacre. Vérifier cependant qu'il ne s'agit pas de plastique !

Tapis – Dans les déserts, les Bédouins vendent des kilims souvent très décoratifs, avec des motifs inspirés de la vie quotidienne. Non loin de Gizeh et de Saqqara se trouvent plusieurs comptoirs de vente nommés *Carpet Schools*. Autant savoir à leur propos que les enfants qui y réalisent les tapis sont bel et bien exploités, et rarement scolarisés. Beaucoup plus sérieux, le Ramses Wissa Wassef Art Center *(voir Saqqara)* apprend le métier à des enfants qui suivent leur scolarité : c'est donc plus cher, mais il n'est qu'à voir la qualité technique et artistique de la production pour comprendre la différence.

Vannerie – Ceux qui partiront à la découverte des oasis pourront en ramener de jolis objets tressés avec des feuilles de palmier : coffrets, paniers, chapeaux, plateaux, etc. On en trouve aussi dans les souks des grandes villes.

Verrerie – L'art du verre soufflé est une vieille tradition. Carafes, verres à boire, coupes, flacons sont réalisés dans toutes les couleurs, toutes les formes, toutes les tailles et à tous les prix. On les trouve dans les souks.

Fêtes et festivals

JANVIER

Foire du livre du Caire – Fin janvier. Cette importante manifestation se tenant au Parc des expositions est l'occasion de colloques et de rencontres avec des écrivains étrangers.

MARS-AVRIL

Biennale internationale du Caire – Consacrée aux arts plastiques, elle expose les œuvres de quelque 250 artistes provenant de plus de 50 pays.

Festival Al-Nitaq – Mi-mars-mi-avril. Consacré à l'art contemporain en Égypte, il se déroule dans plusieurs galeries du centre-ville du Caire.

Festival de Gourna – Fin mars. Haut lieu de la musique traditionnelle soufie, sur la rive ouest du Nil à Louxor.

Festival de l'écran arabe – Fin mars. Souvent boycotté, il réunit au Caire de jeunes réalisateurs arabes émigrés ou non aux sensibilités parfois opposées.

ÉTÉ

Fête de la musique – 21 juin. La manifestation lancée par Jack Lang commence à atteindre Le Caire.

Festival national du cinéma – Fin juin-début juillet. L'occasion de voir au Caire certains films produits en Égypte l'année précédente.

Festival musical de la Citadelle – Mi-août. Cocktail de musiques diverses, arabes et occidentales, débutant place de la Citadelle, au Caire, et se poursuivant dans plusieurs théâtres de la ville.

Festival d'Ismaïlia – Fin août. Festival de danse folklorique.

AUTOMNE

Festival de théâtre expérimental du Caire – Début septembre. De nombreuses troupes, dont un grand nombre provenant de pays non arabes, s'y produisent. Il devrait déménager à Beyrouth (Liban).

Festival international d'Alexandrie – Mi-septembre. Festival de cinéma international (une vingtaine de pays représentés) décernant notamment un prix de la première œuvre.

Rallye d'Égypte – Octobre. Rallye automobile de valeur internationale où concourent des véhicules 4x4 ; débute et s'achève aux pyramides de Gizeh.

Festival de musique arabe – Début novembre. Il réunit une quinzaine de pays et se tient principalement à l'Opéra du Caire.

Festival international du film du Caire – Fin novembre ou début décembre. L'occasion de voir dans diverses salles de la ville des films (non censurés) du monde entier.

DATES MOBILES

Aïd el-Adha – Lors de cette fête du sacrifice d'Abraham, des ovins sont sacrifiés devant tout le monde en signe de rachat ; âmes sensibles s'abstenir…

Aïd el-Fitr – Cette fête de 3 jours commémore la fin du ramadan.

(Dates : voir jours fériés ci-dessus).

POUR PROLONGER SON VOYAGE

Quelques livres

OUVRAGES GÉNÉRAUX

Atlas de l'Égypte ancienne, J. Malek et J. Baines, Nathan, 1981.

La Civilisation islamique, Joseph Burlot, Hachette, 1990.

Désert Libyque, Théodore Monod, Arthaud, 1994.

La Cuisine égyptienne des pharaons à nos jours, Salima Aït Mohamed, Autre Temps, 1997.

La Découverte de l'Égypte, Fernand Beaucour et coll., Flammarion, 1997.

Le Dernier Pharaon, G. Sinoué, Pygmalion, 1997.

L'Égypte restituée, A. Sydney, J.-C. Goyon et J.-C. Golvin, Errance, 1997.

Alexandrie redécouverte, Jean-Yves Empereur, Fayard/Stock, 1998.

Champollion, une vie de lumières, Jean Lacouture, Grasset, 1988 (édité en Livre de Poche).

L'Égypte en 1 000 photos, Fabienne Pavia et Jean Guichard, Solar, 1998.

Tableaux des oasis égyptiennes, Alain Blottière, Arthaud, 1999.

Le Mystère de la Grande Pyramide, Edgar P. Jacobs, Éditions Blake et Mortimer, 2000 (bande dessinée).

Je suis né en Égypte il y a 4 700 ans, Jean-Philippe Lauer, Albin Michel, 2000.

HISTOIRE

Toutankhamon, Christine Desroches Noblecourt, Pygmalion, 1977.

Histoire de l'Égypte ancienne, Nicolas Grimal, Fayard, 1988.

La Fabuleuse Découverte de la tombe de Toutankhamon, Howard Carter, Pygmalion, 1990.

Cléopâtre, E. Flammarion, Gallimard, 1993.

Chronique des pharaons, Peter A. Clayton, Casterman, 1995.

Dictionnaire des pharaons, Pascal Vernus et Jean Yoyotte, Éditions Noésis, 1996.

Le Phare d'Alexandrie, la merveille retrouvée, Jean-Yves Empereur, Gallimard, Découvertes, 1998.

Ramsès II, souverain des souverains, Bernadette Menu, Gallimard, Découvertes, 1998.

Dictionnaire de la civilisation égyptienne, Guy Rachet, 1998.

Bestiaire égyptien, J. Livret et P. Germond, Citadelles & Mazenod, 2001.

Dictionnaire amoureux de l'Égypte, Robert Solé, Plon, 2001.

ART

Karnak, résurrection d'un site, Claude Traunecker et Jean-Claude Golvin, Payot, 1984.

Tanis, l'or des pharaons, RMN, 1987.

Le Voyage en Égypte, Jean-Claude Simoën, Lattès, 1990.

Les Arts de l'islam, M. Bernus-Taylor, RMN, 1993.

L'Art égyptien, Sergio Donadoni, La Pochotèque, 1993.

L'Art de l'Égypte, Kazimierz Michalowski, Citadelles & Mazenod, 1994.

Égypte, de la Préhistoire aux Romains, Dietrich Wildung, Taschen, 1997.

L'Égypte copte, Massimo Capuani, Citadelles & Mazenod, 1999.

L'Art égyptien au temps des pyramides, RMN, 1999.

Les Artistes des pharaons, Deir el-Medineh et la Vallée des Rois, RMN, 2002.

LITTÉRATURE

La première partie de cette sélection concerne des ouvrages d'auteurs égyptiens.

Mort sur le Nil, Agatha Christie, Librairies des Champs-Élysées, 1937 (édité dans la collection Le Masque).

Le Quatuor d'Alexandrie, Lawrence Durrell, Buchet-Chastel, 1959.

Sinouhé l'Égyptien, Mika Waltari, Olivier Orban, 1977 (édité en Folio).

Le Mystère du sarcophage, Elizabeth Peters, Le Livre de Poche, 1985.

Le Tabou, Yousouf Idris, Lattès, 1987.

Au-delà du Nil, Möenis Taha Hussein, Gallimard, 1990.

Le Voyage en Égypte, Gustave Flaubert, Grasset, 1991.

Le Tarbouche, Robert Solé, Seuil, 1992.

Histoire du calligraphe, Gamal Ghitany, Seuil, 1993.

La Trilogie du Caire, Naghib Mahfouz, LGF, 1993.

Quatrains, Ommar Khayyam, Éditions Mille et Une Nuits, 1995.

Belles d'Alexandrie, Édouard Al-Kharrat, Actes Sud, 1997.

Le Sixième Jour, Andrée Chedid, J'ai lu, 1998.

Équipe de nuit, Ibrahim Aslân, Actes Sud, 2000.

Les Hommes oubliés de Dieu, Albert Cossery, Éditions Joelle Losfeld, 2000.

La Belle du Caire, Naghib Mahfouz, Gallimard, 2001.

Le Roman de la momie, Théophile Gautier, Librio, 2003.

Le Livre des jours, Möenis Taha Hussein, Gallimard.

REGARDS SUR L'ÉGYPTE CONTEMPORAINE

Poil de Cairote, Paul Fournel, Seuil, 2004. L'auteur, Français expatrié, a passé trois ans au Caire et brosse un portrait lucide, à la fois tendre et acide de la vie dans la capitale.

L'Immeuble Yacoubian, Alaa el-Aswany, Actes Sud, 2006. Un portrait de l'Égypte d'aujourd'hui à travers la vie des habitants d'un immeuble qui la symbolise. Le succès du livre l'a préservé de la censure.

CARNET DE VOYAGE

Le Voyage en Égypte, Champollion. Des extraits du journal et des lettres du voyage (1828-1829) du savant, d'Alexandrie au désert de Nubie. Extraits lus par Daniel Mesguich. CD Coédition De Vive Voix/Le Louvre.

Alexandrie, Philippe Delord, Gallimard, 2002.

Cinéma

L'Égypte est apparue à l'écran dans quelques films demeurés célèbres, parfois de façon inattendue.
Un site Internet s'est fait un devoir de recenser tous les films ayant trait à ou évoquant l'Égypte : *www.wepwawet.nl/films*.

Au **Caire** : *Ciel d'enfer* (1954) de Youssef Chahine, avec Omar Sharif. Le film égyptien qui a révélé le futur héros de Lawrence d'Arabie.

Dans le **Sinaï** : *Les Dix Commandements* (1956) de Cecil B. De Mille, avec Charlton Heston, Yul Brynner et Edward G. Robinson. Le Sinaï, vu de loin.

À **Alexandrie** : *Cléopâtre* (1963) de Joseph L. Mankiewicz, avec Liz Taylor et Richard Burton. Intégralement tourné en studio, à Hollywood.

Au **Caire** et à **Louxor** : *L'Espion qui m'aimait* (1977) de Lewis Gilbert, avec Roger Moore. James Bond au pays du Nil. À voir !

À **Louxor**, **Assouan** et **Abou Simbel** : *Mort sur le Nil* (1978) de John Guillermin, avec Peter Ustinov, Mia Farrow et Jane Birkin. Dans le livre, Hercule Poirot ne met pas les pieds à Louxor, mais pour la beauté du film on alla même jusqu'à faire naviguer le bateau d'Assouan à Abou Simbel via Karnak ! Un exploit, pour ce film au demeurant merveilleux.

Au **Caire** et à **Tanis** : *Les Aventuriers de l'Arche perdue* (1981) de Steven Spielberg, avec Harrison Ford. Le site de Tanis y est très imaginaire, et les scènes du Caire sont tunisiennes…

J.-L. Blanchon / VISA PRODUCTIONS

Le Musée égyptien du Caire, bâtiment de l'architecte Marcel Dourgnon inauguré en 1902.

Au **Caire** : *Malcolm X* (1992) de Spike Lee, avec Dentzel Washington. Le héros du film vient y prier à la mosquée de Mohammed Ali, dans la citadelle.

Au **Caire** : *Ruby Cairo* (1993) de Robin Clifford, avec Andie MacDowell et Liam Neeson. Un film un rien « cliché ».

Au **Caire** et dans le **désert Libyque** : *Le Patient anglais* (1996) de Anthony Minghella, avec Juliette Binoche.
Au **Caire** : *Le Caire, nid d'espions* (2006) de Michel Hazanavicius. Le Caire de 1955 est l'un des personnages principaux de cette parodie de film d'espionnage.

Musique

Oum Kalsoum est incontournable. Celle qui fut surnommée la « quatrième pyramide » fait encore entendre son chant dans les rues, les cafés et même les voitures. Ses chansons peuvent atteindre les 45mn ! Mais toute l'Égypte est là, dans cette voix qui envoûta par ailleurs tous les pays arabes.
Le crooner égyptien se nomme **Abdel Halim Hafez**. C'est un peu le pendant masculin d'Oum Kalsoum. Dans la nouvelle génération d'artistes de variétés, **Muhamed Mounir** mélange avec succès les rythmes égyptiens et occidentaux.
Au cours de vos voyages dans les lieux plus reculés, vous aurez l'occasion de découvrir la musique populaire traditionnelle égyptienne. Dans les oasis, les guides animent souvent les bivouacs de chants qu'ils accompagnent de percussions ou d'instruments à cordes pincées en forme de lyre ou de cithare. On n'en trouve peu d'enregistrements. Si vous possédez un magnétophone, c'est le moment de l'utiliser.

R. Mattès / MICHELIN

La chicha, une pratique nouvelle et à la mode dans les capitales occidentales.

Pour retrouver l'Égypte

ÉPICERIES

Sabbah Orientale – *Plusieurs boutiques à Paris : 125 bd de Ménilmontant - 75011 Paris ; 71 bd de Belleville - 75011 Paris ; 111 r. d'Avron - 75020 Paris ; 12 r. Marx-Dormoy - 75018 Paris*. Produits orientaux d'Égypte, Liban, Turquie, Grèce…

CAFÉS ET SALONS DE THÉ

Café égyptien – *112 r. Mouffetard - 75005 Paris*. Café égyptien et chicha au rendez-vous.
Almachrabia – *72 r. Rochechouart - 75009 Paris*. Salon de thé.

Petit lexique

Même si l'anglais est couramment pratiqué dans tous les hôtels et dans la grande majorité des restaurants, il n'est pas inutile de pouvoir utiliser quelques mots voire quelques phrases dans la langue du pays.

Formules de politesse

Bonjour (le matin) : **sabâh al-kheir**
réponse : **sabâh al-nour**

Bonsoir : **massa al-kher**
réponse : **massa al-nour**

réponse à « **salam aleikoum** »
wa 'aleikoum es salam

S'il vous plaît : **lao samaht**

Merci : **shokran**

Non merci : **la'shokran**

Comment allez-vous ?

ezzayyak ? (à un homme)

ezzayyek ? (à une femme)

Pardon, excusez-moi :

assef (pour un homme)

asfa (pour une femme)

Ça ne fait rien, ce n'est pas grave :
maalesh

Si Dieu le veut : **incha Allah**

Au revoir : **ma'es salama**

Mots et phrases utiles

Oui : **aywa** / non : **la'a**

Ici : **hena** ; là-bas : **henak**

Combien ? : **kam ?**

C'est trop cher : **ghali'awi**

D'accord : **mashi**

Pas d'accord : **ma yenfoash**

Peut-être : **yemken**

C'est possible : **momken**

Droite : **yemin** / gauche : **shemal**

Bon : **helou** / mauvais : **wahesh**

Ça suffit : **kefaya**

Ouvert : **maftouh** / fermé : **ma 'foul**

Aujourd'hui : **en-nahârda**

Demain : **bokrâ**

Livre (argent) : **guinay**

50 piastres : **noss guinays**

Vieille ville : **el medina el'adima**

Bureau de poste : **bôstâ**

Commissariat de police : **'esm el bôlis**

Hôpital : **moustashfa**

Ambassade : **safâra**

Passeport : **gawaz el safar**

Je ne comprends pas :
ana mish fahem (pour un homme)
ana mish fehma (pour une femme)

Je n'ai pas d'argent : **ma'andish felous**

Je suis malade : **ana ayyan (a)**

Parlez-vous français (anglais) ? :
betetkallem fransawi (inglezi) ?

Je voudrais changer de l'argent :
aïz aghâyyâr felous

Pouvez-vous m'indiquer la route pour l'hôtel… ?
momken t'ewarri-ni at-tariq lel fondoq… ?

Y a-t-il une chambre de libre ? :
fih ôda fâdia ?

Puis-je visiter la mosquée ?

B. Dumas / MICHELIN

Alphabet hiéroglyphique.

momken 'azour el-guema' ?

Où puis-je louer un vélo (cheval) ?

fen a'aggar 'agala (hossân) ?

Au restaurant

Restaurant : **mât'âm**

Carte : **kart** ; addition : **hissab**

L'addition s'il vous plaît :
al hissab min fadlak

Assiette : **tâbâ'** ; couteau : **sekkina** ; fourchette : **shôka**

Sel : **mealh** ; poivre : **felfol**

Sucre : **sokkar**

Pain : **aïsh**

Viande : **lahma** ; poisson : **samak**

Légumes : **khôdâr** ; salade : **sâlâtâ**

Eau minérale : **mâyya maadaniyya**

Yaourt : **zabadi** ; fromage : **jebn**

Dessert : **helou**

Thé : **chay** ; café : **ahwa**

Pour voyager

Avion : **tâyyâra**

Bateau : **merkeb**

Train : **'âtr**

Voiture : **ârabeya**

Bus : **ôtobis**

Gare : **mahatta**

Gare routière : **mahattat el-ôtobis**

Où se trouve la gare routière ? :

fen mahattet el-ôtobis ?

Quel bus va à Assouan ? :

ay ôtobis yerouh Aswan ?

Quel est le tarif pour Assouan ? :

be kam at-tazkâra li Aswan ?

Quand part le bus pour Assouan ?

emta i'oum el ôtobis li Aswan ?

Combien y a-t-il de bus par jour pour Assouan ? :

kam ôtobis fil yom yirouh Aswan ?

Pouvez-vous m'attendre ? :

moumken t'estanna-ni ?

Arrêtez-vous ici : **bess hena**

Jours de la semaine

Lundi : *(yom)* **el-etnen**

Mardi : *(yom)* **el-talata**

Mercredi : *(yom)* **el-'ârbaa**

Jeudi : *(yom)* **el-khamis**

Vendredi : *(yom)* **el-goma 'a**

Samedi : *(yom)* **el-sabt**

Dimanche : *(yom)* **el-had**

Yom signifie jour et peut ou non être précisé.

Pays

Allemagne : **almanya**

Belgique : **beljika**

Canada : **kanada**

Égypte : **mâsr**

France : **fransa**

Italie : **itâlia**

Luxembourg : **louxambourg**

Suisse : **swisra**

Je suis belge : **ana belgiki** *(***belgikeyya***)*

je suis canadien(ne) : **ana kanadi** *(***kanadeyya***)*

je suis français(e) : **ana fransawi** *(***fransaweyya***)*

je suis suisse : **ana swisri** *(***swisreyya***)*

Nombres

1 : **wahed**

2 : **etnen**

3 : **talata**

4 : **ârbâ'a**

5 : **khamsa**

6 : **setta**

7 : **saba'a**

8 : **tamanya**

9 : **tesa'a**

10 : **'ashara**

20 : **'asherin**

30 : **talatin**

40 : **arba'in**

50 : **khamsin**

100 : **meyya**

200 : **miten**

300 : **talatmeyya**

400 : **arbaameyya**

500 : **khamsmeyya**

1 000 : **alf**

Gardien du temple d'Abou Simbel.

F. Soreau / MICHELIN

COMPRENDRE L'ÉGYPTE

NATURE

Un jardin au milieu des sables. Essentiellement désertique, la République arabe d'Égypte couvre 1 001 449 km². Pourtant, seuls 5 % du territoire sont cultivés. Les paysages sont très contrastés, et la faune et la flore sont très variés.

Hany A. Aziz / MICHELIN

Les rives fertiles du Nil aux environs de Louxor.

Les régions

À proximité du Proche-Orient, l'Égypte occupe une partie de l'**extrémité nord-est du continent africain**, englobant la péninsule du Sinaï au-delà du canal de Suez. Dans sa plus grande largeur est-ouest, elle atteint approximativement 1 200 km, et 1 080 km du nord au sud. Elle possède une frontière commune avec le Soudan au sud, la Libye à l'ouest, Israël et la Palestine (bande de Gaza) à l'est. Elle compte **995 km de côtes sur la mer Méditerranée, 1 942 km sur la mer Rouge**. Le **désert** couvre la majeure partie du territoire, la bande cultivable le long du Nil ne représentant que 5 % du sol. Quelques grandes oasis ponctuent ce désert. Entre les 22e et 32e degrés de latitude nord et les 24e et 37e degrés de longitude ouest, telle est l'Égypte des géographes.

Le pays se distingue par ses quatre régions naturelles. La vallée du Nil, le long de laquelle se développent les terres cultivées et que l'on divise en trois zones : la **Basse-Égypte** (au nord), la **Moyenne-Égypte** et la **Haute-Égypte** (au sud). Le **désert Libyque** ou désert occidental. Le désert Arabique ou désert oriental. La péninsule du Sinaï enfin qui lui fut longtemps contestée. L'Égypte est aujourd'hui divisée en 26 provinces, chacune regroupant plusieurs districts.

LA VALLÉE DU NIL

L'Égypte, c'est avant tout le **Nil**. Le fleuve est la colonne vertébrale du pays, l'élément nourricier dont il dépend totalement. Le Nil serpente du sud au nord et prend sa source bien au-delà du pays même, au cœur de l'Afrique. Au nord, il forme un large delta (la Basse-Égypte) et se jette par deux embouchures dans la Méditerranée. Une grande partie des terres cultivables sont situées dans le Delta. Le long du Nil, elles forment une mince bande de quelques kilomètres de large. Près de **90 % de la population** vit dans la vallée du Nil, dans de petits villages établis entre les cultures et le désert. Quelques villes plus importantes ponctuent cette vallée telles Assouan, Louxor, Assiout, Le Caire, Alexandrie. Depuis toujours, les hommes ont vécu sur ces terres comme en témoignent les innombrables monuments antiques, érigés à la lisière du désert ainsi que les restes d'habitats enfouis sous les villages actuels. Le fleuve traverse les plateaux arides des déserts Libyque et Arabique dont les falaises, parfois hautes de 200 à 300 m, dominent la vallée.

LE DÉSERT LIBYQUE

D'une superficie de 680 000 km², soit **68 % de la superficie totale du pays**, il appartient au Sahara dont il est un prolongement. Il est, selon l'expression de Théodore Monod, le « désert absolu, déshérité du ciel et des nuages ». Vaste bassin de dunes sablonneuses qui peuvent atteindre 150 m de haut et qui se déplacent avec le temps, le désert Libyque est constitué d'un plateau calcaire d'une altitude moyenne de 300 m, que traversent des dépressions. Dans la partie centrale et au sud, un **chapelet d'oasis** forment, de Baharîya à Khârga, une boucle de vie dans cet univers stérile. Au nord, au débouché de la plaine littorale se trouve l'oasis de Siwa et la vallée du Natroun qui vient presque buter contre le Delta. De tout temps des caravanes ont sillonné cet espace, le reliant à la Nubie, à la vallée du Nil et à la Libye. Les oasis servaient de relais et furent donc aménagées dès la plus haute Antiquité : un système complexe d'irrigation et des sources chaudes assuraient le bien-être des oasiens.

LE DÉSERT ARABIQUE

Avec ses 225 000 km^2, soit **23 % de la superficie totale** de l'Égypte, le désert forme une longue bande qui s'étire du nord au sud entre le Nil et la mer Rouge. Son plateau qui s'élève d'ouest en est est hérissé d'une longue chaîne de montagnes où se succèdent des **djebels** désolés dont certains culminent à plus de 1 500 m. Cet univers de roches dures sans aucune oasis est entaillé de vallées qui servaient jadis de passage aux pistes caravanières qu'empruntent aujourd'hui les rares routes qui relient la vallée à la **mer Rouge**. C'est dans ce désert que les Égyptiens se procuraient le cuivre, l'étain, le plomb et la galène, le granit, le jaspe, le porphyre et le feldspath, matériaux plus ou moins rares qu'ils aimaient employer en orfèvrerie ou dans la statuaire.

LE SINAÏ

Excroissance du désert Arabique, cette péninsule triangulaire d'une superficie de **61 000 km^2**, délimitée par les deux bras de la mer Rouge, est le passage obligé entre l'Afrique et l'Asie. Au sud, des montagnes granitiques s'élèvent entre les golfes d'Aqaba et de Suez, culminant au **mont Ste-Catherine** (2 637 m) que jouxte le **mont Moïse** (2 285 m). Le large plateau du Tîh occupe la partie centrale. Au nord s'étend une vaste plaine côtière désertique. À l'époque pharaonique, le Sinaï était le domaine des Bédouins nomades et le lieu d'extraction du cuivre, de la malachite et de la turquoise.

Le Nil, source de civilisation

Comme l'a écrit Hérodote, « l'Égypte est un don du Nil ». Assimilé par les Anciens qui lui rendaient un culte au dieu Hapy, divinité androgyne surmontée d'un papyrus, le Nil jusqu'à la construction du haut barrage déposait avec la crue bienfaitrice le limon qui assurait au pays de belles récoltes. Sans ce fleuve, l'Égypte telle que nous la connaissons n'aurait pas existé. Cette artère était si essentielle que les anciens Égyptiens pensaient qu'elle sortait des « eaux primordiales », le Noun, où ils situaient l'origine du monde. Le Nil fut d'abord nommé « la mer », puis « le grand fleuve », enfin Neilos par les Grecs sans qu'on sache exactement pourquoi. Ce Nil merveilleux a conditionné, par le régime de ses crues, le destin d'un peuple et façonné sa civilisation extraordinaire.

UN INTERMINABLE PARCOURS AFRICAIN

Le cours du Nil s'étend sur 6 671 km, ce qui en fait, en tenant compte de ses sources, le **3e fleuve le plus long du monde** après l'Amazone et l'ensemble formé par le Mississippi et le Missouri. Le **Nil blanc** prend sa source au Burundi, au cœur des hauts plateaux de l'Afrique, juste au nord de l'équateur. Il traverse ensuite le Rwanda pour se jeter dans le lac Victoria, à cheval entre la Tanzanie, le Kenya et l'Ouganda. Il coupe à travers ce dernier puis s'engage dans la cuvette du Soudan et reçoit à Khartoum les eaux du **Nil bleu** qui naît à proximité du lac Tana, en Éthiopie. C'est donc à partir de la capitale du Soudan que le Nil développe son cours majestueux de cataracte en cataracte (six en tout), franchissant le désert saharien avec indifférence pour se disperser dans l'**immense delta** qui sépare Le Caire de la Méditerranée. Des sept branches du fleuve qui formaient jadis le Delta, il n'en reste plus que deux.

LA RICHESSE D'HAPY

Le grand trésor de l'Égypte ancienne était l'agriculture. Le Nil fécondait la terre du pays des pharaons par l'eau qu'il lui apportait avec la **crue** de juillet à octobre, mais aussi par le limon qu'il transportait. Les Égyptiens cultivaient principalement des céréales, des cultures maraîchères et du lin, ainsi que des arbres fruitiers, de la vigne et du papyrus. Mais, la richesse que garantissait le Nil dépen-

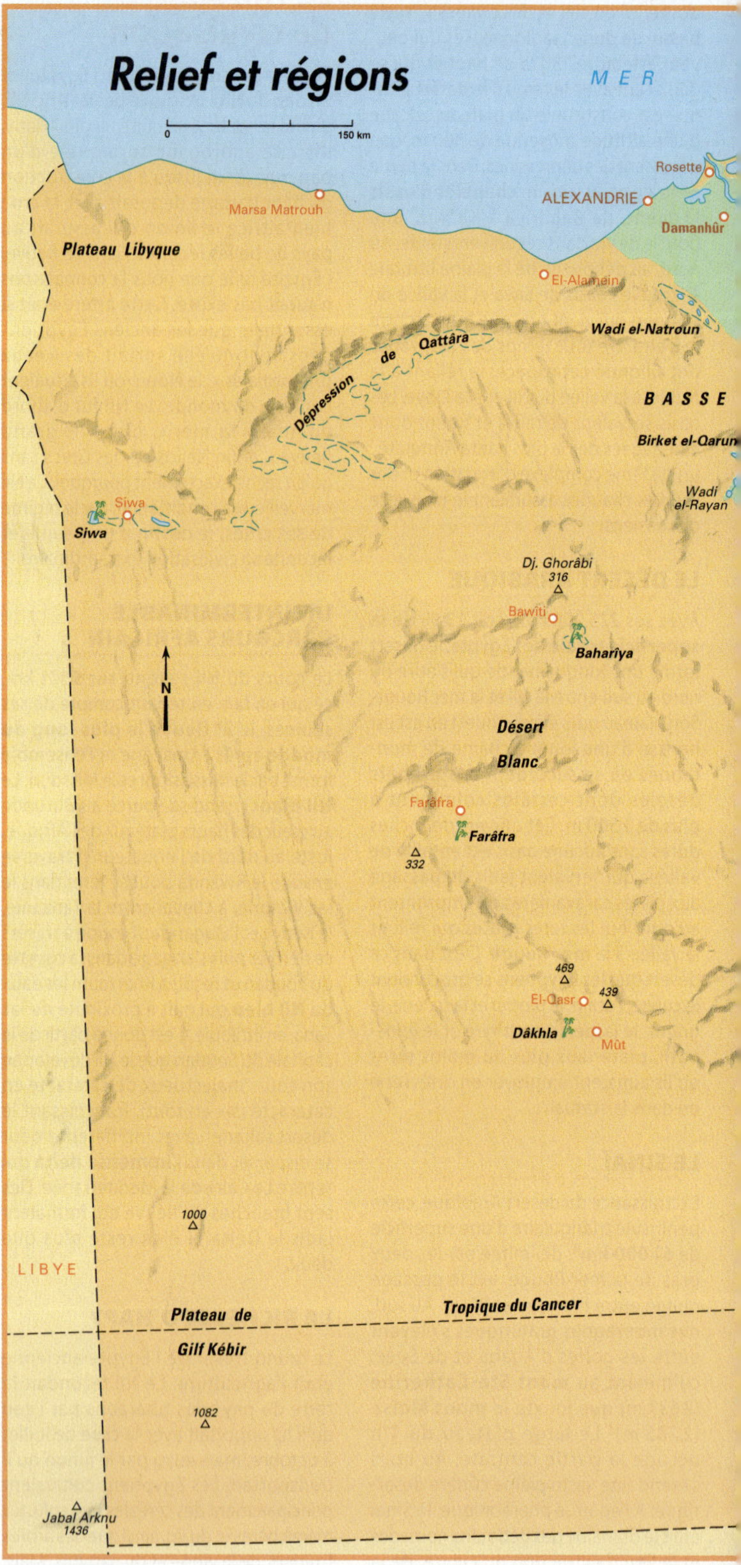
Relief et régions
0
150 km
MER
Rosette
ALEXANDRIE
Damanhûr
Marsa Matrouh
Plateau Libyque
El-Alamein
Wadi el-Natroun
Dépression de Qattâra
BASSE
Birket el-Qarun
Wadi el-Rayan
Siwa
Siwa
Dj. Ghorâbi
316
Bawîti
Baharîya
N
Désert Blanc
Farâfra
Farâfra
332
469
El-Qasr
439
Dâkhla
Mût
1000
LIBYE
Plateau de Gilf Kébir
Tropique du Cancer
1082
Jabal Arknu
1436

MÉDITERRANÉE
Tel-Aviv-Jaffa
CISJORDANIE
'Amman
Jérusalem
Mer Morte
JORDANIE
BANDE DE GAZA
Baltîm
Port-Saïd
Damiette
El-Mansura
El-Arish
ISRAËL
W. Hasa
W. El-'Arîsh
El-Mahalla el-Kubra
El-Qantara
Quseima
Tanta
Ismaïlia
Canal de Suez
735
Petra
Al-Jafr
DELTA
Zagazig
1087
1727
Grand Lac Amer
SINAÏ
1555
J. el Batra
Suez
Gizeh
Le Caire
Nakhl
ÉGYPTE
Ain Sukhna
Plateau du Tîh
Elat
Al-Aqabah
861
Dj. el-Galâla el-Baharîya
Um Bogma
1187
W. Araba
Golfe de Suez
El-Faiyum
Dj. el-Igma
1626
Nuweiba
ARABIE SAOUDITE
Golfe d'Aqaba
Beni-Suef
W. Feirân
J. al-Lawz
2580
Bahr Yousouf
Dj. el-Galâla el-Qiblîya
1163
Dj. Mousa (Mont Moïse)
2285
Dahab
NIL
DÉSERT ARABIQUE (Désert Oriental)
W. Hawashiya
2637
Mont Ste-Catherine
2350
J. Dibbagh
Râs Gharib
Et-Tûr
El-Minya
W. Tarfa
Dj. Ghârib
1751
Sharm el-Sheikh
VALLÉE DU NIL
W. Kenêh
R. Muhammad
Duba
W. Assiout
Hurghada
1963
Dj. Kattâr
2187
Dj. el-Shâyib
MER ROUGE
Assiout
Safaga
DÉSERT LIBYQUE (Désert Occidental)
Sôhag
1112
Dj. Mi'tîg
Quseir
Qena
W. el-Qash
1484
Dj. Sabâhi
Louxor
El-Idisât
707
El-Khârga
606
Esna
Khârga
W. el-Bâtûr
1506
1198
Dj. Hafafit
Edfou
Dj. Gemal
497
Dj. el-Barqa
Kom Ombo
El-Dush
HAUTE ÉGYPTE
W. el-Kharît
Dj. Hamata
1977
1re cataracte
Assouan
Berenice
Haut barrage
W. Hodein
Lac Nasser
Abou Simbel
W. el-Allâqui
W. Gabgaba
SOUDAN

dait essentiellement de ses crues. Trop fortes ou trop faibles, celles-ci pouvaient ruiner la prospérité du pays et causer des famines qui, du reste, régnaient de façon endémique hors de la vallée du Nil. La célèbre stèle de la famine de l'île Séhel évoque une sècheresse qui dura sept ans à l'époque de Djéser (Ancien Empire). Pour pallier aux famines, Pharaon devait donc constituer des réserves de blé lors des années fastes à partir des impôts payés en nature par les *fellahs* (paysans). Le fleuve assurait aussi une pêche fructueuse aux familles qui ne mangeaient que rarement de la viande, celle-ci étant réservée aux notables. Les gens des basses classes n'en consommaient que lors de fêtes particulières. Si l'on en croit les bas-reliefs peints des tombes, le Nil regorgeait de toutes sortes de poissons parmi lesquels le fameux bolti.

DU VRAI NIL AU FLEUVE ACTUEL

D'Abou Simbel aux pyramides de Gizeh, le Nil conditionnait la vie des fellahs et le prestige de Pharaon par la magie de ses inondations récurrentes. S'il régénérait sans cesse cette longue oasis bordée de temples et de cités, le grand fleuve ne fournissait cependant qu'une récolte par an. Aujourd'hui, le Nil ne connaît plus le rythme des crues. Grâce au **haut barrage d'Assouan** inauguré en 1971, qui a eu raison de la puissance millénaire du dieu liquide, les fellahs connaissent deux voire trois récoltes annuelles. Toutefois, les techniques et le paysage agricoles ne se sont guère modifiés. Comme autrefois, on laboure les champs par traction animale et on pompe l'eau des canaux d'irrigation, même si le gasoil et l'électricité ont remplacé les traditionnelles *noria* (roue hydraulique), vis d'Archimède ou *chadouf* (seaux suspendus à un balancier). Grâce au barrage, le pays tente de faire face à son explosion démographique : la surface cultivable a plus que doublé et peut donc satisfaire en partie les besoins alimentaires de la population. Certes, le progrès a un prix. Toute la poésie liée aux crues a disparu, et le Nil ne se teinte plus de rouge parce que saturé de limon au moment des inondations. Au contraire, il est devenu gris et n'est plus qu'un cours d'eau paisible qui malheureusement est pollué à hauteur du Caire.

DES VOILES EN PLEIN DÉSERT

Mais, une certaine poésie du Nil a bel et bien survécu. Celui ou celle qui n'a pas vu les felouques de Louxor et d'Assouan glisser sur les eaux du fleuve ne connaît pas le pouvoir d'envoûtement du Nil. Vaguement troublée par les hôtels flottants que sont les énormes bateaux de croisière qui assurent une rotation incessante entre ces deux villes, la navigation au vent y cultive un charme inouï. L'unique voie de communication du pays désertique qu'est l'Égypte a d'abord connu les barques de papyrus des pêcheurs de l'Antiquité ou les bateaux en sycomore utilisés pour transporter les pierres des pyramides et des temples. L'embarcation qui symbolise le Nil reste la **felouque**, terme qui vient de l'arabe *feluqa* et qui désigne un petit navire de charge. L'armada de ces petits bateaux de Louxor et d'Assouan vaut à elle seule un voyage, car assister au coucher du dieu soleil sur l'horizon de la Haute-Égypte, assis sous la voile blanche et silencieuse d'une felouque, est un moment inoubliable qui marque tout voyage en Égypte.

La jacinthe d'eau

Importée d'Amérique du Sud et apparue au début du 20e s. comme plante décorative, la jacinthe d'eau *(Eichhornia crassipes)* est un des indices de la dégradation de la qualité des eaux du Nil. Cette plante à multiplication rapide et à fleurs blanches ou mauves a vite proliféré. Elle obstrue maintenant près de 80 % des canaux d'irrigation, principalement dans le Delta, et représente un vrai danger économique par son énorme pouvoir d'évaporation dans un pays où l'eau est une richesse qui vaut de l'or. En outre, elle héberge un escargot vecteur de la **bilharziose**, maladie parasitaire que l'on peut contracter en se baignant dans les eaux contaminées.

Faune et flore

De l'aridité des vastes zones désertiques aux verdoyantes berges du Nil, la faune et la flore de l'Égypte se sont largement modifiées depuis l'époque pharaonique. Jadis, le pays présentait davantage l'aspect d'une savane où évoluaient le guépard et le léopard tandis que des éléphants et des gazelles se désaltéraient dans le grand fleuve où abondaient le crocodile et l'hippopotame. Avec le temps, tous ces animaux se sont déplacés vers le sud, reculant devant l'avancée des déserts et les progrès de la civilisation. L'Égypte conserve néanmoins une vie sauvage, aussi riche que discrète, que l'on peut observer lorsqu'on s'écarte un peu des sentiers battus par les circuits touristiques.

Enfant croquant de la canne à sucre.

LES ANIMAUX DE LA VALLÉE DU NIL

Si l'**âne**, que les fellahs ont domestiqué parce qu'il est un travailleur acharné, est indéniablement l'animal qui s'impose au regard, la vallée compte d'autres animaux plus ou moins visibles, des **oiseaux** surtout. Les uns vivent en Égypte toutes l'année, d'autres fuyant les rigueurs des hivers de l'Europe et de l'Ouest asiatique ne sont que de passage. Omniprésents dans les cultures, le héron garde-bœuf, petit échassier blanc au bec jaune, la huppe fasciée à l'étonnante silhouette ainsi que l'ibis, sont les plus répandus, mais le bulbul des jardins s'y fait remarquer par son chant flûté. Fréquents le long du fleuve, l'alcyon pie séduit l'observateur, de même que le souimanga du Nil par son plumage coloré, et l'hirondelle rustique par son ventre rouge brique. Parmi les oiseaux plus rares ou difficiles à étudier, on remarque l'élanion blanc, petit rapace bien acclimaté au Delta, et la belle tavèle sultane, poule d'eau au plumage bleuté et aux pattes rouges ainsi que divers rapaces dont le faucon. Les roseaux abritent la rousserolle stentor, le héron cendré et le vanneau éperonné. Enfin, cette population est complétée par le pélican blanc, la spatule, la cigogne et le flamant rose. Les monuments antiques sont envahis de pigeons et de chauves-souris dont les excréments couvrent petit à petit les reliefs.

Les cultures de la vallée abritent un animal redoutable, le **cobra à cou noir**. Bien que l'on croise rarement ce reptile extrêmement venimeux, une promenade nocturne près des canaux d'irrigation doit éveiller votre méfiance. Lorsqu'un cobra est signalé à un endroit, on fait venir une sorte de « sorcier » qui, à l'aide de baguettes et de formules sacrées, fait sortir l'animal de sa cachette. La **mangouste** égyptienne se régale de serpents. Quant au **varan du Nil**, il n'a pas disparu. Le long du fleuve, les parties encombrées de végétation abritent encore ce grand lézard impressionnant. Dans les habitations, les petits geckos à la peau rose, sorte de lézards, sont friands de moustiques. Dans la vallée et à proximité des maisons, vous croiserez inévitablement quelques chiens errants souvent infestés de puces. La journée, ils sont gentils mais une fois le soleil couché, il se regroupent en bandes et peuvent devenir très agressifs.

Le fleuve abonde de toutes sortes de poissons comestibles tels le **bolti**, la

Le raïs aux dents longues

Depuis la construction du haut barrage d'Assouan, le **crocodile du Nil** ne fait plus honneur à son nom scientifique, *Crocodylus niloticus*. Ce puissant prédateur est le plus répandu des crocodiliens d'Afrique, mais son territoire égyptien se limite désormais aux eaux du **lac Nasser**. Compagnon quotidien des pêcheurs du lac, il mesure 4 m à l'âge adulte, 6 m exceptionnellement. Son régime alimentaire varie selon l'âge des individus. Les jeunes spécimens sont friands d'insectes et de petits poissons, puis, à mesure que leur taille augmente, ils s'intéressent aux mammifères de la taille d'une antilope ou d'un âne. À en croire les pêcheurs, qui le capturent parfois pour exploiter sa peau, il ne faut jamais l'humilier, mais le saluer en lui disant « passe au loin, raïs ».

J.-C. Boulais / MICHELIN

Chameau dans le Sinaï.

perche du Nil, le mulet gris ou même le poisson-chat. Mais avec le barrage et la pollution croissante, le nombre de poissons a tendance à diminuer. Les pêcheurs s'activent aussi sur la côte méditerranéenne et rapportent des merlus, des mulets et des turbots ainsi que des sardines et des crustacés. La mer Rouge regorge de poissons multicolores *(voir Sinaï et mer Rouge)*.

LES ANIMAUX DU DÉSERT

Accoutumé à la sécheresse et se déplaçant à une vitesse surprenante, le **dromadaire** appartient au paysage désertique. Depuis des siècles, ce compagnon des Bédouins est un des seuls animaux capable de digérer les épines des buissons et des acacias, rares plantes à pousser dans le désert caillouteux. Cet environnement hostile à la vie animale cache quelques rares **addax** et des **dorcas**, les antilopes les mieux adaptées au désert, mais en voie de disparition, et même des loups, dont quelques spécimens viennent s'abreuver dans le lac Nasser à la tombée du jour. Le **fennec** ou renard des sables, le chat et le chien sauvage, le chacal, la hyène ou encore la gerboise évoluent au cœur de ces vastes horizons où rien ne semble pouvoir subsister sinon des insectes comme le scarabée. Si d'aventure vous marchez dans le désert, ne le faites jamais sans un guide local, et chaussez-vous en conséquence, car les pierres que vos pas croiseront peuvent masquer quelques **scorpions** et des **vipères heurtantes** ou **serpent minute** dont il est désagréable de faire la connaissance.

LA FLORE

Entre le fleuve et la lisière du désert, plusieurs espèces d'arbres et arbustes investissent le paysage des rives du Nil. L'**acacia** y égrene de multiples variétés, dont la plus grande est l'acacia du Nil, et la plus connue le mimosa, parfumant l'air de son odeur délicate une fois le soir venu. Partout, tamaris, eucalyptus géants, flamboyants, hibiscus, casuarinas, bougainvilliers et sycomores occupent l'espace laissé libre par les plantations. Les alentours du Nil regorgent en effet de **bananeraies**, de **palmeraies**, de cultures de canne à sucre, de manguiers et de goyaviers, d'orangers et de citronniers, de grenadiers et de pêchers. Cependant, l'arbre le plus typique de l'Égypte est incontestablement le **dattier**. Cet arbre prolifique est exploité pour les baies que fournissent en novembre ses diverses variétés. Lorsqu'il est trop vieux, son tronc est débité en planches qui serviront tant dans la maçonnerie que pour franchir les canaux d'irrigation. Les troncs entiers servent à faire le sol des terrasses des maisons traditionnelles. Plus discret, un arbuste sarmenteux à grandes fleurs jaunes ou blanches entretient la réputation de l'Égypte dans le monde plus subtil de l'industrie du parfum. Par ses senteurs ensorcelantes qui embaument l'atmosphère au crépuscule, le **jasmin égyptien** a la réputation d'être le meilleur au monde. Cet arbuste prolonge une tradition qui remonte à l'histoire ancienne puisqu'on a retrouvé des recettes pour traiter son essence jusque dans des tombes pharaoniques.

HISTOIRE DE L'ÉGYPTE

Les Égyptiens nous ont laissé des listes de rois dans les annales gravées sur les murs des temples ou recopiées sur des papyrus. Le prêtre égyptien Manéthon, qui vécut sous les deux premiers Ptolémées, rédigea « Histoire d'Égypte » qui découpe la chronologie royale en trente et une dynasties. Aujourd'hui elle sert de référence aux égyptologues qui la complètent au fur et à mesure de leurs découvertes.

Hany A. Aziz / MICHELIN

Le sphinx de Gizeh.

L'Égypte pharaonique : l'aurore

ÉPOQUE PRÉDYNASTIQUE

À partir de 4000 av. J.-C., les tribus d'Égypte travaillent désormais le métal, cultivent des terres, élèvent des troupeaux, chassent et pêchent. Au nord, elles entrent en contact avec le Proche-Orient. C'est l'époque de Nagada du nom d'un site fouillé par Petrie en Haute-Égypte, époque qui se distingue par l'apparition de coutumes funéraires particulières et par la naissance d'un art égyptien.

ÉPOQUE THINITE

(Ire-IIe dynasties. 3100-2700)

Des rois légendaires tels que Ménès, ou réels tels que Scorpion et Narmer unifient l'Égypte. **Pharaon** se coiffe désormais du *pschent*, qui combine la couronne blanche de Haute-Égypte et la couronne rouge de Basse-Égypte. L'histoire commence. La capitale est fondée à This et la nécropole royale à Abydos. L'Égypte telle que nous la connaissons par la suite est en train de se créer. Désormais se succèdent de grandes périodes : les « **empires** » durant lesquels le roi est tout-puissant et les « **périodes intermédiaires** » qui sont marquées par des dynasties faibles, des troubles internes voire des envahisseurs.

ANCIEN EMPIRE

(IIIe-VIe dynasties. 2700-2200)

Dès le début de la IIIe dynastie, la capitale est fixée à **Memphis**, d'où le nom d'Empire memphite que l'on donne parfois à cette période. L'Égypte rayonne déjà. Les rois mènent des expéditions vers la Libye, la Nubie, le Sinaï, le Liban et la Syrie. L'histoire de l'Ancien Empire, considéré comme un âge d'or, se confond avec son art, reflet d'une civilisation éblouissante. Les pharaons mettent en place une structure étatique élaborée assurant ainsi la sécurité du pays et une économie florissante. C'est une période de grande centralisation où l'écriture a un rôle important. L'administration complexe a le roi pour sommet. **Djéser**, épaulé par un vizir de légende (Imhotep), Snéfrou à la tête d'une armée puissante, Chéops, qui fait construire la plus grande des pyramides à Gizeh, connaissent des règnes brillants. Après eux, la Ve dynastie se tourne davantage vers le culte solaire. La place des hauts dignitaires dans les affaires politiques et religieuses se fait plus forte. À partir de la VIe dynastie, la centralisation monarchique commence à faiblir, encourageant l'indépendance croissante des nobles et des grands fonctionnaires. Les **nomarques** qui dirigent les provinces, autrefois désignés par le roi, se transmettent leur charge sans plus le consulter. L'Égypte se démembre.

PREMIÈRE PÉRIODE INTERMÉDIAIRE

(VIIe-XIe dynasties. 2200-2033)

L'anarchie engendre une période de troubles. Memphis n'est plus capitale. À en croire Manéthon, la VIIe dynastie compte quelque soixante-dix rois, pour une période de soixante-dix jours ! Pendant une cinquantaine d'années, les nomarques d'Hérakléopolis (près d'Assiout) imposent un semblant d'hégémonie et dirigent en partie le Nord de l'Égypte et le Delta. Ils s'opposent aux nomes du sud dirigé par un nomarque de Thèbes (Louxor), Antef Ier qui s'est proclamé roi. Vainqueurs, les Thébains avec **Mentouhotep II** parviennent à réunifier le pays.

MOYEN EMPIRE

(XIe-XIIIe dynasties. 2033-1710)

L'Égypte entre dans une nouvelle période d'opulence. Pour asseoir son autorité, Mentouhotep II remplace les nomarques héréditaires par des fonctionnaires soumis contrôlés par un vizir. Avec Amenemhat Ier et la XIIe dynastie commence une époque de centralisation. **Licht** dans le Fayoum devient capitale. Le roi associe désormais son fils à la gestion du pouvoir. Grand administrateur, il entame des réformes politiques et religieuses tout en développant les arts et la littérature. Ses successeurs **Sésostris Ier** et **Sésostris II** reprennent le flambeau. Les relations avec les étrangers recommencent tout comme les expéditions. **Amenemhat III** colonise une partie de la Nubie qu'il place sous le contrôle des forteresses édifiées le long du Nil. Les relations avec Byblos, capitale de la Phénicie (Liban actuel), s'intensifient. Mais, avec la XIIIe dynastie, le pouvoir royal s'affaiblit et la situation économique se dégrade. L'État vacille à nouveau et s'ouvre alors une période de troubles.

DEUXIÈME PÉRIODE INTERMÉDIAIRE

(XIVe-XVIIe dynasties. 1710-1540)

Durant approximativement deux cent cinquante années, le **pays** est divisé. On en ignore les vraies causes, de même que l'historique exact. Une multitude de rois se disputent la couronne d'Égypte. Les **Hyksôs**, venus d'Asie, infiltrent le pays, poussés par un bouleversement plus vaste qui voit notamment les Hittites s'établir en Anatolie, et les Kassites à Babylone. Installés dans le Delta, les Hyksôs s'imposent dans le Nord avec deux dynasties successives (XVe et XVIe). C'est encore une fois du sud que part la rébellion. Des rois qui prétendent descendre des pharaons du Moyen Empire forment la XVIIe dynastie. D'abord soumis, ils finissent par entrer en guerre contre les Hyksôs. Les combats sont acharnés. La momie du roi Seqenenrê Taa garde les traces de blessures mortelles. Kamosis, aidé de généraux déterminés, repousse l'envahisseur qui est finalement chassé d'Égypte par **Ahmosis**.

L'épanouissement

Avec le Nouvel Empire, la civilisation égyptienne connaît cinq cents ans de prospérité. L'expulsion des Hyksôs est suivie d'une politique militaire sans précédent qui repousse les frontières du territoire contrôlé par l'Égypte jusqu'à l'Euphrate au nord, jusqu'à la quatrième cataracte au sud. Mais le rôle de la religion dans les affaires de l'État ne cesse d'augmenter. Ce glissement ainsi que les usurpations de pouvoir entraîneront le déclin qui ruinera le Nouvel Empire.

FONDATION DU NOUVEL EMPIRE

(XVIIIe-XXe dynasties. 1540-1069)

Ahmosis et ses successeurs immédiats, **Aménophis Ier**, **Thoutmosis Ier** et **Thoutmosis II** (XVIIIe dynastie) reconstruisent leur pays. Ils entament une politique de conquêtes et installent un protectorat égyptien sur la Phénicie. Le roi conserve **Thèbes** pour capitale et réorganise l'administration. Le Nouvel Empire entre dans une période d'apogée pour l'art et l'architecture. Le pays est prospère mais peu à peu le **clergé d'Amon** gagne en force.

LES RÈGNES DE LA SPLENDEUR

Hatchepsout, épouse et sœur de Thoutmosis II, usurpe le pouvoir à la mort de ce dernier, allant même jusqu'à porter les attributs d'un pharaon. Mais son beau-fils **Thoutmosis III** se rebelle. À vingt-deux ans, il accède enfin au trône et fait disparaître le nom de sa belle-mère de tous ses monuments. Débute alors un des règnes les plus glorieux de l'histoire égyptienne. Reprenant la politique d'expansion territoriale de ses prédécesseurs, il accentue la domination égyptienne et gagne les célèbres **batailles de Qadesh** et de **Megiddo**. Stratège hors pair et guerrier éprouvé, ce pharaon est également un grand bâtisseur et un fin lettré qui retient les leçons du passé en associant son fils **Aménophis II** au pouvoir. L'Égypte connaît alors la paix. Aménophis II maintient l'autorité égyptienne aussi bien en Nubie qu'au Proche-Orient tout comme **Thoutmosis IV**. Aux expéditions militaires, **Aménophis III** préfère la diplomatie. On entre alors dans une période de faste : le roi entreprend de grandioses constructions. Sa cour est raffinée et l'art est à son apogée.

L'ENTRACTE AMARNIEN

À sa mort, son épouse, la reine Tiyi, assure la régence puis son fils **Aménophis IV** monte sur le trône. Il instaure alors les fondements d'un nouveau dogme qui a sans doute pris naissance sous le règne de son père. Reniant toute autre divinité, il proclame le soleil **Aton** dieu unique. Résidant à Thèbes, il lui élève un temple à Karnak. Mais le clergé d'Amon et les grands du royaume s'opposent à lui. Il change alors de nom, devient **Akhénaton** et entame une réforme aux allures révolutionnaires qu'il concrétise en créant avec son épouse **Néfertiti** une nouvelle capitale en Moyenne-Égypte, **Akhétaton (Tell el-Amarna)**. Il ordonne la fermeture de tous les autres temples et fait marteler le nom d'Amon. Par ces actes, il espère briser la puissance du clergé d'Amon devenu un État dans l'État. Toutefois, l'idéaliste Akhénaton, tout à sa nouvelle religion, délaisse son royaume et ses frontières, abandonnant aux Hittites une partie de son empire asiatique. Cette période amarnienne aura un impact fondamental dans le domaine de l'art. À la fin de son règne, Néfertiti, pour des raisons qui demeurent obscures, se sépare de son époux. À sa mort, le jeune Toutankhaton qui n'a que 9 ans est repris en main par le clergé d'Amon qui change son nom en **Toutankhamon**. Il deviendra célèbre non pour ses faits d'armes (il meurt à 19 ans) mais pour la somptuosité de son mobilier funéraire découvert en 1922 par l'Anglais Howard Carter. **Aï** puis Horemheb lui succèdent. Tout en réorganisant l'État, ils font disparaître toute trace du schisme amarnien.

L'ÈRE DES RAMESSIDES

Sur la fin de sa vie, **Horemheb**, sans descendance, associe à son pouvoir un vieux compagnon d'armes du nom de Paramessou qui, comme lui, n'est pas de sang royal. En accédant au trône, ce général prend le nom de **Ramsès Ier** et fonde les dynasties des ramessides (XIXe et XXe) qui installent une nouvelle capitale à **Pi-Ramsès**, dans le Delta.

G. Mesmin / MICHELIN

Le masque d'or de Toutankhamon.

Désormais, l'esprit de conquête l'emporte. **Séthi Ier** gagne des victoires en Asie. Son successeur, **Ramsès II**, probablement le plus célèbre des pharaons, s'illustre contre les Hittites à **la seconde bataille de Qadesh** qui, bien que sans vainqueur ni vaincu, permet au souverain de réduire en plusieurs campagnes les rébellions asiatiques. L'Égypte retrouve une certaine sérénité. Pour certains, Ramsès II serait le roi qui vit l'**exode des Hébreux**. Grand conquérant, il fut également un grand bâtisseur, père d'une centaine d'enfants.

DES SIGNES DE DÉCADENCE

La XXe dynastie annonce la fin du Nouvel Empire. **Ramsès III** est le dernier grand pharaon de l'époque. Il résiste aux menaces libyennes et philistines et vainct les Peuples de la Mer qui tentent de pénétrer en Égypte par le Delta. Avec ses successeurs, l'horizon s'obscurcit. Luttes intestines, conspirations et corruptions affaiblissent le pouvoir, consolident le rôle des grands prêtres. L'insécurité la plus absolue solde le règne de Ramsès XI, qui meurt sans descendance.

TROISIÈME PÉRIODE INTERMÉDIAIRE

(XXIe-XXVe dynasties. 1069-664)

Durant quatre siècles, le royaume d'Égypte se décompose doucement.

Les rois de la XXIe dynastie s'opposent au pouvoir du clergé d'Amon qui domine Thèbes. Smendès et Psousennès Ier s'installent à Tanis dans le Delta et placent leurs filles à Thèbes comme divines adoratrices d'Amon. Des roitelets tentent de prendre le pouvoir. La XXIIe dynastie et **ses rois libyens, les Sheshonq**, y parvient. Mais en parallèle évoluent les XXIIIe et XXIVe dynasties. C'est l'anarchie. Chacun tente de dominer l'autre jusqu'à ce que **les Nubiens**, profitant du trouble général, s'emparent du trône et fondent la XXVe dynastie. Piankhi et Taharqa s'imposent progressivement.

Le crépuscule

L'Égypte connaît un bref répit avec **les rois saïtes de la XXVIe dynastie** qui reprennent le pouvoir aux Nubiens. Mais le royaume d'Égypte n'est plus. Les dynasties se succèdent, sans gloire jusqu'à l'invasion finale.

LE SURSAUT SAÏTE DE LA BASSE ÉPOQUE

(XXVIe-XXXe dynasties. 664-323)

Avec l'aide des Assyriens, **Nékao Ier** reprend le trône d'Égypte tandis que son fils **Psammétique Ier** entame une reconquête de la Haute-Égypte. Le pays est enfin réunifié. L'activité économique reprend, les échanges commerciaux sont nombreux. La nation s'ouvre à nouveau au monde extérieur, le roi accueille des colonies grecques dans le Delta. Ses successeurs réorganisent l'administration et renforcent l'armée. Mais sous le règne de **Psammétique III**, les Perses défont les Assyriens, s'emparent de Babylone et parviennent aux portes de l'Égypte !

LES DOMINATIONS PERSES

Cambyse défait l'armée de Psammétique III à Péluse (au sud-est de l'actuel Port-Saïd) et fonde la XXVIIe dynastie. Pour la seconde fois de son histoire, l'Égypte est vaincue par des étrangers. Cambyse, qui règne sur l'Iran, l'Anatolie et l'Empire babylonien, transforme l'Égypte en province. Après la défaite de Darius Ier à Marathon (en Grèce), les Égyptiens se soulèvent. Les XXVIIIe et XXIXe dynasties d'origine égyptienne s'émancipent du joug perse. Avec la XXXe dynastie, le pays semble retrouver quelque grandeur. **Nectanébo Ier** et **Nectanébo II** construisent énormément. Malheureusement, la puissance perse est telle que l'Égypte plie à nouveau, essuyant une seconde domination. Le pays est à bout de force. C'est la fin de l'Égypte pharaonique. Lorsque **Alexandre le Grand**, le roi de Macédoine, bat Darius III et met le pied en Égypte, le pays entre dans une nouvelle phase de son histoire, la période grecque dite ptolémaïque.

ÉPOQUE PTOLÉMAÏQUE

(323-33 av. J.-C.)

L'autonomie politique de l'Égypte n'est plus qu'un souvenir, plus aucune dynastie indigène n'inscrira son nom sur le tableau historique dressé par Manéthon. Accueilli comme un libérateur, Alexandre le Grand profite habilement de la présence grecque en Égypte depuis la Période saïte. Il manifeste immédiatement sa ferveur au culte égyptien, respecte les coutumes nationales. Occupé par ses conquêtes qui le mèneront jusqu'en Inde, il confie l'administration de cette nouvelle colonie au **satrape Ptolémée**. Lorsque Alexandre meurt à trente-trois ans, Ptolémée continue d'administrer l'Égypte pour le compte de Philippe III et d'Alexandre IV. En 305, il se proclame roi sous le nom de **Ptolémée Ier Sôter** et fonde **la dynastie des Lagides**. Sous son règne et celui de ses successeurs, l'esprit de la civilisation grecque s'étend sur l'Égypte, mêlant mythologie grecque et traditions locales. Quinze Ptolémées se succèdent, entretenant le protocole des anciens pharaons. Ils résident à **Alexandrie**, ville nouvelle créée par Alexandre. Seul **Ptolémée III** redonne à l'Égypte un peu de son lustre d'antan. Sa femme n'est autre que sa sœur, **Cléopâtre VII**. Héritant d'un trône affaibli, elle tente le tout pour le tout pour sauver son royaume de la mainmise romaine sur la Méditerranée. Le suicide à Alexandrie de son amant Marc Antoine, qui n'a pas hésité à privilégier les intérêts égyptiens à ceux de Rome, sonne le glas de Cléopâtre dont on connaît la fin pathétique. Son fils Césarion, qu'elle eut avec le grand César, ne règne pas. Encore adolescent, il est assassiné sur ordre d'Octave. L'Égypte devient romaine.

COLONIE ROMAINE

Octave, le futur empereur Auguste, attribue à l'Égypte un statut particulier qui la distingue des autres territoires conquis devenus des provinces de l'empire. L'Égypte demeure la **propriété personnelle d'Auguste**, en raison de sa position géographique stratégique. Elle est gérée par **un préfet** qui rend compte directement à l'empereur. Grenier à blé de Rome, le pays développe son agriculture. Alexandrie compte désormais parmi les grandes cités hellénisées de la Médi-

Le côté nord du site de Dendérah avec le mammisi romain, à gauche, et le vestige du pylône de l'entrée à droite.

terranée. De nombreuses révoltes et agitations religieuses troublent le pays sous les règnes de Caligula, Vespasien, Antonin et Marc Aurèle, puis, sous Gallien, les Alexandrins élisent leur propre empereur en la personne de leur préfet, Émilien. En 292, Dioclétien assiège Alexandrie avant de persécuter sévèrement la chrétienté orientale. En 313, Constantin décrète la liberté religieuse pour les chrétiens. En 392, Théodose ferme définitivement les temples. Cet événement majeur marque la fin de la civilisation égyptienne avec la disparition de son écriture. L'Égypte est ensuite absorbée par l'Empire byzantin, déchirée par des querelles religieuses sans fin. Très affaiblie, elle n'oppose qu'une faible résistance à l'**invasion arabe en 642**. Omar, deuxième successeur de Mahomet, s'empare de l'Égypte qui se tourne désormais vers un nouveau destin.

L'Égypte musulmane

Dès lors, une communauté musulmane se développe rapidement. L'islam se répand largement. Luttant contre le royaume byzantin, elle favorise dans un premier temps l'autonomie de l'**Église copte**.

LA CONQUÊTE ARABE

Après deux siècles et demi d'une domination byzantine qui s'est épuisée en rivalité avec la Perse sassanide, l'Égypte ne résiste pas à la vague arabe née de l'appel du prophète Mahomet. Après avoir conquis La Mecque en 630, la civilisation islamique est en marche : en quinze années, la Mésopotamie, la Syrie, la Palestine et l'Égypte sont absorbées. Mahomet meurt en 632. En 640, **Amr, général d'Omar** prend Le Caire, la « Babylone d'Égypte » et fonde le camp militaire de Fostat. Deux ans plus tard, il s'empare d'Alexandrie et finit par dominer toute l'Égypte.

LES OMEYYADES (661-750)

La capitale des califes est transférée de Médine (Arabie) à Damas (Syrie), où est fondée la dynastie des Omeyyades. Sous cette dynastie, qui rend le califat héréditaire, les frontières de l'expansion arabo-musulmane sont atteintes. Administrée par un gouverneur, l'Égypte devient **un protectorat arabe**.

LES ABBASSIDES (750-868)

De confession sunnite, les descendants d'Al-Abbas, oncle de Mahomet, fondent la dynastie des Abbassides et installent leur capitale à Bagdad (Irak) en 762. La langue arabe, officielle depuis 706, est adoptée dans tout l'empire. Délaissée par le pouvoir central, l'Égypte simple province passe en 846 aux mains des généraux turcs des califes de Bagdad qui l'exploitent sans scrupule. Le mécontentement gronde.

LES TOULOUNIDES (868-905)

Un officier turc du Caire, **Ahmed ibn Touloun** (835-884), s'empare du pouvoir et fonde la dynastie des Toulounides. L'Égypte connaît son premier État musulman indépendant. Une cité princière **El Qataï** avec une magnifique mosquée est bâtie au Caire. Le fils d'Ibn Touloun étend la domination de l'Égypte jusqu'à l'Euphrate. Malheureusement, la dynastie ne survit pas à son assassinat.

LES IKHSHIDIDES (934-969)

Tentant de résister à la convoitise des Fatimides de Tunisie, un gouverneur turc, Mohammed ibn Turhdj, connu sous le nom de El-Ikhshid, fonde une nouvelle dynastie. Elle ne résiste pas à l'invasion fatimide.

LES FATIMIDES (969-1171)

Descendants de Fatima, la fille de Mahomet, les califes chiites de la dynastie des Fatimides règnent en Afrique du Nord depuis 910 quand ils s'emparent de l'Égypte. Durant son hégémonie, cette dynastie fabuleusement riche grâce à sa politique commerciale se montre tolérante à l'égard d'une population à prédominance chrétienne et musulmane sunnite. **Gôhar**, général du calife El-Mouizz, fonde **El-Qahira** (Le Caire) en 969 puis, en 970 **la mosquée El-Azhar**, qui est la plus ancienne université islamique. L'art est à son apogée. Avec le calife Hakim, le ton change. Célèbre pour sa cruauté, il persécute les juifs et les chrétiens, interdit aux femmes de sortir. Il meurt sans doute assassiné.

LES AYYOUBIDES (1171-1250)

En 1171, le **vizir Salâh al-Dîn al-Ayyûbî**, mieux connu sous le nom de **Saladin**, renverse le dernier sultan fatimide et fonde la dynastie des Ayyoubides qui règne au Caire au nom des califes abbassides. Il rétablit le sunnisme comme doctrine officielle et unifie l'Égypte et la Syrie. Afin de résister à la menace mongole de Gengis khan, le dernier grand sultan ayyoubide enrôle une armée constituée d'esclaves turcs (*mamluk* en arabe). En 1174, Saladin est le maître incontesté de l'Égypte. Il construit **la citadelle du Caire**. En 1187, il s'empare de Jérusalem que les Francs occupaient depuis 1099. Il meurt en 1193 après avoir réunifié les musulmans. Le roi de France **Saint Louis** débarque à Damiette en 1249 lors de **la 7e croisade**. Vaincu, ses troupes décimées par une épidémie, il est emprisonné à El-Mansura, dans le Delta, tandis que le sultan El-Salih est tué au combat. Saint Louis doit payer une énorme rançon pour libérer son armée.

LES MAMELOUKS (1251-1517)

Victorieux des croisés, les mercenaires turcs assassinent le successeur d'El-Salih et s'emparent du pouvoir. Le régime des sultans mamelouks se divise **en mamelouks bahrites ou turcs** (1251-1381) **et mamelouks circassiens** (1382-1517). Ils installent en Égypte un pouvoir fort et guerrier, dont la hiérarchie est structurée sur la rivalités des émirs, et dont la prospérité est garantie par le transit des marchandises entre l'Orient et l'Occident. Leurs luttes intestines et la découverte du cap de Bonne-Espérance provoquent leur affaiblissement face à la puissance ottomane. En Palestine, les mamelouks écrasent en 1260 l'armée mongole victorieuse en Irak et en Syrie, apparaissant dès lors comme les sauveurs de l'Islam. Puis ils chassent les croisés avec **la prise de Saint-Jean-d'Acre** en 1291, sonnant le glas de l'Empire franc en Syrie. La prise de Constantinople en 1453 par le sultan Mohammed II, surnommé « le Conquérant », marque la fin de l'Empire byzantin. La Cour est particulièrement fastueuse. Mais le pouvoir mamelouk commence à péricliter. La présence chrétienne en Méditerranée leur fait de l'ombre et une nouvelle puissance, les Turcs ottomans, se déploie sur le Proche-Orient. Constantinople conquise devient Istanbul.

AKG-Images

« L'Invocation à Mahomet de Saladin » après la prise de Jérusalem, gravure de G. Doré.

L'ÉGYPTE OTTOMANE (1524-1767)

L'Empire ottoman étend sa domination sur l'Égypte. En 1517 les mamelouks sont défaits au Caire par **le sultan Sélim**. L'Empire est à son apogée. Le Caire se développe considérablement. Ses mosquées se multiplient. Le califat est transféré à Istanboul, l'Égypte devient **province ottomane** et les mamelouks sont incorporés à l'élite dirigeante. Sélim, surnommé Soliman le Magnifique, connu en Orient sous le nom de Soliman le Législateur, installe en 1524 un **pacha** en Égypte. Aux 17e et 18e s., une série de revers en Europe et de révoltes amorcent le déclin de l'Empire ottoman marqué par un net recul économique, culturel et politique. L'autorité du sultan faiblit du fait de son éloignement et de l'incurie de plusieurs pachas. Les mamelouks d'Égypte, profitant de la confusion politique, retrouvent peu à peu de leur autorité.

LES MAMELOUKS (1767-1805)

Les mamelouks redeviennent les maîtres du pays, sans lendemain car les intrigues et l'instabilité politique plongent l'Égypte dans la guerre civile. En 1798 commence **l'expédition d'Égypte** dirigée par Napoléon Bonaparte. En quête de gloire, le jeune général défait les mamelouks à la bataille dite des Pyramides le 21 janvier. L'Égypte est désormais **occupée par les troupes françaises jusqu'en 1801.** Durant ce temps, les savants qui ont suivi Bonaparte inventorient et dessinent tous ce qu'ils voient. De retour en France ils publient leur travail entre 1809 et 1828 dans la *Description de l'Égypte* en 21 volumes. Les mamelouks, malgré le soutien anglais, cèdent devant un nouveau venu, Mohammed Ali, qui concrétisera l'unité nationale de l'Égypte.

L'Égypte moderne

Après avoir été province ottomane, c'est-à-dire turque, puis avoir connu une seconde domination des mamelouks et une brève occupation française sous Bonaparte, l'Égypte est devenue un pays libre et puissant, respecté tant par les Occidentaux que par les pays arabes.

LE PHARAON MODERNE

En 1805, **Mohammed Ali**, un commandant du contingent albanais de l'armée ottomane, assoie son autorité au Caire. En 1811, il fait assassiner les gouverneurs mamelouks convoqués dans la citadelle. Vice-roi d'Égypte, il mate les wahhabites intégristes d'Arabie Saoudite, conquiert le Soudan et fonde Khartoum, puis s'émancipe de la Turquie. Imposant un pouvoir absolu, il en fait reconnaître l'hérédité avec l'appui de la France. Dès lors, le pacha se consacre à la modernisation du pays, réformant l'administration, dynamisant l'industrie et l'agriculture, améliorant la santé publique. Ses nouvelles usines se construisent avec les pierres des monuments antiques. Ses successeurs, **Mohammed Saïd pacha** et **Ismâil pacha** ouvrent leur pays aux influences européennes, mais les dettes s'accumulent et ce dernier est contraint de céder le contrôle de ses finances à un **condominium anglo-français**. Alors qu'un mouvement nationaliste émerge, la Marine britannique profite des ambitions d'émancipation financière du colonel Orabi, ministre de la Guerre, pour débarquer en Égypte, en 1882.

LA DOMINATION BRITANNIQUE

Ayant mis fin au condominium, les Anglais prennent le contrôle du pays. Après la **défaite de Fachoda**, la France renonce à l'Égypte. Lord Cromer en despote développe l'agriculture mais limite l'industrialisation et l'enseignement, s'aliénant la majorité des Égyptiens. Lord Kitchener promulgue une nouvelle Constitution plus favorable à la population quand survient la Première Guerre mondiale, durant laquelle l'Égypte est placée sous **protectorat britannique**. Lorsqu'en 1922 **Fouad Ier** troque son titre de sultan contre celui de roi d'Égypte, le pays obtient l'**indépendance réclamée** depuis 1918 **par le Wafd**, **le parti de Saad Zaghloul**, véritable voix d'un pays lassé de la domination étrangère. Cependant, Londres prend soin de contrôler l'économie du pays et d'entretenir les contradictions internes à l'Égypte. En 1951, bien qu'affaibli, le Wafd est rappelé au pouvoir par le **roi Farouk** afin de remédier à une situation politique catastrophique principalement due à la présence de troupes anglaises le long du canal de Suez. Mal dirigé, le Wafd s'effondre, les émeutes se multiplient, le trône vacille.

L'HEURE DE GAMAL ABDEL NASSER

Le 23 juillet 1952, le « **Mouvement des officiers libres** » renverse le roi Farouk, dont le fils, Fouad II, âgé de six mois, règne quelques mois. En 1953, le Conseil supérieur de la révolution, comprenant Nasser et Sadate, abolit la monarchie, proclame la **république** et nomme président le **général Néguib**. En 1954, son Premier ministre qui assumait véritablement le pouvoir, le **général Nasser**, le dépose et devient chef de l'État. La rupture avec l'Occident et les États-Unis se fait lorsque ces derniers renoncent à financer le barrage d'Assouan. Nasser nationalise le **canal de Suez** provoquant une véritable crise *(voir Port-Saïd)*. La popularité du raïs est au plus haut. Il fonde le parti unique de **l'Union nationale** et crée en 1958,

AKG-Images

Nasser et Néguib sont fêtés par la foule après avoir décrété la première réforme agraire (1954).

à l'initiative de Damas, la **République arabe unie (RAU)** associant l'Égypte et la Syrie, avec Le Caire pour capitale. Cette même année, un accord est signé avec Moscou pour la **construction du barrage**. En 1961, il promulgue une **réforme agraire**, applique une politique administrative et économique à la Syrie, qui fait sécession. En réorganisant l'appareil d'État, nationalisant toutes les unités industrielles, dépossédant la classe dirigeante, le président radicalise sa position intérieure et fonde l'Union socialiste arabe (USA). Triomphalement réélu en 1965 à la suite d'incontestables succès économiques, Nasser essuie un profond échec lors de la guerre de 1967 contre Israël. C'est la fameuse **guerre des Six Jours** (5-11 juin). Le Sinaï est occupé par les Israéliens et les armées égyptiennes sont totalement défaites. Démissionnant la même année, Nasser est rappelé aussitôt par le peuple. Sa mort le 28 septembre 1970 provoque des scènes de douleur collective.

ANOUAR EL-SADATE LE « MAL-AIMÉ »

Vice-président sous Nasser, Sadate renforce le caractère musulman du régime. Abandonnant le socialisme de son prédécesseur, il se réconcilie avec les Occidentaux et expulse les collaborateurs soviétiques. L'USA est dissoute et de nouveaux partis naissent. Même si le choc avec Israël, en 1973, ne se solde pas par une victoire, il rend confiance à l'armée et recherche la paix avec Israël. En 1979, il signe les **accords de Camp David** : l'Égypte récupère le Sinaï et Sadate reçoit en 1978 le **prix Nobel de la paix**. Mais ses partenaires arabes rejettent l'Égypte. Dans le domaine économique, son programme de libéralisation *(infitah)* lancé en 1975 provoque une inflation galopante et de violentes émeutes. Il est assassiné le 6 octobre 1981 par un commando islamiste. Envisagé comme un intrigant par une partie de son peuple, Sadate fait aujourd'hui figure d'homme politique prévoyant.

HOSNI MOUBARAK ET LE DOUBLE HÉRITAGE

Vice-président sous Sadate, Moubarak est élu par 98 % des voix. Immédiatement, il confirme les accords de Camp David, promet davantage de démocratie et s'efforce de se rapprocher des autres États arabes qui ont suspendu l'Égypte de la Ligue arabe en 1978 *(voir Le Caire)*. Admirateur de Nasser et fidèle de Sadate, le président obtient la rétrocession totale du Sinaï et s'affirme comme un négociateur incontournable sur la question palestinienne. Progressivement il passe d'une économie rentière à une économie de production et tente de contrôler la mouvance islamique conservatrice. La question de l'avenir politique de l'Égypte reste en jeu.

MYTHOLOGIE DE L'ÉGYPTE ET ÉGYPTOLOGUES

L'égyptologie est une science qui ne cesse d'évoluer et nos connaissances sont régulièrement bouleversées par quelques nouvelles découvertes. La terre d'Égypte n'a pas encore révélé tous ses secrets. Elle fascine par la richesse de ces monuments, par son histoire mais aussi par sa mythologie si riche et par son concept d'immortalité. Car en Égypte, la mort n'est pas une fin, elle se prépare tout simplement et les dieux sont là pour veiller sur les hommes.

Studio Vart / MICHELIN

En 1922, Howard Carter découvre la tombe du jeune Toutankhamon, d'une richesse extraordinaire. L'ensemble du mobilier funéraire est conservé au Musée égyptien du Caire.

Pharaon

Depuis le premier contact avec l'Égypte sur les bancs de l'école jusqu'au voyage au pays du Nil, un mot s'impose continuellement, celui de Pharaon. Ce mot incarne toute la grandeur d'une civilisation merveilleuse. Il vient du mot égyptien *per-aâ* qui signifie littéralement « la Grande Maison ». Ce terme transcrit par les Hébreux nous est parvenu sous sa forme grecque Φαραω *(Pharao)*.

Mais qui donc est Pharaon ? Il est issu des dieux, et il est homme. Cette double origine est attestée dès l'Époque thinite puisque le roi descend de la lignée d'Horus. À l'Ancien Empire, il porte le titre de « **fils de Rê** », le dieu-soleil. La théologie héliopolitaine nous apprend que le dieu Amon-Rê descendait sur terre, s'emparait des traits du roi pour s'unir à la reine afin de donner au trône un héritier d'essence divine. Des reliefs dans les temples illustrent cet événement.

DIEU ET ROI

À l'origine, *per-aâ* désignait l'ensemble du palais royal, c'est-à-dire à la fois le bâtiment et les personnes qui l'occupaient. Puis, à partir du Nouvel Empire, l'expression se concentre sur la personne royale. Il faut toutefois attendre la XXIIe dynastie pour qu'elle soit couramment utilisée et devienne un titre qui accompagne le nom propre du roi d'Égypte. C'est **Sheshonq Ier**, le Sésaq de la Bible, qui eut le privilège de cette première association. Aussi faut-il garder à l'esprit qu'en donnant ce titre à tous les rois qui l'ont précédé, nous opérons en fait un anachronisme qui a progressivement viré à l'habitude.

POUVOIR RELIGIEUX, POUVOIR TEMPOREL

Pharaon, l'interlocuteur des dieux, est le garant de l'ordre du monde et de son équilibre. Il doit maintenir l'unité de l'Égypte au nom de la puissance créatrice. Sur les reliefs, on le voit souvent présentant la *Maât*, petite déesse assise parfois remplacée par une plume, qui symbolise cet équilibre. Le caractère divin de sa naissance et sa puissance sont assurés lors de son intronisation grâce aux rituels. Ils sont renforcés au moment de son jubilé qui a lieu théoriquement tous les trente ans. Dans la mythologie égyptienne, le soleil a engendré les dieux

et installé l'ordre du monde. Afin que le chaos ne s'empare de la terre, Pharaon doit préserver cet ordre, c'est pourquoi il a autorité sur le clergé dont les grands prêtres assurent en son nom le culte quotidien des dieux indispensable à la survie de l'univers.
Puissance religieuse, le souverain n'en administre pas moins directement la société sur laquelle il régne. Il concentre entre ses mains tous les pouvoirs et son autorité est absolue non seulement sur tous les habitants de l'Égypte, ses sujets, mais également sur tous les habitants de la terre dont il est théoriquement propriétaire. Il se réserve la direction de l'armée, il est le maître de la justice. La supériorité et le pouvoir de Pharaon exige une main de fer, car la moindre faiblesse entraîne des velléités d'indépendance. C'est ainsi qu'à la fin de la VIe dynastie, sous le règne de Pépi II, des nomarques prirent le titre de vizir et mirent un terme au pouvoir centralisateur.

UN SYMBOLE DE GLOIRE

Pharaon posséde plusieurs noms. Tout d'abord il porte le **nom d'Horus**, le dieu-faucon, premier roi d'Égypte selon la théologie. Ce nom est inscrit dans un *serekh*, sorte de cadre rectangulaire qui représente une façade de palais et sa cour surmontée de l'image du faucon. Il est aussi « celui des deux maîtresses », la déesse-cobra Ouadjet et la déesse-vautour Nekhbet, qui incarnent respectivement le royaume du Nord et le royaume du Sud. Il a aussi le nom « d'Horus d'or ». Enfin, son prénom et son nom sont inscrits dans deux cartouches (forme ovale délimitée par un lien), précédés des formules « roi de Haute et Basse-Égypte », « maître des deux terres », « fils de Rê ».
Sur les reliefs, il est reconnaissable par sa taille nettement plus grande et par **ses attributs**. Il porte diverses couronnes : la bombe blanche de Haute-Égypte, la couronne rouge de Basse-Égypte, les deux emboitées appellées *pschent*, le casque bleu pour les combats. Sa tête est souvent simplement couverte d'un tissu rayé, le *nemès*. Sur son front se dresse le cobra ou *uræus* qui symbolise sa puissance. Sur son menton est fixée la barbe postiche et dans son dos, à sa ceinture, la queue de taureau symbole de sa virilité. Son pagne plissé, la *chendjit*, est pourvu d'un devanteau.

Aux côtés de Rê

À sa mort, « Sa Majesté » rejoint dans sa barque le dieu-soleil Rê. Il est le seul à monter au ciel, à « s'envoler » pour reprendre l'expression propre au culte funéraire. Aux côtés du dieu, il parcourt le cycle du jour puis celui de la nuit durant lequel le dieu affronte toutes sortes de périls. Au matin, il renaît à la vie tout comme Rê lui-même. Le commun des mortels ne monte pas dans la barque de Rê mais se contente de vivre une seconde vie dans l'au-delà.

Les pyramides

Ces grands monuments d'Égypte à la forme si caractéristique ont servi de **tombeaux** aux pharaons de l'Ancien et du Moyen Empire. Les pyramides symbolisent à la fois le tertre primordial surgi du *Noun*, l'Océan mythique, au

Hany A. Aziz / MICHELIN

Le fameux Sphinx, sentinelle de la pyramide de Chéphren.

moment de la création du monde mais aussi l'espace égyptien et le symbolisme des rayons solaires qui assurent toute régénération. Les Pyramides sont orientées selon les quatre points cardinaux. Elles ne sont pas décorées à l'exception de celles de la fin de l'Ancien Empire (à partir du roi Ounas) dont les caveaux sont recouverts de colonnes de hiéroglyphes qui reprennent les formules des *Textes des Pyramides*, écrits funéraires réservés aux rois et à certaines reines.

UNE FORME PARFAITE

Qu'elle soit à degrés comme celle de Saqqara ou totalement lisse, la pyramide devait permettre à l'âme du défunt de s'élever vers le ciel. Elle renferme dans ses entrailles le corps embaumé de Pharaon. Elle appartient à **un vaste complexe funéraire** qui comprend un débarcadère au niveau du Nil, un temple bas pour accueillir le corps du roi défunt, une chaussée montante couverte qui conduit au temple haut adossé à la pyramide. Dans ce dernier, les prêtres effectuaient les rituels funéraires avant de déposer la momie royale dans son sarcophage.

La pyramide a pour origine le **mastaba**, tombeau rectangulaire érigé au-dessus du caveau. Le génial **Imhotep**, vizir et architecte du roi Djéser (IIIe dynastie), commença par élever pour son roi un mastaba à **Saqqara**. Insatisfait, il le réhaussa par un second mastaba et finit par construire une pyramide à degrés. Cette étape fut décisive dans l'histoire de l'architecture égyptienne. Les rois suivant Houni et Snéfrou (IVe dynastie) construisirent les premières pyramides véritables. L'expression la plus accomplie de ce processus somme toute rapide – moins de cent ans – se trouve sur le **plateau de Gizeh** où trône l'une des Sept Merveilles du monde antique : la prodigieuse pyramide de Chéops, qu'accompagnent celles de Chéphren et Mykérinos.

UNE IMAGE IMPÉRISSABLE

Malgré de nombreuses interprétations fantaisistes, la pyramide avait pour fonction principale de protéger Pharaon et de l'élever symboliquement vers sa demeure éternelle. Construites sur un plateau préalablement arasé dans lequel le caveau était aménagé, les pyramides frappent le visiteur par leur aspect gigantesque. Elles ont nécessité une main-d'œuvre considérable, des milliers de blocs, des années de travail. Il est fort probable qu'elles furent bâties au moyen de rampes construites en brique crue qui permettaient d'apporter les blocs au sommet en les faisant rouler sur des rondins de bois. Les pyramides de l'Ancien Empire sont en grès, les appartements funéraires en granit. La surface lisse était faite par un revêtement en calcaire de Toura (région du Caire) dont la blancheur a tant frappé les visiteurs. Ces blocs ont disparu dans les fours à chaux au 19e s. Les pyramides du Moyen Empire sont en grès et en brique et leurs dimensions sont nettement moins impressionnantes.

LE LONG CHAPELET DES PYRAMIDES DU NIL

Plus de **80 pyramides** ont été recensées en Égypte. Elles sont concentrées sur 160 km, d'Abou Roach (au nord de Gizeh et du Caire) à El-Lahoun (au sud-est du Fayoum). Elles s'égrènent le long de la rive gauche du Nil, en Basse-Égypte. Elles répondent toutes à une orientation précise calculée astrologiquement. Apparu à la fin de la IIIe dynastie sous l'Ancien Empire, ce type de construction a perduré jusqu'à la XIIe dynastie, sous le Moyen Empire, la dernière grande pyramide étant celle d'Amenemhat III située à Hawara. Et même si l'on dénombre encore quelques petites constructions ultérieures de ce type, la pyramide disparaît pour faire place aux grandes tombes rupestres du Nouvel Empire.

Un gâteau de froment

Dans les textes de l'Égypte antique, la pyramide est désignée par le vocable *mr.* Hérodote, le père de l'Histoire, a pour sa part utilisé le mot *puramous* qui désigne un gâteau de froment et de miel qui présente la même forme que le monument. Les Grecs ont semble-t-il conservé ce terme pour désigner les édifices funéraires égyptiens. Plus récemment, l'égyptologue Maspero pensait qu'il fallait peut-être trouver l'origine de ce mot dans le *pri-em-ous* que les géomètres égyptiens employaient pour définir un des côtés de la pyramide. Mais l'origine exacte de ce terme reste obscure.

Les momies

Bien qu'ils paraissent hantés par la mort, c'est parce qu'ils étaient passionnés par la vie que les Égyptiens voulurent la prolonger dans l'au-delà. C'est aussi parce que le mythe d'Osiris leur démontrait qu'on ne pouvait revivre après la mort que si le corps subsistait. Ils élaborèrent donc un rite funéraire parmi les plus incroyables qui soient : la **momification**. Nul ne peut rester indifférent à ce désir de conserver son enveloppe charnelle au-delà de la vie. Ainsi les momies ont-elles franchi les siècles pour mieux nous révéler toute la profondeur des croyances des descendants de Rê.

UN LONG SOMMEIL D'OR ET DE PIERRE

Ensevelies dans les pyramides ou les mastabas, conservées bien à l'abri dans les caveaux des hypogées, des milliers de momies dorment dans leurs sarcophages. En bois, en cartonnage (couches de lin ou de papyrus recouvertes de plâtre) ou en pierre, le sarcophage est la vraie demeure du défunt. Décoré dès l'Ancien Empire, il devient anthropomorphe sous le Nouvel Empire. Très vite (dès le Moyen Empire), les cercueils s'emboîtent les uns dans les autres pour être ensuite déposés dans une cuve en pierre de forme rectangulaire. Le visage des momies est, à certaines époques, recouvert d'un masque. Seuls les rois possèdent des cercueils en or ou en argent incrustés de pierres semi-précieuses.

UNE VIE POUR L'ÉTERNITÉ

Les tombes comprennent deux parties distinctes. Souterrain, **le caveau** composé de plusieurs chambres était fermé définitivement après les funérailles. Par-dessus, **une chapelle** entièrement décorée (à la différence du caveau qui ne l'est pas) accueillait la famille du défunt qui venait célébrer régulièrement le culte funéraire. La momie dans son sarcophage était accompagnée d'objets divers qui formaient le mobilier funéraire : des petites figurines de serviteurs *(ouchebtis)* pour assurer le travail quotidien, de la vaisselle, du linge, des coffres, des statues, des objets de toilette… Pour survivre dans l'au-delà, le corps devait être intact. Il fallait donc le momifier. Une fois l'embaumement réalisé, la momie retrouvait ses cinq sens avec la cérémonie de l'ouverture de la bouche. Alors seulement « l'âme » pouvait réintégrer le corps et accéder à l'éternité que lui accordait Osiris.

SOUS LE SABLE D'ÉGYPTE

On pense que l'idée de la momification est venue aux Égyptiens en observant un phénomène naturel : un corps enfoui dans le sable se dessèche naturellement, le sable chaud absorbant son humidité. Isolés dans des sarcophages et des tombeaux plus ou moins humides, les corps menaçaient de se décomposer. La momification s'imposa donc comme une évidence dès les premières dynasties. Elle évolua au fil des siècles de même que la manière d'envelopper les corps dans les bandelettes de lin.

UNE IDÉE DU DIEU-CHACAL

Le processus de « fabrication » a été si précieusement gardé qu'il n'existe aujourd'hui aucune description complète de la technique menée par les taricheutes (embaumeurs) sous la haute protection d'**Anubis**, le dieu-chacal auquel la mythologie attribue la paternité de la momification. On sait cependant beaucoup de choses, grâce aux momies elles-mêmes. Il existait différents types de momification selon le rang social et les moyens financiers du défunt. La plus évoluée durait soixante-dix jours.

Studio Vart / MICHELIN

Un sarcophage anthropomorphe épouse la forme de la momie qu'il renferme.

Dans la « maison de purification », on commençait par extraire le cerveau par les narines à l'aide d'un crochet puis on nettoyait la boîte crânienne avec du vin de palme avant de la remplir de résine liquide stérilisante. Par une incision du flanc gauche, le paraschiste (coupeur) tranchait le diaphragme puis retirait les viscères tout en laissant le cœur et l'on remplissait l'abdomen de sachets de natron (carbonate de sodium). Avec cet agent dessiccateur on recouvrait entièrement le corps. Trente-cinq jours plus tard, on retirait le natron une fois le corps déshydraté. On le remplissait ensuite de sachets d'encens et de gommes, d'épices (myrrhe, cannelle) et de résines. Les chairs étaient massées, ointes d'onguents et parfumées. Puis on emmaillotait le défunt après l'avoir couvert de bijoux, tout en récitant des prières. Diverses amulettes censées le protéger étaient réparties entre les bandelettes. La momie enfin placée dans un sarcophage, les funérailles pouvaient commencer.

Un sauvetage réussi

La momie du grand **Ramsès II** attaquée par des champignons parasites fut transportée en France pour être sauvée d'une destruction certaine. Majestueuse, elle trône aujourd'hui au musée du Caire en compagnie des pharaons découverts comme elle, dans la cachette de Deir el-Bahari en 1881.

UNE MINE DE RENSEIGNEMENTS

La science moderne permet d'étudier les momies sans les endommager. Un simple échantillon de tissu ou un prélèvement de peau fournit une foule d'informations. On peut notamment déterminer l'âge d'un pharaon au moment de sa mort ou la parenté entre des momies royales, on peut également connaître les conditions de vie du peuple égyptien, les maladies ou les opérations pratiquées à l'époque. On sait, par exemple, que les Égyptiens souffraient de rhumatisme, d'arthrite ou d'artériosclérose, qu'ils connaissaient le plombage dentaire (en fait un ciment minéral) et la trépanation, et que le pharaon n'était pas systématiquement circoncis. Il est certain que le futur apportera encore son lot de révélations.

Les dieux

Lorsqu'on se rend sur la terre d'Égypte, on est immédiatement frappé par le nombre impressionnant de tombeaux et de temples, divins ou funéraires. Les dieux, si présents dans la vie quotidienne des Égyptiens, semblent toujours veiller sur eux. Ils sont partout présents. La religion a perduré pendant près de quatre siècles et a fortement marqué la civilisation de son empreinte. Des textes gravés sur les parois des temples ou sur des statues évoquent le culte qui leur était rendu et les fêtes qui leur étaient consacrées. Généralement les dieux à forme humaine sont associés à des animaux. Des attributs vestimentaires les définissent clairement.

LA GENÈSE DU MONDE

Pour les anciens Égyptiens, la création du monde avait pour origine les **« eaux primordiales » du Noun** habitées par le chaos. La puissance créatrice en fit jaillir la lumière et du Noun émergèrent les premiers dieux. Selon la mythologie définie à **Héliopolis**, dont le clergé inaugura le caractère solaire de la monarchie égyptienne, Atoum, engendré par le Noun, donna naissance à neuf dieux. À cette ennéade appartenaient le couple Chou et Tefnou, le couple Geb et Nout, qui donna naissance au soleil, ainsi que le couple Isis et Osiris, dont la destinée fut célébrée dans toute l'Égypte.

LA FORCE DU CULTE

La croyance née de cette conception du monde est à l'origine de toute l'organisation de la religion égyptienne. L'ordre initial n'étant pas acquis, le culte divin journalier était indispensable pour assurer l'équilibre du monde. Chaque lever du soleil symbolisant **la renaissance du monde**, il fallait se concilier les dieux pour qu'ils protègent Rê sous peine de rompre l'harmonie de l'univers. C'est pourquoi, dans les temples, les prêtres devaient assurer chaque jour la mission sur terre du dieu. Ils veillaient à la vie quotidienne de sa statue, qu'on lavait, vêtait et parfumait. Des offrandes étaient déposées chaque matin devant elle. Le soir, les prêtres la purifiait avec de l'encens et des aspersions. Des fêtes et rituels entretenaient la légende des dieux si chère aux Égyptiens.

LA HIÉRARCHIE DU CLERGÉ

Tenus d'observer des règles d'ascèse très strictes, les serviteurs des dieux étaient nommés par Pharaon quand leurs charges n'étaient pas héréditaires. Les prêtres (ou les « **pères divins** » comme on les appelait), dont la mission première consistait à perpétuer l'ordre

Détail des hiéroglyphes ornant le sarcophage de Toutankhamon.

établi, œuvraient dans les temples. Eux seuls, en dehors du pharaon, étaient autorisés à voir l'image du dieu (et encore, pas tous). Ils le visitaient chaque matin et l'éveillaient selon un rituel bien établi. Le corps sacerdotal se divisait en haut et bas clergé. Au premier groupe appartenaient les « oracles », qui interprétaient la volonté des dieux et les grands prêtres. Le second comprenait les prêtres chargés du rituel divin journalier ou de l'entretien des instruments du culte, les lecteurs récitant les hymnes mais aussi des musiciens, des chanteurs et le petit personnel. Des femmes étaient attachées au culte de quelques divinités. Ainsi certaines femmes de la haute société portaient les titres de « chanteuse d'Amon », de « prêtresse d'Hathor »... Durant la Troisième Période intermédiaire apparut la charge de **divine adoratrice d'Amon** attribuée fréquemment aux filles du pharaon.

UN POLYTHÉISME TRÈS DIVERSIFIÉ

On peut compter les dieux d'Égypte par dizaine : les grands dieux créateurs, les dieux attachés au domaine funéraire, les génies protecteurs ou malfaisants, les divinités locales, etc. Ils s'organisent selon une hiérarchie pas toujours évidente pour le profane. La plupart ont forme humaine, et certains prennent l'apparence d'un animal qui leur est associé. Ils peuvent avoir un corps humain et une tête animale. Ils sont dotés d'un certain nombre d'attributs. Le nom, la spécificité, les attributs et l'aspect d'une divinité peuvent être modifiés d'un sanctuaire à l'autre. Ils ont aussi évolué avec le temps. Certaines divinités mineures tel **Aton** ont soudain pris une importance considérable, d'autres au contraire sont devenus insignifiants avec le temps. Au culte des dieux était associé le culte des animaux. On vénérait **Thot** pour lequel on momifiait des ibis et des babouins, ses animaux fétiches. Des catacombes abritent les corps de chats associés à la déesse **Bastet** ou de taureaux associés au culte du dieu **Apis**. Il existe cependant une série de dieux « primordiaux » vénérés dans toute l'Égypte à toute époque et pour lesquels le roi a fait bâtir des temples ou de simples sanctuaires. Les pages qui suivent permettront à chacun de les identifier.

LES HOMMES

En réalité, le peuple n'avait pas accès aux subtilités théologiques de la religion qui se pratiquait dans la demeure des dieux. En dehors des grands temples existaient des sanctuaires locaux dédiés à des dieux secondaires ou à des formes dérivées de dieux principaux. Le commun des mortels les fréquentait. Il ne pouvait pénétrer que dans la première cour des temples, le reste de l'édifice n'étant autorisé qu'à certains membres du clergé. Il déposait des offrandes et priait jusque dans sa maison, mais il avait aussi recours à des pratiques plus superstitieuses souvent liées à la magie. Des amulettes le protégeaient de la maladie et du mauvais œil, des incantations lui assuraient l'amour. Progressivement, les petits dieux et les génies de toutes sortes accaparèrent le petit peuple qui se mit à adorer toutes sortes de divinités étrangères.

Comment les identifier ?

Amon

Dieu aux multiples aspects, il est généralement figuré sous les traits d'un homme vêtu d'un pagne et coiffé d'un mortier surmonté de deux hautes plumes. On le trouve aussi fréquemment avec une tête de bélier. Il forme une triade avec Mout et Khonsou à Thèbes.

Anubis

Sa tête de chacal noire est caractéristique. C'est parce qu'il garde les nécropoles où rôdent encore aujourd'hui des chiens sauvages que ce dieu funéraire a pris cette forme. Quand il a un corps humain, il se tient debout, quand son corps est celui d'un chacal, il est couché.

Aton

Très facile à identifier, Aton est représenté par un disque solaire dont les rayons, terminés par des mains, offrent le signe de vie à ceux qui l'honorent. Il fut adoré durant l'époque amarnienne puis totalement oublié.

Bastet

Initialement lionne – donc redoutée –, cette déesse s'est progressivement adoucie pour devenir une chatte souriante, animal très apprécié des Égyptiens. Souvent, elle tient un sistre, instrument de musique consacré à Hathor.

Bès

D'aspect difforme et grotesque, coiffé d'une couronne de plumes, le visage de face, le dieu Bès se reconnaît au premier coup d'œil. Les grimaces de ce bon génie barbu tirant la langue provoquaient le rire, ce qui éloignait les mauvais esprits.

Chou

Les bras levés, il soutient Nout, la voûte céleste. Debout ou à genoux, Chou porte une plume d'autruche sur sa tête humaine. Il peut aussi avoir une tête de lion. Il forme un couple avec Tefnout.

Hathor

Souvent confondue avec Isis, Hathor déesse de l'Amour, de la Maternité, de la Joie est souvent figurée comme une femme avec des oreilles de vache coiffée du disque solaire entre 2 cornes. Elle peut aussi avoir une tête de vache ou être tout simplement une vache.

Horus

Il existe plusieurs Horus représentés comme un faucon ou un homme à tête de faucon. Les plus connus sont l'Horus céleste, fils de Rê, dont les yeux incarnent le soleil et la lune et Horus fils d'Isis et d'Osiris, l'ancêtre des pharaons. Il est alors coiffé de la double couronne d'Égypte.

Isis

Indéniablement la plus populaire du panthéon égyptien, elle incarne la fidélité, la persévérance et la mère. Cette déesse figurée par une femme porte le hiéroglyphe de son nom, un trône, sur sa tête. Epouse d'Osiris et mère d'Horus, elle protège le défunt avec sa sœur.

Khépri

Un scarabée en guise de tête, ou un scarabée seul, incarne cette forme matinale de Rê car cet animal au lever du jour roule devant lui une boule qui ne cesse de grossir. Les prêtres se sont inspirés du verbe *kheper*, qui signifie « venir à l'existence ».

Khnoum

Dieu de la Fertilité et de la Fécondité, Khnoum est doté d'une tête de bélier, animal souvent associé aux cultes liés à l'eau. À Assouan, où il était adoré, un bélier vivant représentait le « seigneur de la cataracte ». Khnoum est aussi celui qui façonne le double de l'homme sur son tour de potier.

Khonsou

Il apparaît sous deux aspects. Toujours momiforme, il a une tête de faucon surmontée d'une lune, ou un visage d'enfant reconnaissable à sa mèche de cheveux, coiffé d'un disque et d'un croissant lunaire. Il est considéré à Thèbes comme le fils d'Amon et de Mout.

Maât

Fille de Rê, Maât est généralement assise, une plume d'autruche dans ses cheveux. Elle peut être figurée par une simple plume. Elle est garante de l'ordre, de la justice et de l'équilibre du monde. C'est elle qui sert à vérifier la pureté du défunt lors de la pesée du cœur.

Min

Bien qu'emmailloté, Min, dieu de la Fertilité, est représenté en état d'érection. On le dit ithyphallique. Tout comme Amon auquel il est souvent associé, son mortier est surmonté de deux hautes plumes droites.

Montou

Tout comme Horus, ce dieu guerrier a une tête de faucon mais il se distingue par sa coiffure : un disque solaire surmonté de deux hautes plumes. Deux *uræi* (cobra) ornent son front. Vénéré en Haute-Égypte au Moyen Empire, il fut rapidement supplanté par Amon.

Mout

Cette déesse symbolise la mère, celle qui protège. Simple vautour aux ailes déployées, elle peut être aussi représentée comme une femme coiffée d'une dépouille de vautour couronnée du pschent. Elle forme la triade thébaine avec Amon et Khonsou. Les reines parées de sa dépouille rappellaient ainsi leur rôle de mère du peuple.

Neith

L'image la plus complexe, du point de vue de son iconographie qui change selon sa fonction et le lieu. Neith, coiffée de la couronne de Basse-Égypte, porte une robe fourreau et tient un bouclier et deux flèches. Elle protège avec Douamoutef l'estomac du défunt.

Nekhbet

Déesse-vautour, Nekhbet les ailes déployées plâne au-dessus du roi qu'elle protège. Protectrice de la Haute-Égypte, elle est souvent en compagnie d'Ouadjet. À la différence de Mout, elle porte une seule couronne, la blanche de Haute-Égypte.

Nephthys

Sœur d'Isis, cette jeune femme porte sur sa tête le hiéroglyphe qui forme son nom : une « maison » stylisée sous une corbeille. Elle est souvent représentée dans les tombeaux en compagnie de sa sœur, Isis, car elle protège et veille le défunt. Elle est l'épouse du dieu Seth.

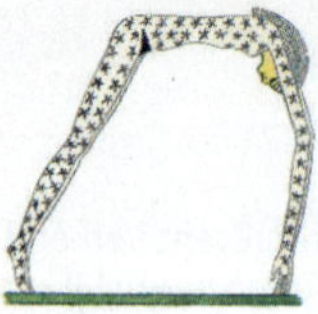

Nout

Une femme nue courbée en arc de cercle, telle est la plus superbe des images qui symbolisent Nout, déesse du Ciel. Ses pieds sont à l'orient, ses mains à l'occident : ils touchent la terre qui n'est autre que Geb son époux. Son corps parcouru d'étoiles figure la voûte céleste.

Osiris

Celui qui préside au royaume des morts est très populaire. Momiforme, le visage vert symbole de renaissance, il se distingue par sa couronne *atef* : une bombe blanche terminée par un disque solaire, encadrée par deux plumes. Époux d'Isis, persécuté par son frère Seth, il est le père d'Horus et préside à la pesée de l'âme des défunts.

Ouadjit

Cette déesse tutélaire de la Basse-Égypte est figurée par un cobra la tête dressée, plus rarement sous la forme d'un lion. Elle est aussi l'*uræus* qui orne le front du roi prêt à attaquer ses ennemis. Elle est souvent sur une corbeille en compagnie de la déesse-vautour Nekhbet.

Ptah

Momiforme, ce dieu a le crâne rasé ou couvert d'un bonnet. De la gaine qui l'emmaillote seuls ses mains sortent tenant le sceptre *ouas* (celui des dieux) doublé du pilier *djed* (signe de stabilité). Vénéré à Memphis, il protège la monarchie, les orfèvres et les sculpteurs.

Rê

Il est l'énergie créatrice, le dieu solaire par excellence. Au matin, il est Khépri. À midi, il est Rê. Le soir, il est Atoum. Au-dessus des autres dieux, il est la divinité majeure de la mythologie héliopolitaine. Avec Amon, ils forment le dieu Amon-Rê. Les pharaons ont le titre de « fils de Rê ».

Satis

La compagne du dieu Khnoum porte la couronne blanche de Haute-Égypte flanquée de deux cornes d'antilope. À l'instar de son époux, elle est une divinité de l'Eau, gardienne de la source du Nil, et régnait à hauteur de la première cataracte. On l'associe parfois à Anoukis.

Sekhmet

Déesse-lionne, elle était crainte dans toute l'Égypte. Appelée par Rê, elle se déchaîna contre les hommes que le dieu voulait punir. La « Puissante » récidive les cinq derniers jours de chaque année. À Karnak, elle est assimilée à Mout. Elle est aussi une grande magicienne.

Selkis

« Celle qui fait respirer » protégeait des morsures d'animaux venimeux, aussi la reconnaît-on au scorpion qu'elle porte sur sa tête. Protectrice des morts, Selkis veille sur les intestins avec Qebehsenouf.

Seth

Il est maudit. Frère d'Osiris qu'il tenta de détruire par tous les moyens pour lui prendre son royaume, il est haï des hommes et des dieux. Protecteurs des oasis, il symbolise le chaos et la stérilité du désert. Son visage fantastique a un museau effilé et de grandes oreilles droites. Il est connu pour la lutte qu'il mena contre Horus, fils d'Osiris.

Sobek

Dieu de l'Eau fertilisant la terre, Sobek est représenté par un crocodile, par un homme à tête de crocodile ou simplement recouvert d'une peau de ce reptile. Il était particulièrement vénéré à Kom Ombo et dans le Fayoum où l'on a retrouvé des momies de crocodiles.

Thot

Ce dieu de l'Écriture et du Langage, patron des scribes, qui note les décisions des dieux et le résultat de la pesée du cœur, est associé au babouin et à l'ibis. Il est le plus souvent avec un corps humain et une tête d'ibis. Il tient une tablette et un calame pour écrire.

Thouéris

Elle est une déesse bienveillante malgré son aspect un peu inquiétant : un corps et une tête d'hippopotame (plus rarement de femme) au ventre lourd, des pattes de lion et un dos qui ressemble à celui d'un crocodile. Elle protège la mère et l'enfant.

Les hiéroglyphes

L'écriture hiéroglyphique est l'« écriture sacrée » des anciens Égyptiens. Le terme « hiéroglyphe » désigne les petits dessins qui sont soit des phonogrammes (ils expriment un son ou une lettre) soit des idéogrammes (ils retranscrivent une idée). Mais, depuis la fin du 17e s., ce mot désigne par extension toute écriture impossible à déchiffrer ! Grâce au Français Jean-François Champollion, qui réussit à percer le mystère de la pierre de Rosette, les hiéroglyphes ont été dépossédés de leur énigme et sont devenus une des clés essentielles de l'égyptologie.

3 000 ANS D'EXISTENCE

Les plus anciens textes connus datent de l'Époque prédynastique vers 3300 av J.-C. Parmi eux, la célèbre palette de Narmer. L'inscription la plus récente date du 4e s. av. J.-C. et se trouve à Philae. La langue égyptienne est proche à la fois des langues sémitiques du Proche-Orient et des langues libyco-berbère et couchitique d'Afrique de l'Ouest et du Sud. Très complexe, elle a évolué avec le temps.

L'écriture hiéroglyphique est sacrée. Très esthétique, elle apparaît partout, sur les murs des temples, des tombeaux, des palais, sur la statuaire, les stèles, les sarcophages, les petits objets, sur les papyrus. Les hiéroglyphes disposés harmonieusement en colonne ou en ligne sont peints ou gravés, parfois incrustés de pâte de verre. Ils se lisent de gauche à droite ou de droite à gauche, de haut en bas mais jamais de bas en haut.

DIFFÉRENTES ÉCRITURES

En fait, il n'existe pas une mais plusieurs écritures égyptiennes. Les beaux hiéroglyphes soigneusement dessinés servaient aux monuments et aux textes sacrés comme les papyrus funéraires. Ils correspondent à nos caractères d'imprimerie. À l'Époque grecque, ils se sont considérablement multipliés créant une nouvelle langue, le **ptolémaïque**. Le **hiératique**, qui correspond à l'écriture manuelle, fut employé essentiellement pour les textes religieux sur papyrus. Il s'agit d'une écriture cursive c'est-à-dire que les hiéroglyphes sont simplifiés ce qui permet de les écrire plus vite. Le **démotique** est plus tardif. Apparu à la fin du 8e s. av. J.-C., cette écriture cursive employée sur les papyrus traduit un nouveau stade de l'évolution de la langue égyptienne et s'écrit avec des caractères tellement simplifiés qu'ils en sont devenus abstraits.

UNE LENTE DISPARITION

En 391 av.J.-C., l'empereur Théodose ordonne la fermeture de tous les temples païens. Avec la disparition des prêtres, la langue égyptienne que le peuple n'employait plus guère, lui préférant le grec ou la latin, disparut à jamais. Les Grecs l'appelèrent *hieroglyphika grammata*. Les coutumes, l'histoire et la religion de l'Égypte antique tombèrent progressivement dans l'oubli tout comme les monuments, recouverts par les sables.

CHAMPOLLION OU LA RENAISSANCE

Avec l'expédition de Bonaparte en Égypte en 1798 et la publication de la *Description de l'Égypte* qui en suivit, c'est toute une civilisation qui revint à la vie. L'engouement était total. L'Anglais Thomas Young, le Suédois Johan David Åkerblad, le Français Jean-François Champollion tentèrent de déchiffrer la mystérieuse écriture. C'est en s'aidant de la célèbre pierre de Rosette trilingue rédigée en grec, en démotique et en hiéroglyphes (découverte lors de l'expédition, elle est aujourd'hui à Londres au British Museum) qu'en 1822, Champollion parvint enfin à déchiffrer cette

B. Kaufmann / MICHELIN

Buste de J.-F. Champollion à l'Institut français d'archéologie orientale au Caire.

langue si difficile. Il put ainsi établir que les hiéroglyphes étaient tout autant idéographiques que phonétiques et il entama la rédaction d'un dictionnaire malheureusement inachevé à sa mort.

PRINCIPE GÉNÉRAL DE CETTE ÉCRITURE PICTOGRAPHIQUE

Cette langue impossible à prononcer de nos jours se caractérise par la quasi-absence de voyelles. Certains signes sont de pures **idéogrammes** et ne servent qu'à transmettre une idée. D'autres, les

phonogrammes, transcrivent une lettre (ce sont des unilitères, il y en a 24), deux lettres (bilitères) ou trois lettres (trilitères). Tout se complique quand on sait que certains phonogrammes peuvent servir d'idéogrammes ! La plupart des mots résultent de la combinaison de ces différents éléments : ils se composent de différents phonogrammes et d'un idéogramme placé en fin de mot pour préciser le sens réel de ce dernier. Ainsi, des mots écrits avec les mêmes phonogrammes changent de sens en fonction de l'idéogramme qui les accompagne. Le hiéroglyphe de la houe, qui se prononce « *mer* », peut désigner tout simplement une houe, ou précédé de phonogrammes, le verbe aimer. Le principe se complique lorsqu'il faut exprimer une abstraction. L'écriture n'emploie pas de ponctuation. Cependant, les hauts de colonnes ou les débuts de chapitres sont parfois écrits à l'encre rouge.

L'égyptologie

L'égyptologie est une science relativement jeune. Le mot n'est utilisé qu'à partir du milieu du 19e s. Jusqu'alors l'Égypte était parcourue par des voyageurs attirés par le Proche-Orient ou par des aventuriers en quête de trésors. Avec les premiers égyptologues commença l'ère des investigations et de l'analyse. C'est ainsi que des générations de spécialistes partirent en Égypte comme on s'engage pour la quête du Graal. Un siècle et demi après, leur ferveur est indemne.

NAISSANCE DE L'ÉGYPTOLOGIE

Les premiers pas

Avant la fin du 18e s., l'Égypte n'était connue des Européens que par de rares textes anciens. Hérodote (5e s. av. J.-C.), le père de l'Histoire, est un des premiers à décrire cette lointaine contrée. Il a livré des descriptions captivantes, parfois un peu trop extraordinaires. À sa suite, Diodore de Sicile (1er s. av. J.-C.) et Strabon (à peine plus tard) visitent les bords du Nil et rapportent des témoignages capitaux pour notre compréhension puisque, malheureusement, il ne reste plus que quelques fragments épars de l'*Histoire d'Égypte* rédigée par le prêtre égyptien Manéthon (3e s. av. J.-C.) auquel on doit la division en dynasties des pharaons et l'hellénisation de leurs noms.

Les vrais débuts

Même si le jésuite allemand Athanasius Kircher tente de déchiffrer les hiéroglyphes au milieu du 17e s., il faut attendre l'expédition d'Égypte placée en 1798 sous les ordres de Bonaparte pour déclencher la naissance de l'égyptologie. Napoléon a en effet emmené avec lui une commission composée de quelque cent cinquante savants et artistes chargés d'étudier l'Égypte, parmi lesquels Dominique Vivant-Denon, futur créateur du musée du Louvre. Ceux-ci mènent sur le terrain un travail colossal de collecte d'informations dont le résultat paraît en 1809 sous le titre *Description de l'Égypte*. Nés de la volonté de Bonaparte, entre-temps devenu empereur, les vingt et un volumes de cet ouvrage fortement influencé par les encyclopédistes du siècle précédent éclairent enfin le monde sur toute la richesse historique et géographique du pays que le Premier consul avait voulu libérer de la domination ottomane.

Les succès de… l'égyptomanie

En 1822, le déchiffrement des hiéroglyphes par Jean-François Champollion incite des historiens à s'intéresser de plus près à cette civilisation méconnue. Une légion de « savants » parfois naïvement équipés déferle sur Le Caire et les bords du Nil, avides de découvertes et de révélations, suivis des premiers touristes. En Europe, le style « retour d'Égypte » a déjà commencé à investir les intérieurs parisiens. L'égyptomanie marque l'art et l'architecture. En Angleterre, par exemple, un artiste comme Thomas Hope n'exalte plus le retour à l'Antique à travers l'hellénisme mais en dessinant des divans en forme de crocodile ou des canapés ressemblant à des sphinx ! Les peintres orientalistes livrent des tableaux d'un romantisme parfois insolite.

Quelques personnalités font progresser rapidement et à pas de géant cette égyptologie toute nouvelle. À cette génération de pionniers appartiennent Lepsius, Mariette, Maspero, Petrie et Borchardt.

Des trésors et des hommes

L'aventure de l'égyptologie commence probablement avec le Prussien Lepsius qui visite de nombreux sites, jusqu'au Soudan, entre 1842 et 1845. À partir de ce moment, la recherche systématique et raisonnée des matériaux permettant de reconstituer l'histoire de l'Égypte antique devient une réalité. Malheureusement, quelques diplomates européens tels Salt ou Drovetti organisent en même temps le pillage des plus grands sites aidés par des aventuriers comme Belzoni, pour leur compte personnel ou pour celui de leurs gouvernements. Grâce à des archéologues passionnés, l'égyptologie triomphe peu à peu de ces dérives. Des découvertes extraordinaires permettent à l'opinion de prendre conscience du patrimoine fantastique de l'Égypte. De nombreux sauvetages sont menés au cours du 20e s. Moins spectaculaire mais tout aussi passionnante, l'étude de l'histoire, de la religion, des textes et des langages livre des informations d'une grande richesse. La photographie et le dessin gardent en mémoire les traces de cette civilisation fabuleuse. Quant à la restauration, elle conserve les décors et les objets mis au jour par les archéologues.

Miracle à l'égyptienne

Depuis les premiers coups de pelle de Mariette jusqu'au sauvetage des temples nubiens sous l'égide de l'Unesco en 1968 ou à la toute récente récupération de fragments de colosses dans les eaux d'Alexandrie, des archéologues à la fois méthodiques et enthousiastes ont désensablé, étudié puis reconstitué une quantité inouïe de splendeurs dont on soupçonnait à peine l'existence voici encore deux siècles. Ce miracle qu'est la « renaissance » des sites égyptiens tire également sa source dans la longue suite de travaux discrètement menés par des spécialistes inconnus. Derrière les découvertes spectaculaires se cache la patience de chercheurs et de restaurateurs sans lesquels nous ne pourrions aujourd'hui mesurer toute la splendeur de l'art de l'Égypte antique. Sachez que chaque statue, chaque décor, chaque temple que vous verrez en Égypte a ainsi bénéficié de toute la passion de ces travailleurs de l'ombre.

DES AVENTURIERS SANS SCRUPULES

Giovanni Battista Belzoni (1778-1823)

Ce fils d'un barbier romain est bel et bien un aventurier, même s'il a à son actif de beaux dessins pris sur le vif et quelques découvertes archéologiques remarquables comme la tombe de Séthi Ier à Louxor, l'ouverture de la pyramide de Chéphren à Gizeh ou celle du temple d'Abou Simbel. En 1816, il travaille pour le compte de Salt, consul général de Grande-Bretagne au Caire. Il réunit de fabuleuses collections qui sont vendues ensuite aux grands musées européens. Il livre notamment un torse colossal de Ramsès II à Londres.

QUELQUES GRANDS EXPLORATEURS

D'aucuns pensent que les archéologues œuvrant en Égypte ressemblent aux héros du *Mystère de la Grande Pyramide* d'Edgar P. Jacobs ou à l'Indiana Jones de Steven Spielberg. Il est vrai qu'il a fallu et qu'il faut encore une belle dose d'esprit aventureux et de douce folie à ceux qui entreprennent de découvrir ce que dissimulent les impressionnants monuments de l'Égypte antique. On a parlé de malédiction des pharaons à la suite des décès brutaux de quelques archéologues. Il n'en fallait pas davantage pour installer une image un peu stéréotypée des grands explorateurs qui ont mis au jour des sites et des objets théoriquement voués au silence éternel. En tout cas, ces voyageurs de l'inconnu ont su faire preuve d'une curiosité sans bornes qui force l'admiration.

Auguste Mariette (1821-1881)

Cet employé au Département des antiquités égyptiennes du Louvre est devenu le premier des grands égyptologues.

Y. Tierny / MICHELIN

Statue de Mariette à Boulogne-sur-Mer, sa ville natale.

Envoyé au Caire en 1850 pour acheter des manuscrits coptes, il se passionne pour l'Égypte et finit par découvrir le Sérapéum de Saqqara, consacré aux momies des taureaux Apis. Travailleur acharné, il crée deux institutions majeures : le Service des antiquités en 1859, qui contrôle au nom du gouvernement égyptien toute exploration archéologique, et le musée Boulaq en 1863, qui a constitué le noyau du Musée égyptien du Caire. « Mariette pacha » entame des fouilles à Saqqara, Tanis, Abydos, Gizeh et Louxor, dégage les temples d'Edfou et de Dendérah, et découvre les illustres statues de Chéphren, du *Cheikh el-Beled* et du *Scribe accroupi*. Un monument lui est dédié dans le jardin du musée du Caire.

Gaston Maspero (1846-1916)

En 1880, un an avant la mort de Mariette, ce professeur d'archéologie vient au Caire et prend la succession de son illustre aîné à la tête du Service des antiquités. Deux découvertes marquent son activité : d'une part les fameux *Textes des pyramides* des Ve et VIe dynasties qu'il s'empresse de traduire, d'autre part les momies royales ensevelies dans la cachette de Deir el-Bahari (dont celle de Ramsès II). Il fonde l'ancêtre de l'actuel Institut français d'archéologie orientale (IFAO), explore les temples de Nubie, désensable le sphinx de Gizeh et le temple de Louxor, et consacre une grande partie de son énergie à la restauration des monuments antiques.

William Matthew Flinders Petrie (1853-1942)

Le fondateur de l'Egyptian Research Account qui devint en 1906 la British School of Archaelogy arrive en Égypte en même temps que son confrère Maspero. Figure de proue de l'égyptologie scientifique, Petrie inaugure de véritables méthodes statistiques et fouille un nombre considérable de sites parmi lesquels Tanis, le Fayoum, Tell el-Amarna, Louxor, Memphis, Héliopolis, Nagada ou encore Meidoum. Son expérience et sa rigueur sont à la base d'une véritable archéologie des ruines, certes peu spectaculaire mais aux principes si bien éprouvés qu'ils ont fait école et sont toujours en vigueur. On lui doit entre autres les notions de typologie et de stratigraphie.

Ludwig Borchardt (1863-1938)

Cet égyptologue allemand se rend en Égypte pour la première fois en 1895 et fonde l'Institut allemand d'archéologie du Caire en 1907. Spécialiste de l'architecture, il conduit plusieurs chantiers de fouilles dont le plus célèbre concerne l'atelier du sculpteur Thoutmosis à Tell el-Amarna. Il en ramène l'un des plus fameux et plus beaux bustes que compte l'histoire de l'art, celui de la reine Néfertiti conservé depuis au Musée égyptien de Berlin.

Howard Carter (1874-1939)

Sa découverte en 1922 de la tombe de Toutankhamon lui vaut une postérité sans égale. Il débute comme dessinateur de relevés à Beni Hassan et Deir el-Bahari. En 1899, il devient inspecteur des Monuments de Haute-Égypte, puis inspecteur des Antiquités de Basse-Égypte, en 1903. Quatre ans plus tard, Lord Carnarvon l'engage pour copier des peintures de la Vallée des Rois. Des indices relevés au hasard l'amènent à la découverte de la plus sensationnelle des sépultures mises au jour en Égypte. Petite et sans prétention, la tombe de Toutankhamon cache un trésor inestimable : un mobilier funéraire digne d'un pharaon ! Or voici que peu de temps après l'ouverture de la tombe, Lord Carnarvon décède, peu avant Georges Bénédite et Arthur Mace, également présents à cette occasion. On évoque aussitôt la « vengeance de Toutankhamon ». Mais ces différents décès ont pu être expliqués par la suite.

Ahmed Fakhry (1905-1973)

Né dans le Fayoum, il est un des grands égyptologues égyptiens avec Selim Hassan, Kamal el-Malakh et, plus récemment, Ali Radwan. Après avoir étudié au Caire, à Berlin, à Bruxelles auprès de l'archéologue belge Jean Capart, puis à Liverpool, Fakhry s'est illustré par plusieurs campagnes de fouilles dans les oasis du désert Libyque ainsi que sur le site de Gizeh. Son grand titre de gloire reste son travail sur la pyramide rhomboïdale de Dachour, entre 1951 et 1955, où il a notamment dégagé les reliefs du temple de la vallée. Sa célébrité a largement dépassé les frontières du pays.

Jean-Yves Empereur et Frank Goddio

Ces deux chercheurs (Empereur a fondé le Centre d'études alexandrines) ont récemment connu les lumières de l'actualité grâce à la découverte de vestiges colossaux dans les baies d'Alexandrie et Aboukir. L'archéologie sous-marine ouvre de nouvelles perspectives : la reconstitution du phare d'Alexandrie et de la ville antique.

A. Abou Gzazala / MICHELIN

Jean-Yves Empereur dans une rue d'Alexandrie.

ABC d'architecture

Les dessins présentés dans les planches qui suivent offrent un aperçu de l'histoire de l'architecture du pays et de ses particularités. Les définitions des termes d'art permettent de se familiariser avec un vocabulaire spécifique et de profiter au mieux des visites des monuments religieux, militaires ou civils.

Principaux types de colonnes

La colonne est un support vertical de section circulaire (ou formé d'un polygone à plus de 4 côtés) ayant une base et un chapiteau.

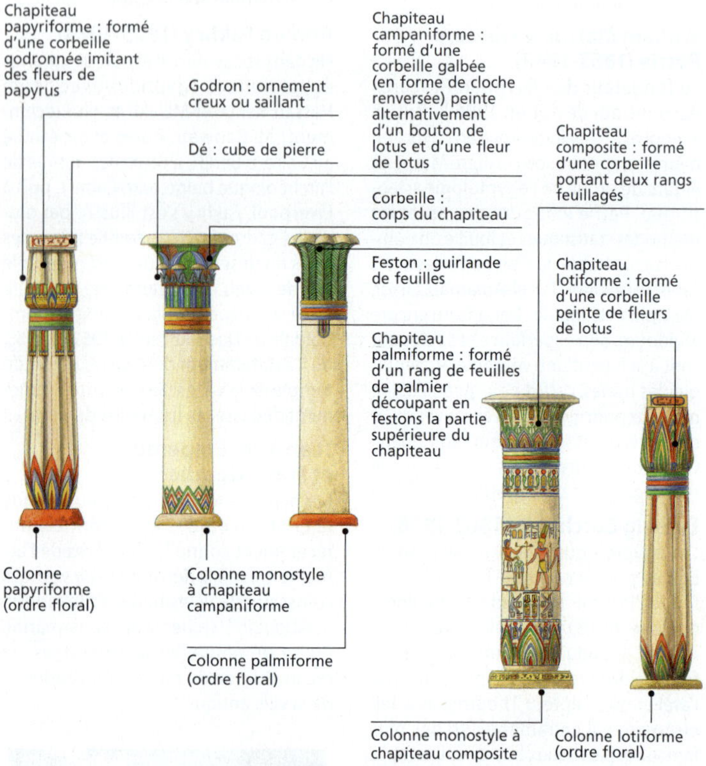

GIZEH - Pyramide de Chéops (IVe dynastie)

Reconstitution de l'état premier

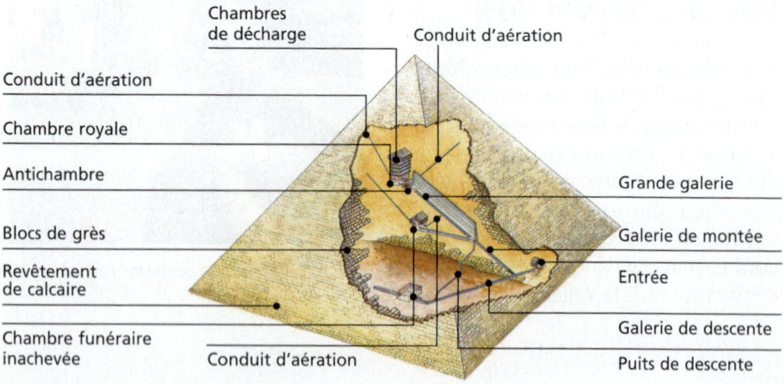

DEIR EL-BAHARI - Temple de Mentouhotep II (XIe dynastie)

Reconstitution

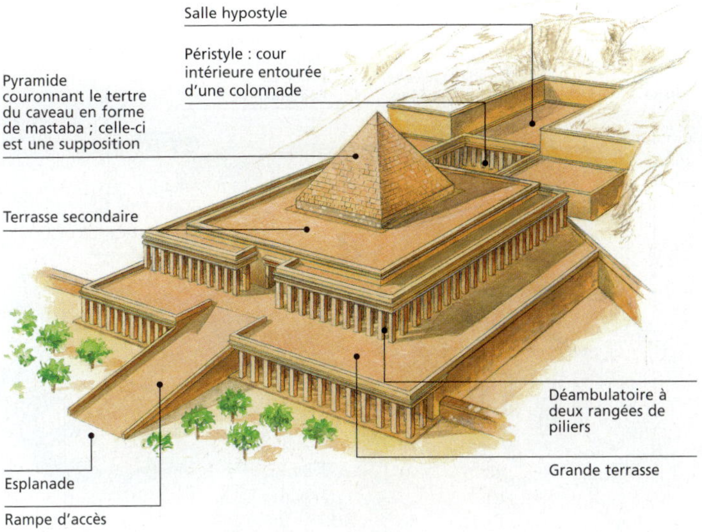

LOUXOR - Grand Temple (XVIIIe et XIXe dynasties)

Reconstitution de l'entrée du temple

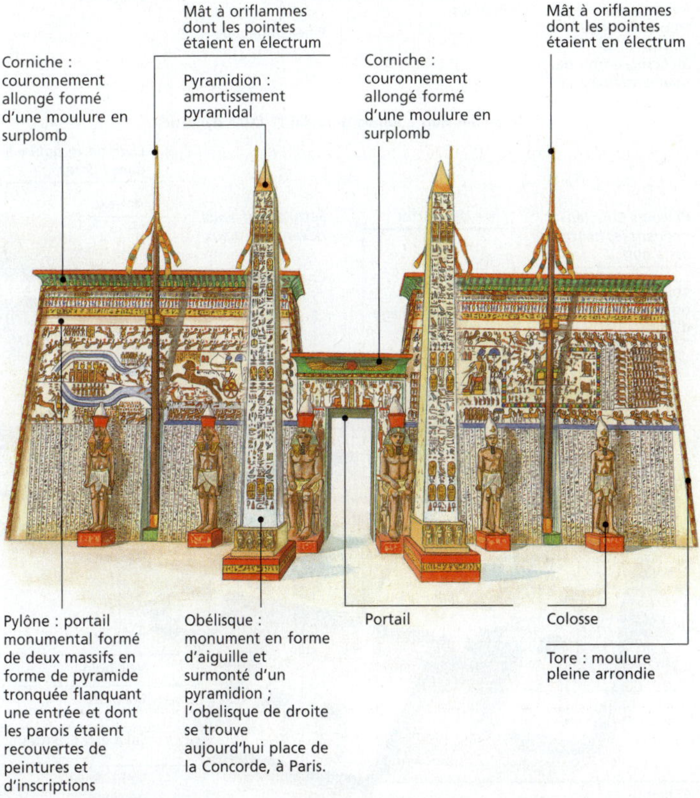

ABOU SIMBEL - Temple de Ramsès II (XIXe dynastie)

Reconstitution de la façade

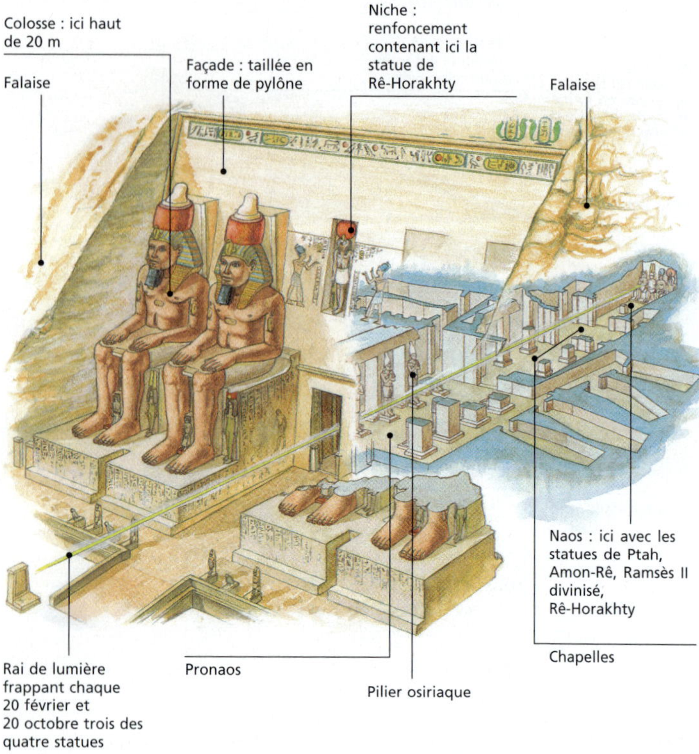

Vallée des Rois - Tombe de Séthi Ier (XIXe dynastie)

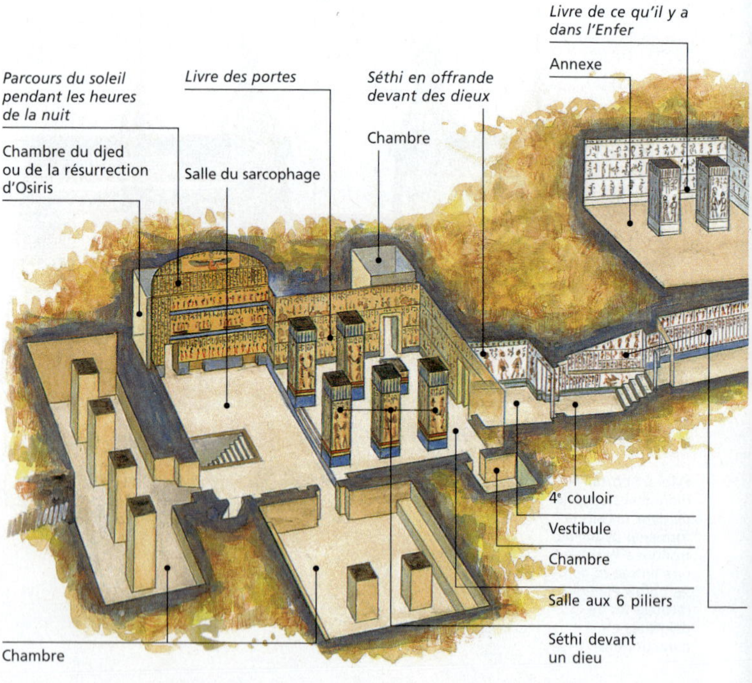

Désert Arabique - Monastère Saint-Antoine (6e-12e s.)

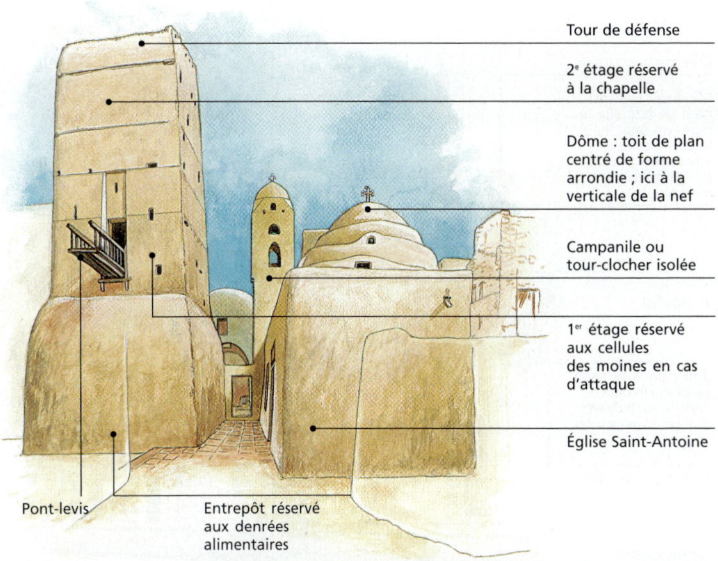

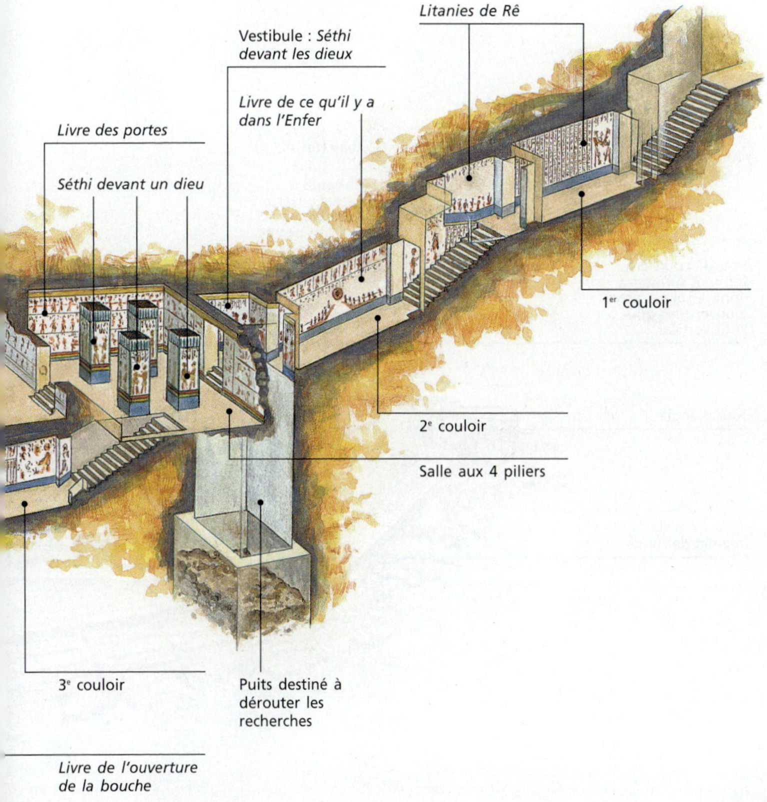

LE CAIRE - Mosquée El-Azhar (14e-18e s.)

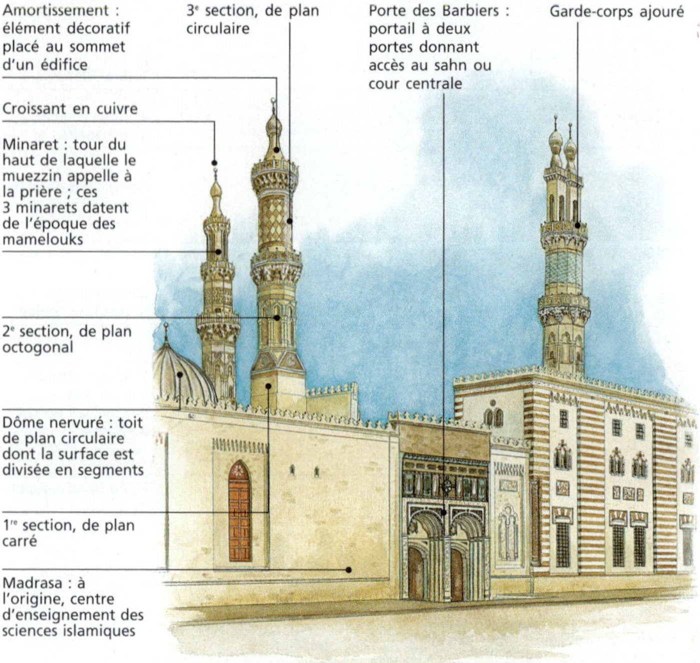

ALEXANDRIE - Fort de Qaitbay (fin 15e s.)

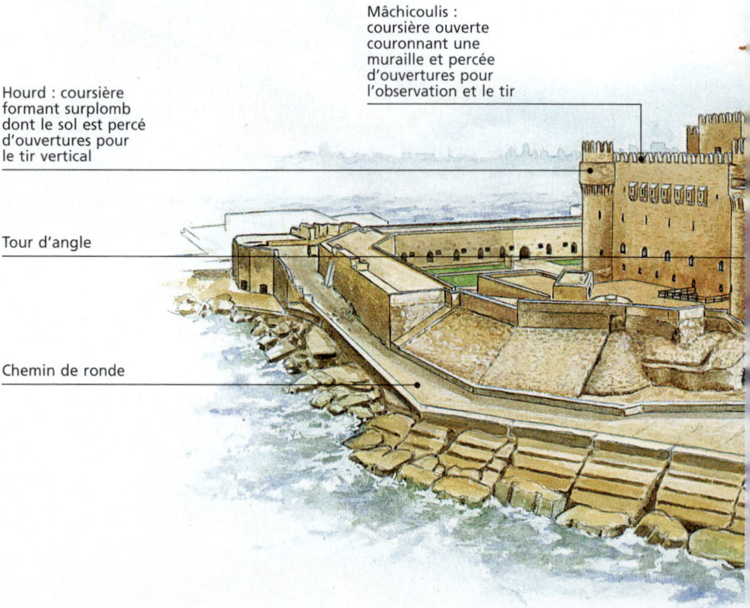

LE CAIRE - Mosquée de Mohammed Ali (milieu 19e s.)

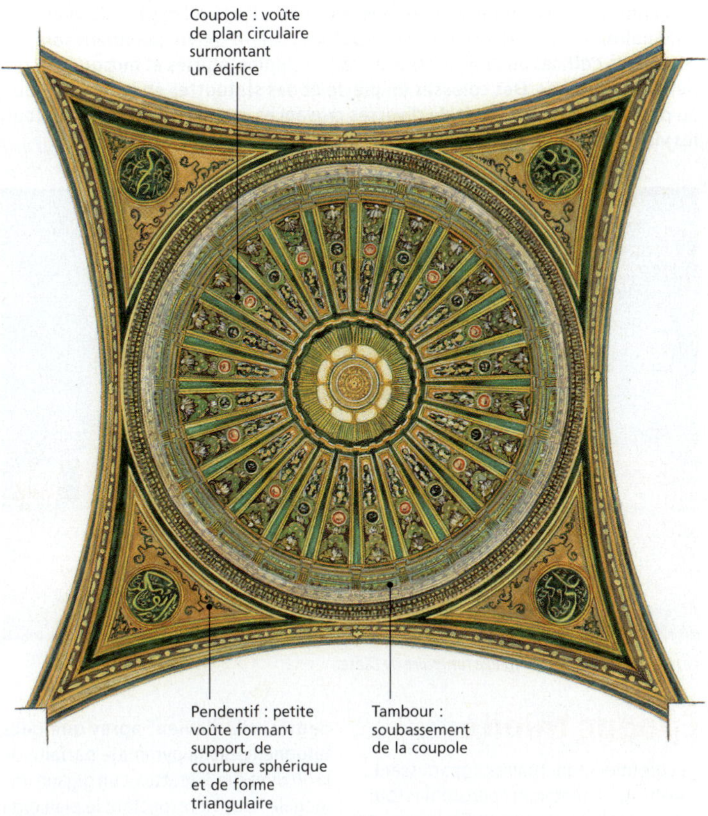

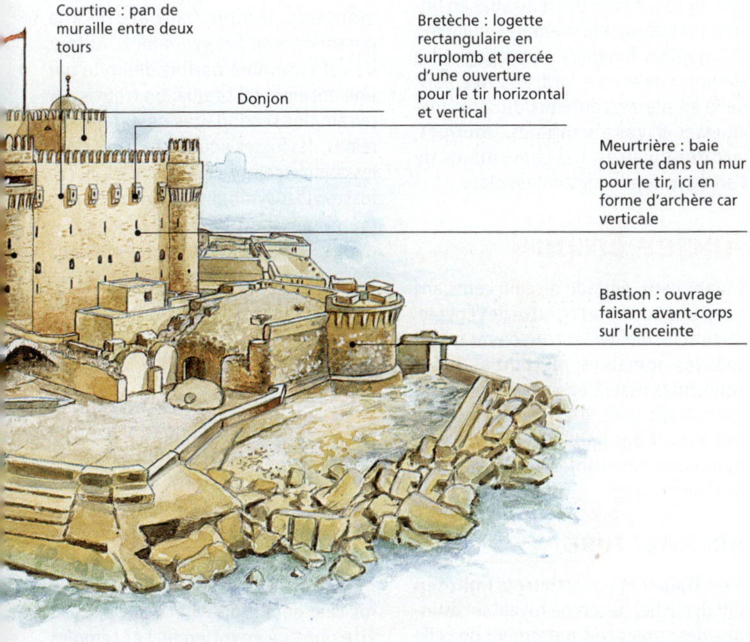

ART ET ARCHITECTURE

De l'époque pharaonique à la période ottomane, l'art en Égypte, plusieurs fois millénaire, n'a cessé d'évoluer. De véritables chefs-d'œuvre jalonnent son parcours. Des édifices aux formes gracieuses – temples, églises et mosquées – ont défié les hommes. Des colosses en pierre et des statuettes en ivoire ont souri au passage du temps. Fruit de diverses croyances, cet art n'a pas fini d'éblouir les visiteurs.

J.-P. Michel / MICHELIN

Le mur d'enceinte du complexe funéraire de Djéser.

Époque thinite

Les premiers sanctuaires apparaissent, construits en matériaux périssables tout comme les habitats. Les particuliers sont inhumés dans des fosses tandis que les rois reposent dans des mastabas en brique, sans décor, aux chambres multiples. Du mobilier funéraire accompagne les défunts : palettes à fard, poteries, vaisselle en pierre, couteaux de silex, plaquettes d'ivoire sculptées, figurines, parures diverses. Les conventions de l'art égyptien se mettent en place.

Ancien Empire

Durant cette période de cinq cents ans considérée comme l'âge d'or de l'Égypte, l'art atteint rapidement un sommet, dans tous les domaines, mettant au point ses formes essentielles. À de très rares exceptions près, il est funéraire. Des temples et des habitats construits en matériaux périssables, il ne reste que des traces au sol.

ARCHITECTURE

Avec **Djéser** et son architecte **Imhotep** (IIIe dynastie), la tombe royale se distingue désormais très nettement de celle des particuliers. D'abord pyramide à degrés, elle devient après quelques tâtonnements la pyramide parfaite de la IVe dynastie. Elle atteint un gigantisme inégalé, tout en respectant le plan type du complexe funéraire royal : temple de la vallée ou temple bas, chaussée montante, temple haut accolé à la pyramide *(voir Les pyramides)*. Autour de cet ensemble parfois délimité par une enceinte en brique, on trouve des pyramides secondaires destinées aux reines, des fosses pour les barques royales comme celle de Chéops. Parfois, ces fosses vides symbolisent par leur forme même une barque. Pour leurs pyramides, les rois ont choisi des plateaux vierges de toute construction, isolés. Les nécropoles privées s'étendent autour du complexe royal. Les mastabas en pierre pour les plus riches s'organisent le long de ruelles.

Les sanctuaires, les habitats et les palais étaient construits en brique crue ou en terre plaquée sur de grandes tiges de palmier fichées dans le sol. Ils ont disparu sous des constructions postérieures. Seules ont subsisté en partie les « villes des pyramides » destinées aux ouvriers qui travaillaient sur le complexe funéraire du roi. Elles nous montrent ce que pouvait être une cité égyptienne. Les temples funéraires sont ornés de colonnes aux formes diverses, cannelées ou végétales. Les tores délimitent les pans de murs, la corniche marque les sommets ainsi que les frises de *khekérou* (tiges végétales resserrées par des liens).

STATUAIRE

Avec la IIIe dynastie, l'archaïsme des œuvres thinites disparaît. Les canons stylistiques s'affirment. Dans la statuaire royale d'abord, d'une qualité d'exécution remarquable. Dans les réalisations privées ensuite. Un principe domine : représenter l'âge idéal, la jeunesse éternelle, la santé. Les statues ont le regard tourné vers l'au-delà qui attend le défunt, un léger sourire aux lèvres. La statuaire est avant tout funéraire.

Dans la statuaire royale, la pose, les attributs et la nature du matériau servent un idéal commun : transmettre la nature divine du pharaon, représenter sa fonction. Au visage idéalisé du roi, l'artiste ajoute quelques traits personnels. Les pierres de qualité (granit, quartzite rouge, gneiss) sont réservées au roi. Les attributs qui le désigne sont codifiés : couronnes ou *nemès* ornés de *l'uræus* (cobra dressé), barbe postiche, sceptres, pagne royal orné de la queue de taureau ou manteau du jubilé. Les deux poses principales le représentent assis sur son trône ou debout, le pied gauche en avant.
Les sculptures privées, en calcaire ou en granit, sont nettement plus petites. Les particuliers se font représenter assis sur des sièges cubiques, en scribe ou debout dans l'attitude de la marche, seuls, en couple ou en famille. Leurs visages ronds idéalisés sont empreints de naturalisme à partir de la IVe dynastie. Des textes mentionnent leur nom et leur filiation. Le bois est employé à la fin de l'Ancien Empire.

RELIEFS ET PEINTURES

Le développement de l'architecture en pierre favorise l'art du relief. Les conventions stylistiques ont été établies dès l'Époque thinite : le visage et les jambes de profil, le torse et l'œil de face, le bassin de trois quarts. Reliefs et peintures, destinés aux monuments funéraires (chapelle des mastabas, temples et chaussée des complexes royaux) et aux objets (stèles, statuaire, mobilier divers), connaissent les mêmes procédés décoratifs. Jadis, les reliefs étaient polychromes. Les scènes s'organisent en registres horizontaux. Le personnage principal, simple particulier ou roi, est plus grand que les autres. Les femmes ont des chairs ocre jaune, les hommes ocre rouge. Des hiéroglyphes en colonnes ou en ligne commentent les scènes qui fourmillent de détails. Au fil du temps, les surfaces à décorer s'agrandissent, des compositions plus complexes apparaissent. Dans le domaine royal, les scènes évoquent essentiellement les rituels du jubilé, les offrandes aux divinités, très rarement un événement historique (ils sont plus suggérés que racontés). Pour les particuliers, elles illustrent la vie quotidienne (travail des champs, chasse, pêche), le mobilier funéraire, le pèlerinage en bateau jusqu'à Abydos, les porteuses d'offrandes, le banquet funéraire, les descendants du défunt.

Moyen Empire

À la décadence de la Première Période intermédiaire, qui se caractérise par des œuvres plus grossières et la disparition de l'art royal, succède le Moyen Empire. L'art royal réapparaît, mais prolonge un moment les tendances « provinciales » de cet intermède. Avec la XIIe dynastie, des exigences nouvelles raniment le classicisme qui avait disparu.

ARCHITECTURE

L'époque ne disposait pas des moyens financiers permettant de rivaliser avec les constructions de Gizeh. Mentouhotep II élève à **Deir el-Bahari** un temple funéraire très original composé de terrasses sur lesquelles s'élève une forme pyramidale. Les rois de la XIIe dynastie reviennent au complexe funéraire royal de l'Ancien Empire, mais les pyramides sont désormais nettement plus petites. Elles associent pierre et brique crue. Les particuliers finissent par préférer aux mastabas les hypogées conçus selon le même plan. Les plus beaux sont en Moyenne-Égypte. Les premiers temples divins en pierre voient le jour à **Karnak** entre autres mais ce n'est qu'un début !

STATUAIRE, RELIEFS ET PEINTURES

Force et vigueur caractérisent la statuaire et les reliefs. La sculpture s'inspire de l'Ancien Empire mais les corps sont plus élancés, les membres s'étirent, les mains et les pieds s'allongent, la mode vestimentaire et les coiffures changent. Le calcaire est moins employé. Avec les **Sésostris**, le niveau artistique s'élève. Les rois n'hésitent pas à marquer leurs traits des signes de l'âge. Les rides humanisent le roi dont la tâche est si lourde. Les artistes expriment un certain réalisme et se complaisent dans le souci du détail. Les magnifiques modèles en bois qui illustrent la vie quotidienne caractérisent cette époque qui témoigne d'un amour certain de la liberté et de la couleur.

Nouvel Empire

La Seconde Période intermédiaire stoppe l'évolution de l'art durant près de deux siècles. Seule nouveauté, les sarcophages *ricci* aux décors de plumes. Cet épisode s'ouvre ensuite sur une période fastueuse de près de cinq cents ans durant laquelle l'art connaît à la fois un renouveau et son plus bel épanouissement.

ARCHITECTURE

Les pharaons abandonnent le complexe pyramidal au profit de **l'hypogée** qui

Tête de la reine Hatchepsout.

Studio Vart / MICHELIN

sert de caveau. Le culte funéraire est rendu dans un « temple des millions d'années » dont le plan reprend celui des sanctuaires divins. Ils sont éloignés de la tombe dont l'emplacement doit rester secret. De Thoutmosis Ier aux Ramsès, ils font creuser leurs magnifiques tombes dans la **Vallée des Rois**. Contre la falaise de Deir el-Bahari, Hatchepsout se construit un temple funéraire qui reprend le principe de celui de Mentouhotep II. Les rois se mettent à construire des temples gigantesques à Karnak et Louxor, ainsi que dans la vallée. Ils suivent un plan type : une cour, des salles hypostyles, un naos flanqué de chapelles. Les premiers pylônes surgissent de terre, les obélisques marquent les entrées précédées des allées de sphinx. L'époque amarnienne voit la création d'une nouvelle ville, **Akhétaton,** dont les édifices cultuels sont bâtis avec des talatats (petit module de pierre). Cet élan vers le gigantisme est repris par les Ramsès. Les particuliers optent également pour les hypogées, de dimensions plus modestes.

Le village de **Deir el-Medina** bâti en pierre nous renseigne sur l'organisation de l'habitat commun au Nouvel Empire. De même les peintures des tombeaux nous montre ce qu'étaient les grands domaines de cette époque.

STATUAIRE

Avant que la XVIIIe dynastie ne trouve sa voie à partir d'Hatchepsout, les artistes prolongent l'art des périodes précédentes. Sous son successeur Thoutmosis III, ils font preuve d'une perfection technique et d'une synthèse esthétique étonnantes, livrant un art classique dont l'homogénéité s'impose jusqu'à Aménophis III. Avec ce pharaon, l'idéalisme s'efface peu à peu. La statuaire royale se transforme, délaissant les canons traditionnels intemporels au profit de représentations où les traits anatomiques sont personnalisés, jusqu'à l'embonpoint du roi. Annoncée par ces « déformations », la **révolution amarnienne** d'Aménophis IV pousse cet esprit jusqu'à son paroxysme. Brutalement, les traits physiques des sculptures sont poussés à l'excès. Expressionniste jusque dans la statuaire privée, l'art amarnien s'éteindra très vite, mais son style original, isolé dans les trois millénaires de l'ancienne Égypte, a marqué cette civilisation. Malgré la contre-réforme qui s'ensuit, l'art d'Aménophis IV imprègne les œuvres de Toutankhamon. L'académisme retrouve son rang avec Séthi Ier, mais des indices expressionnistes prouvent combien l'art des Ramsès a bénéficié de cette libération des formes. La profusion des réalisations ramessides qui ont tendance à se charger de détails innombrables clôt cette période éblouissante qu'est le Nouvel Empire.

RELIEFS ET PEINTURES

Ce qui se passe dans la statuaire se remarque également sur les parois des tombes et des temples. Mais de façon plus complexe, étant donné la diversité des ateliers et la liberté créative qui s'est emparé de ces domaines. Dans un premier temps, la figure humaine suit les canons classiques encouragés par les pre-

B. Kaufmann / MICHELIN

Détail des textes funéraires ornant le plafond de la tombe de Ramsès VI à Louxor.

miers rois de la XVIIIe dynastie. Ensuite, la majorité des tombeaux thébains bénéficient d'un âge d'or exceptionnel. Les scènes s'animent, s'émancipent de la rigidité de la composition qui a prédominé jusqu'alors. Sous Aménophis III, les scènes s'animent davantage créant progressivement un style qui trouve sa pleine expression avec Aménophis IV. La tradition n'est plus alors qu'un souvenir. On assiste à une pleine libération des mouvements, à un dessin tout en courbe, à une recherche de la profondeur, de la nature. Les scènes intimes de la vie familiale côtoient celles de la vie quotidienne. Malgré ces entorses aux règles, les artistes ne se dégagent pas complètement des conventions du dessin et de la perspective.
Après ce bouleversement tout en élégance et raffinement, les bas-reliefs et la peinture restent marqués définitivement par ce goût du mouvement et de la nature. L'art baroque des Ramsès revient à des représentations plus traditionnelles. Les décors nettement plus chargés n'égaleront jamais l'apothéose picturale d'Aménophis III et Aménophis IV.

Basse Époque

Après un retour à la sobriété sous la Troisième Période intermédiaire, la Basse Époque voit l'apparition de modes d'expression inédits influencés par les rois étrangers. L'art est très varié à tel point qu'on pourrait le diviser en sous-périodes. Malgré quelques merveilles, le déclin s'amorce inéluctablement.

ARCHITECTURE

Les pharaons de la Troisième Période intermédiaire tentent de créer une nouvelle capitale grandiose à **Tanis** avec des blocs de remplois, mais l'architecture n'est plus ce qu'elle était. Les rois kouchites de la XXVe dynastie construisent des temples sur le modèle égyptien entre les 3e et 4e cataractes. Les rois saïtes de la XXVIe dynastie ne laissent aucune architecture significative. Leurs monuments érigés dans le Delta, qui firent l'admiration d'Hérodote, ont été détruits. Cependant, Nectanébo Ier commande de grandes chapelles monolithes qui assurent sa renommée. Avec les Perses, l'architecture n'est plus.

STATUAIRE, RELIEFS ET PEINTURES

Le terme Basse Époque recèle une nuance un peu trop péjorative pour les sculpteurs. Certains excèlent dans leur art. S'il s'inspire des réalisations du Nouvel Empire, c'est avec une certaine retenue. La Troisième Période intermédiaire se distingue par la statuaire en bronze. Les artistes d'alors maîtrisent parfaitement la technique de la cire perdue. Des milliers de petites figurines sont offertes en ex-voto aux dieux. L'éclectisme cependant prédomine à travers une variété de styles. La sculpture royale est d'abord marquée par un classicisme influencé par l'exotisme africain. Psammétique Ier ranime ensuite l'académisme, sublimé par une qualité de poli jamais rencontrée et un sourire, dit « saïte », qui se transmettra à l'art grec par l'intermédiaire de la dernière dynastie véritablement égyptienne, la XXXe. Celle-ci est essentiellement néoclassique, en témoigne l'**allée des sphinx** du temple **de Louxor**.

Période gréco-romaine

Alexandre le Grand signe la première page du dernier acte. Le souffle de l'hellénisme parvient jusqu'au Nil. Certes, les traditions sont respectées, elles perdureront jusqu'aux Romains. Un art mixte naît qui porte en lui la fin d'une longue tradition qui avait résisté à tant de secousses.

ARCHITECTURE

Le schéma ramesside du temple est codifié par les Ptolémées : le pylône massif ouvre sur une cour à portiques, puis une salle hypostyle à colonnes composites fermée par un mur-écran enchaîne sur une succession de salles aboutissant au naos, toujours cerné de chapelles. Si l'esprit égyptien subsiste dans sa conception grandiose, les murs extérieurs se chargent de décorations et de hiéroglyphes expliquant les cérémonies se déroulant dans le sanctuaire. Les Ptolémées construisent énormément : à **Philæ**, **Kom Ombo**, **Dendérah**, **Esna** et **Edfou**. Les Romains élèvent aussi des temples consacrés à des dieux locaux, en Nubie, et complètent des ensembles déjà existants, notamment à Philæ où le **kiosque de Trajan** illustre leur art consommé du beau.

STATUAIRE

Ce domaine est celui où survit le mieux l'art égyptien qui cohabite avec l'art alexandrin (hellénistique). L'anatomie des corps évolue. Le ventre est rond, le nombril accentué, la poitrine haute, les joues pleines. La pose frontale, hiératique, est typiquement égyptienne mais les visages sont fortement influencés par l'art grec : cheveux bouclés, barbe naissante, traits plus anguleux et surtout fortement marqués de réalisme. Les pierres noires sont les plus recherchées. Les attributs des dieux, incompris, sont réinterprétés de façon curieuse. Une multitude de petites statuettes en terre cuite, aux sujets divers, les **tanagras**, se répandent dans les sites du Delta. La romanisation des œuvres donne des résultats surprenants. Les artistes ne parviennent plus à se renouveler.

RELIEFS ET PEINTURES

L'art mixte qui s'est développé dans l'architecture et la statuaire va avoir raison du bas-relief. L'artiste égyptien, qui a démontré une créativité formelle sans égale tout au long de trois millénaires, ne peut assimiler les changements fondamentaux que draine la perspective grecque, produit d'une nouvelle vision du monde. Un moment, dans le tombeau de Pétosiris à **Touna el-Gebel**, l'art égyptien semble avoir assimilé en partie le style grec, mais c'était juste avant l'arrivée d'Alexandre. Ensuite, l'art des Ptolémées annonce des procédés totalement grecs (modelé de la musculature, traitement profond de la surface pour accentuer les effets de clair-obscur) qui engloutissent toute la philosophie et l'inventivité égyptiennes.

C'est la peinture qui livre une dernière grande nouveauté. L'art funéraire reposait entre autres sur l'idée que le corps du défunt devait être préservé dans son intégralité pour accéder à l'immortalité. Aussi le masque funéraire, dont le masque d'or de Toutankhamon est la plus célèbre expression, fut-il constant. Un nouveau courant artistique s'empare de ce principe. C'est la naissance des célèbres portraits du Fayoum peints sur planches de bois. C'est par ce biais que la tradition égyptienne a le mieux contribué à l'art qui s'élaborait sur les côtes méditerranéennes et au Proche-Orient, et qui trouvera son plein épanouissement dans les icônes byzantines. Les visages n'ont plus rien d'égyptien. Seuls les motifs qui les accompagnent évoquent les anciennes coutumes funéraires qui sont en train de disparaître.

R. Holzbachova / Ph. Benet / MICHELIN

Le temple de Philae, dessin de David Roberts en 1839.

L'art copte

Né pendant les derniers soubresauts de l'art des pharaons, antérieur à l'art musulman en Égypte, l'art copte n'est ni l'enfant du premier ni le père du second. Il est apparu aux premières heures du christianisme, dans un pays où régnait un paganisme hétérogène influencé de réminiscences pharaoniques. Prenant sa source dans l'art gréco-romain des bords du Nil, il s'est développé, d'abord auprès des païens et des premiers chrétiens d'Égypte, puis dans cette seule communauté à partir du 6e s. Progressivement limité après la conquête arabe, il ne s'est pourtant pas éteint.

ARCHITECTURE

Dès les premiers siècles de notre ère, moines et anachorètes coptes bâtirent des monastères et des ermitages dans des zones reculées, tout en aménageant des églises ou des cellules d'ermites dans des édifices pharaoniques. Régulièrement détruits par les Bédouins, modifiés au gré des influences, les édifices encore debout sont pour la plupart fortement ruinés. L'architecture chrétienne, qui se caractérise par des massifs géométriques aux angles arrondis coiffés de dômes, s'intègre harmonieusement à l'environnement désertique. Les premiers témoignages que l'on conserve de cette architecture sont généralement des basiliques à trois nefs et abside tréflée, précédées d'un narthex et décorées de chapiteaux hellénistiques. La conquête arabe, malgré les restrictions qu'elle a imposées, n'a pas freiné l'élan architectural copte. Jusqu'au 12e s., la communauté éleva des églises et des monastères.

PEINTURE

Il semble que les **portraits du Fayoum**, œuvres païennes profondément hellénisées, aient annoncé les fresques et les icônes coptes, auxquelles ils laissèrent leur technique en héritage.

Maintes fois pillés et détruits, les monastères n'ont conservé qu'un nombre réduit de fresques. Ces vestiges, qui ne sont pas antérieurs au 5e s., traduisent une nette influence byzantine, surtout du point de vue de l'iconologie. En revanche, la composition et le traitement affirment un style nettement plus souple. À partir de la conquête arabe, les fresques se chargent de motifs ornementaux, mais l'originalité copte subsiste et on retrouve ces grandes surfaces de couleur bien équilibrées, sans dégradé, que délimitent des traits simples.

B. Kaufmann / MICHELIN

Le Caire, Musée copte : fresque du 7e s.

Orientés vers le portrait, les peintres coptes ont réalisé un grand nombre d'icônes, peintures religieuses exécutées sur panneau de bois. Elles sont marquées par une croyance profonde, sans détour. L'influence byzantine se ressent dans les attitudes hiératiques des personnages, mais l'économie de moyens réservée aux visages spiritualisés par de grands yeux fixes est probablement à relier aux portraits du Fayoum. La plupart des icônes conservées sont soit antérieures au 8e s., soit postérieures au 17e s. La faible production d'icônes durant ce laps de temps est davantage due à la négligence qu'à une volonté de destruction.

SCULPTURE

Tournant résolument le dos à la statuaire, idolâtre à leurs yeux, les Coptes, qui ont martelé quantité d'œuvres pharaoniques, ont malgré tout exécuté quelques statues maladroitement taillées. Ils ont surtout réalisé des chapiteaux et des frises au modelé hellénistique, ainsi que des bas-reliefs et des stèles paléochrétiennes profondément gravés d'orants et de croix ansées (hiéroglyphe de la vie). Si la facture est rude, c'est principalement parce que l'art copte insiste davantage sur l'idée que sur les proportions du modelé. Très décoratifs et généralement géométriques, les reliefs sont assouplis d'ornements floraux naturalistes et d'animaux stylisés.

TISSUS

Dans ce domaine, l'art copte a produit des œuvres fameuses, trouvant dans le textile le support qui convenait à son génie. Toute l'originalité copte fut d'abord d'avoir l'idée de tisser des motifs, ce que l'Égypte des pharaons n'avait jamais réalisé puisqu'elle les brodait ou les peignait directement sur le tissu.

Sur les plus anciens modèles qui datent du 4e s., on retrouve les formes géométriques et les arabesques végétales qui caractérisent la décoration sculptée des églises, augmentées de sujets païens perpétuant l'influence hellénistique. Comme dans les peintures, l'illusion du modelé est d'abord suggérée par des hachures, puis elle est progressivement abandonnée et disparaît enfin au profit de surfaces plates. À partir du 5e s., les sujets et les motifs se christianisent, sur fond de scènes héritées de la mythologie païenne. Les tissus sont **soit monochromes** (noir, violet ou pourpre), **soit polychromes** (12 couleurs maximum).

La conquête arabe ne sonne pas le glas de l'art copte. Si l'on voit apparaître des motifs plus complexes, dont l'entrelacs, les tissus coptes continuent de manifester leur originalité, et ce jusqu'au 12e s. Ensuite, on note une relative monotonie des motifs naturalistes de la période omeyyade. La veine décoratrice fatimide trop éloignée du style copte, préfère des surfaces équilibrées qui suggèrent l'idée plutôt que de montrer une forme humaine quelconque.

L'art islamique

Davantage que partout ailleurs dans le monde musulman, **Le Caire** conserve un superbe et unique éventail de formes architecturales de l'art de l'islam. Chaque famille régnante a marqué son époque d'une telle empreinte qu'on en ressent le sceau dans ses mosquées et ses palais. Aussi peut-on globalement diviser l'histoire de l'art en autant de périodes qu'il y eut de dynasties. Et si l'architecture, particulièrement religieuse, fut à ce point ouvragée, c'est que l'art islamique est avant tout l'expression d'une vie communautaire dont les règles sont imposées par le Coran. Rejetant toute représentation de Dieu et de ses prophètes, cet art savant a développé une stylisation incomparable du décor, fournissant des édifices somptueux manifestant la présence du Créateur.

LES TOULOUNIDES (868-905)

Un officier turc, Ahmed ibn Touloun, affranchit l'Égypte de l'autorité du califat omeyyade et fonde la dynastie toulounide. Il installe une cité princière dans l'actuelle ville du Caire. De cette période ne subsiste malheureusement qu'une mosquée, baptisée de son nom et conçue par un Copte. Tout en sobriété, ce joyau affirme une autonomie nationale pleine d'ambition. Le minaret avec son escalier hélicoïdal s'inspire directement des mosquées de Mésopotamie.

LES FATIMIDES (969-1171)

Cette dynastie, qui fonde Le Caire et donne à l'Égypte sa véritable indépendance, aimait le luxe. Les tissus et la céramique de cette époque sont d'une richesse décorative inouïe, traduisant une maîtrise technique accomplie. La faïence livre alors des pièces fastueuses aux formes multiples, ornées de motifs principalement floraux, mais aussi géométriques et humains, d'une souplesse vraiment admirable.

B. Kaufmann / MICHELIN

Le Caire : la mosquée El-Azhar fondée par les Fatimides. Les minarets datent des mamelouks.

Le Caire compte plusieurs mosquées fatimides. Elles sont du type classique à cour centrale entourée d'arcades, avec un portique indiquant la direction de La Mecque et un minaret ouvragé. La décoration sculptée tient du chef-d'œuvre. Les motifs géométriques d'une grande finesse s'intègrent parfaitement au cadre architectural d'inspiration persane avec une grande coupole sur tambour octogonal. Face à ce décor qui

exploite à merveille la diversité des lignes architecturales, le spectateur assiste au spectacle étourdissant d'imbrications de losanges, de carrés et d'étoiles, dont l'ensemble ne peut que l'envahir d'admiration.
Cependant, le répertoire iconographique ne se limite pas au décor de pierre. L'Égypte fatimide a exploité à foison son inventivité artistique dans les bois sculptés qui embellissaient les palais de ses califes et dont le musée d'Art islamique conserve de magnifiques exemples. Tout en exploitant les ressources plastiques des entrelacs, des rinceaux et des polygones, ce répertoire privé présente un délicieux inventaire de scènes figurées. Avec un sens aigu du mouvement, les artistes ont représenté aussi bien la chasse que la pêche, la danse que la musique, associant animaux et personnages dans des tableaux d'un naturalisme très évocateur.

LES AYYOUBIDES (1171-1250)

Avec Saladin, fondateur de cette dynastie, la doctrine sunnite s'impose en Égypte. On érige donc des monuments de culte de style syrien comme le **mausolée ou le khanqah**, la mosquée-couvent. Ces édifices sont toujours décorés de figures géométriques finement travaillées, mais toujours de façon symétrique. Malgré l'abondance et la qualité du décor, l'art du luxe n'est plus de mise. Pourtant, l'influence syrienne se fait sentir dans le travail du cuivre : de nombreuses pièces damasquinées témoignent de l'habileté technique des artisans qui incrustaient au marteau des dessins constitués de filets d'or ou d'argent dans la surface métallique de leur ouvrage.

LES MAMELOUKS (1251-1517)

Incontestablement, cette période est la plus riche de l'Égypte médiévale. Une multitude d'édifices surgissent de terre : **madrasas** (collèges religieux), mausolées, **caravansérails**, *khanqahs*, mosquées, hospices, les couvents se multiplient, les **fontaines publiques** apparaissent. C'est l'époque de la splendeur. Le Caire dresse ses minarets, des matériaux nobles s'emparent des ensembles religieux, les coupoles et les portails se font puissants, les façades sont parées de stalactites de pierre, le décor intérieur se fait somptueux. Les constructions des 14e et 15e s. marquent l'apogée de l'art islamique au Caire. Mosaïques, bois sculptés, arcs brisés et festonnés, carreaux de faïence, marbres polychromes donnent l'impression d'être livrés à l'improvisation de l'artiste. Il n'en est rien. Une science précise de la composition domine ces ouvrages parfaitement équilibrés entre la puissance massive de leur enveloppe et l'extrême délicatesse de leur décor.
Avec la fin du 15e s. et le début du 16e s., toute cette virtuosité artistique commence à s'essouffler. Certes, l'habileté demeure, et maintient même un très haut degré technique, mais un certain maniérisme s'empare de l'ornementation et marque la fin de la grande originalité mamelouke.
Avant de clore cet aperçu qui s'achève au moment où l'Égypte devient ottomane et perd sa créativité artistique, il faut s'attarder un instant sur la profusion de **moucharabiehs** qui distingue l'architecture privée des demeures bâties sous les sultans mamelouks. Ces balcons fermés par un grillage de bois qui permettaient aux femmes de voir sans être vues ont littéralement inondé les rues du Caire ou de Rosette. Toute l'élégance de ces panneaux délicatement tournés continue d'embellir certains quartiers de ces deux villes.

Lexique du petit égyptologue

Akh – L'un des trois principes spirituels qui font partie intégrante de l'homme (avec le *ba* et le *ka*). Au moment de la mort, le *akh*, principe lumineux immortel, se détache du corps et rejoint le ciel.

Amulettes – Ces petits objets protégeaient ceux qui les portaient, vivants ou morts. En or, en pierres semi-précieuses, en faïence ou en pâte de verre, les amulettes les plus courantes représentent le scarabée, le pilier *djed*, le cœur, l'œil *oudjat*, les dieux, des parties du corps…

Ba – Autre principe spirituel lié à l'homme, il correspond à peu près à notre conception de l'âme. Le *ba*, représenté par un oiseau qui, à partir de la XVIIIe dynastie, est doté d'une tête humaine, survit au défunt.

Canope – Vase contenant les viscères d'une momie. Le couvercle porte une représentation d'un des 4 fils d'Horus : une tête d'homme (Amset) pour le foie ; une tête de chien (Douamoutef) pour l'estomac ; une tête de faucon (Qebehsennouf) pour les intestins ; une tête de babouin (Hapi) pour les poumons.

Cartouche – Forme ovale délimitée par un lien contenant le nom ou le prénom du pharaon. Il symbolise l'universalité de son règne. En dehors du roi, seules les divines adoratrices d'Amon l'ont employé.

Colosse – Statue royale ou divine de grande taille placée devant le temple.

Couronnes – Le roi en a 3 : la blanche de Haute-Égypte *(hedjet)*, la rouge de Basse-Égypte *(deshret)*, la double couronne de Haute et Basse-Égypte *(sekhemty* ou *pschent)*. Il porte également le casque de guerre bleu *(khepresh)* et le *nemès*, linge rayé enveloppant la chevelure et tombant sur les épaules. Les dieux ont des couronnes très variées qui les différencient *(voir Lexique des dieux)*.

Croix ankh – Cet idéogramme qui sert à écrire les mots en rapport avec la vie transmet la force vitale. Sur les représentations, on voit souvent les divinités tenir la croix ansée dans une main pour l'offrir à ceux qui les honorent.

Djed – Symbole en forme de pilier devenu l'attribut d'Osiris. Il symbolise la stabilité.

Hypogée – Tombeau creusé dans la roche (et non pas construit). Employé dès le Moyen Empire par les particuliers, il fut particulièrement répandu durant le Nouvel Empire, au point de devenir la tombe type des rois et des reines de cette période en remplacement des pyramides.

Hypostyle – Cet adjectif désigne les salles dont le plafond est soutenu par des colonnes. Les grands temples possèdent de une à trois salles hypostyles.

Ka – Principe spirituel qui définit l'homme (voir *akh* et *ba*). Le *ka*, sorte d'énergie vitale, revêt plusieurs aspects (Rê en possédait 14). Il accompagne l'individu de la naissance à la mort. Détenteur des forces vitales, le *ka* lui permet de survivre dans l'au-delà. C'est à lui, présent dans la statue du défunt, que l'on adresse les offrandes alimentaires.

Lac sacré – Les grands temples divins ont généralement, à l'intérieur de leur enceinte, un bassin rectangulaire plus ou moins grand. Il symbolise le Noun, l'Océan primordial d'où a surgi le dieu Rê. Muni d'escaliers, il servait aux prêtres pour la purification et aux barques sacrées lors des grandes cérémonies.

Lotus – Le nénuphar du Nil se divise en plusieurs espèces parmi lesquelles le lotus bleu parfumé *(Nymphæ cœrulea)* très représenté dans l'art égyptien et le lotus blanc (*Nymphæ lotus*) moins courant, qui se distingue par ses pétales plus arrondis. Les colonnes lotiformes (assez rares) reprennent ce motif.

Mammisi – Champollion a utilisé ce mot pour désigner les petits édifices construits devant les pylônes des temples servant à célébrer la naissance de l'enfant divin. Apparus à la Basse Époque, ils sont fréquents à l'Époque ptolémaïque.

Mastaba – Il s'agit d'une tombe privée (sauf à l'Époque thinite). Elle comprend 2 parties. La première, accessible au vivants, est construite en pierre ou en brique, et a la forme d'une banquette (d'où son nom tiré d'un mot arabe). À l'intérieur se trouve la chapelle décorée, le *serdab*, et quelques annexes. La seconde partie, souterraine, comprend un puits et un caveau sans décor, fermé après les funérailles, dans lequel repose le défunt entouré de son mobilier funéraire. Les mastabas sont fréquents à l'Ancien Empire dans la région de Memphis où ils forment de vastes nécropoles autour des pyramides.

Naos – En Égypte, le naos est le réceptacle qui, dans un temple, abrite la statue du dieu. Par extension, le naos correspond au sanctuaire du temple.

Nécropole – Cimetière généralement situé du côté de l'occident (l'*Amenti* ou demeure des morts pour les Égyptiens). Pour ne pas empiéter sur les terres cultivables et ne pas être touchées par les crues du Nil, les nécropoles étaient aménagées en bordure de désert.

Nome – Mot d'origine grecque désignant, dans l'Égypte ancienne, une province administrative. Sous l'Ancien Empire, il existait 38 nomes ; aux époques tardives, 42. Des processions de nomes apparaissent sur les reliefs des temples, figurés sous la forme de dieux Hapi portant des enseignes.

Nomarque – Chef d'un nome, il disposait d'un pouvoir énorme, à la fois administratif, militaire et religieux. La charge devint héréditaire à partir de la Ve dynastie. La puissance des nomarques, véritables princes, devint telle qu'ils représentaient une réelle menace en cas de faiblesse du pharaon.

Ostracon – (pluriel *ostraca*). Tesson de poterie ou éclat de roche sur lequel les Égyptiens inscrivaient des comptes ou rédigeaient des brouillons, le papyrus étant un matériau rare et coûteux.

Ouchebti – (ou *chaouabti*). Il s'agit de figurines de serviteurs en faïence, en pierre ou en bois, déposées près du défunt dans le caveau, dans des coffrets ou des paniers. Ils devaient assurer à sa place les corvées dans l'au-delà. Seul au Moyen Empire ou par centaines aux époques suivantes, ils témoignent de la richesse et de la puissance du défunt.

Oudjat – Cet œil du dieu Horus, l'œil lunaire, symbolise la santé, l'intégrité physique, l'unité retrouvée. Il est représenté comme un œil humain fardé audessus d'un larmier de faucon. Il était peint sur les cercueils et dans les tombes, reproduit sous forme d'amulette.

Palette – Plaque en schiste servant initialement à broyer les fards. À la fin de l'Époque prédynastique et à l'Époque thinite, certaines palettes à caractère votif furent décorées de motifs sculptés commémorant des événements majeurs. On désigne également sous ce terme la planchette du scribe.

Papyrus – Cette plante aquatique poussait jadis en nombre, surtout dans le Delta. Son écorce était utilisée pour fabriquer des pagnes, des voiles, des cordes, des sandales et même des barques légères. Son emploi le plus connu reste néanmoins la confection de feuillets servant de support à l'écriture. Sa fabrication était monopole d'État. Coûteux, le papyrus ne servait que pour les documents officiels ou funéraires. Il fut remplacé au Moyen Âge par le parchemin.

Scarabée – Ce coléoptère symbolisait l'« être » et le « devenir ». Sous forme d'amulette, il était placé sur la poitrine de la momie pour lui garantir la renaissance. Il pouvait ainsi remplacer le cœur au moment de sa pesée. Les vivants en portaient montés en bague ou en pendentif. Au Nouvel Empire, de gros scarabées inscrits commémoraient les événements majeurs (mariages du roi).

Sceptres – Nombreux étaient les insignes tenus par les rois et les dieux. Parmi les principaux : le « chasse-mouches » ou flagellum *(nekhekh)* ; le sceptre *ouas*, longue canne couronnée d'une tête de lévrier stylisée ; la crosse *(heqa)* ; le sceptre *ouadj*, longue canne terminée par une ombelle de papyrus (pour les déesses). Le sceptre *sekhem* était réservé aux particuliers pour marquer leur rang.

Scribe – Lettré, le scribe subissait d'abord un long et patient apprentissage, avant d'écrire des textes officiels. Simple rédacteur chargé de contrôler les récoltes, il pouvait aussi exercer de très hautes fonctions, comme celles d'ambassadeur ou de vizir. Respecté pour sa culture intellectuelle, il était souvent représenté en pleine activité dans la statuaire ou sur les reliefs.

Sérapéum – À l'Époque ptolémaïque, nom donné aux temples de Sérapis, dieu composite issu d'Apis, Osiris, Zeus, Asklépios et Dionysos. Par extension, nom donné aux catacombes de Saqqara qui abritaient les corps des taureaux Apis défunts.

Serdab – Dans le mastaba, le *serdab* est une pièce de petite dimension destinée à recevoir une ou plusieurs statues du défunt qui servait de receptacle à son *ka*. Il communique avec la chapelle par une fente permettant à la fumée de l'encens d'atteindre les statues, donc de nourrir symboliquement le défunt.

Sphinx – Nom grec donné aux lions couchés à tête humaine (généralement à l'effigie du roi). Son nom égyptien est *chesepânkh*, « statue vivante ». Ils sont disposés en allée *(dromos)* devant l'entrée des temples ou des lieux de culte royaux qu'ils défendent. Le plus ancien est le plus grand et le plus connu : celui de Gizeh. Ils peuvent être à tête de bélier (criosphinx) lorsqu'ils figurent Amon.

Stèle – Monument inscrit et décoré. Les stèles funéraires et les stèles faussesportes ornent les tombeaux.

Vizir – Après le pharaon, le vizir était le plus haut personnage de l'État, à la fois ministre de l'Intérieur, de la Justice et des Finances.

Voir également l'ABC d'architecture et Mythologie de l'Égypte.

CULTURE

Une écriture artistique, un dialecte populaire dans les pays arabes, une musique qui mêle tradition et modernité, une littérature riche issue de diverses traditions, un cinéma qui ne laisse pas indifférent, telle est la culture égyptienne. Elle s'expose au cœur des grandes villes du Nord, elle se fait plus discrète et plus timide dans le Sud. Mais elle est partout présente et ne demande qu'à se dévoiler.

R. Mattès / MICHELIN

Le Caire, Musée copte : sermons et reliquaires de la Semaine sainte en copte et en arabe (1630).

L'écriture et la langue

Langue officielle de l'Égypte, l'**arabe** est la plus importante des langues sémitiques parlées dans le monde. Au moment de l'invasion arabe, les Égyptiens parlaient le copte, mais cette langue est tombée en désuétude. Aujourd'hui, elle est réservée à la liturgie.
Au cours de la première moitié du 7e s., le Coran fut révélé en arabe au prophète Mohammed (Mahomet). Intimement liée à l'islam, c'est donc la langue religieuse de tous les musulmans, les prières et la récitation du Coran devant se faire en arabe. L'expansion de l'islam à travers les siècles a assuré la survivance et le développement de cette langue dont les règles grammaticales (langue classique) ont été établies en se référant aux versets du Coran.

LA LANGUE LITTÉRAIRE

Commune à tous les pays arabes, la langue littéraire est utilisée par la littérature et l'enseignement, ainsi que par l'information (journaux et télévision). Le développement considérable des médias et surtout l'élargissement de l'accès scolaire et universitaire ont engendré une grande diffusion de cette langue littéraire. Elle exerce donc une influence croissante sur les dialectes eux-mêmes.

LES DIALECTES

Les Égyptiens parlent un dialecte très proche de la langue arabe. Ce dialecte tire souvent ses racines de l'arabe classique sans pour autant respecter rigoureusement ses règles et sa syntaxe. Compris dans la totalité du monde arabe et musulman, notamment grâce à la vaste audience du cinéma, de la télévision et de la chanson, il est également présent dans l'écriture, les auteurs contemporains le transcrivant dans leurs textes.
Ce dialecte coexiste avec d'autres dialectes régionaux. C'est alors la prononciation qui permet de distinguer les habitants du Delta de ceux originaires de Haute-Égypte. À la frontière égypto-soudanaise, les Nubiens parlent différentes **langues kouchites** dont le *kinouze* et le *fadetche* (très proche du soudanais). Les nomades venus du désert Libyque et sédentarisés le long de la côte méditerranéenne à l'ouest d'Alexandrie utilisent un arabe fréquemment pratiqué en Libye ; dans l'oasis de Siwa, on parle le *siwi*, un dialecte berbère venu d'Afrique du Nord, mais fortement arabisé. L'arabe reste toutefois la langue d'usage dans les relations interethniques.

Quelques exemples pour dire « Comment ça va ? » :

Kaïf el hal ? (arabe standard)
Ezzaïk ? (égyptien parlé)
Meska gna ? (nubien)

L'ÉCRITURE

À l'instar des hiéroglyphes pour les anciens Égyptiens, l'écriture du Coran est en elle-même « écriture de Dieu ». Pour les musulmans, l'écriture recèle un caractère sacré, le Prophète ayant dicté la parole de Dieu sans intermédiaire. On la révère sans même la lire et la comprendre.

Comme l'hébreu, l'arabe est issu de l'alphabet phénicien. Il s'écrit et se lit de droite à gauche. L'alphabet comporte 28 lettres, dont la forme change pour la plupart selon qu'elles sont isolées ou placées en début, milieu ou fin de mot. Cet alphabet ne comprend que trois voyelles (a, i, ou) dont la lecture donne un son long ; les brèves ne sont pas transcrites hormis dans le Coran et les livres d'apprentissage de la langue.

LA CALLIGRAPHIE

On pense que l'essor de la calligraphie arabe est lié à l'interdiction par l'islam de la représentation de la figure humaine. Bien qu'aucun verset du Coran ne le confirme, il existe une tradition qui interdit sans détour toute figuration ; interdit qui avait pour but de lutter contre les survivances totémiques rejetées par l'islam.

La calligraphie était considérée comme un **art majeur**. Respectés et très estimés, les artistes exécutaient avec le plus grand soin les copies du Coran, exploitant avec dextérité toutes les possibilités artistiques qu'offrent les lettres arabes. Une même lettre pouvant s'écrire différemment suivant son emplacement, ils rivalisaient d'inventivité en jouant des combinaisons plastiques à leur disposition.

Afin d'éliminer les difficultés de lecture des lettres coufiques – écriture angulaire et rigide de la calligraphie arabo-musulmane, nommée d'après la ville de Coufé, en Irak – Ibn Mukla, grand vizir abbasside d'Irak, établit pour la première fois certaines règles qui donnèrent lieu à la création de six styles appelés *Aklam-i sitta* : le *kûfi*, le *thuluth*, le *naskhi*, l'*anadalûsi-maghribi*, le *riqâ*, le *diwâni*, le *tâliq* (ou *farsi*).

Dans l'**écriture cursive**, les caractères sont liés les uns aux autres. Le génie propre à l'écriture arabe réside précisément dans sa capacité à se prêter à d'innombrables formes, à de prodigieuses métamorphoses. Dans les manuscrits du Coran ou dans les textes de prière, elle se fait ornement architectural. Dans l'architecture, elle devient motif décoratif, et il n'est pas une mosquée, un palais ou un tombeau qui ne soit embelli par la calligraphie. D'encre sur le papier, elle est devenue marbre, stuc ou bois en architecture.

À l'origine des « arabesques », la calligraphie arabe a connu, du coufique aux calligrammes modernes, une infinie variété de styles d'une fantaisie sans limite. Nombreux sont les artistes qui, dans le monde arabe, ont acquis une grande notoriété par leurs interprétations esthétiques de l'alphabet arabe.

La littérature

Dense et authentique, la littérature égyptienne occupe une place majeure au sein de la culture de la Méditerranée orientale. Civilisation de l'écrit, l'Égypte ancienne a livré une grande diversité de textes reliant l'homme au monde divin. Plus tard, la culture gréco-romaine, la civilisation islamique et l'occupation anglaise ont façonné sa particularité, celle d'une littérature confrontant les conceptions du monde musulman à celles de la société occidentale.

RELIGION ET LÉGENDES

L'aspect éminemment religieux de la société antique se retrouve dans la littérature des premiers temps de l'Égypte. Rares, les œuvres écrites nous permettent toutefois de déceler un domaine littéraire particulièrement riche illustré par des textes funéraires, des lamentations, des prophéties, des hymnes, des récits, des contes et même des romans. Le merveilleux s'y mêle à la gravité, chaque genre révélant des traditions, des thèmes et des styles propres : méditations mystiques, pratiques magiques, mythologies, sens de la plaisanterie et de la satire qui nous démontre que l'Égyptien portait une réflexion sur le monde de son époque.

DES CONTES MYTHIQUES

Certains textes développent les grands mythes originaires d'Égypte, sous la forme de récits parfois complexes. Colportés par des narrateurs ambulants, ils étaient ensuite transcrits sur papyrus.

Le *Conte du naufragé* (XIIe dynastie) relate l'aventure d'un envoyé du roi qu'une violente tempête jette sur une île. Ce type de récit où les animaux se comportent à l'image des humains se retrouvera dans la littérature méditerranéenne classique et jusque dans les écrits de conteurs arabes. La *Satire des métiers* tente de montrer la voie à suivre aux particuliers, tout comme l'*Enseignement d'Amenemhat* tente d'expliquer le rôle du pharaon. Le *Conte des deux frères* (XIXe dynastie) évoque la déchirure fraternelle. Écrit dans un style poétique d'une grande pureté, il influencera la littérature orientale postérieure.

Le Livre des morts

Apparue sous le Nouvel Empire, cette collection de prières et de formules funéraires s'inspirait des *Textes des sarcophages*. Copiés sur papyrus, ils devaient protéger le défunt et lui permettre de triompher dans l'au-delà et de retrouver la possibilité de sortir de sa tombe pour revenir sur terre pendant le jour. C'est Karl Richard Lepsius qui donna son nom à ces textes que Champollion appelait « rituel funéraire ».

LA VIE LITTÉRAIRE MODERNE

Au cours des premiers siècles de la civilisation islamique, Damas et Baghdad sont au centre de la vie littéraire. Les lendemains de l'âge d'or incarné par la période abbasside voient même une extinction de la création dans le domaine des lettres. Avec le 19e s., l'Égypte s'ouvre à l'Occident, d'abord par l'expédition de Bonaparte qui provoque une première résurrection culturelle, ensuite avec Mohammed Ali qui envoie de nombreux professeurs en Europe. Dès lors, la vie intellectuelle confirme sa *nahda* (renaissance) littéraire particulièrement sensible dans la poésie avec Mahmoud Sami al-Baroudy, Ahmed Shawqi et Hafiz Ibrahim.

LES CONTEMPORAINS

Roman et nouvelle apparaissent à la veille de la Première Guerre mondiale. *Zaynab*, écrit en 1914 par **Mohammed Hussein Haykal**, est le premier véritable roman arabe par sa vision tragique du monde. Les écrivains tels les frères **Mohammed et Mahmoud Taymur** ou **Mahmoud Kamil** traduisent la dualité de l'Égypte du début du 20e s. : vénération de la tradition et attirance envers l'Occident. Avant la Seconde Guerre mondiale émergent deux grandes figures : **Tewfiq el-Hakim** et **Taha Hussein** qui publie

Collection H. YOUSSEF

Naguib Mahfouz en 1985.

une œuvre autobiographique : *Le Livre des jours* (1929) véhicule les valeurs et les inquiétudes des déshérités, le refus de la soumission de la femme. Avec *Le Journal d'un substitut* (1937) El-Hakim s'inscrit dans la même lignée, traduisant les aspirations et les désillusions des fellahs. Bien que britannique, **Lawrence Durrell** avec son *Quatuor d'Alexandrie* (1960), inspiré de son séjour dans cette ville, recourt à la psychanalyse et à un érotisme ambigu qui marque les esprits, tant en Europe qu'en Égypte.

UN NOUVEAU SOUFFLE

Comparé à Balzac ou à Zola, **Naguib Mahfouz** (1911-2006) s'impose comme le géant de la littérature égyptienne de la seconde moitié du 20e s. Chef de file de la nouvelle vague soucieuse de réalisme social, Mahfouz dresse un tableau critique de la société de son pays. Avec *L'Homme ayant perdu sa mémoire deux fois* (1971), il se penche sur le désespoir de la condition humaine. Après une série de récits plus psychologiques, comme *Impasse des deux palais* (1973), l'auteur revient au mode de narration traditionnel propre à la littérature arabe en publiant *Arabian Nights and Days* (1982), ouvrage qui débute là où s'achève *Les Mille et Une Nuits*, l'un des chefs-d'œuvre de la littérature. Mahfouz a reçu le prix Nobel en 1988. Moins connus à l'étranger, d'autres écrivains méritent d'être cités tels Albert Cossery, Yousouf Idris, Gamal Ghitany, Nasr Abou Zeid ou encore Édouard Al-Kharrat.

La musique

Le Caire n'est plus ce qu'il était. Jadis conquérante, la ville a vu son passé s'effriter comme les pierres usées de ses anciennes bâtisses. Aux nuages de pollution et à la poussière du désert s'ajoutent les constructions anarchiques et les tours en béton des nouveaux quartiers. La physionomie de la plus grande métropole d'Afrique s'est peu à peu métamorphosée. Mais, dans ce chaos sonore qui a remplacé la tranquille cité verdoyante d'antan bat toujours un même amour de la musique.

UNE MOSAÏQUE SONORE

Dans les night-clubs et les grands hôtels, mais aussi à la radio et jusque dans les taxis, les musiques s'entremêlent. Populaire et urbaine, la *shaa'biya* se distingue de la *sa'îdiya* de Haute-Égypte, de la *nuybiyya* de Nubie ou de la *sharqiya* qui rythme la danse orientale. Les jeunes, eux, écoutent la *shabâbiyya*, dite *gîl al-gedid*, qui correspond en quelque sorte à notre musique pop. La *nahda*, qui symbolisa longtemps la renaissance de la musique arabe, n'existe plus aujourd'hui que dans les livres de Naguib Mahfouz ou sur les microsillons des vieux 78 tours.

UNE FIGURE DE LÉGENDE

Pourtant, la voix d'**Oum Kalsoum** (1898-1975) reste omniprésente. Adulée sous le roi Farouk, elle fut la figure de proue de l'Égypte de Nasser, la seule capable de restituer le *tarab* de la grande tradition arabe (ce sentiment d'exaltation qui mène à l'extase). Désormais mythique, elle inaugura un nouveau type de chanson classique, remplaçant les traditionnelles *wasla*, suites instrumentales et chantées de la musique arabe. Dès 1926, la grande dame s'entoura de compositeurs de renom tels Muhammad Abd al-Wahâb, à qui l'on doit la réforme moderne de la chanson égyptienne, et Abd el-Halim Hafez dont les chansons de films habitent la mémoire de l'Égypte.

H. Champollion / AKG-Images

Plus de trente ans après sa mort, Oum Kalsoum a conservé un public fanatique.

ENTRE TRADITION ET MODERNITÉ

Le *takht* se composait d'un *oud* (luth), d'un *nây* (flûte longue en roseau), d'un *qânun* (cithare) et d'un *riqq* (tambourin). Ce petit ensemble instrumental est devenu peu à peu un grand orchestre oriental, avec plusieurs rangées de violons, auxquels se sont ajoutés un orgue, une guitare et une basse. Aujourd'hui, les instruments électriques règnent sur la nouvelle musique de variété *(gîl al-gedid)*. Seule la *tabla* ou *daraboka*, instrument de percussion, subsiste. Cette nouvelle pop égypto-libanaise a ses stars dont les photos placardées recouvrent les grands panneaux publicitaires du Caire. Les chanteurs Amr Diab, Mohammed Mounir, d'origine nubienne, Medhat Salah côtoient de jeunes femmes comme Ghada Ragab, Asalah, Latifa ou Anoushka. L'univers de Fifi Abdo, la dernière grande danseuse égyptienne qui, avec quelques autres, a donné ses lettres de noblesse à la danse orientale, le *sharqi*, né dans les palais ottomans, s'est perpétué sous la forme de véritables comédies musicales.

CHANTEURS SOUFIS

L'art du monde arabe étant avant tout un art de la parole et du mot, il n'est pas surprenant de voir le peuple rural égyptien toujours attaché à la poésie des Anciens. Au cœur de la Haute-Égypte, le *munshed* est un des personnages clés de la tradition populaire. Pendant que s'effritent les traditions musicales classiques du pays, il apparaît comme l'un des derniers gardiens de l'*inshad*, le chant religieux d'inspiration soufie. De village en village, il active le rituel soufi, mêlant la poésie aux expressions populaires argotiques. Deux vedettes incontestées se partagent ce domaine : **Ahmad al-Tûni** et **Sheikh Yasîn al-Tûni**, originaires tous deux du village de Hawatka, près d'Assiout. Leurs soirées musicales drainent les amateurs du genre qui viennent se laisser inspirer par l'émotion pure du chant arabe, le *sultana*.

CHANTS SUR LE NIL

La musique *sa'îdiya*, c'est-à-dire de Haute-Égypte, se caractérise aussi par la tradition festive incarnée par les célèbres musiciens du Nil. Ces artistes itinérants, maîtres de la *rababah*, vielle à 2 cordes en crins de cheval dotée d'une caisse de résonance en noix de coco, sont les derniers bardes de l'Égypte.

Comme dans les vieux cafés où se transmettaient les anciennes épopées populaires, ces musiciens content encore les épisodes de la geste hilalienne, qui remonte au 10e s. À quelques modifications près toutefois, puisque à les entendre les jeunes filles n'ont plus la douceur de la fraise ou du jus de grenade mais celle d'une limonade gazeuse !

UNE MOSAÏQUE CULTURELLE

À leur manière, ces musiques populaires racontent l'histoire et la géographie d'un pays. Il y a une Égypte musulmane, chrétienne, arabe, nubienne, turque, bédouine, et même occidentale. Toutes ces identités s'imbriquent dans un labyrinthe dont chaque musicien a la clé.

En Haute-Égypte par exemple, les chants et les danses collectives où l'on tape dans ses mains expriment l'âme d'un Sud à la convergence de l'Afrique et de l'Asie. La communauté nubienne, fragmentée depuis la construction du haut barrage d'Assouan, tente de préserver tant bien que mal ses traditions qui se sont diluées entre la quiétude du lac Nasser et le tumulte cairote. La *tanbûra*, la lyre africaine et nilotique présente sur les bas-reliefs de l'ancienne Égypte, a évolué. La carapace en tortue qui servait de caisse de résonance s'est transformée en assiette métallique pour devenir la *semsemiyya*, qui a remonté la mer Rouge, du Yémen au canal de Suez.

Le cinéma

Tout au long du 20e s., le cinéma a été un témoin privilégié de la vie culturelle, sociale et politique de l'Égypte. Symbole de modernité pour le pays, il a également été un extraordinaire élément fédérateur pour l'ensemble du monde arabe. Ses stars ont rayonné de l'Atlantique au golfe Persique, faisant du dialecte égyptien une langue comprise par tous les Arabes.

LA NAISSANCE

En 1896, à Alexandrie, on projette un film des frères Lumière. L'engouement est total. En 1922, Mohamed Bayoumi réalise le 1er court métrage de fiction égyptien : *Barsoum cherche un emploi*. La véritable naissance du cinéma égyptien vient cependant d'une femme, Aziza Amir qui, en 1927, produit et interprète *Leila*, coréalisé par Wedad Orfi et Stéphane Rosti. Ce succès déclenche des vocations. En 1928, *Un baiser dans le désert*, d'Ibrahim et Badr Lama, lance les films d'aventure exotique. Avec *Zaynab* (1930) de Mohamed Karim, c'est l'Égypte rurale qui crève l'écran.

DU MUET AU CHANTANT

La Rose blanche (1933) de Mohamed Karim inaugure les comédies musicales et installe le cinéma sur les bords du

B. Kaufmann / MICHELIN

L'art de l'affiche de cinéma peinte est toujours vivace au Caire.

Nil malgré des conditions de production précaires. La conquête du marché arabe étant assurée, la production cinématographique se développe. En 1935, la construction du studio Misr marque l'essor de cette industrie. L'année suivante, *Wedad* de Fritz Kramp avec la diva Oum Kalsoum représente l'Égypte au 1er Festival de Venise. **L'école du studio Misr** est née, d'où sortiront de grands cinéastes comme Ahmed Badrakhan, Kamal Selim ou Salah Abou Seif. Films comiques, mélodrames, films historiques et religieux transforment l'Égypte en Hollywood de l'Orient.

Le grand « boom » du cinéma égyptien a lieu dans les années 1940 et 1950. Les films, assez médiocres, sont fabriqués à la chaîne, en deux ou trois semaines selon un même schéma. Leila Mourad s'impose en 1942 avec *Leila*, sorte de Dame aux camélias locale réalisé par Togo Mizrahi, ainsi que Farid al-Atrache avec *Victoire de la jeunesse* de Ahmed Badrakhane. Les films renforcent l'image stéréotypée d'un cinéma frivole, mais les interdits sont multiples : puritanisme et conservatisme en sont les alibis. Dès 1947, un Code de la censure est institué, calqué sur le modèle du Code Hays, aux États-Unis.

DU CINÉMA DE L'ÉVASION AU CINÉMA ENGAGÉ

En 1939, le cinéma égyptien amorce un virage avec *La Volonté* de Kamal Selim. Le voilà désormais confronté aux conflits sociaux. En plein nationalisme, il apporte le ton nouveau d'un certain réalisme.

En 1952, à travers la révolution nassérienne, de nouveaux archétypes émergent, favorisant la tendance réaliste de quelques cinéastes : Salah Abou Seif, Henri Barakat, Atef Salem, Kamal el-Cheikh, Tewfik Saleh. Dès ses premiers films, **Youssef Chahine** manifeste un engagement instinctif ; son *Ciel d'enfer* consacre Omar Sharif. Quoique majeurs, ces films ne représentent qu'une part mineure d'une production alimentant le désir de rêve du grand public. Dans les années 1960, le cinéma est un des secteurs les plus influencés par le socialisme du régime de Nasser. Chadi Abdel Salam réalise son chef-d'œuvre, *La Momie* (1969), dans lequel il renoue avec l'histoire pharaonique.

Le cinéma reflète alors les problèmes sociaux et les contradictions qui secouent une société égyptienne à dominante rurale, assoiffée de modernisation. C'est peut-être à travers l'image cinématographique de la femme que cette modernité se manifeste le plus. De nombreux films traitent de l'égalité des sexes, du travail de la femme, de sa liberté de choisir son mari. Souad Hosni et Nadia Lotfi en sont les emblèmes, tandis que Faten Hamama, qui incarna longtemps la jeune fille soumise, se révolte et demande le divorce dans *Je demande une solution* de Said Marzouk (1974).

L'arrivée au pouvoir de Sadate amorce un changement politique. Avec les dénationalisations, la loi du marché s'installe au cœur du cinéma égyptien. Les nouvelles générations de cinéastes formées à l'Institut du cinéma du Caire ne doivent compter que sur elles-mêmes. Ali Badrakhan, Mohamed Radi, Ali Abdel Khalek ou Samir Seif vont, avec un bonheur inégal, prendre la relève.

UNE MATURITÉ SOUS SURVEILLANCE

Les films les plus audacieux des années 1970 sont l'œuvre d'un cinéaste déjà confirmé, Youssef Chahine. Bravant la censure, il poursuit sa carrière avec un enthousiasme intact ; en 1997, *Le Destin* est couronné au Festival de Cannes. Parmi ses disciples, Yousri Nasrallah s'impose avec *La Ville* (1999) comme le chef de file d'une nouvelle génération.

En 1981, l'assassinat de Sadate par un groupe d'intégristes installe un malaise auquel n'échappe pas le cinéma. Cet art y répond par la dérision, une forme d'expression chère aux Égyptiens qu'incarne le comédien Adel Imam. *L'Avocat*, de Rafaat al-Mihi, est un des films les plus représentatifs de cette décennie qui voit l'émergence de cinéastes de valeur comme Mohamed Khan, Khairi Beshara, Atef el-Tayeb ou Daoud Abdel Sayed. Grâce au talent d'acteurs et d'actrices tels Ahmed Zaki, Nour el-Cherif, Mervat Amin, Naglaa Fathi et Yousra, ils traduisent le quotidien difficile de leurs compatriotes. Alors que la dernière génération de cinéastes s'attaque à l'intégrisme rampant en dénonçant les mécanismes, comme *Les Portes fermées* de Atef Hatata, une récente vague de films comiques tente de décrisper cette atmosphère tendue.

À l'aube du 21e siècle, même si le cinéma égyptien s'essouffle et cherche désespérément des solutions à sa crise, le nombre de salles de cinéma ne cesse d'augmenter et les multiplexes abondent dans les beaux quartiers, remplaçant les salles vétustes d'antan. L'éternel engouement des Égyptiens pour le septième art demeure intact.

L'ÉGYPTE AUJOURD'HUI

L'Égypte s'est éveillée à la modernité au cours du 19e s. Presque tous les secteurs ont évolué. Politique, économie et vie culturelle ont connu des changements marquants, de nombreux conformismes commencent à faiblir, même l'émancipation sociale de la femme est désormais d'actualité. Seule la religion musulmane ne semble pas vouloir suivre cette évolution.

F. Soreau / MICHELIN

Jeunes étudiantes au Caire. Les jeunes femmes sont de plus en plus nombreuses à l'université.

La population

L'Égypte est le pays arabe le plus peuplé avec environ **72 millions d'habitants** dont plus de 45 % sont urbains. Le Caire totalise au moins 13 millions d'habitants, Alexandrie 4 millions. Certains quartiers sont densément peuplés (jusqu'à 31 000 hab./km^2). La densité moyenne est de 72 hab./km^2. Les autres villes sont nettement moins importantes. La démographie reste problématique : le taux de croissance est estimé à 2,1 %. L'Égypte est un pays jeune avec 35 % de sa population âgée de moins de 15 ans. L'espérance de vie est estimée à un peu plus de 66 ans. La population se concentre sur les côtes et le long de la vallée du Nil. L'eau potable est désormais accessible à 87 % de la population. L'Égypte est le pays d'Afrique qui a le plus de médecins mais l'hygiène est loin d'être correcte : la bilharziose affecte les paysans en contact avec l'eau des canaux, les problèmes ophtalmologiques sont fréquents tout comme les maladies intestinales. Cependant, on constate peu de sous-alimentation comparé au reste du continent.

La langue parlée est l'**arabe dialectal**, également le **nubien** au sud. L'Égypte est un pays composé de **musulmans à 90 %** et de **coptes** (chrétiens).

MOSAÏQUE ETHNIQUE

L'Égypte a été autrefois envahie par les Perses, les Grecs, les Romains, les Byzantins, les Arabes et les Turcs. Sa composition ethnique traduit cette diversité mais la **population arabe** domine à près de 80 %. À ce groupe s'ajoutent les **Bédouins** du Sinaï, originaires d'Arabie, et les Bédouins du désert Libyque qui se sont sédentarisés entre Alexandrie, la frontière libyenne et les oasis ; les habitants de l'oasis de Siwa se réclament d'une origine berbère. Également importants, les **Nubiens** occupent le sud du pays. mais depuis que leur territoire situé au sud d'Assouan a presque complètement disparu lors de la construction du haut barrage, ils ont émigrés vers les oasis, Le Caire et Alexandrie.

La société égyptienne

Située au centre du monde arabe et à mi-chemin entre un Nord riche et un Sud pauvre, l'Égypte exerce par son poids géopolitique et intellectuel un rayonnement particulier sur son environnement. En évoquant leur pays, les Égyptiens disent fièrement : « *Masr, oum el dunya* », « l'Égypte est la mère du monde ».

LA POLITIQUE

En 1952, la **révolution conduite par Nasser** instaure un régime républicain et écarte du pouvoir la dynastie fondée par Mohammed Ali. Quatre présidents se sont succédé : Mohammed Néguib, Gamal Abdel Nasser – le raïs plébiscité par référendum en juin 1956 – Anouar el-Sadate, **Hosni Moubarak**, président de la République arabe d'Égypte depuis vingt-cinq ans.

C'est l'Assemblée du peuple qui, à la majorité absolue, désigne le président pour un mandat de six ans et fait ratifier son élection par référendum. Le président concentre le pouvoir exécutif. Il nomme et démet les ministres, conformément à la Constitution de 1956. Le pouvoir législatif comprend 2 chambres : l'Assemblée du peuple (444 membres élus au suffrage universel direct, plus 10 désignés par le président) et l'Assemblée consultative, Al-Choura.

Le multipartisme a été établi par Sadate, quoiqu'il soit toujours interdit de fonder un parti sur des bases religieuses. Créé en 1978 et majoritaire, le **Parti national démocratique** a pour chef le président Moubarak, qui cumule donc les fonctions.

L'Égypte a connu quelques problèmes de frontière avec Israël mais les choses se sont progressivement arrangées *(voir Histoire)*. De même elle a connu une rupture avec l'Occident, favorisant les relations avec le bloc soviétique. Le **canal de Suez** qui permet de relier la Méditerranée à la mer Rouge (il faut aujourd'hui 15 heures pour parcourir ses 190 km alors qu'il fallait 45 jours autrefois pour contourner l'Afrique) est un véritable atout géopolitique de première importance et une source de revenu pour le pays. Il fut nationalisé par Nasser en 1956 ce qui n'arrangea pas les relations avec les pays européens.

Le problème actuel de l'intégrisme islamiste touche aujourd'hui l'Égypte. Les **Frères musulmans**, créés en 1927 par un instituteur pour lutter contre les Anglais, voulaient alors imposer la charia ou Loi de Dieu (ils refusent l'usure, la mixité, les jeux, l'alcool). Les Frères créèrent une branche militaire qui s'est battue contre le roi Farouk. En 1949, Nasser sentit le danger de cette branche extrémiste. Il fit exécuter le leader Sayyid Qoutb qui est devenu depuis le modèle des islamistes et dissoudre la branche armée des Frères musulmans. Depuis 1970, différents groupes islamistes se sont opposés au régime de Moubarak. Ils ont assassiné Sadate et se sont attaqués d'abord aux coptes, aujourd'hui aux touristes qui représentent un poids économique considérable pour le pays.

SITUATION ÉCONOMIQUE

Sous l'impulsion du FMI et de la Banque mondiale, l'Égypte a entamé un certain nombre de réformes, bien que sa croissance démographique l'empêche de surmonter ses difficultés économiques et sociales. Selon la Banque mondiale, 23 % de la population vit en dessous du seuil de pauvreté. Malgré des efforts considérables, le taux de chômage reste supérieur à 20 %. Il touche énormément les jeunes, qu'ils soient diplômés ou non. C'est donc vers les pays pétroliers d'Arabie et de Libye que les Égyptiens émigrent. Ils envoient les 3/4 de leur salaire à leur famille restée en Égypte. Le niveau d'éducation, le chômage et les dots toujours plus importantes ont nettement retardé l'âge du mariage.

L'**agriculture** est l'activité principale du pays. Elle représentait en 1999 17 % du PIB. Ses productions majeures sont le coton, le blé, le maïs, le millet et la canne à sucre. Mais sa production ne suffit pas pour sa population qui ne cesse de croître. Le pays est le quatrième importateur mondial de céréales : 10,6 millions de tonnes en 1999. L'Égypte est un des plus gros producteurs de volailles en Afrique (après l'Afrique du Sud). Elle a des élevages d'ovins et de bovins et fournit près de 15 % de la production africaine de lait.

Les industries fournissent 35 % du PIB. Elles concernent la sidérurgie, la chimie, l'automobile, le secteur naval, l'alimentation. Le pétrole est une des grandes richesses du pays. Les gisements sont exploités dans le Delta, le Sinaï et le golfe de Suez. Autres ressources : le charbon, le gaz naturel, le manganèse, le fer et les phosphates. Le secteur tertaire est important. Avec le tourisme et les nombreuses activités de service, il représente plus de 50 % du PIB. Le **tourisme** est passé de 2,4 millions de visiteurs en 1990 à plus de 5 millions en 2000. Depuis l'attentat de novembre 1997, le nombre de touriste est très fluctuant.

Si l'on considère l'origine de ses principales sources de devises (tourisme, recettes du canal de Suez, transfert des travailleurs immigrés, pétrole), l'Égypte demeure actuellement un État rentier. Les exportations des principales activités industrielles du pays (pétrole, coton, produits textiles) ont toutefois réalisé un chiffre d'affaires de 7,26 milliards de dollars en 2000, contre 5,24 milliards en

1999. Ces dernières années, les exportations ont augmenté de plus de 10 %. Mais le commerce extérieur reste néanmoins déficitaire par rapport aux importations. La récente découverte de volumineux gisements de **gaz naturel** permettra bientôt à l'Égypte de grossir ces chiffres. Les importations, principalement des biens d'équipement, ont atteint 17 milliards de dollars en 2000 contre 15,16 milliards en 1999. Les exportations ne couvrent donc les importations qu'à hauteur de 42,7 %. Les échanges commerciaux se font surtout avec l'Europe, un peu avec l'Asie.

En 1999, le PIB était de 91,3 milliards de dollars ; la croissance est estimée à 3,9 % et l'inflation s'est stabilisée à environ 3 %. En 1993, le gouvernement a lancé un programme de privatisations, mais sur les 92 prévues pour 2000, seulement une douzaine ont été effectuées. Malgré sa politique économique libérale, le gouvernement retarde nombre de réformes annoncées alors que la pauvreté s'est développée au cours de la dernière décennie. La dette extérieure égyptienne est la plus élevée du continent africain.

MOSAÏQUE RELIGIEUSE

L'islam est religion d'État (environ 93 % de musulmans sunnites et 7 % de chrétiens, essentiellement des coptes). L'Égypte est le **neuvième pays musulman du monde**, très loin derrière l'Indonésie, le Pakistan et l'Inde. La mosquée-université d'El-Azhar, construite au Caire en 970, est la plus haute institution religieuse de l'islam sunnite. Les *oulémas* (docteurs de la Loi) du monde musulman y étudient la doctrine d'un islam qui se veut modéré, éloigné de tout racisme et de tout fanatisme. Pour être musulman, il faut respecter les **cinq piliers de l'islam** :

1. La *shahada* ou profession de foi : il n'y a pas d'autre Dieu qu'Allah et Mohammed est son prophète.
2. La *salat* ou prière, cinq fois par jour.
3. La *zakat* ou aumône aux nécessiteux.
4. Le *siyam* ou jeûne, pendant le mois de ramadan.
5. Le *hadj* ou pèlerinage à La Mecque, pour ceux qui le peuvent.

Les chrétiens d'Égypte sont appelés **coptes**. À l'origine, le mot arabe *qibt* était une abréviation du grec *Aegyptios* c'est-à-dire « Égyptien ». Les coptes sont en réalité les Égyptiens qui ont refusé de se convertir à l'islam à la suite de la conquête musulmane, et qui ont maintenu une église nationale contre Byzance. Ils constituent aujourd'hui la plus importante communauté chrétienne de l'Orient arabe. Elle est arabophone, la langue copte étant réservée à la liturgie. Cible des extrémistes musulmans, les coptes aujourd'hui ont ressoudé leur communauté. Régulièrement des affrontements ont lieu surtout en Moyenne-Égypte. Les coptes célèbrent les fêtes religieuses chrétiennes traditionnelles et font des pèlerinages aux monastères de la région d'Assiout (Deir Dronka…)

ÉDUCATION

33,9 % d'hommes et 57,2 % de femmes sont analphabètes. Le **taux de scolarisation est de 60,9 %** et l'école est obligatoire jusqu'à 14 ans. Les écoles se multiplient et les jeunes sont de plus

Ch. Roth / MICHELIN

Scène de rue à Esna.

en plus nombreux à poursuivre leur scolarité en université. Mais les emplois ne suivent pas. L'Égypte est après la République d'Afrique du Sud le pays qui publie le plus de livres dans le continent africain. Les activités culturelles sont fortement liées au tourisme. La télévision et le cinéma sont très appréciés de l'ensemble des pays arabes.

Villes et campagne

En visitant l'Égypte en dehors de ses grands sites archéologiques, on découvre une vie quotidienne tout en conservatismes où percent toutefois de nombreux indices de modernité.

Parfois déconcertantes, les villes offrent souvent l'image d'un désordre organisé quand les campagnes présentent les apparences d'une vie rythmée depuis des millénaires. Si chaque province recèle un caractère propre, le pays tout entier est traversé d'un sens profond de la communauté, que ce soit dans les quartiers les plus pauvres des agglomérations où la grande aspiration est de s'élever dans l'échelle sociale, ou sur les lopins de terre où les paysans sont les dépositaires des valeurs traditionnelles.

L'ÉTONNEMENT DES VILLES

Grouillantes et bruyantes, les villes égyptiennes ne cessent de se développer. **Le Caire est la deuxième plus grande ville d'Afrique**, ses quartiers pauvres ne cessent d'augmenter.

Ici, on n'hésite pas à construire deux ou trois étages sur des immeubles déjà achevés, les bidonvilles s'implantent et « prospèrent » dans les banlieues ; au Caire, la cité des Morts est habitée par des milliers de personnes. Envahies de véhicules de toutes sortes y compris des charrettes tirées par des ânes, les rues débordent de piétons et de camelots.

Les conditions de vie ne sont pas les mêmes pour tous. À côté des employés, des fonctionnaires et des ouvriers qui se battent pour leur survie quotidienne, s'est développée une nouvelle classe bourgeoise qui a su profiter de l'ouverture économique. Ces privilégiés habitent des appartements luxueux, possèdent plusieurs voitures, voyagent à l'étranger. Cette cassure née de l'*infitah* – **Libéralisation économique** lancée en 1975 – n'empêche pas les Égyptiens d'aborder leurs difficultés avec humour. La presse multiplie les caricatures traduisant leurs attentes et leurs interrogations.

LA TRANQUILLITÉ DES CAMPAGNES

Plus de la moitié des Égyptiens vivent à la campagne. Le *fellah* (le paysan) mène une vie rude et austère. Toute la famille participe aux travaux des champs, ce qui entretient indirectement un analphabétisme important dans cette population. Les enfants mènent les animaux dans les prés, cueillent le coton, ramassent le *bersim* pour le bétail, pendant que les femmes lavent le linge et la vaisselle dans le Nil ou le canal le plus proche de leur habitation. Celle-ci se compose le plus souvent de deux pièces : l'une pour la famille, très nombreuse, l'autre pour les animaux. Cependant, au fil des années, les traditionnelles maisons en terre séchée à l'architecture campagnarde si caractéristique disparaissent au profit de maisons en briques ou en parpaings.

Pratiquer l'autosuffisance

Occupant plus de la moitié de la population active, l'agriculture est primordiale pour l'économie égyptienne. Sous Nasser, les terres ont été redistribuées : chaque fellah possède désormais en moyenne un demi-hectare de terre cultivable d'où une multitude de petites parcelles. La principale ressource agricole est le **coton**, le meilleur du monde à en croire les spécialistes, massivement exporté. Puis la canne à sucre, le maïs, le riz et le blé, les tomates, les pastèques, les oignons, les fèves et les courgettes. L'activité fruitière croît d'année en année. Pour agrandir les surfaces cultivables, les présidents Nasser et Moubarak ont lancé de grands **programmes d'irrigation** dans les oasis et à Tochka (la « vallée du Sud »). Ce dernier, à 70 km à l'ouest d'Abou Simbel, est sans conteste le plus spectaculaire.

L'EXUBÉRANCE DES SOUKS

Installés dans des ruelles tortueuses, de minuscules échoppes inondent les trottoirs de leurs produits variés. Réputé pour la richesse de leurs étalages, ils sont une des attractions du tourisme en Égypte. Ils se composent de plusieurs « quartiers » bien distincts : celui des bijoutiers, des parfumeurs, des épices aux milles saveurs, des tissus et vêtements divers, de la marqueterie, de la poterie… Selon la ville, des spécialités apparaissent çà et là. Au Caire, par exemple, on entre soudain dans le quartier du cuivre ou celui du verre soufflé, également celui de l'ébénisterie où sont fabriquées tant de copies de meubles Louis XV et Louis XVI, styles très appréciés en Égypte. Le voyageur d'un jour qui aborde ce monde étrange et prodigieux s'y prêtera au marchandage un peu théâtral du commerce oriental.

LA LONGÉVITÉ DES PETITS MÉTIERS

Au cœur des villes et villages survit toute une série de petits métiers traditionnels, surprenants pour certains. En flânant, vous croiserez immanquablement des marchands ambulants de *foul* (fèves bouillies) ou de beignets, des cireurs de chaussures et des vendeurs de lunettes. Vous apercevrez peut-être aussi des limonadiers servant du jus de citron, des potiers, des barbiers travaillant souvent accroupis sur le sol, des rémouleurs côtoyant des boulangers installés dans la rue. Enfin, bien qu'il n'en existe plus beaucoup, on croise encore quelques écrivains publics dont l'activité survit si l'on peut dire grâce à l'analphabétisme des campagnes.

L'ATMOSPHÈRE DES CAFÉS

Aujourd'hui, l'opinion publique se forge en grande partie dans les cafés. Les hommes fréquentent ces paradis des fumeurs de narguilé pour discuter, jouer aux dominos ou au tric-trac devant un café ou un thé brûlant. C'est l'épicentre de la vie quotidienne, au point que les candidats aux élections s'y rendent au moins une fois durant leur tournée. Les cafés sont donc les points de rencontre où l'on vient retrouver un ami originaire de la même province ou un associé avec lequel on parle affaires. C'est un lieu éminemment masculin, où les femmes ne se rendent pas sans être accompagnées.

LES FÊTES

Tous les Égyptiens ont congé les jours de fêtes musulmanes. L'*Aïd el-Fitr* clôt le ramadan ; l'*Aïd el-Adha* commémore le sacrifice d'Abraham et se situe à la fin du pèlerinage. Les fêtes appelées *moussem* sont elles aussi liées au calendrier de l'hégire ; les deux plus importantes sont le Nouvel An et le *Mouled el-Nabi*, c'est-à-dire l'anniversaire de la naissance du Prophète. Les confiseurs dressent ces jours-là des tentes colorées sur les trottoirs et vendent de petits sujets en sucre dont les fameuses poupées multicolores.

Pour la grande majorité de la population, les sorties se limitent aux visites dans la famille et à un pique-nique annuel le jour de *Sham el-Nessim*, fête égyptienne qui remonte au temps des pharaons et célèbre le printemps. Toute l'Égypte se rend au bord du Nil, d'un canal ou de la mer pour manger du poisson fermenté *(fessikh)* et des oignons nouveaux.

La cuisine égyptienne

Ceux et celles qui voyagent dans le cocon des circuits organisés n'y goûteront qu'à peine, les autres hésiteront à cause des règles d'hygiène à respecter pour un Occidental. Pourtant, traditions et habitudes culinaires participent à la découverte du pays que l'on visite.

LÉGUMES

Les plats végétariens

Populaire, le *foul* est une purée de fèves brunes aromatisée au cumin ; servi au petit-déjeuner, il peut être consommé à toute heure. Confectionné avec des fèves blondes concassées, le *taamiya* est mélangé en boulettes à de l'oignon, du persil et de la coriandre, puis passé à la friture. En purée, les fèves blondes additionnées de *molokheyya* donneront la *bissara*, soupe qui se mange chaude ou froide. Le *aats* est une soupe de lentilles blondes.

Les légumes farcis

Les *mahchis* sont des légumes (courgettes, aubergines blanches, poivrons, tomates) et des feuilles de vigne ou de choux farcis de riz, d'oignons, de persil et d'épices, avec ou sans viande hachée.

Les salades

Elles désignent les accompagnements servis avec tous les plats. Si l'on trouve la traditionnelle salade de crudités, on découvre des mets qui, pour le touriste, s'apparentent plus à des sauces à déguster avec du pain. La *tahina* est une purée de sésame additionnée d'huile d'olive et d'une pincée de poudre de piment rouge ; plus relevé, le *baba ghanoug* est additionné d'aubergines et d'ail ; le *hommos* est un mélange de purées de sésame et de pois chiches. Quant aux *mekhallel*, il s'agit de légumes marinés dans du vinaigre.

VIANDES ET POISSONS

Viandes et volailles

Parmi les grillades, les *kebabs* sont des dés de viande de veau ou de bœuf marinés dans un mélange d'huile et d'aromates ; les *koftas* sont des boulettes de viande hachée. On trouve aussi du *kebab* de poulet *(shish kebab)* et des côtelettes de veau grillées (en dehors de la « fête du mouton », on consomme peu d'agneau). Parmi les fritures, on trouve des blancs de poulet, des filets de veau panés et des assortiments d'abats. Dans la rue, des échoppes vendent des sandwiches aux foies de volaille et du *shawerma*, bloc de viande reconstituée grillant à feu doux, découpé en fines tranches et servi avec des tomates et des oignons. Le *basterma* est un filet de bœuf enrobé d'épices et séché au soleil ; coupé en fines tranches, on le déguste cru ou cuit à la poêle avec des œufs. Spécialité peu ragoûtante (tripes bouillies servies avec du pain et du riz), le *kawera* est un « plat d'hommes » aux vertus aphrodisiaques. La grande spécialité égyptienne est le pigeon farci au blé (*hamam mahchi bel frick*), servi accompagné de *kishk* (voir les soupes). Toutes les volailles peuvent être farcies de cette manière ; lors des repas de fête (dinde de Noël ou oie de *Sham el Nessim*), la farce est enrichie de fruits secs. Gratinés, les macaronis sont préparés en alternant les couches de pâtes, de béchamel et de viande hachée relevée d'oignons à la sauce tomate. Spécialité étrangère devenue locale, la moussaka (à base d'aubergines) est ici appelée *messa'a*.

Poissons

Ils sont grillés ou frits, et proviennent du Nil, de Méditerranée ou de la mer Rouge. À *Sham el Nessim* (fête du printemps), on n'échappe pas au traditionnel *fessikh*, poisson salé et séché accompagné d'oignons verts et d'œufs durs décorés pour la circonstance.

SOUPES

Récupéré, le bouillon de cuisson des viandes sert de base à une soupe servie sur un lit de riz. Le kishk est ce bouillon additionné de farine et de lait. La molokheya, s'apparente à une soupe de cresson parfumée à l'ail.

PÂTISSERIES

Au dessert ou pour accompagner le thé, on sert des douceurs. Parmi les plus connues et les plus courantes : les *konafa*, longs vermicelles farcis de raisins secs, d'amandes et de noix de coco ; les *baclawa*, pâte feuilletée fourrée de raisins, de pistaches et d'amandes ; la *basboussa*, réalisé à base de semoule et de noix de coco ; l'*oum ali*, un feuilleté aux amandes et aux raisins secs, cuit dans du lait et parfumé à la cannelle.

E. Valenne / GEOSTORY

Épices.

BOISSONS

Les Égyptiens boivent du thé *(shay)* à longueur de journée. Il est servi très sucré et dans un simple verre qui brûle les doigts ; à la menthe, il devient *shay'bel nanaa*. Le café *(ahwa)* se boit dans une petite tasse. Avec son marc, c'est un café turc ; sans sucre, il est *sadah* ; moyennement sucré, il est *mazbout* ; très sucré, il est *ziaada*. Le *karkadé* est une décoction de fleurs d'hibiscus servie chaude ou glacée, et bien sûr sucrée. Curiosité délicieuse en fin de soirée, l'anis chaud *(yansoun)* clôt idéalement une journée active. Dans un pays peu porté sur l'alcool, on trouve quantité de jus de fruits frais : mangue, orange, goyave, citron, fraise ou banane. Quitter l'Égypte sans goûter au jus de canne à sucre *(assir assab)* friserait le crime de lèse-majesté. On en trouve dans de petites échoppes, où la canne est broyée sous vos yeux et son jus servi immédiatement (refusez tout jus de canne à sucre non frais, car il s'oxyde très vite). Inoubliable !

Bien qu'on n'en trouve pas toujours facilement, la bière est courante. Deux marques nationales se disputent le marché : Stella et Saqqarah. La moins chère et la plus répandue est la Stella de base (commandez une Stella locale).

Longtemps de qualité moyenne, le vin produit en Égypte a fortement été bonifié ces dernières années. Deux marques se disputent le marché : Obélisque et Gianaclis, proposant chacune un cru rouge, blanc et rosé. Pour la première : rouge des pharaons, blanc d'Alexandrie, rosetta ; pour la seconde : omar khayyam, cru des Ptolémées, rubis d'Égypte. Malheureusement, les conditions de stockage ne plaident pas toujours en faveur d'une dégustation mémorable, d'autant plus que le produit est cher. Quant aux autres alcools, mieux vaut les éviter.

Les faucheuses, culture dans le delta du Nil.

B. Kaufmann / MICHELIN

ALEXANDRIE, LE DELTA ET LA CÔTE MÉDITERRANÉENNE

Alexandrie★★

3 745 800 HABITANTS
CARTE GÉNÉRALE B1

Alexandrie est mythique. De par sa fondation tout d'abord, mais aussi parce qu'elle résume une forme d'art et de pensée et qu'elle succéda à Athènes pour le rayonnement qu'elle exerça dans le Bassin méditerranéen. Après un long purgatoire, Mohammed Ali lui a rendu de sa splendeur que la révolution de 1952 a un peu ternie. Mais Alexandrie est aussi la grande station balnéaire des habitants de la Basse-Égypte. En été, la ville s'éveille, s'anime de toutes parts et dévoile la joie qui ne l'a jamais quittée.

- **Se repérer** – À 225 km au nord-ouest du Caire, sur la côte méditerranéenne et au nord du lac Mariout, au nord-ouest du Delta.
- **À ne pas manquer** – Une promenade sur la Corniche, l'atmosphère populaire des rues du centre, le coucher du soleil depuis l'esplanade de la Bibliothèque, les catacombes de Kom el-Shugafa.
- **Organiser son temps** – Si une journée suffit à visiter ses principaux monuments, Alexandrie se découvre avec le temps : 3 jours vous permettront d'en apprécier la diversité. Consacrez une heure ou deux à la Bibliothèque et à ses musées et, si vous ne deviez en voir qu'une seule, choisissez la nécropole de Kom el-Shugafa.
- **Avec les enfants** – Un tour en calèche le long de la Corniche, le fort de Qaitbay et son esplanade, une balade dans le parc de Montazah.

B. Kaufmann / MICHELIN

La Corniche en fin de journée, un lieu idéal pour flâner.

Comprendre

Fille d'Alexandre – En 331 av. J.-C., Alexandre III, roi de Macédoine, dit Alexandre le Grand, rêve d'une ville qu'il veut fonder à l'emplacement de la cité de *Rê-Qedet*, place forte érigée contre les pirates sous les pharaons et fréquentée par les marins phéniciens. Amon l'ayant reconnu pour fils à Siwa *(voir ce nom)*, Alexandre va lui donner une fille qu'il ne verra jamais, Alexandrie, car Alexandre meurt à Babylone en 323.

À la grecque – On attribue en fait les plans de la ville à Dinocrate de Rhodes. Elle dessinait à l'intérieur d'une enceinte des rues rectilignes à angle droit coupées par deux grands axes principaux de 30 m de large, d'ouest en est et du nord

Alexandrie(s)

Au cours de ses conquêtes, Alexandre le Grand (356-323 av. J.-C.) a fondé quelque 70 villes à son nom. On en recense dans le Caucase, en Gédrosie (ouest du Pakistan), en Mésopotamie. Il existe une Alexandropolis, en Parthie (Iran actuel), et une Alexandreskata, en Sogdiane (Ouzbékistan actuel). L'actualité internationale récente a attiré l'attention sur Kandahar, en Afghanistan, dont le nom est une altération d'Alexandrie.

au sud. À l'extérieur de l'enceinte s'étendait du côté ouest la plus grande nécropole de la ville, *Nécropolis*, actuellement fouillée par **Jean-Yves Empereur**. Entamés sous Alexandre, les travaux ne s'achevèrent que sous Ptolémée II. Deux ports furent créés, l'un à l'est, l'autre à l'ouest, séparés par une jetée de 1 239 m de long nommée l'Heptastade (soit 7 stades de 177 m).

Un comptoir mondial – À la mort d'Alexandre, Ptolémée Ier s'installe sur le trône d'Égypte. La ville naît, la ville croît, la ville s'embellit. Avec son successeur, Ptolémée II, elle entame une formidable période d'expansion, au point de devenir bientôt non seulement la plus grande ville méditerranéenne mais aussi le plus important port de commerce au monde. Alexandrie draine et exporte les richesses de l'Égypte et assure de la sorte sa fortune. Rome devra attendre son apogée pour la dépasser.

Cosmopolite et intellectuelle – Pour que leur résidence soit tout à fait royale et à la hauteur de leurs ambitions, les deux premiers Ptolémées invitent savants, philosophes et poètes du monde grec à fréquenter leur ville nouvelle que des auteurs anciens qualifient de « belle, très belle ». Démétrios de Phalère, fondateur de la Bibliothèque d'Alexandrie, le médecin Hérophile, le mathématicien Euclide, le peintre Antiphilos viennent goûter au luxe alexandrin. Tout aboutit alors dans la ville d'Alexandre, des populations diverses s'y mélangent : Grecs et Égyptiens bien sûr – ceux-ci étant « non citoyens grecs » – mais aussi Phéniciens, juifs, mercenaires et bientôt Alexandrins, fruits de ce brassage. Gouverner ces groupes s'avérera difficile, d'autant plus que les Ptolémées suivants s'appuient davantage sur leur administration que sur leur poigne pour diriger leur royaume. Inévitables, les troubles auront raison des Lagides, mais leur disparition n'amoindrira en rien le statut de ville universelle dont s'enorgueillit Alexandrie.

2e ville de l'Empire romain avant la décadence – Dès Auguste, Alexandrie perd toutefois son titre de capitale et, signe du destin, sa Bibliothèque brûle. Elle est reconstituée dans le Sérapéum, mais Omar en fera brûler le contenu. Le feu fut tel qu'il alimenta, paraît-il, en eau chaude les 4 000 bains de la ville durant cent quatre-vingt-trois jours. Malgré les raz de marée qu'elle subit et qui détruisent ses bas quartiers, elle continue de développer son activité commerciale, encourageant son cosmopolitisme chronique. Grecs, juifs et Égyptiens s'y déchirent. À partir du 3e s., la ville n'est plus que pillages et répressions, sans compter les guerres extérieures qui affaiblissent puis terrassent le pouvoir romain et les persécutions dont y sont l'objet les premiers chrétiens. Toutefois, Alexandrie résiste à ces bouleversements et à la ruine de bon nombre de ses monuments. À tel point que lorsque Amr, au temps du calife Omar, entre dans la ville en 642, il trouve une opulence qui le remplit d'étonnement. En lui supprimant son commerce oriental, la conquête arabe la ruine. En 875, Ahmed ibn Touloun fait abattre son enceinte, trop vaste. La ville « éternellement mémorable » conçue par Alexandre et les premiers Ptolémées s'éteint, à l'image de son célèbre phare qui s'effondre en 1303, lors d'un tremblement de terre qui ravage Alexandrie.

Une merveille

Au 3e s., Philon de Byzance dresse une liste des Sept Merveilles du monde *(De septem orbis miraculis)*. Parmi celles-ci, le phare d'Alexandrie, construit par Sostrate de Cnide vers 300 sur l'île de Pharos que l'Heptastade relie à la terre ferme.

Mohammed Ali ou le renouveau – Fort des enseignements qu'il a tirés de l'expédition de Bonaparte en Égypte, le nouveau maître du pays choisit Alexandrie pour développer sa puissance maritime et commerciale. Il y réside même et s'y fait élever un palais. La ville renaît. Un arsenal y est créé. Son port est ranimé par l'exportation du coton. Le canal Al-Mahmoudieh la relie au Nil et l'alimente en eau potable. Ismâil pacha ne se satisfait pas de ces extensions. Une voie ferrée est ouverte entre Alexandrie et la capitale, et la ville voit les constructions européennes se multiplier. L'essor est à la hauteur de l'économie moderne à laquelle s'est ouverte la ville. Les étrangers affluent et au début du 20e s., le caractère cosmopolite fait de la cité une ville plus méditerranéenne qu'arabe. Grecs, Syriens, Arméniens, Libanais, Français et Anglais, parmi tant d'autres, participent à l'effervescence économique et culturelle. Lawrence Durrell, Youssef Chahine, Constantin Cavafy et bien d'autres en font le théâtre et le personnage principal de leurs œuvres. Tout bascule en 1956 avec la nationalisation du canal de Suez, conséquence logique de la révolution de 1952. Juifs et étrangers prennent le chemin de l'exil.

Alexandrie aujourd'hui – C'est une ville moderne que l'on découvre aujourd'hui, une station balnéaire prisée par les Cairotes en été. Les traces du passé, toujours visibles, tendent à disparaître. Les vieux immeubles témoins des multiples influences

W. Buss / MICHELIN

Le fort de Qaitbay se dresse à l'emplacement du célèbre phare antique.

étrangères sont la proie des promoteurs, ceux-là mêmes qui ont fait de la route de la Corniche un gigantesque mur de béton de 20 km en direction de l'est. Alexandrie redevient progressivement une ville orientale même si elle porte toujours son regard au-delà de la mer. Çà et là, des vestiges de l'époque où l'on parlait ici toutes les langues de la Méditerrannée survivent : façades ouvragées, enseignes polyglotes, jusqu'aux compteurs des taxis, écrits parfois en grec, français, anglais ou même en allemand.

« Le Quatuor »

Après avoir été attaché à l'ambassade de Grande-Bretagne au Caire, le poète et romancier anglais Lawrence George Durrell (1912-1990) s'installa à Alexandrie pour y écrire entre 1957 et 1960 ses quatre romans principaux, réunis sous le titre de *Quatuor d'Alexandrie*.

Se promener

FRONT DE MER ET CENTRE-VILLE★

Étroite et tout en longueur, la deuxième ville du pays étire une interminable et magnifique corniche sur plus de 20 km, alors qu'Alexandrie ne dépasse pas 3 km de largeur. Pour le visiteur, c'est l'étonnement. L'Égypte change ici radicalement de visage. Adieu les pyramides et les temples funéraires, adieu les felouques d'Assouan et la touffeur du Caire. C'est un peu d'atmosphère européenne que l'on retrouve sur ce front de mer hérissé d'immeubles et ces plages qui s'égrainent au gré de la sinuosité de la **Corniche★★**.

Parfum suranné et air de fête – De l'ancien fort de Qaitbay à la Nouvelle Bibliothèque qui incarnent les deux visages de la ville actuelle, deux digues enferment le **port Est** et sa flottille de bateaux de pêche. Le centre-ville s'organise au sud de ce splendide croissant de mer, le long de la Corniche et surtout de part et d'autre de la rue Saad Zaghloul, avec la place du même nom pour centre névralgique.

À ne pas manquer : le coucher de soleil sur le port Est, situé à l'emplacement de l'antique *portus magnus* que signalait le phare à l'endroit où l'on voit aujourd'hui le fort de Qaitbay.

En front de mer, c'est un peu l'âge d'or de l'Alexandrie cosmopolite qui survit. Au sud du fort, de beaux immeubles récemment restaurés donnent un air Art déco à la Corniche. Autour du bâtiment du consulat de France et du monument du Soldat inconnu (élevé en 1938 par la colonie italienne en hommage à Ismâil pacha) de la place Orabi, l'architecture témoigne encore de l'éclat de la ville du 19e s. Certes, ces bâtiments mériteraient une remise en valeur. Autour de la **place Saad Zaghloul**, l'hôtel Cecil, que fréquentaient Somerset Maugham et les Services secrets britanniques, jouxte des salons de thé désuets où les pachas croisaient autrefois la gent féminine grecque. La place, couramment appelée *Mahattet al-Raml,* le « terminus du sable », est le point de départ de toute promenade en ville.

En été et lors des congés de la fête de Aïd el-Adha, la place Zaghloul devient une véritable fourmilière humaine qui va presque jusqu'à recouvrir la statue du célèbre homme d'État. Les enfants s'y enivrent de barbe à papa ou de cornets de glace, les adolescents y montent des chevaux à cru pour un tour de place, les jeunes adultes y chantent de joyeux airs de fête qu'ils scandent avec leurs tambourins, les amoureux y cherchent une place sur un banc, et les plus vieux regardent ce tableau de liesse en repensant à leurs jeunes années.

« La bousculade des femmes » (plan III B2)

Au sud de la place, les rues Saad Zaghloul et Satiyyah Zaghloul concentrent une foule de magasins et d'échoppes dressées jusque sur les trottoirs. Le soir, tout Alexandrie semble converger dans ce périmètre qu'alimente le terminus central des lignes de tramway, place Ramla.

Par la rue Satiyyah Zaghloul, on gagne la place Gomhuriyya où trône la gare ferroviaire Mahattet Masr, la principale de la ville. De l'autre côté de la place se tient un souk alimentaire dans d'étroites ruelles encombrées d'étals de poissons, d'épices, de fruits et de légumes. Non loin de là, vers le nord, le **souk Attarine** concentre des boutiques de brocanteurs *(sh. Masguid el-Attarine)*. On y trouvait naguère de pures merveilles de la grande époque alexandrine. Les marchands y sont avisés, et malgré l'état rarement impeccable des meubles et objets de réelle valeur artistique qu'ils conservent, un marchandage de haute tenue vous attend.

Par la rue Saad Zaghloul, on gagne la place Tahrir que l'urbanisme de Mohammed Ali a ouverte en 1830 (statue équestre au centre). Vers l'ouest, deux artères *(sh. Nokrashi et sh. Faransa)* mènent aux **souks du quartier d'Anfushi**. Longée par des cafés, la première propose un incroyable inventaire d'articles domestiques et de produits alimentaires. À l'abri d'une allée couverte familièrement appelée **« la bousculade des femmes »** *(Zan'et el-Sittat)*, vous trouverez tout ce que la mercerie peut produire, du bouton jusqu'au sac. Le **marché aux tissus** *(contigu à Zan'et el Sittat, 11h-21h)*, regroupe aussi bien les vêtements que des cotonnades vendues au mètre. Le jeudi matin, une souris ne s'y faufilerait pas. À voir aussi, le marché aux poissons qui se tient tôt le matin à côté du fort de Qaitbay.

Mosquées (plan III B1)

Bien qu'Alexandrie ait été et soit très marquée par les présences grecque et française, elle est une ville profondément musulmane. C'est surtout notable dans le quartier d'**Anfushi**, coincé entre les deux ports *(le port Ouest ne se visite pas)*. Tout en blancheur, celle d'**Abu Abbas el-Mursi** a été édifiée en 1767 à l'emplacement d'une mosquée antérieure, au-dessus du tombeau du pieux Abu Abbas, saint musulman du 13e s. originaire de Murcie, en Espagne. Sa teinte claire et sa silhouette majestueuse se découpent sur la ligne d'immeubles de la Corniche. Datant du milieu du 17e s. et signalée par un beau minaret, la mosquée **Ibrahim Terbana** se dresse également à proximité de la Corniche *(au sud de la précédente)*. La mosquée **Shorbagi** *(sh. Nokrashi)* englobe des éléments antiques et présente une façade typique du Delta, avec une utilisation décorative de briques apparentes noires et rouges liées par un mortier blanc, que l'on retrouve par exemple à Rosette.

Fort de Qaitbay★ (plan III B1)

9h-17h - 12 £, app. photo 10 £ ; vidéo 150 £. Voir aussi ABC d'architecture dans Comprendre l'Égypte.

Le fort de Qaitbay se situe à l'extrémité est de l'île de Pharos, l'île du célèbre phare d'Alexandrie, qui se dressait au bout de l'Heptastade. La renommée de cette île fut telle que son nom est resté dans maintes langues pour désigner les tours ardentes qui guident les navires. Construit à la fin du 15e s. par le sultan Al-Malik Nasr Qaitbay – qui fit également bâtir une citadelle du même nom à Rosette – ce fort récemment restauré a été en partie bâti avec des blocs provenant de l'ancien phare. Bel exemple d'architecture du système défensif arabe, sa tour centrale portait jadis un minaret. Sur trois de ses côtés, le mur intérieur de sa double enceinte pentagonale est percée de 34 salles, corps de garde et magasins. Depuis la terrasse ouest, la **vue★** sur la baie est si belle que les amoureux de la ville s'y donnent rendez-vous. Depuis peu, la mer au large du fort est le cadre de fabuleuses investigations sous-marines à la recherche des vestiges du phare.

Au rez-de-chaussée, le fort abrite un **musée de la Vie sous-marine d'Alexandrie** *(8h-18h. 1 £ ; app. photo 5 £)*. Décati et salpêtré, il abrite le squelette d'une baleine qui s'échoua à Rosette en 1936.

Entre le fort de Qaitbay et la nécropole d'Anfushi se trouve le **palais Ras el-Tin** *(ne se visite pas), construit par Mohammed Ali, où fut reclus le roi Farouk pendant la révolution et aujourd'hui réservé aux hôtes d'honneur.*

ALEXANDRIE
plan II
0
1000 m
N
A
B
1
2
3
Palais
Ras el-Tin
Catacombes
d'Anfushi
ANFUSHI
PLAGE
Sh. Ras el-Tin
AL-JUMRUK
GARE
MARITIME
PORT OUEST
Sh. Ibrahim al-Awwal
Tir'at
al-Mahmudiyyah
Sh. al-Max
Sh. al-Aman
Mosquée
Sh. al-Qabari
al-Zaytun
Sh. Jabal
MINIA
AL-BASAL
Sh. Ibn
Sahlan
Rashid
Rida
Sh. al-Max
Sh.
Sh.

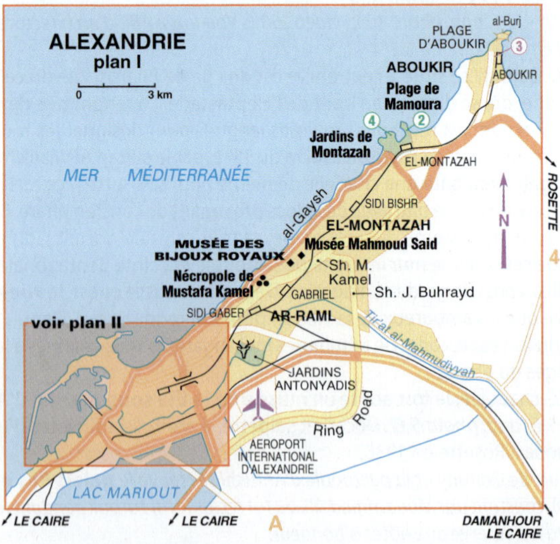
ALEXANDRIE
plan I
0
3 km
MER MÉDITERRANÉE
al-Burj
PLAGE
D'ABOUKIR
ABOUKIR
ABOUKIR
Plage de
Mamoura
Jardins de
Montazah
EL-MONTAZAH
ROSETTE
N
SIDI BISHR
al-Gaysh
EL-MONTAZAH
MUSÉE DES
BIJOUX ROYAUX
Musée Mahmoud Said
Sh. M.
Kamel
Nécropole de
Mustafa Kamel
GABRIEL
Sh. J. Buhrayd
SIDI GABER
AR-RAML
voir plan II
Tir'at al-Mahmudiyyah
JARDINS
ANTONYADIS
Ring Road
AEROPORT
INTERNATIONAL
D'ALEXANDRIE
LAC MARIOUT
LE CAIRE
LE CAIRE
A
4
4
DAMANHOUR
LE CAIRE

SE LOGER		SE RESTAURER	
El-Salamlek Palace	2	Roastery	1
Helnan Palestine Hotel	4	Zephyron	3

Les découvertes sous-marines au large du fort – Ces dernières années, la presse du monde entier s'est intéressée au passé antique d'Alexandrie. La raison : les récentes fouilles sous-marines conduites par l'archéologue français **Jean-Yves Empereur** ont mis au jour, au pied du fort de Qaitbay, de spectaculaires témoignages ptolémaïques. En octobre 1995, quelque 3 000 blocs de statues, de sphinx et d'éléments architecturaux furent extraits de leur sommeil maritime, laissant entrevoir une avancée décisive dans les études, jusqu'alors hypothétiques, du phare d'Alexandrie. Parmi ces blocs : une statue colossale de Ptolémée Ier ou Ptolémée II, sculptée dans le granit d'Assouan. Retrouvée en 4 fragments et pesant 23 t en tout, elle mesure 10 m sans les jambes. Elle se dresse aujourd'hui à l'entrée de la Bibliothèque. Dans la foulée, en 2000 et 2001, un plongeur français, le médiatique **Frank Goddio**, a découvert au large d'Aboukir, à seulement 6 m de profondeur, les vestiges de deux cités antérieures à la fondation d'Alexandrie et englouties à la suite d'un tremblement de terre. La première serait Menouthis, cité sacrée consacrée à Isis et Sérapis. La seconde serait Héraklion, la porte de l'Égypte dont seuls Hérodote et Strabon nous avaient laissé des évocations.

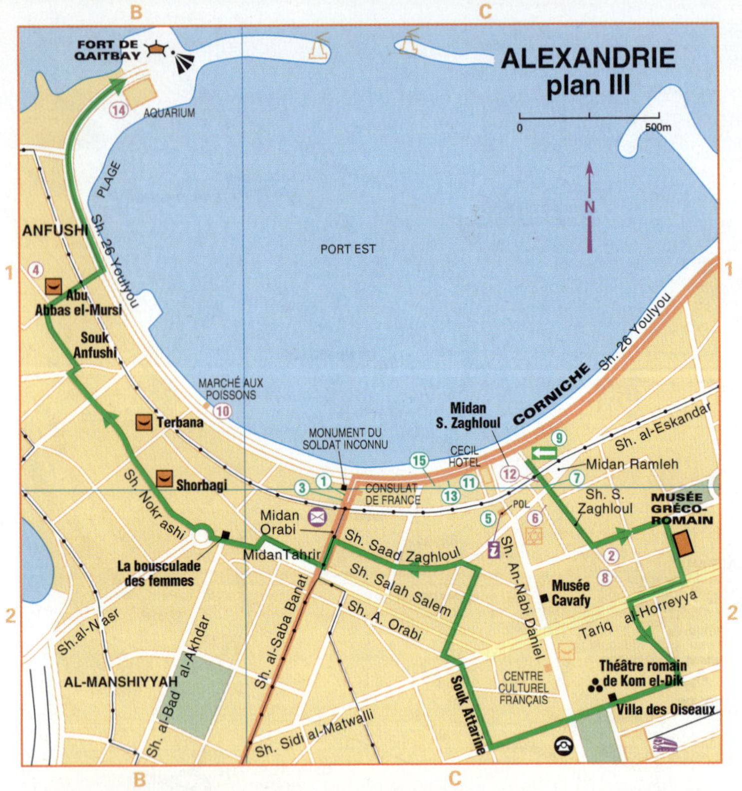

SE LOGER		SE RESTAURER	
Holiday Hotel	1	Elite	2
Marhaba Hotel	3	Kadoura	4
New Capri	5	Mohamed Ahmed	6
Paradise Inn Metropole Hotel	7	Santa Lucia	8
Semiramis	9	Tikka Grill	10
Sofitel Cecil	11	Trianon	12
Union Hotel	13	White & Blue	14
Windsor Palace	15		

Nécropole d'Anfushi (plan II B1)

9h-17h. 12 £ ; étudiant 6 £ ; app. photo 10 £ ; vidéo 150 £.

Plus modeste que les catacombes de Kom el-Shugafa, elle est plus ancienne et remonte aux 3e et 2e s. av. J.-C. Deux des 5 hypogées se visitent et se composent de 2 tombeaux avec atrium commun. La décoration des parois cherche à imiter une architecture construite ; les scènes traduisent un mélange des styles grec et égyptien sous les Ptolémées. Dans l'hypogée n° 2, *(ne se visite pas)*, les fresques mythologiques sont fortement hellénisées. À travers la grille qui ferme l'escalier, on peut voir Horus menant un cortège accueillant le défunt à qui un homme présente un vase d'eau lustrale.

Visiter

Catacombes de Kom el-Shugafa★ (plan II C3)

9h-17h. 20 £ ; étudiant 10 £ ; app. photo et vidéo interdits (consigne).

La « colline aux Tessons » – Au cœur d'un quartier populaire, ces catacombes datent des 1er et 2e s. de notre ère. Appelées la « colline aux Tessons », elles furent découvertes accidentellement, en 1900, lorsque le sol se déroba sous les sabots d'un âne. Kom el-Shugafa resta en usage jusqu'au 4e s. Il fallut donc l'étendre en creusant des niches en longueur ou des niches cinéraires. Cette nécropole romaine se compose de 6 hypogées sur 3 niveaux descendant jusqu'à 35 m de profondeur (le dernier est inondé). Leur décoration constitue l'un des plus beaux exemples de concomitance des styles gréco-romain et égyptien.

À la surface, près de l'entrée, deux **sphinx** décapités accueillent les visiteurs. Leurs attributs virils trahissent leur facture grecque. Les Égyptiens ne représentaient en effet jamais de sphinx sexués. Un peu plus loin, le **tombeau de Tigrane** présente de très belles fresques de style hellénistique figurant la momification et la pesée de l'âme.

Les catacombes – *Accès par l'escalier à vis*. En descendant, on découvre à quel point le percement de ces sépultures a vidé le sol de sa terre, et, peu à peu, l'atmosphère se charge d'une moîteur tiède. Une rotonde donne accès à un triclinium (salle à manger funéraire réservée à la famille des défunts) et, par un escalier, à une série de galeries aux murs percés de *loculi* ainsi quà la **tombe principale**, annoncée par une antichambre dont l'entrée est flanquée des statues des propriétaires (remarquer les coiffures gréco-romaines). Au-dessus d'eux, Agathodaimon (divinité d'Alexandrie serpentiforme) et têtes de Méduse menacent les importuns. Dans la chapelle, la décoration prouve que pendant les premiers siècles de notre ère, certains Alexandrins sont restés sensibles à la religion des pharaons. En effet, si les sarcophages, taillés dans la roche, sont bien grecs (guirlandes et grappes de raisin de Dionysos, dieu de la Résurrection), plusieurs bas-reliefs alentour sont typiquement égyptiens (Osiris, taureau Apis, Horus, Thot, Anubis) tandis que d'autres sont hellénistiques (bouclier d'Athéna, Méduse, Hermès).

H. Champollion / MICHELIN

Chapelle funéraire à Kom el-Shugafa, on remarque à droite de la niche un Agathodalmon.

La rotonde donne également accès à des tombes postérieures, et à la **tombe de Caracalla**, ainsi nommée parce qu'elle servit de refuge aux chrétiens pendant les persécutions ordonnées par cet empereur. Elle fut reliée aux tombes précédentes par des pillards. Les parois stuquées sont peintes de scènes parfois peu manifestes, mais qui démontrent à nouveau la concomitance de deux conceptions du monde divin, non pas fusionnées en un style hybride, mais juxtaposées.

Colonne de Pompée et Sérapéum★ (plan II C2)

9h-17h. 10 £ ; étudiant 5 £ ; app. photo et vidéo gratuits.

Une méprise de voyageurs – La plus haute colonne du monde gréco-romain (30 m) se dresse au sud de la ville. On la dit élevée par César à la mémoire de Pompée, qui réfugié en Égypte après la défaite de Pharsale, périt assassiné par Ptolémée XIII. Or, une inscription sur la face ouest de son socle l'attribue à l'empereur **Dioclétien**, qui vécut plus de trois siècles après César. Son vrai nom serait donc « colonne de Dioclétien », mais l'usage avait déjà installé la méprise.

Rôle de la colonne – À vrai dire, elle est d'autant plus « dioclétienne » qu'elle soutenait une statue du maître de l'Orient du début du 4e s. Une mosaïque du 5e s., retrouvée en Israël, le représente ainsi. Il s'agissait donc d'une colonne dédicatoire, à l'image de la colonne de Trajan que l'on peut voir à Rome. Ce monolithe trouva par la suite un rôle que son architecte ne soupçonnait pas. En effet, elle servit d'amer aux navigateurs arrivant à Alexandrie. En 391, le site qui l'entoure fut entièrement détruit par les chrétiens qui voulaient réduire à néant le culte de Sérapis, mais la colonne de l'empereur qui avait ordonné des persécutions contre eux résista à leur mise à sac. Les **deux sphinx** de granit rose placés devant la colonne furent mis au jour en 1906.

Sérapéum – Des restes de fûts de colonnes, quelques fondations éparses, un nilomètre, des souterrains où fut découverte une statue du taureau Apis aujourd'hui au Musée gréco-romain : voilà ce qui subsiste du fameux sanctuaire dont l'intérieur du temple était, dit-on, recouvert de métaux précieux afin de réfléchir la lumière du soleil levant sur la sculpture colossale du dieu. Du Grand Temple de Sérapis érigé par Ptolémée Ier, agrandi par Ptolémée III et reconstruit par Hadrien, rien n'a survécu.

Les Lagides souhaitèrent imposer une nouvelle divinité, suffisamment grecque pour s'intégrer à leur culture, suffisamment égyptienne pour prolonger les croyances locales. Ce dieu fut Sérapis, mêlant les caractères d'Osiris et du taureau Apis de Memphis

Le Césaréum

Parmi les édifices notoires aujourd'hui disparus de l'Alexandrie de Cléopâtre, il en est un dont l'emplacement est le mieux fixé. Un peu plus au sud de l'actuelle place Saad Zaghloul s'élevait le temple construit par la reine et destiné au culte de Marc Antoine. Octave, son vainqueur d'Actium, récupéra le sanctuaire, et le termina pour le consacrer au culte impérial. Pour le parachever au mieux, il fit venir d'Héliopolis, au Caire, deux obélisques de Thoutmosis III afin d'en flanquer l'entrée.
Le temple a entièrement disparu. Situé sur le rivage et probablement d'architecture grecque, il devait présenter un majestueux portique aux marins auxquels il assurait une protection symbolique. Quant aux obélisques égyptiens, taillés à Assouan deux mille ans avant la naissance d'Alexandrie, l'un se trouve à Londres, l'autre à New York.

figurés par un homme à l'image de Zeus, à la barbe et aux cheveux flamboyants. On sait qu'une importante annexe de la Bibliothèque d'Alexandrie y était établie et avait reçu les livres sauvés de la destruction de celle-ci causé par l'incendie de la flotte égyptienne par César. Mais les ouvrages survivants, jugés superflus lorsqu'ils allaient dans le sens du Coran et nuisibles dans le cas contraire, furent détruits par les conquérants arabes en 642.

Théâtre romain de Kom el-Dik★ (plan III C2)

9h-7h. 10 £ ; étudiant 5 £.
Dégagé en 1963 par le Centre polonais d'archéologie méditerranéenne après qu'on eut rasé un fort napoléonien pour construire des immeubles à la place, cet odéon, construit en marbre blanc et pouvant accueillir 800 spectateurs, date du 4e s. Disposés en demi-cercle autour d'une arène, ses 12 gradins de marbre étaient entourés d'un mur de 8 m de hauteur. De nombreux textes anciens relatent l'existence de plusieurs troupes d'acteurs à Alexandrie, dont on peut voir des représentations stylisées au Musée gréco-romain. Comme partout à Alexandrie, les fouilles continuent, afin de dégager des restes de thermes et de villas. À l'ombre d'une rangée d'arbres, un musée de plein-air présente une trentaine de pièces découvertes en mer au large du fort de Qaitbay. Sphinx, fragments de colonnes et de statues côtoient un obélisque, brisé en 4 tronçons et remonté, attribué à Séthi Ier.

Villa des Oiseaux (plan III C2)

5 £ ; étudiant 3 £. Dans l'enceinte du théâtre. Restaurée grâce au Centre américain de recherches égyptiennes et inaugurée en janvier 2001, cette villa romaine avait été recouverte par des constructions byzantines de la fin du 5e s. Le pavement est décoré de très belles **mosaïques**★★ datant pour la plupart du règne d'Hadrien. Des animaux d'un naturalisme remarquable, dont de nombreux volatiles, se répartissent sur un *opus sectile* composant des formes géométriques constituées de petits carrés blancs et noirs. Ce style « tapis » était très apprécié des villas alexandrines.

R. Deschamps / MICHELIN
Mosaïque de sol de la villa des Oiseaux.

Nécropole de Chatby (plan II D1)

Sh. Port-Saïd. 9h-17h. 6 £ ; étudiant 3 £.
Considérée comme la plus ancienne parmi celles découvertes à Alexandrie (fin du 4e s. av. J.-C.), c'est aussi la moins spectaculaire. Ses hypogées sont surmontés en surface de monuments funéraires. Ce sont là les sépultures des premiers Alexandrins.
À voir également la nécropole de **Mustafa Kamel (plan I)** *(sh. el-Moaskar ar-Romani - 9h-17h - 20 £, étudiant 10 £.* Les tombes (2e. av. J.-C.) de style dorique présentent un décor imitant l'architecture.

Musée national d'Alexandrie★★ (plan II C1-2)

110 sh. Houraya. 9h-16h30. 30/15 £. Photo et vidéo gratuites. Il est installé dans l'ancien consulat américain qui occupait ce palais de style italien construit en 1929 par le richissime négociant en bois Assad pacha Bassili. La muséographie de ce tout nouveau musée inauguré en 2003 est particulièrement soignée. Il abrite une riche collection alimentée par les réserves de divers musées nationaux. Certaines pièces proviennent des Musées gréco-romain et des Bijoux royaux actuellement fermés. Chaque période historique est individualisée : le bleu marine évoque la vie éternelle des anciens Égyptiens ; le bleu ciel, le marbre des Grecs, quant au vert, il est la couleur vénérée par les cultures coptes et islamiques. Une façon originale d'immerger le visiteur dans les différents univers traversés.

Art pharaonique – Parmi les pièces principales, une belle statue du pharaon Mykérinos ainsi qu'une **tête monumentale d'Akhénaton** trouvée à Tell-el-Amarna et une autre, plus petite, de la reine **Hatchepsout**. On remarquera aussi une **statue de scribe** ainsi que quelques **tables d'offrande** en albâtre provenant de Saqqara. Plus loin, un escalier étroit s'enfonce dans un autre monde : une salle évoquant une **tombe★** de la Vallée des Rois. Une momie y est présentée, à côté de ses 3 sarcophages emboîtés, de ses amulettes et vases canopes.

Art gréco-romain★ – C'est la partie la plus intéressante, elle montre comment les peuples qui ont ensuite dominé l'Égypte ont assimilé et interprété l'art indigène. Ainsi cette petite statue en bronze d'**Harpocrate** où se marient les styles grec et pharaonique (posture assouplie, drapé de la tunique et vêtements égyptiens). On peut aussi voir des **statuettes de Tanagra★★** de la période hellénistique dont certaines portent encore des traces de polychromie. Ces figurines en terre cuite exécutées au moule, réalisées entre 330 et 200 av. J.-C., tiennent leur nom d'une ville de Béotie, en Grèce. Elles représentent de gracieuses jeunes femmes, debout et vêtues d'un *chiton* au drapé délicat. Celles du musée proviennent toutes d'Alexandrie. Parmi les plus belles pièces, on verra une **statue de Caracalla** en granit rouge, un **buste d'Hadrien** en marbre mais surtout une représentation de **Sérapis★★** en marbre et en albâtre, dont la chevelure et la barbe travaillées au trépan montrent toute la facture grecque. Remarquer aussi la grande **mosaïque★** au motif circulaire centré sur une tête de Méduse.

R. Deschamps / MICHELIN

Statuette de Tanagra au musée national d'Alexandrie.

Salle des découvertes sous-marines★ – Sont réunies quelques-unes parmi les plus belles découvertes faites au large d'Alexandrie et d'Aboukir. À côté d'un **sphinx** en diorite, la statue d'un **prêtre d'Isis** en granit noir portant un vase canope semble prier auprès d'une **grande statue** (2,20 m) de sa déesse découverte au large d'Aboukir en 2001. Des photos sous-marines montrent les pièces sur le site de leur découverte. Une petite vitrine présente les résultats des fouilles au large d'Aboukir qui ont révélé des objets (monnaies, montres) de la flotte française battue par Nelson.

Les collections **copte** et **islamique** occupent le premier étage.

Art copte – Petite collection d'objets liturgiques ainsi qu'une **icône★** représentant la Cène. À voir aussi, les **textiles** décorés de motifs floraux et animaux, les **stèles funéraires** où les symboles chrétiens (poissons, chrismes) côtoient les égyptiens *(ankh)*.

Art islamique – On retiendra la très belle **collection numismatique** de 162 pièces d'or et d'argent parmi lesquelles de superbes pièces des périodes islamique et byzantine. Enfin, une salle présente une importante collection de joyaux, argenterie, vaisselle, cristaux et verrerie ayant appartenu à l'ancienne famille royale égyptienne.

Musée des Beaux-Arts (plan II C1-2)

18 sh. Menashe (près de la gare). Tlj sauf vend. 9h-13h, 17h-20h. Entrée gratuite.

L'art moderne et contemporain de l'Égypte est ici à l'honneur. Cet espace quelque peu dépouillé présente des expositions temporaires sur deux étages. On peut y voir des réalisations dans le domaine de la sculpture, de la peinture, et des pièces de mobilier design.

Musée Cavafy (plan III C2)

4 sh. Sharm el-Sheikh (près rue Nabi Daniel). Tlj sauf lun. 10h-15h et 10h-7h dim. et jeu. 10£.

Le poète grec Constatin Cavafy (1863-1933) a vécu soixante-dix ans à Alexandrie, où il naquit. On visite l'appartement où celui qui est sans doute le plus grand poète grec moderne a passé les vingt-cinq dernières années de sa vie. Deux de ses pièces sont restées en l'état et une autre est consacré à l'écrivain Stratis Tsirkas.

Musée gréco-romain★★ (plan III C2)

5 sh. el-Mathaf. Fermé pour travaux. Certaines de ses œuvres ont été transférées au Musée national ainsi qu'au musée des Antiquités hébergé par la Bibliothèque.

Fondation et contenu – L'archéologue italien Giuseppe Botti, qui a mené avec Evaristo Breccia et Achille Adriani les principales fouilles entreprises dans la ville à la fin du 19e s. et au début du 20e s., a créé ce musée en 1892. Évidemment centrée sur les trouvailles et trésors mis au jour à Alexandrie, et également augmentée de legs, la collection qu'abrite ce bâtiment néoclassique s'intéresse bien entendu aux œuvres gréco-romaines, mais expose également des pièces provenant du Delta, du Fayoum et de Moyenne-Égypte. Nous présentons ici une stricte sélection d'œuvres majeures ou particulièrement représentatives.

Statuaire – Il n'existe pas beaucoup de **portraits d'Alexandre le Grand**. Le musée en possède quelques-uns, en marbre et en granit. Parmi les œuvres découvertes au Sérapéum : le **taureau Apis★**, en basalte et consacré par Hadrien, témoigne de la permanence du culte de ce dieu pharaonique. D'autres sculptures retiennent l'attention ; une statue colossale de Ramsès II, provenant d'Aboukir ; une tête de César ; une **tête d'Hadrien★**, en bronze, découverte à Qena, dont les yeux sont en verre.

Mosaïque – La superbe **mosaïque de Bérénice★**, femme de Ptolémée III, est signée d'un certain Sophilos. La reine y est couronnée d'une proue de navire de guerre, ce qui l'a longtemps fait considérer comme une personnification de la ville. À voir également, la mosaïque représentant un **repas au bord du Nil**.

Art funéraire – La collection renferme des momies et des masques funéraires, dont un intéressant portrait du Fayoum, ainsi qu'un masque en plâtre peint d'Époque romaine. On peut aussi voir un très bel exemplaire de **sarcophage romain★**, en marbre de Marmara. Un épisode de la vie d'Ariane y est représenté sur ses reliefs : endormie, elle est surprise par Dionysos et son cortège de bacchantes ; l'île de Naxos où se déroule la scène est suggérée par la proue d'un navire.

Fayoum – Quelques pièces ont été mises au jour dans l'une des cités ptolémaïques de cette région, Théadelphia. Son **temple★** a été entièrement reconstitué dans le jardin.

Céramique – À voir également, les statuettes en faïence, dont un comédien au masque évocateur.

Peinture – La pièce majeure est une **fresque murale★★** prélevée dans une tombe de la ville et dont la datation n'est pas certaine (entre le 2e s. av. J.-C. et le 3e s.). Elle représente une scène rurale montrant des vaches activant une noria à côté d'un enfant jouant de la flûte de Pan pour les encourager.

Arts décoratifs – Une des spécialités artistiques d'Alexandrie était la verrerie dont on peut voir ici une riche collection de **millefiori★**. Ces pâtes de verre polychromes témoignent de la grande dextérité des artistes verriers qui réalisaient ces pièces en superposant des couches colorées passées au four en une seule cuisson. Dans la même salle sont également exposés deux très beaux canards en verre datant du 2e s. Voir aussi le gobelet en argent incrusté d'or au décor dionysiaque (1er s.).

Numismatique – Des panneaux pivotants accueillent une très riche **collection de monnaies★★** grecques, romaines, byzantines et islamiques.

Éléments d'architecture – Plusieurs fragments archéologiques sont disposés en divers endroits du musée.

Bibliotheca Alexandrina★★★ (plan II C1)

Dim., lun., merc. et jeudi 11h-19h, vend. et sam. 15h-19h. Un billet à 45 £ (tarif unique) donne accès à l'ensemble de l'édifice et à tous ses musées. Sinon, l'accès à la Bilbiothèque seule coûte 5/10 £ auxquelles il faut ajouter 10/20 £ par musée (archéologique et Manuscrits). Planétarium : 35 £. Consigne obligatoire. Visites gratuites en français des musées et de l'édifice. www.bibalex.org.

L'héritage du savoir – Au début du 3e s. av. J.-C., **Démétrios de Phalère**, homme d'État athénien et élève du philosophe Théophraste, fonde la Bibliothèque d'Alexan-

L. Gontier / MICHELIN

Extérieur de la Bibliotheca Alexandrina.

drie, très probablement à l'instigation de Ptolémée Ier. La *Lettre d'Aristée*, le plus ancien document répertorié évoquant cette création, nous apprend qu'elle connut d'emblée une envergure universelle. « Démétrios disposait de moyens financiers colossaux afin de rassembler, si possible, tous les livres du monde » *(Lettre d'Aristée)*. Démétrios achète, à Athènes et à Rhodes, Démétrios reçoit, collecte, accumule, archive et fait rédiger des ouvrages qui constituent rapidement sa tour de Babel du savoir. Des œuvres grecques, cela va de soi, mais aussi des papyrus égyptiens, car il veut que sa bibliothèque soit la dépositaire de toutes les informations du monde sur lequel règne son nouveau roi. L'éclectisme est de rigueur : la médecine, l'astronomie, l'histoire, les traditions, les religions, l'étude des langues, les mythes et légendes, les sciences, la littérature, les traductions. Bref, la Bibliothèque n'est autre qu'un centre de recherches, fort semble-t-il de plus de 500 000 ouvrages, classés et indexés, sans compter les réserves du Sérapéum.

La légende reprend forme – Sur la Corniche, un large bâtiment vitré en forme de disque solaire émergeant des eaux, incliné vers la Méditerranée s'élève sur les lieux mêmes de l'ancien quartier royal et de son aînée. Cette bibliothèque des temps modernes, conçue par le cabinet d'architecture norvégien Snohetta, couvre 45 000 m^2 de superficie et s'étage sur 11 niveaux (dont 7 de salles de lecture). Face à la mer, une large surface vitrée ; face à la ville, un gigantesque mur en granit d'Assouan recouvert d'écritures appartenant aux langues anciennes et modernes.

À l'aube du 3e millénaire – Avec une capacité de 2 000 lecteurs, la Nouvelle Bibliothèque ou Bibliotheca Alexandrina comprend en outre une École des sciences et de l'information, un planétarium, un palais des congrès et, en annexe, un centre de conférences. Sans compter les ressources audiovisuelles et multimédias, le fonds, constitué notamment avec l'aide de l'Unesco, devrait compter à terme entre 4 à 8 millions d'ouvrages (400 000 pour débuter) provenant d'Italie, de France, d'Allemagne, des États-Unis, de Grèce et de Turquie, ainsi que d'associations qui se sont formées dans le monde entier. Enfin, il faut évoquer le fonds proprement égyptien et arabe, provenant soit du pays ou dispersé hors des frontières – par exemple, les bibliothèques des mosquées, dont les manuscrits datent du 11e au 18e s., ont été microfilmées. Les contributions sont nombreuses, de l'Irak, d'Oman ou d'Arabie Saoudite, mais aussi d'Espagne à travers les bibliothèques de Séville, de Cordoue, de Grenade ou l'Escurial de Madrid. Nonobstant tous ces détails, le grand attrait de cette nouvelle institution est son multilinguisme : si l'arabe, le français et l'anglais seront langues officielles, le système d'interrogation fonctionne en arabe et transcrit tous les caractères non latins afin de répondre aux demandes formulées en

Livres des navires

Pour constituer le fonds de l'antique Bibliothèque, on n'hésita pas – mais est-ce exact ? – à fouiller les embarcations entrant au port pour y dénicher le moindre ouvrage, afin de le porter à la Bibliothèque où il était soit confisqué soit copié. Le médecin grec Galien appelait ces ouvrages les « livres des navires ».

russe comme en japonais. Et pour célébrer la vocation scientifique de la bibliothèque, on reproduit tous les 21 juin sur l'esplanade l'expérience d'Ératosthène qui permit de mesurer le rayon de la Terre.

Deux musées installés dans la Bibliothèque méritent le détour.

Le **musée des Antiquités★** – Il présente, entre autres, **deux magnifiques mosaïques★** de l'Époque ptolémaïque découvertes au cours des travaux. L'une, de facture très fine, représente un chien au regard expressif, l'autre deux lutteurs en plein combat encadrés par des frises géométriques et à motifs de vagues. On pourra aussi voir une collection de tanagras dont une **triade alexandrine** comprenant Isis, Sérapis et Harpocrate, une grande **représentation en bois d'Osiris** (quelques traces au coin des yeux indiquent qu'elle était recouverte d'or) ainsi qu'une très belle **statue de marbre d'un enfant endormi★**, sans doute la plus bellle du musée. La collection comprend aussi des pièces jadis exposées au Musée gréco-romain comme une tête d'**Alexandre le Grand** et deux **Héraclès** en marbre. Les sections islamiques et coptes comportent aussi de belles pièces. Dans ces dernières salles, une **icône** du 18e s. représente un Christ en majesté entouré des quatre évangélistes et provient d'une église du Caire.

H. Champollion / MICHELIN

Salle de travail à la Bibliotheca Alexandrina.

Le **musée des Manuscrits★** – Il propose une incroyable sélection des trésors de la Bibliothèque. Le fonds est tel que la centaine d'ouvrages proposée est régulièrement changée. Quelques pièces rares demeurent cependant, tel ce fac-similé d'un fragment de rouleau de la bibliothèque antique découvert dans une tombe du Fayoum et dont l'original est conservé en Autriche. On remarquera par ailleurs deux grandes broderies provenant de la Kaaba de La Mecque.

Musée des Bijoux royaux★ (plan I)

Sh. Ahmed Yehia. Fermé pour travaux.

Une belle villa construite en 1919 pour Fatma Ali Heider Fadel par un architecte et des céramistes italiens abrite ce musée ouvert en 1986. On remarquera les frises animalières naturalistes des salles de bains et la sculpture de Jean-Baptiste Carpeaux dans la cage d'escalier.

Les bijoux exposés appartenaient à la famille de Mohammed Ali. Tout le faste de cette époque transparaît à travers les diadèmes (dont un serti de 2 159 diamants), les parures, les sceptres de cette dynastie, jusqu'au jeu d'échecs décoré d'émaux et de 425 diamants.

Musée Mahmoud Said (plan I)

6 sh. Mohammed Said, Gianaclis. Tlj sauf lun. 10h-18h. 10 £. App. photo et vidéo interdits.

Ouvert en 2000, ce centre occupe l'ancienne maison de Mahmoud Said (1897-1964), qui a arrêté sa carrière de juge à 50 ans pour s'adonner à sa passion : la peinture. Il abrite le Mahmoud Said Museum (quelques intéressants portraits), l'Egyptian Modern Art Museum (pêle-mêle moderne et contemporain régulièrement renouvelés) et le Seif and Adham Wanely Museum.

Seif and Adham Wanely Museum – Seif (1906-1979) et Adham (1908-1959) étaient frères et alexandrins. Les œuvres du premier, portraitiste au début puis attiré par l'abstraction, sont les plus intéressantes. *L'Oiseau noir* (1957, *salle 5*) et plusieurs autres toiles témoignent de l'influence que l'école de Paris a exercée sur lui.
Dans la salle 3 est exposé le portrait de Sayed Darwish, chanteur populaire alexandrin très connu, dont le répertoire égratignait au passage la présence anglaise en Égypte.

Aux alentours

Jardins de Montazah (plan I)

À l'extrémité est de la Corniche, soit à 20 km du centre-ville. Accès : 5 £. L'ancien domaine du roi Farouk est devenu un parc public où s'isolent les amoureux. Le **palais El-Montazah** *(ne se visite pas)* au style éclectique est devenu résidence présidentielle depuis la révolution de 1952. En surplomb, le **pavillon Salamlek** a été construit en 1892 par le khédive Abbas II, le petit-fils d'Ismâil pacha. C'est aujourd'hui un hôtel. Jouxtant le parc *(à l'est)*, une petite baie abrite une plage *(5 £)* fréquentée par les Européens.

Aboukir (plan I)

À 25 km à l'est du centre d'Alexandrie, à 5 km à l'est du village touristique d'El-Mamoura. Accès : en taxi (le plus pratique) ou en bus (nos 260 et 261, compter 75 piastres) à partir d'Alexandrie.
Sans aucun attrait particulier, l'Aboukir actuelle est même à éviter, sauf si l'on veut aller déguster des fruits de mer et en toute tranquillité *(sauf le vendredi)*. On vient ici pour respirer l'iode ou entendre le soir la mélopée d'un vieux pêcheur au travail.

Chargée d'histoire – En 244 av. J.-C., la chevelure, que Bérénice avait offerte aux dieux en remerciement du retour de son époux Ptolémée III d'une campagne en Assyrie, se serait transformée en étoiles. Aboukir est l'ancienne Canope, dédiée à Sérapis et transformée par les Romains en ville des plaisirs. Elle fut aussi le cadre de trois batailles : la 1re en août 1798 a vu l'écrasante victoire navale de l'amiral **Nelson** sur la flotte française de l'amiral Brueys ; la 2e en 1799 lorsque Bonaparte y défit l'armée turque débarquée avec l'aide de la flotte anglaise ; la 3e en 1801 quand le général anglais Abercromby enleva la place à la garnison française du général Friant.

VISIOARS / AKG-Images

Détail de « La Bataille d'Aboukir » opposant les Turcs et l'armée de Napoléon Bonaparte, le 25 juillet 1799. Tableau de Louis François Lejeune.

Alexandrie pratique

Indicatif téléphonique – 03

Informations utiles

OFFICE DE TOURISME

Office du tourisme d'Alexandrie – Angle sh. et midan Saad Zaghloul *(℘ 485 15 56). Tlj 8h30-18h.* Très compétent. Une mine d'informations.

AUTRES ADRESSES

Consulat de France – *2 midan Orabi - ℘ 487 56 15 - ouv. dim.-jeu. 10h-16h.*

Centre culturel français – *30 sh. Nabi Daniel - ℘ 392 08 04. www.ambafrance-eg.org/cffc/alexandrie - ouv. dim.-jeu. 9h-21h.* Programmation de conférences, rencontres, projections. Bonne médiathèque.

Centre d'études alexandrines – *50 sh. Souleiman Yousri - ℘ 391 13 70.*

Police touristique – À l'étage du précédent. Autre bureau à la gare Misr *(℘ 492 59 85).*

Pharmacie 24h/24 – *Oxford Pharmacy : 10 sh. Kolleit el-Tib - ℘ 487 67 20.*

Transports

SE RENDRE À ALEXANDRIE

Aéroport – Vols internationaux depuis l'aéroport de Borg el-Arab (55 km à l'ouest du centre) et locaux depuis ce dernier et celui de El-Nozha (5 km au sud). Depuis Le Caire, voyage avec Egyptair *(Midan Saad Zaghloul, ℘ 486 07 78)*. Les vols, plusieurs par jour, durent un peu moins d'une heure.

Gare ferroviaire – Alexandrie possède deux gares. Descendez de préférence à Mahatta Misr *(℘ 392 96 85)*, place el-Goumhouriya, plus proche du centre ville, plutôt qu'à Sidi Gaber *(℘ 427 43 50)*, beaucoup plus excentrée. Depuis Le Caire, en train direct rapide à 8h, 14h et 19h15 (retour à 7h40, 14h10 et 18h20), durée 2h, 34 £ en 1re classe. Trains normal toutes les heures de 6h à 18h, durée 2h45, 26 £. Très lent (environs 7h de trajet), le train permet aussi de rejoindre Marsa Matrouh deux fois par jour ainsi que Port-Saïd, Ismaïlia.

Bus – En bus par Superjet *(℘ 421 90 92)* ou West Delta *(℘ 428 85 66)*. Durée du trajet : 3h30, 20/30 £. Départ de la station située à côté de la gare ferroviaire Sidi Gaber, à l'est de la ville. Pour Le Caire, compter un bus toutes les 1/2 heures entre 5h et 1h du matin. Liaisons avec Hurghada (85 £, 10h), Sharm el-Sheikh (38 £, 10h) et plusieurs fois par jour avec les villes du Delta (Tanta, Zagazig, Mansourah et Damiette).

Par la mer – On parle depuis quelques années de relancer les liaisons maritimes avec l'Europe.

TRANSPORTS PUBLICS

Taxis – Jaune et noir, vous n'aurez aucun mal à en trouver. Faites signe et donnez votre destination au chauffeur par la vitre. Les compteurs n'étant que d'apparat, le tarif se négocie selon la distance : de 3 à 5 £ dans le centre-ville, de 10 à 15 £ jusqu'aux jardins Montazah. De nouveau taxis sillonnent la ville. Ils se commandent par téléphone au 08 009 99 99 99. Neufs et climatisés, ils sont conduits par des chauffeurs polyglottes. 4 £ à la prise en charge puis 1,50 £ le km.

Taxi collectif – Pour 25 pt ce moyen de transport souvent bondé permet de se déplacer assez vite. Mais si l'on ne parle pas l'arabe, l'expérience peut s'avérer délicate pour comprendre quelle direction prend le taxi ! De toute façon, pour descendre, faites signe au chauffeur.

Tramway – À partir de la gare Ramla *(à côté du midan Saad Zaghloul)*, les jaunes desservent l'ouest de la ville, les bleus l'est. Ils circulent de 5h à 0h30. Jaunes *(25 pt)* : no 15 vers la mosquée Abu al-Abbas, le fort de Qaitbay puis Ras at-Tin ; au départ de Sainte-Catherine, le no 16 rejoint la colonne de Pompée ; bleus *(25 pt)* : le no 2 rejoint la gare de Sidi Gaber puis Victoria, les nos 3 et 7 Sidi Gaber nord, les nos 4 et 6 Sidi Gaber sud et les nos 5 et 8 San Stefano. Certains wagons sont réservés aux femmes : si vous vous trompez, l'hilarité ambiante vous le signalera. Pratique, le tramway est malheureusement bruyant, lent, et parfois très lent.

En bus – À partir du midan Orabi, 3 lignes intéressent le touriste : no 231 (fort de Qaitbay), no 260 (Aboukir par la Corniche), no 221 (village de Mamoura). Moins pratique que le tramway.

En calèche – Moyen pittoresque s'il en est, il n'en est pas moins soumis aux variations de la circulation, assez dense pendant les vacances. Si la circulation est fluide, c'est l'occasion d'une belle balade le long de la Corniche. Tarif à négocier, à partir de 5 £ et selon la distance.

Internet

Zawia – *62 sh. Safia Zaghloul (à deux pas du midan Saad Zaghloul). De 10h à 1h. Pour relever et adresser vos e-mails. 4 £/h.*

G. Mesmin / MICHELIN

Portiers d'un grand hôtel à Alexandrie.

Net Serve – *678 sh. el-Horriya. De 10h à 2h.*

Compu-Net – *36 sh. Mostafa Kamel. De 10h à 2h.*

Se loger

Le parc hôtelier d'Alexandrie offre peu d'établissements de catégorie moyenne. Il faudra accepter de loger dans des hôtels au confort minimaliste voire médiocre à moins de mettre la main au portefeuille. Réservation recommandée de juin à septembre, période de vacances des Égyptiens.

CENTRE-VILLE

Holiday Hotel – *6 midan Orabi - 480 15 59 - 41 ch. (dont 28 avec salle de bains) : 42/59 £ suivant la sais. -* . Simple, modeste et bonne solution pour les petits budgets. Demander une chambre en façade, belle vue sur l'animation de la place.

Union Hotel – *164 sh. 23 Youlyou - 480 73 12 - 37 ch. : 50 £, 70 £ avec salle de bains.* Au 5e étage d'un immeuble Art déco, la majorité des chambres tout comme la baie vitrée du restaurant ont vue sur la mer. Propreté irréprochable et bon accueil font de cet hôtel un des meilleurs rapports qualité/prix de la ville. Réservation fortement conseillée.

Marhaba Hotel – *1 midan Orabi - 480 95 10 - 33 ch. (dont 21 avec salle de bains) : 80 £. -* . Le confort y est rustique, voire rude. Pourquoi pas ? Le bar, plutôt sympathique, sert de l'alcool.

New Capri – *23 El-Mena al-Sharkya (au-dessus de l'office de tourisme) - 480 93 10 - 30 ch. : 100 £, 126 £ avec salle de bains.* Tout neuf, c'est probablement la meilleure option pour loger en centre-ville. Niché en haut d'un immeuble, la baie vitrée de son restaurant domine Alexandrie. Parquet dans les chambres et climatisation.

Semiramis – *180 sh. du 26-Juillet (juste à côté du midan Saad Zaghloul) - 484 68 37 - 60 ch. : 130 £.* Les chambres ne sont pas toujours irréprochables et mériteraient parfois un bon coup de pinceau, mais la vue de la majorité d'entre elles sur la mer et le fort de Qaitbay font oublier cela. Au dernier étage, son restaurant ouvre une superbe vue sur la baie.

Sofitel Cecil – *Midan Saad Zaghloul - 483 71 73 - 83 ch. : 218 $ avec vue sur la mer, sinon 173 $.* Naguère, sa clientèle huppée lui a bâti une réputation internationale. Réaménagé avec plus ou moins de bonheur, cet hôtel ouvert en 1929 conserve un peu de son charme d'antan et les chambres donnant sur la mer garantissent une vue magnifique sur la baie.

Paradise Inn Metropole Hotel – *52 sh. Saad Zaghloul - 486 14 67 - 66 ch. : 120/155 $.* Entièrement remis à neuf, l'ancien hôtel Métropole a su préserver son atmosphère feutrée et reposante. Tout y est impeccable, de l'amabilité du personnel à la qualité du moindre détail. Demander une des chambres situées à l'arrière car elles donnent sur la mer.

Windsor Palace – *À l'angle de la Corniche et de la sh. El-Shohada - 480 87 00 - 72 ch. : 120/155 $ en fonction de la vue.* Inauguré en 1907, le rival du Cecil a fait peau neuve en 2001 après avoir été absorbé par la chaîne qui possède le Paradise Inn. Tout en blancheur et dorures, il assure maintenant un service à la hauteur de son élégance.

À MONTAZAH

Helnan Palestine Hotel – *Montazah Palace Gardens - 547 40 33 - 222 ch. : 300 $.* Dans les jardins Montazah et en bord de mer, cet hôtel tout confort et bien agréable dispose d'une plage privée où les femmes peuvent se mettre en bikini. Préférer les chambres donnant sur cette dernière.

El-Salamlek Palace – *Montazah Palace Gardens - 547 79 99 - 14 suites : 350/1 850 $; 6 ch. : 200/300 $.* Au cœur des jardins Montazah, cette ancienne dépendance du palais du roi Farouk n'a pas nécessité de grandes transformations pour devenir un établissement hors norme. Si l'hôtel ne possède pas de piscine, le service et le cadre appartiennent au monde du grand luxe, avec cette touche de nostalgie magique des anciennes résidences royales. Possibilité d'excursion maritime en yacht.

Se restaurer

Elite – *43 sh. Safia Zaghloul - 8h-0h -* . Ce café-restaurant au cadre simple, inauguré dans les années 1950 et fréquenté naguère par Dalida, appartient à la légendaire Mme Christina, personnalité grecque d'Alexandrie. Tarama, poulet ou calamars, en écoutant aussi bien du Sardou que du jazz. On peut y consommer du whisky ou de la vodka.

Mohamed Ahmed – *17 sh. Chakour Pacha - 1h-22h -* . On y vient pour déguster son foul, ses falafels et surtout ses beignets de fromages frais *(gibna beida)*.

Kadoura – *47 sh. du 26-Juillet, au fond d'une ruelle - 24h/24 -* . Prononcer « Hadoura ». L'ambiance fait penser à une cantine, mais c'est très bon. On choisit son poisson (mulet, dorade, vieille, rouget, crabe, crevettes) au rez-de-chaussée et le type de cuisson, puis on s'attable en commençant par la salade et la *tahina*. La boisson (eau ou limonade exclusivement) est comprise. La méthode des serveurs pour débarrasser est une curiosité.

White & Blue – *Juste avant le fort de Qaitbay (repérer le bâtiment à l'enseigne rédigée en grec) - 12h-0h -* . Au 2e étage du Club maritime grec d'Alexandrie, ce restaurant est connu pour ses poissons, mais il sert également de la viande, une très bonne moussaka ainsi qu'un tarama onctueux à souhait. Belle vue sur l'intérieur de la baie.

Trianon – *Midan Saad Zaghloul - 7h-23h.* Cossu avec ses boiseries, cet établissement fondé en 1903 est animé chaque soir par un pianiste (à partir de 20h). C'est un peu l'ancienne Alexandrie que l'on vient ici (re)trouver en mangeant des cailles ou des pigeons grillés.

Tikka Grill – *Premier bâtiment côté mer après le monument du Soldat inconnu, vers le fort de Qaitbay.* Idéalement placé et fréquenté par la jet-set locale, il propose une cuisine de qualité sans être particulièrement inspirée (compter de 40 à 70 £ le plat). Nous recommandons de goûter aux crevettes géantes *(jumbo prawns)* et au pain puri, une spécialité annoncée comme exclusive.

Roastery Coffee – *48 sh. Horriyya - 12h-0h.* Ce restaurant occupe le rez-de-chaussée au décor très design d'un immeuble historique à deux pas du nouveau Musée national. La cuisine mêle les influences égyptiennes et internationales pour le meilleur. Salades gargantuesques et plats copieux de viandes grillées côtoient desserts et glaces.

Santa Lucia – *40 sh. Safiya Zaghloul - 7h-23h.* Au milieu des boiseries, des parquets et des murs aux tons ocre, on sert ici une cuisine internationale raffinée dans une ambiance feutrée. Tarama ou escargots de Bourgogne en entrée, suivis de tournedos façon Charlemagne ou d'un saumon grillé. La carte des vins est elle aussi eclectique. Une adresse tout en douceur loin des bruits de la ville. Piano à partir de 20h.

ENVIE DE POISSON ?

Samalemak – *42 sh. Qasr Ras et Tin el-Anfoushi - 15h-1h du mat. -* . Très bon restaurant de poisson servi au poids (jusqu'à 300 £ le kilo de homard). Petite terrasse couverte en face des cabanes du port. Avis aux amateurs.

Zephyron – À Aboukir - *✆ 562 13 19.* Sert en terrasse d'excellents poissons (bars et dorades) et fruits de mer (crabes et oursins) pour 40 £.

Faire une pause

Trianon – *Midan Saad Zaghloul.* Annexe du restaurant du même nom, il offre un cadre très agréable pour goûter à d'excellentes pâtisseries (*oum ali* aux noisettes ou *méhalabia* aux pistaches), aux glaces (Trois Petits Cochons ou chocolat mou) ou au lait caillé frappé. Boissons alcoolisées servies de 11h à 1h du matin.

Délices – *46 sh. Saad Zaghloul - 7h-0h -* Malgré un accueil parfois aussi glacial que ses bonnes glaces, cet établissement inauguré en 1901 reste un classique alexandrin. Le cadre est simple, les pâtisseries sont fines (dattes cristallisées et gâteau surprise) et les jus de fruits frais au lait délicieux (banane, mangue, goyave, fraise). Endroit parfait pour un petit-déjeuner face à la mer.

Boire un verre

Cap d'Or – *4 sh. Abib, près de la sh. Saad Zaghloul - 9h-4h du mat. -* . Créé en 1890 par des Grecs et aujourd'hui sous direction égyptienne, ce bar populaire fréquenté par les Alexandrins et quelques Européens est très agréable. On peut y manger des spécialités de poisson même quand son porte-monnaie s'est amaigri.

Riviera – *146 sh. du 26-Juillet (Corniche) - 24h/24 -* . Quand il fait doux, on s'installe en terrasse (sur le trottoir) en écoutant de la musique égyptienne et on fume, si on le souhaite, une des meilleures chichas (narguileh) à la pomme de la ville, dont c'est la spécialité. Les gourmands y dégusteront un riz au lait ou un *sahlab* hors norme.

R. Deschamps / MICHELIN

Scène de rue, place Saad Zaghloul.

Loisirs

Alexandrie n'attire que très peu le tourisme international qui lui préfère les plages de la mer Rouge. Il est vrai qu'entre le port est et Montazah, les Occidentales hésitent à se baigner puisqu'en général seuls les enfants et les hommes s'y baignent. Pour être à l'aise, il faut aller à l'onéreuse plage de **Mamoura**, à 1 km à l'est de Montazah *(double entrée : parc 3 £ ; plage : 5 £ ; chaise : 3 £ ; parasol : 7 £)*. À savoir : drapeau rouge, baignade autorisée ; drapeau noir, interdite.

El-Alamein

CARTE GÉNÉRALE B1

Sur la Méditerranée mais déjà en plein désert Libyque, El-Alamein nous ramène à l'un des épisodes militaires les plus marquants en Afrique du Nord au cours de la Seconde Guerre mondiale. Peu spectaculaire, le site est surtout l'occasion d'une halte souvenir sur la route côtière menant à l'oasis de Siwa.

Se repérer – À 106 km à l'ouest d'Alexandrie, au nord-est de la dépression de Qattara.

À ne pas manquer – Le Musée militaire.

IMAPRESS

Montgomery sur son char à la bataille d'El-Alamein.

Comprendre

Le contexte géopolitique – L'entrée en guerre du Japon, en décembre 1941, ayant détourné de nombreux renforts du Commonwealth, telles les divisions australiennes rappelées d'Égypte en mai 1942, le maintien en Méditerranée de la route de ravitaillement depuis la Grande-Bretagne devient une préoccupation majeure. Côté allemand, Rommel, à la tête de l'**Afrikakorps**, a consolidé en 1941 ses positions à la frontière entre l'Égypte et la Libye et un premier conflit (opération *Crusader*) avec la **8e armée** l'a forcé en décembre de cette année à se retirer à l'ouest de **Tobrouk**.

La contre-offensive de Rommel – En mai 1942, profitant de l'étendue du théâtre d'opérations qui jouait à la défaveur de la 8e armée, le maréchal allemand lance ses blindés sur les forces britanniques commandées par le général Ritchie. L'assaut des troupes germano-italiennes est tel que les Britanniques, épaulés par une brigade des Forces françaises libres dirigée par le général Kœnig, sont forcés de se replier sur El-Alamein, le 7 juillet. Le mois suivant, Montgomery reçoit le commandement de la 8e armée, qu'il réorganise pendant que Rommel assure ses positions non loin de Sidi Abdel Rahman.

La bataille – La bataille, qui se déroula entre octobre et novembre 1942, voit s'affronter deux chefs militaires aux personnalités fortes : le général anglais Montgomery et le maréchal allemand Rommel. Fort de 230 000 hommes et 1 030 chars (contre 100 000 hommes et 500 chars pour son adversaire), Montgomery décide de passer à l'attaque le soir du 23 octobre. Après un intense bombardement d'artillerie, il engage son infanterie dans un mouvement de tenaille, au nord le long de la côte, et au sud à mi-chemin de la dépression de Qattara. S'étant emparé de Kidney Hill (au sud de Sidi Abdel Rahman) il porte une attaque décisive

Bon à savoir

Il faut éviter d'aller nager dans les eaux si attirantes de la côte à cet endroit. Elles présentent des risques d'explosion de mines et sont généralement interdites à la baignade.

le 2 novembre à l'aide de ses blindés. El-Alamein incarne pour les historiens militaires l'exemple type de la guerre du désert qui vit l'avènement des engins blindés à chenilles inventés par les Américains pour éviter l'enlisement. Malgré l'intervention de Hitler, qui intime l'ordre à Rommel de tenir coûte que coûte, celui-ci bat en retraite et réfugie les restes de son armée à Tobrouk. Dès lors, le terrain d'action se déplace vers le Libye puis la Tunisie. La route du Caire et du canal de Suez n'est plus pour Rommel qu'un mirage disparu dans les sables du désert.
La défaite de **Rommel** à El-Alamein devait marquer le début de la fin des puissances de l'Axe en Afrique du Nord. Cependant, celui qu'on surnommait le « renard du désert » est devenu une figure légendaire de la guerre moderne par son audace et son sens tactique.

Visiter

Accès : par la route uniquement, donc en voiture (100 £ AR en taxi) ou par les bus de la West Delta à partir d'Alexandrie.

Military Museum

À l'ouest du village. 8h-18h, vend. 8h-13h ; 9h-15h en hiver et pendant le ramadan ; app. photo 10 £ ; vidéo 25 £.
Ceux qui s'intéressent à l'histoire militaire, et plus particulièrement à la bataille qui s'est déroulée à proximité, trouveront ici de quoi assouvir leur curiosité.

Extérieur – De nombreux blindés et canons sont exposés dans un parc fermé. On voit entre autres le fameux char américain Sherman (Montgomery en avait reçu 300).

Intérieur – Le musée dispose de 2 grandes cartes relatant à l'aide d'ampoules de couleur les différentes phases de la bataille. Divisées en salles thématiques (Italie, Égypte, Allemagne, Grande-Bretagne), les collections consistent principalement en uniformes et en armes. Dans la salle égyptienne, on remarque le drapeau vert qui flottait alors sur le pays, frappé du croissant et de trois étoiles symbolisant l'Égypte, le Soudan et la Turquie.

Bernard Montgomery (1887-1976)

Grand stratège et formidable meneur d'hommes, **Montgomery**, qui reçut le 4 mai 1945 à Lüneburg la reddition des forces allemandes du Nord, fut élevé à la pairie en 1946, devenant ainsi le premier vicomte Montgomery of Alamein.

El-Alamein War Cemetery

À 250 m à l'est.
Avec ses interminables rangées de tombes, le cimetière britannique ne lasse pas d'émouvoir (815 tombes sont frappées de la mention « soldat inconnu »). Le destin de 7 367 jeunes gens nés dans le Commonwealth s'est arrêté ici. Il y a aussi des tombes de Français, de Grecs et d'Indiens.

Cimetières militaires allemand et italien

À 8 et 12 km à l'ouest.
L'un et l'autre surplombent la mer dans un silence uniquement troublé par le vent.

Aux alentours

Sidi Abdel Rahman

À 23 km au nord-ouest d'El-Alamein.
Ce village a été construit autour d'une mosquée vénérant un saint considéré comme le Prophète par les Bédouins. Ceux qui ont été sédentarisés ici par l'État appartiennent aux tribus locales des Morabites.
Aux yeux de nombreux Égyptiens, la **plage** est une des plus belles de cette partie de la côte. La zone devient un lieu estival à la mode et on peut penser que les quelque 190 km de côte entre Sidi Abdel Rahman et Râs el-Hekma *(vers l'ouest)* seront bientôt la proie des promoteurs. En effet, entre Alexandrie et El-Alamein, on ne peut manquer de remarquer les innombrables villages de vacances privés sortis récemment de terre, qui ont considérablement modifié l'aspect naguère sauvage de la côte.

Marsa Matrouh

64 500 HABITANTS
CARTE GÉNÉRALE B1

Station balnéaire populaire pour les Égyptiens, ville-étape vers Siwa pour les étrangers, Marsa Matrouh est la capitale administrative de la province du désert Occidental. Ses plages aux eaux turquoise sont réputées parmi les plus belles du pays, toutefois la ville n'offre que peu d'attraits pour le touriste de passage.

Se repérer – À 595 km au nord-ouest du Caire, 291 km à l'est d'Alexandrie, 305 km au nord-est de l'oasis de Siwa, sur la côte en direction de la Libye.

À ne pas manquer – Les amateurs de baignade aprécieront la plage d'Agida.

Comprendre

Cléopâtre, la septième – Six Cléopâtre précédèrent la plus célèbre des reines d'Égypte à porter ce nom. Née en 69 av. J.-C. et fille de Ptolémée XII Aulète (dit le « joueur de flûte ») elle régna conjointement et successivement avec ses deux frères qu'elle épousa l'un après l'autre, ainsi que l'exigeait le rite établi par la dynastie des Lagides. En 47, son frère et époux Ptolémée XIII, qui avait fait tuer son rival **Pompée** réfugié en Égypte, décéda à l'âge de 16 ans, noyé dans le Nil, lors de la bataille qui l'opposait à **Jules César**. Son second frère et époux, Ptolémée XIV, mourut empoisonné à l'âge de 14 ans. Dès lors, la dernière descendante des pharaons gouverna seule, enfin si l'on peut dire…

La passion pour sceptre – Ptolémée XIV avait 11 ans lorsqu'il épousa sa sœur. Un homme mûr, couronné de lauriers et de trop grande stature pour lui allait le balayer de l'Histoire. Cet homme était Jules César, alors en pleine reconquête de l'Orient. Après avoir été la maîtresse de Pompée, Cléopâtre devint celle de César, auquel elle allait donner un fils, **Césarion**. En 45, elle suivit le grand empereur à Rome, mais un an plus tard il fut assassiné par Crassus et Brutus, son fils adoptif. La reine d'Égypte retourna à Alexandrie où elle se lia bientôt à **Marc Antoine**, triumvir de l'Orient avec lequel elle vécut dix années. Le monde romain était alors partagé par 3 triumvirs : Marc Antoine en Grèce et en Orient, Lépide en Afrique, Octave en Occident. Il faisait suite au triumvirat de César, Pompée et Crassus. Après le suicide de Marc Antoine, défait à Actium en 31 par **Octave**, Cléopâtre tenta vainement de séduire ce dernier, puis se donna la mort la même année.

La volonté pour couronne – La vie de Cléopâtre aura fourni aux auteurs de récits romanesques l'une de ces histoires idéales où le pouvoir s'unit à l'amour pour transformer les aventures sentimentales en destins tragiques. La vie de Cléopâtre, femme apparemment frivole voire cruelle, doit être replacée dans le contexte bouleversé de son époque : le crépuscule de l'Égypte et l'aube de l'Empire romain. À 17 ans, Cléopâtre avait hérité d'un royaume en sursis où cupidités et intrigues dominaient, sur fond de situation économique catastrophique. Aussi s'obstina-t-elle à asseoir son autorité, jusqu'à s'allier audacieusement aux nouveaux maîtres du monde. Jusqu'à sa mort elle démontra une volonté sans pareille, puisqu'elle s'offrit à la morsure du serpent de Ouadjit, divinité tutélaire de la Basse-Égypte, qui passait pour donner l'immortalité.

Se promener

La ville

Littéralement inondée d'estivants alexandrins et cairotes en été, la ville n'offre presque aucun intérêt. En hiver, c'est pire… En revanche, elle est un prétexte de halte sur la route de Siwa, histoire de boire un thé ou manger un petit rien sur la rue Iskendariyya perpendiculaire à la Corniche, ou encore pour voir le marché libyen *(souk Libya)*, spécialisé en produits « importés » de ce pays et du Maghreb ; les pastèques et les éponges naturelles (pêchées entre mai et octobre) sont, elles, locales.

Les plages

Le croissant de 5 km qui forme la baie de la station bénéficie d'une mer calme et magnifiquement colorée *(plage interdite après le coucher du soleil)*.

Pour vous rendre aux plages, vous avez le choix entre le taxi collectif ou le minibus (3 £ pour Agiba), à partir de la gare routière principale (près de la gare ferroviaire) ou la carriole tirée par un âne (3 £ pour la plage Rommel).

Plage Rommel – *3 km au nord-est.* Préférable pour les femmes occidentales, elle était appréciée du maréchal allemand qui s'y baignait chaque matin.

F. Soreau / MICHELIN

La belle plage d'Agiba sur la côte méditerranéenne.

Rommel Museum – *Ouvert de 9h à 15h en hiver, de 8h à 14h en été. 5 £.* Véritable cachette, la petite grotte qui servit d'état-major au « renard du désert » pendant la bataille d'El-Alamein conserve sa capote militaire (offerte par la famille), des photos et des cartes.

Plage de l'hôtel Beau Site – *Voir carnet pratique.* Idéale et accessible aux non-clients auxquels on demandera de louer un fauteuil *(3 £/j)* ou un parasol *(12 £/j)*.

Bain de Cléopâtre – *14 km au nord-ouest.* Il faut contourner les installations militaires du port pour accéder à cette crique. La légende raconte que la reine et Marc Antoine venaient se baigner dans ce bassin naturel, bien que cela soit aujourd'hui interdit étant donné les courants.

Le saviez-vous

Ici, la Grande Cléopâtre et Marc Antoine venait s'aimer hors de l'enceinte d'Alexandrie. Lors de la guerre qui l'opposa à Octave (le futur Auguste), Cléopâtre organisa son quartier général dans le port de la cité.

À l'époque gréco-romaine, la cité s'appelait Paraetonium. De ce port naturel Alexandre le Grand partit vers Siwa où l'oracle d'Amon lui prédit le titre de maître du monde.

Plage d'Agiba★ – *26 km à l'ouest.* Spectaculaire par son cadre, cette petite plage protégée par des rochers, dite « la merveilleuse », est sans conteste la plus belle de toutes.

Marsa Matrouh pratique

Indicatif téléphonique – *046*

Accès

Par les bus de la Superjet et de la West Delta Company à partir du Caire (tr. 5h) ou d'Alexandrie (tr. 4h), en voiture ou en avion par Egyptair ; éviter le train.

Se loger

Marsa Matrouh compte de nombreux hôtels (mauvais rapport qualité/prix), bondés en été, généralement fermés en hiver, et peu concernés par les visiteurs étrangers.

Hotel Beau Site – *À l'ouest de la Corniche - ℘ 493 20 66 - www.beausitehotel.com - 174 ch. : 73 $ hors sais./125 $ en sais.* L'hôtel « cosmopolite » de la station est un peu cher, mais il dispose d'une plage privée.

Se restaurer

Gaby – *Corniche.* Grande variété de pizzas *(8-12 £)* et viandes grillées face à la baie.

Rosette

67 400 HABITANTS
CARTE GÉNÉRALE C1

Célèbre par la fameuse pierre qui permit de déchiffrer les hiéroglyphes, Rosette, Rashid en arabe, doit aussi sa renommée à sa splendide palmeraie qui l'a fait baptiser la « cité au million de palmiers ». Ancienne rivale d'Alexandrie, la ville reste active par ses industries agroalimentaires. L'architecture domestique de sa glorieuse période ottomane lui a légué un cachet très original.

- **Se repérer** – À 220 km au nord du Caire, à 56 km à l'est d'Alexandrie, sur la rive gauche du bras occidental du Nil, 12 km au sud du débouché méditerranéen du fleuve.
- **À ne pas manquer** – La visite des maisons ottomanes.
- **Organiser son temps** – Vous pouvez effectuer la visite de la ville en une journée au départ d'Alexandrie.

Comprendre

Fondation ottomane – Vers 870, le calife abbasside Ibn Touloun érige la ville sur un site datant de la préhistoire. Elle connaît son apogée au 17e s. lorsque le commerce entre Constantinople et l'Égypte prend de l'ampleur. Prospère jusqu'au début du 19e s. – elle est alors le principal port du pays – Rosette essuie un déclin brutal quand Mohammed Ali se décide à développer Alexandrie.

Une pierre de légende – En 1799, alors qu'il effectue des travaux de consolidation dans le fort de la ville, un officier du génie le **capitaine Pierre Bouchard** déterre un bloc de basalte portant 3 types d'écriture (grecque, démotique et hiéroglyphique). Aussitôt annoncée dans la gazette des forces armées françaises, la découverte est expédiée au Caire où Bonaparte, conscient de l'intérêt scientifique de la pierre, fait immédiatement exécuter des moulages de ce bloc de basalte daté de 196 av. J.-C. et ayant appartenu à une stèle témoignant des honneurs conférés à Ptolémée V.

Butin de guerre – Mais, en 1801, l'armée française se rend aux Anglais. Ceux-ci exigent la totalité des découvertes faites par les savants de l'expédition de Bonaparte. Face au tollé, Londres réduit ses ambitions à la pierre de Rosette, qui se retrouve bientôt au British Museum, où elle est toujours exposée.

Et la clé de l'Égypte antique – La pierre attise toutes les curiosités – et les compétitions entre érudits – car les égyptologues comprennent qu'en comparant les 3 écritures, on pourrait forcer l'énigme des hiéroglyphes, devenus inintelligibles depuis le début de l'ère chrétienne. L'Anglais **Thomas Young** et le Suédois **Johan David Åkerblad** identifient des noms royaux dans le texte démotique et comprennent que les lettres du nom « Ptolémée » se retrouvent dans les 3 textes. Young établit dès lors que l'écriture hiéroglyphique comporte un alphabet et répond à des règles grammaticales.

La traduction ultime – Il faut toutefois attendre 1822 pour voir émerger la solution. Un jeune Français de 32 ans, **Jean-François Champollion** (1790-1832), persuadé que le copte est une évolution tardive de la langue des anciens Égyptiens, appuie ses recherches sur un texte découvert un an plus tôt dans le temple d'Isis, à Philae (Assouan). Il ne tarde pas à comprendre que les hiéroglyphes de la pierre sont une traduction du texte grec (et non l'inverse), et qu'ils sont à la fois idéographiques et phonétiques. Il est alors en mesure de dresser une liste des signes et de leurs équivalents grecs. À cet instant, les hiéroglyphes cessent d'être uniquement envisagés comme décoratifs et deviennent la clé permettant de comprendre la civilisation de l'Égypte antique qu'un peu plus d'un millénaire et demi avait réduit au silence. Lorsqu'il débarque pour la première fois en Égypte en 1828, Champollion a donc déjà déchiffré la pierre qui allait répandre le nom de Rosette auprès des amateurs d'égyptologie du monde entier.

Se promener

MAISONS OTTOMANES★

9h-5h30. 12 £ ; étudiant 6 £ ; app. photo 5 £ ; vidéo 10 £. Guichet situé place Hureya.

La visite des maisons ottomanes est l'occasion d'une promenade à travers la vieille ville. Mais faites-vous accompagner d'un guide car il est très difficile de les repérer dans le dédale des ruelles dont une grande partie sert de souk.

Les deux caractéristiques des maisons de Rosette sont leur hauteur (3 voire 4 étages) et l'utilisation décorative de briques apparentes noires et rouges liées par un mortier blanc. À remarquer également, les moucharabiehs des 23 maisons rachetées par le Service des antiquités. Les récents travaux de restauration leur ont redonné leur beauté d'antan.

Maison Abou Shahin

Bâtie au 19e s., elle recèle un grand moulin où deux meules étaient actionnées par des ânes ou des chevaux. Les écuries sont dotées de colonnes rapportées aux chapiteaux gréco-romains.

Maison Ramadan

Construite au 18e s., c'est l'ancienne demeure d'un gouverneur impopulaire. Sans mobilier (à l'instar des autres), elle comporte un souterrain permettant de s'échapper en cas de rébellion. L'agencement est classique : rez-de-chaussée à large porte consacrée aux marchandises, 1er étage réservé aux hommes, 2e et 3e étages aux femmes (ce dernier étant équipé d'un hammam doté d'un ingénieux système de chauffage de l'eau).

Hammam Azouz

Des 18e et 19e s. Ce hammam fonctionna jusqu'en 1982 : 4 jours de la semaine étaient réservés aux hommes, 2 aux femmes ; il était fermé le vendredi. Ce type de hammam a été délaissé depuis que les habitations disposent d'une salle de bains. Sur la terrasse supérieure se trouvent les citernes alimentées en eau du Nil.

H. Champollion / MICHELIN

Le hammam Azouz.

Maison Galal

Édifiée au 18e s. Cette maison a appartenu à un général français, Jacques-François Mino, converti à l'islam sous le nom d'Abdulla Mino en épousant une Égyptienne du nom de Zoubaida.

À voir aussi, les maisons **Amasyali** et **Arab Killi**. Cette dernière abrite un musée *(fermé)*.

Aux alentours

Citadelle de Qaitbay

3 km au nord. Ouv. tte l'année de 9h à 16h. 12 £ ; app. photo gratuit ; vidéo 12 £.
Lorsqu'on y découvrit la pierre dite de Rosette dans la tour sud-ouest, elle s'appelait fort Saint-Julien. C'est le sultan Al-Malik Nasr Qaitbay qui la fit bâtir en 1472. Une reproduction de la pierre est présentée à l'endroit même de sa découverte.

Damiette

90 800 HABITANTS
CARTE GÉNÉRALE C1

Active et prospère, Damiette est connue dans toute l'Égypte pour être le centre industriel du meuble. Tout jeune marié vient y acheter son mobilier de noces. Malgré cet atout, la ville a beaucoup perdu de ses attraits, ne conservant pour ainsi dire que son histoire, même si un bras du Nil y décrit une jolie boucle. En revanche, Râs el-Barr, sa station balnéaire, a le vent en poupe et attire de nombreux vacanciers.

Se repérer – À 194 km au nord-est du Caire, à 58 km à l'ouest de Port-Saïd, au débouché méditerranéen du bras oriental du Nil, sur une bande de terre située juste au nord du lac Manzala.

Comprendre

Son premier nom était Tamiathis, mais on ne possède aucune trace historique avant l'arrivée des croisés. La ville a gardé son nom à la consonance européenne ; en arabe, elle s'appelle Dumyât.

Un destin de ville assiégée... – Après avoir été soumise en 1155 par Roger Ier de Sicile pendant la 2e croisade, elle est reprise par **Saladin.** Champion de la contre-croisade, il fortifia la cité afin de protéger un des principaux accès au Caire. Attaquée en 1169 par Amaury Ier de Jérusalem, la ville, déjà connue pour sa florissante industrie textile, est assiégée en 1218 par Jean de Brienne, roi de Jérusalem, lors de la 5e croisade. Mise à sac l'année suivante, la ville est abandonnée en 1221 par les croisés qui se sont laissés encercler pendant leur marche vers Le Caire et qui cèdent Damiette contre leur liberté. Ceux-ci reviennent en 1249, à l'occasion de la 7e croisade.

... de ville sauvée – Cette fois, l'armée constituée à l'appel du pape Innocent IV s'empare du port de Damiette sous la férule du roi de France, **Saint Louis.** Il veut conquérir l'Égypte, mais, mis en déroute dès Mansura, il est fait prisonnier en 1250. Il faut rendre la ville et payer une rançon colossale pour que Louis le neuvième recouvre la liberté et parte en Terre sainte afin de préserver les territoires conquis par les Francs.

... de ville démantelée – Malheureusement pour elle, les ennuis de Damiette ne s'interrompent pas avec le paiement de la rançon par la reine Marguerite. En 1251, les Turcs mamelouks, qui viennent de renverser la dynastie des Ayyoubides, décident que la ville est par trop vulnérable : son démantèlement est décidé ; bientôt le port est même fermé par le sultan Baïbars. Pour Damiette, c'est la ruine, la ruine totale.

Qui est Saladin ?

Grand conquérant, le sultan Salâh al-Dîn al-Ayyûbî (1138-1193), plus connu sous le nom de Saladin, est le fondateur de la dynastie des Ayyoubides qui renversa les Fatimides en Égypte, en 1171. Il est aussi celui qui, en 1187, reprit Jérusalem aux « infidèles » et lutta ensuite contre la 3e croisade menée par les souverains Philippe Auguste, Richard Cœur de Lion et Frédéric Barberousse.

... de ville qui renaît de ses cendres – Tel le phénix, l'oiseau mythique, la ville va pourtant connaître une nouvelle vie, grâce notamment à sa fastueuse production de brocarts et de tiraz (robes d'apparat de lin rehaussé de soie), autrefois célèbres dans tout l'Orient. Après avoir été entièrement désertée, elle renaîtra peu à peu non loin de son site ancien qui s'effondre, sur cette bande de terre située au nord du lac Manzala. Elle n'en bougera plus. Il est dommage qu'aujourd'hui Damiette, dont les habitants tentent d'assumer leur triste réputation d'avarice, offre l'image d'un petit capharnaüm dont les monuments historiques n'ont pas été mis en valeur.

La mosquée Abou el-Maati, transformée un moment en cathédrale par Saint Louis, n'est plus visible. En revanche, la **mosquée El-Bahr** (dont le nom signifie « le fleuve ») est en cours de restauration sur la Corniche qui domine le Nil.

Depuis la poste à pigeons des sultans mamelouks, les Égyptiens sont amateurs de colombophilie. Le cimetière sert de cadre à un marché hebdomadaire aux pigeons.

Aux alentours

Lac Manzala

Au sud-est de la ville, entre Damiette et Port-Saïd. D'une superficie de 1 800 km^2 et séparé de la mer Méditerranée par une étroite langue de terre reliant Damiette à Port-Saïd, ce lac offre la curiosité de son irrégularité. En effet, sa rive méridionale est fluctuante et son niveau est changeant. On y aperçoit des restes d'alluvions ou des tells cernés de marécages indiquant l'emplacement de sites antiques comme Tanis. Cette étendue peu profonde est réputée très poissonneuse. Il n'y a que là que vous pourrez observer la *zeheri*, sorte de felouque pontée à très faible tirant d'eau, qui peut donc glisser sur les eaux parfois très peu profondes de la lagune.

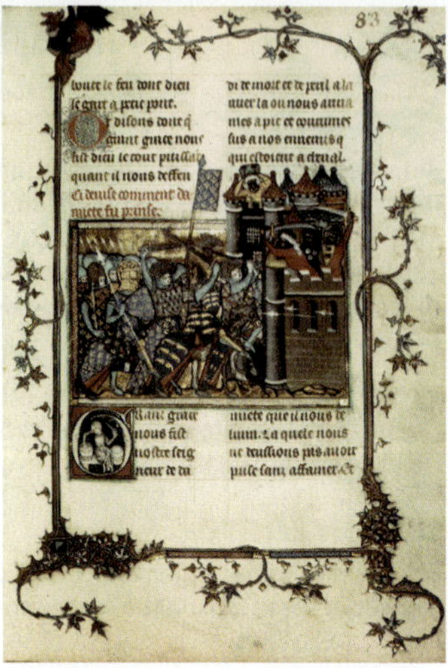

Prise de Damiette le 6 juin 1249 par Saint Louis et ses barons, « La Vie de Saint Louis » de Jean de Joinville, vers 1360.

Râs el-Barr

À 13 km au nord de Damiette. Cette station balnéaire importante est agréablement coincée entre la mer et l'embouchure du bras oriental du Nil. Si elle n'est pas impressionnante, cette rencontre entre ce bras et la Méditerranée reste intéressante, car il n'y a qu'ici et à Rosette que l'on peut voir le fleuve mythique jeter ses eaux brunes dans la grande bleue. Mais l'embouchure du Nil paraît bien étroite au pied du petit phare rouge qui la signale ! Après un parcours de 6 671 km, le Nil ne déverse que le tiers de ses eaux dans la Méditerranée, le reste se divisant entre l'évaporation et l'irrigation.

Véritable petite ville à l'allure très occidentale avec ses rues à angle droit et ses constructions récentes aux couleurs éclatantes, Râs el-Barr est presque exclusivement fréquentée par les estivants du pays.

Juste à sa hauteur, sur la rive droite du bras, se trouve le vieux port de Damiette, **Ezbet el-Borg**. Il s'agit du port historique, même s'il présente de nos jours un aspect très moderne ; on n'y trouve presque plus aucun des moucharabiehs aux grillages élégamment travaillés qui assuraient naguère son authenticité. Avec sa navigation de cabotage, il ne rivalise plus avec ceux d'Alexandrie et de Port-Saïd, mais sa flottille de bateaux de pêche bleu ciel joliment décorés offre un séduisant spectacle de va-et-vient. Un petit bac gratuit relie les deux agglomérations.

À 4 km au nord de Damiette, et au sud de Râs el-Barr, le port industriel est spécialisé dans l'importation du bois afin d'approvisionner les innombrables ébénistes de Damiette. Il ne se visite pas.

Tanis★

CARTE GÉNÉRALE C1

Les groupes de touristes viennent rarement troubler le silence qui enveloppe Tanis. Pourtant, c'est ici qu'a été mis au jour l'un des plus fabuleux trésor de l'Antiquité égyptienne. Site un peu désolé au cœur d'une végétation un rien lunaire, Tanis recèle le charme puissant des villes oubliées et fantomatiques.

Se repérer – À 130 km au nord-est du Caire, à 60 km au sud de Damiette, sur la rive droite d'un bras secondaire du Nil, le Bahr Saft, qui va se perdre dans le lac Manzala.

À ne pas manquer – Le Grand Temple.

Organiser son temps – Le site est d'un accès quelque peu ardu. Pensez à partir tôt le matin.

Comprendre

Les Grecs ont baptisé Tanis l'ancienne *Djanet*, San el-Hagar en arabe. *El hagar* signifie « les pierres », car le site fut un moment utilisé en tant que carrière ; le préfixe *San* dérive du mot copte *Tjaami*, traduction de Tanis.

L'origine – Les monuments visibles sur le site de Tanis posent, comme ceux de tous les autres sites archéologiques de la région du Delta, mais peut-être davantage encore, des problèmes de datation. On a longtemps cru que Tanis avait été construite par Ramsès II (XIXe dynastie). Or, on sait maintenant que les bâtisseurs de la cité se sont en fait approvisionnés en matériaux dans la ville de Pi-Ramsès. Ceci explique qu'on ait trouvé ici des hiéroglyphes concernant ce pharaon.

Déjà sous **Ramsès II**, Tanis représente un nœud de relations commerciales entre l'Égypte et les régions du Proche-Orient. Le plus célèbre des pharaons y établit une résidence royale. En 1069 av. J.-C., soit un an après la fondation de la XXIe dynastie, la cité connaît un développement phénoménal qui se poursuit jusqu'à l'avènement des Ptolémées, en 306 av. J.-C. En effet, les « rois tanites » y transfèrent la capitale depuis Pi-Ramsès, la capitale de Ramsès II située à 20 km au sud-est, pour en faire « une nouvelle Karnak ». C'est donc **Smendès**, vizir de Basse-Égypte, fondateur de la XXIe dynastie et premier roi tanite qui fit de Tanis la capitale d'une Égypte alors en pleine scission (la XXe dynastie se poursuivait parallèlement en Haute-Égypte avec Hérithor à sa tête). Tanis fut la résidence et le lieu de sépulture des pharaons pendant la Troisième Période intermédiaire sous les XXIe et XXIIe dynasties.

La disparition – Mais comment se fait-il qu'une cité encore très importante au 1er s. av. J.-C. ait été pour ainsi dire rayée de la carte ? Il semble qu'un changement du cours du Nil, aggravé par une inondation catastrophique des eaux de la Méditerranée, soit la cause de cette ruine soudaine, car, au 1er s. de notre ère, Tanis n'est plus citée qu'à titre de petite bourgade. Cette cause n'est probablement pas unique,

Les Hyksôs

Tanis a un moment été identifiée à Pi-Ramsès (ou *Per Ramses*), elle-même élevée à l'emplacement d'**Avaris**, la capitale des Hyksôs. Même si cette identification est inexacte, ces envahisseurs ont été associés à Tanis et on les évoque souvent à son propos. C'est donc l'occasion d'évoquer ce peuple qui connut des rois égyptianisés, d'autant plus que le site d'Avaris se situe au sud-est de Tanis, à Tell el-Dab'a *(voir ci-dessous)*.

Avec la fin de la XIIe dynastie s'ouvrit la Deuxième Période intermédiaire, caractérisée par la première invasion étrangère venue d'Asie. Celle-ci fut le fait des Hyksôs (« chefs des étrangers » en égyptien). L'invasion consista surtout en une infiltration progressive de nomades sémitiques et indo-européens bientôt menés par des hommes organisés. Ils s'installèrent d'abord dans le Delta occidental et établirent leur capitale à Avaris vers 1720 av. J.-C. avant de fonder à **Memphis** les XVe et XVIe dynasties qui régnèrent de 1640 à 1532. Les rois de la XVIIe dynastie thébaine qui leur était contemporaine étaient vassaux des Hyksôs dont la suprématie sur l'Égypte ne dura guère plus d'un siècle.

Les Hyksôs utilisèrent les hiéroglyphes et adoptèrent les dieux locaux. Se fondant dans la société égyptienne, ils apportèrent leur maîtrise du bronze et établirent des liens culturels durables avec l'Asie. Enfin, s'ils n'apportèrent pas le cheval, contrairement à ce qui est souvent dit, ils le répandirent.

des événements politiques et même religieux avaient peut-être déjà réduit la ville à un rôle extrêmement mineur, tout comme le tremblement de terre dévastateur de l'an 20. Toujours est-il qu'au 5e s. elle est inhabitée. Ensuite, à l'instar d'autres grands sanctuaires du Delta, le site est progressivement recouvert par le limon et est même utilisé comme carrière. Repérée lors de l'invasion napoléonienne, elle est largement pillée jusqu'à ce qu'Auguste Mariette en assure la préservation après une première campagne de fouilles. C'est donc Mariette qui a mené les fouilles principales au cours de la seconde moitié du 19e s., suivi de William Petrie (de 1883 à 1886) et Pierre Montet (de 1929 à 1951). Jean Yoyotte les reprit en 1964, suivi en 1985 par Philippe Brissaud.

Visiter

Pas d'accès direct à partir du Caire ; prendre le train pour Zagazig ou Fâqûs, puis prendre un taxi jusqu'à San el-Hagar (1h).

RUINES ET NÉCROPOLE★

7h-17h. 20 £ ; app. photo 5 £ ; vidéo 20 £. (Attention : l'horaire et les sections visibles sont susceptibles d'être modifiés à cause des fouilles).

Parmi l'ensemble de tells (c'est-à-dire une colline artificielle formée par des ruines) qui, dans le Delta, indiquent l'emplacement de villes actives sous l'Antiquité, celui de Tanis est le plus important (30 ha). On distingue principalement trois groupes de ruines : le Grand Temple, la nécropole royale et le temple de l'Est. On a peine à imaginer que se dressait ici jadis une ville parmi les plus majestueuses de l'ancienne Égypte. Difficile à trouver parce que très à l'écart des grands axes, le site n'est pas très « lisible » pour le profane étant donné l'aspect particulièrement ruiné des vestiges. Ceci ne retire toutefois rien à la magie des lieux.

À hauteur de la maison de fouilles, on a une belle vue du site et, vers l'ouest, du village de San el-Hagar.

Grand Temple★

Délimité au sud par l'enceinte de Psousennès Ier et au nord par la grande enceinte, le Grand Temple d'Amon est orienté ouest-est sur près de 400 m de long. Dès vos premiers pas, vous constaterez que ce temple élevé par Ramsès II n'est plus aujourd'hui formé que d'un chaotique amoncellement de granit, le calcaire de ses pierres ayant été exploité pour fabriquer de la chaux. On distingue des statues colossales, des morceaux d'obélisque, des blocs architectoniques qui témoignent de l'ancienne splendeur du site. En sortant de l'aéroport du Caire, vous aurez probablement aperçu un obélisque dressé sur la route de la capitale. Il provient de ce temple où Ramsès II fit placer un total de 9 obélisques.

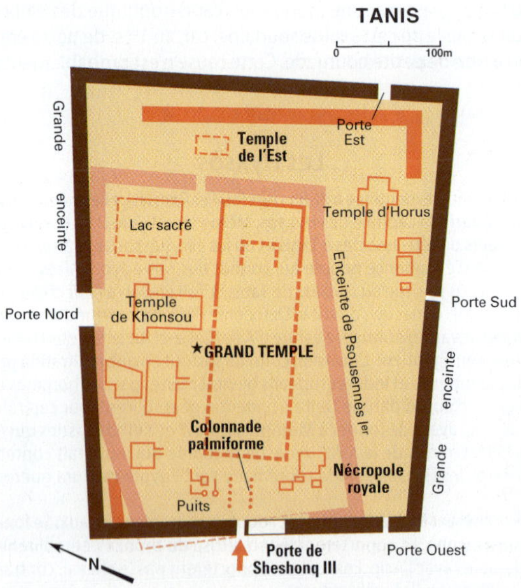

Studio Vart / MICHELIN

Collier en or faisant partie du trésor découvert par Montet dans la tombe de Psousennès Ier, musée égyptien du Caire.

Porte de Sheshonq III – C'est la première ruine que l'on rencontre. Cette porte monumentale sans fondation est flanquée de triades et de colosses représentant Ramsès II. Les blocs constituant ce propylône sont de remploi, on peut y « lire » des inscriptions.

Colonnade palmiforme – Elle porte les noms de Ramsès II et de Sheshonq III, souverain de la XXIIe dynastie installée à Bubastis, dans le Delta. Cette dynastie était issue de mercenaires libyens dont le chef, Sheshonq Ier, renversa Psousennès II, dernier roi tanite.

Temple – Aux obélisques brisés succèdent les fragments de parois et les statues. Ramsès II est ici omniprésent, tant dans les inscriptions que dans les colosses de grès gisant à même le sol. Plus loin, le sanctuaire proprement dit est difficilement reconnaissable car il n'est plus formé que de blocs épars. C'est à cet endroit aujourd'hui désolé que Ramsès II signa un traité avec les Hittites après la mémorable **bataille de Qadesh** dont on peut admirer une formidable évocation à Abou Simbel.

Juste au nord-est du temple a été dégagé, en 1948, le lac sacré, vaste rectangle de 50 sur 60 m.

Nécropole royale

Trésor – Située entre l'enceinte de Psousennès Ier et le Grand Temple d'Amon, donc au sud de la porte de Sheshonq III, la nécropole mise au jour par Montet en 1939 recelait des bijoux et un mobilier funéraire d'une richesse exceptionnelle qu'ont heureusement laissé échapper les pillards ayant visité la nécropole. Visible au Musée égyptien du Caire dans une salle spéciale *(1er étage, salle 2)*, ce **trésor** n'est surpassé en richesse que par celui de Toutankhamon. Y figure notamment un remarquable collier en or de plus de 6 kg.

Tombeaux – Souterraines, ces sépultures de la XXIIe dynastie sont privées de superstructure. Le tombeau de Psousennès Ier contenait sept sépultures intactes, dont le sarcophage en argent massif à tête de faucon de Sheshonq II. La chambre du tombeau de Sheshonq III est décorée de scènes extraites du *Livre des morts*.

La « stèle des 400 »

Trouvée à Tanis, elle a permis de situer la prise d'Avaris par les Hyksôs vers 1720 av. J.-C. Après avoir occupé le Delta, ils s'empareront de Memphis en 1675.

Temple de l'Est

À l'intérieur de la grande enceinte, il illustre ce phénomène d'usurpation qui complique parfois la datation des monuments. Ses **dix colonnes palmiformes** portent les marques de Ramsès II (XIXe dynastie) et Osorkon II (XXIIe dynastie), mais elles remontent en réalité à l'Ancien Empire. Elles ont tout simplement été remployées.

Aux alentours

Tell el-Dab'a

20 km au sud-est de Tanis. Sur la route reliant Fâqûs à Tanis se trouve le Tell el-Dab'a, riche en vestiges des XVe, XVIe, XIXe et XXe dynasties. Grâce aux fouilles menées par l'Autrichen Manfred Bietak, on considère désormais ce site à la fois comme l'ancienne capitale des Hyksôs, Avaris, et comme l'ancienne Pi-Ramsès. La première s'étendait du côté sud du site, la seconde vers le nord.

Selon **Manéthon**, « Le roi des Hyksôs, Salitis, fonda une ville très bien située, appelée Avaris d'après une tradition ancienne. Il la reconstruisit et y plaça une garnison forte de 240 000 hommes puissamment armés. » Le fondateur de la XVIIIe dynastie, Ahmosis, s'empara de la ville et chassa les Hyksôs (entre 1550 et 1525).

Zagazig

311 500 HABITANTS
CARTE GÉNÉRALE C1

C'est la construction de barrages sur un bras du Nil qui est à l'origine de cette ville née au milieu du 19e s. En effet, l'actuelle capitale de la Basse-Égypte est issue des campements ouvriers établis pour ces travaux. Aujourd'hui centre industriel et commercial, la moderne Zagazig conserve cependant les restes de Bubastis, l'ancienne ville de la déesse Bastet.

Se repérer – À 85 km au nord du Caire, sur une branche du Nil, le Bahr Muweys.

À ne pas manquer – Les sites archéologiques.

Comprendre

« L'Orientale », berceau du cheval arabe – Le gouvernorat de la région de Basse-Égypte, qui a Zagazig pour capitale, se nomme Al-Sharqiyah, c'est-à-dire « l'Orientale » (Charkièh en français). Intensément mise en valeur autour de Zagazig avec des cultures de coton, de maïs, de soja et de riz, la province – dont l'emblème est un cheval arabe – est mondialement réputée pour ses haras. Chaque année du 2 au 9 septembre, le **Festival du cheval arabe** se déroule dans un centre d'équitation de la province. Elle fournit 85 % des pur-sang arabes égyptiens, les seuls qu'acceptait de monter le roi Salomon, et qui ne sont jamais évoqués sous le terme d'« animaux » par les prophètes. C'est qu'ici, le pur-sang est considéré comme extrêmement proche de l'homme, car s'il est beau, s'il est élégant et s'il est fier, il est aussi et surtout un camarade, un ami créé par « le vent du sud » et doté de spiritualité. C'est la raison pour laquelle, jadis, le cheval égyptien vivait sous la tente, en famille.

L'âme de Bastet – Elle plane toujours sur ces lieux, même si son temple a aujourd'hui disparu. Cette déesse-chatte était aimée parce qu'elle était maternelle et protectrice. Adorée à Bubastis, Bastet la lionne fut paraît-il d'abord de tempérament coléreux et maléfique. Ses adorateurs en firent progressivement une déesse-chatte très douce, transférant son aspect redoutable sur Sekhmet, autre déesse-lionne.
Apparue tardivement, Bastet fut particulièrement vénérée sous la XXIIe dynastie, tout simplement parce que ses pharaons venaient de *Per-Bastet*, la « maison de Bastet » (également nommée Bubastis, en grec, ou Tell Basta, en arabe). Ceci explique cela. Hérodote donne une idée des fêtes qui s'y déroulaient : « Parvenus à Bubastis pour les fêtes de la déesse-chatte, femmes et hommes la fêtent avec de grands sacrifices, et l'on boit plus de vin de raisin que pendant tout le reste de l'année. [...] Il s'y rend quelque sept cent mille personnes ».

Visiter

Accès : en train, à partir du Caire (ttes les heures de 6h20 à 18h30 ; tr. 1h30) ; par les bus de la West Delta Bus Company à partir du Caire (toutes les heures de 6h à 18h30 ; tr. 2h).

Musée Orabi

8h-17h, vend. 8h-13h30. 5 £.
La collection, modeste, rassemble des objets archéologiques mis au jour dans la région.

Tell Basta

Juste au sud-est de Zagazig. Pour y accéder, prendre un taxi à partir de la gare (tr. 15mn).
Grâce à Hérodote, les amateurs d'archéologie connaissent cette ville antique consacrée à la déesse-chatte Bastet sous son nom grec de Bubastis. Le père de l'Histoire nous a également appris que la ville était la plus élevée d'Égypte.

Site – À l'aube de ce nouveau millénaire, on a peine à imaginer que là où l'on ne voit plus que quelques blocs de pierre très peu impressionnants jonchés parmi des ruines éparses se dressait voici environ trois mille cinq cents ans, au cours de la XVIIIe dynastie, la capitale du 12e nome de Basse-Égypte et future capitale de l'Égypte aux XXIIe et XXIIIe dynasties !
Les fouilles entamées par l'Egypt Exploration Fund à la fin du 19e s. sous la direction de l'égyptologue suisse Henri Édouard Naville ont permis d'établir que le site fut actif dès la IVe dynastie puisqu'on y a retrouvé des blocs gravés aux cartouches de **Chéops** et **Chéphren**. On y a relevé des traces des VIe, XIIe, XVIIIe, XIXe, XXe et XXIIe dynasties, cette dernière étant parfois appelée la « dynastie bubastique ». L'activité des fouilleurs

a également mis au jour des milliers de statuettes et momies de chats (le cimetière félin et ses galeries souterraines se trouvent à 200 m en contrebas de la route, vers Zagazig). On pense que le chat est arrivé en Europe depuis l'Égypte via la Grèce. Après avoir été chassé pour sa fourrure, il fut domestiqué à partir de la XIe dynastie. Il est dès lors fréquemment représenté dans des attitudes de soumission ou de tendresse.

Par hasard

En 1906, pendant la construction d'une ligne de chemin de fer, les ouvriers ont découvert un trésor de la XIXe dynastie éparpillé depuis entre Berlin, New York et le Musée égyptien du Caire. Ce « trésor de Zagazig », constitué de vaisselle d'or et d'argent, appartenait probablement à un dépôt du temple.

Des fragments de mosaïques ont révélé une présence romaine. Habitée par les Coptes, la ville a ensuite été abandonnée, comme le fut Tanis, autre ancienne cité importante du Delta.

Grand Temple – Le site du temple à proprement parler reste peu compréhensible pour le profane qui peut toujours s'essayer à reconnaître la cour à péristyle, la cour jubilaire ou la salle hypostyle. S'il est aujourd'hui impossible d'en imaginer la forme, certains arriveront peut-être à réaliser son importance : il était situé en plein centre de Bubastis, orienté est-ouest et flanqué de deux canaux bordés d'arbres. Fait exceptionnel, c'est la ville qui dominait le temple, et non l'inverse. Quant à sa datation, elle pose beaucoup de difficultés en raison de nombreux éléments utilisés en remploi. De fondation a priori antérieure à **Ramsès II** (XIXe dynastie), il a été agrandi et usurpé par ce dernier ainsi que par Osorkon Ier (XXIe dynastie), qui a aussi usurpé l'ancien temple de Bastet, et Nectanébo II (XXe dynastie).
La double rangée de piliers visibles de l'autre côté de la route appartenait à un temple dédié à Pépi Ier (VIe dynastie).

Aux alentours

Bilbeis

25 km au sud de Zagazig. À la limite sud du Delta oriental, cette localité agricole se situe sur l'ancienne route qu'empruntaient jadis les caravanes pour relier Le Caire au Sinaï. Ancienne place forte importante, Bilbeis conserve, d'une part, la mosquée Amir el-Geich fondée au milieu du 7e s. (remaniée au milieu du 16e s.), et d'autre part, un barrage construit sous le sultan mamelouk Baïbars (13e s.).

Wadi el-Natroun

CARTE GÉNÉRALE B1

À la lisière du désert Libyque, non loin de l'autoroute reliant Le Caire à Alexandrie, se trouve une dépression, fertilisée sur une trentaine de kilomètres. Connu et exploité depuis les temps antiques, le Wadi el-Natroun est un foyer de monachisme depuis le début du 4e s. Cette petite vallée est aujourd'hui le siège de quatre monastères coptes.

Se repérer – À 94 km au nord-ouest du Caire, à 131 km au sud-est d'Alexandrie, à l'extrémité nord-est du désert Libyque.

À ne pas manquer – Les superbes fresques des monastères.

Organiser son temps – L'excursion au départ du Caire prend une journée.

Comprendre

Vallée du sel – Wadi el-Natroun signifie « vallée du sel ». À l'époque pharaonique, on y extrayait du natron (carbonate naturel hydraté de sodium cristallisé), utilisé pour la momification. Il est aujourd'hui exploité par l'industrie chimique, pour la fabrication du verre et le blanchiment du lin et se récolte en mars sur deux lacs salés du district.

Égypte copte, un pléonasme ? – Le mot « copte » vient du mot arabe *qibt*, forme abrégée du mot grec *Aegyptios*. Prononcé *Egoptos*, il a donné le mot « Égypte » ; prononcé *Goptos*, il a donné le mot « copte ». L'Église copte n'est donc autre que l'Église égyptienne, dont les origines sont apostoliques. *Aegyptios* a trouvé racine dans la langue égyptienne ancienne. Précisément dans *Hout-ka-Ptah,* nom égyptien de la 1re capitale, Memphis, et qui signifie « c'est ici que le dieu Ptah créa le monde ».

À l'origine – Selon l'historien Eusèbe de Césarée, l'Égypte a été christianisée en l'an 42, par saint Marc l'évangéliste, venu à Alexandrie pour y fonder un évêché. Saint Marc est considéré comme le 1er patriarche de l'Égypte, de la même façon que Pierre est pour les catholiques de Rome le fondateur de leur Église. Les premiers chrétiens d'Égypte doivent beaucoup au philosophe Philon le Juif (vers 13-54). Sa pensée néoplatonicienne a influencé la jeune communauté chrétienne d'Égypte pour établir sa méthode spirituelle.

Traditions – Les moines coptes sont vêtus d'une longue robe noire et portent sur la tête une cupule brodée de 13 croix : 12 incarnent les apôtres, la 13e symbolise le Christ. Lors de l'ordination, on lit la prière des morts, le moine n'est donc plus de ce monde car il appartient à l'éternité ; en revanche, les prêtres des paroisses sont mariés et mènent une vie normale parallèlement à leur sacerdoce.

Visiter

Accès par les bus de la West Delta Company à partir du Caire (20-30 £) puis en taxi à partir du village. Avant d'entrer dans une église, déchaussez-vous.

R. Mattès / MICHELIN

Monastère Deir Amba Bishoï dans le Wadi el-Natroun.

Deir es-Souriani★

Se présenter à la porte ; fermé pendant les 50 jours précédant la Pâque orthodoxe. Entrée gratuite.

Fondation – Le monastère des Syriens a été fondé au 6e s. Au 8e s., après les querelles théologiques entre orthodoxes (Christ corruptible) et julianistes (Christ incorruptible), il fut occupé par des moines syriens julianistes.

Église de la Vierge★ – Conservant des éléments du 10e s. et recouverte de coupoles, elle contient de superbes **fresques★★** byzantines aux couleurs chaudes découvertes sous quatre couches d'enduit ; l'une d'elles date du 9e s. et représente la Vierge en compagnie de l'archange Gabriel, Isaïe, Moïse, Ézéchiel et Daniel. Entre le chœur et le *haikal* (sanctuaire principal) : la **porte en bois** (10e s.), dite « des symboles ». Elle est incrustée d'ivoire et composée de 42 panneaux représentant le Christ et la Vierge et des personnages marquants du patriarcat aussi bien copte que syrien *(1re rangée)* ; d'enchevêtrements de croix *(2e rangée)*. Transversal par rapport à la nef et donc typiquement syriaque, le chœur est précédé d'une iconostase en bois datée de 926 et décoré de fresques des 11e et 12e s. Dans la demi-coupole sud : *Annonciation* et *Nativité* ; demi-coupole nord : *Dormition* ; coupole ouest : *Assomption*.

Arbre de Saint-Éphrem – À côté de l'église de la Cavite (13e s.) se trouve un tamarinier miraculeux. Lorsque le théologien saint Éphrem rendit visite à saint Bishoï, les deux hommes ne parlaient pas la même langue. Soudain, ce dernier se serait exprimé en syriaque, et le bâton d'Éphrem aurait tout aussi instantanément pris racine…

Deir Amba Bishoï

À côté du précédent. Ouvert constamment, mais visite de l'église 9h-17h, 8h-20h en été. Entrée gratuite.

Fondation – Saint Bishoï, né vers 320 dans le Delta, fut invité par un ange à se retirer dans le désert de Scété, nom antique du Wadi el-Natroun. Sa dévotion attira une communauté d'anachorètes et Bishoï fonda un monastère qui fut plus tard mis à sac par les Bédouins à cinq reprises.

Église – Il ne reste rien de l'église primitive. L'église actuelle remonte au 9e s. et se distingue par un plan complexe (narthex, nef centrale et bas-côtés, chœurs intérieur et extérieur, 3 sanctuaires).

Tour de défense – Construite dès le 5e s., elle mène à une terrasse offrant une belle vue sur le désert et les cultures.

Deir el-Baramous

À 10 km au nord. 10h-16h, 10h-18h en été ; fermé les 50 jours précédant la Pâque. Entrée gratuite.

Fondation – Le monastère de Baramous ou monastère des Romains fut probablement le premier fondé dans le Wadi el-Natroun. Il semble que saint Macaire l'ait établi vers 330 avant celui qui porte son nom.

Église de la Vierge – Du 9e et 11e s., elle s'inspire du sanctuaire du monastère des Syriens. Dans la nef centrale se trouvent de belles **fresques★** (13e-14e s.) représentant d'est en ouest : l'*Annonciation*, la *Visitation*, la *Nativité*, le *Baptême du Christ*, les *Noces de Cana*, l'*Entrée du Christ à Jérusalem*. Une porte d'époque fatimide conduit au *haikal*, sanctuaire principal, également décoré de fresques des 13e et 14e s., dont le *Sacrifice d'Abraham*.

Tour de défense – Elle date du début du 7e s.

Deir Abou Makar

À 20 km au sud-est. Visite sur autorisation spéciale : ✆ (02) 577 06 14.

Fondation – Né vers 300 dans le Delta, saint Macaire le Grand était chamelier et se rendait ici pour récolter du natron. Très pieux, il décida de vivre dans la solitude de ce désert et attira tant de disciples qu'une communauté monastique naquit. Abandonnant le premier monastère (Baramous), il se retira à nouveau à l'écart du monde. Mais, encore une fois, il attira des disciples et le monastère Saint-Macaire fut fondé au lieu même de son ascétisme.

Église Saint-Macaire – Construite sur une fondation remontant à 330, l'édifice date des 11e et 12e s. mais comporte des éléments (murs du sanctuaire central) remontant au 7e s. Dans cette église où l'on voit quelques vestiges de fresques, reposent les reliques de saint Macaire, l'une des plus prestigieuses figures de l'Église copte.

Coucher de soleil sur une mosquée au Caire.

B. Pérousse / MICHELIN

LE CAIRE ET SES ENVIRONS

Le Caire★★★

25 000 000 HABITANTS (AGGLO) 7 609 700 HABITANTS (VILLE)
CARTE GÉNÉRALE C1

En perpétuelle expansion, la capitale égyptienne totalise aujourd'hui autour de vingt-cinq millions d'habitants ! Mais oubliez ce que l'on a pu vous dire sur Le Caire. Si ce labyrinthe de quartiers et de ruelles, d'où ont surgi les tours de la modernité, apparaît d'abord comme un tourbillon urbain irrespirable, opaque et impénétrable, il sait se livrer à celui qui prend le temps de l'arpenter. Le calme et la nonchalance percent alors sous la frénésie apparente, le chaos s'efface lorsqu'on saisit enfin les règles tacites qui assurent la cohésion de la cité. En quelques jours, la ville aux quatre cents minarets se dévoile comme un gigantesque village d'une séduction rare.

Se repérer – Sur le Nil, entre le Delta et la vallée du Nil, à 20 km au sud du « ventre de la vache » où le fleuve divise ses deux bras principaux vers Damiette et Rosette. À 225 km au sud-est d'Alexandrie, à 130 km à l'ouest de Suez.

À ne pas manquer – Le Musée égyptien, les ruelles du Caire islamique, l'ambiance de Zamalek, l'atmosphère des mosquées, le quartier copte…

Organiser son temps – Le Musée égyptien et les souks du Khan el-Khalili s'avèrent incontournables si vous ne restez qu'une journée. Un séjour plus long vous permettra d'explorer Le Caire islamique et de pousser jusqu'au quartier copte de l'ancienne Babylone. Les souks prennent une toute autre saveur à la nuit tombée.

Avec les enfants – La reconstitution de la vie aux temps pharaoniques présentée par le Dr Ragab Pharaonic Village, le Musée égyptien, la citadelle et la tour du Caire pour leur panorama sur la ville, le parc Al-Azhar.

Comprendre

El-Qahira, la « Victorieuse » – Ainsi aurait été baptisée la ville en raison du fait que la planète Mars *(el-Qaher)* était dans sa phase ascendante au début des travaux de sa fondation sous les Fatimides. Dans la mythologie héliopolitaine, les dieux rivaux Seth et Horus se seraient affrontés sur la rive droite du Nil, face à l'actuelle île de Roda, en un lieu nommé *Kher-Aha*, « l'endroit du combat ».
On l'appelle aussi *Oum al-Dounia*, la « Mère du monde » ou encore *Masr*, c'est-à-dire l'Égypte, tant elle est indissociable de la nation.

À l'origine, Héliopolis – La capitale du 13e nome de Basse-Égypte est aujourd'hui un faubourg du Caire. Des fouilles y ont dégagé un habitat et des nécropoles de la Période protodynastique. De cette cité qui fut surtout importante par l'influence de son clergé ne subsiste qu'un obélisque dédié à Sésostris Ier. Il se dresse maintenant dans le quartier populaire de Matareya. Le lieu fut, en effet, dès le début de l'Ancien Empire, un centre cultuel où fut engendré le caractère solaire de la monarchie pharaonique. L'ennéade héliopolitaine servit de concept cosmogonique à la religion égyptienne. Les bâtiments de la cité furent plus tard utilisés par les Arabes pour construire Le Caire.

Babylone – Le quartier copte conserve les vestiges de murs d'une garnison romaine installée sous l'empereur Auguste en 30 av. J.-C. Il l'appelle « Babylone d'Égypte ». En 640, cette forteresse devenue byzantine est prise par **Omar**, deuxième successeur de Mahomet. Amr ibn el-As, son général, se serait alors refusé à lever le camp après avoir constaté qu'une colombe avait fait son nid sur sa tente. Fustat, « la tente », devint une garnison nommée Masr, premier noyau de la future ville.

969, naissance du Caire – La garnison prospère peu à peu et se dote de mosquées jusqu'à ce qu'en 870, **Ahmed ibn Touloun**, fondateur de la dynastie des

Personnalités cariotes

Si l'on plonge son épuisette dans l'histoire récente de la ville, en ressortent les noms du khédive Ismâil pacha (1830-1895), du prix Nobel de littérature Naguib Mahfouz (1912), de l'ancien secrétaire général de l'ONU Boutros Boutros Ghali (1922), de l'acteur Michel Shalhoub dit Omar Sharif (1932), de la chanteuse Yolande Gigliotti dite Dalida (1933-1987), tous natifs du Caire, auxquels on peut ajouter l'architecte trop méconnu Hassan Fathy (1900-1989), natif d'Alexandrie mais qui vivait au pied de la citadelle.

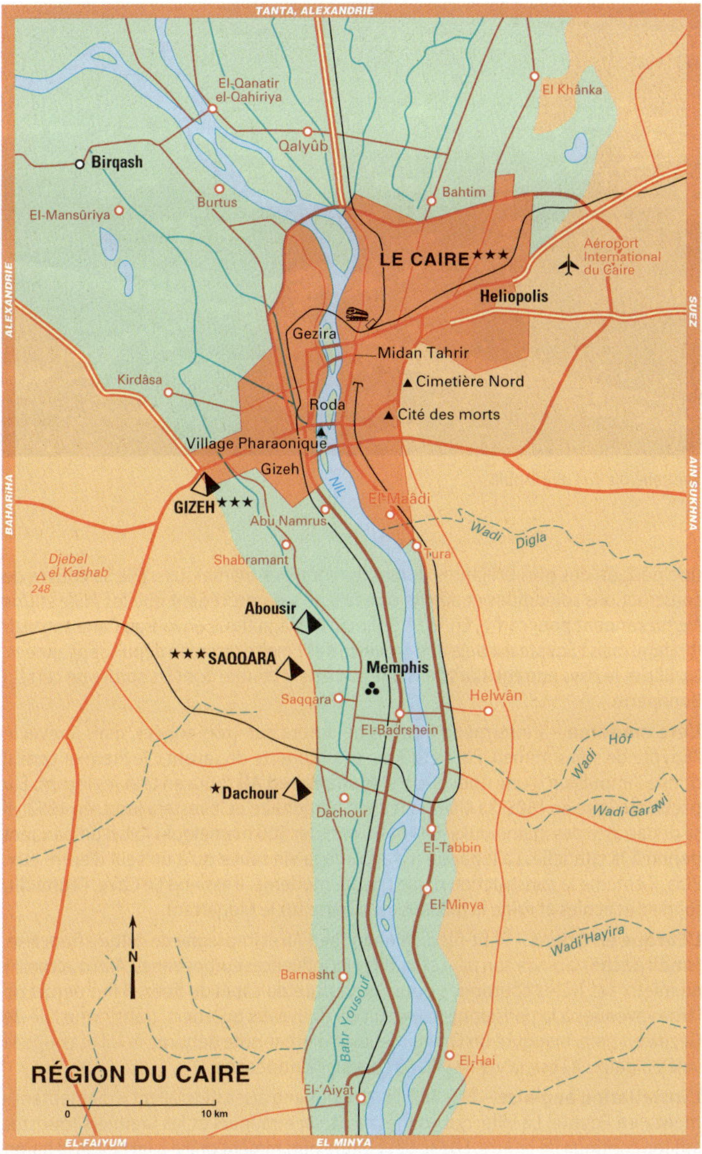

Toulounides, agrandisse *Masr* en *al-Qataï*, une cité princière qui sera rasée par les califes de Bagdad en 905.

Sur ces ruines, **Gôhar**, le général du calife fatimide El-Mouizz, originaire du Maghreb, décide d'implanter une ville devant rivaliser avec la Bagdad des Abbassides. Nous sommes en 969, *El-Qahira* est née. La ville se divise alors en deux quartiers : Masr el-Qahira et Masr el-Attika, c'est-à-dire Le Caire et le vieux Caire. Dès lors, les Fatimides font de la ville leur capitale et la développent : fondation de plusieurs mosquées dont celle d'El-Azhar, création de quartiers d'habitations et de portes monumentales.

Croissance et prospérité – Le sultan Salâh al-Dîn al-Ayyûbî (1138-1193), c'est-à-dire **Saladin**, le futur vainqueur des croisés, ouvre la dynastie des Ayyoubides. Des deux quartiers distincts qui forment Le Caire, il va faire une seule et même ville, cernée par une muraille et dominée, sur la colline de Moqattam, par une citadelle qui deviendra la résidence de ses successeurs. Malgré de terribles épidémies de peste et des intrigues assassines – en deux cent soixante-sept années, Le Caire connut 53 gouverneurs mamelouks ; seulement 13 succomberont à une mort naturelle… – Le Caire connaît

F. Soreau / MICHELIN

Vue générale du Caire la nuit.

une période des plus brillantes durant le règne des mamelouks. Elle se couvre de constructions splendides et affiche une félicité sans précédent que les *Mille et Une Nuits* prennent pour cadre. En 1524, Soliman le Magnifique envoie au Caire son vizir Ibrahim, mais l'Égypte est déjà une province de l'Empire ottoman depuis sept années. La ville et le pays entrent alors dans une sorte de léthargie dont les sortira un certain Bonaparte.

L'ère moderne – L'intermède français ne durera que trois années, mais il réveille l'Égypte de son sommeil. Par sa fougue et sa cohorte de savants, le Premier consul donne l'impulsion d'une nouvelle ère. **Mohammed Ali** saura en tirer les leçons. Élu pacha du Caire en 1805 (sa charge devient héréditaire et le restera jusqu'en 1952), il se débarrasse des mamelouks. En 1811, il fait tuer 500 mamelouks lors d'un banquet donné à la citadelle. La légende n'a accordé la vie sauve qu'à un seul d'entre eux. Puis, il entame la construction d'une Égypte moderne. Il assainit Le Caire, l'agrandit, fonde des écoles et érige la mosquée d'albâtre sur le Moqattam.

L'Europe en Orient – Petit-fils de Mohammed Ali et imprégné de culture française, **Ismâil pacha** va ouvrir son pays et sa ville aux influences européennes. Afin d'accueillir au mieux ses hôtes couronnés pour l'ouverture du canal de Suez, il fait percer de larges avenues à la parisienne, construit de nouveaux quartiers, transforme l'île de Gezira en parc, inaugure un Opéra. Cet élan d'urbanisme déborde le Nil et coupe la ville en deux : à l'est, la vieille ville ; à l'ouest, l'européenne.

L'installation anglaise – En 1882, les troupes anglaises s'installent « momentanément » en Égypte. La ville, qui voit les capitaux étrangers et les premiers touristes affluer, continue de croître. Elle se développe notamment grâce à un Belge, le baron **Édouard Empain**, qui, ayant construit les tramways du Caire, planifie la nouvelle et luxueuse Héliopolis. Mais, sous les khédives Tewfiq et Abbas II, les Cairotes se voient pratiquement interdire certains des nouveaux quartiers de leur ville. Naît alors une vague d'anglophobie, qu'alimente également la personnalité contestable de Lord Cromer, véritable maître du pays, et les événements politiques qui déboucheront sur le protectorat anglais (1914-1952).

« L'Égypte aux Égyptiens » – La ville connaît une démographie galopante : durant l'entre-deux-guerres, l'exode rural fait passer la population de la ville de 1 à 3 millions d'habitants. Le Caire déborde sur le désert alors que les quartiers de Zamalek, Gezira, Héliopolis demeurent des ghettos de luxe. En 1945, la **Ligue arabe** est créée à l'instigation de l'Égypte tandis qu'un climat d'insécurité règne dans la capitale. L'ancienne ville fatimide n'est plus qu'un taudis et les sans-logis commencent à investir les cimetières mamelouks (la cité des Morts). Aux attentats et aux émeutes répond la loi martiale. Le 23 juillet 1952, le « Comité des officiers libres » dirigé par Nasser s'empare du pouvoir. Le 26 juillet 1952, le roi Farouk abdique en faveur de son fils Fouad âgé de 6 mois. Le 18 juin 1953, Néguib devient le premier président de la République. En 1954, son Premier ministre, le général **Gamal Abdel Nasser**, dépose Néguib et devient chef de l'État.

Découvrir

MUSÉE ÉGYPTIEN★★★ (C2)

Place Al-Tahrir. Métro Sadat. Ouv. tte l'année de 9h à 16h45 (fermeture à 14h30 durant le mois de ramadan). 25 £ ; étudiant 13 £. Appareil photo et vidéo interdits (consigne à la grille d'entrée).

Un conseil, si vous n'appartenez pas à un groupe, évitez de vous y présenter à 9h. Préférez l'après-midi.

Historique

Genèse d'une collection – En 1858, le Français Auguste Mariette crée un petit musée d'antiquités à Boulaq. Inondée, la collection est transférée à Gizeh en 1890, dans une annexe d'un palais du khédive Ismâil pacha. Le fonds du musée ne cessant de croître sous les directions, entre autres, de Maspero et J. de Morgan, il est décidé de faire construire au Caire un bâtiment spécialement conçu pour abriter et présenter la collection, encore embryonnaire.

De la collection aux collections – Au gré des découvertes, des acquisitions, des dons, legs et saisies, la collection s'est déclinée au pluriel. Une série d'entités rassemblant des pièces appartenant à un même ensemble y constituèrent en effet des collections à part entière. C'est par exemple le cas du trésor de Toutankhamon, des momies du Nouvel Empire, des bijoux des tombes royales de Tanis ou encore du mobilier funéraire de la tombe de Sennedjem à Deir el-Medina, même si une partie est aujourd'hui conservée par l'Ägyptisches Museum de Berlin et le Metropolitan Museum of Art de New York.

Déménagement futur ? – Objet de réfections continuelles, de réorganisations diverses, de modifications successives, le Musée égyptien devrait être refondu dans un musée de la Civilisation qui serait construit à Gezira. Quand ? Telle est la question sans réponse

Notre description respecte les grandes divisions historiques de l'histoire égyptienne et les collections du musée. Pour la suivre au mieux, visitez les salles dans le sens des aiguilles d'une montre et non en fonction de leur numérotation.

Panorama de l'Égypte antique

Al-Mathaf – C'est sous ce nom que les Égyptiens désignent le Musée égyptien. Il expose quelque 120 000 pièces – sans compter celles conservées dans les réserves qui doublent ce chiffre. Nulle part ailleurs au monde il n'est possible de voir en une seule visite un tel panorama de ce qu'a produit une même civilisation.

Muséographie des collections – Retraçant toutes les périodes de l'histoire de l'art égyptien, elles sont à peu près disposées chronologiquement. Cette disposition est organisée en deux grandes sections : le rez-de-chaussée expose la sculpture, l'étage le mobilier funéraire. Tout au long du parcours, des galeries regroupent des collections, dont certaines thématiques (monnaies, bijoux, etc.).

Vieille institution, le Musée égyptien tient un peu du pêle-mêle. L'éclairage est parfois mal adapté, l'étiquetage n'est souvent plus à l'ordre du jour. Qu'importe ! Même si certaines œuvres sont exposées sans mise en valeur particulière, les merveilles sont si nombreuses qu'on finit par apprécier d'en découvrir presque au hasard sans que la muséographie ne vous y ait amené par un quelconque artifice de mise en scène.

Les œuvres à ne pas manquer – Impossible de décrire ici toutes les pièces du musée. Nous avons choisi de développer une sélection d'œuvres majeures ou représentatives de chaque grande période historique et donc artistique, qui sont autant d'occasions d'en préciser les caractéristiques ou certains aspects.

Selon le temps dont vous disposez, parcourez les salles en vous fiant à notre sélection ou attardez-vous le long du parcours en profitant des collections thématiques. N'oubliez pas en outre qu'il est préférable de bien apprécier une sélection d'œuvres que de s'assommer par un marathon dont on ne retiendra que la fatigue.

Dans tout grand musée, certaines pièces sont retirées pour restauration, d'autres voyagent vers des expositions extérieures, un roulement des réserves s'effectue. Notre sélection ne peut tenir compte de ces changements.

Ancien Empire

Statue du roi Djéser★★ – *Salle 48, IIIe dyn.* Découverte à Saqqara, elle permet de comprendre que dès ses débuts l'art égyptien ne se voulait pas esthétique mais remplissait une fonction. Dans la statuaire royale, il s'agissait de représenter la nature

MUSÉE ÉGYPTIEN

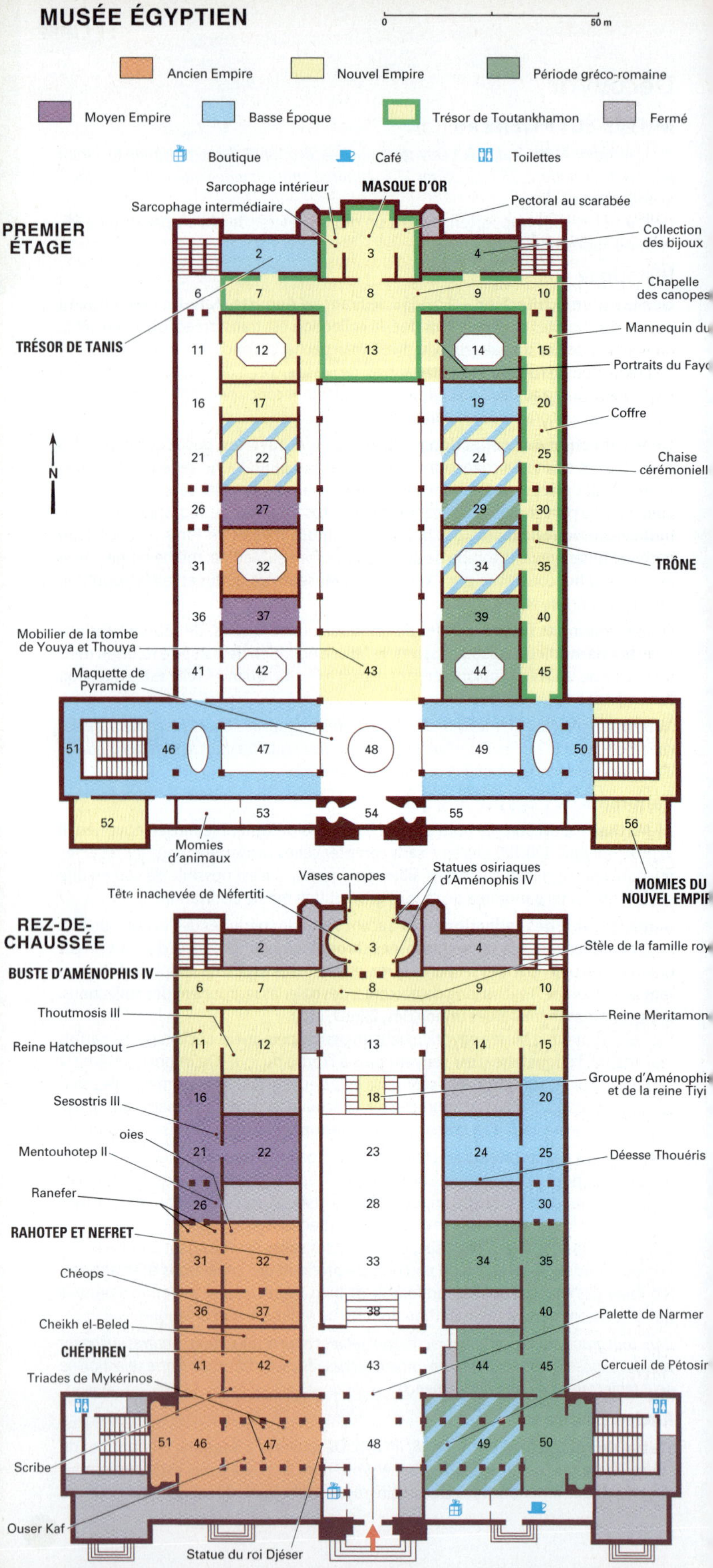

divine du roi. Assis sur son trône, la main gauche sur le genou, le bras droit croisé sur la poitrine, il porte une coiffe royale (ici le *nemès*), une barbe postiche et une robe de cérémonie. C'est là l'une des attitudes typiques d'une sculpture royale, la démarquant nettement de la statuaire privée. Elle est la plus ancienne sculpture égyptienne en grandeur réelle.

Triades de Mykérinos★★★ – *Salle 47, IVe dyn.* Elles représentent contre une dalle de schiste ce roi flanqué, à sa droite, de la déesse Hathor, à sa gauche, de la personnification d'un nome. Autre attitude typique d'une sculpture royale, le roi est debout, le pied gauche en avant, les bras le long du corps, poings fermés. Il est vêtu du pagne à trois pans, porte la couronne de Haute-Égypte et la barbe postiche. On devine un sourire alors que l'expression était sérieuse chez Djéser. Ce choix du sculpteur variera tout au long de l'art égyptien. Il existe en réalité 5 de ces statues ; deux sont en possession de musées américains.

Tête d'Ouserkaf★ – *Salle 47, Ve dyn.* Peu de statues royales de cette dynastie nous sont parvenues. Mise au jour en 1957 à Abousir, cette tête est parfaitement exécutée ; les yeux sont prolongés d'une ligne de fard en relief. Elle porte la couronne de Basse-Égypte ; la barbe postiche a été remplacée par une fine moustache.

Chéphren★★★ – *Salle 42, IVe dyn.* Puissance (par le modelé des bras et du torse nus) et sérénité (par le traitement du visage) nous éloignent maintenant des raideurs de l'archaïsme. En outre le faucon d'Horus *(à l'arrière du* nemès*)* renforce la divinité du roi. Par ailleurs, le grand attrait de ce chef-d'œuvre est son matériau : du gneiss anorthositique. Cette pierre, délicate à travailler, a la propriété de rayonner en lumière naturelle. Ainsi, le roi n'était-il pas radieux que formellement, il l'était aussi physiquement. Décidément, Pharaon n'était pas mortel.

Reliefs de l'Ancien Empire

Dans l'architecture funéraire, des pans de murs entiers sont sculptés de reliefs. Les conventions sont simples : épaules et œil de face, visage et jambes de profil. La figure humaine est représentée debout (l'homme a souvent les jambes écartées) ou assise. Pharaon servant de point de mire, il est de taille supérieure, en marche, le bras droit levé, brandissant une arme. Le relief est dit « vrai » lorsque c'est la paroi environnant le sujet qui est ravalée, « en creux » dans le cas contraire. Apparaissent alors des scènes de la vie quotidienne, à côté des défunts qui assistent à ces travaux de la vie de tous les jours.

Cheikh el-Beled★★ – *Salle 42, Ve dyn.* Les statues privées étaient destinées aux tombes. Saisissante de réalisme, cette œuvre témoigne des études des artistes qui profitaient de ce domaine pour cerner au plus près le réel inaccessible dans les œuvres royales. Les stigmates de l'âge, le modelé du corps, l'incrustation des yeux – quartz, cristal de roche et pigment noir – permettent d'individualiser l'image figée dans le bois de ce prêtre qui s'appelait Ka-Âper. Une sculpture analogue est présente dans la même salle, celle d'un **buste d'homme**, à la figure dissymétrique.

Scribe accroupi★ – *Salle 42, Ve dyn.* Moins célèbre que celui du Louvre, qui lui est contemporain, il correspond à cette représentation idéale que les propriétaires de tombes choisissaient souvent pour y figurer. Pourquoi ? Parce que la fonction de scribe était respectée et admirée. Les détails anatomiques sont concentrés sur le visage, le modelé du corps restant succinct.

Palette de Narmer★ – *Salle 43, Période protodynastique.* Une de ses faces montre le roi Djéser, unificateur de la Haute et Basse-Égypte, en train de tuer un ennemi. Ce thème symbolique du triomphe de l'ordre sur le chaos se maintiendra durant l'histoire de l'Égypte antique.

Statues de Ranefer – *Salle 31, Ve dyn.* Les morts pouvaient être représentés à plusieurs exemplaires. La statuaire étant souvent abondante dans les tombes, la facture s'en retrouvait stéréotypée. Pourtant, dans ce cas, on note dans la physionomie ce même souci du réel qui différencie ces deux œuvres pratiquement identiques.

La statue du **noble Ti** *(salle 32, Ve dyn.)*, est du même type, avec une musculature schématique. Trouvée dans son célèbre mastaba *(voir Saqqara)*, elle y recevait les offrandes alimentaires.

Une vitrine de la salle 31 expose ce que l'archéologue allemand Hermann Junker a appelé des « **têtes de substitution** » et qu'on appelle plus communément des « têtes de réserve ». En calcaire, elles datent de la IVe dynastie. Alors que la convention de la statuaire était de représenter tout le corps, il s'agit de têtes isolées, sans coiffure. D'autres singularités les caractérisent, dont l'impression qui s'en dégage que les

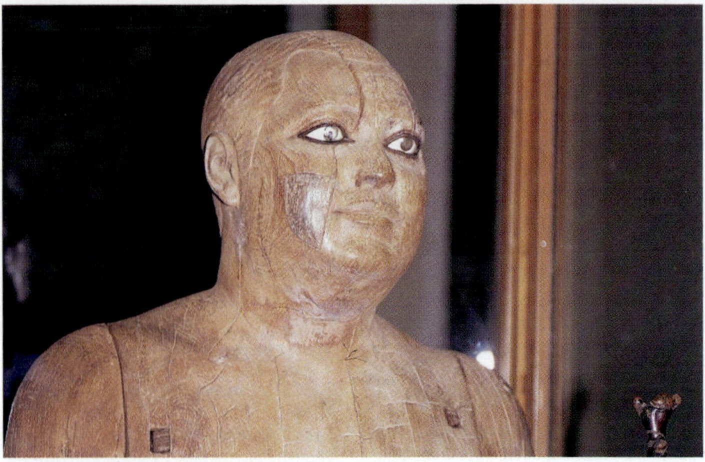

Studio Vart / MICHELIN

Statue du Cheikh el-Beled (c'est-à-dire « maire du village »), surnommé ainsi par les ouvriers de Mariette en raison de sa ressemblance avec le leur. Il s'agit en réalité d'un prêtre de Saqqara.

oreilles ont été arrachées. On cherche encore à expliquer ce phénomène. Junker pensait qu'elles étaient destinées à remplacer des têtes réelles de momies, qui se seraient dégradées afin que le mort puisse reconnaître son corps. D'autres veulent y voir des modèles d'artistes servant à des moulages ; les oreilles auraient été arrachées au moment de retirer le plâtre.

Rahotep et Néfret★★★ – *Salle 32, IVe dyn.* Ce couple marque un sommet de la statuaire privée. Malgré un modelé des corps sévère, les visages dégagent une individualité étonnante. L'homme a la peau brune tandis que la femme est blanche, une convention qui perdurera tant dans la statuaire que dans les reliefs. Aux yeux des Égyptiens, la difformité pathologique du nain Seneb *(salle 32, IVe dyn.)* ne lui interdisait pas les hautes fonctions. Assis en scribe, Seneb, homme riche, est représenté avec sa femme et ses enfants, « normaux ».

Oies de Meidoum★ – *Salle 32, IVe dyn. Voir Meidoum.* Cette frise provient du grand mastaba de Meidoum. Une observation attentive permet de constater qu'il s'agit en réalité de 3 couples d'oies identiques.

Pépi Ier★ – *Salle 32, VIe dyn.* En feuilles de cuivre (le bronze était alors inconnu en Égypte), cette statue est, comme la plupart de celles attribuées à cette dynastie, empreinte de maniérisme : les yeux sont immenses, le physique presque anti-athlétique.

Chéops★★ – *Salle 37, IVe dyn.* La seule sculpture entière qui nous soit parvenue à ce jour de ce roi ayant laissé la plus importante des pyramides est cette figurine en ivoire haute de seulement 7,5 cm. Elle fut mise au jour en 1903 par Petrie, à Abydos, dans un temple consacré au dieu Khentamentiou. Représenté de façon conventionnelle, le roi tient le fouet, emblème royal.

Moyen Empire

Mentouhotep II★★ – *Salle 26, XIe dyn.* L'unique statue intacte de cette dynastie en concentre également toutes les caractéristiques : yeux écarquillés, sourcils horizontaux, et surtout un modelé massif qui, hérité de la Première Période intermédiaire, marque une rupture avec le modelé plus minutieux de l'Ancien Empire. Le souverain porte la couronne de la Basse Égypte.

La reine Néfret – *Salle 26, XIIe dyn.* Elle permet de saisir tout ce qui sépare cette dynastie de la précédente. La sculpture royale devient réaliste et recherche le naturel.

Dix statues assises de Sésostris Ier★ – *Salle 22, XIIe dyn.* Presque toutes identiques, elles s'écartent du réalisme des autres réalisations de l'époque et donnent une idée assez exacte de la perfection de l'art « à la chaîne » de cette dynastie. Cependant, bien qu'idéalisées, on y reconnaît le visage caractéristique de Sésostris Ier : nez droit, bouche souriante, menton rond. Sur les flancs du trône, Horus et Seth nouent les plantes symboliques de la Haute et de la Basse Égypte.

Sésostris III★ – *Salle 21, XIIe dyn.* L'optimisme de Sésostris Ier disparaît après lui. Les traits du modèle sont bien rendus, mais trahissent le poids du pouvoir, en témoigne une bouche amère. L'idée de la royauté se modifie donc, Pharaon est en quelque sorte moins divin : dans une attitude de prière, Sésostris III a les mains religieusement posées sur son pagne.

Sphinx d'Amenemhat III★ – *Salle 16, XIIe dyn.* Dans cette pièce découverte à Tanis par Mariette, l'art du fils de Sésostris III prolonge celui de son père : les traits sont personnels, ce qui explique ce nez coudé en son milieu. Toute la puissance et l'autorité de ce roi conquérant sont amplifiées par la crinière de lion qui, fait exceptionnel, remplace le traditionnel *nemès*.

Reliefs et peinture du Moyen Empire

À l'instar de la ronde bosse, les reliefs témoignent d'une grande diversité technique. Sous la XIe dynastie, ils peuvent être plats ou très épais, mais toujours d'une adresse assurée. Les visages sont généralement anguleux, le style est expressif. Un détail les signale : les femmes n'ont pratiquement pas de poitrine. Sous la XIIe dynastie, les reliefs sont pour ainsi dire limités aux stèles. C'est donc dans la peinture que s'expriment principalement les artistes. Les couleurs sont vives et variées, utilisées sans souci de la réalité au profit d'un naturalisme débridé. Le mouvement est représenté et des ombres portées simulent le relief. Ce sens pictural trouve son épanouissement dans l'orfèvrerie très abondante dans les tombes princières.

Nouvel Empire

La reine Hatchepsout★★ – *Salle 12, XVIIIe dyn.* Après le style viril du Moyen Empire, cette œuvre nous plonge dans le style féminin du Nouvel Empire. En effet, la XVIIIe dynastie fut celle des rois-enfants, ce qui renforça le rôle des reines. C'est en tout cas à partir d'Hatchepsout que le Nouvel Empire trouve son expression propre. Le visage est stylisé, lisse, yeux et bouche sont fortement découpés. Le classicisme atteint ici un sommet.

Thoutmosis III★★ – *Salle 11, XVIIIe dyn.* Bien qu'il soit considéré comme le plus grand guerrier de l'histoire égyptienne, les statues de Thoutmosis III n'expriment aucune volonté dominatrice. C'est la marque du style homogène qui durera jusqu'à Aménophis IV. Seules les physionomies apportent quelques distinctions : un sourire esquissé, un nez droit ou busqué s'observent sur les œuvres d'une remarquable souveraineté de ce pharaon au règne très long.

Statue du Ka d'Aouibrê Hor★★ – *Salle 11, XVIII-XVIIe dyn.* Cette grande statue, nichée dans un *naos*, de bois coiffée de deux bras tendus vers le ciel symbolise la force vitale du défunt. Elle fut découverte près de la pyramide d'Amenemhat III.

Thoutmosis III aux vases nou★ – *Salle 12, XVIIIe dyn.* Cette statuette en marbre représente Pharaon en orant, tenant en main les vases *nou*, censés contenir du vin ou du lait. Il s'agit d'un ex-voto, où ce roi est représenté avec la même douceur que dans la superbe **tête de Thoutmosis III★**, en calcaire cristallin, qui complète un buste exposé au Metropolitan Museum of Art de New York.

Isis, mère de Thoutmosis III – *Salle 12, XVIIIe dyn.* L'attitude est traditionnelle : assise, tenant en main un sceptre floral. La reine mère porte une perruque tripartite surmontée d'un mortier qui supportait deux hautes plumes. En fait, les perruques étaient constituées de vrais cheveux ou de fibres végétales, et ne signifient nullement que la tête était rasée. À voir également dans cette même salle : **la statuette de Tjay★**, **Amenhotep fils de Hapou** (jeune et sage), **L'Expédition au pays de Pount★** provenant du temple d'Hatchepsout à Deir el-Bahari, la **statue-cube de Senenmout** qui schématise un homme accroupi, symbole de résurrection.

La vache sacrée Hathor – *Salle 12, XVIIIe dyn.* Cette statue ainsi que la chapelle qu'elle intègre proviennent de Deir el-Bahari. Thoutmosis III est représenté sur les parois, de même que la vache, statufiée telle quelle devant la chapelle. La vache allaite Aménophis II.

Cercueil du roi Smenkharê★ – *Salle 7, XVIIIe dyn.* Le cercueil du successeur officiel d'Aménophis IV, dont le masque d'or a été partiellement arraché, présente un superbe travail d'incrustation de lapis-lazuli, d'émail, de turquoise, de pâte de verre et de cornaline.

Buste d'Aménophis IV★★★ – *Salle 3, XVIIIe dyn.* Bien que trouvé à Karnak, ce fragment d'une statue osiriaque transpire déjà l'art amarnien, ainsi nommé parce qu'Aménophis IV – qui deviendra Akhénaton – a installé sa capitale sur le site de Tell el-Amarna. Là, il développa un art au style le moins réaliste qu'ait connu l'Égypte antique. Les statues osiriaques représentaient Pharaon debout, les pieds joints, les bras croisés sur la poitrine, tenant les emblèmes royaux : la crosse et le fouet.

Sarcophage d'Aménophis IV★★ – *Salle 3, XVIIIe dyn.* Découvert en 1915, sa partie inférieure fut restaurée par les Allemands et restituée au musée en 2001.

Statues osiriaques d'Aménophis IV★★★ – *Salle 3, XVIIIe dyn.* Avec ces deux statues, on voit que si l'attitude reste traditionnelle, Pharaon n'est plus représenté de façon momiforme comme il sied théoriquement pour les statues osiriaques. Il est nu dans un cas, vêtu d'un pagne dans l'autre. Il est donc vivant. Les yeux mi-clos, les oreilles longues, la bouche lippue, le menton long, le ventre lourd, les hanches larges et asexué, il rompt totalement avec le classicisme qui avait dominé avant son avènement. C'est bel et bien un art résolument neuf qui s'affirme ici, en accord avec la révolution philosophique d'Akhénaton.

Stèle de la famille royale★ – *Salle 3, XVIIIe dyn.* Cette stèle découverte à Tell el-Amarna montre que l'art d'Akhénaton est également neuf par son langage. Jamais on avait représenté la famille royale dans son intimité. Le pharaon est assis face à son épouse. Entre eux se trouve leur fille aînée, Méritaton, les cadettes étant installées sur les genoux de leur mère. Il se dégage de cette scène un sentiment de tendresse, également visible dans **Akhénaton embrassant une de ses filles**, témoignage de la dimension spirituelle de la révolution amarnienne. Il faut également prêter attention à la **tête inachevée de Néfertiti★★**, chef-d'œuvre de pureté, à une **tête féminine royale★** et à la **tête d'une princesse**, synthèse de l'esprit de la réforme amarnienne.

Reliefs et peinture du Nouvel Empire

À partir d'Hatchepsout, l'art s'empare des tombes privées. Reliefs et peinture correspondent à ce que l'on observe dans la statuaire : leur art est classique. On constate une certaine sobriété dans les costumes et les corps ; les alignements sont paisibles, les physionomies sont sereines. L'art privé suit en cela l'art royal. Avec Aménophis III s'amorce une mutation, comme s'il annonçait l'art amarnien. Une certaine déformation se substitue à l'idéalisation, créant un style subjectif que l'art amarnien poussera tellement loin qu'il provoquera une réaction de purisme, un retour vers l'académisme. Naît alors l'art des Ramsès au relief généralement bombé, bien que plat sous Ramsès II. Un style aux variantes diverses où surcharge décorative et invraisemblance des représentations prouvent à la fois l'héritage amarnien et la nature quasi baroque de cet art.

Vases canopes★★ – *Salle 3, XVIIIe dyn.* La tête royale féminine de chaque couvercle prouve toute la finesse dont l'art amarnien était capable. Après s'être débarrassé des caricatures irréalistes de ses débuts, il livra un style apaisé, caractéristique des dernières années du règne.

Amon et Mout★ – *Salle 8, XVIIIe dyn.* Ces deux sculptures monumentales détruites par des pilleurs de tombes nous éclairent sur trois choses. Primo, la patience d'ange des restaurateurs. Deuzio, la restauration du culte d'Amon par les successeurs d'Akhénaton qui l'avait remplacé par Aton. Tertio, le prolongement du style amarnien malgré la contre-réforme.

Buste de Ramsès II★ – *Salle 9, XIXe dyn.* Ce portrait de jeunesse porte deux caractéristiques de l'époque : la perruque ronde et la tunique à plis multiples et manches évasées. L'héritage amarnien se décèle dans l'élégance des traits mais aussi la douceur méditative du regard.

Séthi Ier★ – *Salle 14, XIXe dyn.* En albâtre, cette statue marque les débuts de ce que constituera l'art ramesside. Malgré l'académisme ambiant, l'art de ce roi se cherche et commence à s'inspirer de l'art amarnien. Elle a été retrouvée en 6 morceaux, à Karnak. Voir également le **Couronnement de Ramsès III** (XXe dyn.*)*, flanqué des dieux Horus et Seth, incarnant ici l'ordre et l'anarchie.

La reine Méritamon★★★ – *Salle 15, XIXe dyn.* Un sommet de l'art ramesside ! Celle qu'on a longtemps appelée la « reine blanche », faute d'attribution sûre, a les yeux dirigés vers le bas, en signe de piété. Son sourire et sa polychromie pratiquement intacte en font une des plus séduisantes sculptures de l'art des Ramsès. Son charme est souligné par des bijoux : deux boucles d'oreilles rondes, un large collier imitant l'or, un double

À voir au passage

La salle 14 et le côté nord de la salle 13 réunissent des **portraits du Fayoum★★**. La salle 19 et ses multiples statuettes et amulettes, sorte de petit panthéon égyptien qu'il est amusant de repérer à l'aide des 31 planches de dieux dans « *Comprendre l'Égypte* ».

Studio Vart / MICHELIN

Buste d'Aménophis IV illustrant la révolution esthétique amarnienne, avec notamment l'allongement des visages et des corps.

bracelet. Une rosace orne chaque sein. Sa coiffe porte un mortier entouré d'une frise d'*uræus* à disque solaire ; deux boucles d'oreilles rondes (parure traditionnelle des chanteuses) et un large collier imitant l'or. La reine tient dans sa main la **menat**. C'est un objet cultuel relié à la déesse Hathor, qui produit des sons lorsqu'on l'agite.

Basse Époque

La déesse Thouéris★★★ – *Salle 24, XXVIe dyn.* Le classicisme imprègne toute la Basse Époque, qui connaît pourtant une multiplicité de styles due tant aux périodes antérieures qu'aux influences extérieures. D'une facture irréprochable et datant du règne de Psammétique Ier, cette œuvre en schiste vert présente un poli parfait, une des marques de cette dynastie. À l'origine, elle occupait un naos muré percé d'une seule ouverture, afin que la déesse entende les prières de ses fidèles.

Isis, Hathor et Osiris★ – *Salle 24, XXVIe dyn.* On retrouve ici cette belle qualité du poli, mais aussi les yeux en amande et le sourire qui anime les visages des œuvres tardives de cette dynastie, traduisant l'épanouissement de l'Époque saïte. À tel point qu'on parlera jusqu'aux empereurs romains de « sourire saïte ».

Montouemhat – *Salle 24, XXVIe dyn.* Les traits nubiens de ce maire de Thèbes et prophète d'Amon nous rappellent qu'à l'époque, des fonctionnaires des lignées kouchites assurèrent d'importantes fonctions.

À ne pas manquer avant de monter à l'étage : le moulage de la pierre de Rosette *(salle 34)*, la Statue du roi Khâsekhem *(salle 43, IIe dyn.)*, le Groupe d'Aménophis III et de la reine Tiyi★★ *(atrium, XVIIIe dyn.)*, et le Cercueil de Pétosiris★★ *(salle 50, dyn. des Lagides)*.

Collections du 1er étage

Mobilier de la tombe du général Mesehti★ – *Salle 37, XIe dyn.* Depuis la VIe dynastie, des figurines de serviteurs étaient déposées dans les tombes. Des figurines « animées » apparaissent à partir de la Première Période intermédiaire, puis disparaissent après la XIIe dynastie. Ces modèles sont la transposition en trois dimensions de scènes habituellement peintes ou gravées en relief. Les soldats de l'**Armée de piquiers et d'archers de Mesehti** ont les yeux écarquillés, ce qui est typique de la XIe dynastie.

Collection des bijoux★★★ – *Salle 4.* La perfection technique de l'orfèvrerie en Égypte se perçoit à travers ces merveilles trouvées dans diverses tombes. Quelques pièces dominent cette caverne d'Ali Baba : la **Tête du faucon Horus★★** *(VIe mais peut-être XIIe dyn.)* ; le **Diadème de Sat-Hathor-Iounit★** *(XIIe dyn.)* qui appartint à une fille de Sésostris II ; le **Collier de Nefrouptah★** *(XIIe dyn.)* au réseau d'amazonites et cornalines relié à deux têtes de faucon en or ; les **Pectoraux de Mereret** *(XIIe dyn.)*, dont le travail de cloisonnage force l'admiration. Découvert dans l'oasis de Khârga, caché dans une jarre, le **Trésor de Douch** (2e s.) comprend notamment 2 bracelets et un grand collier composé de 187 plaques d'or.

Trésor de Tanis★★★ – *Salle 2, XXIe et XXIIe dyn.* Découvert par Montet en 1939 et exposé depuis 1998, sa richesse exceptionnelle, éclipsée seulement par celui de

Toutankhamon, mérite toute notre admiration. Masques, bijoux, amulettes, armes, vaisselle et même sandales en or sont ici réunis pour le plus grand plaisir de tous, et spécialement ceux qui ont visité le site.

Momies du Nouvel Empire★★★ – *Salle 56 ; entrée à droite de l'escalier est ; ticket spécial : 50 £. (photos interdites). Guides non admis.* Ces 11 momies furent jadis regroupées dans la tombe de la reine Inhapi, dans une cachette dite « royale », par des prêtres de la XXIe dynastie, afin de les protéger des pilleurs de tombes. La plus connues est celle de **Ramsès II**, restaurée en 1976 à Paris par le musée de l'Homme, car attaquée par des champignons. Elle fut stérilisée aux rayons gamma afin de redevenir éternelle. Momentanément fermée par le président Sadate en 1981, car il en jugeait l'exposition irrespectueuse, la salle, maintenue à une température constante de 22 °C, a été réouverte au public en 1995.
En sortant de la salle, on voit *(salle 50)* le **cercueil de Ramsès II★** qui renfermait sa momie. En bois peint, il représente le souverain dans l'attitude d'Osiris.

Mobilier de la tombe de Youya et Thouya★★ – *Salle 43, XVIIIe dyn.* Leurs splendides masques en cartonnage doré et pierres semi-précieuses (yeux en verre bleu et quartz) côtoient un char, des sièges, des sarcophages, des bijoux et des coffrets, dont un à bijoux, en bois doré, avec incrustation d'ébène, d'ivoire et de faïence. (La faïence égyptienne n'a qu'un lointain rapport avec la véritable faïence qu'est la faïence vernissée de Faenza. Il s'agit d'une masse quartzeuse ayant reçu une vitrification alcaline).

Mobilier de la tombe de Sennedjem★ – *Salle 17, XIXe dyn.* Il constitue un bel ensemble dont se démarquent la cuve funéraire de Khonsou, dont les représentations des parois sont empruntées au *Livre des morts*, et un coffret à *ouchebtis* en forme de chapelle.

Ne manquez pas de voir également les nombreux cercueils *(salles 41 à 11)*, dont **le cercueil en argent de Psousennès Ier★** *(salle 11)*, les modèles de la tombe de Meketrê *(salle 27)*, le *Livre des morts de Maïherperi★ (salle 17).*

Trésor de Toutankhamon★★★

Salles 3, 7 à 10, 13, 15, 20, 25, 30, 35, 40, 45, XVIIIe dyn.

Une accumulation exceptionnelle – Ouverte le 29 novembre 1922 par l'égyptologue anglais **Howard Carter**, la tombe de Toutankhamon a demandé dix années d'inventaire. Le tri et les réparations des 171 objets de la seule antichambre lui ont nécessité deux années de patience. Les diverses pièces du trésor conservées ici totalisent 2 099 unités ! Heureusement, le contrat liant Lord Carnarvon, le promoteur des fouilles, au gouvernement égyptien garantissait à ce dernier l'exclusivité des trouvailles. Une pièce importante manque ici à l'appel : la cuve funéraire, qui demeure dans la tombe (*n° 62,* dans la Vallée des Rois, à hauteur de Louxor, en contrebas de la tombe de Ramsès VI), avec son sarcophage extérieur et la momie.
Malgré la richesse intrinsèque de chaque élément du trésor, nous n'en citons ici que les pièces essentielles.

B. Kaufmann / MICHELIN

Dossier du trône de Toutankhamon le représentant avec son épouse, Ankhsenamon.

Mobilier – Les 4 **chapelles★** qui s'emboîtaient les unes dans les autres autour de la cuve funéraire sont en bois stuqué doré, de même que les 3 **lits funéraires★★** décorés d'animaux (félins, vache et hippopotames). Protégée par 4 représentations de la déesse Selkis, la **chapelle des canopes★★** occupait la chambre du trésor et abritait les vases canopes contenant les petits sarcophages à viscères.
La pièce la plus sensationnelle est le **trône★★★** plaqué d'or incrusté de verres polychromes, de pierres semi-précieuses et de feuilles d'argent *(salle 35)*, et dont les bras sont un serpent ailé coiffé de la double couronne. Par ses incrustations d'ébène, d'ivoire, d'or et de faïence, la **chaise cérémonielle★★** *(salle 25)* est un pur joyau de l'ébénisterie ; le siège est incurvé pour recevoir un coussin.
Toute une série d'objets complète ce mobilier funéraire : des naos à statuettes, des coffres, une table de jeu (le *senet*, pratiqué dès l'Ancien Empire), des vases à parfum, des pots à onguent, des *ouchebtis* royaux, etc.

Statuaire – Trente-deux statuettes étaient enfermées dans des naos, dont **Toutankhamon** harponneur★ *(salle 40)*, au pagne typique de l'époque, est la plus élégante. Gardiennes de la chapelle funéraire, 2 **statues du roi grandeur nature★** *(salle 45)* en bois bitumé et doré incarnent le ka de Toutankhamon. Remarquable de vie, le **mannequin du roi★★** *(salle 15)* dut servir pour concevoir ses robes et ses colliers. À remarquer enfin, l'**Anubis★** *(salle 9)* en bois verni noir qui obstruait le passage entre la chapelle funéraire et le trésor.

Orfèvrerie – *Salle 3*. Ici sont regroupés deux sarcophages ainsi que les objets précieux découverts sur la momie ou dans le trésor, où des coffrets regorgeaient de richesses.
Le **masque d'or★★★** est incontestablement le plus beau du genre que l'on ait trouvé au monde à ce jour. Son fini est si parfait qu'on le croirait exécuté hier. Or, il a plus de 3 000 ans ! Comparé au visage de la momie qu'il protégeait, il semble reproduire les traits du jeune pharaon. En or, lapis-lazuli, cornaline, quartz, obsidienne, turquoise et verre de couleur, il pèse 11 kg. Haut de 54 cm, il a été réalisé en grandeur réelle. Coiffé du *nemès*, doté de la barbe postiche, ce portrait porte sur le front l'*uræus* et la tête du vautour de la déesse Nekhbet. Momiforme, le **sarcophage intérieur★★★** (110,4 kg d'or à 22 carats) qui protégeait la momie recouverte du masque est entièrement en or ; le vautour déploie ses ailes de pierres polychromes sur le buste. Également momiforme, en bois recouvert de feuilles d'or et de pierres semi-précieuses, le **sarcophage intermédiaire★★** présente un visage qui apparaît comme le plus expressionniste de la série. Peut-être faut-il y voir une rare image de peur ou de souffrance face à la mort, ce que semble souligner la teinte jaune de la cornée des yeux.
Les bijoux royaux (colliers, gorgerins, pectoraux, pendentifs, boucles d'oreilles, bracelets et même un poignard) présentent toutes les techniques de l'orfèvrerie (cloisonnage, filigrane, sertissage, gravure, etc.). Le **pectoral au scarabée★★★** témoigne de la minutie des artisans : au centre, un oiseau frappé d'un scarabée en calcédoine tient dans ses serres un lis et un lotus, tandis que le coléoptère pousse une barque céleste contenant l'œil sacré sous l'image impérissable de Toutankhamon.

Se promener

Au Caire, la vie est dans la rue : que l'on se rende dans le vieux quartier copte, dans Le Caire islamique au pied de la citadelle, autour de la moderne place Tahrir, ou encore dans les quartiers de Boulaq et Choubra, au nord, on constate que la ville est survoltée. C'est à peine si l'on entend encore les cinq appels quotidiens des muezzins crachés par les dix mille haut-parleurs des mosquées. Le Caire ronfle du moteur et des klaxons de ses bus, de ses motos et de ses taxis innombrables. Les rues débordent de monde, de marchands ambulants, de livreurs à vélo, de carrioles tirées par des ânes frayant leur chemin à travers les embouteillages. Il ne faut pas chercher à comprendre, mais se laisser happer par ce volcan urbain paradoxalement assez nonchalant. Pourtant, en flânant sur les bords du Nil, on peut voir des familles de pêcheurs, apparemment insensibles aux turbulences de la capitale, vivre sur leur frêle embarcation et jeter leur filet dans le matin calme.

Le Caire islamique autour d'Al-Azhar

Le Caire islamique compte plus de 800 monuments. Il est aisé de se perdre dans le dédale de ses ruelles, et bon nombre de curiosités ne sont renseignées par aucun panneau. C'est pourquoi nous avons organisé nos descriptions autour d'édifices phares : la mosquée Al-Azhar et la citadelle qui servent de points de repère.

Horaires – En général, les mosquées sont ouvertes de 9h à 18h, mais il arrive qu'on trouve porte close. À savoir aussi : les mosquées sont inaccessibles aux heures de prière. Jambes et épaules doivent être couvertes. Prévoyez enfin de petits billets pour les bakchichs à laisser au portier qui garde les chaussures.

Mosquée Al-Azhar★★ (D2)

En fondant cette mosquée en 970 pour affirmer leur soumission à Dieu et asseoir leur domination temporelle, les Fatimides ont créé la première université islamique. Elle fonctionne encore de nos jours, ce qui en fait la plus ancienne université encore en activité de par le monde. Son cheikh est la suprême autorité religieuse du pays et dirige en outre de nombreux instituts azharis à travers le pays.

La « Splendide » – *Voir aussi ABC d'architecture dans Comprendre l'Égypte. Seulement une partie se visite.* Ce surnom lui vient de Fatima ez-Zahra, la fille du Prophète. Depuis **Saladin** (12e s.), la mosquée est le berceau de la doctrine sunnite en Égypte. Restauré et remanié au cours des siècles, ce monument amalgame des constructions de styles divers.

Par la porte des Barbiers élevée par Qaitbay en 1469, mais dont le double portail date du 18e s., on accède à la **cour centrale**★★ *(sahn)*. Ses portiques à arcs persans supportant un mur de niches aveugles est le seul élément datant des Fatimides. En face, côté est, la grande salle de prière couvre près de 3 000 m². Ses 9 travées alignent 8 rangées de colonnes (certaines sont antiques) disposées perpendiculairement au **mihrab**★ (distribution inspirée de la Grande Mosquée de Kairouan, en Tunisie), qui n'occupe pas le fond de la salle à cause des agrandissements successifs. Les mosaïques de ce *mihrab*, le plus ancien exemple connu en Égypte, dessinent des superbes motifs en étoile et géométriques. À droite du corridor d'entrée, la madrasa El-Taybarsiyya renferme un *mihrab* (niche indiquant la direction de La Mecque) daté de 1310 et flanqué de colonnettes en porphyre.

B. Kaufmann / MICHELIN

La mosquée Al-Azhar fondée par les Fatimides (chiites) représente depuis le 12e s., l'autorité sprirituelle du monde sunnite.

En tout, la mosquée compte cinq minarets, élevés par des sultans différents. Côté façade, le plus ancien est le plus en retrait (14e s.) ; celui surplombant l'entrée est de Qaitbay (15e s.) ; celui couronné de deux amortissements est du 16e s.

L'université – Elle a été réformée en 1961. Parallèlement à l'université islamique traditionnelle, une université moderne y compte 9 facultés : études islamiques, langue arabe, droit et législation, affaires administratives et commerce, polytechnique, agriculture, médecine, pédagogie et faculté de jeunes filles (admises depuis 1962). Les étudiants, au nombre de 85 000, viennent de tous les pays du monde islamique – ils doivent connaître le Coran – et retourneront dans leur pays pour représenter les positions officielles de l'islam.

Parc Al-Azhar★ (D2)

Entrée par la rue Salah Salem, à l'est de la mosquée Al-Azhar. Entrée 5 £. Ouvert en 2005, ce parc de 30 ha, véritable poumon du Caire, renoue avec la tradition des espaces verts qui occupaient jadis 20 % de la surface de la ville à ses origines. Entre la cité des Morts et le quartier Al-Azhar, bordée à l'ouest par les vestiges restaurés de l'enceinte ayyoubide du 12e s., la colline offre un remarquable panorama sur la ville. On y flâne entre les parterres et les pelouses parsemés de canaux et de fontaines, au milieu des palmiers royaux, acacias et jujubiers où folâtrent hérons et aigrettes. Et peu à peu, la population du quartier se réapproprie ce qui fut pendant 500 ans un vaste dépotoir.

DE AL-AZHAR À BAB AL-FUTUH

Khan Al-Khalili★★★ (D2)

Ce quartier remontant au 13e s. abrite l'un des souks les plus connus du Moyen-Orient *(Attention, de nombreuses échoppes sont fermées le dimanche)*. Il s'étend entre la rue Muizz li-Din Allah et la mosquée Sayyidna al-Husseyn.

Cet immense souk où l'on croirait vite pouvoir se perdre est à visiter en soirée. La dense foule des touristes s'y presse pour se laisser absorber par son atmosphère unique. Le long des ruelles, ce ne sont qu'échoppes où se mêlent les souvenirs manufacturés et les produits de consommation courante. Outre son fourmillement incessant, le grand attrait de ce bazar inouï est d'avoir préservé son artisanat du cuivre, du bois, du cuir, de tapis. C'est surtout entre la rue Muski et la mosquée Al-Hussein qu'il faut aller flâner car on y aborde l'âme séculaire du souk. On change de monde, l'Orient mythique semble y survivre. Alors, il n'y a plus qu'à se laisser emporter !

Pour boire un thé ou un café, demandez **Fishawi's**. C'est une institution ! Ouvert sans interruption, ce bar où tout semble désuet déborde dans sa ruelle *(à une rue de la place Al-Hussein et face à l'hôtel du même nom)*.

Rue Muizz li-Din Allah (D1-2)

Elle longe le quartier de Khan el-Khalili pour rejoindre la porte de Bab al-Futuh. Six monuments proches de cet axe méritent un arrêt.

Mosquée-madrasa Al-Qalaoun★★ (D2)

Côté gauche de la rue, juste après Khan el-Khalili. (Fermé pour travaux jusqu'en 2007 au moins). Bâti en 1279 par le sultan du même nom, ce monument concentre une mosquée et une madrasa. Couronnée par de très élégants merlons, la **façade★** surprend par ses ogives géminées toutes chrétiennes d'aspects. Avec ses deux bases carrées et son tambour cylindrique, le **minaret** nous rappelle toutefois que le monument est bien mamelouk.

En entrant dans ce mausolée dominé par une coupole (reconstituée en 1903) imitant celle de la mosquée de Jérusalem, il faut se laisser submerger par l'exubérance des stucs, des marbres polychromes, la souplesse des entrelacs, dans la douce lumière tamisée que laissent filtrer les vitraux colorés.

À l'intérieur, un corridor orné d'arcs aveugles donne accès à la madrasa *(à gauche)*, dont le *mihrab* est orné de plaquettes de marbre sculpté, et au **mausolée★★** *(à droite)*, l'un des plus beaux du Caire et l'une des plus intéressantes introductions à l'art islamique. Le tombeau du sultan El-Mansour Qalaoun est encadré d'une grille en bois tourné. Flanquée de colonnes en porphyre, la niche du mihrab est décorée de superbes mosaïques. À voir aussi, les arcs outrepassés du vestibule, dont les archivoltes sont de véritables ouvrages de dentelle.

Mosquée-madrasa Al-Barquq (D2)

Côté gauche de la rue, juste après le mausolée d'An-Nasir (au début du 14e s.). 6 £. Construit à la fin du 14e s. par le sultan mamelouk Barquq qui s'empara du pouvoir en 1386, cette madrasa se signale par une façade percée d'un portail mosaïqué de marbres noirs et blancs, un élégant dôme vierge de tout ornement et un minaret à trois galeries dont le bulbe est soutenu par des colonnettes. Fermé par des portes de bronze aux décors d'argent, un mausolée abrite la tombe de Fatima, fille du sultan.

Entre ces deux monuments, le **mausolée de Mohammed an-Nasir** (début 14e s.) présente une belle façade et un beau minaret *(6 £)*.

Palais Beshtak★ (D2)

Juste après la madrasa, côté droit de la rue. Restauration en cours d'achèvement. Lorsqu'il ouvrira, ce palais construit vers 1334 sera l'occasion de voir une très belle salle de réception *(qa'a)*, haute de 25 m et divisée en salle centrale *(durqa'a)* et salles latérales.

Juste après le palais, sur un angle du côté droit, se dresse, **le sabil-kuttab Abdel al-Rahman Khatkhoda**, une école bâtie en 1744. De style arabo-turc, cette école fournit « l'eau aux assoiffés et la nourriture spirituelle aux ignorants ».

Mosquée Al-Aqmar (D2)

Continuer la rue ; côté droit. Cette mosquée fatimide (1125) présente une **façade★** (la 1re entièrement réalisée en pierre) superbement ouvragée, portant les 1ers exemples de stalactites, motif décoratif dont s'inspireront largement les mamelouks. L'intérieur et le minaret ne sont pas d'origine.

Maison Al-Suhaymi★★ (Beit al-Suhaymi) (D2)

Prendre à droite dans la rue Darb al-Asfar. Ouvert 9h-17h. 20 £. C'était la demeure du cheikh d'Al-Azhar. Construite en 1648, agrandie à la fin du 18e s., elle représente un très bel exemple d'architecture domestique, merveilleusement décoré de marbre, de faïence et de bois. La lumière du jour y est aspirée par un jardin intérieur à travers de très beaux moucharabiehs tandis que d'astucieuses ouvertures percées dans le toit captent le vent frais du nord au plus chaud de l'été.

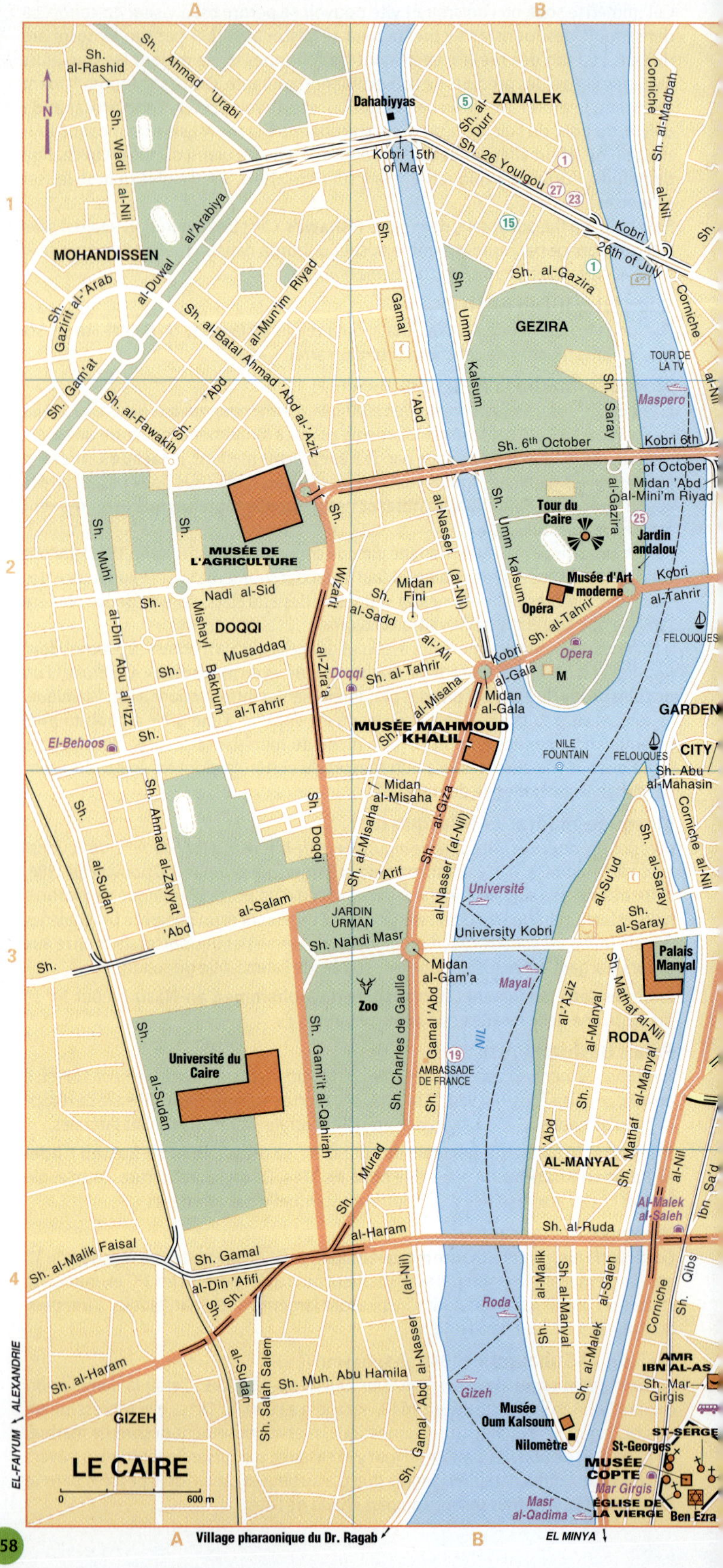
A
B
1
2
3
4
N
LE CAIRE
0
600 m
ZAMALEK
GEZIRA
MOHANDISSEN
DOQQI
GARDEN CITY
RODA
AL-MANYAL
GIZEH
Dahabiyyas
Kobri 15th of May
Sh. 26 Youlgou
Kobri 26th of July
Sh. al-Durr
Sh. al-Gazira
Corniche al-Nil
Sh. al-Madbah
Sh. al-Rashid
Sh. Ahmad 'Urabi
Sh. Wadi al-Nil
al-'Arabiya
al-Duwal
Sh. Gazirit al-'Arab
Sh. Gam'at
Sh. al-Fawakih
Sh. al-Batal Ahmad 'Abd al-'Aziz
'Abd al-Mun'im Riyad
Sh. Gamal 'Abd al-Nasser (al-Nil)
Sh. Umm Kalsum
Sh. Saray al-Gazira
TOUR DE LA TV
Maspero
Sh. 6th October
Kobri 6th of October
Midan 'Abd al-Mini'm Riyad
Tour du Caire
Jardin andalou
Musée d'Art moderne
Opéra
Kobri al-Tahrir
Sh. al-Tahrir
Opera
M
FELOUQUES
MUSÉE DE L'AGRICULTURE
Sh. Nadi al-Sid
Sh. Muhi al-Din Abu al-'Izz
Sh. Mishayl Bakhum
Sh. Musaddaq
Sh. Wizarit al-Zira'a
Midan Fini
Sh. al-Sadd al-'Ali
Doqqi
Sh. al-Tahrir
Kobri al-Gala
Midan al-Gala
Sh. al-Misaha
El-Behoos
MUSÉE MAHMOUD KHALIL
NILE FOUNTAIN
Sh. Abu al-Mahasin
Midan al-Misaha
Sh. al-Misaha
'Arif
Sh. al-Giza
Sh. Doqqi
Sh. al-Sudan
Sh. Ahmad al-Zayyat
'Abd al-Salam
JARDIN URMAN
Sh. Nahdi Masr
Université
University Kobri
Midan al-Gam'a
Sh. al-Su'ud
Sh. al-Saray
Palais Manyal
Mayal
Zoo
Sh. Charles de Gaulle
Sh. Gami'it al-Qahirah
Université du Caire
AMBASSADE DE FRANCE
NIL
Sh. 'Abd al-'Aziz al-Manyal
Sh. Mathaf al-Nil
Sh. Mathaf al-Manyal
Sh. Murad
Sh. al-Haram
Sh. al-Ruda
Al-Malek al-Saleh
Ibn Sa'd
Sh. Qibs
Sh. al-Malik Faisal
Sh. Gamal al-Din 'Afifi
Sh. al-Sudan
Sh. Salah Salem
Sh. Muh. Abu Hamila
Sh. Gamal 'Abd al-Nasser (al-Nil)
Roda
Sh. al-Malik al-Saleh
Sh. al-Manyal
Gizeh
Musée Oum Kalsoum
Nilomètre
AMR IBN AL-AS
Sh. Mar Girgis
ST-SERGE
St-Georges
MUSÉE COPTE
Mar Girgis
ÉGLISE DE LA VIERGE
Ben Ezra
Masr al-Qadima
EL-FAIYUM
ALEXANDRIE
Village pharaonique du Dr. Ragab
EL MINYA

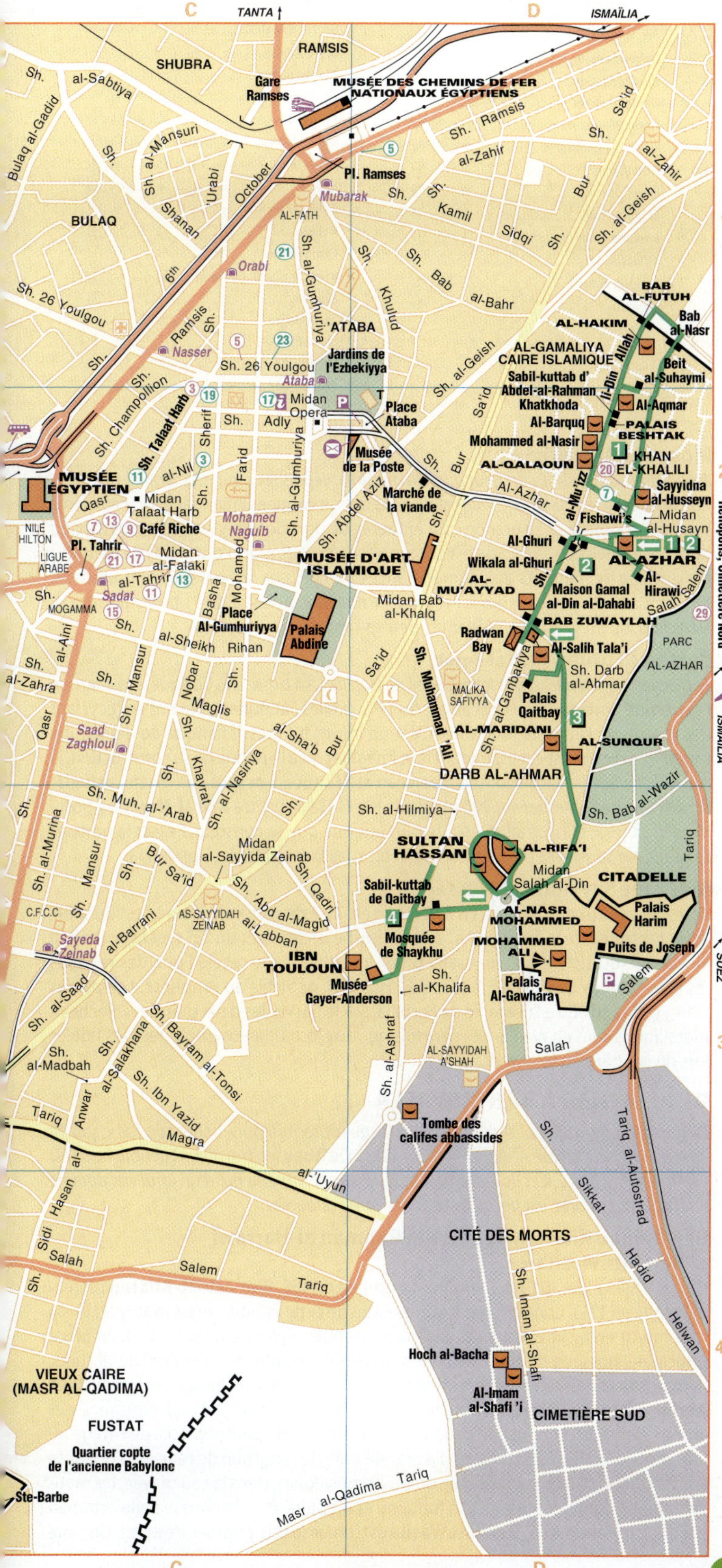

TANTA
ISMAÏLIA
RAMSIS
SHUBRA
Gare Ramses
MUSÉE DES CHEMINS DE FER NATIONAUX ÉGYPTIENS
Pl. Ramses
Mubarak
BULAQ
Orabi
'ATABA
Jardins de l'Ezbekiyya
Nasser
Ataba
Midan Opera
Place Ataba
Musée de la Poste
MUSÉE ÉGYPTIEN
Midan Talaat Harb
Café Riche
NILE HILTON
LIGUE ARABE
Pl. Tahrir
Midan al-Falaki
Sadat
MOGAMMA
Mohamed Naguib
Marché de la viande
MUSÉE D'ART ISLAMIQUE
Place Al-Gumhuriyya
Palais Abdine
Midan Bab al-Khalq
Saad Zaghloul
BAB AL-FUTUH
Bab al-Nasr
AL-HAKIM
AL-GAMALIYA CAIRE ISLAMIQUE
Beit al-Suhaymi
Sabil-kuttab d' Abdel-al-Rahman Khatkhoda
Al-Aqmar
Al-Barquq
PALAIS BESHTAK
Mohammed al-Nasir
AL-QALAOUN
KHAN EL-KHALILI
Sayyidna al-Husseyn
Fishawi's
Midan al-Husayn
Al-Ghuri
AL-AZHAR
Wikala al-Ghuri
AL-MU'AYYAD
Maison Gamal al-Din al-Dahabi
Al-Hirawi
BAB ZUWAYLAH
Radwan Bay
Al-Salih Tala'i
Sh. Darb al-Ahmar
PARC AL-AZHAR
MALIKA SAFIYYA
Palais Qaitbay
AL-MARIDANI
AL-SUNQUR
DARB AL-AHMAR
Héliopolis, Cimetière Nord
ISMAÏLIA
SULTAN HASSAN
AL-RIFA'I
Midan Salah al-Din
CITADELLE
Sabil-kuttab de Qaitbay
AL-NASR MOHAMMED
Palais Harim
MOHAMMED ALI
Puits de Joseph
Palais Al-Gawhara
Mosquée de Shaykhu
IBN TOULOUN
Musée Gayer-Anderson
Midan al-Sayyida Zeinab
AS-SAYYIDAH ZEINAB
C.F.C.C
Sayeda Zeinab
SUEZ
AL-SAYYIDAH A'SHAH
Tombe des califes abbassides
CITÉ DES MORTS
Hoch al-Bacha
Al-Imam al-Shafi 'i
CIMETIÈRE SUD
VIEUX CAIRE (MASR AL-QADIMA)
FUSTAT
Quartier copte de l'ancienne Babylone
Ste-Barbe
C
D
1
2
3
4

SE LOGER		SE RESTAURER	
Cairo Marriott	1	Abou El Sid	1
Cosmopolitan	3	Al Américaine	3
Fontana Hotel	5	Ali Bey	5
Hôtel El-Hussein	7	Arabesque	7
Hôtel Longchamps	9	Café Riche	9
Hôtel Luna	11	El Gesh	11
Hôtel Osiris	13	Estoril	13
Mayfair Hotel	15	Fatari El-Tahrir	15
Pension Roma	17	Felfela	17
Talisman	19	Fishmarket	19
Victoria Hotel	21	Khan el Khalili Restaurant	20
Windsor	23	Kochary	21
		La Bodega	23
		Le Pacha 1901	25
		Maison Thomas	27
		The Citadel	29

Mosquée Al-Hakim★ (D1)

Au bout de la rue. 10 £ ; on peut aussi la dominer depuis les remparts (voir ci-dessous). Construite entre 990 et 1013, elle est une des rares mosquées fatimides à avoir conservé son plan primitif avec sa grande cour entourée de portiques et sa salle de prière à cinq nefs. Monumentale, la façade est composée de grands murs couronnés de merlons, et flanquée de minarets aux dômes élancés perchés sur des pyramides tronquées. La partie située sous ces dômes est appelée *mibkhara* (c'est-à-dire « brûle-parfum »). Dans la cour, on voit deux élégantes petites fontaines à ablutions.

Porte Al-Futuh★ (Bab al-Futuh) (D1)

Accès aux remparts (6 £) par la mosquée Al-Hakim. La « porte des Conquêtes » marque l'extrémité nord des remparts érigés au 11e s. par les Fatimides, souvent en recyclant des pierres de l'antique Memphis. C'est un imposant massif flanqué de deux tours rondes. En regardant cet ouvrage, il faut imaginer qu'à l'époque de sa construction, la rue qui traverse sa large voûte en berceau était située 5 m sous son niveau actuel ! Après la porte continuer sur 200 m dans la rue El-Galal jusqu'à **Bab al-Nasr** ou « porte de la Victoire », d'inspiration encore plus antique que sa consœur. Passer la porte et regagner le souk et la place Hussein par les rues Bab al-Nasr et Husseinya.

Mosquée Sayyidna al-Husseyn (D2)

Accès réservé aux musulmans. En revenant vers Al-Azhar, on voit, juste à l'est du souk, cette mosquée de la fin du 19e s., qui a absorbé un minaret du 13e s. et la porte Bab al-Akhdar, du 12e s. Dans une salle dite « interdite », elle recèle l'une des reliques les plus sacrées de l'islam : la tête d'El-Hussein, petit-fils du Prophète, tué par les Omeyyades en 680 à la bataille de Kerbala. Sur le parvis, les deux grandes « flèches » métalliques sont en réalité des parasols qui, aux jours chauds, protègent les fidèles lors de la prière du vendredi.

DE AL-AZHAR À BAB ZUWAYLA

Regagner la mosquée Al-Azhar par le passage souterrain puis longer son flanc sud en direction de l'est. La rue Al-Azhar suit la **wikala Qaitbay** *(en travaux) et débouche à l'est sur une petite place. Cet îlot récemment réaménagé, agrémenté d'un jardin et dominé par un petit minaret, est bordé de trois maisons restaurées.*

Beit Zeinab Khatun, Beit Abdul Rahman al-Harrawi et Beit Sitt Wasila★

Ouvert de 9h à 18h. 10 £ par maison. Construite en 1468, **Beit Zeinab Khatun** fut réaménagée en 1713. Contrairement aux maisons de cette époque où les moucharabiehs foisonnent en façade, les murs extérieurs semblent ici aveugles. Le *qa'a*, ou pièce principale, possède un très beau plafond de bois sculpté, peint et orné de dorures. Remarquer le premier étage de style mamelouk et le second de style ottoman. **Beit Abdul Rahman al-Harrawi** date de 1731. Elle abrite une école d'oud et résonne des arpège des musiciens jusque dans l'enchevêtrement de petites pièces de l'étage où logent aujourd'hui les étudiants. La grande salle de réception de l'aile est s'organise autour d'une fontaine octogonale ornée de mosaïques. Dans la cour pavée, les moucharabiehs dominent une petite fontaine et un puits. Édifiée dans le style ottoman par deux frères en 1637, **Beit Sitt Wasila** est remarquable pour ses fresques. Une vue d'Istambul orne une façade du salon d'été *(maq'ad)* tandis que Médine et La Mecque déploient leurs remparts sur les murs de la salle de réception adjacente.

Reprendre la rue Al-Azhar vers l'ouest et longer l'arrière des mosquées Al-Azhar et Abd al-Dhahab.

Wikala al-Ghuri (D2)

Entre la mosquée Al-Azhar et la rue Muizz li-Din. Ouvert de 8h à 24h. 6 £. Un *wikala* était un bâtiment à destination commerciale, un caravansérail dont le rez-de-chaussée servait d'entrepôt. Daté de 1505, il est le mieux conservé de la ville et possède de beaux moucharabiehs autour de sa cour. Le spectacle de **danse soufie** le plus populaire du Caire s'y tient chaque mercredi et samedi soir à 20h. Un conseil : étant donné l'affluence, présentez-vous au moins 1h à l'avance.
Tourner à gauche dans la rue Muizz li-Din.

Madrasa et mausolée Al-Ghuri (D2)

Ouvert 9h-19h. Cet ensemble regroupe de part et d'autre de la rue la madrasa et le mausolée de l'avant-dernier sultan mamelouk, Qansuh al-Ghuri. La première *(côté droit)* date de 1503, le second de 1504. À l'âge de 78 ans, ce sultan fut défait par les Turcs, en Syrie. Peu après l'Égypte passa sous domination ottomane. On ne retrouva jamais son corps. Aussi son mausolée *(côté gauche de la rue ; en travaux)*, dont la coupole est inachevée, renferme-t-il la dépouille de Tumambey, son successeur. À voir : les mosaïques et les marbres polychromes de la salle de prière et des quatre *iwan* de la madrasa. On peut monter sur le toit par un enchevêtrement de salles, puis au sommet du minaret, haut de 65 m.

Le souk prolonge ses étals vers le sud jusqu'à Bab Zuwayla, à l'emplacement de l'ancien marché de la soie. On y trouve surtout des articles ménagers et des vêtements bon marché, dont un grand choix de *galabiyyas* ainsi que le plus ancien fabricant de tarbouches toujours en activité *(côté droit de la rue. De 15 à 45 £).*

Maison de Gamal al-Din al-Dahabi (D2)

Descendre la rue et tourner à gauche dans Haret ar-Rum. Ce bel exemple d'architecture domestique ottomane date du milieu du 17e s. À voir, dès l'achèvement des travaux de restauration : la cour et sa fontaine, ainsi que les moucharabiehs du balcon.

Plus loin, sur la gauche, s'élève la façade sculptée du majestueux **sabil-kuttab Tusun pacha★** construit en 1820 par Mohammed Ali en souvenir de son fils mort à 23 ans. À l'intérieur, des panneaux en anglais expliquent les étapes de sa restauration. La citerne se visite : elle pouvait contenir l'équivalent de 1 500 000 verres d'eau.

Mosquée Al-Mouayed★★ (D2)

Au bout de la rue, à droite, juste avant la porte des remparts. Fermée pour travaux. Également connu sous le nom de « mosquée rouge », cet édifice mamelouk (1415) est l'exemple le plus tardif de mosquées à portiques. Orné de stalactites et appareillé de marbres noirs et blancs, le portail d'entrée encadre une **porte★** splendide en bois de tilleul revêtu de plaques de bronze repoussé. Mesurant 5,9 m de haut, ses deux battants proviennent de la mosquée du sultan Hassan.
Par un vestibule à coupole, on accède à la cour, qui rappelle celle de la mosquée Al-Azhar, ainsi qu'au mausolée : une chapelle carrée également surmontée d'une coupole, ici sur pendentifs. La mosquée *(à droite)* se divise en trois travées. Les arcs, allégés par de petites baies, sont d'une grande élégance malgré leur portée. Les caissons du plafond sont magnifiquement travaillés et décorés (or et argent). Sept niches ogivales incrustées de marbre sont inscrites dans le mur du **mihrab★**. Entièrement décoré de marbre polychrome, celui-ci est embelli d'incrustations de nacre et d'ivoire. Enfin, le *minbar* (chaire dotée d'un escalier) présente un superbe travail d'ébénisterie.
Face à la mosquée s'élève le petit **sabil-kuttab (fontaine-école) Nafissa al-Bayda** (6 £) de forme octogonale établie en 1796. Le rez-de-chaussée abrite la fontaine publique tandis que l'école occupe le premier étage.

Porte Zuwayla★★ (Bab Zuwayla) (D2)

Ouvert 8h-17h. 10 £/5 £. Contemporaine des portes nord *(voir Bab al-Futuh plus haut)*, cette porte fut construite en 1092. C'était le lieu des exécutions publiques : les têtes des 500 mamelouks assassinés en 1811 par Mohammed Ali y furent exposées plantées sur leurs lances. Aujourd'hui superbement restaurée, on accède à ses minarets qui, du haut de leurs 76 marches (50 m), dominent les toits du Caire. Nombreux panneaux didactiques. Remarquer le plafond peint du 19e s. surplombant la porte d'entrée.

Derrière Bab Zuwayla, se trouve, à gauche, la **mosquée de Al-Salih Tala'i (D2)** (1160), dernière mosquée fatimide du Caire, et en face le **wikala de Radwan Bey** (1650), le dernier marché couvert du Caire, connu sous le nom de Al-Khiyyamiyya ou le « bazar des fabricants de toiles de tente ». On y vend aujourd'hui des toiles de cérémonie.

Si vous disposez d'un peu de temps, descendez la rue As-Surughiyya qui prolonge le bazar. C'est Le Caire populaire avec ses marchés colorés qui s'offre alors à vous. Bouchers, poissonniers, marchands de fruits et de légumes officient sous l'œil des fumeurs de chicha qui occupent les terrasses des cafés. En prenant à gauche dans la rue Mohammed Ali, on rejoint alors la place Salah al-Din.

MUSÉE D'ART ISLAMIQUE★★★ (D2)

Place Ahmed Mahir, entrée rue Bur Said. Métro Muhammad Nagib. Ouvert tlj de 9h à 16h (fermé entre 11h et 13h30 le vendredi). Actuellement fermé pour rénovation.

Créé en 1883 et ouvert dans ce bâtiment en 1903, ce musée particulièrement riche a été initialement constitué pour sauver des trésors mis au jour sur divers champs de fouilles. Grâce à de nombreux achats et grâce à divers dons, il compte aujourd'hui plus de 70 000 pièces, ce qui en fait un des plus importants du monde, dans ce domaine.
Les collections occupaient jusque-là 23 salles thématiques. Le musée devant être entièrement rénové et réorganisé, nous ne décrivons que les pièces les plus remarquables. Il devrait néanmoins conserver la même structure et regrouper des chefs-d'œuvre des arts omeyyade, abbasside, fatimide et ayyoubide, ainsi que quelques manuscrits et des espaces pour les expositons temporaires.

Boiseries★★ – De remarquables **panneaux en bois★★** de l'époque mamelouke sculptés de scènes de chasse à cheval, de danseurs et de musiciens, provenant du *maristan* (hôpital) de Qalaoun. Ces scènes sont rarissimes puisque l'art islamique n'encourage pas la représentation de personnages. À voir aussi, une belle porte de bois portant des plaques de bronze ajouré, un lustre à quatre étages en bronze ajouré, et une très belle fontaine provenant de la mosquée du sultan Qalaoun. Parmi les autres pièces, les moucharabiehs, le **cénotaphe de Soliman el-Kasim★** (1433), les battants de la porte de la mosquée El-Ashraf, les plafonds à caissons et les *koursis* (chaises de lecteur du Coran). Elles expriment toute la finesse décorative des artisans du bois des sultans. De même qu'un *mihrab* provenant de la mosquée Al-Azhar (13e s.), les deux battants d'une **porte** de la mosquée du sultan Qalaoun et le **cénotaphe★★** d'El-Hussein (13e s.) orné de versets du Coran de style coufique.

Art du métal★ – Bassins, coupes et aiguières ciselés, lustres et chandeliers incrustés d'argent, **astrolabes★** persans et turcs, avec en prime les panneaux d'une porte provenant de la mosquée fatimide de Saleh Telayeh (1160). Les tapis sont du 19e s.

Armes★★ – Se battre n'interdisait pas le raffinement. Pour s'en convaincre, il suffit de contempler ces pistolets iraniens incrustés d'or (16e s. et 17e s.), cette épée au manche d'ivoire ou ces dagues mameloukes. Une des épées ottomanes présentées appartenait à Murad bey, qui s'en servit à la bataille des Pyramides (1798).

Céramique★★ – Les céramiques dites *fayyumi* (du 10e au 12e s.) retiendront l'attention, mais les terres cuites provenant des fouilles de **Fustat** offrent l'avantage d'illustrer toutes les techniques. On remarquera la dominante blanche et turquoise des échantillons de **vases**, dont la série remonte du 10e au 14e s., et le fait qu'un grand nombre porte la signature des artistes ou le nom des sultans qui les commandèrent. Cette collection est complétée d'exemples provenant du monde islamique, y compris d'Andalousie. Également exposées : de la faïence turque et de la porcelaine chinoise.
Le carrelage émaillé n'est pas une spécialité égyptienne. Aussi les magnifiques **carreaux muraux★★** exposés proviennent-ils de Syrie, de Tunisie, de Turquie, mais surtout d'Iran.

Textiles – En appréciant les fragments de tissus exposés (Égypte, Yémen, Iran), on comprend que, qualitativement, la production répondait soit à une clientèle opulente voire richissime, soit à la consommation courante du peuple. En effet, cette production était contrôlée par le pouvoir.

Art lapidaire★ – L'introduction de l'alphabet arabe comme élément décoratif reflète non seulement l'évolution de la calligraphie mais aussi celle des styles artistiques.

Verrerie★ – La **collection de michkats★★** est absolument splendide, sinon unique au monde. Ces lampes en verre soufflé et émaillé sont une spécialité mamelouke.

Elles étaient fixées par les anses à des chaînes pendant des voûtes des *iwans* ; un petit globe placé sur la chaîne interdisait aux souris de venir s'alimenter en huile ! Un grand nombre provient de Syrie, mais les spécimens les plus beaux viennent de la mosquée du sultan Hassan (milieu du 14e s.).

Le Caire islamique : autour de la citadelle

DE BAB ZUWAYLA À LA PLACE SALAH AL-DIN

Une des plus intéressantes balades que l'on puisse faire à l'écart des grands monuments est la découverte du **quartier de Darb al-Ahmar** qui se trouvait au cœur même du Caire des 14e et 15e s. Il s'étend entre Bab Zuwayla et la place Salah al-Din, en longeant les rues Darb al-Ahmar, Al-Tibbâna et Bab al-Wazir qui forment un même axe percé sous les Ayyoubides pour relier le pied de la citadelle. Ce quartier, dont le nom signifie « la route rouge » (le sang des mamelouks exécutés dans la citadelle par Mohammed Ali aurait dévalé ses rues), transporte dans une autre époque. Seuls les klaxons rappelent que nous n'avons pas remonté le temps. C'est un véritable dédale de ruelles bordées d'édifices d'un autre âge où il faut déambuler sans but, sinon celui de la découverte.

Mosquée Al-Maridani★ (D2)

Sh. al-Tibbâna. Construite en 1340 par l'émir Al-Tounbougha al-Maridani, elle se distingue par une étonnante variété de styles. Par un beau portail de marbres verts et blancs, on accède à une cour à portiques avec une fontaine aux ablutions qui provient de la mosquée du sultan Hassan. La salle de prière, dont huit colonnes sont des remplois d'Époque ptolémaïque, est fermée par une clôture en bois ajouré, cas unique au Caire. À voir : les belles stalactites sculptées du minaret et le **mihrab★**, étoilé de nacre, de pierre rouge et d'émail bleu.

B. Kaufmann / MICHELIN

Poterie exposée au musée d'Art islamique du Caire.

À voir non loin, le **palais de Qaitbay** (D2) *(rue à l'arrière de la mosquée)*, demeure d'un des plus grands sultans mamelouks.

Mosquée Al-Sunqur★ (D2)

Au sud du même axe, sh. Bab al-Wazir. On la repère à son minaret cylindrique dont les balcons semblent soutenus par des sculptures de stalactites. Elle fut construite en 1346 par l'émir qui lui laissa son nom, puis restaurée à la suite d'un tremblement de terre par un officier ottoman, Agha Moudtahfizan. Les grands attraits de l'édifice sont son *minbar*, dont les flancs sont en marbre polychrome, et ses **carreaux en faïence d'Iran★** à motifs floraux qui tapissent l'*iwan* sud de sa salle de prière, ajoutés en 1651 lors de la restauration. Ils lui ont valu le surnom de « mosquée bleue ».

Mosquée-madrasa du sultan Hassan★★★ (D3)

Midan Salah al-Din. Ouvert de 8h à 16h30 (8h-10h, 15h-16h30 le vend.). 12 £ ; étudiant 6 £. C'est incontestablement un des chefs-d'œuvre de l'architecture islamique. Contrairement à la plupart des autres édifices religieux de la ville, cet ensemble ne s'emboîte pas dans le tissu urbain. Totalement indépendant, il impose toute la puissance des mamelouks au pied de la citadelle. L'impressionnante façade de

ce monument construit en 1359 sous les mamelouks surprend par ses surfaces nues. On doit l'expliquer par sa situation, face à la citadelle, à laquelle l'architecte a voulu répondre par l'austérité et la force qu'amplifient d'épaisses corniches en saillie et un **minaret★** à 3 balcons, de 86 m de hauteur (le plus élevé du Caire) ; le second minaret est postérieur. Il faut comprendre cet ensemble comme une forteresse de la foi.
À l'intérieur, la **grande cour★★** est de plan cruciforme – ce plan définit 4 *iwans* et madrasas correspondant aux quatre écoles théologiques (hanéfite, malkite, chaféite et hanbalite). Au centre, une belle et grande **fontaine aux ablutions★** est couronnée d'un dôme sphérique reposant sur de fines colonnettes de marbre (autrefois, le dôme était peint en bleu et son bandeau était doré). À l'est, l'**iwan★**, joliment orné de citations du Coran, contient une immense **dikka** permettant à des assistants de l'imam d'officier lorsque la foule des fidèles est trop éloignée du *minbar* (belle porte plaquée de bronze). Derrière la *qibla*, qui indique la direction de La Mecque, l'*iwan* ouvre sur le tombeau du sultan. Monumental, ce mausolée est coiffé d'une large et haute coupole à stalactites. Le minuscule catafalque ne contient pas la dépouille du sultan, mais celle de son fils.

Mosquée Al-Rifa'i (D3)

Midan Salah al-Din. Ouvert de 8h à 16h30 (8h-10h, 15h-16h30 le vend.). 16 £ ; étudiant 6 £.
À droite de la précédente, cette mosquée bâtie en 1912 pastiche le style mamelouk. Elle abrite les sépultures des rois Fouad et Farouk, ainsi que les cénotaphes de la princesse Taoufida Hanem (fille d'Ismâil pacha) et du dernier shah d'Iran. À gauche du minbar, le **mihrab★★** de l'*iwan* est, d'inspiration syrienne, est richement plaqué de marbres et de dorures. Dans une chapelle adjacente dont on remarquera l'acoustique particulière, s'élève au milieu d'autres le tombeau mêlant motifs chrétiens et musulmans de la sœur de Ferdinand de Lesseps.

Rue Mohammed Ali (D2-3)

Elle se confond avec la rue Al-Qala qui mène au musée d'Art islamique *(voir p 162)* depuis la place Salah al-Din. Rares sont les Cairotes qui ne l'appellent pas rue Mohammed Ali. Percée par Ismâil pacha et bordée d'édifices ottomans comme la mosquée Malika Safiyya (1610), elle offre un agréable prétexte de promenade nocturne aux amateurs de musique par ses nombreux magasins d'instruments musicaux. On y trouve des guitares ou des tambourins à des prix intéressants.
Il est aussi agréable de prendre un verre dans l'un de ses deux grands cafés : le **Kawkab al-Charq** (L'Astre de l'Orient) décoré de photos d'Oum Kalsoum, ou l'**Al-Tigara** (Le Commerce), décoré de photos d'artistes populaires.

DE LA PLACE SALAH AL-DIN À LA MOSQUÉE D'IBN TOULOUN

Par la rue Al-Salbiyya qui démarre au sud de la place Salah al-Din, on gagne la célèbre mosquée en croisant des édifices plus modestes mais intéressants.

Sabil-kuttab de Qaitbay★ (D3)

Construit en 1479, il fut alors le premier édifice de la ville à fournir de l'eau *(rez-de-chaussée)*, ainsi que la première école coranique *(1er étage)* détachée d'un complexe religieux. Ce type de bâtiment se répandit durant la période ottomane et sous Mohammed Ali. Dans les années 1930 à 1940, un second étage y fut rajouté. Il vient d'être entièrement restauré après des dégâts causés par un séisme en 1992.

> **Khanqah ?**
>
> Un khanqah est un couvent où vivaient des mystiques ayant décider de se retirer du monde. Cependant, ce retrait n'interdisait pas d'inclure ces édifices à des ensembles religieux.

Mosquée et khanqah de Shaykhu (D3)

De chaque côté de la rue Abd al-Magid Saliba et datant de la moitié du 14e s., ils furent construits par l'émir du même nom, commandant en chef de l'armée mamelouke sous le sultan Hassan. Ils forment un imposant ensemble architectural.

Palais Al-Amir Taz

Sh. Suyufiya. Ouvert tlj 9h-16h. Gratuit. Construit par l'émir Taz vers 1352 pour célébrer son mariage avec la fille du sultan Al-Nasir Mohammed. Ce dernier en fit son goûteur comme l'atteste le blason en forme de coupe qui orne un mur de la cour. Modifié à la fin du 19e s., il devient la première école de filles d'Égypte. On peut y voir un puits dont la *noria* alimentait un petit *sabil*. Magnifiquement restauré, le palais abrite aujourd'hui un centre culturel.

Mosquée d'Ibn Touloun★★★ (D3)

La mosquée d'Ibn Touloun est inspirée des anciennes mosquées abbassides de Samarra, en Irak.

Entrée côté est. En 879, c'est-à-dire près d'un siècle avant la naissance officielle du Caire, en 969, l'émir **Ahmed ibn Touloun**, fondateur de la dynastie des Toulounides, édifia cet admirable chef-d'œuvre universel. Cette mosquée constitue en outre le plus ancien témoignage architectural intact de l'art islamique en Égypte.
Longée sur trois côtés par un chemin de ronde, l'édifice, tout en brique revêtue de plâtre, ne présente qu'une seule façade aux passants. Dès l'entrée du *sahn* ou **cour centrale**★★★ franchie, le visiteur est happé par l'impression de grandeur qui en émane. Ses portiques forment une succession d'arcs à peine outrepassés dont les intervalles sont percés d'une fenêtre reproduisant le même dessin. Si la décoration très byzantine de la frise et des archivoltes doit retenir l'attention, ce sont surtout les **intrados**★★ (partie intérieure) des arcs qui méritent un examen. On y voit les premières réalisations décoratives sculptées – et non moulées comme à l'habitude – à base d'entrelacs et de motifs géométriques. Au centre de la cour, la grande fontaine aux ablutions que coiffe un dôme dont la coupole est nue a été édifiée par le sultan Hassan.
La salle de prière est divisée en 5 travées séparées par des piliers dotés de colonnettes engagées. Six *mihrabs* sont inscrits dans le mur du fond ; le principal est coiffé d'une petite coupole de bois. Datant de la fin du 13e s., le *minbar* est un superbe ouvrage d'ébénisterie dont les incrustations d'ivoire et d'ébène ont en partie disparu. De l'autre côté de la cour, le **minaret**, de forme hélicoïdale, fait unique en Égypte, est le seul élément bâti en pierre. Il fut probablement ajouté par le sultan Hassan. On peut y accéder.

Musée Gayer-Anderson (D3)

Côté sud-est de la mosquée. Ouvert tlj de 9h à 17h. 30 £. En 1935, le major anglais Gayer-Anderson acheta deux maisons ottomanes contiguës, des 16e et 17e s. Il les rénova et les meubla avec un esprit tout orientaliste. Il est amusant de la découvrir en passant d'une pièce à l'autre, par des décrochements, des changements de palier et des galeries, sans oublier les terrasses d'où l'on bénéficie d'une vue sur la mosquée d'Ibn Touloun. En ce qui concerne le mobilier et le décor, il est rare de voir une telle variété de styles. Une scène d'un James Bond fut tournée dans la grande salle persane.

LA CITADELLE★★ (D3)

Ouverte tlj de 9h à 17h ; musée fermé à 16h30. 35 £. Sh. Salah Salem. Entrée côté est, face au parking. Accès : en taxi depuis le centre-ville (5 £) ou en bus (n° 174 depuis la place Ramses).

Une puissante forteresse – Construite entre 1176 et 1183 sous le règne de **Saladin**, la citadelle du Caire occupe un affleurement de la colline du Moqattam, en surplomb de la ville. Entourée de murailles et de tours imposantes, elle fut bâtie pour résister à d'éventuelles attaques des croisés et pour abriter une résidence royale. Le premier sultan à y résider fut Al-Kamil, le neveu de Saladin. La citadelle fut constamment modifiée puis agrandie au 16e s. par les Turcs. À la suite d'une explosion, Mohammed Ali fit raser les anciens palais et y implanta sa mosquée. En 1811, la citadelle fut le théâtre de l'exécution des 500 derniers chefs mamelouk attirés par le souverain dans un guet-apen. Selon la légende, un seul d'entre eux en réchappa.

Commencer la visite par l'enceinte sud.

Mosquée Mohammed Ali★ (D3)

Voir aussi ABC d'architecture dans Comprendre l'Égypte. Enceinte sud. Conçue en 1830 sur le modèle des mosquées ottomanes de Constantinople, elle est également connue sous le nom de « mosquée d'albâtre » car elle en est entièrement recouverte. Entourée de portiques, la cour contient une fontaine aux ablutions surmontée d'un dôme néo-ottoman. Au nord-ouest de la cour se trouve la petite tour de l'Horloge. Cette dernière fut offerte à Mohammed Ali en 1846 par Louis-Philippe. Il paraît qu'elle n'a jamais fonctionné…

L'intérieur est très décoré, pour ne pas dire surchargé, ce qui l'a toujours déconsidéré par rapport à la finesse décorative des édifices mamelouks. Sous la voûte de la coupole centrale haute de 52 m, marbres et dorures rivalisent avec les nombreux tapis persans et des éclairages colorés. Les deux **minbars** (chaires) sont intéressants : l'un est en bois de cèdre revêtu d'or ; l'autre est en albâtre et fut offert par le roi Farouk en 1939. Le tombeau de Mohammed Ali occupe l'angle ouest.

Palais Al-Gawhara (D3)

Au sud. Construit par Mohammed Ali en 1814 pour y recevoir ses hôtes de marque, il abrite un petit musée de mobilier royal. En cours de restauration, on ne visite que le salon de réception et la chambre des hôtes.

Mosquée Al-Nasr Mohammed★ (D3)

À l'est. Seule construction mamelouke de l'enceinte, cette mosquée bâtie en 1335 reste très dégradée à l'intérieur. En revanche, la décoration extérieure est fabuleuse, particulièrement à hauteur des **minarets★★**. Celui qui s'élève à la verticale de son beau portail, le plus haut des deux, comporte 3 étages. La section carrée est intégralement sculptée d'arabesques, de rosaces, d'entrelacs, mais aussi de calligraphies, notamment sous le garde-corps ouvragé de stalactites couronnant cette section. Toute la splendeur mamelouke, coiffée par un élégant dome de céramique verte, est ici exprimée.

Puits de Joseph (Joseph's Well) (D3)

Contourner la mosquée vers le sud. À quelques mètres de la tour Al-Muqattam (16e s.) a été dégagé sous Saladin un puits a priori antique. Avant d'être très bibliquement baptisé au 17e s., il s'appelait simplement le « puits du colimaçon » parce que son escalier à vis s'enfonce à 89 m dans le rocher.

Cette partie de l'enceinte abrite aussi un petit **musée de la police**. On visite aussi le cachot où Mohammed Ali fut détenu avant sont accession au pouvoir.

Poursuivre la visite par l'enceinte nord.

Palais Harim (D3)

Photo 1 £. Derrière la statue équestre d'Ibrahim et au-delà des chars et avions placés en souvenir des guerres israélo-arabes, ce palais (1827) aux salles majestueuses était la résidence de Mohammed Ali et sa famille. Il abrite un Musée militaire guère passionnant, essentiellement centré sur l'histoire récente, débutant par la prise du pouvoir par Nasser.

Le centre-ville : autour de la place Tahrir

Pour les touristes, le centre-ville est principalement concentré entre les places Ramses, Tahrir et Al-Gumhuriyya. À l'exception du fameux Musée égyptien, ce périmètre ne concentre pas de grandes curiosités historiques. Nous sommes ici dans la partie moderne du Caire, développée à partir du 19e s. et les immeubles qui la composent présentent des façades d'inspiration clairement européenne.

Place Tahrir (Midan Tahrir) (C2)

Métro Sadat. La vaste place de la Libération fut aménagée après la révolution de 1952 pour offrir une vitrine contemporaine à l'Égypte renaissante. Elle est flanquée sur son côté nord-ouest du **Musée égyptien** *(voir p 147)*, de l'hôtel Nile Hilton et du siège de la Ligue arabe sur son côté ouest, du « **Mogamma** » (1950) sur son côté sud, un imposant immeuble administratif de 14 étages aux lignes socialistes (au sens soviétique du terme). C'est là que vous devez vous rendre si vous souhaitez faire proroger votre visa *(guichet n° 42, ouv. tlj sauf le vend., 8h-14h)*. À l'est s'amorcent la rue Qasr el-Nil et la **rue Talaat Harb**, qui rejoint la place Orabi et encore souvent nommée « rue Soliman-Pacha ». Ce quartier actif et commerçant est le coin des banques et des agences de voyages, des hôtels et restaurants bon marché. C'est aussi là, aux alentours de la rue Talaat Harb, qu'officient les *kheraty*, les rabatteurs professionnels (d'hôtels, de tours ou de boutiques), il est préférable de les éconduire poliment. C'est aussi le quartier où survit au milieu d'une animation inépuisable une certaine image du Caire des années 1920, avec une architecture Art déco *(place Talaat Harb)* ou le **salon de thé Groppi** et le **café Riche**, deux vieilles institutions qui transmettent un peu de l'atmosphère idyllique du Caire de cette époque.

Vue de la citadelle et de la mosquée de Mohammed Ali.

Place Ataba (Midan Ataba) (D2)

Métro Ataba. Comme son nom arabe l'indique (« le seuil »), elle marque une transition entre un Caire moderne qui se hérisse de tours et un Caire médiéval qui dresse ses minarets mamelouks et ottomans. Quelques curiosités l'environnent. Le **Musée postal** tout d'abord *(sur la place, côté sud-ouest, ouvert de 9h à 13h sauf le vendredi, 50 pt)*, pour les amateurs de philatélie et de colombophilie postale. Le **marché de la viande** ensuite *(côté est)*, caché par un bâtiment aux volets verts, et que nous déconseillons toutefois aux personnes indisposées par les images fortes. Les **jardins de l'Ezbekiyya** *(côté nord-ouest)* enfin, ancien poumon végétal du quartier européen. C'est Bonaparte qui l'avait fait aménager avant que Mohammed Ali et Ismâil pacha ne le transforment, et avant que la poussière ne les recouvre depuis. Les adeptes de Napoléon seront peut-être intéressés d'apprendre que le général Jean-Baptiste Kléber y fut assassiné en 1800, trois mois après avoir repris Le Caire.

Place Ramses (Midan Ramses) (C1)

Métro Mubarak. Si l'on aime la foule, pas d'hésitation ! Il est certain qu'un cinéaste comme Fritz Lang aurait pu s'en inspirer pour son *Metropolis* tant l'endroit est devenu un lent ballet de véhicules sur fond d'échangeur routier dominé jusqu'en août 2006, par la statue de Ramses II, aujourd'hui déplacée près des pyramides. En outre, la **gare Ramses** *(Mahattat Ramses)* y déverse et y absorbe un flot incessant de voyageurs dont on finit par se demander où ils vont et d'où ils viennent. Mais aussi étrange que cela puisse paraître, ce furoncle urbain ne manque pas d'un certain charme, peut-être celui de cette démesure insouciante qui depuis des siècles caractérise cette ville si attachante.

La gare englobe le **musée des Chemins de fer nationaux égyptiens★** *(ouvert de 8h à 14h sauf le lundi ; 10 £ mais 20 £ le vendredi et les jours fériés)* dont la collection de locomotives et de wagons dresse un passionnant panorama du matériel utilisé sur les rails égyptiens depuis l'établissement du chemin de fer dans le pays, à savoir 1862.

Place Al-Gumhuriyya (Midan al-Gumhuriyya) (C2)

Métro Muhammad Nagib. La place de la République ressemble à une grande esplanade livrée aujourd'hui aux véhicules. Séparée de la place Tahrir par le quartier de Bab al-Luq, cette place est dominée par le **palais Abdin** *(ouvert de 9h à 20h sauf le vendredi ; 10 £/5 £ mais 3 £, photo 10 £)*, ancienne résidence royale bâtie en 1863 par l'architecte français Rosseau. Récemment restauré, il abrite une série de musées dont une impressionnante collection d'armes, les cadeaux reçus par le président Moubarak ainsi que l'argenterie et la vaisselle en cristal ayant jadis appartenu à la famille de Mohammed Ali. Les jardins, à eux seuls, valent le déplacement.

Le long du Nil

La rive droite du fleuve est bordée d'une longue, très longue corniche que Nasser a fait tracer voici un demi-siècle. Lorsque la fraîcheur du soir s'installe timidement, il est agréable d'aller se promener le long de Garden City, entre le Musée égyptien et l'île de Roda, s'asseoir sur un banc en regardant le Nil s'illuminer peu à peu.

Moins présentes qu'à Assouan et Louxor, des felouques naviguent aussi au Caire. On en trouve à Gezira, près du pont Tahrir, et le long de la Corniche, surtout à l'embarcadère appelé « Dok Dok », face à l'hôtel Meridien. *Comptez 20 £/h.*

ÎLE DE GEZIRA (B1-2)

Enjambée par le pont du 6-Octobre, cette île résidentielle, longue de 4 km et large de 800 m, apparaît comme un jardin isolé du béton. Au nord se trouve le quartier de **Zamalek**, connu pour son équipe de football et ses immeubles et villas confortables ; au sud, de vastes parcs et terrains de sport développent une verdure bienvenue.

Tour du Caire (B2)

Métro Opera. Ouv. 8h-0h. 60 £ ; vidéo 20 £. Pointant à 185 m dans le ciel de la ville et développant le long de son fût une torsade qui l'a fait surnommer le « palmier », elle offre un **panorama★★** imprenable. Elle fut élevée en 1961 avec des fonds provenant du dédommagement américain pour la non-participation à la construction du haut barrage d'Assouan.

Opéra (B2)

Métro Opéra. Complexe culturel et parc ouv. tlj sauf le lun. 10h-13h et 17h-21h. www.operahouse.gov.eg. 10 £. Est-ce parce qu'il fut financé par les Japonais que le domaine de cet Opéra inauguré en 1993 est aussi parfaitement entretenu ? Le complexe de l'Opéra inclut un **musée d'Art moderne** *(mêmes conditions de visite)* où sont exposées les œuvres de quelques artistes contemporains, souvent ignorés des galeries nationales. Construit dans le style de l'architecture musulmane traditionnelle, l'Opéra affiche des représentations souvent intéressantes.

Jardin andalou (B2)

Métro Opéra. Au bout du pont Tahrir s'amorce un étroit parc longeant le Nil, anciennement nommé « jardin Maspero ».

ÎLE DE RODA (B3-4)

Légèrement plus petite que celle de Gezira, cette île également résidentielle n'en possède pas les atouts verdoyants. Les Cairotes la connaissent sous le nom de Manyal, aussi c'est par ce nom que vous l'indiquerez aux chauffeurs de taxi.

Palais Manyal (B3)

Métro Al-Sayyida Zeinab puis rejoindre la Corniche pour traverser le bras du Nil. Sh. al-Saray. Ouv. tlj 9h-17h. 20 £. App. photo 10 £, étudiants 10 £. Transformé en musée en 1995, ce palais fut construit au début du 20e s. par le prince Mohammed Ali Tawfiq. Dans un luxuriant jardin, plusieurs bâtiments, dont une très belle mosquée de style ottoman ornée de céramique bleue et un musée de la Chasse peu entretenu, témoignent du luxe et du raffinement de ce prince qui épousa une Française, Alice Imond.

À l'extrémité sud de l'île, un petit jardin fort agréable où viennent dessiner les étudiants abrite le Nilomètre et le musée Oum Kalsoum.

F. Soreau / MICHELIN

Les bords du Nil et la tour du Caire au soleil couchant.

Nilomètre (B4)

Métro Al-Malik al-Salih, puis traverser le bras du Nil et gagner l'extrémité sud de l'île. Ouv. 9h-17h. 6 £. Nommé en arabe *Al-Miqyas*, « la mesure », ce Nilomètre, réaménagé au 11e s., remonte au 8e s. Son appareillage (une colonne graduée en coudées) permettait de prévoir la qualité des récoltes à venir et donc le montant de l'impôt. La 16e coudée annonçait une excellente année qu'on anticipait par des réjouissances.

Musée Oum Kalsoum (B4)

À côté du Nilomètre. Ouv. 9h-17h. 4 £. Ouvert récemment dans le palais Monastirly, à côté du Nilomètre, il est consacré à la légendaire diva disparue en 1975. « L'Astre de l'Orient », « la Quatrième Pyramide d'Égypte », « le rossignol égyptien », les surnoms ne manquent pas à celle qui fit vibrer le monde arabe. À côté des plus somptueuses de ses robes et de ses inséparables foulards, le musée présente une biographie filmée (hélas en arabe) et une intéressante médiathèque avec biographie interactive en anglais et ressources sonores. Des vitrines abritent photos, contrats, décorations… L'ensemble, modeste mais parfaitement mis en scène, est très émouvant.

MOHANDISSEN ET DOQQI (A-B 1-2)

Il y a un demi-siècle, cette partie de la rive gauche était pratiquement déserte. Un passage dans ces nouvelles banlieues donne une idée de l'urbanisme galopant du Caire. Cet attrait bien limité rend d'autant plus séduisantes les **maisons flottantes** amarrées le long de la rue du Nil, au nord du pont du 15-Mai, face à Zamalek. Ces maisons flottantes, appelées *dahabiyyas*, logent aujourd'hui les employés du proche British Council. Dans l'entre-deux-guerres, elles abritaient des casinos, des cabarets et, quoi qu'en disent les guides ou les autorités, des maisons de plaisir.

Musée de l'Agriculture★ (A2)

Sh. Wizarit al-Zira'a. Mo Doqqi puis prendre Al-Doqqi vers le nord. Ouvert tlj sauf le lundi de 9h à 14h. 50 pt. Inauguré en 1938 dans le parc du ministère de l'Agriculture, ce vieux musée désuet n'intéressera pas que les amateurs de vie agricole. Son pêle-mêle à la fois historique et vaguement didactique, s'il fait parfois sourire, n'en contient pas moins des collections intéressantes à plus d'un titre, ne fût-ce que parce que les scènes de la vie paysanne sont composées avec des pièces authentiques.

Musée Mahmoud Khalil★★ (B2)

Sh. al-Giza. Ouv. tlj de 9h à 17h. 25 £ ; étudiant 12 £. Est-il surprenant de voir des œuvres de Rodin, Millet, Utrillo, Sisley, Lautrec, Degas, Moreau ou Rubens sur les bords du Nil ! Certes, on ne vient peut-être pas au Caire pour voir des Delacroix, Pissarro ou Corot, mais ce musée, installé dans l'ancienne résidence du président Sadate, est assurément l'un des plus riches du genre dans tout le Moyen-Orient. *Les Coquelicots et genêts* de Van Gogh ainsi que *La Vie et la Mort* de Gauguin occupent chacun une salle où l'on peut les admirer à son aise.

GIZEH

Si ce gigantesque quartier est par ailleurs traité comme un chapitre à part entière à propos des pyramides, il est ici cité pour sa partie qui longe le Nil.

Village pharaonique du Docteur Ragab

3 sh. al-Bahr, corniche de Gizeh, métro Al-Mouneeb. *Ouv. tlj de 9h à 21h (18h en hiver). 119 £, gratuit moins de 5 ans.* Sa reconstitution un peu bricolée de la vie quotidienne sous les pharaons fait franchement sourire, mais il y a là une intéressante **reproduction du tombeau de Toutankhamon** tel que le découvrit Howard Carter. Compter 3 bonnes heures si l'on ajoute les 5 musées à la visite (ils couvrent l'histoire de l'Égypte, des pyramides à Sadate en passant par Napoléon).

Le vieux Caire ou quartier copte

À un peu moins de 5 km au sud de la place Tahrir s'étend à deux pas du Nil le plus ancien quartier de la capitale, que les Égyptiens appellent *Masr al-Qadima*, et que les étrangers nomment « quartier copte ». Ses vestiges remontent aux Romains, c'est-à-dire aux débuts de notre ère, lorsque n'existaient encore à l'emplacement du Caire qu'Héliopolis et la « Babylone d'Égypte ».

Pour y accéder, le plus simple est de prendre le métro et de descendre à la station Mary Girgis. Sinon, on peut prendre un taxi (10 £ depuis la place Tahrir) ou le bateau-bus à partir de la station Maspero près de l'immeuble de la Radio et descendre à la station Masr al-Qadima (tr. 50mn, 50 pt). Au n° 42 de la rue Mary Girgis, une librairie propose un bon choix de livres sur l'Égypte et en particulier sur les Coptes (ouvert 10h-19h).

QUARTIER COPTE DE L'ANCIENNE BABYLONE (B-C4)

Deux doigts d'histoire – Devenus les hôtes de l'islam égyptien, les Coptes *(voir Wadi el-Natroun à propos de l'origine du terme)* ne doivent pas être considérés comme une minorité mais plutôt comme une partie constitutive de l'identité de la nation égyptienne. Cette communauté chrétienne est riche d'une longue histoire. Née à Alexandrie, martyrisée par les Romains, elle a remonté le Nil vers le 3e s. avant que Constantin n'interrompe son martyr en 313. Organisée, entre autres, à l'initiative de saint Pacôme au cours du 4e s., elle se fixa dans les déserts et sur cette « Babylone » devenue byzantine entre-temps. C'est pourquoi, en 640, les Coptes ressentirent sa prise par **Omar**, deuxième successeur de Mahomet, comme une libération.

La sainte Famille en Égypte

Si elle a vraiment séjourné en Égypte, la sainte Famille y est entrée à Rafah. Son itinéraire probable fut le suivant : joignant El-Arish et El-Qantara, elle fit un passage par le Delta avant de gagner la « Babylone d'Égypte ». De là, elle s'engagea dans le désert Libyque pour relier El-Minya puis Dairut (Deir el-Muharraq), avant d'arriver à Assiout via Meir.

Vestiges romains – L'enceinte du *Qasr esh-Shama* (le « fort des Chandelles ») a déterminé le périmètre du quartier copte. Installée sous l'empereur Auguste en 30 av. J.-C., la garnison romaine fut reconstruite en 98 sous Trajan. Les deux larges **tours rondes** marquent l'emplacement de la muraille ouest du quartier ; elles datent de ce dernier empereur. Distant aujourd'hui de 400 m, le Nil coulait jadis au pied de ces tours dont les bases se situent 6 m sous le niveau actuel de la rue. L'une abrite l'église Saint-Georges. Des restes de murs romains sont visibles juste au nord de cette église et au sud-est du quartier.

Musée copte★★ (B4)

Métro Mary Girgis. Accès par les tours romaines. Les travaux en cours lors de notre passage devraient permettre une meilleure mise en valeur des collections.

Né d'une collection privée élaborée au début du 20e s. par souscription, le musée fut nationalisé en 1931. S'enrichissant sans cesse depuis sa création, il a accueilli en 1947 la collection copte réunie par Gaston Maspero. Le fonds constitue une documentation artistique très étendue sur les premiers chrétiens de la vallée du Nil.

Art lapidaire★ – De nombreux fragments de monuments, du 4e s. av. J.-C. au 6e s. illustrent l'évolution depuis l'influence gréco-romaine et celle des motifs profanes jusqu'au développement proprement chrétien. Au gré des salles, on voit apparaître la croix ansée, le poisson (symbole du Christ par son nom grec *ichthos*), des Christ en gloire, des saints et des orants, ainsi que des sculptures florales et animales très décoratives inondant frises et chapiteaux. À voir aussi, les fragments provenant du couvent Saint-Jérémie de Saqqara, et notamment la **série de 12 chapiteaux★★** remarquablement ouvragés (6e s.).

Peinture★★ – Parmi les superbes **fresques★**, certaines proviennent d'Omm el-Bregatt dans le Fayoum, mais de nombreuses **icônes★★** cultuelles issues de diverses églises et monastères retiennent l'attention, dont une **Madone** *(n° 3367)* et une **Vierge portant Jésus crucifié** *(n° 3472)*. Elles datent pour la plupart des 18e s. et 19e s., mais certaines remontent aux 15e s. et 16e s., période dont peu d'exemplaires sont conservés. À remarquer : les ivoires de la salle 13.

Tissus★★★ – Ce domaine est celui où les Coptes développèrent toute l'originalité de leur art. Récupérant la technique du tissage héritée de l'époque pharaonique, ils y incorporèrent des motifs ornementaux (lin, laine, soie) inspirés de la mythologie grecque ou de l'art naturaliste sassanide, puis les christianisèrent progressivement (croix ansée, poisson, agneau, colombe, ciboire, saint, apôtre). Les ateliers se trouvaient en Moyenne-Égypte (Antinoé, Akhmim), mais aussi dans la Babylone d'Égypte du vieux Caire, et produisaient principalement des tuniques, des linceuls, des vêtements sacerdotaux et des rideaux de sanctuaires. L'un des plus beaux exemples présentés ici est un **rideau★★** du 4e s. figurant la façade d'un sanctuaire dont les arcs sont inscrits de la croix ankh dont l'anneau est lui-même frappé du chrisme.

Art du métal – Objets cultuels et domestiques, dont de très séduisants **bijoux★** et un fabuleux **aigle en bronze★★** du 4e s.

Juste à côté du Musée copte, l'église de la Vierge se distingue de ses consœurs par l'absence de coupoles.

Boiseries – Dans ce domaine, la maîtrise copte s'exprime non seulement dans la sculpture, mais aussi dans les travaux d'incrustation et de marqueterie.

Manuscrits – La collection couvre la période entre le 4e et 13e s., et expose l'un des plus anciens manuscrits bibliques : un **psautier★★** (4e s.) entièrement rédigé en copte sur parchemin et conservant sa reliure en bois. Ne manquez pas les deux **papyrus de l'Évangile de Thomas★★**, datés des 3e et 4e s., mêlant enseignement païen et reconnaissance du christianisme.

Église de la Vierge★ (B4)

Accès par les tours romaines. Accès libre, mais veuillez respecter les offices du vendredi (de 8h à 11h) et du dimanche (de 7h à 10h). Photo sans flash autorisée. Plus connue sous le nom de la « Suspendue », cette église remonte très probablement au 4e s., du moins dans sa partie primitive située au sud-est. L'église basilicale que l'on visite aujourd'hui a été édifiée au 6e s. Elle doit son surnom – El-Mouallaqa en arabe – au fait que l'église a été construite sur deux bastions de l'enceinte romaine, donc au-dessus du niveau du Nil. Cette disposition fragile a empêché de coiffer l'édifice de coupoles. Détruite par un gouverneur vers 840, elle fut rebâtie, transformée en mosquée, puis à nouveau consacrée au 10e s.

À l'intérieur, la nef centrale, séparée des 2 nefs latérales par des rangées de 8 colonnes provenant d'édifices antiques, est elle-même divisée en deux parties par 3 colonnes. Datée de la fin du 11e s., la **chaire★★** en marbre, la plus belle de toute l'Égypte, est soutenue par 15 colonnettes groupées par deux (sauf une) : chaque paire est différente des autres. Les plaques en marbre sont embellies de mosaïques et de bas-reliefs. Au fond, trois sanctuaires sont isolés par des **iconostases★** en cèdre incrustées d'ébène et d'ivoire. La plus élégante est celle du centre et date du 13e s.

Église St-Georges (B4)

Accès par la petite porte située au nord des tours romaines. Cet édifice récent (milieu 19e s.) se dresse à l'emplacement d'une église primitive bâtie en 684. L'église actuelle, de rite grec orthodoxe, n'offre aucune particularité remarquable à part quelques belles icônes.

Pour accéder aux curiosités suivantes, emprunter l'escalier souterrain situé au nord des deux entrées précédentes. Suivre la ruelle, puis tourner à droite.

Église St-Serge★ (B4)

Accès libre de 8h à 16h. Blottie au cœur du vieux Caire, cette église est dédiée à Serge, soldat de l'empereur Maximien, martyrisé en Syrie en l'an 296. Elle se dresse à l'emplacement supposé d'une halte de la sainte Famille qui fuyait les persécutions du roi Hérode *(la crypte reliquaire n'est pas accessible)*. Fondé au début du 5e s., restructuré au 8e s. après un incendie ordonné par un calife omeyyade, restauré aux 10e et 11e s., l'édifice présente un plan basilical à 3 nefs précédées d'un narthex transversal. Ses grandes curiosités sont les 12 colonnes à chapiteaux corinthiens qui représenteraient les apôtres, et l'**iconostase** des 12e s. et 13e s., superbement ornée d'incrustations d'ivoire et d'ébène.

Église Ste-Barbe (B4)

Poursuivre la ruelle et tourner à gauche. Accès libre de 8h à 16h. Moins intéressante, elle fut fondée à la fin du 7e s., puis reconstruite au 8e s. avant d'être réaménagée. Elle conserve une belle chaire en marbre et une iconostase du 13e s.

Synagogue Ben Ezra (B4)

Reprendre la ruelle, laisser à droite celle qu'on a empruntée précédemment, et tourner à gauche. L'ancienne église Saint-Michel, construite au 8e s., a été transformée en synagogue à la fin du 9e s. puis entièrement refaite au 12e s. par le rabbin Ibrahim ben Ezra. C'est donc la plus ancienne synagogue d'Égypte. On dit que l'édifice se situerait à l'emplacement du site biblique qui vit la fille de Pharaon recueillir Moïse dans son berceau d'osier, après avoir été abandonné au Nil.

AUX ALENTOURS DU QUARTIER COPTE DE L'ANCIENNE BABYLONE

Après qu'**Omar** eut pris possession en 640 de la forteresse byzantine, son général, Amr ibn al-As, fonda Fustat deux années plus tard et y implanta une mosquée.

Fustat (B-C4)

Suivre la rue Mary Girgis qui longe le quartier copte vers le nord. La 1re rue à droite (rue Ain as-Sirah) mène au site de Fustat.

Immense et désert – *6 £.* Le site constitue un gigantesque champ de fouilles archéologiques – bien qu'une grande partie soit recouverte de constructions modernes – entreprises à partir du début du 20e s. La cité était divisée en districts ethniques. En déambulant, on parvient à deviner des ruelles enchevêtrées, l'emplacement de certaines maisons à étage, les points d'eau où se trouvaient des puits. On sait que Fustat disposait de citernes, de conduites d'eau et d'égouts. La cité déclina puis fut abandonnée au cours de la seconde moitié du 11e s., après que Ahmed ibn Touloun eut fondé en 870 la cité d'*Al-Qataï* qui allait engendrer Le Caire.

Mosquée Amr ibn al-As★ (B4)

Au nord du quartier copte, au-delà de la gare routière. Entrée à hauteur du minaret. Si la mosquée d'Ibn Touloun (879) est le plus ancien témoignage architectural intact de l'art islamique en Égypte, elle n'est cependant pas la plus ancienne par la datation. La mosquée Amr ibn al-As fut en effet fondée en 642, mais elle n'a conservé de sa construction primitive que quelques éléments *(au sud de l'*iwan *est)*. L'édifice fut agrandi au 9e s. pour répondre à l'accroissement de la population, puis fut remanié au 15e s. et en 1983. On ne peut donc plus reconnaître le modeste bâtiment de brique crue recouvert de chaume du général d'Omar.

À proximité de la mosquée et du quartier copte, plusieurs familles d'artisans vendent des poteries fabriquées dans des fours tout proches. Il y a de tout, du morceau de canalisation au grand pot de fleurs. Vous y trouverez certainement un petit souvenir absolument typique du quartier.

De la cité des Morts à Héliopolis

À l'est de la ville s'étend une curiosité au nom quelque peu lugubre, mais bien connue de tous ceux qui ont préparé leur voyage en Égypte. Dominés par la colline du Moqattam et longés par la rue Salah Salem qui passe par la citadelle, les cimetières nord et sud se distinguent par leur forêt de dômes et de minarets signalant ce que l'on nomme communément la « cité des Morts » (City of the dead).

CIMETIÈRE SUD (D4)

Davantage ruiné que son pendant septentrional, le cimetière sud comporte toutefois certains monuments appréciables. Accessibles à pied ou en taxi, ils sont situés dans des rues fréquentées.

Entre morts et vivants

Le problème endémique de surpopulation au Caire a pris ici une dimension déconcertante. Dans le site désertique des cimetières nord et sud, des centaines de milliers de vivants sont venus habiter chez les morts, surtout depuis trois décennies.

Il est vrai que, traditionnellement, même la plus humble des sépultures y comprend une pièce où les visiteurs des défunts venaient prier, partager un repas et passer la nuit, les tombes étant souvent en forme de lit et de table. Aujourd'hui, ces cimetières forment un faubourg où vivent des centaines de milliers de personnes au milieu des pierres tombales et des caveaux. La situation est devenue si préoccupante que la cité des Morts connaît, si l'on peut dire, une crise du logement…

Mausolée des califes abbassides (D3)

Juste au nord du cimetière sud, 100 m à l'est de la place Al-Sayyida Nefisa. Il date du 13e s. et, contrairement à son appellation, il conserve les dépouilles de certains descendants de ces califes abbassides d'Égypte. Il renferme **4 sarcophages** en bois merveilleusement ciselés d'arabesques et de dessins géométriques, typiques de l'art des Ayyoubides.

Mausolée de l'imam Al-Shafi (D4)

1,5 km au sud de la place al-Sayyida Aisha, sh. Imam Al-Shafi. Au beau milieu d'une zone très peu touristique et abritée par une mosquée du 19e s., ce mausolée du 13e s. est un lieu de pèlerinage très fréquenté.

Hoch al-Bacha

Au nord-ouest du mausolée. Peu connue, la sépulture de la famille de Mohammed Ali (à l'exception de Tawfiq pacha, inhumé dans le cimetière nord), date de 1820. Ironie (volontaire) de l'Histoire, les mamelouks assassinés par Mohammed Ali *(voir Comprendre l'Égypte)* reposent ici sous de simples pierres tombales signalées par des turbans.

Sur le Moqattam au sommet de la colline, on distingue, à côté du fort Mohammed Ali, la mosquée Al-Guyushi (ne se visite pas), récemment restaurée. Construite en 1085, elle présente les premières décorations de stalactites.

F. Soreau / MICHELIN

Sous la pression démographique de la ville, les plus démunis et les nouveaux arrivants se sont installés dans les cimetières.

CIMETIÈRE NORD

Situé le long et sur la droite de la rue Salah Salem qui se dirige vers Héliopolis, il renferme des monuments plus intéressants également accessibles à pied ou en taxi.

Pour visiter la cité des Morts dont la population a préservé sa fierté, il est préférable de se faire accompagner par un guide ou de demander à l'un de ses habitants s'il accepte de vous servir de guide (à rémunérer bien entendu). En effet, cette cité est une curiosité à envisager avec tact et discrétion, ce qui signifie que vous laisserez votre appareil photo de côté.

Mosquée de Qaitbay★★

À pied, le plus simple est de démarrer place Al-Husseyn, près de la mosquée Al-Azhar ; remonter la rue Gohar al-Qa'id qui prolonge la rue Al-Azhar et vous conduit au cimetière nord. Pour reconnaître la mosquée, prenez un billet de 1 livre : elle illustre le côté écrit en arabe. 6 £. L'art islamique du 15e s. en Égypte a trouvé ici l'une de ses plus belles expressions. Il faut d'abord admirer le **minaret★★**, haut de 40 m. Les transitions entre ses sections carrée, octogonale et cylindrique sont, par leur jeu d'ombres, probablement les plus réussies de tous les exemples que l'on peut voir au Caire. Avant d'entrer, remarquez le **dôme★** au galbe irréprochable et finement filigrané de polygones étoilés. Il est frappé de la date de l'édifice : 1474.

À l'intérieur, la cour centrale ou *sahn*, jadis superbement dallée, est baignée d'une douce lumière filtrée par des vitraux multicolores. Par une porte située à gauche de l'*iwan* sud, on accède au tombeau dont la **coupole★** élancée est ouvragée d'entrelacs étoilés et floraux. À côté du catafalque du sultan protégé par une belle clôture de bois on voit un bloc de granit portant des empreintes de pieds : la légende les attribue au Prophète.

Khanqah d'Al-Ashraf Barsbay

Au nord. Prévoir un bakchich pour le gardien. Construit en 1432, il est moins raffiné que l'édifice précédent, mais possède un beau **dôme** ouvragé d'entrelacs et de formes géométriques. À l'intérieur, le **minbar★** en bois est incrusté d'ivoire et d'os et le tombeau est superbement décoré de placages de marbre et de nacre.

Khanqah ibn Barquq★

Au nord. Ouvert de 8h à 17h. 6 £. Cette mosquée-couvent, qui comprend un *sabil-kuttab (voir Sabil-kuttab de Qaitbay)* aux allures de petite forteresse, date de 1411. De structure classique, les minarets sont hauts de 50 m ; on peut accéder au balcon supérieur du minaret nord d'où l'on a une vue intéressante sur la cité des Morts. Ses deux puissants dômes décorés de chevrons comptent parmi les premiers à avoir été construits en pierre – ils étaient précédemment conçus en brique – et encadrent un petit dôme situé en surplomb du *mihrab*. La cour centrale est entourée de portiques et comporte une fontaine aux ablutions (reconstruite en béton). Les deux éléments à remarquer sont le **minbar** en marbre polychrome et les **écrans** de bois à l'entrée des tombeaux.

HÉLIOPOLIS

Au-delà de la cité des Morts, la rue Salah Salem devient la rue Al-Oruba, large voie express menant à l'aéroport en traversant les faubourgs de Madinet Nasr et Héliopolis.

Pour se rendre à Héliopolis, prendre un taxi (30-40 £) ou prendre le bus n° 356 qui part de la place Abdel Moniem Riad, derrière le Musée égyptien ; on peut aussi prendre le tramway à la place Ramses (25 pt).

Nouvelle Héliopolis – L'Héliopolis antique a disparu, remplacée par une ville nouvelle devenue aujourd'hui une banlieue huppée du Caire (appelée *Masr al-Gedida* par les Égyptiens) et le siège de la présidence. Planifiée à partir de 1905 par le baron belge **Édouard Empain** (1852-1929), elle devait répondre au rêve poétique de ce capitaine d'industrie, à savoir une ville idéale construite de toute pièce avec de larges avenues bordées de villas et d'hôtels particuliers somptueux. Il reste quelques témoignages de cette curieuse vision occidentale d'un Orient domestiqué dans la pierre. Bien que choisie par la classe aisée, elle s'est énormément transformée depuis 1950, lorsque les immeubles de logements y ont remplacé les villas raffinées de la nouvelle Héliopolis.

Panorama de la guerre du 6-Octobre

Sh. al-Oruba. Fermé le jeudi. 8 £. Ce grand bâtiment circulaire abrite une fresque géante célébrant la « victoire » contre Israël, en 1973.

Palais du baron Empain

Sh. al-Oruba. Ne se visite pas. On le voit en repartant vers l'aéroport. Très dégradé, ce pastiche d'un temple khmer fut construit en béton armé, en 1905. À l'abandon, ce palais qui recelait une décoration d'une richesse insoupçonnée attend qu'on s'occupe de lui.

Le Caire pratique

Indicatif téléphonique – 02

Informations utiles

OFFICE DE TOURISME

Bureau principal – *5 sh. Adly - près de la place Al-Opera - ✆ 391 34 54 - ouv. 8h30-20h, 17h durant le ramadan.* Très accueillant mais très mal renseigné. Le terminal de l'aéroport est également doté d'un bureau ainsi que la gare Ramses.

AUTRE ADRESSES

Ambassades – *Voir rubrique « Adresses utiles » dans le chapitre « À savoir sur place » en début d'ouvrage.*

Centre français de culture et de coopération (CFCC) – *1 sh. Madrasste el-Huquq el-Frinseya - Mounira - ✆ 791 58 00 - www.ambafrance-eg.org/cfcc.*

Police touristique – *Sh. Adly, juste à gauche de l'office de tourisme - ✆ 395 91 16 - ouv. 24h/24.*

Poste – *Midan Ataba - ouv. sam.-jeu. 7h-19h, vend. 7h-12h.*

Renseignements téléphoniques – *✆ 140/141.* Mobinil : *✆ 8 000/140.* Vodaphone : *✆ 2121.*

PHARMACIES OUVERTES 24H/24

Seif – *3 sh. 26 Youlyou - ✆ 794 26 78.* Dans le centre-ville.

HÔPITAUX

Voir rubrique « Adresses utiles » dans le chapitre « À savoir sur place » en début d'ouvrage.

INTERNET

Nile Hilton Cybercafe – *Dans la galerie marchande du Nile Hilton - 10h-0h (fermé vend. 12h-14h) - nombreux ordinateurs - 4 £/h.*

Transports

Aéroport – Aéroport international du Caire – *À Héliopolis, à 22 km au NE du Caire* – Central : *✆ 291 42 55/66/77. Terminal 1 (Old Airport) : ✆ 265 50 00. Terminal 2 (New Airport) : ✆ 265 22 22 - www.cairo-airport.com.* Navette de liaison entre les deux terminaux toutes les 30mn. De l'aéroport il existe un bus (blanc avec des bandes bleues et rouges) assurant la liaison avec les places Ramses et Tahrir : 2 £ + 50 pt la valise. Vers l'aéroport, l'arrêt se situe derrière le Musée égyptien.

Gare ferroviaire – Gare Ramses – *Midan Ramses, Mº Mubarak.* Liaisons avec Alexandrie, Louxor et Assouan. Réservation pour la Haute-Égypte : *✆ 738 36 82 - www.sleepingtrains.com.*

SE DÉPLACER

À pied – C'est l'idéal pour découvrir le centre-ville et Le Caire islamique. Au-delà, ce n'est pas la peine, l'agglomération est trop vaste. Un détail : quand vous traversez une artère (car il n'y a pas de passages cloutés), faites-le d'un pas assuré tout en demeurant extrêmement prudent.

En taxi – Combien y en a-t-il donc de ces véhicules noir et blanc ? On dit 55 000. Le prix de la course (le compteur n'est jamais utilisé) dépend du trajet, et la ville est grande. Donnez au chauffeur un point de repère connu, car peu parlent l'anglais, puis guidez-le. D'un quartier à l'autre, comme par exemple du vieux Caire aux pyramides ou de Khan el-Khalili à Zamalek, comptez 15 £ à 25 £ (AR). Mais la majorité des courses tournent autour de 3 à 5 £, 2 £ pour un petit trajet. Pour une journée à Saqqara, comptez 75 £ (le chauffeur vous attend). Du centre-ville à l'aéroport, comptez 50 £. Sachez que si vous prenez un taxi stationné à la sortie de votre hôtel ou des lieux touristiques, les prix montent. Faites quelques mètres dans la rue et hélez un taxi. Tout nouveaux, les « City Cabs », voitures jaunes, récentes et climatisées, sont conduits par des chauffeurs anglophones, rompus à la géographie de la ville et possédant un véritable compteur. Facturée 3,50 £ à la prise en charge et 1 £ le km, la course reste bon marché. *✆ 19155 depuis un tél. fixe.*

En microbus – De 25 pt à 1 £ (de la place Ramses aux pyramides), et plus si vous vous écartez de la ville. Plus pratique que le bus, un trajet en microbus reste une expérience surprenante… si vous trouvez de la place.

En métro – Le plus rapide. Deux lignes traversent la ville. La ligne nº 1 relie Helwan à El-Marg ; la ligne nº 2 relie Shobra el-Kheima à Gizeh (le quartier, pas les pyramides). Le ticket coûte de 50 à 75 pt. Le nom des stations ne correspond pas nécessairement au nom des emplacements desservis.

En bus – Y monter et en descendre tient parfois du défi. De plus, il n'est pas facile de s'y retrouver (numéros souvent indiqués en arabe), sans parler de la chaleur, asphyxiante. À éviter, à moins d'être audacieux ou accompagné par un Cairote. 25 ou 50 pt selon la destination. Les bus publics sont rouge et blanc ou bleu et blanc.

En calèche – Uniquement pour se déplacer entre la Corniche et la tour du Caire par le pont Qasr el-Nil. Comptez environ 50 £ AR.

Se loger

CENTRE-VILLE

Pension Roma – *169 sh. Mohamed Farid - ✆ 391 10 88 - 32 ch. : 85 £.* Niché aux 4e et 5e étages d'un immeuble du centre-ville, elle semble n'avoir pas bougé depuis les années 1940. Les meubles sont d'origine et les parquets fort bien lustrés. Côté chambres, l'ensemble est un peu défraîchi mais le rapport qualité/prix demeure excellent. Accueil francophone de la volubile patrone.

Fontana Hotel – *Midan Ramses, entrée par une petite rue donnant près de la passerelle qui rejoint la gare - 592 23 21 - 80 ch. : 100 £* -. Rustique, mais propre, avec une cafétéria sur la terrasse pour apprécier l'animation perpétuelle de la place. Le salon de la réception, très kitsch, vaut à lui seul le déplacement.

Hôtel Luna – *27 sh. Talaat Harb - 396 10 20 - www.hotellunacairo.com - 20 ch. : 90 £ (sdb sur le palier) et 110 £.* Un petit hôtel propre et bien tenu avec l'air conditionné. Petit coin bédouin où fumer une chicha.

Hôtel Osiris – *49 sh. Nobar, près du midan al-Falaki - 794 57 28 - osirisegypte.free.fr - 17 ch. : 30/45 €* -. Sans aucun doute le meilleur rapport qualité/prix/accueil du Caire. Sis au 12e étage d'un immeuble du centre, sa terrasse domine toute la ville. Chambres climatisées charmantes et propres dans une ambiance orientalisante feutrée. Josiane et Nabil, tout dévoués à leurs hôtes, sont une mine de renseignements. Salle Internet (7 £/h).

Victoria Hotel – *66 sh. Gomhouria, au sud de la place Ramses - 589 22 90 - 92 ch. : 41 $.* Il porte bien ses cent ans. Les chambres sont un peu sombres mais affichent une belle hauteur de plafond, un discret parquet à chevrons, des meubles anciens aux lignes sobres et une salle de bain équipée. Celles du 4e étage méritent cependant une petite rénovation. Dans le très cosy salon du rez-de-chaussée, de beaux fauteuils en cuir vous tendent leur bras pour un cocktail.

Windsor – *19 sh. Alf-Alfy, près de la place Oraby - 591 52 77 - 51 ch. : 38/57 $.* L'ancien club des officiers britanniques a gardé de son faste un bel ascenseur et un bar vraiment agréable. Les chambres, quelque peu vieillottes, sont très différentes les unes des autres, de très grandes à insuffisantes, avec ou sans salle de bains.

Cosmopolitan – *1 sh. Ibn Taalab, près sh. Qasr el-Nil - 392 36 63 - 84 ch. : 60 $* -. Idéalement placé, il occupe un bel immeuble Art déco qui a préservé son caractère jusque dans ses chambres. Un luxe accessible.

Talisman – *39 sh. Talaat Harb, dans une ruelle rejoignant la rue Sherif - 393 94 31 - 25 ch. : 80 €* -. Un hôtel de charme à la déco orientalisante mais qui manque un peu d'âme. Ambiance feutrée, clim. et service discret. Bibliothèque bien fournie et Internet à volonté.

ZAMALEK

Mayfair Hotel – *29, sh. al-Aziz Osman, Zamalek - 735 73 15 - 38 ch. : 100/130 £ avec ou sans sdb et clim.* Pas trop loin du centre-ville, au calme et disposant d'une terrasse. Les chambres sont propres, climatisées et donnent presque toutes sur un balcon.

Hôtel Longchamps – *21 sh. Ismael Mohammed, Zamalek - 735 23 11 - www.hotellongchamps.com - 21 ch. : 56 €.* Aux 5e et 6e étages d'un immeuble du quartier des ambassades, parquet, fauteuils en cuir et meubles anciens rappellent le charme et le luxe des hôtels cairotes de jadis. Salons, bibliothèques et fumoir complètent l'ensemble.

Cairo Marriott – *33 sh. Saraya el-Gezira, Zamalek - 735 88 88 - 1 124 ch. : 220/350 $.* Sa réputation de meilleur hôtel du Caire n'est pas usurpée. C'est un palace, dont les prestations sont à la hauteur de la note. Mais attention, on ne loge pas dans le bâtiment historique mais dans les deux tours modernes qui l'encadrent.

CAIRE ISLAMIQUE

Hôtel El-Hussein – *Khan el-Khalili, juste à côté du célèbre café Fishawi's - 591 80 89 - 56 ch. : 90 £* -. Prendre une chambre en plein souk, c'est possible. Quant à dormir… La vue du restaurant est une expérience en soi, mais la cuisine… enfin, passons !

Se restaurer

Tous les ans paraît le *Cairo Dining Guide* un guide exhaustif des restaurants de la ville. Utile pour connaître les derniers arrivés sur la scène culinaire cairote. Il est vendu 20 £ avec le *Cairo Shopping Guide*. En librairie.

CENTRE-VILLE

Kochary – *Sh. Tahrir.* Pas cher et bien servi, ce mini-restaurant est idéal pour manger un *kochary* sans perdre de temps et se remettre de la visite du Musée égyptien.

Al-Américaine – *44 sh. Talaat Harb - 7h-0h.* Ce snack à l'occidentale est idéal pour un petit-déjeuner *(12 £)* ou une collation rapide *(23 £)*. On peut aussi n'y boire qu'un verre.

Fatatri el-Tahrir – *166 sh. al-Tahrir - ouv. 7j/7, 24h/24.* Une référence en matière de pizzas à l'égyptienne, de 6 à 10 £ selon la taille. Décor peu attirant, mais si c'est plein c'est parce que c'est bon.

El-Gesh – *À l'angle sud-ouest de la place Al-Falaki - 10h-23h.* Ce petit

J.-L. Blanchon / VISA PRODUCTIONS

Hôtel Marriott du Caire.

restaurant au décor lumineux pousse le soucis de l'hygiène jusqu'à présenter ses couverts sous plastique. Les plats garnis, viandes grillées ou pigeon farci, sont copieux et soigneusement préparés. Une bonne adresse, sans prétention.

Ali Bey – *3 sh. el-Alfi - 12h-1h30.* Au cœur d'une rue piétonne. L'endroit s'est fait une spécialité des viandes grillées au kilo. Le service est particulièrement attentif et l'endroit a une certaine classe.

Estoril – *Dans une ruelle à la hauteur du 12 sh. Talaat Harb - ✆ 574 31 02 - 12h-0h.* Dans une salle tout en longueur, on plonge dans l'atmosphère tamisée et nostalgique d'un Caire disparu. Les serveurs sont aussi vénérables que les murs et la cuisine orientale (excellents mezzés) est des plus honorables.

Felfela – *Sh. Hoda Sha'rawy, au niveau du n° 15 de la rue Talaat Harb - ouv. 8h30-0h.* Une institution créée en 1963 très prisée des touristes. La déco, un rien rustique, fait oublier la ville et la carte, fort classique, propose les éternels taamiya et pigeons farcis ainsi que six recettes de foul *(prix moyen : 30 £).* Plats végétariens. Quand il y a du monde, ce qui est souvent le cas, la patience est de mise.

Arabesque – *6 sh. Kasr al-Nil - ✆ 574 86 77 - 12h30-16h et 19h30-0h.* La grande salle avec moquette et hauts plafonds est divisée en petits espaces cernés par les moucharabiehs. Les plats de la carte, en français, sont amenés par des serveurs eux aussi francophones avec toute l'attention que réservent d'ordinaire les grands restaurants. Bonne soupe de lentilles, pigeons farcis et tournedos. En plus, et c'est presque unique au Caire, l'endroit est non-fumeur.

Café Riche – *17 sh. Talaat Harb - 8h-1h.* Naguère haut lieu des intellectuels, dont les portraits ornent les boiseries des murs, et cadre de concerts d'Oum Kalsoum, le Café Riche est un monument historique du Caire puisqu'il existe depuis 1908 (c'était alors un théâtre). Le restaurant, qui sert de la bière, a ouvert en 1942. Sa carte est à la fois égyptienne et internationale, et très accessible. Un repas, servi par les garçons en livrée bleue, revient à environ 40 £.

CAIRE ISLAMIQUE

The Citadel – *Dans le parc Al-Azhar - ✆ 510 91 50 - 12h-1h.* Si elle manque un peu d'originalité, la cuisine orientale est bonne et copieuse. On viendra surtout pour le cadre qui permet de manger pour un prix abordable, dans un luxueux palais arabisant dominant le tout nouveau parc Al-Azhar. L'endroit est des plus romantiques au coucher du soleil. Le week-end, formule buffet à volonté à 93 £.

Khan el-Khalili Restaurant – *5 sh. al-Badistan, Khan el-Khalli - ✆ 590 37 88 - 10h-2h.* Il sert un excellent kebab libanais et un curieux lapin à la *molokheya*. À goûter : la soupe de lentilles et les desserts, dont le pudding de riz. Et bien entendu, les jus de fraises, de mangue ou de citron frais qu'apprécie le prix Nobel Naguib Mahfouz, qui a donné son nom à l'enseigne. Excellents sandwiches à déguster dans l'agréable salle du café qu'arpentent d'un pas décidé les serveurs coiffés de tarbouches.

ZAMALEK

Maison Thomas – *157 sh. 26 Youlyou, Zamalek - ✆ 735 70 57 - 24h/24.* Une petite faim nocturne ? La Maison Thomas est une véritable institution cairote fondée en 1922. Outre les fameuses pizzas aux multiples recettes, on sert d'excellents sandwiches et même quelques plats.

Abou el-Sid – *En retrait du 157 sh. 26 Youlyou, Zamalek - ✆ 735 96 40.* Le restaurant où il faut être. Déco mêlant orientalisme et design, clientèle people tout sourire et plats variés et créatifs d'inspiration méditerranéenne. Goûtez la *molokheya*, au lapin, au poulet ou aux boulettes de viande en sauce.

La Bodega – *157 sh. 26 Youlyou, Zamalek - ✆ 735 05 43.* L'un des restaurants les plus design du Caire. C'est calme et idéal pour un rendez-vous. Côté assiette, on louche vers la nouvelle cuisine.

Le Pacha 1901 – *Sh. Saray el-Gezirah, Zamalek - ✆ 735 67 30.* Pas moins de 5 restaurants (italien, français, asiatique, oriental et égyptien) se partagent un bateau à aubes. Ambiance sympathique quoique un peu guindée. Un piano-bar, ouvert jusqu'à 3h, permet de prolonger les réjouissances au cœur de la nuit.

GIZEH

Fishmarket – *26 sh. el-Nil, sur la corniche à Gizeh - ✆ 570 96 93.* Restaurant de poisson ancré au bord du Nil. On choisit son poisson sur son lit de glace ainsi que la façon dont on va vous le préparer. Très apprécié des Égyptiens.

Boire un verre

CENTRE-VILLE

Stella Bar – *Sh. Hoda Sha'rawy, par la rue Talaat Harb avant la place du même nom - ouv. 10h-2h sf vend -* . Occupant discrètement un angle de rue, ce tout petit bar à la clientèle d'habitués sert de la bière fraîche. Ambiance sympathique, parfois un peu interlope.

Al-Horreya – *Midan al-Falaki, en plein centre-ville -* . Pour boire une bière dans un lieu clair à l'atmosphère intemporelle et cosmopolite. Égyptiens, voyageurs et expatriés s'y côtoient à toute heure.

CAIRE ISLAMIQUE

Fishawi's – *Voir Khan el-khalili - 24h/24 -* . Incontournable ! Pas uniquement pour ses vieux miroirs à dorures fanées mais parce qu'il est au cœur du cœur de la ville. Idéal pour fumer une chicha ou pour un anis chaud, car on n'y sert aucun alcool. C'est un lieu parfait pour observer la faune des souks.

ZAMALEK

Pub 28 – *28 sh. Shagarit al-Durr, Zamalek - 12h-2h -* ⊄. Une bonne adresse si l'on apprécie la musique douce et une certaine intimité. On peut aussi y manger un petit quelque chose.

Salon de thé

CENTRE-VILLE

Groppi – *Midan Talaat Harb - 7h-1h.* Cette pâtisserie ouverte en 1891 a perdu un peu de son éclat malgré son entrée Art nouveau toujours somptueuse. On y viendra en pèlerinage plutôt que pour ses gâteaux. L'annexe, sise dans la rue Adly face à l'office de tourisme, possède une agréable terrasse ombragée.

Pâtisserie

En plus de l'adresse précédente, on se rendra 25 sh. Talaat Harb, chez **El-Abd**. Vente à emporter uniquement, mais quel délice !

Prendre un petit-déjeuner

La terrasse du **Nile Hilton** a ses inconditionnels. Avantage, on peut directement enchaîner sur le Musée égyptien. À Zamalek, le **No Big Deal Café** *(sh. Saged el-Bakry)* propose 5 formules de brunch de 8 à 15 £ (omelette, salade, saucisses…).

Déjeuner ou dîner sur le Nil

GIZEH

The Pharaohs – *Embarcadère : 138 sh. - el-Nile, Gizeh (à hauteur du jardin zoologique) - ✆ 570 10 00.* Deux bateaux pharaonesques vous emmènent le long du fleuve, avec danses orientales et soufie au programme (version touristique). Après le repas, on termine sur le pont supérieur. À 20h45 : 150 £ ; 22h30 : 165 £. Le vendredi à 17h15, on peut simplement embarquer pour boire un verre 29 £, retour à 19h. Réservation obligatoire ; se présenter 30mn avant le départ.

Sortir

La vie nocture au Caire est très intense, particulièrement à Zamalek. Tous les mois paraît *The Croc (gratuit dans les bars et les librairies)*, un petit guide qui brosse un panorama complet des lieux de sortie et fournit les programmes des spectacles, concerts, cinémas et manifestations culturelles. Procurez-vous aussi *The Good Times Guide* au prix de 2,50 £ et consultez l'*Egyptian Gazette* ou *Al-Ahram*.

CINÉMAS

Plusieurs salles projettent des films en anglais.

Renaissance – *Corniche, World Trade Center, Boulaq.* Avec son numérique.

El-Tahrir – *123 sh. Tahrir, Doqqi.*

B. Kaufmann / MICHELIN

Serveur du Café Riche, une institution au Caire.

Horreyya I et II – *Galerie marchande Horreyya (6e étage), sh. al-Ahram, Héliopolis.*

Metro – *35 sh. Talaat Harb.* Style années 1950, mais un rien vétuste.

DISCOTHÈQUES

Pour l'ambiance, c'est le jeudi soir, puisque le vendredi est férié. Début des festivités à partir de 23h.

Latex – *Dans le Nile Hilton, midan Tahrir.* Tous les soirs, une ambiance musicale différente, du R&B au funk en passant par la house et le latino.

After 8 – *6 sh. Qasr El-Nile - ✆ 574 08 55.* En centre-ville, toujours bondé, il accueille des concerts tous les soirs. Les DJ prennent ensuite la relève.

Balade sur le Nil

Felouques – *Compter 40 £/h.* Sur la Corniche, face au Hilton.

Bâteaux nocturnes – *Environ 10 £.* Vingt personnes peuvent prendre place à bord de ces embarcations illuminées et sonorisées. Ambiance discothèque flottante.

Achats

Chacun trouvera un peu partout les papyrus ou les chichas recherchés par la plupart des touristes, de même que presque tous les grands hôtels disposent de belles boutiques de bijoux et de souvenirs traditionnels, spécialement le **Nile Hilton** dont la galerie marchande, proche du Musée égyptien, est bien fournie. Pour le reste, il y a le souk et le flair.

Souk de Khan el-Khalili – Immense et insondable bazar, idéal pour les emplettes. Marchandage obligatoire. On y voit beaucoup de souvenirs stéréotypés, bien entendu, mais en flânant bien on trouve toutes sortes de choses à ramener : des foulards, des loukoums, des chemises, du parfum, du tissu, des plats, des bijoux et quelques antiquités. Ne manquez pas le marché aux épices : de la rue Al-Azhar, prendre la rue Muizz li-Din Allah et tourner à gauche juste avant la mosquée Barsbay. À part le safran (en Égypte, il colore sans donner de goût), vous y trouverez tout. Si vous avez apprécié le karkadé, vous pourrez en acheter du séché. On peut acheter dans n'importe quelle librairie un plan du souk situant les différents types de produits vendue.

Misr Tulun – *Ouv. lun.-vend. 10h-17h.* Face à la mosquée d'Ibn Touloun. L'adresse est célèbre. À juste titre, car c'est la spécialiste (c'est une Française) de l'artisanat des oasis : vêtements, poteries, tissus, poupées…

Livres de France – *36 sh. Qasr el-Nile - ouv. lun.-sam. 10h30-19h.* Du livre de poche à l'ouvrage pointu sur quelque aspect que ce soit de l'Égypte, vous trouverez ici votre bonheur. Ventes de gravures anciennes, de plans et de cartes.

Reliure Abd el-Zaher – *31 sh. 26 Youlyou, derrière la mosquée Al-Azhar - ouv. tlj 11h-22h.* De magnifiques carnets reliés plein cuir suivant les méthodes artisanales. Une belle idée de cadeau, de 40 £ à 150 £ suivant le format.

Diwan – *159 sh. 26 Youlyou, Zamalek - ouv. tlj 9h-23h30.* Excellente librairie moderne et très à la mode, bien fournie en livres anglais et français. On y trouve aussi des CD et des livres pour enfants.

Bouquinistes – *Dans l'angle NE des jardins de l'Ezbekiya.* Des livres et des livres, dans toutes les langues et de toutes les époques ! Au milieu des ouvrages et magazines qui débordent des minuscules boutiques et gisent parfois en tas à même le sol, on trouve parfois une merveille hors d'âge pour un prix dérisoire.

Souk El-Fustat – *Dans le vieux Caire, entre le quartier copte et la mosquée Amr ibn Al-As - ouv. tlj 10h-20h, certaines boutiques ferment le dimanche.* Ce tout nouveau complexe abrite des boutiques proposant un artisanat haut de gamme et assurant une répartition équitable des bénéfices à leurs producteurs. On y trouve des créations originales déclinées d'après les classiques produits égyptiens : céramiques, travail du fer, bois, broderies ou reliure. Les prix sont affichés.

Gizeh★★★

2 566 100 HABITANTS
CARTE GÉNÉRALE C1

À la limite ouest du Caire, le plateau – de moins en moins – désertique de Gizeh porte l'une des Sept Merveilles du monde : la gigantesque pyramide de Chéops. Ce site unique offre également à notre admiration celles de Chéphren et de Mykérinos, ainsi que le fameux sphinx colossal qui veille à leur pied depuis maintenant quatre mille cinq cents années. La visite des lieux est absolument incontournable, essentielle même, du simple fait qu'on foule ici l'un des hauts lieux de l'humanité.

Se repérer – À 12 km à l'ouest du centre du Caire, tout au bout de l'avenue des Pyramides qui traverse le faubourg populeux de Gizeh, sur la rive gauche du Nil.

À ne pas manquer – Les pyramides, bien sûr, mais aussi le panorama sur le site depuis le désert. Le musée de la Barque solaire est incontournable (et climatisé).

Organiser son temps – Aux jours chauds, préférez le matin. L'accès à Chéops ouvre à 8h et à 13h et n'autorise que 150 visiteurs. Présentez-vous au moins 1/2h avant l'ouverture des guichets.

Avec les enfants – Le musée de la Barque solaire. La visite des couloirs des pyramides peut les impressionner (A déconseiller aux âmes sensibles et aux tendances clostrophobes). Et bien sûr, une balade à dos de dromadaire.

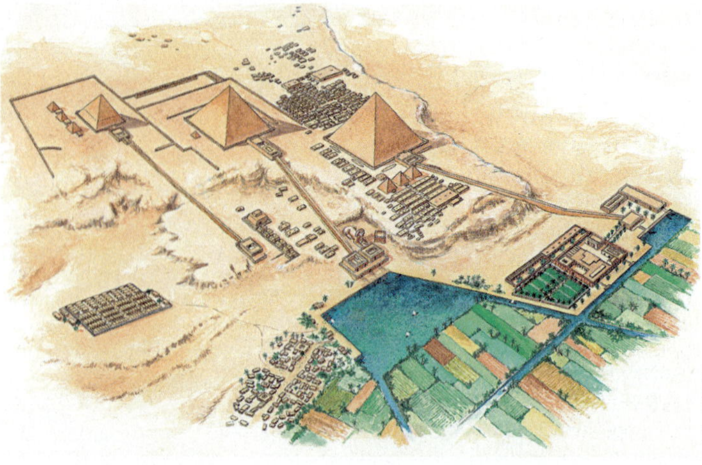

M. Guillou / MICHELIN

Reconstitution du plateau de Gizeh.

Comprendre

Une exception égyptienne – Le plateau de Gizeh est étendu : près de 1 200 m du nord au sud, et quelque 1 500 m d'est en ouest. Fait pour ainsi dire unique dans les annales de l'archéologie égyptienne, ce qui y fut construit nous est parvenu pratiquement dans son intégralité, à défaut d'être pleinement intact. Les pyramides de trois pharaons d'une même dynastie continuent de trôner à l'orée de la mégapole qu'est devenue Le Caire, et cette homogénéité, tant historique qu'archéologique, est exceptionnelle. L'éternité due aux rois de l'Égypte antique a trouvé ici son expression matérielle la plus accomplie.

Décrites avant d'être visitées – Les pyramides de Gizeh ont fait l'objet de descriptions de la part de voyageurs et d'auteurs anciens. Si un grand nombre de ces récits ne nous ont pas révélé le mystère de la construction des pyramides, au moins ont-ils permis d'apprendre qu'elles étaient intactes à l'époque de ces auteurs anciens. Déjà Hérodote, historien grec du 5e s. av. J.-C., s'y intéressa, trop peut-être car ses évocations sont à la base d'une série de croyances bien ancrées – par exemple celle voulant qu'une armée d'esclaves y soient morts sous le joug cruel de surveillants inhumains.

Plus tard, Diodore de Sicile et Strabon se penchèrent à leur tour sur ces pyramides dont l'ampleur et la grandeur n'ont pas manqué de frapper leur imagination. Puis, on les oublia, jusqu'à ce que des lettrés arabes du Moyen Âge les mentionnent dans leurs écrits, à l'instar d'Ibrahim ibn Wasif shah. À nouveau, les dimensions incroyables des formes géométriques du plateau de Gizeh suscitèrent les hypothèses les plus fantastiques. Enfin, des Européens visitant l'Égypte s'emparèrent du sujet, livrant d'abord des explications douteuses pour s'intéresser bientôt à des aspects plus pratiques comme le plan et les mesures du site. Jusqu'à ce que Bonaparte lui-même calcule qu'en utilisant les blocs des trois pyramides on pouvait cerner la France d'un mur d'un peu plus de 3 m de haut…

Pillées avant d'être fouillées – C'est l'espoir d'y trouver des trésors cachés qui a motivé le pillage quasi systématique des pyramides. On ne sait pas au juste quand commença ce brigandage, mais on sait, par exemple, que le fils de Saladin creusa un puits sur le côté ouest de la pyramide de Mykérinos dans le but d'y mettre au jour un éventuel trésor. Par ailleurs, des carriers les utilisèrent pour exploiter leurs pierres comme matériaux de construction. Ainsi, les pyramides qui étaient encore recouvertes de leur revêtement du temps d'Hérodote et Strabon ne le possédaient plus au Moyen Âge.

La bataille des Pyramides – Le 21 juillet 1798, les 29 000 soldats de Bonaparte défirent la cavalerie mamelouke de Mourad bey et Ibrahim bey, mettant fin à trois siècles de domination ottomane. Ce conflit eut lieu en fait 15 km au nord du site. Le lendemain, le Premier consul prenait possession du Caire.

Finalement fouillées – À partir de 1815, de nombreux explorateurs entreprirent de fouiller les pyramides et les mastabas qui les entourent. Dès lors, on dégagea le Sphinx et les entrées des pyramides, on sonda les mastabas et les temples funéraires dépendant des pyramides, puis on mesura les monuments et on formula les premières hypothèses concernant leur construction – c'est Sir William Flinders Petrie qui, vers 1880, jeta les bases des premières interprétations scientifiques sérieuses. Enfin, au début du 20e s., on quadrilla la nécropole en plusieurs secteurs qui furent explorés successivement. Le grand cimetière ouest fut divisé en trois concessions italienne (Schiaparelli), allemande (Borchardt) et américaine (Reisner).

Aïda

À la demande du khédive Ismâil pacha, Giuseppe Verdi a composé un opéra pharaonique, Aïda, qui fut joué pour la 1re fois en 1871, à l'Opéra du Caire. On sait moins que scénario, décors et mise en scène étaient… d'Auguste Mariette, le célèbre égyptologue. L'opéra est parfois donné sur le site, derrière la pyramide de Chéphren.

C'est l'ancien faubourg rural d'*Al-Djiza* (fondé au 7e s.), Gizeh (ou Giza) aujourd'hui, qui a donné son nom au plateau (prononcer « Guiza »). Les Égyptiens, eux, préfèrent souvent appeler l'endroit *Al-Ahram*, qui signifie tout simplement « les pyramides ».

Les inventeurs du site – Ils sont légion à s'être intéressés à ce site extraordinaire. Les Européens tout d'abord, de l'Italien Prospero Alpino au Français Auguste Mariette en passant par l'Anglais William Flinders Petrie. Deux grands noms : L'Allemand Karl Richard Lepsius (1810-1884) pénétra le premier dans la pyramide de Chéops. L'Américain George Andrew Reisner (1867-1942) travailla de 1902 jusqu'à sa mort au « Harvard Camp », à l'ouest des pyramides, soit la plus longue des expéditions du site. Mais on connaît moins l'activité des archéologues égyptiens. Selim Hassan (1886-1961) fouilla l'ancienne concession allemande et mit notamment au jour les temples et la cité de la pyramide de la reine Khentkaous, ainsi que le temple d'Aménophis II. Kamal el-Malakh (1919-1987) découvrit pour sa part la barque de Chéops, en 1954, que l'on visite aujourd'hui. Abdel Aziz Saleh (1921) a déblayé le secteur de la chaussée de Mykérinos et éclairé par ses travaux les techniques de transport des matériaux.

Découvrir

Accès : depuis le centre-ville, en taxi (25 £), en bus (clim.) n° 355 (2 £, derrière le Musée égyptien), en microbus (1 £) de la place Ramses ou devant le Nile Hilton (demander Al-Ahram).

LE PLATEAU

Ouv. tlj 7h-19h30 - site : 40/20 £. Chaque pyramide (Chéphren et Mykérinos ouvrent à tour de rôle) 20 £ sauf Chéops 100 £ (limitée à 150 pers.). Les chambres sont ouvertes de 8h30 à 16h - app. photo et vidéo interdits (consigne à l'entrée de chaque pyramide).

Les Anciens appelaient le site *Imentet* (l'Occident) ou *Kher Neter* (la nécropole). La nécropole royale de la IVe dynastie était située dans le nome de la « muraille blanche ». Elle comprend aussi des éléments des Ire, IIe, Ve et VIe dynasties. De plus en plus menacé par l'urbanisation, le plateau sableux de Gizeh, nivelé à main d'homme au temps des pharaons, dresse trois pyramides monumentales, placées par ordre de grandeur et par date de construction.

M. Rigault / MICHELIN

Les trois pyramides de Gizeh : Chéops, Chéphren et Mykérinos.

Pyramide de Chéops★★★

L'homme – Immortel par sa pyramide, le fils de Snéfrou et Hétep-Hérès n'a laissé que de très rares informations à son sujet. Sous doute beaucoup plus autoritaire que son père, du moins si l'on en croit Hérodote qui l'a dépeint sous un jour singulièrement cruel, Chéops fut semble-t-il très populaire pendant l'occupation romaine. Les Romains voyaient en lui le type même du souverain des légendes orientales qui nourrissaient une imagerie merveilleuse. Étrangement, celui qui a construit la plus gigantesque des pyramides n'est matériellement connu qu'à travers une toute petite statue, trouvée dans un temple d'Abydos. Haute de seulement 7,5 cm, elle se trouve désormais au Musée égyptien du Caire, salle 37.

La pyramide – *Voir aussi ABC d'architecture dans Comprendre l'Égypte*. Son nom antique était « Chéops appartient à l'horizon », mais elle est connue sous l'appellation « Grande Pyramide ». Haute de 146,59 m (138,75 m actuellement) et large de 230,37 m, elle couvre un volume estimé à 2 521 000 m^3. Il fallut attendre la pyramide de Cholula, au sud de México, et les flèches gothiques « modernes » de Cologne et d'Ulm pour dépasser une telle hauteur. Pour l'édifier, 2 300 000 blocs de calcaire d'un poids moyen de 2,5 t – répartis sur 201 assises superposées – furent nécessaires. Le revêtement de dalles en calcaire blanc qui la recouvrait a disparu. Si l'archéologue Jean-Philippe Lauer a décrit le spectacle qui s'offre du haut de « cet insolite belvédère », l'ascension de ces montagnes de pierre est interdite.

L'entrée primitive est au nord. Alors que l'entrée actuelle accède directement à la grande galerie par un couloir creusé autrefois par des voleurs. Une galerie de descente longue de 77 m accède à une chambre funéraire inachevée. Pour une raison probablement technique, les architectes modifièrent leur plan et ouvrirent à 19 m de l'entrée une galerie de montée de 39 m donnant sur une galerie horizontale débouchant sur une seconde chambre funéraire inachevée, voûtée en chevron et dotée de conduits d'aération. Cette galerie de montée fut prolongée d'une **grande galerie**★★ de 46 m de long et 8,5 m de haut, véritable chef-d'œuvre architectonique : les assises en encorbellement des parois sont parfaitement jointoyées. L'antichambre, à l'origine close par trois herses de granit, ouvre sur la chambre royale, large de 10,5 m. Son plafond est surmonté de cinq chambres de décharge (la dernière est frappée du cartouche de Chéops) allégeant la poussée de la maçonnerie sur la chambre royale. Le sarcophage de granit est encore en place, mais la momie a disparu.

Pyramide de Chéphren★★

L'homme – Le second fils de Chéops, qui succéda à son frère Djedefrê (inhumé à Abou Roach, à 9 km au nord de Gizeh), eut un règne semble-t-il glorieux, mais on en sait encore moins à son propos que sur Chéops. Il poursuivit la tradition paternelle en se faisant inhumer à Gizeh. En tout cas, les trois triades qui lui sont consacrées *(voir Musée égyptien du Caire)* le représentent sous une physionomie douce semblant correspondre à son caractère.

La pyramide – Son nom antique était « Chéphren est grand » ; elle est parfois appelée la « Deuxième Pyramide ». Haute de 143,5 m (136,4 m actuellement) et large de 215,25 m, elle forme une figure géométrique plus aiguë que celle de Chéops (53° d'angle d'inclinaison des faces contre 51° pour Chéops). Elle couvre un volume estimé à 1 659 200 m^3.
Elle fut construite plus rapidement que sa grande sœur, et avec une précision moindre quant à l'agencement des blocs. L'intérieur a été visité pour la première fois par **Giovanni Belzoni** en 1818, mais l'édifice fut souvent violé depuis l'Antiquité. L'entrée primitive est au nord. Une galerie de descente longue de 32 m conduit à un couloir horizontal débouchant sur la chambre royale. La seconde entrée débute par une galerie de descente accédant à une chambre funéraire inachevée d'où l'on rejoint le couloir horizontal par une galerie de montée. Lorsque Belzoni découvrit le sarcophage de granit, il était vide. Sur une paroi, on lit : « Découverte par G. Belzoni. 2 mars 1818. » Mais, l'Italien découvrit aussi une inscription tracée au 12e s. au charbon par le fils de Saladin revendiquant la même exclusivité !

La solution d'un vieux mystère

Comment se fait-il que sans compas, sans boussole et en sachant que l'Étoile polaire était invisible à Gizeh à l'époque de la construction de la pyramide, ses architectes ont réussi à l'aligner parfaitement avec le Nord géographique ? D'après l'égyptologue anglaise, Kate Spence, les astronomes égyptiens ont pris pour repères deux étoiles, Kochab (constellation de la Grande Ourse) et Mizar (de la Petite Ourse), parfaitement alignées avec le Nord en 2467 av. J.-C. – elles ne le sont plus aujourd'hui à cause du phénomène de précession. Ces repères sont d'autant plus probables que les pyramides érigées après cette date accusent une dérive croissante de leur orientation, correspondant au lent écart que ces étoiles prenaient par rapport au Nord. C'est donc que les bâtisseurs, qui ne s'étaient pas aperçus du phénomène, continuaient de les utiliser comme fil à plomb astronomique. Puisque les calculs des astrophysiciens sont sûrs à cinq années près, il serait donc possible de déterminer plus précisément la datation des pyramides que ne le permettent actuellement le carbone 14 et la liste de Manéthon.

Pyramide de Mykérinos★

L'homme – Ce fils de Chéphren dut lutter âprement pour accéder à son trône et pour le conserver. Hérodote l'a présenté sous un jour plutôt favorable, au contraire de ses prédécesseurs.

La pyramide – Son nom antique était « Mykérinos est divin ». Haute de 66 m, elle est large de 108 m. Détail surprenant : ses blocs de pierre sont plus gros que ceux des deux autres pyramides.
Ouverte par Richard Vyse et John Perring en 1837, elle possède son entrée au nord. L'intérieur est complexe. Une galerie de descente de 32 m mène à une antichambre prolongée par un couloir horizontal de 13 m dont l'accès était à l'origine bloqué par trois herses. Il ouvre sur la chambre funéraire primitive, qui surplombe la chambre définitive où se trouvait le sarcophage du roi, en basalte et décoré en façade de palais. Ce sarcophage fut emporté par Vyse, mais le navire qui le transportait sombra au large de l'Espagne.

Autour des pyramides

La nécropole ne se limite pas aux trois montagnes de pierre de Chéops, Chéphren et Mykérinos. Le site se divise en deux sections : d'une part, les pyramides et les mastabas privés qui les entourent ; d'autre part, les temples de la vallée, le Sphinx et quelques tombes privées.

Autour de la pyramide de Chéops – Comme toute pyramide, celle de Chéops n'était qu'un élément d'un ensemble funéraire plus vaste. Côté est, on distingue les vestiges du pavement du temple du culte, deux fosses qui contenaient chacune une barque royale (plus une 3e décalée), et trois pyramides satellites dont la plus méridionale est attribuée à Henoutsen, fille de Snéfrou et belle-sœur de Chéops. Le temple du culte était relié par une chaussée longue de 800 m au temple d'accueil – situé dans la vallée et localisé seulement en 1991. À côté de ce temple se trouvait

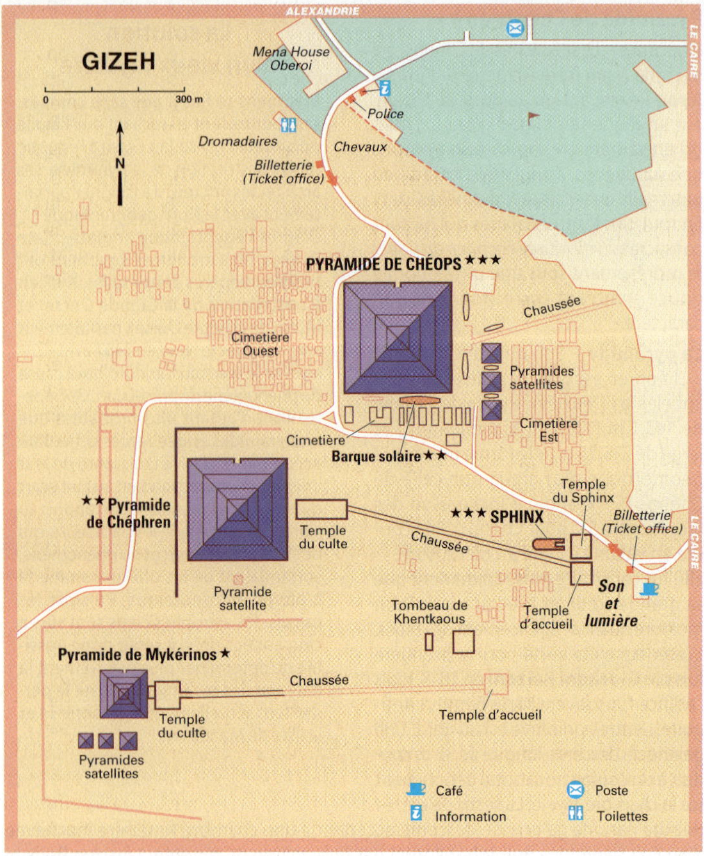

probablement le palais royal et certainement le port funéraire. En 1994, un mur en basalte appartenant à ce port a été partiellement dégagé dans un chantier de construction d'immeubles modernes. Côté sud se trouvaient deux autres fosses où l'on a découvert deux grandes barques démontées *(voir Visiter p 186)*. Côté ouest s'étend le cimetière ouest, avec ses rues régulières donnant accès aux tombeaux et aux mastabas ; parmi ceux-ci, celui de Hémiounou, vizir du roi. La nécropole située à l'est de la pyramide était réservée à la famille royale et à l'entourage du roi. C'est un agencement régulier de mastabas *(certains se visitent)*. En 1925, on y découvrit la tombe de la mère du roi, Hétep-Hérès.
À voir au sud du côté est, le bloc reconstitué du pyramidion qui couronnait la pyramide.

Autour des pyramides de Chéphren et Mykérinos – À l'instar de la Grande Pyramide, elles étaient toutes deux cernées par un petit mur. Au sud de celle de Chéphren, on voit les vestiges d'une pyramide satellite (format 1/10) ; au sud de celle de Mykérinos

Construire une pyramide

Selon Hérodote, les pyramides furent édifiées au moyen de levées de terre. Aucun texte, aucune iconographie n'a confirmé cette théorie. En revanche, les archéologues ont retrouvé sur divers sites des traces de rampes construites en brique crue servant à hisser les blocs, puisque les anciens Égyptiens n'utilisaient pas de moyens de levage. Transportés sur des traîneaux tirés par la force humaine à l'aide de cordages, les blocs étaient placés assise par assise à partir de plates-formes étagées sur la rampe qui était surélevée au fur et à mesure de l'avancement des travaux. Il y avait donc un chantier « de pierre » et un chantier « de brique », auxquels s'affairaient des ouvriers distincts. Toutefois, ceci nous renseigne davantage sur l'organisation que sur le savoir-faire des architectes égyptiens. Ceux-ci maîtrisaient les lois de la statique, ce dont témoigne la qualité des fondations, mais on ignore encore comment ces pyramides ont résisté à tout glissement.

se trouvent trois pyramides satellites dont la plus orientale est attribuée à l'épouse royale, Khâemerer-Nebty II.
Les deux pyramides intégraient naturellement un ensemble funéraire développant à l'est un temple du culte, une chaussée et un temple d'accueil. L'ensemble de Chéphren est aujourd'hui davantage « lisible ». Du temple du culte – plus imposant que celui de Chéops – ne subsistent que quelques vestiges puisqu'il a servi de carrière au cours des siècles. Les fouilles ont permis d'établir qu'il se composait de deux parties, l'une réservée au culte, l'autre accessible aux fidèles. Longue de presque 500 m, la chaussée reliait le temple d'accueil, découvert par Mariette en 1852. C'est le plus bel exemplaire connu de ce type. Au centre se trouvait probablement un naos avec la statue du roi. Cet édifice était presque accolé au temple du Sphinx, également doté d'une cour centrale. Il était situé juste à l'ouest du débarcadère et était probablement gardé par quatre sphinx, distincts de celui qu'on admire aujourd'hui.

Sphinx★★★

Unique, exceptionnel, colossal… voici le sphinx de Gizeh ! Cette impavide créature de pierre accueille ses visiteurs face au soleil levant, mais ils n'ont pas à craindre son énigme puisque aucune imagination n'est parvenue à l'animer. Pas même Obélix qui, si l'on en croit ses créateurs, aurait amputé le Sphinx de son nez sans que celui-ci n'esquissât la moindre velléité de vengeance.
Sa barbe postiche est exposée au British Museum à Londres. Quelques fragments de son nez sont au Musée égyptien du Caire.

Le « père de la terreur » – En transitant par le grec, le mot égyptien *Chesepânkh*, qui signifie « statue vivante », nous a donné le mot « sphinx ». En Égypte, il désignait une sculpture à corps de lion et tête humaine ou animale, et matérialisait la souveraineté du roi en évoquant sa force et sa puissance spirituelle. Dans la mythologie grecque, le Sphinx était un monstre fabuleux, lion ailé à tête et buste de femme, qui tuait les voyageurs incapables de résoudre l'énigme qu'il proposait à leur sagacité. Les Arabes l'ont pour leur part baptisé *Abu el-Hol*, c'est-à-dire le « père de la terreur ». Au cours des siècles, et particulièrement aux 18e et 19e s., ce monument a sidéré plus d'un voyageur. De retour dans leur Europe natale encore étrangère aux réalités archéologiques, ils en livrèrent des interprétations fantastiques qui prirent facilement racine auprès des esprits anxieux ou des amateurs d'ésotérisme. La science-fiction connut peut-être alors ses prémices dans les élucubrations tout aussi savoureuses qu'inédites qui cherchaient à percer la vraie nature du Sphinx : il était, assurait-on, l'œuvre d'une ancienne civilisation disparue plusieurs millénaires avant la construction des pyramides. Mais, on rencontre aujourd'hui un groupuscule d'archéologues convaincus que celles-ci ont été voulues par des extraterrestres. Ces billevesées ont au moins le talent de la poésie…

Figure emblématique de l'Égypte – Sculpté dans un éperon rocheux, long de 57 m, haut de 20 m, le Sphinx porte le *nemès*, frappé de l'*uræus* royal. Cet étrange félin incarne très probablement Chéphren – certains suggèrent d'y reconnaître Chéops ou une représentation du dieu Horus – posté tel un garde imposant au début de la chaussée menant à sa pyramide. Du plus petit souvenir touristique aux images fortes laissées d'un voyage au pays du Nil, il reste la grande figure de l'Égypte, son symbole éternel.

Dégradations faciales et restaurations – La stèle coincée entre les pattes antérieures du sphinx relate que Thoutmosis IV le fit restaurer dès son accession au trône. En effet, alors qu'il était encore prince, Thoutmosis rêva que le Sphinx lui prédit son avènement royal et lui ordonne de le délivrer des sables qui le recouvraient déjà. Ce qui fut fait. Les dégradations de sa face ont souvent été imputées aux armées de Bonaparte. C'est faux. À l'époque des mamelouks, le Sphinx émergeait des sables à hauteur du cou. Des exercices de tir au canon ont frappé le Sphinx, qui perdit son fameux nez. Les savants du Premier consul se sont contentés d'effectuer des relevés tout en mettant au jour la stèle de Thoutmosis IV. Le premier, ce pharaon restaura le sphinx, mais le monument disparut sous les sables, ce qui explique qu'il fallut attendre Pline l'Ancien (1er s.) pour voir le Sphinx évoqué par un auteur classique – ni Hérodote, ni Strabon, ni Diodore de Sicile n'en ont parlé. Marc Aurèle puis Septime Sévère le restaurent à nouveau, mais les sables s'imposent encore. En 1817, Giovanni Caviglia fouille le Sphinx et retrouve la barbe postiche. En 1853, Mariette puis Maspero, en 1858, commencent de désensabler le monument. En 1925, Émile Baraize consolide la coiffure et met au jour le temple flanquant le temple d'accueil avant que Selim Hassan ne reconstitue entièrement le monument en 1936. Depuis deux décennies, des missions archéologiques tentent de sauver le Sphinx qui, malgré et à cause des interventions, se dégrade peu à peu.

Visiter

Barque solaire★★

Au sud de la pyramide de Chéops. Ouv. tlj 9h-16h (17h en été) - 35 £.

En 1954, l'archéologue Kamal el-Malakh et l'inspecteur Zaki Nour découvraient deux grandes fosses creusées le long de la face sud de la Grande Pyramide. Des centaines de pièces en bois de deux grandes barques solaires y étaient entassées. Les 1 224 pièces de la barque de la fosse est ont été assemblées sous un bâtiment moderne construit au surplomb de la fosse.

R. Jarry / MICHELIN

Selon son restaurateur, la barque solaire a navigué au moins une fois, probablement pour conduire Pharaon dans sa dernière demeure.

Véhicule de Rê ou de Pharaon – Selon les *Textes des pyramides*, l'âme du roi défunt prend place dans la barque solaire pour rejoindre son père Rê. Il est probable que celle reconstituée ici soit de cet ordre, mais on ne peut actuellement déterminer son rôle exact avec certitude. On ignore si cette barque a réellement navigué ou si elle fut élaborée pour transporter la momie du roi. Ce que l'on sait est qu'elle n'a pas été retrouvée en format réduit dans le mobilier funéraire, et que la barque toujours enfouie dans la seconde fosse est du même type. En revanche, elle a fourni des informations essentielles sur la construction des grands navires de l'Antiquité, car avant sa découverte on en était pratiquement réduit à interpréter des scènes de tombeaux.

Dix années de patience – Ahmed Youssef Moustapha a consacré dix années à restaurer et reconstituer ce puzzle en cèdre du Liban. Suivant leur fonction, les bateaux variaient considérablement. Aucune emplanture de mât n'est ici prévue. Sans voile et avec sa proue et sa poupe surélevées, la silhouette de la barque de Chéops rappelle les embarcations en papyrus de l'Ancien Empire. La barque est longue de 43,4 m et large de 5,9 m en son centre, avec un tirant d'eau de 1,5 m. Aucun clou ne maintient le bordage de l'embarcation, entièrement solidarisé par un savant ajustage de chevilles en bois et de cordes destinées à gonfler au contact de l'eau, assurant ainsi la flottabilité du bateau. La poupe est dotée de deux rames de gouverne ; une cabine de 9 m de long occupe le centre ; cinq paires de rames assurent la propulsion ; une petite cabine précède la proue. Le seul océan que pouvait affronter cette barque est celui de l'éternité.

Aux alentours

Marché aux dromadaires

35 km du Caire direction Qanateir. Se tient tlj de 6h à 14h. Entrée a priori libre mais il arrive qu'on doive acheter un ticket à 20 £. Accès : le plus simple est le taxi (65 £ AR), car en microbus, c'est vraiment très long et très difficile.

Les vendredis, samedis, dimanches et lundis sont les jours les plus animés. Ne pas arriver trop tard, en tout cas pas après 9h30, si l'on veut assister aux moments forts des transactions entre marchands nubiens. Si vous souhaitez prendre des photos, demandez-en d'abord la permission.

C'est le plus important *souk al-gamaal* du pays. Chaque semaine, 2 000 têtes arrivent ici depuis la Somalie et le Soudan, en transitant par Daraw *(voir Kom Ombo)* où elles subissent une quarantaine afin d'être vaccinées. D'autres arrivent du Sinaï.

Les dromadaires les plus recherchés sont ceux de la race des *baladis*, provenant du Soudan. Ceux-ci sont utilisés sur les sites touristiques pour promener les visiteurs. Les autres, pour leur majorité, alimenteront les abattoirs du Caire pour être revendus en boucherie. Les bêtes ont une corde nouée autour d'une patte repliée sur elle-même pour éviter qu'elles ne s'échappent. Il n'est cependant pas rare d'en voir une ignorer cette entrave et entamer une course rapide pour tenter de s'enfuir. Elle sera sévèrement réprimée.

Gizeh pratique

Visite du plateau

À pied ou en car si vous appartenez à un groupe. Mais vous pouvez aussi louer un cheval ou un dromadaire près du guichet. Le prix normal est de 25 £/h ; prenez soin de ne payer qu'à la fin du tour. Les femmes éviteront de partager leur monture avec le loueur. On peut aussi louer un cheval du côté du Sphinx.

Son et lumière

Les séances se tiennent face au Sphinx, dans différentes langues : renseignez-vous auprès de la réception de votre hôtel. Lumières multicolores et effets laser servent un texte historique un peu théâtral, mais c'est le but du jeu. Séances en français les lundis, mercredis, vendredis et dimanches à 19h30 et 21h30 ; mardi à 20h30 et 22h30. Renseignements complémentaires sur le site www.egyptsandl.com. 60 £ par personne.

Se loger

⊖⊖⊖⊖ **Cataract Pyramids Resort** – *Rte de Saqqara - ✆ (02) 384 29 01 - 400 ch. : 180 $.* Plutôt gigantesque et bien situé, cet hôtel s'adresse principalement aux hommes et femmes d'affaires par son équipement (centre de conférences, connexion Internet, etc.). Sports et piscine, ainsi qu'une navette gratuite vers les pyramides et le centre-ville, complètent le tableau.

⊖⊖⊖⊖ **Mena House Oberoi** – *Après le rond-point de la route d'Alexandrie, au pied des pyramides – ✆ 377 32 22 – 500 ch. : 180/300 $.* Un véritable monument établi dans un ancien palais construit en 1869. En plus d'un siècle, il a vu défiler têtes couronnées et grands de ce monde. Le luxe a bien sûr un prix, le réveil face aux pyramides peut-être pas (à partir de 220 $).

Se restaurer

⊖⊖ **Andrea** – *1,5 km au N de la rte des Pyramides (2 £ en taxi depuis le site).* Le spécialiste égyptien du poulet dispose ici d'un agréable jardin. Pour 20 £, vous aurez aussi un assortiment de hors-d'œuvre.

⊖⊖ **Alezba** – *Marioteya Road, 8 km au S de l'av. des Pyramides - 10h-23h.* Si l'on part voir Saqqara après une visite des pyramides, on peut déjeuner d'un buffet très complet pour 30 £, dans un jardin agréable.

Mena House Oberoi – Au pied des pyramides, cet hôtel de luxe dont l'opulence décorative orientalisante est une curiosité en soi possède un très agréable salon de thé ; évidemment la moindre part de gâteau coûte au moins 15 £ ; thé, expresso et café turc : 8 £. Compter tout de même 150 £ pour un repas.

Saqqara★★★

CARTE GÉNÉRALE C1

La nécropole de Saqqara appartient aux visites essentielles à la compréhension de l'Égypte ancienne parce qu'elle en concentre l'histoire. Très vaste, au cœur d'un plateau désertique, elle est située tout à proximité de Memphis, qui fut longtemps la ville la plus importante du pays. En outre, ce site grandiose réserve à son visiteur un sentiment de paix que ne peut plus offrir Gizeh, attaquée par l'urbanisation du Caire.

Se repérer – À 25 km au sud du Caire, sur la rive gauche du Nil.

À ne pas manquer – La visite des mastabas ornés de superbes bas-reliefs, l'ambiance particulière qui règne dans l'enceinte funéraire de Djéser.

Organiser son temps – Si vous souhaitez visiter l'intégralité du site, commencez votre visite tôt le matin, loin des rayons du soleil et des hordes de visiteurs.

Avec les enfants – Le musée de Memphis.

Comprendre

De dieu Sokar – Saqqara est le nom du village. Il serait une déformation de celui du dieu Sokar, qu'on vénérait à l'origine aux environs immédiats de Memphis. Dieu de la Fertilité, Sokar était personnifié par un homme à tête de faucon. Il intervenait à l'occasion du rituel de l'ouverture de la bouche lors de l'embaumement des momies. Il fut assimilé au dieu Ptah.

La plus grande d'Égypte – À l'ouest de Memphis, la nécropole de Saqqara s'allonge sur près de 8 km de long avec une largeur variant de 800 à 1 800 m. Au 19e s., elle a été divisée en deux sections : **Saqqara-Nord** et **Saqqara-Sud**. La première s'étend vers le site d'Abousir, la seconde vers celui de Dachour, mais elles forment un tout qui s'étire en plein désert, au sud de Gizeh.
Toutes les grandes périodes de l'histoire égyptienne y sont représentées, depuis les temps archaïques jusqu'aux Coptes, à l'exception de la Période romaine. Aucune autre nécropole n'offre donc une telle coupe de l'évolution de l'architecture en Égypte. Elle n'était pas uniquement réservée aux rois, Saqqara était la nécropole de Memphis.

A priori : rien à l'horizon – Lorsqu'on a acquitté son droit d'entrée, la route quitte la verdure des palmeraies pour s'engager dans le désert. S'élevant vers le plateau calcaire sur lequel repose le site, elle laisse à sa droite un chemin menant au tout nouveau bâtiment prévu pour abriter le futur musée Imhotep. En haut, la pyramide à degrés capte toute l'attention du visiteur. Ce dernier, après une visite mémorable du complexe funéraire de Djéser, scrute l'horizon pour embrasser du regard l'ensemble de la nécropole, et il ne voit rien sinon les pyramides de Gizeh, au loin. En effet, le site est nivelé, les mastabas et les pyramides effondrées sont enfouis sous la ligne d'horizon. Mais, qu'on ne s'y trompe pas, la nécropole de Saqqara recèle quantité de trésors.

Découvertes et nouveautés – En Égypte, pas une année ne passe sans qu'un site dévoile un peu ses secrets. Saqqara n'échappe pas à la règle. L'architecte français Jean-Philippe Lauer (1902-2001) est arrivé à Saqqara en 1926 pour épauler l'archéologue anglais Cecil Firth. Celui qu'on appelait « l'Égyptien » a consacré sa vie à travailler sur le site et quelques mois seulement avant sa mort, on pouvait toujours le voir arpenter les lieux.
La nécropole est fouillée, patiemment et systématiquement. Comme elle n'a jamais cessé d'être utilisée pendant la quasi-totalité de l'Antiquité, on conçoit qu'on n'en visite qu'une faible partie. Ainsi, plusieurs monuments font actuellement l'objet d'analyse, de reconstitution ou de restauration, telles les tombes du **Bubastéion**, lieu de dévotion de la déesse Bastet, qui prouve la grande activité de la nécropole sous le Nouvel Empire.

Un peu de patience – Bientôt ouvrira peut-être le **musée Imhotep** où devraient être exposés les éléments que Lauer n'a pu replacer, ainsi qu'une maquette du complexe funéraire de Djéser, dont un exemplaire est conservé au musée du Cinquantenaire à Bruxelles. Un petit film racontera l'histoire du site et une salle présentera les archéologues y ayant travaillé. Une grande section sera consacrée à Lauer et d'autres aux travaux de Jean Lecland et Audran Labrousse sur les complexes de Pépi Ier et Pépi II. Le musée évoquera aussi les recherches de Zahi Hawas sur le complexe de Téti et sur la tombe du médecin.

Découvrir

Ensemble du site ouv. tte l'année de 8h à 17h - 35 £ ; étud. 20 £ ; accès au site 2 £ par voiture ; app. photo et vidéo gratuits.

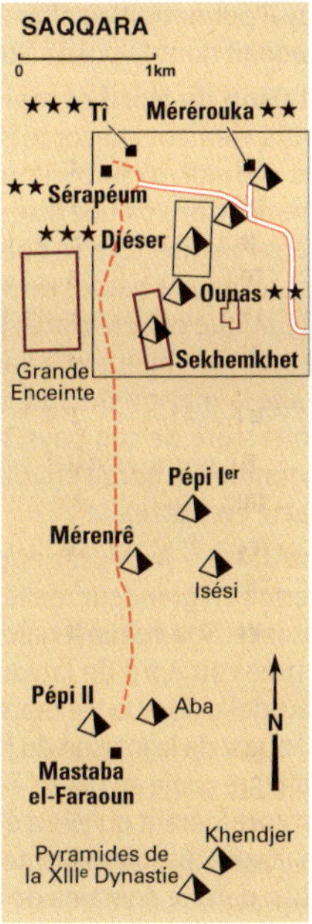

COMPLEXE FUNÉRAIRE DE DJÉSER★★★

Le complexe★★

Imhotep a conçu autour de la pyramide un enclos de 15 ha cerné par un mur en pierre haut de 10,5 m. Décorée « en façade de palais », l'enceinte, partiellement reconstituée, symbolise le monde fictif que l'architecte a élaboré ici. Elle comptait quatorze fausses-portes et une vraie porte d'entrée, que l'on emprunte toujours. Elle donne accès par un passage très étroit à une longue **colonnade★★** ou salle hypostyle aboutissant à un vestibule perpendiculaire ouvrant sur la cour méridionale.

L'anastylose – Cette méthode de restauration consiste à la remise en place des éléments identifiés. Elle permet de reconstituer des monuments presque entièrement ruinés. Les éléments manquant sont comblés avec le même matériau ou une matière artificielle.

Si l'on peut admirer aujourd'hui cette colonnade, c'est grâce au travail herculéen de Jean-Philippe Lauer, qui a reconstitué un gigantesque puzzle de deux mille morceaux de colonnes ! Il procéda à leur longue restauration par anastylose. Selon Lauer, elles représentent des poteaux de bois cannelés ou des faisceaux de tiges de palmes.

Cour méridionale – Au sud, le **tombeau du Sud** se distingue par une nouveauté décorative d'Imhotep qu'on appelle le **« mur des Cobras »** : il est orné d'une frise décorée d'*uræus* de la déesse Ouadjit surmontant des fausses-portes. Seule l'âme du défunt pouvait utiliser ces dernières, s'en servant pour venir disposer des offrandes. Un puits profond de 28 m donne accès aux chambres funéraires destinées, suppose-t-on, à abriter les vases canopes du pharaon. Là, des parois étaient recouvertes de carreaux de faïence bleue.

À l'est, le **temple du Heb-Sed** (ou temple T) abritait le *ka* royal. En longeant le mur arrondi on gagne la **cour du Heb-Sed** bordée de chapelles, reproductions des pavillons de fête bâtis en bois, roseau et pisé à l'Époque prédynastique. Du côté occidental, hormis celles situées aux extrémités et au centre, les chapelles étaient ornées de trois colonnettes engagées aux chapiteaux uniques dans toute l'histoire de l'art égyptien : l'abaque cubique est flanqué de feuilles percées d'un trou destiné à recevoir un bâton soutenant les emblèmes divins ou royaux. Le Heb-Sed ou jubilé

R. Deschamps / MICHELIN

La pyramide à degrés de Djéser, construite par Imhotep.

royal permettait au pharaon de régénérer sa force. La présence de ces bâtiments lui donnait donc la possibilité de la renouveler jusque dans l'au-delà.

Maison du Nord et maison du Sud★ – Juste au nord, elles se différencient par leurs éléments décoratifs relevant respectivement de la Haute et Basse-Égypte – les chapiteaux papyriformes sont typiques du nord. Au-dessus de l'entrée de la première on voit une frise *khekeérou* figurant des faisceaux de végétaux noués utilisés dans l'architecture en bois pour fixer des parois. Détail : les colonnes protodoriques, actuellement hautes de 3 m, mesuraient près de 12 m. À l'intérieur, des graffitis en hiératique ont été tracés par des « touristes » de la XXVIIIe dynastie ; ils comportent la première mention, à Saqqara, de Netjery-Khet sous le nom de Djéser.
Dans la maison du Sud, Imhotep fait apparaître pour la première fois dans l'architecture de son pays 3 types de corniche décorative : le tore (moulure pleine arrondie), la gorge égyptienne (en creux et en forme de feuille) et le rouleau (une natte enroulée).

Serdab★ – Au Musée égyptien du Caire se trouve la plus ancienne sculpture égyptienne en grandeur réelle, celle du roi Djéser, assis dans une attitude de souveraine aisance. Si la statue regardait en direction du nord c'était pour pouvoir voir les étoiles situées au nord de la voûte céleste, car l'Ancien Empire y localisait le monde de l'au-delà, donc la vie éternelle. Cette **statue★★** fut découverte dans le serdab situé à l'ouest de la maison du Nord. En regardant par les trous percés dans la façade, on y voit une copie en plâtre. Par cette statue, le roi pouvait voir et recevoir des offrandes. En considérant qu'elle a été exécutée vingt-sept siècles av. J.-C., on mesure toute la maîtrise artistique atteinte par la IIIe dynastie qui marquait le début d'une ère nouvelle, aussi dans le domaine de l'architecture.

Temple funéraire – Au pied de la face nord de la pyramide se trouvent les ruines de ce temple, premier du genre. L'entrée de la pyramide était située dans le dallage.

Pyramide à degrés de Djéser★★★

La pyramide a d'abord été fouillée en 1821 par le Prussien von Minutoli et l'Italien Segato. Perring, Vyse et Mariette, puis Firth et Lauer les suivirent.

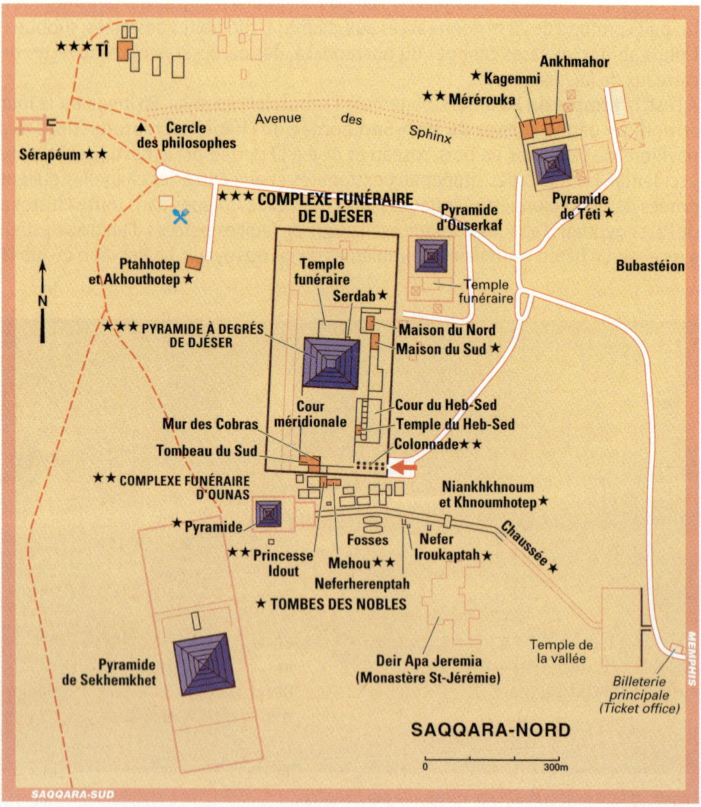

L'homme – On ne sait pas grand-chose du deuxième pharaon de la IIIe dynastie. Son nom, Djéser (ou Djoser), n'apparaît que sous la XIIe dynastie. Sous son règne il est désigné par le nom d'Horus Netjery-Khet. Il a engagé des expéditions dans le Sinaï ; la stèle dite « de la famine », sur l'île Sehel à Assouan, lui attribue la conquête de la Basse-Nubie. Compte tenu de la mutation architecturale qui s'est opérée à travers Imhotep *(voir ci-dessous)*, il est à supposer que ce roi fut un formidable meneur d'hommes.

La pyramide – *Ne se visite plus à cause des risques d'effondrement.* Telle qu'on la découvre aujourd'hui, l'aïeule des pyramides égyptiennes ne se présente plus exactement comme lors de son achèvement. Les plaques de calcaire qui la recouvraient ont disparu. Elle ne constituait pas encore une pyramide véritable : d'une part elle n'est pas de plan carré (123 m pour les côtés est nord et ouest sud, 107 m pour les deux autres), d'autre part elle est formée de la superposition de six mastabas et ne relève donc pas d'un plan régulier du type de la pyramide rouge (ou septentrionale) de Dachour, premier exemple parfait. En outre, son sommet, qui culminait à 60 m, n'était pas couronné par un pyramidion mais par une terrasse.

On peut parler de superposition de mastabas puisque Imhotep a conçu l'ensemble à partir d'un mastaba initial agrandi successivement de deux autres et de trois gradins qui en reprenaient la forme. Même si les structures de ces édifices successifs diffèrent légèrement entre elles, le résultat est totalement cohérent avec sa forme d'escalier facilitant l'ascension de l'âme du roi vers le ciel. Fruit des calculs d'Imhotep, cette pyramide à six degrés n'est rien moins qu'un des monuments les plus anciens du monde.

L'intérieur de l'édifice, dont l'entrée se situait au nord, cache un véritable dédale d'appartements souterrains rayonnant autour de la chambre sépulcrale bâtie en granit. Un bloc de 3 t bouchait l'entrée de ce monde enfoui. Bien que pillés, les galeries et les appartements ont néanmoins livré des milliers de vases et de récipients de toutes matières, ainsi que deux sarcophages en albâtre. Quant à la dépouille de Djéser, Lauer n'en aurait retrouvé qu'un minuscule bout de pied momifié.

Le trou ouvert juste au sud de la pyramide correspond à une galerie creusée sous la XXVIe dynastie. On ne sait s'il était alors question de fouiller le monument ou de le piller. On sait toutefois que près de 1 000 m^3 de matériaux furent dégagés.

Imhotep, l'aube du génie

« Le chancelier du roi de Basse-Égypte, administrateur du grand palais, noble héréditaire, grand-prêtre d'Héliopolis, Imhotep, le constructeur, le sculpteur, le fabricant de vases de pierre. » Cette inscription trouvée à Saqqara sur le socle d'une statue de Djéser fit sortir Imhotep de la légende. En élevant la première du genre, le vizir de ce roi inventa la pyramide, donnant ainsi naissance à l'architecture monumentale. L'imagination créatrice d'Imhotep sortit la pierre de son rôle de matériau d'appoint en utilisant des blocs de pierre taillés et en les disposant en assise. Il construisit donc avec un matériau durable, comme s'il voulait pétrifier à tout jamais la demeure funéraire de son pharaon.

Sous la XXVIe dynastie, la renommée de cet homme polyvalent (vizir, architecte, écrivain et médecin) devint telle qu'il fut adoré comme un dieu guérisseur, son culte se répandant le long de la vallée du Nil, depuis l'île de Philæ jusqu'à Saqqara. Même les Grecs s'en emparèrent en en faisant le fils d'Héphaïstos et en le nommant Imouthès.

Visiter

Il se peut que certains monuments soient fermés lors de votre passage. Si vous souhaitez visiter l'ensemble ou ne fût-ce qu'une grande partie, songez à emporter avec vous des bouteilles d'eau.

AU NORD DU COMPLEXE FUNÉRAIRE DE DJÉSER

Pyramide d'Ouserkaf

L'homme – Selon une légende, la reine Khentkaous, femme de Chepseskaf, dernier roi de la IVe dynastie, aurait conçu les trois premiers rois de la Ve dynastie. L'aîné était Ousir Kaf ou Ouserkaf. Son règne a été marqué par les premiers contacts entre l'Égypte et le monde égéen. C'est à partir d'Ouserkaf que Pharaon est appelé « fils de Rê ». Depuis la IIe dynastie, **Rê** désignait le soleil, plus précisément le soleil dans sa phase zénithale puisque le soleil naissant était appelé **Khépri** et le soleil déclinant **Atoum**.

La pyramide – En 1928, Cecil Firth identifia cette pyramide aux blocs de calcaire grossièrement taillés (le revêtement a disparu). Elle a servi de carrière, d'où son état actuel ; sa hauteur primitive était de 49 m. L'enceinte englobait un temple funéraire,

exceptionnellement au sud pour cause de pente trop raide à l'est, et une pyramide satellite, au sud-ouest, dont il subsiste quelques vestiges.
Tout près de cette pyramide, dans le mastaba C8, Auguste Mariette découvrit en 1860 la célèbre **statue du « Cheikh el-Beled »**, aujourd'hui au Musée égyptien du Caire.

Pyramide de Téti Ier

L'homme – Premier roi de la VIe dynastie, Téti a épousé une fille d'Ounas, dernier roi de la IVe dynastie. Sa politique de pacification entre la Haute et la Basse-Égypte, son activité de législateur et ses relations commerciales avec la Nubie en font un souverain plus important que ce que suppose la réputation de début de décadence trop souvent accordée à la VIe dynastie.

La pyramide – Guère en meilleur état que la précédente, cette pyramide dont le nom antique était « Durables sont les sièges de Téti » atteignait à l'origine 52,5 m de hauteur. L'entrée est au nord et le temple funéraire à l'est, ce qui correspond à la disposition habituelle. Au sud-est, on voit une pyramide satellite, tandis qu'au nord-ouest se trouvent les vestiges de deux petites pyramides attribuées aux reines Ipout et Khouit, deux épouses de Téti Ier.
L'intérêt principal de la pyramide réside dans les **inscriptions★** extraites des *Textes des pyramides* ornant les parois des chambres, selon un usage inauguré par la pyramide d'Ounas. Sculptés en colonnes verticales, les textes contiennent des formules magiques visant à favoriser la survie du roi.
La descente au cœur de la pyramide mène à une chambre sépulcrale qui a conservé son sarcophage de grès noir. Cet exemplaire construit in situ est le premier à comporter des hiéroglyphes gravés. Le plafond porte un décor astronomique dont les étoiles incarnent l'âme du défunt.

Mastaba de Mérérouka★★

Le vizir de Téti Ier, qui épousa la fille aînée de ce dernier, Sesheshet, se fit enterrer dans l'un des plus beaux mastabas de Saqqara. Il compte 32 chambres, ce qui en fait le plus complexe du site et la plus grande tombe de l'Ancien Empire. Cette sépulture familiale magnifiquement décorée se divise en trois parties : les appartements de Mérérouka, de sa femme, de son fils. Au sud, l'unique entrée du tombeau ouvre sur la partie réservée à Sesheshet *(à l'ouest)* et sur la partie réservée à Mérérouka *(à l'est)* ; la partie réservée à leur fils se situe au fond du mastaba, au-delà de la chambre aux 6 piliers.
Les **bas-reliefs★** qui recouvrent les murs de la moitié des chambres ne sont pas les plus fins qu'on puisse voir en Égypte, mais leurs détails et leur originalité en font un ensemble particulièrement séduisant. Tout au long de la visite, on croise des scènes de la vie quotidienne illustrant les techniques de pêche ou de chasse, le transport des récoltes ou la vie au harem. Dans la chambre aux 6 piliers on découvre sur le mur sud une scène de lamentation, rare à cette époque, où des femmes pleurent la mort du vizir. Dans cette même salle, une niche placée au surplomb d'une table d'offrandes abrite la **statue de Mérérouka★**.

B. Kaufmann / MICHELIN

Statue grandeur nature du défunt conservée dans le mastaba de Mérérouka.

Mastaba de Kagemmi★

La tombe de celui qui fut vizir au début du règne de Téti Ier a été découverte par l'Allemand Karl Lepsius en 1843. Presque aussi grand que le précédent, il compte pourtant beaucoup moins de chambres. Les **bas-reliefs** y sont plus finement réalisés, mais moins bien conservés. Ici aussi on rencontre des scènes typiques des sépultures de cette période : agriculture, chasse, pêche et offrandes.

Mastaba d'Ankhmahor

Cette sépulture d'un autre vizir de la VIe dynastie est connue sous le nom de « tombeau du médecin » car elle comporte de célèbres scènes chirurgicales : opérations d'un orteil, d'un pouce, et circoncision.

La circoncision se pratiquait sur des garçons d'une dizaine d'années. Pas impérative, elle fut toutefois un signe de reconnaissance vis-à-vis des Libyens, puisque après certaines batailles, les Égyptiens émasculaient les morts non circoncis pour compter les ennemis tués.

Mastaba de Tî★★★

Tî était grand intendant des pyramides de Neferirkarê et Niousserê, rois de la Ve dynastie. Dégagé par Mariette en 1865, ce mastaba est le plus beau de toute la nécropole. Pour admirer le merveilleux cycle de **bas-reliefs★★★** du mastaba, il faut dépasser la cour à piliers et s'engager dans le corridor qui s'y ouvre au sud. On peut dès lors découvrir le plus remarquable exemple de style et de répertoire des reliefs privés de l'Ancien Empire. Apparu sous Snéfrou (IVe dynastie), le répertoire du bas-relief de l'Ancien Empire atteint ici son apogée. Le don d'observation des sculpteurs s'est largement développé bien que les représentations soient toujours un peu sévères. Enfin, les surfaces décorées sont devenues plus importantes.

La première pièce ou **chapelle de l'offrande** est consacrée aux représentations d'offrandes alimentaires : les mets et les boissons, dont la bière.

La seconde pièce ou **chapelle principale** offre une photographie des mœurs de l'ancienne Égypte, à la fois détaillée et amusante. En commençant par la paroi est dans le prolongement du corridor, on voit Tî et sa femme, au centre, en grandeur réelle, et des travaux des champs, sur la gauche. La paroi est également décorée de la célèbre scène de la fabrication des barques. Dans la paroi sud, une fente donne dans le serdab où se trouve une copie de la statue de Tî. Au centre, entre deux portraits du défunt, on assiste à la présentation des animaux sauvages et du bétail. En face, la paroi nord porte un relief éblouissant de dextérité au sein duquel Tî, installé dans sa barque, assiste à une scène de chasse à l'hippopotame dans un marais du Delta. Le fond du tableau est remarquablement gravé de tiges de roseau et de papyrus. Dans cette scène on remarque notamment un combat entre un crocodile et un hippopotame.

Sérapéum★★

« Il est noir, avec un triangle blanc sur le front » – En Égypte, les animaux sacrés étaient momifiés après leur mort. Le taureau sacré Apis, dieu vivant puisqu'il était choisi par les prêtres parmi les troupeaux, était célébré à Memphis, couvert d'offrandes et prétexte à processions et oracles. Selon Hérodote, « Apis était noir, avec un triangle blanc sur le front et une marque en forme de scarabée sous la langue. » À partir du Nouvel Empire, il fut embaumé et inhumé dans un sarcophage dans les galeries souterraines de son temple, le Sérapéum. Après un deuil de soixante jours, on choisissait un nouvel Apis.

La nécropole des taureaux sacrés – Horemheb, dernier pharaon de la XXVIIIe dynastie, et ceux de la XIXe dynastie enterrèrent les premiers taureaux Apis du Sérapéum. Étendu au cours des dynasties suivantes, le cimetière sacré fut encore agrandi sous la XXXe dynastie puis sous les **Ptolémées** qui en firent un ensemble architectonique monumental. De cette époque date la fameuse rampe monumentale en demi-cercle reliant les terres cultivées au sanctuaire et appelée *dromos*. Il s'agissait d'une allée de sphinx édifiée sous Nectanébo Ier.

Le Sérapeum – À Memphis, Apis incarna Ptah puis Osiris. Sous Ptolémée II Philadelphe (Époque gréco-romaine), il fut identifié à Sérapis, dieu dynastique des Lagides. Le temple funéraire d'Apis devint donc le Sérapéum, forme latine du Sérapéion grec. Il consiste en un vaste complexe souterrain dont subsistent d'immenses galeries, les superstructures de surface n'ayant pas résisté au temps. Voûtée en berceau, la grande galerie mesure 340 m de long et est creusée de grandes niches abritant des sarcophages. Chacun de ces 24 sarcophages est taillé dans un seul bloc de pierre pouvant atteindre 4 m de haut sur 5 m de large ; leur poids moyen est de 70 t. Trois d'entre eux sont inscrits aux noms de rois : Amasis (XXVIe dynastie), Cambyse (XXVIIe dynastie) et Khababach (souverain égyptien ayant régné pendant la seconde domination perse). Une fois l'Apis inhumé, la niche était murée et une stèle était encastrée dans le mur.

Zoolâtrie

L'adoration des animaux sacrés était une des grandes caractéristiques de la religion égyptienne. À partir de la Basse Époque, chaque nome vénérait une espèce particulière. À Saqqara, plusieurs nécropoles d'animaux renfermaient des milliers de momies d'ibis, faucons, babouins et chiens.

Cercle des philosophes

Construit sous Ptolémée Ier, il rassemble, de gauche à droite, les statues de Platon, Héraclite, Thalès, Protagoras, Homère, Hésiode, Démétrios de Phalère, Pindare.

Mastaba de Ptahhotep et d'Akhouthotep★

Akhouthotep fut juge et vizir à la fin de la Ve dynastie ; Ptahhotep, son fils, au début de la VIe dynastie. Leur mastaba est double, mais la beauté des **bas-reliefs★★** polychromes du secteur de la sépulture de ce dernier fait que l'on désigne d'abord le mastaba de son nom.

Signature – Le 1er registre de la partie nord du mur est représente une scène de joute nautique. Sur le 1er bateau, un enfant donne à boire à un personnage assis. Selon l'inscription, il s'agit de Ankhenptah, « le chef des artistes ». S'il est l'auteur de la décoration, ce serait la première œuvre signée connue.
L'entrée de la chapelle de Ptahhotep se situe au sud de la chambre aux quatre piliers. Il faut surtout s'intéresser à la paroi est et ses deux scènes symétriques à neuf registres. Sur chacune d'elles le défunt se présente debout et assiste aux différents tableaux traitant de sujets plutôt inhabituels pour l'époque, le tout avec un souci de la vérité assez saisissant. On voit par exemple des exercices sportifs, un lion saisir un bovin ou un hérisson capturer un grillon.

H. Champollion / MICHELIN

Détail d'un bas-relief polychrome ornant la tombe d'Akhouthotep.

AU SUD DU COMPLEXE FUNÉRAIRE DE DJÉSER

Pyramide de Sekhemkhet

L'homme – À ce jour, on ne sait rien de ce roi, sinon qu'il fut le successeur de Djéser (IIIe dynastie).

La pyramide – Dégagée en 1954 par l'Égyptien Zakaryia Ghoneim, cette pyramide inachevée était entourée d'une enceinte du type de celle de Djéser. Si elle avait été terminée elle aurait mesuré quelque 70 m, alors qu'elle s'élève seulement à 7 m de hauteur. Contrairement à celle de Djéser, elle est de plan carré et constitue donc un chaînon important dans la courte évolution des pyramides.
Son entrée *(à 40 m au nord)* donne accès à une chambre sépulcrale renfermant un sarcophage en albâtre. Bien que fermé, il était vide, suggérant que ce roi n'y a pas été inhumé. Le couloir de descente donne aussi accès à un couloir ouvrant sur une galerie creusée de 132 chambres.
La similitude avec la structure de la pyramide de Djéser est telle qu'on a longtemps supposé l'existence d'une tombe du sud : Jean-Philippe Lauer l'a découverte en 1956 ; ses fouilles ont confirmé que Sekhemkhet n'a jamais été enterré dans ce site.

Complexe funéraire d'Ounas★★

L'homme – Dernier roi de la Ve dynastie. En dehors d'expéditions militaires en Asie et en Libye, le fait marquant de son règne est l'apparition des textes funéraires, dits *Textes des pyramides*.

« **Les Textes des pyramides** » – Ounas est le premier roi dont les parois de la sépulture ont été gravées de prières et formules magiques hiéroglyphiques destinées à garantir la survie de Pharaon. Ces textes constituent un rituel et décrivent son ascension vers le ciel, son installation parmi les étoiles, sa solarisation, son passage à l'état d'Osiris, tout en lui permettant de dépasser tous les obstacles éventuels à sa survie. Ils prendront de plus en plus d'importance avec les souverains de la VIe dynastie. La pyramide de Pépi II, dernier roi de celle-ci, en comporte deux fois plus que celle d'Ounas.
On a longtemps cru que ces textes étaient exclusivement réservés à ces pharaons, mais des découvertes récentes *(voir ci-dessous)* prouvent qu'il n'en est rien. En effet, on en a retrouvé dans les pyramides des reines, de même que de façon fragmentaire dans les *Textes des sarcophages* d'Égyptiens aisés. Il faut y voir une démocratisation d'un rituel pharaonique.

La pyramide★ – *Fermée pour restauration.* Haute à l'origine de 43 m, elle est très dégradée. Les campagnes de fouilles menées par l'Italien Alessandro Barsanti au début du 20e s. ont permis d'identifier un temple funéraire et le temple de la vallée, ainsi qu'un puits menant à trois tombes dites perses qui comptent parmi les plus profondes d'Égypte (25 m).
L'entrée est au nord. Un couloir de descente donne sur un second couloir horizontal doté de trois herses en granit et débouchant sur une antichambre puis la chambre sépulcrale où se trouve le sarcophage. Les plafonds sont décorés d'étoiles, mais l'intérêt de la pyramide réside dans ses **inscriptions★** extraites des *Textes des pyramides* ornant les parois et que l'on rencontre ici pour la première fois. Elles ont été découvertes par Maspero en 1881.

Chaussée★ et fosses – Mise au jour par l'archéologue égyptien Selim Hassan, la **chaussée★** est longue de quelque 650 m. Elle était décorée et recouverte d'un plafond composé de dalles étoilées laissant filtrer un rai de lumière sur toute sa longueur. Elle reliait le temple de la vallée à la pyramide.
Côté sud de la chaussée, à environ 150 m de la pyramide, deux grandes fosses naviformes parallèles mesurent près de 40 m. Simulent-elles les embarcations empruntées par le roi pour sa navigation éternelle ou contenaient-elles réellement des barques royales ? Les égyptologues n'ont pas encore répondu à la question.

Au sud de la pyramide d'Ounas, deux tombes sont fermées, celles de Horemheb, chef des armées de Toutankhamon et futur pharaon, et de Maya, la nourrice de Toutankhamon. Leurs reliefs sont splendides, (comme cette main allongée, typique du style amarnien de la XVIIIe dynastie).

Tombes des nobles★

Ticket spécial. 10 £. Accès à partir du guichet principal. Au sud de la chaussée d'Ounas.
À l'est de la pyramide se trouve une quantité incroyable de tombes de la Ve dynastie ; on continue d'en découvrir. Au nord de la chaussée, celles des épouses royales, Khenout et Nebet, celles d'Iynefert, ministre d'Ounas, et d'Ounas-Ankh, fils du roi, ainsi que le **mastaba de la princesse Idout★★**, somptueusement décoré de scènes animalières, la tombe de Khenou ou le **mastaba de Mehou★★** sont actuellement fermés pour restauration.
Les quatre tombes suivantes, édifiées pendant la Ve dynastie, appartiennent à un secteur fouillé par l'archéologue égyptien **Ahmed Moussa** et réunissant des tombes rupestres pour la plupart. Elles se caractérisent principalement par le coloris et le bon état de conservation de leur décor.

Mastaba de Niankhkhnoum et Khnoumhotep★ – Cette tombe réunit deux chefs des perruquiers royaux, frères ou amis. Le vestibule où sont représentés les deux défunts ouvre sur deux pièces dont seule la première est décorée de bas-reliefs reconstitués par Ahmed Moussa (procession funéraire, artisanat, hygiène, scènes de marché et de chasse). Au sud de la cour, la chapelle a été creusée dans le roc. Entre les deux ouvertures donnant sur la salle des offrandes, un très beau relief représente les deux défunts, face à face, s'embrassant avec affection.
L'éruption du relief privé sous la Ve dynastie doit se comprendre comme le reflet du développement du relief royal, malheureusement très détruit. Même si son échelle est plus réduite et son travail moins soigné, le relief privé témoigne de la grande qualité de l'art à cette époque.

Tombe d'Iroukaptah★ – Cet hypogée est également appelé « tombe des bouchers » parce que le défunt était chef des abattoirs royaux. Dans la chapelle sont alignées dix statues polychromes engagées (plus quatre autres non peintes), technique que l'on ne retrouve qu'à Gizeh. Elles représentent des proches du défunt – les trois dernières portent une moustache, signe qu'il s'agit de jeunes hommes. Très évocatrices, les scènes décorant la tombe évoquent, outre l'abattage des animaux, la chasse dans les marais, la tenderie ou la construction de bateaux.

Mastaba de Neferherenptah – Petit, ce tombeau se distingue par des décors non pas gravés mais uniquement dessinés. Particulièrement raffinés dans leur exécution, ils illustrent des thèmes agricoles très divers qu'on peut s'amuser à retrouver : traite d'une vache, serviteur versant du lait, naissance d'un veau, cueillette du raisin, repiquage des laitues, etc. Une très belle scène d'envol d'oiseaux a donné le surnom de « tombe des oiseaux » à ce mastaba.

Tombe de Nefer – La tombe de ce « chef des choristes » contient les reliefs classiques (offrandes, chasse, pêche), mais réserve la surprise de scènes plus rares dont la récolte des papyrus réunis en gerbe.

Deir Apa Jeremia

La situation des vestiges du monastère Saint-Jérémie à moins de 500 m de la pyramide de Djéser peut surprendre. Fondé vers 430, il a été construit en brique crue et à l'aide de blocs provenant de la nécropole alors en ruine. Le complexe comportait une basilique, une chapelle funéraire, un réfectoire et des cellules, mais aussi des citernes et des ateliers, le tout protégé par des murailles défensives. Un grand nombre de fragments du monastère ont été déposés au Musée copte du Caire.
Sa fondation a dû suivre le processus habituel. Un anachorète se sera retiré à la lisière du désert, profitant d'une tombe antique. Sa réputation de sainteté aura attiré des disciples, bientôt une communauté, et il sera devenu nécessaire de fonder un monastère.

SAQQARA-SUD

Plus étendue mais moins riche, la nécropole de Saqqara-Sud est distante de 2 km. Si vous souhaitez vous y rendre, on ne manquera pas de vous proposer une monture (âne, dromadaire ou cheval), à moins que vous n'y alliez en taxi par le village de Saqqara. Les pyramides ne se visitent pas.

Fondation EDF

Reconstitution du complexe funéraire de Pépi Ier.

Pyramide de Pépi Ier

L'homme – Fils de Téti, il est le second pharaon de la VIe dynastie si l'on considère que Ouserkarê, qui régna de fait, n'était que son régent.

La pyramide – Difficile à repérer tant elle a souffert des carriers, cette pyramide avait pourtant comme nom *Men-Nefer-Pepi*, qui correspond au nom grec Memphis, et qui signifie « équilibrée et parfaite ». Cette pyramide qui pointait primitivement à 52,5 m et qui mesure aujourd'hui 12 m est si endommagée que Mariette pensa tout d'abord qu'il s'agissait d'un mastaba. En avril 2000, l'égyptologue français Audran Labrousse a découvert, au pied de la pyramide, le sarcophage de la reine Ankhesenpépi II, l'épouse de Pépi Ier. Cette découverte s'accompagnait de *Textes des pyramides*, un rituel réservé jusque-là aux seuls pharaons.
Les fouilles menées par Lauer et Jean Leclant ont permis de dégager environ 2 500 blocs de **Textes des pyramides★** qui ont livré des passages jusqu'alors inconnus et qui ont été replacés selon la méthode de l'anastylose. Cette même méthode a permis de remonter la pyramide satellite, au sud-est. Par ailleurs, les archéologues ont fait appel à la technologie moderne (électromagnétisme, sondages électriques et fréquences radio) pour découvrir, sur le site de ces fouilles, les restes des pyramides des reines dites « de l'ouest, du centre et de l'est ».

Pyramide de Mérenrê

L'homme – Fils de Pépi II, il hérita d'un trône menacé par des nomarques de plus en plus autonomes. Il ne régna que six années, sous l'autorité de la reine Neith.

La pyramide – C'est dans cette pyramide, elle aussi très endommagée (26 m pour 52,5 m primitivement), qu'en 1881 Gaston Maspero a retrouvé la momie du défunt, la plus ancienne momie royale connue. Le monument était également décoré de *Textes des pyramides*.

Pyramide de Pépi II

L'homme – Le frère de Mérenrê a semble-t-il eu le règne le plus long de l'histoire égyptienne : quatre-vingt-quatorze années. Mais cette longévité a affaibli son pouvoir et ouvert une période de décadence.

La pyramide – Bien que l'appareillage paraisse plutôt ruiné, elle est une des mieux conservées de la nécropole. Gustave Jéquier l'a déblayée en 1932 et a dégagé le temple de la vallée ainsi que la rampe qui le reliait à la pyramide. Comme les précédentes, elle culminait autrefois à 52,5 m, et à l'instar de celle de Djéser elle possédait 6 degrés revêtus de calcaire. Elle offre un angle d'inclinaison de 53° contre 55° (Ipout II), 61° (Neith) et 65° (Oudjebten) pour celles des reines. Ce type plus élancé réapparaîtra à Abydos, au Moyen Empire, et à Deir el-Medina, au Nouvel Empire.
Elle est entourée de trois pyramides de reines : Oudjebten *(au sud-est)*, Ipout II et Neith *(au nord-ouest)*. Toutes renferment des *Textes des pyramides*, comme celle de Pépi II, et sont comme des copies en réduction de cette dernière.

Mastaba el-Faraoun

Seule tombe royale de la IVe dynastie repérée à Saqqara, ce mastaba appelé localement « siège de pharaon » est celui de Chepseskaf, le fils de Mykérinos. Curieusement, la chapelle funéraire était accolée à la paroi est. Mais la principale curiosité est que ce roi de la IVe dynastie se soit fait ériger un mastaba et non une pyramide, comme tous les autres souverains de cette dynastie.

À environ 1,5 km au sud-est du mastaba se trouvent les vestiges de trois pyramides de la XIIIe dynastie, dont celle de Khendjer. La plus au sud cache une chambre en forme de sarcophage, le plus beau tombeau royal du Moyen Empire.

Aux alentours

ABOUSIR

À 2 km au nord du Sérapéum, mais à 5 km du site de Saqqara par la route. Site actuellement fermé pour restauration.

Le site

Entre Gizeh et Saqqara, Abousir concentre les complexes funéraires de plusieurs rois de la Ve dynastie. Comme nous avons déjà eu l'occasion de le constater, les pyramides de cette dynastie sont plus petites que celles de Gizeh. Cet « appauvrissement » est compensé par l'apparition d'une nouvelle forme architecturale : le temple solaire.

Temple solaire de Niousserê

Au nord-ouest du site, il a été dégagé par des fouilles allemandes dirigées en 1902 par Friedrich von Bissing et Ludwig Borchardt. Il s'agit du seul temple divin qui subsiste de l'Ancien Empire. Entouré d'une enceinte, le temple consistait en une cour précédant ce que les archéologues considèrent comme l'ancêtre des obélisques du Nouvel Empire : un socle en forme de pyramide tronquée haut de 20 m surmonté d'un obélisque colossal de plus de 50 m. Ces mesures sont des suppositions car le temple est à l'état de vestiges.
S'il reprend les mêmes éléments que les complexes funéraires pyramidaux, le temple solaire s'en distingue par le fait qu'il ne s'agit pas d'une sépulture mais d'un lieu de culte. Ce temple exaltait la puissance météorologique du dieu Rê, régulateur des saisons.

Pyramide de Sahourê

L'homme – Il succéda à son frère Ouserkaf, ce qui en fait le deuxième pharaon de la Ve dynastie. Il fit la guerre aux Libyens et exploita des mines de diorite en Nubie.

La pyramide – La plus septentrionale et la mieux conservée des pyramides du site mesurait 47 m à l'origine. Le temps l'a réduite à 36 m. À ses pieds, à l'est, subsistent les vestiges du temple de la vallée et du temple funéraire reliés par une chaussée. Dans ce dernier on voit

> **Le triomphe de Rê**
>
> « Fils de Rê », les pharaons de la Ve dynastie ont tous, à l'exception du premier et du dernier (Ouserkaf et Ounas), des noms qui se terminent par le suffixe -rê.

encore deux colonnes palmiformes et des fragments de reliefs d'une très belle qualité dont l'ensemble recouvrait jadis près de 10 000 m^2 de parois (actuellement 150 m^2). Ceux-ci consistaient principalement en scènes de guerre, illustrant à plusieurs reprises la soumission des Libyens, l'ennemi étant représenté agenouillé devant le roi.

Au sud se succèdent les vestiges des pyramides de Nioussерê, Neferirkarê et Neferefrê, tous rois de la Ve dynastie, ainsi que le mastaba de Ptahchepsès. Ces monuments sont extrêmement délabrés.

MEMPHIS

3 km à l'est du site de Saqqara.

Certains recommandent de précéder la visite de Saqqara par celle de Memphis. Une visite plus tardive vous épargnera l'afflux matinal des groupes de touristes et vous apportera davantage d'ombre. Taxi recommandé, car l'accès en train depuis Le Caire est réellement infernal !

L'ancienne capitale

Une étymologie compliquée – Les Grecs donnèrent le nom de Memphis à *Mennofrê*, qui fut une des plus anciennes cités du pays, et que les Égyptiens nommaient aussi *Hout-ka-Ptah*, car « c'est ici que le dieu Ptah créa le monde ». Le roi légendaire Ménès passait pour l'avoir fondée, elle s'appelait alors *Ineb-Nedj*, « la muraille blanche », pour évoquer son enceinte. Sous **Djéser**, la ville devint capitale avant d'être délaissée par la IVe dynastie. Lorsque Pépi Ier fit construire sa pyramide à Saqqara, il nomma celle-ci *Men-Nefer-Pepi* ou *Mennofrê*, nom étendu à la ville qui retrouva son rôle national.

J.-C. Boulais / MICHELIN

Taillé dans un bloc de calcaire, le colosse de Ramsès II a été découvert en 1820.

Apogée, décadence, renaissance – Les IVe et VIe dynasties furent une période d'apogée pour Memphis : c'est la période dite « memphite ». Déchue de son rôle de capitale – restant cependant capitale du nome – dès la Première Période intermédiaire, la ville conserva un rôle de par sa position géographique commandant le Delta – c'est en outre à Memphis que se constatait le début de la montée des eaux du Nil. Elle dut attendre le règne de **Ramsès II** pour retrouver tout son lustre. Elle devint la plus cosmopolite des villes du pays. Selon Maspero « Memphis était pour le Grec d'alors [XIXe dynastie] ce que Le Caire a été pour nos modernes, la cité orientale par excellence… » En attirant des Syriens, des Phéniciens, des Grecs, des Juifs, des Araméens, la ville du dieu Apis connut des sanctuaires consacrés à des dieux asiatiques, tels Baal ou Astarté.

Le déclin définitif – La fondation d'Alexandrie en 332 av. J.-C. ne tarda pas à porter un coup fatal à Memphis, en attirant notamment les populations étrangères qui s'y étaient fixées. La ville mit cependant des siècles à tomber en ruine. Au 13e s., la rupture des digues qui la protégeaient acheva de la réduire au stade de décombres. Aujourd'hui, Memphis n'est plus qu'une palmeraie hérissée de vestiges épars.

Musée★

Ouv. tte l'année de 8h à 17h - 14 £ ; étudiant 7 £ ; app. photo 5 £ ; vidéo 25 £.
Juste à droite de l'entrée de ce musée en plein air, un bâtiment moderne abrite le **colosse de Ramsès II★★** (10,3 m de hauteur, 13 m s'il n'avait pas perdu le bas de ses jambes). Le nom du pharaon est gravé sur l'épaule droite. Outre des fragments lapidaires, on voit surtout un superbe **sphinx en albâtre★** qui daterait de l'époque d'Aménophis III. Haut de 4,25 m et long de 8 m, son poids a été estimé à 80 t.
Le musée se trouve à l'emplacement du mur méridional de l'enceinte du temple de Ptah, dont les vestiges ont livré de nombreuses statues. Dans ce temple a été mise au jour une grande dalle de granit, aujourd'hui conservée au British Museum à Londres, désignant le dieu Ptah comme démiurge, c'est-à-dire comme le créateur de l'Univers. Ses inscriptions ont permis de déterminer la troisième cosmogonie de la religion égyptienne, après celles d'Héliopolis et d'Hermopolis.

Saqqara pratique

Accès

À partir du Caire ou de Giza, l'idéal est de prendre un taxi *(environ 100 £ AR)* mais on peut aussi prendre un microbus sur la route qui part de Gizeh (descendre à l'arrêt Saqqara Road) puis celui qui part pour le site (le site, pas le village !).

Achats

Entre Gizeh et Memphis de nombreux marchands de tapis se déguisent sous l'appellation « écoles de tapis ». Plus authentique, l'atelier **Ramsès Wissa Wassef Art Center**, fondé en 1942 pour faire revivre le tissage égyptien, se trouve dans le village de Harania *(1 km au S du périphérique - ouv. 9h30-17h, sf le vend.)*.

Dachour★

CARTE GÉNÉRALE C1

Sur le long chapelet de pyramides qui s'égrènent du Caire au Fayoum, Dachour apparaît comme une perle merveilleuse. En pleine étendue désertique, ce site archéologique ouvert au public en 1996 impressionne par sa beauté et sa sérénité. Beaucoup moins fréquenté que Saqqara et Gizeh, Dachour mérite tout notre intérêt grâce à ses superbes pyramides rouge et rhomboïdale, deux fascinants bijoux de pierre taillée.

- **Se repérer** – À 45 km au sud du Caire, à 11 km au sud de Saqqara, sur la rive gauche du Nil.
- **À ne pas manquer** – La descente un peu oppressante mais spectaculaire dans la pyramide septentrionale, la silhoutte de la pyramide rhomboïdale se découpant sur le ciel.
- **Organiser son temps** – Vous pouvez commencer très tôt le matin la visite des sites au sud du Caire par Dachour puis poursuivre en remontant sur Memphis, Saqqarah puis Gizeh.

B. Kaufmann / MICHELIN

La pyramide rouge à Dachour.

Comprendre

Un jalon essentiel – L'évolution de la pyramide marque ici une étape décisive. Après la pyramide à degrés de Djéser à Saqqara et avant le gigantisme des pyramides de Chéops et de Chéphren à Gizeh, deux des cinq pyramides de Dachour s'imposent comme un tournant déterminant.

Snéfrou venait d'ériger à Meidoum celle qu'on appelle communément la « fausse pyramide ». Il l'abandonne pour se faire construire ici une pyramide double, dite rhomboïdale, puis une pyramide régulière, dite septentrionale ou rouge. C'est donc sous son règne et à Dachour que s'opère la transformation entre la pyramide à degrés et la pyramide lisse. Si de nombreux historiens considèrent celle de Meidoum comme la première véritable pyramide de l'histoire égyptienne, il faut plutôt considérer, à l'instar des plus grands spécialistes, la pyramide rouge comme l'authentique première pyramide parfaite, car elle a été conçue et réalisée selon un plan carré et avec une pente à angle unique.

Les fouilles – De nombreux archéologues se sont succédé sur le site, notamment le Français Jacques de Morgan et l'Égyptien Ahmed Fakhry. Aujourd'hui, les fouilles sont poursuivies par l'Institut archéologique allemand du Caire et une mission du Metropolitan Museum de New York.

Un site longtemps inaccessible – Ouvert en 1996, le site était classé zone militaire depuis 1967 et donc interdit au public. Celle-ci a été déplacée à proximité, vers l'ouest, et se distingue sans difficulté par ses fils barbelés. Le grand avantage de Dachour sur les autres grands sites que sont Saqqara et Gizeh est qu'il est nettement moins visité. Vous ne rencontrerez donc pas ici ces essaims de groupes touristiques dont l'accumulation altère souvent le plaisir d'une visite. Vous n'aurez pas davantage à souffrir des pressions parfois fatigantes des vendeurs de souvenirs. Dachour est vraiment d'une tranquillité miraculeuse.

Découvrir

Accès : du Caire ou de Saqqara, la meilleure solution est le taxi ; vous pouvez aussi prendre un microbus sur la route qui part de Gizeh ou de Saqqara.

Le site

Ouvert tte l'année de 8h à 17h. 10 £ ; étudiant 5 £ ; app. photo 5 £ ; vidéo 25 £. Seule la pyramide rouge se visite.

La nécropole royale de Dachour, située dans le 21e nome de Haute-Égypte, a été utilisée par Snéfrou, premier pharaon de la IVe dynastie, ainsi que par Sésostris III et Amenemhat II et III, rois de la XIIe dynastie.

Le site compte cinq pyramides disposées selon deux lignes parallèles séparant les plus anciennes des plus récentes. Dans l'axe nord-sud, on a dans l'ordre : Sésostris III, septentrionale, Amenemhat II, Amenemhat III, rhomboïdale. Le site correspond à l'extension la plus méridionale de la nécropole de Saqqara et comprenait à l'origine, outre les pyramides, des mastabas de notables et même une petite cité ouvrière où vivaient les ouvriers et des fonctionnaires chargés de surveiller la zone.

Introuvable

Ni la pyramide de Meidoum ni celles de Dachour n'ont révélé le sarcophage de Snéfrou. Bien qu'on pense que la sépulture du pharaon était dans la pyramide rouge, il n'est pas impossible qu'il en fît élever une autre puisque le site en abritait initialement onze !

Pyramide rhomboïdale★★

Fermée pour restauration.

Snéfrou – Probable fils naturel de Houni, le fondateur de la IVe dynastie a semble-t-il épousé sa demi-sœur, Hétep-Hérès, qui lui donna un fils : l'immortel Chéops. Modèle du roi parfait pour un grand nombre de ses successeurs, Snéfrou eut un règne long et paisible, malgré des expéditions militaires extraterritoriales, qui vit entre autres l'apparition de la technique de la mosaïque de couleur. Pas moins de trois pyramides lui sont attribuées (Meidoum, pyramide rhomboïdale et pyramide rouge).

La pyramide – L'archéologue égyptien Ahmed Fakhry (1905-1973) a dégagé la pyramide rhomboïdale en 1952. Il a pu établir avec certitude qu'elle était la propriété de Snéfrou. N'est-elle pas splendide ? Son nom antique était « Snéfrou est resplendissant au sud ». Certains la considèrent comme la plus belle, peut-être parce que sa forme curieuse la singularise.

Cette forme a suscité diverses interprétations. La plus répandue soutient que l'angle des faces à 54° pour des côtés de 189 m aurait élevé la structure à 140 m, ce qui en aurait fait la plus haute d'Égypte. Le poids de la masse menaçant alors la stabilité de l'édifice, les constructeurs auraient choisi d'incliner davantage l'angle des faces pour éviter un risque d'effondrement. En réduisant l'angle à 43° à partir de 45 m de hauteur ils obtinrent une structure culminant à presque 100 m. L'archéologue allemand Ludwig Borchardt a suggéré que la mort inopinée du pharaon a accéléré la fin des travaux. Une autre opinion mérite attention : la forme de la pyramide répondrait à la volonté de souligner le caractère double de l'édifice qui dispose de deux entrées (nord et ouest), fait unique dans les annales. Dans ce cas, elle mériterait pleinement son autre appellation de pyramide double.

Située à 12 m de hauteur, l'entrée nord ouvre sur un couloir qui plonge à 25 m sous la base sur une longueur de 79 m pour atteindre une salle en encorbellement. La seconde entrée, bloquée probablement à cause de fissures dangereuses, menait à une autre salle.

Enfin, une pyramide satellite se trouve du côté sud tandis que le temple funéraire en brique crue se trouve au nord-est et que les vestiges d'une table d'offrandes flanquée de stèles sont visibles à l'est.

Pyramide septentrionale★

Au nord de la pyramide rhomboïdale, la seconde pyramide de Snéfrou a perdu son revêtement de dalles en calcaire. Les blocs de calcaire utilisés pour la structure l'ont

dotée du surnom de pyramide rouge bien que son nom antique fût « Snéfrou est resplendissant ».
L'angle d'inclinaison des faces est de 43°, donc inférieur à celui des pyramides de Gizeh, sans quoi cette pyramide aurait été la plus volumineuse, ses côtés mesurant 219 m. Sa hauteur est de 102 m. L'Institut archéologique allemand du Caire a mis au jour en 1981 le pyramidion qui couronnait la structure, le seul de l'Ancien Empire que l'on puisse voir à ce jour. Il a été placé du côté est.
Comme pour les autres pyramides de la IVe dynastie, l'entrée est au nord. Située à 30 m de hauteur (soit 125 marches !), elle donne accès à un couloir long de 60 m menant à trois salles en encorbellement hautes de 16 m.

Pyramide d'Amenemhat II

L'homme – Le fils de Sésostris Ier a hérité d'un royaume prospère. Ce dernier avait associé son fils à la gestion du pouvoir, comme son père Amenemhat Ier l'avait fait pour la première fois avec lui. Il mit sur pied des expéditions commerciales jusqu'en Asie.

La pyramide – Elle est la première des trois pyramides du Moyen Empire que compte le site. Construite en calcaire clair, d'où son autre nom de pyramide blanche, elle s'appelait « Amenemhat est puissant ». On estime la longueur de ses côtés à 50 m. Comme on ne connaît pas avec exactitude l'angle des parois, on ne peut déterminer sa hauteur primitive. L'entrée était au nord. Une des deux chambres funéraires avait un plafond de blocs de calcaire en forme de lettre A.

Des bijoux fabuleux

Jacques de Morgan a découvert à Dachour des bijoux qui font aujourd'hui la fierté du Musée égyptien du Caire. Parmi ceux-ci, les pectoraux de Mereret (fille de Sésostris III) et les colliers de Khnoumit (fille d'Amenemhat II) associent l'or cloisonné aux turquoises et aux lapis-lazulis. Des trésors à voir dans la salle 4 du 1er étage du musée.

Pyramide de Sésostris III

L'homme – C'est le grand pharaon de la XIIe dynastie. Il mit un terme au pouvoir parfois inquiétant des nomarques, assura l'emprise de l'Égypte sur la Basse-Nubie, épura les marais du Fayoum et lança des opérations militaires jusqu'en Palestine, partie sud de la région nommée alors Canaan.

La pyramide – Construite en brique crue originalement recouverte de dalles de calcaire aujourd'hui disparues, elle présente au visiteur la silhouette d'un petit volcan. Sa hauteur primitive était d'environ 78 m (actuellement 30 m) pour des côtés d'environ 105 m, et une inclinaison des faces de 56°. L'entrée se situait à l'ouest. Un puits menait à une chambre funéraire peinte en blanc. Bien que pillée, la chambre conserve un sarcophage en granit avec décor en façade de palais.
L'enceinte enfermait des mastabas. Ceux situés au nord étaient accessibles par une galerie souterraine. De Morgan y découvrit des sarcophages et de magnifiques bijoux. Au sud, il découvrit encore deux barques solaires visibles aujourd'hui au Musée égyptien du Caire et au musée d'Histoire naturelle de Chicago.

Pyramide d'Amenemhat III

L'homme – Sésostris III légua à son fils une Égypte puissante. Celui-ci aménagea le Fayoum où il se fit enterrer dans sa seconde pyramide, à El-Hawara. Il repoussa les frontières jusqu'à la troisième cataracte, en Nubie, développa les relations commerciales avec la Syrie et la Phénicie, et exploita les carrières de turquoise du Sinaï.

La pyramide – Également en brique crue recouverte de pierre, celle qu'on nomme familièrement la pyramide noire (à cause de la présence de basalte) devait ressembler à la précédente. L'entrée était à l'est, exceptionnellement à l'extérieur, et menait à un ensemble assez complexe d'appartements funéraires destinés aux reines.
Une des tombes situées au nord a livré une magnifique statue en bois visible au Musée égyptien du Caire : *Le Ka du roi Aouibrê Hor*. Le stuc peint qui la recouvrait est tombé en poudre lors de l'exhumation de la statue.

W. BUSS / MICHELIN

Un des colliers pectoraux mis au jour à Dachour.

À l'intérieur du mur d'enceinte, Jacques de Morgan a découvert en 1895 les tombeaux de la reine Keminoub, des princesses It, Itouret et Khnoumit.

Sur la rive droite du Nil, à hauteur de Dachour, le Ouadi Garawi possède les restes du plus vieux barrage de la planète, le **Sadd el-Kafara**, c'est-à-dire le « barrage des païens ». Il remonte à la IVe dynastie et mesurait près de 110 m de long ; sa partie centrale culminait à plus de 50 m.

Aux alentours

El-Lisht

À 74 km au sud du Caire entre Dachour et Meidoum, sur la rive gauche du Nil.
L'unique solution pour s'y rendre est le taxi, et encore… votre chauffeur cherchera longtemps. Site actuellement fermé pour restauration.

El-Lisht était la nécropole de Ity-Taoui, capitale de l'Égypte sous Amenemhat Ier et Sésostris Ier, pharaons de la XIIe dynastie. Elle conserve deux pyramides situées à la lisière du djebel Qatrâni. Un peu ruinées, ce ne sont certes pas les plus impressionnantes, mais elles sont l'occasion d'une halte intéressante entre Le Caire et l'oasis du Fayoum.
Théoriquement au voisinage d'El-Lisht, le site de Ity-Taoui reste à trouver.

Pyramide d'Amenemhat Ier

L'homme – La guerre civile faisant rage sous Mentouhotep IV (XIe dynastie), son vizir Amménémès prit le pouvoir sous le nom d'Amenemhat Ier, rétablit l'ordre dans le pays et abandonna Thèbes (Louxor) comme capitale pour s'installer entre le Fayoum et Memphis. Il se distingua en conciliant l'administration memphite et la religion thébaine, mais il mourut assassiné après un règne d'une trentaine d'années.

Sa pyramide – La plus au nord des deux pyramides d'El-Lisht pointe aujourd'hui à 20 m, mais elle mesurait primitivement 55 m de hauteur, avec une base de 79 m de côté. Très proche du temple de Mentouhotep II à Deir el-Bahari, la pyramide occupait une terrasse dominant côté est un temple funéraire aménagé sur une terrasse inférieure. Une galerie *(presque constamment inondée)* s'ouvrant sur la face nord de la pyramide conduit à la chambre sépulcrale.

Pyramide de Sésostris Ier

L'homme – Le fils d'Amenemhat Ier avait été associé à la gestion du pouvoir. C'était une première en Égypte. Bras armé de son père, chargé des expéditions militaires, Sésostris Ier n'eut semble-t-il aucun mal à réprimer la conspiration ayant mené à l'assassinat de son père. Ayant retenu la leçon, il associa lui aussi son fils à son règne – qui dut patienter quelque quarante-cinq années avant de monter à son tour sur le trône de Pharaon. Bien que de formation militaire, Sésostris Ier eut un règne plutôt pacifique.

Sa pyramide – Du même type que la précédente, c'est-à-dire celui des temples funéraires de la VIe dynastie, elle mesurait primitivement 61 m de hauteur, avec une base de 105 m de côté. Ici aussi, le temple funéraire s'ouvre à l'est, et les membres de la famille sont également inhumés à l'intérieur de l'enceinte délimitée par un double mur. Mieux conservée, la pyramide utilise un système de construction alors inédit et probablement motivé par un souci d'économie : structure d'épais murs en blocs calcaires et colmatage des interstices à l'aide de pierraille, de brique crue et de sable.
Au Musée égyptien du Caire *(salle 22)* sont réunies **dix grandes statues** assises du pharaon. Un étonnant exemple de monumentalité et de perfection à la chaîne puisqu'à quelques détails près elles sont identiques. En calcaire blanc, ces statues intactes ont été mises au jour en 1894 au niveau de la cour précédent le temple, lors de la campagne de fouilles de l'égyptologue suisse Gustave Jéquier.

Parmi les mastabas disséminés autour de la pyramide, le plus important est celui d'un certain Senousret-Ankh, grand prêtre de Ptah. Il se trouve à peu près 200 m à l'est de l'enceinte.

Meidoum

CARTE GÉNÉRALE C2

Meidoum est un petit village bien tranquille. Non loin de là se trouvent les vestiges d'une des premières, sinon la première pyramide. Cette seule particularité fait de Meidoum, également réputé pour ses peintures d'oies, une étape captivante pour celui qui veut tenter de percer le mystère des grandes pyramides égyptiennes.

Se repérer – À 92 km au sud du Caire, à 44 km à l'est de Medinet el-Faiyum, sur la rive gauche du Nil.

Comprendre

La plus ancienne d'Égypte ? – Contrairement à ce qu'affirme son appellation arabe « Ahran el-Kaddah », c'est-à-dire la « fausse pyramide », à cause de son aspect de mastaba couronné d'une tour à deux niveaux, de nombreux historiens considèrent la pyramide de Meidoum comme la première « vraie » pyramide. S'il est indéniable qu'elle se rapproche formellement des ouvrages pyramidaux de la IIIe dynastie, elle s'en écarte par certaines caractéristiques propres à la IVe dynastie : un plan carré, une ouverture au nord, l'infrastructure intérieure.

Cette pyramide fut construite en trois étapes : d'abord un tertre surmonté de deux degrés ; ensuite un édifice à huit degrés ; enfin, une pyramide avec un parement régulier extérieur en calcaire après comblement des vides par du remblai. Cette dernière transformation en ferait la première véritable pyramide de l'histoire égyptienne. L'état actuel correspond à la première étape.

Une histoire de graffitis – On s'est longtemps demandé si cette pyramide n'était pas à attribuer à **Houni**, dernier pharaon de la IIIe dynastie et père de Snéfrou. Or, sur les murs du temple funéraire de Meidoum on a découvert des inscriptions gravées désignant Snéfrou. On est certain que ces graffitis datent du Nouvel Empire, et si les Égyptiens de cette période ont inscrit le nom de Snéfrou, c'est qu'ils le considéraient indubitablement comme le constructeur. Toutefois, d'aucuns avancent qu'elle a pu être entamée sous le père, et achevée sous le fils.

Découvrir

Pour accéder aux sites, l'unique solution est le taxi, car le microbus via El-Wasta et Meidoum vous impose ensuite des kilomètres de marche sans panneaux indicateurs.

Pyramide de Snéfrou★

À 9 km du village de Meidoum.
Ouv. tte l'année de 8h à 17h. 16 £ ; étud. 8 £ ; app. photo 5 £ ; vidéo 25 £.

L'homme – Probable fils naturel de Houni, le fondateur de la IVe dynastie a semble-t-il épousé sa demi-sœur, qui lui donna un fils : l'immortel Chéops. Premier pharaon de la IVe dynastie, Snéfrou choisit Meidoum comme nécropole parce qu'il voulait rompre avec la dynastie précédente.

Modèle du roi parfait pour ses successeurs, Snéfrou eut un règne long et paisible – quoiqu'on lui prête des expéditions militaires extraterritoriales – qui vit entre autres l'apparition de la technique de la mosaïque de couleur. Pas moins de trois pyramides lui sont attribuées (Meidoum, pyramide rhomboïdale et pyramide rouge de Dachour).

Le site – Entre le désert et la plaine alluviale du Nil, le site comprend essentiellement : la pyramide et le mastaba n° 17 (anonyme) dans sa partie sud, la nécropole dans sa partie nord, dont les mastabas des princes.

Parmi ces derniers, le **masataba de Rahotep** est celui où l'on a retrouvé les splendides sculptures de ce prince et de sa femme Nefret qui sont aujourd'hui

B. Kaufmann / MICHELIN

La pyramide de Meidoum.

au Musée égyptien du Caire. Le **mastaba de Nefermaât** *(ou mastaba n° 16)* est absolument essentiel pour l'histoire de l'art de l'Ancien Empire. En effet, les fouilles entreprises par Mariette en 1871 ont permis d'y mettre au jour la fameuse frise des **oies de Meidoum** ainsi que des peintures réalisées à l'aide d'un nouveau procédé, la mosaïque de couleur, malheureusement trop fragile pour s'imposer aux dynasties suivantes.
Mais petite déception, ces deux mastabas sont aujourd'hui des repères de chauves-souris. Il n'y a rien à y voir. En revanche, le mastaba n° 17 recèle un sarcophage auquel on accède par un boyau étroit.

Quelles sont les oies de Meidoum ?

L'Ancien Empire n'a laissé qu'un petit nombre d'exemples de peintures. La frise découverte dans le mastaba de Nefermaât a donc une grande valeur historique. Mais, cette célèbre composition connue sous le nom d'« oies de Meidoum » est surtout pleine de vie. Exécutée sur un enduit sec (au contraire de la technique de la fresque), elle nous montre la haute valeur artistique atteinte par l'art décoratif de l'Ancien Empire.
Ce panneau haut de 27 cm et long de 172 cm représente de façon symétrique trois couples d'oies dont la silhouette et les coloris sont rendus très fidèlement. Il s'agit de quatre oies rieuses et deux bernaches à cou roux, que l'artiste a choisi de représenter en stylisant le plumage.

Studio Vart / MICHELIN

Les oies de Meidoum (ici, détail) sont conservées au Musée égyptien du Caire.

Le complexe funéraire – Meidoum présente le plan type du complexe funéraire égyptien. Avant Meidoum, les complexes funéraires étaient disposés nord-sud. Ils seront désormais orientés est-ouest pour mieux exploiter la différence topographique entre la vallée et le plateau désertique. Ainsi, le défunt monte du monde des vivants (la vallée) au monde des morts (le désert). En contrebas, à la lisière des cultures, se trouve le temple de la vallée (le premier du genre en l'occurrence). Ce temple, également appelé temple d'accueil, est un lieu de purification très souvent placé sous la protection d'une divinité féminine. De là, monte en direction de la pyramide une chaussée longue et étroite. Cette chaussée incarne le point de passage entre la vie et la mort. Généralement décorée, voire couverte, elle aboutit au temple mortuaire. Ce dernier, également appelé temple de culte, fait face au soleil naissant. Plus haut se situe le temple d'offrandes, au pied de la pyramide.

La pyramide – À l'origine, elle était haute de 93,5 m, avec une base de 147 m de côté. Aujourd'hui, le contour actuel culmine à 65 m. Côté nord, une entrée située 18,5 m au-dessus du sol ouvre sur une galerie (1,5 m de haut) qui descend vers la chambre sépulcrale voûtée en encorbellement où aucun sarcophage n'a été retrouvé, le tombeau ayant probablement été pillé.
Concernant l'état actuel de la pyramide, plusieurs théories s'opposent : le parement extérieur en calcaire aurait glissé pendant la construction de la pyramide rhomboïdale de Dachour, ou plus tard, ou encore le parement n'aurait jamais existé, la pyramide ayant été en fait inachevée…

Le Fayoum★

310 200 HABITANTS
CARTE GÉNÉRALE C2

À une heure du Caire, le verger de l'Égypte, réputé pour ses roses et son jasmin, offre un dépaysement total. Par ses paysages d'abord, où l'abondance des cultures contraste avec la sécheresse du désert. Par sa population ensuite, car son accueil sympathique se mêle d'un intégrisme qui suscite parfois l'incompréhension des visiteurs.

- **Se repérer** – À 110 km au sud-ouest du Caire, entre le Nil et le djebel Gatrâni, au cœur d'une dépression de 18 000 km^2.
- **À ne pas manquer** – Wadi el-Rayan et ses lacs peuplés d'oiseaux, l'ambiance des rues de Medinet el-Faiyum.
- **Organiser son temps** – La visite du Fayoum peut s'effectuer en une journée. Cependant, passer une nuit sur place vous permettra de découvrir le calme des lacs et l'ambiance qui règne au lever du jour.

Comprendre

Une fausse oasis – Bien qu'on la considère habituellement comme telle, la dépression du Fayoum n'est pas une oasis, car sa végétation bénéficie du Nil grâce au **Bahr Youssef** (le « canal de Joseph »), un bras du grand fleuve qui alimente le Birket el-Qarun, le grand lac du Fayoum.

Du lac au Fayoum – Si le mot Fayoum voulait primitivement dire « lac » (*Peiom* ou *Pa Yom* veut dire « lac » en copte), c'est tout simplement parce que voici quelques millions d'années cette région n'était qu'un lac. Vint l'époque où les pharaons de la XIIe dynastie entamèrent des travaux visant à limiter l'alimentation en eau du lac afin d'irriguer les terres alentours. Ils construisirent des digues de protection ainsi qu'une écluse, à El-Lahoun. Sous l'Époque ptolémaïque, les digues furent supprimées, le lac ayant reculé. La tâche de ces pharaons fut donc d'assécher les marais ainsi découverts et de construire de nouvelles digues – qui délimitent approximativement le lac actuel. Des villes furent fondées, la région prospéra, puis fut progressivement délaissée à partir du 3e s. de notre ère.

Arsinoé – À partir du 4e s. av. J.-C., l'Égypte s'hellénisa. À la fin de ce siècle s'imposa la dynastie des Lagides, fondée par Ptolémée Ier, dit « le Sauveur ». Son successeur, **Ptolémée II Philadelphe** (« qui aime sa sœur ») fut le second protecteur du Fayoum, après **Amenemhat III** (XIIe dynastie). Ayant répudié sa première femme, Arsinoé Ire, il épousa sa propre sœur, Arsinoé II, ce en quoi il adoptait une tradition tout égyptienne. Et comme ce roi adorait le Fayoum, il donna le nom de son amour à la capitale de la province. Voici pourquoi l'ancienne Shedit, momentanément baptisée Crocodilopolis, devint Arsinoé, nom qu'elle conserva jusqu'à la fin de la Période romaine.

Une visite dangereuse ? – La région est connue pour être le refuge d'islamistes virulents. Aussi, vous ne pourrez faire aucun pas sans l'escorte d'un ou plusieurs policiers chargés d'assurer votre sécurité. L'usage des bus et taxis collectifs risque par conséquent de poser des problèmes.

Découvrir

Medinet el-Faiyum

Accès à partir du Caire, en bus (6 £, tr. 3h), mais le plus pratique est le taxi (50 £) ; train déconseillé car très lent.

L'ancienne Arsinoé est aujourd'hui la capitale de la province du Fayoum après avoir été jadis celle du 21e nome de Haute-Égypte. Souvent abrégée en El-Faiyum, la « ville du Fayoum » mérite un passage, principalement pour son intense activité et ses nombreux ponts, bien qu'elle n'ait pour ainsi dire rien préservé de l'ancienne Arsinoé, sinon un obélisque attribué à Sésostris Ier. Ce

La « ville du crocodile »

Si le lac du Fayoum ne recèle plus aucun crocodile, il en comptait jadis une multitude, car le dieu Sobek est ici chez lui. Dieu de l'Eau fertilisant la terre, l'homme à tête de crocodile fut à ce point vénéré dans le Fayoum qu'un pharaon de la XIIIe dynastie se fit nommer Amenemhat Sobekhotep Ier.
Sous les Grecs, la capitale régionale s'appela d'abord la « ville du crocodile », Crocodipolis, et chaque cité avait son temple dédié à ce dieu.

Une noria dont les godets élèvent l'eau des canaux d'un niveau à l'autre.

monument de granit rouge serait le seul exemplaire à être couronné par un sommet arrondi *(au nord-est de la ville, au centre d'un rond-point)*.
Il faut bien admettre que malgré l'opulence de la province, la ville est plutôt sale et poussiéreuse. La ville semble fébrile, les rues sont encombrées par les passants et les charrettes, et les automobilistes sont des passionnés du klaxon.

Souk – *Centre-ville, rue principale.* Plaisir des yeux, ce marché prouve combien la ville est au centre d'une région généreuse en fruits, en légumes et en poussins *(à voir le vendredi de préférence)*. Toutes de noir vêtues, les paysannes viennent y vendre des aubergines, des choux, des bananes, des oranges, des dattes fraîches, etc.

Mosquée Qaitbay – *Au nord de la ville.* Parmi les différentes mosquées de ce bastion de l'intégrisme musulman (depuis 1990 environ), celle-ci date du 15e s. et possède un beau **portail** ; les colonnes sont des remplois de ruines antiques environnantes.
On peut aussi visiter la mosquée suspendue aux chapiteaux coptes et la mosquée El-Roubi au très beau **minaret** *(fermé)* un rien délabré.

Birket el-Qarun

Localement, on appelle le lac Qarun le « lac des Cornes » *(Birket el-Kurun)*, pour évoquer, dit-on, la forme de ce vaste lac long de 52 km et large de 10 km. D'une profondeur moyenne de 5 m, il connaît des failles plongeant à 18 m.
Ce lac à forte salinité et assez pollué paraît-il est situé à 44 m au-dessous du niveau de la mer. Il est malgré tout poissonneux, ce qui entretient quelques pêcheries.

Kom Aushim

À l'est du lac.

Site – *Ouv. tte l'année 8h-16h - 16 £ ; app. photo gratuit ; vidéo 100 £.* Kom Aushim conserve les ruines de l'antique Karanis, cité fondée sous les Ptolémées. Le **temple du Sud** (dédié au dieu Sobek) n'existe plus que par son portail où l'on peut lire une inscription en grec *(sur le linteau de la baie)* évoquant Néron ; il fut achevé par Commode.
On pense que la cité, où l'on repère les traces d'un lac sacré, fut abandonnée au 5e s.

Musée – *Ouv. tte l'année 9h-16h - 6 £ ; app. photo 10 £ ; vidéo 100 £.* La collection réunit de la céramique, du verre, des momies, ainsi que quelques sculptures trouvées aussi bien à El-Lahoun, à Karnak qu'à Tanis. À l'étage, l'art copte et la période fatimide sont évoqués.

Shakshuk

Rive sud du lac.

Niché au fond d'une petite baie, ce village de pêcheurs est longé par une route en corniche bien agréable. Ses barques colorées sont recouvertes de formules invocatoires voulant tendre à des pêches miraculeuses.

Qasr Qarun

4 km à l'ouest du lac.

Les villes ptolémaïques – Arsinoé et Karanis ne furent pas les seules villes fondées dans le Fayoum par les Ptolémées. Ils créèrent aussi et notamment Bacchias, Soknopaïonesos, Théadelphia, Philadelphia et Dionysias. Les ruines de cette dernière sont l'actuelle Qasr Qarun.

Temple de Dionysos – *Ouv. tte l'année 8h-16h (17h en été) - 16 £ ; étud. 8 £ ; app. photo gratuit ; vidéo 25 £.* Sa particularité est de posséder un étage, doté de chambres. Çà et là, mais surtout dans la chapelle centrale du sanctuaire, on remarque des représentations du dieu local, Sobek. Il faut absolument monter au sommet de l'édifice pour bénéficier de la belle **vue** sur la frontière naturelle entre les cultures et le désert.

Des souterrains mènent aux cryptes du temple. Celui-ci étant très peu visité, on peut se prendre un instant pour un grand explorateur !

J. Liepe / Ägyptisches Museum

Portrait du Fayoum au réalisme saisisssant.

Wadi el-Rayan

30 km au sud-ouest du lac Qarun. 2 £ + 3 £ pour le véhicule. Attention, aucun transport public n'assure le transfert.

Sous la présidence de Sadate ont été créés deux grands lacs artificiels dans cette large dépression de 675 km^2 située 42 m au-dessous du niveau de la mer. C'était la première étape d'un vaste plan d'irrigation des terres désertiques, réalisée à partir du Bahr Youssef qui alimente en eau le Fayoum depuis le Nil. De petites cascades relient les lacs, conférant un aspect bucolique à cette réserve naturelle dominée par le djebel Rayan. Plusieurs espèces d'oiseaux migrateurs y ont élu domicile.

El-Hawara

11 km au sud-est de Medinet el-Faiyum. Ouv. tte l'année 8h-16h (17h en été) - 16 £ ; étud. 8 £ ; app. photo et vidéo gratuits.

Cette localité conserve les vestiges de la **pyramide d'Amenemhat III** (XIIe dynastie) ainsi que ceux d'un temple funéraire, le fameux labyrinthe.

L'homme – Son père Sésostris III ayant assuré la sécurité militaire du pays, Amenemhat III s'attacha à développer l'économie de sa nation. Il fut le premier protecteur du Fayoum et s'y fit inhumer.

La pyramide – Le mince parement extérieur en calcaire ayant disparu, elle ne présente plus qu'un tertre de briques crues. Elle avait 100 m de côté et 58 m de hauteur ; l'entrée se situe au sud *(aujourd'hui inondée)*.

Le temple funéraire – C'était assurément une des plus étonnantes constructions de l'Égypte antique. Située au sud de la pyramide, ses vestiges ont servi de carrière pendant la période romaine. Aussi ne peut-on plus reconnaître ce que les Grecs ont appelé le **labyrinthe** et qui aurait compté, selon Hérodote, quelque 1 500 salles souterraines et autant en surface. Si Strabon y voyait un monument symbolisant la géographie de l'Égypte, de nombreux archéologues inclinent à y voir le temple funéraire du pharaon, tout en reconnaissant que sa superficie (300 m sur 245 m) et l'agencement de ses salles sont contraires aux autres temples funéraires connus dans le pays. D'autres suggèrent qu'il s'agirait des restes d'un palais ou d'un centre administratif.

Aux alentours

El-Lahoun

11 km au sud-est de Medinet el-Faiyum. Ouvert tte l'année de 8h à 16h (17h en été). 16 £ ; étudiant 8 £ ; app. photo et vidéo gratuits.

Un peu à l'extérieur du village se trouve, à la lisière du désert, la **pyramide de Sésostris II** (XIIe dynastie).

L'homme – On ne sait pas grand-chose du fils d'Amenemhat II, sinon qu'il entreprit, comme l'avait fait son père, des expéditions commerciales en Méditerranée.

La pyramide – *Intérieur inaccessible au public.* De plan carré, elle a été construite en brique crue sur un noyau rocheux ; un parement de dalles calcaires la recouvrait et un petit pyramidion de granit, partiellement retrouvé en 1889 par Petrie, la couronnait.

Les portraits dits « du Fayoum »

Parce que les grands musées en conservent presque tous quelques exemplaires, les Occidentaux connaissent ou ont entendu parler de la région du Fayoum à travers les célèbres portraits funéraires réalisés après la conquête de l'Égypte par Rome.
Ces portraits ont été ainsi nommés parce que sur les quelque 700 exemplaires recensés, la très grande majorité d'entre eux proviennent du Fayoum où ils ont été découverts à la fin du 19e s. dans une nécropole aux alentours du village de Er-Rubayat. D'autres ont aussi été trouvés à Saqqara, Memphis et Thèbes. Exécutés à l'encaustique ou à la détrempe sur des panneaux de bois de tilleul, du lin ou du papyrus, ces portraits destinés à être placés à hauteur du visage de la momie, maintenus par des bandelettes, reproduisent fidèlement les traits du défunt. Il s'agit donc d'une adaptation tardive, répandue entre les 1er et le 4e siècles de notre ère, des traditions funéraires du temps des pharaons, un portrait se substituant au masque, à l'aide de techniques héritées de l'hellénisation du nord de l'Égypte. On ne peut plus en voir aujourd'hui dans le Fayoum, il faut se rendre au Musée égyptien du Caire pour apprécier ces œuvres qui frappent par leur vérité psychologique et qui, d'une certaine façon, préfigurent les icônes byzantines.

Ses côtés mesuraient 107 m, sa hauteur probable était de 48 m. Située au sud, l'entrée débouchait sur un puits creusé à même la roche et menant à la chambre funéraire où l'on a retrouvé le sarcophage du pharaon.

La cité de Kahoun – Au nord de la pyramide, se trouve les restes d'une cité. S'étendant sur quelques centaines de mètres, elle abritait à l'ouest les logements des ouvriers travaillant à la construction de la pyramide, à l'est des habitations plus luxueuses dont certaines totalisaient plus de cinquante pièces ! Il est possible qu'un palais royal y ait été édifié, Kahoun ayant été la résidence principale de Sésostris II.

Le Fayoum pratique

Indicatif téléphonique – 084

Se loger

Auberge du Lac – *Shakshuk - ✆ (02) 358 23 56 - 5 suites et 67 ch. : 75 $ en été, 85 $ en hiver.* Bien situé en bordure du lac Qarun, cet ancien relais de chasse du roi Farouk a le charme des établissements un peu vieillots et les petits désagréments des chambres pas toujours très bien entretenues. Au coucher du soleil, la piscine et son bar permettent de comprendre pourquoi on a bien fait de venir dans le Fayoum.

New Panorama – *Shakshuk - ✆ (084) 830 746 - 34 app., 3 suites, 23 ch. : 200/140 £.* Mieux équipé que le précédent mais d'atmosphère plus froide, il donne lui aussi sur le lac. Très belle piscine toute neuve, à préférer à la plage, pas très propre.

Se restaurer

Goharet Shakshuk – *Shakshuk* - . Le « Bijou de Shakshuk » est mieux connu sous le nom de « Mofreh » (le patron), qui a tout compris au commerce sauf la propreté des toilettes. Spécialités de crevettes et de poissons frits, de couscous au canard farci.

Achats

À Tounès (sud du lac, vers Qasr Qarun), une petite école de poterie créée par une Suissesse, Évelyne Bouret, expose et vend sa production délicieusement naïve réalisée et décorée par des enfants du village.

Culture dans la vallée du Nil entre Louxor et Assouan.

B. Pérousse / MICHELIN

LA VALLÉE DU NIL ET LES GRANDS SITES

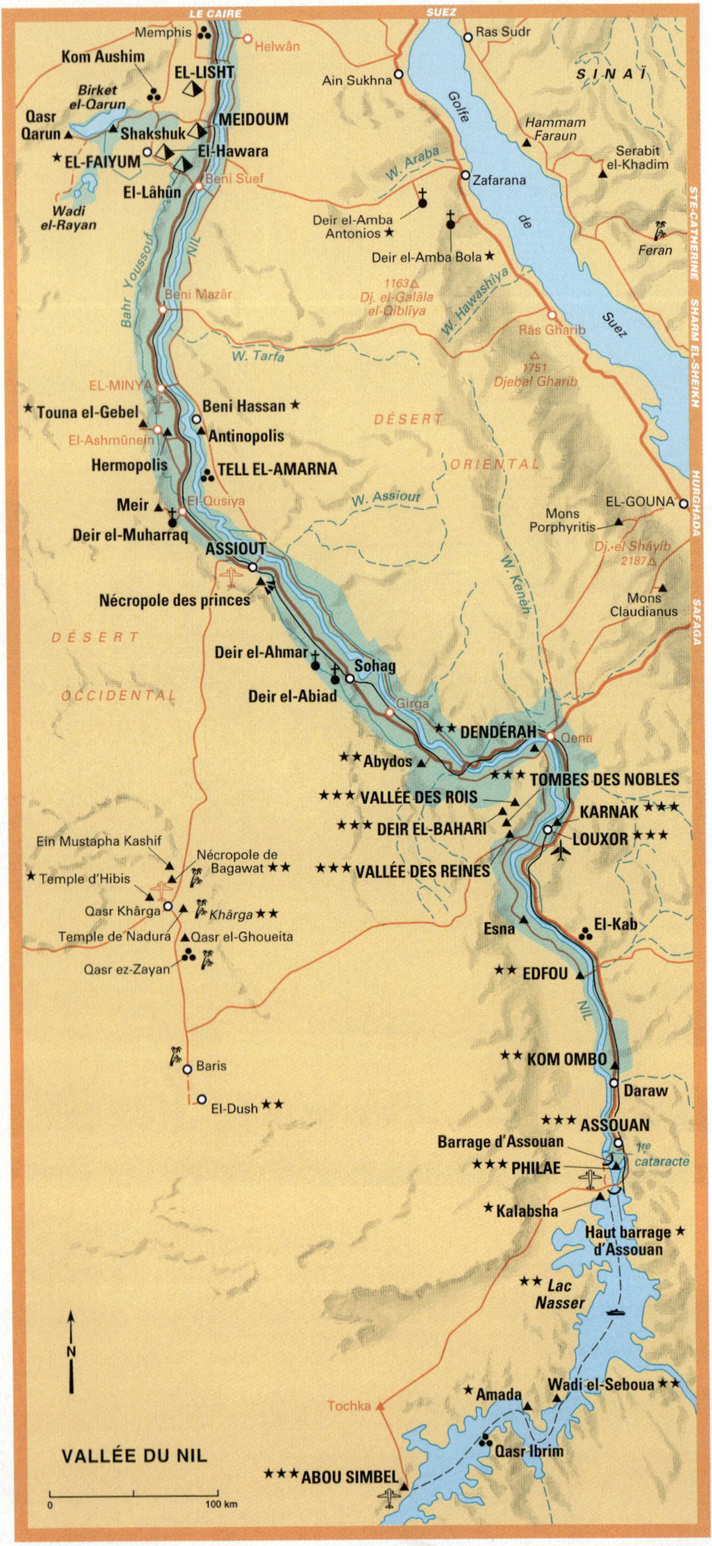
LE CAIRE
SUEZ
Memphis
Helwân
Ras Sudr
Kom Aushim
EL-LISHT
Ain Sukhna
SINAÏ
Birket el-Qarun
Qasr Qarun
MEIDOUM
Shakshuk
Golfe
Hammam Faraun
EL-FAIYUM
El-Hawara
Serabit el-Khadim
W. Araba
Zafarana
El-Lâhûn
Beni Suef
Wadi el-Rayan
Deir el-Amba Antonios
de
Deir el-Amba Bola
Feran
NIL
Bahr Youssouf
1163
Dj. el-Galâla el-Qiblîya
W. Hawashiya
Beni Mazâr
Râs Gharib
Suez
W. Tarfa
1751
Djebel Gharib
STE-CATHERINE
SHARM EL-SHEIKH
EL-MINYA
Beni Hassan
Touna el-Gebel
DÉSERT
El-Ashmûnein
Antinopolis
Hermopolis
TELL EL-AMARNA
ORIENTAL
W. Assiout
Meir
El-Qusiya
EL-GOUNA
Mons Porphyritis
HURGHADA
Deir el-Muharraq
ASSIOUT
Dj. el Shâyib
2187
W. Kenâh
Nécropole des princes
Mons Claudianus
SAFAGA
DÉSERT
Deir el-Ahmar
Sohag
OCCIDENTAL
Deir el-Abiad
Girga
DENDÉRAH
Qena
Abydos
TOMBES DES NOBLES
VALLÉE DES ROIS
KARNAK
DEIR EL-BAHARI
LOUXOR
Ein Mustapha Kashif
Nécropole de Bagawat
Temple d'Hibis
VALLÉE DES REINES
Qasr Khârga
Khârga
Temple de Nadura
Qasr el-Ghoueita
Esna
El-Kab
Qasr ez-Zayan
EDFOU
NIL
KOM OMBO
Baris
Daraw
El-Dush
ASSOUAN
Barrage d'Assouan
1re cataracte
PHILAE
Kalabsha
Haut barrage d'Assouan
Lac Nasser
N
Wadi el-Seboua
Amada
Tochka
Qasr Ibrim
VALLÉE DU NIL
ABOU SIMBEL
0
100 km

Assiout

409 700 HABITANTS
CARTE GÉNÉRALE C2

Universitaire et industrieuse, la plus grande ville de Haute-Égypte occupe de temps à autre l'actualité en raison des troubles religieux qui la secouent. Malgré une forte communauté copte, Assiout demeure sous l'influence des fondamentalistes musulmans. Mais Assiout est avant tout un nœud routier et commercial important, centre actif pour l'artisanat destiné au tourisme.

- **Se repérer** – À 380 km au sud du Caire, à 320 km au nord de Louxor.
- **À ne pas manquer** – La ville de Tell el-Amarna et la nécropole de Meir.
- **Organiser son temps** – Descendre en train à Assiout et louer un taxi pour la journée.

B. Kaufmann / MICHELIN

Village de Zaouët el-Meïtin, aux environs d'Assiout.

Comprendre

La courte indépendance des princes – Avec le règne de Pépi II (VIe dynastie) et la fin de l'Ancien Empire, le pouvoir royal déclinant n'assurait plus sa domination sur l'ensemble du pays. Les fonctionnaires les plus hardis s'emparèrent d'une partie du pouvoir et les nomarques (gouverneurs de province) affirmèrent progressivement leur autonomie. La Première Période intermédiaire commençait, et avec elle un long siècle de troubles mettant en opposition les princes belliqueux. Vers 2130 av. J.-C., la ville de *Saouti* (ancien nom d'Assiout), chef-lieu du 13e nome de Haute-Égypte, connut la prospérité sous Khéty Ier, prince d'Hérakléopolis, qui s'était proclamé roi d'Égypte (IXe dynastie). *Saouti* marquait la limite sud du territoire hérakléopolitain dont les souverains étaient en rivalité constante avec « les nomes du Sud » indépendants (territoire de Thèbes). Les textes nous apprennent que les seigneurs de Thèbes s'imposèrent finalement. Assiout reprit alors sa place au sein de l'Égypte avec le Moyen-Empire. Le dieu chacal *Oupouaout* « l'Ouvreur des chemins » était particulièrement adoré dans cette place. À l'époque grecque, Assiout devint *Lycopolis* « la ville du loup ».

Une position stratégique – Au niveau d'Assiout, le désert Libyque se rapproche du Nil, la vallée se rétrécit. D'ici partent les pistes caravanières qui rejoignent l'oasis de Khârga et au-delà, la Nubie. La célèbre « piste des 40 Jours » *Darb el-Arbain* s'achevaient à Assiout où les caravanes déversaient leurs lots d'épices et d'esclaves en provenance d'Afrique. La

Le saviez-vous ?

Le philosophe grec Plotin (vers 205-270) est né à Assiout. Parti pour Alexandrie, il finit par s'installer à Rome où il ouvrit une école de philosophie. Son œuvre *Ennéades*, publié par son disciple, développe les grands thèmes du néoplatonisme.

situation géographique d'Assiout, qui lui réserva à maintes reprises un rôle stratégique dans l'histoire du pays, ne lui accorda cependant jamais une destinée nationale. Aujourd'hui, elle demeure un lieu de passage pour ceux qui s'engagent sur la route des oasis.

Une renaissance – C'est grace à l'expédition de Bonaparte et plus particulièrement à Jollois et Devilliers qu'Assiout attira les archéologues. Ces deux savants relevèrent les plans, les décors et les inscriptions des tombes rupestres qui sont aujourd'hui dans un triste état. La nécropole fut ensuite explorée en 1903 par Émile Chassinat qui fit de remarquables découvertes dans une vingtaine de tombes inviolées.

Se promener

Accès : depuis Le Caire ou Louxor, en voiture (déconseillé), en bus ou en train.

À savoir – *La région est parfois le théâtre de confrontations entre intégristes, communautés chrétiennes et forces gouvernementales. Les touristes sont donc escortés par la police, et le climat est souvent tendu. L'endroit étant sous l'influence des fondamentalistes, il est donc fortement recommandé de ne pas porter de tenues courtes.*

Info pratique

Office de tourisme – *sh. ath-Thawra - 1er étage - ✆ (088) 31 00 10 - tlj 8h30-14h, sf vend.*

Hormis les anciens quartiers bordant le Nil ou Gezirat al-Moz, l'« île aux Bananes », la ville n'offre aucun intérêt particulier. À sa hauteur, un **barrage** du 19e s., long de 800 m, sert de pont.

Aux alentours

S'assurer avant de partir que les sites sont bien ouverts car les fermetures momentanées ne sont pas rares !

Nécropole des princes

5 km au sud-ouest de la ville. En zone militaire donc difficile à visiter : il faut un permis.

Le flanc de la falaise abrite plusieurs hypogées qui appartenaient à des dignitaires. Ils ont livré un mobilier funéraire de grande valeur, aujourd'hui dispersé dans divers musées. Ils recélaient entre autres de magnifiques modèles en bois comme les célèbres archers nubiens découverts dans la tombe de Mesehti (au musée du Caire). De cette nécropole, on jouit d'une superbe **vue★★** sur la vallée.

Tombe de Hapidjefa – La sépulture de ce prince d'Assiout du temps de Sésostris Ier (XIIe dynastie) est un des plus grands hypogées du Moyen Empire (40 m de profondeur, 3 grandes chambres). Des inscriptions expliquent le contrat passé par le défunt avec les prêtres chargés d'assurer son culte funéraire. Sa statue en bois plus grande que nature est exposée au musée du Louvre.

Tombes de Khéty II, Mesehti et Nakhti – Bien que mutilées, elles conservent des inscriptions intéressantes relatives aux guerres de la période hérakléopolitaine. La

Fl. El Abd / MICHELIN

Ruines du site de Tell El-Amarna.

plus connue est celle de Nakhti qui fut découverte intacte. Son mobilier funéraire de qualité est exposé en grande partie au musée du Louvre.

Deir el-Muharraq

9 km au sud-ouest d'El-Qusiya. tlj 9h-16h.

Selon la tradition, la sainte Famille aurait séjourné 3 ans, 6 mois et 10 jours à l'emplacement du monastère, jusqu'à ce qu'un ange dise à Joseph : « Lève-toi, prends avec toi l'enfant et sa mère, et mets toi en route pour la terre d'Israël » (Matthieu, II-20). Fondé vers 350, le monastère de la Vierge, le plus important de Moyenne et Haute-Égypte, compte une centaine de moines. Centre actif de la culture copte, il exerce par son séminaire théologique un rôle important au sein de l'Église chrétienne d'Égypte. Annuellement, du 21 au 28 juin, plusieurs dizaines de milliers de pèlerins viennent y commémorer la consécration de l'église de la Vierge. La tour de défense remonte aux 8e et 12e s. et possède la traditionnelle entrée au 1er étage avec pont-levis. Au centre, l'église de la Vierge (*Al-Adhra* en arabe) du 12e s. ; sa pierre d'autel, datée de l'an 747, est une ancienne stèle funéraire.

Meir

8 km au nord-ouest d'El-Qusiya. tlj 8h-17h.

El-Qusiya, ancienne Qis ou Cusæ, était le chef-lieu du 14e nome de Haute-Égypte. Le village de Meir a donné son nom à la nécropole antique, où sont inhumés les nomarques qui dirigèrent la région dès la fin de l'Ancien Empire et jusqu'au Moyen Empire. La charge de gouverneur se transmettait de père en fils comme nous l'expliquent les inscriptions des tombes. Parmi les 9 sépultures ouvertes au public, la tombe la plus intéressante est celle d'**Oukhhotep**, prêtre d'Hathor, dont les reliefs très naturalistes décrivent la vie provinciale dans toute sa spontanéité. On remarquera de nombreux visages de dieux effacés : au début de l'ère chrétienne, les coptes ont occupé ces tombes et supprimé ces images païennes.

Tell el-Amarna

À 79 km au nord d'Assiout, sur la rive droite du Nil. À Mallawi, prendre un taxi pour le débarcadère du ferry : traverser le Nil jusqu'à At-Till, sur la rive est. Le site : tlj 7h-16h. env. 20 £ (il faut rajouter le prix de la visite des tombes qui varie selon le nombre de sépultures ouvertes au public).

La rupture avec Thèbes – Au début de son règne, le roi **Amenhotep IV** « Amon est satisfait » (en grec Aménophis IV) tente d'imposer depuis Thèbes une nouvelle religion, cette fois-ci monothéiste (un seul dieu). Il élève dans l'enceinte de Karnak un temple au dieu solaire **Aton**. Mais la proximité du clergé d'Amon extrêmement puissant l'empêche de réaliser ses projets de réforme. Au bout de 4 ans, il ordonne la fermeture des temples, fait marteler le nom du dieu Amon et décide de fonder une nouvelle capitale dans un site totalement vierge en Moyenne-Égypte : **Akhétaton** « L'Horizon du Disque ». À cette occasion, il change son nom en **Akhénaton** « Celui qui est agréable à Aton ». Le site de Tell el-Amarna, dans un hémicycle naturel de 12 km de long cerné par les falaises du désert Arabique, a vécu l'un des épisodes clés de l'histoire de l'ancienne Égypte, la révolution amarnienne. Mais au bout de 17 ans, la ville fut abandonnée à la mort du roi et sauvagement rasée par ses adversaires qui voulurent par ce geste effacer à jamais de la mémoire des hommes cet épisode si particulier. Le culte d'Amon et des autres divinités fut remis en vigueur. Les noms des membres de la famille royale furent martelés ainsi que la représentation d'Aton.

Une nouvelle philosophie – Par ses actes, Akhénaton a voulu s'émanciper du pouvoir des prêtres d'Amon. Il fut le pharaon providentiel d'un changement radical, d'une rupture totale avec la tradition. La réforme d'Akhénaton correspond à un changement d'esprit. Il s'agit d'une révolution philosophique, qui touche aussi bien la religion que l'art et la politique. Incompris, le roi ne fut suivi que par une mince portion de la population qui s'établit à Amarna. On sait par les textes et l'archéologie que certains dignitaires adoptèrent la nouvelle religion d'Aton. Mais la population continua d'exercer la religion traditionnelle, et l'Égypte ne fut en réalité touchée que de loin par cette réforme. La religion atonienne tenta de substituer au monde de la mythologie qui avait dominé jusqu'alors une vision plus naturaliste et plus rationnelle : le roi n'avait plus besoin d'intermédiaire pour s'adresser au dieu et le culte d'Aton ne nécessitait plus de clergé ce qui limitait les risques de prise de pouvoir des grands prêtres. De plus, Akhénaton jouait désormais le rôle d'Osiris dans le royaume des morts en accueillant le défunt dans l'au-delà.

Akhétaton, capitale au destin tragique – C'est sur un site vierge de tout passé qu'Akhénaton décide d'édifier sa nouvelle capitale en 1348 av. J.-C. Il n'en reste aujourd'hui que les fondations. La ville, une fois détruite par les ennemis du roi, fut totalement recouverte par le sable du désert (ce qui la préserva) et ce n'est qu'en 1891 avec Flinders Petrie puis en 1912 avec Ludwig Borchardt qu'elle revint à la lumière. Depuis, les fouilles ont révélé le plan de cet ensemble gigantesque. Les monuments officiels en pierre furent bâtis à la hâte au moyen de talatats, petits blocs de grès ou de calcaire faciles à manipuler (C'est une nouveauté architecturale. Ces talatats, employés uniquement à cette période, mesurent environ 33 cm de long pour 11 cm de large et de profondeur). Les autres édifices étaient en brique crue.

L'art amarnien – Des prémices de cet art sont attestés dès le règne d'Aménophis III. Il se caractérise par son style très réaliste, son goût pour la nature, ses courbes, la volonté de se détacher des canons stylistiques antérieurs, ses excès… L'art amarnien est une parenthèse dans l'histoire de l'art de l'Égypte qui a marqué profondément son époque. La sculpture et la peinture ont atteint une qualité rare où souffle un vent de liberté artistique absolument remarquable. Il n'hésite pas à exprimer des sentiments et à dévoiler l'intimité familiale, ce qui est absolument novateur. C'est du reste dans l'art que les conséquences de la révolution amarnienne seront les plus durables, car l'originalité de l'art ramesside doit beaucoup à la révolution spirituelle amarnienne. Pour apprécier au mieux toute la valeur de cet art amarnien, une visite au musée du Caire s'impose. Les salles du rez-de-chaussée exposent des merveilles qui proviennent d'Amarna ou du temple d'Aton de Karnak. De même le mobilier funéraire de Toutankhamon, successeur direct d'Akhénaton, illustre parfaitement la fin de cet art amarnien.

Akhénaton, pharaon controversé

Pharaon brillant selon les uns, souverain à l'esprit faible pour d'autres, Akhénaton, fils d'Aménophis III et de la reine Tiyi, a formé avec Néfertiti un couple qui a fasciné. L'esthétique de ses sculptures déroute par ses excès : sa tête au crâne fortement étiré vers l'arrière, son long cou, ses épaules tombantes, ses larges hanches, son ventre mou, ses doigts recourbés aux extrémités. Son corps au proportions plus féminines que masculines est tout simplement androgyne sur certains colosses de Karnak ! Pour expliquer ces extravagances, certains ont suggéré que le pharaon était malade, d'autres qu'il s'était créé un style propre sans rapport avec la réalité, d'autres enfin qu'il n'a fait qu'accentuer ses propres traits. L'art amarnien s'est inspiré des traits particuliers d'Akhénaton pour représenter les proches de la famille royale créant ainsi un style très original. Énigmatique, hérétique, Akhénaton négligea son empire, préférant s'adonner au plaisir de sa philosophie. Les conditions de son décès demeurent incertaines puisque son corps n'a pas été retrouvé. Sa tombe préparée à Amarna est restée vide. Le mystère sur la fin d'Akhénaton et Néfertiti, couple royal légendaire, demeure…

VILLE ET NÉCROPOLE★

Les ruines du site s'étendent sur la rive est le long du Nil, au cœur d'une zone fertile longue de 12 km et large de quelque 25 km. 14 stèles-frontières taillées dans la roche délimitent le vaste territoire de la capitale fondée par Akhénaton : ce sont de grandes inscriptions rupestres représentant la famille royale adorant Aton sous la forme d'un disque solaire dont les rayons se terminent par des mains qui offrent au roi le signe de vie. Le texte de ces stèles-frontières pose les limites du territoire d'Akhétaton et proclame que les membres de la famille royale devront être inhumés en ces lieux. Mutilées, ces stèles sont difficiles à voir, sauf celle de Touna el-Gebel. Certains fragments sont désormais exposés dans des musées.

La ville

Difficile à cerner aujourd'hui, la ville comprenait plusieurs quartiers reliés par une large avenue nord-sud. Au nord se trouvait le Palais du Nord destiné à la famille royale. Les maisons des dignitaires occupaient la banlieue nord. Puis venait le centre officiel avec le Grand temple d'Aton et le Grand Palais. Le sud de la ville était occupé par le peuple des artisans, des fonctionnaires, des paysans. Plus au sud s'étendaient les cultures. Avec ses 40 000 habitants, Akhétaton était une vraie ville avec des rues, des temples, des maisons de notables, des quartiers ouvriers, des entrepôts, des tombes, etc.

H. Champollion / MICHELIN

Tombeau de Méryrê (n° 4) : détail d'un bas-relief de style typiquement amarnien.

Le palais – La résidence royale se divisait en deux parties reliées par un passage couvert enjambant l'avenue, d'où le roi et la reine se montraient au peuple. La première moitié, côté Nil, comprenait notamment la salle du trône, une salle hypostyle, deux harems, un jardin, une cour et des salles d'apparat. La seconde abritait les appartements du roi.

Le Grand Temple – Consacré à Aton, il était entouré d'une vaste enceinte de 800 m sur 275 m. Derrière le pylône d'entrée, une salle hypostyle précédait plusieurs cours séparées par d'autres pylônes. Dans ces cours se trouvaient de nombreux autels car le culte se pratiquait à ciel ouvert par le roi suivi des dignitaires. Ce sanctuaire est représenté dans la tombe de Méryrê.

La maison des Archives – En 1885, une paysanne découvrit une série de tablettes en argile inscrites en akkadien, langue officiellement employée dans la correspondance diplomatique au Proche-Orient. Après étude, il s'est avéré qu'il s'agissait de lettres envoyées au pharaon par les rois, les princes et les chefs des avant-postes égyptiens en Syrie.

Les maisons des dignitaires – Spacieuses, elles ne se touchaient pas comme dans les autres cités d'Égypte. Elles comprenaient de nombreuses pièces ainsi que des jardins agrémentés de bassins.

La nécropole

En tout, 26 tombes rupestres creusées dans le djebel composent la nécropole : un 1er groupe au nord *(tombes 1 à 6)* ; un 2e au sud *(7 à 25)* ; la tombe royale à l'est.
Du sommet de la nécropole, on voit la plaine désertique qui fut autrefois une ville florissante, grouillante de vie. Aujourd'hui, il faut faire appel à son imagination pour en restituer toute la splendeur passée ! Les scènes gravées sur les parois de ces tombeaux offrent un double intérêt : d'une part, elles illustrent la vie quotidienne de la ville disparue en donnant de surcroît le plan de certains de ses édifices ; d'autre part, elles présentent les deux phases successives de l'art amarnien : le style « caricatural » du début du règne, le style « assagi » de la fin du règne. Ces tombes occupées par des moines coptes sont couvertes de nombreux graffitis.

Tombeau de Houia★ *(n° 1)* – Il était « intendant du harem royal et chambellan de la reine Tiyi ». La 1re des 3 chambres en enfilade est décorée de plusieurs scènes représentant Akhénaton, Néfertiti et les princesses, mais également la mère du roi, Tiyi (à ne pas confondre avec Tiyi la nourrice de Néfertiti). Dans la 3e chambre une niche contient la statue funéraire, malheureusement martelée.

Tombeau de Méryrê *(n° 2)* – Le tombeau de ce « scribe royal, inspecteur du double trésor, chambellan de Néfertiti » a été commencé sous Akhénaton et terminé sous Smenkhkarê. Également composé de 3 chambres, il présente plusieurs scènes particulièrement intéressantes figurant Akhénaton en présence de délégations étrangères : des Africains transportant de l'or, des animaux, des esclaves noirs ; des Asiatiques lui apportant des esclaves blancs, des animaux, du butin de guerre.

Tombeau de Méryrê★ *(n° 4)* – Celui-ci était « grand prêtre du Disque ». Deux des trois chambres sont entièrement décorées. Dans la seconde, on voit une représentation unique en Égypte, celle d'un arc-en-ciel, ainsi qu'un plan descriptif du palais qui a permis d'en interpréter les vestiges très arasés.

Tombeau de Panehesy *(n° 6)* – Sur ses murs, ce personnage rend hommage au couple royal et reçoit des mains du roi, en guise de récompense, les colliers d'or.

Tombeau de Toutou *(n° 8)* – Cette sépulture reprend le plan des tombes thébaines : une grande salle de 16 m dont le plafond est supporté par 2 rangées de 6 colonnes papyriformes. Les bas-reliefs représentent le couple royal et le défunt.

Tombeau de Aï *(n° 25)* – Ce futur roi d'Égypte qui succéda à Toutankhamon avait épousé la nourrice de la reine Néfertiti. Il se fit aménager un tombeau à Amarna mais il fut finalement enterré à Thèbes. La tombe d'Amarna a été en partie décorée. Elle conserve un texte célèbre, *L'Hymne à Aton*, composé par le roi Akhénaton : « Tu te lèves en paix à l'Horizon du ciel, ô vivant Aton, créateur de la vie ! (...) Nul autre que ton fils Akhénaton ne te connaît. Tu lui as enseigné tes desseins et ta puissance... »

Mystérieuse Néfertiti

Au début du règne d'Akhénaton, la reine est toujours figurée aux côtés du roi. Elle semble avoir joué un rôle bien plus important que celui d'épouse. Elle a manifestement participé au gouvernement du royaume comme le suggèrent certaines représentations. Par son nom elle est « la belle est venue », mais son origine a donné lieu à d'interminables débats. Elle est sans doute fille du secrétaire royal et père divin Ay, élevée par Tiyi (une autre épouse d'Ay). Le magnifique buste de Berlin et ses portraits découverts par Borchardt dans l'atelier du sculpteur Thoutmosis à Amarna révèlent une femme de caractère certainement d'une grande beauté. Elle donna le jour à 6 filles et ne disparait de la scène qu'à la fin du règne d'Akhénaton. On suppose qu'elle se sépara de son époux sans être pour autant répudiée. Certains pensent même qu'elle régna parallèlement à Smenkhkarê, le successeur officiel d'Akhénaton. Quelques savants prétendent avoir identifié son corps mais cela reste encore très controversé.

Tombeau du roi (*n° 26*) – Nous le citons pour information car il est très abîmé et très difficile à visiter. On n'y a pas retrouvé le corps d'Akhénaton.

Hermopolis

À la sortie du village d'El-Achmûnein, à 9 km de Mallawi. Ouverture du site irrégulière (se renseigner depuis Assiout).

Les Anciens voyaient en Khmoun, la « ville des huit » le lieu originel de la création du monde. Nommée par les Grecs Hermopolis, elle était la capitale du 15e nome de Haute-Égypte, principal lieu de culte du dieu de la Sagesse Thot, patron des scribes.

Le site – Totalement ruiné, il n'en reste pas grand-chose. À l'entrée, deux statues du dieu Thot (4,5 m de haut) portent le cartouche d'Aménophis III (XVIIIe dynastie). On distingue encore l'agora de la ville romaine et la basilique paléochrétienne. La cité pharaonique a entièrement disparu. À signaler quelques rares vestiges du premier temple de Thot de la IVe dynastie et les 4 colosses à tête de chacal d'Aménophis III.

Au **musée de Mallawi** sont exposés les objets mis au jour à Hermopolis et Touna el-Gebel *(tlj 9h-16h, vend. 9h-12h, 10 £)*

Touna el-Gebel★

7 km à l'ouest d'Hermopolis. Tlj 8h-17h.

Juste avant d'arriver à ce site rarement visité, on passe devant la falaise où se trouve l'un des stèles-frontières d'Akhétaton *(voir Tell el-Amarna)*.

Le site qui s'étend sur 3 km est connu pour ses nécropoles d'animaux sacrés associés au dieu Thot. Babouins et ibis furent momifiés, placés dans des jarres en terre cuite ou des petits cercueils en bois ou en pierre et finalement ensevelis par milliers dans des galeries souterraines avec quelques objets et des papyrus araméens (les plus anciens datent du 5e s. av. J.-C.). La vaste nécropole aux tombes ordonnées le long de ruelles regroupe essentiellement des sépultures ptolémaïques qui se distinguent par leur décoration qui mêle les styles grecs et égyptiens créant ainsi un art tout à fait original. Remarquez les stucs peints qui imitent le marbre et l'albâtre.

Tombe de Pétosiris – Il s'agit d'un tombeau familial, l'un des monuments les plus intéressants de ce site. Il appartenait à Pétosiris, grand prêtre de Thot, et date de la fin du 4e s. av. J.-C. Dégagé en 1920, il comprend un vestibule et une petite chapelle carrée à 4 piliers. Les décors foisonnants couvrent les murs : défilés des enfants du défunt, funérailles, banquets, scènes agricoles... Le magnifique sarcophage en bois orné de hiéroglyphes polychromes se trouve au musée du Caire.

Beni Hassan, détail d'une peinture de la tombe de Khnoumhotep III.

Tombe d'Isadora (120 apr. J.-C.) – Elle renferme la momie de cette jeune fille morte noyée à laquelle un poème en vers grecs rend hommage.

Antinopolis

6 km au nord de Mallawi, en face d'El-Roda, sur la rive droite du Nil.

Antinopolis ou Antinoé fut fondée par Hadrien vers 130, en l'honneur de son favori Antinoüs qui s'était noyé non loin du site. Pas facile d'accès, cet ensemble chaotique de temples, de maisons, et de tombeaux gréco-romains envahis par le sable, fut malmené par les fouilleurs clandestins et par Mohammed Ali qui remploya ses pierres pour édifier une sucrerie. Sous Dioclétien, la cité était la capitale de toute la Thébaïde. Lors de l'expédition d'Égypte de Bonaparte, les ruines de l'actuelle El-Sheikh Abada étaient encore imposantes. Le temple le plus ancien remonte à Ramsès II (XIXe dynastie).

Beni Hassan★

24 km au nord de Mallawi, sur la rive droite du Nil. Tlj 7h-17h.

Cette localité était le lieu de résidence des « grands seigneurs du nome d'oryx » qui gouvernaient le 16e nome de Haute-Égypte. Il ne reste plus aujourd'hui que la nécropole dont les tombes aménagées dans la falaise calcaire sont groupées sur deux terrasses. Les plus basses sont de simples puits d'époques diverses. Les 39 hypogées de la terrasse supérieure ont des dimensions imposantes et des façades taillées dans la roche. Ils datent des XIe et XIIe dynasties. Contrairement à la nécropole d'Assiout, ces hypogées, pillés, ne contenaient plus de mobilier. En revanche, ils sont particulièrement intéressants car ils dévoilent par leur décoration un art provincial de qualité, réservé aux dignitaires de la région.

La décoration des hypogées – 12 des 39 tombes sont décorées : il s'agit de peintures représentant des scènes traditionnelles de la vie quotidienne telle que l'agriculture, l'élevage, la chasse ou la pêche, mais également des scènes de lutte, de danses acrobatiques, de musique. Ces différents épisodes s'organisent en registres horizontaux et sont accompagnés de textes qui nous renseignent sur l'histoire et la vie des Égyptiens à cette époque. La nouveauté réside dans les scènes de vie militaire. Avec les troubles de la Première Période intermédiaire, les Égyptiens ont appris à leur dépens qu'il fallait être prêt à se défendre. C'est pourquoi, l'on remarque dans les décors des scènes de combat et dans le mobilier funéraire des simulacres d'armes ou des armes réelles pour que le défunt puisse se défendre dans l'au-delà.

Tombeau d'Amenemhat dit Ameni *(n° 2)* – Les parois de la sépulture sont couvertes de scènes passionnantes qui illustrent sa vie. Prenez le temps de les regarder, elles fourmillent de détails.

Tombeau de Khnoumhotep III★★ *(n° 3)* – Sa façade à portique ouvert, caractéristique de Beni Hassan, donne sur une chambre aux scènes réputées : notamment le repas des antilopes et la caravane des Asiatiques venus rendre hommage à Sésostris II. Une inscription de 222 colonnes conte l'histoire de sa famille.

Abydos★★

CARTE GÉNÉRALE C3

Lieu de sépultures des premiers pharaons, sanctuaire du dieu Osiris au destin tragique, temples qui servent d'écrin à de magnifiques reliefs polychromes aux délicates courbes... Abydos ne laisse pas indifférent. À la lisière du désert et pourtant si proche des hommes, c'est un lieu riche de mystère où l'on se plaît à rêver.

Se repérer – À 150 km au nord-ouest de Louxor, à 100 km à l'ouest de Dendérah et à 6 km au nord de Qena, sur la rive gauche du Nil.

À ne pas manquer – L'Osiréion, les annales du temple de Séthi Ier.

Organiser son temps – Grouper la visite d'Abydos avec celle de Dendérah. Partir de Louxor avec le convoi de 8h. Arrivée à Abydos à 11h. 1h30 de visite et 1/2h pour déjeuner (prévoir son repas s'il n'est pas compris dans l'excursion). Puis 1h de route pour Dendérah. Sur place 1h. Enfin retour à Louxor en 2h. env. 180 £.

L. Michel / MICHELIN

Bas-relief montrant Pharaon coiffé d'un casque.

Comprendre

Le site d'Abydos est très étendu. Il regroupe des vestiges de différentes époques dont certains à l'état de ruine se visitent difficilement. Il fait l'objet de fouilles régulières car une grande partie de son sol est encore inexplorée. Occupé dès l'Époque thinite, Abydos, aujourd'hui un lieu réputé pour ses vestiges archéologiques, était également un lieu de pèlerinage.

D'abord nécropole – À l'Époque thinite, les rois de la Ire dynastie et certains rois de la IIe dynastie, installés dans leur capitale de This, choisissent Abydos comme nécropole. Leurs tombes, de simples fosses au début, s'agrandissent pour devenir de véritables complexes funéraires aux chambres multiples, construits en brique crue. Des stèles en calcaire dressées à proximité des monuments nomment les propriétaires (la très belle stèle du roi Djed ou roi-serpent est exposée au musée du Louvre). Ces tombes ont soulevé de nombreuses questions car on a cru longtemps que ces mêmes rois s'étaient fait construire des cénotaphes (tombes sans corps dédiée à la mémoire d'une personne) à Saqqara. Des fouilles récentes semblent confirmer l'appartenance des tombeaux de Saqqara à des dignitaires et non pas aux rois enterrés à Abydos.

Un lieu de culte osirien – Dans le mythe d'Osiris *(voir Philae)*, Seth fit découper son frère en 14 morceaux. Pour les Égyptiens, Abydos abritait la tête du dieu, ce qui faisait du site le principal reliquaire du culte osirien. Ce culte prit au fil du temps une ampleur considérable. Dès lors, le dieu local, Khentamentiou, « le maître de la mort », adoré sous la forme d'un chacal, dut s'effacer et laisser définitivement la place à Osiris.

Le pèlerinage en Abydos – Le défunt avant les funérailles se devait d'effectuer un pèlerinage à Abydos. Son corps, déposé sur une barque, naviguait jusqu'au site pour rendre hommage au dieu puis revenait chez lui pour être inhumé dans sa tombe. En réalité, pour des questions d'hygiène, ces pèlerinages ne pouvaient se faire. C'est pourquoi ils sont représentés sur les murs des tombes dès l'Ancien Empire ou en trois dimensions sous la forme de petits modèles en bois au Moyen Empire. Ainsi symboliquement, le défunt effectuait son pèlerinage ! Certains Égyptiens faisaient ce pèlerinage de leur vivant. Ils déposaient alors une stèle ou un ex-voto à Abydos. Trouvés par centaines, ces objets sont désormais exposés dans de nombreux musées.

Visiter

Accès : en général, ceux qui viennent à Abydos voyagent en circuit organisé. Cependant vous pouvez réserver un taxi ou un minibus auprès d'une agence de voyages ou de votre hôtel à Louxor. Le convoi part à 8h. Site : tlj 8h-17h. 20 £, étudiant 10 £, app. photo et vidéo gratuits.

Assez loin du Nil à la lisière du désert, le site d'Abydos surprend par sa situation en contrebas du village actuel. Les temples que l'on visite ont été entièrement désensablés. Le village s'est construit au-dessus des ruines antiques. Le site très vaste s'étend sur un ensemble de collines. On ne peut l'appréhender d'un seul coup d'œil. Il faut d'abord monter vers le temple de Séthi, le traverser puis s'éloigner en direction du désert où se situent les autres vestiges. Au nord se trouvent un couvent copte, le temple ruiné d'Osiris, l'enceinte en brique du Shunet es-Shebib et des cimetières du Moyen et du Nouvel Empire ; au centre, des cimetières de chiens et d'ibis ainsi qu'une nécropole de l'Ancien Empire ; au sud-ouest, la nécropole thinite d'Umm el-Qa'ab ; au sud-est les temples de Séthi Ier et de Ramsès II ainsi que l'Osiréion (XIXe dynastie).

Temple de Séthi Ier★★

Sept temples en un seul – Bâti sur une déclivité, ce magnifique édifice s'écarte du schéma classique des temples égyptiens. À l'origine, il comprenait 7 entrées (transformées en niches par Ramsès II, à l'exception de la centrale) ouvrant sur 2 salles hypostyles en enfilade divisées en 7 travées menant enfin à 7 chapelles chacune consacrée à une divinité (Amon au centre ; à droite Osiris, Isis et Horus ; à gauche Rê-Horakhty, Ptah et le roi divinisé). Il offre en outre la particularité d'être flanqué d'une aile latérale. Les 2 premiers pylônes n'existent plus. La façade actuelle était donc le portique du fond de la 2e cour. Bâti en calcaire, ce temple remarquable a gardé une partie de sa polychromie.

Les reliefs ramessides – Ce temple par ses reliefs est un véritable chef-d'œuvre de l'art à voir absolument. Les reliefs qui ornent ses différentes salles sont de toute beauté. La finesse des traits, la douceur du modelé, le foisonnement des détails remarquablement reproduits sont un enchantement pour les yeux. Les murs sont couverts de scènes diverses qui méritent que l'on s'y attarde. Les reliefs peints des salles hypostyles permettent de comparer deux époques de l'art ramesside. Ceux de la 1re salle datent de Ramsès II, ceux de la 2e de Séthi Ier : ces derniers sont d'une qualité d'exécution nettement supérieure. Au niveau des chapelles, la décoration montre le renouvellement du style égyptien au lendemain de l'époque amarnienne de la XVIIIe dynastie. Ces **reliefs★★★**, réalisés sous Séthi Ier, témoignent à la fois du regain de piété amorcé par une réaction anti-amarnienne et d'un retour à l'académisme qui précéda le style amarnien. Consacrés aux cérémonies devant être célébrées par le roi, ils se décomposent en une série de tableaux au modelé admirable. Les silhouettes du roi et des dieux suivent à nouveau les canons esthétiques déjà en vigueur sous Aménophis III. Mais, sous couvert d'académisme, l'art de Séthi Ier n'en exploite pas moins l'héritage d'Aménophis IV. C'est précisément ce mélange qui constitue la grande originalité du style ramesside, qui se caractérise notamment par l'apparition sur le profil royal de ce long nez courbe qui fut peut-être à l'origine un trait ethnique.

L'aile sud – On y accède par un corridor célèbre pour **les annales** qu'il contient. Sur ses murs en effet, Séthi Ier en compagnie de son fils rend hommage aux cartouches de 76 pharaons, ses ancêtres. Ce passage donne accès à une série de salles aux décors inachevés ainsi qu'à un escalier qui aboutit à une terrasse. Les parois de l'escalier sont couvertes de scènes dont certaines sont en rapport avec le sacrifice du taureau.

L'Osiréion – On y parvient depuis la terrasse. L'Osiréion est un cénotaphe, sorte de tombeau symbolique d'Osiris. La salle centrale construite à l'aide d'énormes blocs de granit fut conçue à l'image d'une île entourée d'un canal. À l'avant de l'Osiréion, une chambre étroite transversale est décorée de **reliefs★** astronomiques finement ciselés. On ne peut malheureusement descendre dans ce sanctuaire inondé par les remontée d'eaux de la nappe phréatique. Mais si on se plaît à rêver, on imagine facilement que quelque part dans ces salles inondées, l'ombre d'Osiris repose en paix. Si l'on fait abstraction des papiers qui flottent sur l'eau, de cet ensemble se dégage une douce mélancolie associée à un brin de mystère…

Temple de Ramsès II

Le plus grand bâtisseur du Nouvel Empire a laissé un temple funéraire à Abydos. Plus petit et davantage ruiné que celui de son père Séthi Ier, il se compose d'une cour dotée de 3 escaliers menant à une terrasse. Par le portique, on accède à 2 salles hypostyles dont les bas-reliefs sont remarquablement conservés, puis à 3 chapelles construites en albâtre et probablement consacrées à la triade osiriaque. Sur le mur extérieur nord, le poème de Pentaour raconte la bataille de Qadesh *(voir Abou Simbel)*. Les magnifiques reliefs dans le style de ceux du temple de Séthi Ier ont gardé en partie leur éclatante polychromie. *Les Tables d'Abydos* (annales) aujourd'hui au British Museum à Londres proviennent de cet édifice.

À savoir

Comme à Assiout, les visiteurs étrangers sont escortés par la police qui leur interdit généralement de sortir le soir en dehors de leur hôtel. Sohag et ses couvents se visiteront donc plus favorablement sous la forme d'une excursion d'une journée depuis Louxor.

Aux alentours

SOHAG

À 150 km au nord-ouest d'Abydos.

Réputé pour sa production de cotonnades, Sohag est par ailleurs un centre actif de la culture copte. La région de Sohag compte une dizaine de monastères, dont les plus intéressants sont situés aux environs immédiats de la ville. Certains sont habités par des familles coptes. *Pour visiter, se présenter à l'entrée.*

Deir el-Abiad

Le monastère blanc, également nommé **Deir Amba Shenuda**, doit sa renommée à l'abbé Chenouté, grand prophète et réformateur du cénobitisme qui naquit vers 348 à Akhim et reçut l'habit monastique à l'âge de… 7 ans ! Il bâtit ce couvent grâce aux dons du comte Césaire fils d'un dignitaire de l'administration byzantine. Sa réputation de sainteté attira des disciples, si bien que le couvent se développa de façon aussi subite qu'importante. Chenouté y instaura une discipline rigoureuse et lutta fermement contre les cultes païens. De tempérament autoritaire, il savait toutefois se montrer charitable envers les pauvres. Auteur littéraire, il est considéré comme un des personnages clés de l'Église copte pour le rôle qu'il exerça lors du concile d'Éphèse en 431.

Un monastère réputé – Le monastère doit son nom à la teinte blanchâtre des blocs de calcaire d'Athribis utilisés pour sa construction : ils proviennent d'anciens temples pharaoniques aujourd'hui disparus. Certains éléments gravés de hiéroglyphes sont toujours visibles dans la muraille. Le couvent possédait une importante collection de manuscrits coptes qui sont aujourd'hui exposés dans divers musées.

Église Saint-Chenouté★ – Même s'il ne reste plus grand chose de la longue nef de cette basilique du 5e s., les vestiges des colonnes permettent d'en restituer l'ampleur. Celles-ci proviennent de divers édifices romains. À l'est, le chœur, séparé de la nef par un haut mur dressé postérieurement, comporte 3 absides dotées chacune de niches flanquées de colonnes ; leurs culs-de-four sont décorés de belles peintures murales des 11e et 12e s., exécutées par des artistes arméniens et égyptiens. La nef, la chaire et l'escalier sont faits à partir de blocs antiques, parfois inscrits en hiéroglyphes.

Deir el-Ahmar

À 5 km au nord du précédent.

Le monastère rouge également appellé **Deir Amba Bichoï** doit son nom à la couleur de ses briques. Il date probablement de la seconde moitié du 5e s. et ressemble par le plan à son homologue « blanc », quoiqu'il soit de dimensions plus modestes. L'église a 3 nefs et une série de colonnes aux beaux chapiteaux ornés de rinceaux.

Dendérah★★

28 900 HABITANTS
CARTE GÉNÉRALE C3

De la cité de Dendérah qui prospéra durant l'Époque ptolémaïque, il reste les ruines de quelques habitations et, entre cultures et désert, un temple majestueux, isolé dans une grande enceinte en brique. Délaissé par les circuits touristiques, ce site fut pourtant un des derniers foyers de la civilisation de l'Égypte ancienne. Superbe dans sa solitude pétrifiée, le temple de Dendérah, dédié à la déesse Hathor, est aujourd'hui empreint de mélancolie.

- **Se repérer** – À 75 km au nord de Louxor, à 6 km au nord de Qena, sur la rive gauche du Nil.
- **À ne pas manquer** – Le lac sacré, la crypte et la terrasse du temple d'Hathor.
- **Organiser son temps** – Grouper la visite de Dendérah avec celle d'Abydos *(voir Abydos)*.

Comprendre

Un temple gréco-romain – La cité s'appelait *Iounet Tentorê* (« pilier » ou « arc » de la Déesse), puis *Tentyris* sous les Grecs. Dendérah était capitale du 6e nome de Haute-Égypte. Sa nécropole regroupe essentiellement des tombes de l'Ancien Empire et de la Première Période Intermédiaire. À l'ouest se trouvent également des catacombes destinées à des oiseaux et des chiens. En outre, des sépultures de vache ont été découvertes en différents endroits, ce qui n'étonne guère puisque cet animal est associé à la déesse Hathor. S'il est très probable qu'un temple fut édifié dès l'Ancien Empire, la ville connut son heure de gloire à partir de la XXXe dynastie et jusque sous les empereurs romains. Les vestiges archéologiques dans l'enceinte du temple datent essentiellement de l'Époque gréco-romaine.

Hathor, déesse bienfaisante – À Dendérah, la déesse Hathor, la « nourrice de Pharaon », « protectrice des femmes » était ici chez elle. Son nom signifie la « demeure d'Horus ». Figurée sous la forme d'une vache, Hathor accueille les défunts à leur arrivée dans l'au-delà puis symboliquement les fait renaître dans ce nouveau monde qui les attend. La déesse incarne le renouveau de toute chose. Particulièrement aimée des Égyptiens, elle était vénérée dans de nombreux sanctuaires dont le plus célèbre est celui de Dendérah. Elle est souvent représentée comme une femme coiffée d'une couronne composée du disque solaire encadré par des cornes de vache. Sur les piliers dit hathoriques, son visage triangulaire, coiffé d'une perruque longue, a des oreilles de vache. Hathor est l'épouse du dieu Horus. Chaque année à l'occasion de la Fête de la Belle Rencontre, un pèlerinage de plusieurs jours se déroulait entre Dendérah et Edfou pour célébrer son mariage divin avec Horus, ce qui garantissait la fertilité à la terre d'Égypte.

Osiris et les mois de Khoïak – Dendérah, c'était aussi un lieu sacré pour le culte d'Osiris. Ici en effet était caché l'un des 14 morceaux du corps du dieu assassiné par

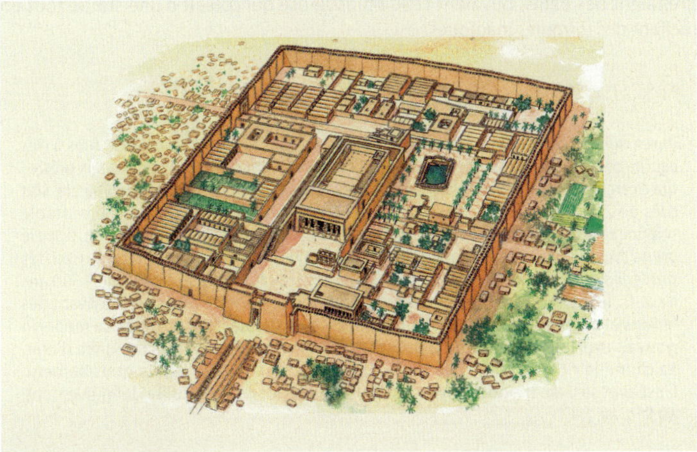

M. Guillou / MICHELIN

Reconstitution du site.

son frère Seth. Tout comme Hathor, Osiris est associé à l'idée de renouveau et de fertilité. Chaque année, on célébrait à Dendérah la résurrection du dieu qui correspondait au moment où les eaux du Nil se retiraient, permettant ainsi à la nature gorgée d'eau de se développer. La renaissance du dieu annonçait celle du pays. À cette occasion, les prêtres façonnaient des petites figurines d'Osiris en terre dans lesquelles ils déposaient des grains d'orge qui finissaient par germer. Ces symboles étaient conservés puis enterrés au bout d'un an. Les fêtes marquant cette renaissance duraient une dizaine de jours.

Visiter

En général, on vient à Dendérah en circuit organisé, sinon le plus simple est de réserver un taxi ou un minibus dans une agence de voyages ou à votre hôtel à Louxor. Prendre le convoi de 8h. Trajet : 3h. Sur place 1h30. env. 120 £ (sans Abydos).

Site

Tlj 8h-17h. 20 £ ; étudiant 10 £.

L'enceinte sacrée – Constituée par un mur de brique crue de 280 m de côté, 2 m d'épaisseur et 12 m de hauteur, elle protégeait le **Grand Temple** et diverses constructions. Seule sa section ouest est demeurée à peu près intacte. À l'ouest du temple, sur la droite, se trouvent successivement le **mammisi romain** *(à hauteur de l'esplanade)*, le **mammisi de Nectanébo Ier** (XXXe dynastie), un **sanatorium**, un **lac sacré**. Au sud, juste derrière le temple, se dresse un **Petit Temple** consacré à Isis. À l'est, un ensemble de bâtiments sont destinés à Harsomtous (Horus enfant représenté nu, tenant un sistre). Le périmètre délimité par l'enceinte intègre aussi des mastabas en brique crue de l'Ancien et du Moyen Empire, des tombes gréco-romaines et des catacombes où l'on a retrouvé des momies d'animaux. Une petite chapelle en pierre de Mentouhotep Ier (XIe dynastie) décorée par Mérenptah (XIXe dynastie) a été démontée et reconstituée devant le Musée égyptien du Caire. Construite en grès, la porte principale de l'enceinte se situe au nord. Un **dromos** dont il ne subsiste plus que le tracé, reliait le temple à un quai au niveau du Nil.

Mammisi romain★ – Édifié par Néron ou Auguste, il fut décoré par Trajan, Hadrien et Antonin le Pieux. Ses deux côtés sont flanqués d'un portique constitué de colonnes composites reliées par des murs-écrans ; comme dans le mammisi d'Edfou, leurs dés ne sont pas à l'effigie d'Hathor mais décorés de représentations du dieu Bès. À l'intérieur, les scènes évoquent la naissance et l'allaitement de l'enfant divin, né d'Horus et d'Hathor.

Entre les 2 mammisis fut édifiée une **église copte** du 5e s. bâtie avec de nombreux blocs de remploi.

Mammisi de Nectanébo Ier – Le plus ancien monument de ce genre conservé en Égypte. Sa décoration relate la procréation et la naissance du roi. Dans le naos, on voit *(en haut à droite)* Khnoum façonnant l'enfant sur son tour de potier. Puis *(à gauche)* Hathor mettant au monde son fils qu'elle allaite ensuite *(mur du fond)*.

Sanatorium – Il accueillait des malades qui espéraient guérir en ce lieu sacré. Ils prenaient des bains, buvaient l'eau miraculeuse qui coulait d'une statue tout en récitant des formules magiques.

Bien avant Hippocrate

Parce que les populations anciennes pensaient que les maladies étaient dues à des esprits contraires, toutes les médecines archaïques furent d'abord réservées aux prêtres qui exerçaient dans les temples, mêlant prières et divinations. Dès la XIIe dynastie, soit près de 2 000 ans av. J.-C., deux papyrus médicaux ouvraient la voie d'une véritable science : l'un traitait de soins vétérinaires, l'autre de gynécologie. Ce dernier, appelé *grand papyrus de Berlin* décrivait plusieurs méthodes contraceptives et fournissait des procédés pour combattre la stérilité. Six dynasties plus tard, soit quelque 1 500 ans av. J.-C., le *papyrus Smith* constituait un authentique traité de chirurgie décrivant des lésions et des blessures et fournissant la liste des traitements appropriés. Le médecin pouvait exercer son art comme prêtre ou l'assurer en tant que fonctionnaire d'État. Sa clientèle riche le rétribuait, sa clientèle pauvre se faisait soigner gratuitement. C'est avec le Grec Hippocrate de Cos que la médecine se désacralisa définitivement, au 5e s. av. J.-C.

Grand Temple d'Hathor★★

L'architecture – Perpendiculaire au Nil, le temple a probablement été conçu sous Ptolémée XII et Ptolémée XIII. Son plan est semblable à celui du temple d'Edfou, mais il lui manque son pylône et une colonnade dans la cour. On accède directement à la **salle hypostyle** si caractéristique avec ses chapiteaux hathoriques. Au total 24 colonnes occupent cet espace. La **salle des offrandes** et le **pronaos** qui ouvrent sur le naos sont entourées de pièces annexes. Autour du **naos**, un couloir ouvre sur 11 petites **chapelles**. Dans l'angle sud-ouest, on accède aux 12 **cryptes** aménagées dans l'épaisseur du mur extérieur du temple *(on ne visite que la n° 4)*.

Sur la terrasse, se trouve un petit **kiosque** *(dans l'angle nord-ouest)* dans lequel s'achevait la procession décrite le long des escaliers : Pharaon, accompagné des prêtres, célébrait dans cet édifice la cérémonie de « l'union au Disque » qui consistait à exposer la statue de la déesse Hathor aux rayons du soleil. À l'autre extrémité de la terrasse, **2 chapelles** composées chacune d'une cour et de 2 salles sont dédiées à la renaissance d'Osiris.

B. Kaufmann / MICHELIN

Colonnes de la salle hypostyle.

La décoration – À l'extérieur, l'élément le plus frappant et le plus impressionnant est la **façade**★ de la salle hypostyle. Six colonnes à chapiteaux hathoriques y sont reliées à mi-hauteur de fût par des murs-écrans. Tous les éléments sculptés évoquent la consécration du temple par Tibère. Les murs latéraux prolongent ce thème. À l'arrière du temple, remarquez la colossale figure d'Hathor et les gargouilles.

À l'intérieur, le plafond de la **salle hypostyle** est décoré de figures astronomiques (étoiles, vautours, heures diurnes et nocturnes) et d'une splendide représentation de Nout qui donne naissance au soleil. Elle avale l'astre solaire qu'elle met ensuite au monde pour que ses rayons éclairent le temple de Dendérah. La décoration des murs concerne la consécration du temple (on voit notamment des empereurs romains vêtus en pharaons). Malheureusement les reliefs sont difficiles à voir. À cause des chauves-souris et de la fumée, ils sont recouverts en partie d'une substance noire. La **salle des offrandes** évoque les rites relatifs à la fondation du temple (voir le prêtre avec son encensoir). Dans le **naos**, les tableaux *(à « lire » alternativement à g. et à dr.)* définissent les rites du culte journalier que doit accomplir Pharaon ou le grand prêtre (brisé des scellés, adoration d'Hathor, offrande de l'encens...).

Dendérah est le seul cas présentant des cryptes décorées ; les reliefs accompagnés des cartouches de Ptolémée IX et XIII laissent penser qu'elles servaient de « coffres-forts ».

Lac sacré★ – Un des mieux conservés de toute la Haute-Égypte. Bien proportionné avec ses 4 côtés dotés d'escaliers, il est envahi par quelques palmiers qui lui confèrent un charme particulièrement romantique.

Temple d'Isis – Construit par l'empereur Auguste, il comprend 2 parties. La seconde est consacrée à la naissance d'Isis.

Louxor★★★

413 300 HABITANTS
CARTE GÉNÉRALE C3

La cité s'appelait Ouaset, la « ville du sceptre ». Elle sera Diospolis Magna puis Thèbes. Jadis, elle éblouit le voyageur par ses temples majestueux et ses richesses extraordinaires. Aujourd'hui, ses ruines imposantes nous font rêver. On ne peut venir en Égypte sans s'arrêter à Louxor. L'histoire surgit de toute part mêlée au présent tumultueux et coloré. Le bleu du Nil répond à l'ocre de la montagne thébaine, les cris des marchands ambulants aux rires joyeux des enfants qui s'égayent dans les champs d'un vert intense. Flâner sur la Corniche, déambuler dans le dédale des ruelles du souk ou découvrir les dieux dans les temples silencieux font de Louxor une étape inoubliable.

- **Se repérer** – À 707 km au sud du Caire, à 235 km au nord d'Assouan, sur la rive droite du Nil.
- **À ne pas manquer** – La chapelle blanche de Sésostris à Karnak, les reliefs qui représentent le temple à Louxor, l'allée de sphinx entre Karnak et Louxor.
- **Organiser son temps** – Compter minimum trois jours, une petite semaine avec la rive ouest.
- **Avec les enfants** – Une promenade en calèche, se balader en vélo dans Louxor, découvrir les dieux dans le temple de Karnak, voir le musée de la Momification.

Programme thébain

Voici un programme intermédiaire de cinq jours couvrant les grandes curiosités et ménageant le temps libre nécessaire au farniente et à la découverte des à-côtés.
1er jour : en matinée, site de Karnak, puis une balade en felouque et en fin de journée, le musée de Louxor.
2e jour : en matinée, traversée du Nil et location d'un vélo pour visiter les colosses de Memnon, le Ramesséum, le site de Deir el-Bahari et le temple de Séthi Ier ; en fin de journée : le souk et ses alentours.
3e jour : en matinée, traversée du Nil et location d'un vélo pour visiter la Vallée des Rois, la Vallée des Nobles et le site de Deir el-Medineh ; en fin de journée : le temple de Louxor, merveilleusement éclairé.
4e jour : en matinée, excursion en montgolfière ; l'après-midi : balade le long de la Corniche et dans les plantations, à vélo ou en calèche ; en fin de journée : son et lumière du site de Karnak.
5e jour : en matinée, traversée du Nil et location d'un vélo pour visiter la Vallée des Reines, le site de Medinet Habou et flâner parmi les maisons colorées du village d'El-Gourna ; l'après-midi : une balade à cheval dans la campagne.

Comprendre

De bourgade à capitale – Alors que Memphis brillait sur l'Égypte de l'Ancien Empire, Thèbes n'était qu'une petite bourgade qui vénérait surtout le dieu Montou et peut-être déjà un dieu secondaire, Amon. Sous la Première Période intermédiaire, alors que les nomarques d'Hérakléopolis (près d'Assiout) semblaient imposer leur loi, la localité prit soudain de l'ampleur. Son nomarque Antef Ier fonda la XIe dynastie et monta sur le trône d'Égypte. Mentouhotep II, pharaon du Moyen Empire aux origines thébaines, en fit sa capitale.

Et Thèbes entre dans l'Histoire – Au moment de la domination hyksôs, Thèbes résiste à l'envahisseur. De violents combats apportent finalement la victoire aux Égyptiens qui fondent une nouvelle dynastie : la XVIIIe. C'est le début du Nouvel Empire. Thèbes capitale entre alors dans sa période de gloire. Elle devient une métropole grandiose sous les XVIIIe et XIXe dynasties. Les pharaons agrandissent leur empire par des conquêtes au Proche-Orient et en Nubie (vers l'actuel Soudan). L'Égypte s'enrichit, son économie est florissante, la ville de Thèbes proprement dite qui s'étend entre Louxor et Karnak cumule alors des richesses sans pareilles : les butins de guerre et les marchandises en provenance de l'Afrique centrale et du golfe Persique remplissent ses coffres. Thèbes réunit sous son obédience Medamoud et Karnak au nord, Tôd et Ermant au sud, des maisons, des immeubles à étages, des résidences somptueuses entourées de jardins, des palais royaux et des temples. Jamais l'Égypte ne connut une telle magnificence.

Le temple de Louxor, la Corniche, le Nil et en face, les sites de la rive ouest.

Métropole et nécropole – À partir d'Antef Ier, certains rois se font inhumer sur la rive occidentale du Nil, face à la cité. Dès lors, le fleuve sépare le monde des vivants du monde des morts. À l'est, le peuple thébain construit à Karnak et à l'emplacement de Louxor des temples à la gloire du dieu Amon. À l'ouest, il organise un monde entièrement consacré à l'éternité. Les Vallées des Rois, des Reines, des Nobles se creusent de centaines de tombes (ou hypogées) aux magnifiques décors sculptés et peints. Les temples des millions d'années consacrés aux pharaons défunts émergent du sol : le Ramesséum, Medinet Habou, Deir el-Bahari, Gourna. Les artistes qui travaillent aux monuments funéraires royaux vivent sur place, dans le village fermé de Deir el-Medina. Telle est donc Thèbes au Nouvel Empire : une gigantesque agglomération que le Nil divise en deux sections bien distinctes.

À l'ombre du Delta – Les menaces constantes des peuples du Proche-Orient poussent les Ramsès à renforcer leurs positions militaires dans le Delta pour des raisons stratégiques. Pi-Ramsès devient alors la capitale du pays, mais Thèbes demeure la grande cité de l'empire. Les quatre premières dynasties de la Seconde Période intermédiaire sont désormais originaires du Delta. Sous la XXVe dynastie, les rois kouchites privilégient le rôle de Thèbes, mais le temps de la grandeur n'est plus, et la Thèbes « aux cents portes » chantée par Homère décline à l'image de l'Égypte. Les Ptolémées sont les derniers à embellir Karnak. Avec le christianisme et l'empereur Théodose, Thèbes, ses temples et ses nécropoles entrent dans un long sommeil.

La renaissance de Thèbes – Avec l'expédition de Bonaparte, l'Europe redécouvre une Égypte oubliée. Les sites visités par les savants sont dessinés, répertoriés. Les aventuriers se succèdent aussi bien sur la rive orientale que sur la rive occidentale, en quête de trésor. Avec le 19e s. commencent les fouilles officielles. Auguste Mariette entreprend les premières fouilles de Karnak, Gaston Maspero déblaie le temple de Louxor, de riches mécènes financent l'exploration des nécropoles, la grande affaire du 20e s. reste la découverte de la tombe de Toutankhamon par l'Anglais Howard Carter. Depuis, de nombreux égyptologues de toutes nationalités se sont illustrés à Thèbes, permettant au site de retrouver progressivement sa grandeur passée.

Découvrir

Temples de Karnak★★★ (B1-2 *voir plan p. 238*)

À 1,5 km au nord de la ville, 3 km au nord du temple de Louxor (soit 20mn à pied). Tlj 6h-17h30, été : 6h-18h30. 40 £, étudiant 20 £, app. photo avec pied 20 £, sinon app. photo et vidéo gratuits. Musée de plein air : 20 £, étudiant 10 £. (Achat des billets devant le temple excepté pour le musée de plein air, directement sur place).

Son et lumière chaque soir en français : lun.-jeu.-vend. 19h45, mar. 22h15, merc.-dim. 21h, sam. 18h30 (horaires à vérifier). Il débute au 1er pylône et s'achève au lac sacré. Achat des billets devant le temple ou dans une agence de voyages. 55 £, étudiant 44 £. app. photo et vidéo gratuits (sans pied).

Site

Le site de Karnak (123 ha) se compose de trois grands ensembles délimités par de hautes enceintes en brique crue, dédié chacun à une divinité. Au centre, le Grand **Temple d'Amon**, le plus vaste, occupé par des dizaines d'édifices cultuels. Au nord, un domaine plus petit dédié au **dieu Montou**. Au sud, le temple de la **déesse Mout**, parèdre (ou compagne) d'Amon. Lorsque les savants de l'expédition de Bonaparte débarquent en Égypte, le site en partie ensablé est dans un triste état. Un tremblement de terre en l'an 27 av. J.-C. a en partie détruit la salle hypostyle. Le temple a été ensuite pillé sous le règne de Constantin, certains édifices ont été transformés en église après le règne de Théodose et les pierres depuis ont servi à alimenter les fours à chaux. Vers 1860, le khédive Ismâil pacha demande à Auguste Mariette d'organiser la protection des sites antiques et en particulier de Karnak. Depuis le Service des antiquités et

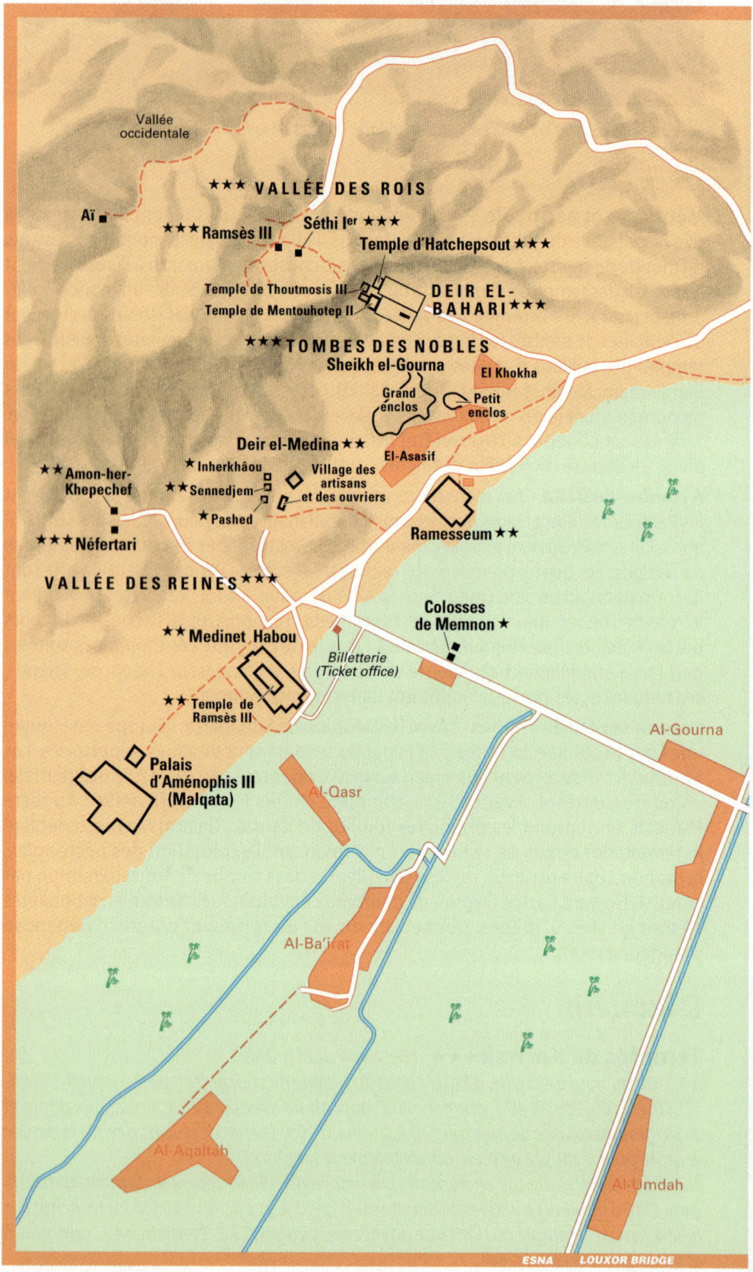

le Centre franco-égyptien d'étude des temples de Karnak travaillent à sa conservation. En 1899, onze colonnes de la salle hypostyle s'écroulèrent. Elles furent redressées par des architectes appelés par le Service des antiquités. À ce jour, à peine un quart de la surface de Karnak a été fouillée, mais la passion des archéologues viendra probablement à bout de ce chantier interminable qui a rendu cependant au site de Karnak un peu de sa splendeur : il se présente à nouveau comme le plus grand ensemble de temples de toute l'Égypte.

Grand Temple d'Amon★★★ (**B1** *voir plan p. 238*)

Ce domaine est de loin le plus riche en vestiges. Son enceinte longue de 2 400 m est percée de 8 portes. Le Grand Temple d'Amon et ses innombrables salles occupent la place centrale de ce périmètre. Quelques temples secondaires l'entourent. Ces différents édifices datent essentiellement du Nouvel Empire, parfois de la Basse

Époque *(voir la chronologie)*. Certaines parties ont été reconstruites, agrandies ou décorées à des époques ultérieures, d'autres détruites d'où un imbroglio de salles de toutes époques qui rend la lecture du plan assez complexe. Du premier édifice du Moyen Empire, il ne reste que quelques fondations. Orienté est-ouest, le temple de Karnak suit la course diurne du soleil tandis que les édifices de l'axe secondaire (du 7e au 10e pylône) sont parallèles au Nil.

L'allée des sphinx – À l'origine, un bassin relié au Nil par un canal, destiné aux barques sacrées, précédait le temple. De ce bassin part une allée de sphinx ou dromos qui rejoint l'entrée du temple. L'allée est bordée de chaque côté par une vingtaine de sphinx à tête de bélier (emblème d'Amon) qui tiennent entre leurs pattes une statuette de Ramsès II.

1er pylône – Comme dans tous les temples égyptiens, les passages majeurs entre les différentes parties sont marquées par un pylône, sorte de portail monumental. C'est à Karnak qu'apparurent les premiers vrais **pylônes**, qui sont des portails monumentaux à double massif symétrique (ou môle) marquant l'entrée des temples. Les môles représentent les deux montagnes entre lesquelles renaît chaque matin l'astre divin, généralement matérialisé sur la corniche. Les façades sont parfois ornées de scènes de combat (le roi sur son char massacrant ses ennemis) et de mâts porteurs d'oriflammes.

Le temple d'Amon possède 10 pylônes ce qui est tout à fait exceptionnel ! Le 1er pylône, large de 113 m, épais de 15 m (le massif sud est haut de 30 m), date de la XXXe dynastie, probablement de Nectanébo Ier. Inachevé, il est vierge de toute décoration. Des graffitis du 19e s. donnent une idée de l'état d'ensablement du temple au moment de sa redécouverte.

Grande cour★★ – Des temples égyptiens, c'est la plus vaste des cours intérieures. Elle mesure 100 m de large sur 80 m de profondeur. Sous Ramsès II, elle accueillait les processions des barques sacrées. Deux **portiques** la flanquent sur ses côtés latéraux : celui du nord est constitué de 18 colonnes papyriformes ; celui du sud, interrompu par le temple de Ramsès III, s'achève à l'est par le **portique des Bubastites** de la XXIIe dynastie (son nom vient de la capitale d'alors, Bubastis dans le Delta). Au centre, marquant l'axe est-ouest de la cour, les ruines du **kiosque de Taharqa** (XXVe dynastie) qui ne présentent plus qu'une seule des 10 grandes colonnes campaniformes qui le structuraient (elle fut entièrement remontée en 1928 car elle présentait le même défaut que la tour de Pise).

Dans l'angle nord-ouest, le **temple de Séthi II** servait de reposoir aux barques sacrées. Il se compose de 3 chapelles accolées consacrées à la triade thébaine, de gauche à droite : Mout, Amon, Khonsou. Le **temple de Ramsès III**, sorte de modèle réduit des grands temples du Nouvel Empire, en possède toutes les caractéristiques : pylône précédé de colosses, cour à portiques, salle hypostyle décorée de scènes d'offrandes, naos (ou sanctuaire) divisé en 3 chapelles pour recevoir les barques sacrées.

Amon, dieu d'État

À l'origine, Thèbes vénérait le dieu Montou, mais aussi un dieu obscur du nom d'Amon. À partir de la XIIe dynastie, ce dieu modeste dont le nom signifie « le caché » devint la divinité impériale. Dieu le plus important du panthéon égyptien, il fut le plus longuement vénéré, même s'il fut un moment éclipsé par Aton, sous Aménophis IV.

2e pylône – Construit par Horemheb, il fut restauré sous les Ptolémées. En avant se dressaient deux colosses de 15 m de haut de Ramsès II en compagnie de sa fille Bentanta blottie contre sa jambe. Un seul subsiste de nos jours.

Grande salle hypostyle★★★ – Véritable chef-d'œuvre de l'architecture égyptienne, cette salle à elle seule justifie une visite à Louxor. Selon Champollion « L'imagination qui en Europe s'élance bien au-dessus de nos portiques s'arrête et tombe impuissante au pied des 134 colonnes de la salle hypostyle de Karnak ». Nul admirateur ne pourra jamais oublier la forêt de pierre de ces colonnes. Légèrement plus hautes dans la nef centrale, elles présentent des chapiteaux papyriformes ouverts de 15 m de circonférence. Les autres ont des chapiteaux papyriformes fermés. Les qualificatifs semblent manquer pour décrire l'impression de dimension surhumaine ressentie dans ce lieu d'une beauté irréelle. En 1899, 11 colonnes s'écroulèrent ; étant donné l'encombrement de la salle, elles furent redressées par les architectes et ouvriers français et égyptiens selon des méthodes traditionnelles.

La salle mesure 102 m de large, 53 m de profondeur, 23 m de hauteur. **Séthi Ier** en commença la construction, **Ramsès II** la termina. **Aménophis III** est sans doute à l'origine des 12 colonnes centrales. La salle est éclairée par des claustras aménagés dans la différence de hauteur entre l'allée centrale et les bas-côtés, ce qui signifie que lorsque le temple était intact, seules les colonnes centrales se retrouvaient nimbées de lumière.

La décoration des parois et des fûts de colonnes évoque les honneurs rendus par Pharaon à la triade thébaine : le roi à genoux offre une statue de Maât à Amon-Rê et Mout tandis que les barques sacrées sont portées en procession par des prêtres au crâne rasé *(paroi interne du massif gauche du pylône)*. À l'extérieur, côté nord, le **mur des campagnes de Séthi Ier** illustre les exploits militaires du roi en Syrie et en Palestine *(partie est)*, contre les Libyens et les Hittites *(partie ouest)*. Côté sud, le **mur des campagnes de Ramsès II** illustre la bataille de Qadesh *(partie est)* et ses exploits en Palestine *(partie ouest)*.

3e pylône – Il ferme la grande salle hypostyle. Il correspondait à l'origine à la façade d'un temple d'Aménophis III qui n'existe plus (d'où la présence d'un portique). Une cour étroite lui succède. Quatre obélisques de granit rose s'y dressaient : seul subsiste aujourd'hui l'**obélisque de Thoutmosis Ier**, haut de 23 m, estimé à 143 t.

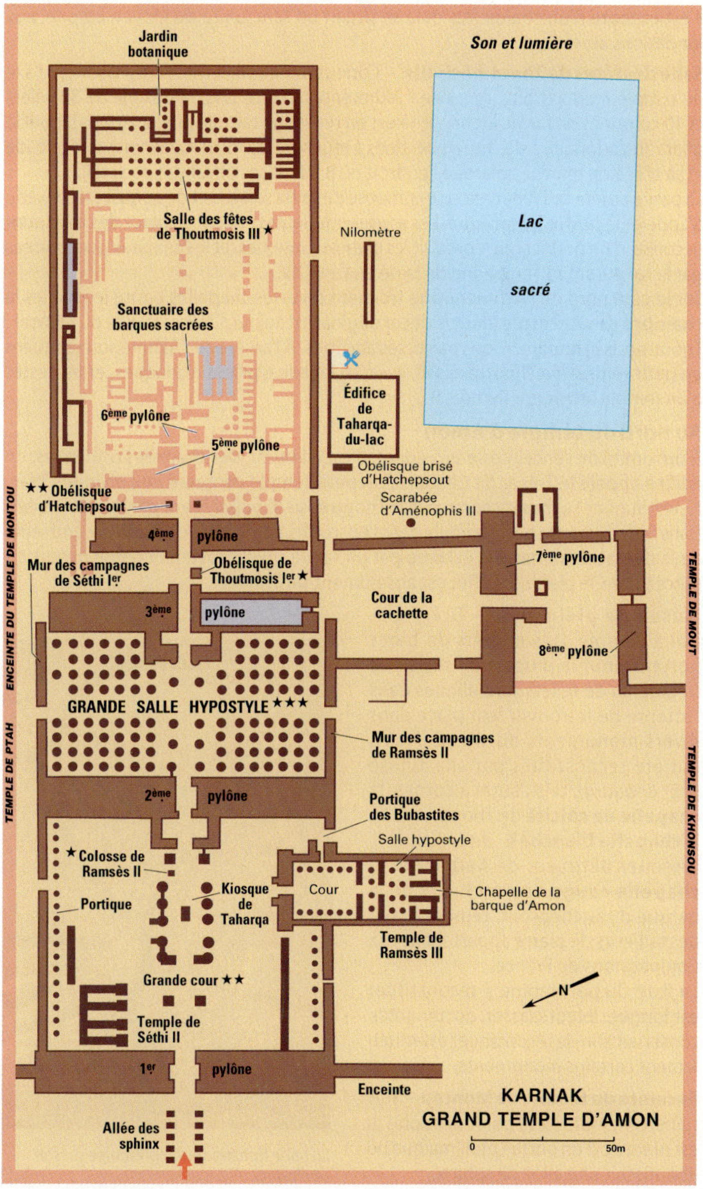

4e pylône – Construit par Thoutmosis Ier, il marquait autrefois l'entrée du temple érigé au début du Nouvel Empire et qui englobait un vieux temple de la XIIe dynastie. De ce roi ne restent que les statues colossales alignées le long du mur coiffées de la couronne rouge *(côté nord)* et de la couronne blanche *(côté sud)*. Deux obélisques **d'Hatchepsout★★** (dont un seul subsiste) se dressaient devant le pylône. Ils comptaient parmi les plus grands d'Égypte. Haut de 30 m et estimé à 380 t, ils furent commandés par la reine au moment de son jubilé. Un texte gravé sur la base précise qu'ils furent achevés en 7 mois. Ils étaient probablement plaqués d'or. Thoutmosis III donna son aspect définitif à la salle et entoura les obélisques d'un massif de maçonnerie.

5e pylône – Également construit par Thoutmosis Ier, il n'est plus aujourd'hui qu'un éboulis de pierres.

6e pylône – C'est l'œuvre de Thoutmosis III. Bien qu'ayant perdu la moitié de sa hauteur primitive, il conserve encore sa fameuse liste des peuplades vaincues – dans les cartouches sont inscrits les noms des villes et peuples soumis.

Sanctuaire des barques sacrées – Construit par Philippe III, le demi-frère d'Alexandre le Grand, il se compose de 2 salles décorées de scènes religieuses et servait de reposoir. Il est entouré d'un couloir. Au-delà se situait un sanctuaire du Moyen Empire, aux fondations arasées.

Salle des fêtes de Thoutmosis III★ – Curieusement, son entrée n'est pas dans l'axe du temple mais à droite. Appelée « Akhmenou », cette salle hypostyle de 32 piliers et 10 colonnes de forme archaïsante est en réalité un temple jubilaire dans lequel le pharaon s'adonnait à des rituels destinés à régénérer sa force. Côté nord, une estrade et sa volée de marches marque l'endroit où il faisait ses offrandes au soleil.

La partie arrière de l'Akhmenou se compose de salles solaires et de ce qu'il est convenu d'appeler le **jardin botanique**. Les assises inférieures encore en place des murs sont décorées d'un herbier qui reproduit les plantes exotiques (et les animaux) rencontrées par le roi durant sa campagne de Syrie en l'an XXV.

Sur le côté nord de l'Akhmenou se trouvent diverses chapelles parmi lesquelles la **chambre des Ancêtres** (dont le décor original est aujourd'hui au Musée du Louvre) ; Thoutmosis III honore 57 rois parmi ses ancêtres. À l'arrière de l'Akhmenou se situent un petit temple de Thoutmosis III, avec en façade 6 piliers osiriaques, et les restes d'un temple attribué à Ramsès II.

Au nord du temple d'Amon

À proximité de l'enceinte se succèdent, d'est en ouest, des chapelles osiriennes, un édifice appelé le Trésor de Chabaka, un petit temple consacré aux divinités Ptah, Nefertoum et Sekhmet construit par Thoutmosis III puis décoré par les Ptolémées. Dans la dernière chapelle, enfouie dans l'obscurité, une **statue de lionne★**, emblème de la déesse Sekhmet, est éclairée par un rai de soleil provenant d'une ouverture percée dans le plafond. L'effet est absolument saisissant.

Musée de plein air★ – *Ticket spécial à l'entrée.* Des milliers de blocs portant pour la plupart de superbes fragments de reliefs sont alignés dans l'attente de retrouver leur place dans divers monuments du site. Certains ont été reconstitués par anastylose *(voir Saqqara)*, tels l'autel à cornes, la **chapelle en calcite** de Thoutmosis IV, la **chapelle blanche★** de Sésostris Ier (premier bâtisseur de Karnak) et la **chapelle rouge** ou sanctuaire de la barque d'Hatchepsout, remontée par des tailleurs de pierre appartenant aux Compagnons de France.

La liste du patrimoine à reconstituer est longue. Il faut classer, documenter, conserver afin de reconstituer éventuellement certains monuments.

Enceinte du temple de Montou – Très ruiné, ce temple élevé par Aménophis III est précédé d'un portail ptolémaïque où aboutissait une allée de sphinx.

B. Kaufmann / MICHELIN

La reine Hatchepsout représentée sur son obélisque.

Temple de Karnak : le lac sacré et les obélisques de Thoutmosis Ier et d'Hachepsout.

Axe nord-sud du temple

Revenir au niveau du 3e pylône du temple d'Amon pour continuer la visite de la partie sud du complexe de Karnak. Au Nouvel Empire, le temple d'Amon orienté est-ouest fut agrandi en direction du sud.

Lac sacré – Il mesure 120 m sur 77 m. Ses murs et ses escaliers ont été reconstitués. Au fond, les maisons des prêtres. Devant, un scarabée géant de l'époque d'Aménophis III (en faire le tour porte chance).

Édifice de Taharqa-du-Lac – Cette construction sacrale a été bâtie avec des blocs de remploi provenant d'un kiosque édifié par Chabaka, autre pharaon de la XXVe dynastie.

Cour de la cachette – En 1901, les architectes français chargés de l'entretien des temples découvrirent enfouis dans cet espace près de 779 statues de pierre et plus de 170 000 figurines ou statuettes en bronze datant pour la plupart de la Basse Époque. Un véritable trésor archéologique d'une richesse inouïe ! Les extraire du sol inondé par les eaux de la nappe phréatique fut un travail de titan. Elles ont rejoint les fonds du Musée égyptien du Caire.

7e, 8e, 9e et 10e pylônes – Ils se succèdent du Grand Temple d'Amon au temple de Mout, séparés par de grandes cours désertes envahies par les herbes et les blocs épars. Dans la cour du 7e pylône se dressaient 2 obélisques de Thoutmosis III. L'un est aujourd'hui à Istanboul, de l'autre il ne reste que le socle.
Construits par Horemheb, les 9e et 10e pylônes étaient remplis de milliers de « talatats » (blocs de grès ou de calcaire gravés) provenant d'un temple élevé à Karnak par Aménophis IV et dédié à Aton *(voir le musée d'Art égyptien de Louxor)*. Ces talatats ont été récupérés et sont en cours d'étude.

Temple de Khonsou – En bon état, il fut édifié par Ramsès II. Décoré par les Ramessides et complété par un beau **portail** érigé par Ptolémée III, il livre une intéressante synthèse de l'architecture de la fin du Nouvel Empire et du début de la période grecque. Après la salle hypostyle à 8 colonnes, la salle de la barque est décorée de beaux reliefs ramessides. Superbement colorés, les plus beaux se trouvent dans la chapelle à droite du naos. On y voit Ramsès IV offrant des bouquets à Khonsou.
Un petit **temple d'Opet** construit (inachevé) par Ptolémée VIII se situe juste à l'ouest.

Temple de Mout – *Fermé au public.* Une allée de sphinx mène à cette construction d'Aménophis III entourée sur 3 côtés par un lac sacré.

Visiter

Musée de la Momification (A3 *voir plan p. 238*)

Sur la Corniche, un peu au nord du temple de Louxor, face au Mina Hotel. Tlj 9h-14h, 17h-22h, été : 9h-14h, 16h-21h. 35 £, étudiant 20 £.
Les explications sont un peu réduites pour bien comprendre le processus de momification, mais tout est là, très bien exposé sous une lumière tamisée. Pour les Égyptiens, la conservation du corps dans sa forme matérielle était indispensable à une vie dans

l'au-delà. C'est pourquoi ils entreprirent de momifier les corps dès les premières dynasties. Enveloppés dans des bandelettes de lin, ils reposaient couchés sur le dos ou sur le côté (selon les époques) dans des sarcophages en pierre, en bois ou en cartonnage, accompagnés d'un riche mobilier funéraire. Le musée présente plusieurs momies parmi lesquelles celle de Maseharti, haut dignitaire de la XXIe dynastie, dans son cercueil peint. Remarquez également les très belles momies de bélier, de chat, de crocodile, ou de babouin. Des dessins montrent clairement les différentes étapes de l'embaumement.

Musée d'Art égyptien ancien de Louxor★★ (A2 *voir plan p. 238*)

Sur la Corniche, en direction du temple de Karnak, après la rue Néfertiti. Tlj 9h-13h30, 16h-20h30, été : 9h-13h30, 17h-21h30 (dernier ticket 1/2h av. fermeture). 55 £, étudiant 35 £, app. photo gratuit. Visite env. 1h30.

Ce musée, inauguré en 1975, agrandi en 2004, expose de la statuaire, des éléments d'architecture et des objets provenant des temples et des sépultures de Thèbes, du Moyen et du Nouvel Empire. Les pièces exposées sont de qualité, la présentation sous un éclairage tamisé est soignée. La visite se fait en boucle : d'abord le rez-de-chaussée des 2 salles puis leurs étages.

Salle de la cachette – *Rez-de-chaussée, à droite.* Dans cette salle sont exposées les statues découvertes en 1989 dans la cour du temple de Louxor *(voir ce site)*. La plus belle pièce est sans conteste la statue d'**Aménophis III★★** en quartzite rouge. Debout sur un traineau dans l'attitude de la marche, elle se distingue par la finesse du modelé, la pose majestueuse. Le sculpteur n'a poli que les chairs accentuant ainsi leur éclat. Les cartouches ont été effacés, probablement par son fils Aménophis IV. À voir également, les 2 groupes formés par **Amon et le roi Horemheb★** en granit noir ainsi que les 2 déesses assises **Iwnit et Hathor** et le groupe en calcite d'**Amon et Mout**.

Entrée – Une impressionnante **tête colossale d'Aménophis III★★**, en granit rouge, de plus de 2 m de haut, accueille le visiteur ainsi qu'une très belle **statue d'Amon★** en calcaire dont le visage reprend les traits de Toutankhamon.

Rez-de-chaussée – Trouvée en 1970 sous le 4e pylône du Grand Temple d'Amon à Karnak, la **tête du roi Sésostris III★** témoigne par les plis du visage du réalisme du Moyen Empire. Davantage être humain que pharaon divin, Sésostris semble ici exprimer les préoccupations inhérentes au poids de sa fonction. La petite **colonne d'Antef II** dédiée à Amon-Rê est le plus ancien témoignage d'un sanctuaire à Karnak. Clou de la visite, **Thoutmosis III★★★** en schiste vert est une œuvre extraordinaire. Cette pierre au grain fin une fois polie a un aspect mat qui rend parfaitement le velouté de la peau. Le visage est de toute beauté, l'anatomie parfaite. Dans le cartouche de la ceinture est inscrit son nom *Menkhéperrê* « la prospérité stable d'Amon-Rê » en hiéroglyphe : le scarabée *(khéper)*, le soleil *(rê)*, le damier *(mn)*. **2 reliefs de Deir el-Bahari** à la polychromie remarquable représentent ce même roi ainsi qu'Amon-Min. Avec **Aménophis III en compagnie du dieu Sobek★**, l'art montre davantage de réalisme. Comme l'indiquent les cartouches, elle fut usurpée par Ramsès II.

Nouvelle salle rez-de-chaussée – Remarquez immédiatement à droite une **tablette en bois** recouverte de stuc qui servait d'ardoise. Elle conserve encore (ce qui est très rare) un dessin aux carreaux sur chacune des faces. La **2e stèle de Kamosis** relate tout comme la 1re des événements historiques capitaux : le combat contre l'envahisseur hyksôs. Une vitrine est ensuite consacrée aux armes de guerre. Au centre un **char en bois★** découvert dans la tombe de Toutankhamon (il en avait 6). Remarquez le petit relief qui montre un **atelier d'artisans** à Saqqara. Dans une petite pièce sombre est conservée la **momie d'Ahmosis★★** découverte dans la cachette de Deir el-Bahari. Contempler ce jeune roi qui réussit à vaincre les Hyksôs est très émouvant. À ses côtés, sa **hache de cérémonie★★** sur laquelle il figure en train de tuer ses ennemis. Également le superbe **collier de la reine Ahhotep★★** sa mère orné de 3 pendentifs en or en forme de mouche. Dans une seconde pièce se trouve la **momie présumée de Ramsès Ier★★**, restituée par Atlanta en Georgie.

Nouvelle salle 1er étage – 3 têtes de la lionne **Sekhmet** accueillent le visiteur ainsi que le scribe **Amenhotep fils de Hapou**, « intendant des travaux » si apprécié d'Aménophis III qu'il obtint l'autorisation exceptionnelle de se construire un temple funéraire à proxi-

Hathor, la sublime

À l'écart, une magnifique tête de vache au gracieux profil veillait autrefois sur le repos du jeune Toutankhamon. En bois doré orné de lapis-lazuli, elle parait jadis l'un des lits du pharaon retrouvé dans sa tombe de la Vallée des Rois.

mité de ceux des rois, sur la rive ouest. La très belle **statue de Ramsès III★** en schiste est malheureusement fragmentaire mais son rendu est remarquable. Outre divers outils, ne manquez pas les **ostraca** (morceaux de calcaire ou tesson de poterie) sur lequels sont dessinés des plans, en particulier celui de la tombe de Ramsès IX. **2 vidéos** expliquent le travail du papyrus et de l'argile.

B. Kaufmann / MICHELIN

Tête de Thoutmosis II trouvée en 1904 dans la cachette du site de Karnak.

1re salle 1er étage – Bijoux, monnaies (forcément grecques ou romaines puisque l'Égypte antique n'en utilisait pas), statuettes votives, bas et hauts-reliefs méritent bien sûr notre intérêt mais quelques pièces se démarquent. Au centre, une grande vitrine regroupe des objets du **mobilier funéraire de Toutankhamon★★** tels que des figurines de serviteurs, un lit, des coffrets, un tissu couvert de rosettes en or (il y en avait 637), des paniers, des sandales. Également les **cercueils et momies de Shepenkhonsou et Neskapachouty★**. En face sont reconstitués 2 **murs de talatats du temple d'Aton ★★** à Karnak (longueur 18 m). Les *talatats* sont des blocs de grès ou de calcaire de dimension standard, sculptés de bas-reliefs, uniquement employés à l'époque amarnienne. Leur décor illustre la vie du roi et celle du temple. Enfin vous ne pourrez oublier les **3 têtes d'Aménophis IV-Akhénaton★** au visage anguleux, si différentes du **colosse osiriaque de Sésostris Ier★**.

Temple de Louxor★★★ (A3-4 *voir plan p. 238*)

Entrée par la Corniche. Tlj 6h-21h, été : 6h-22h. 35 £, étudiant 20 £, app. photo et vidéo gratuits. La visite du temple et de sa cour est plus impressionnante en nocturne.

Le « harem méridional d'Amon » – *Ipet-resit* « le harem du Sud », tel était le nom du temple de Louxor qui n'était en fait qu'une dépendance du Grand Temple d'Amon de Karnak. S'il est de dimension plus modeste (260 m de long) que ce dernier, c'est parce qu'il a été uniquement conçu pour accueillir la procession annuelle du dieu Amon lors de la fête d'Opet. Dans cette gigantesque chapelle du Nouvel An, Amon revêtait alors la forme ithyphallique de Min pour s'unir à Mout, son épouse. À l'origine, Karnak était relié au temple de Louxor par une voie triomphale qui aboutissait à la belle colonnade d'Aménophis III que Ramsès II enferma par la suite dans ses agrandissements.

Les phases de construction – Le temple de Louxor se dresse à proximité du Nil sur un soubassement censé le protéger des crues. Mais le danger aujourd'hui réside dans les eaux d'infiltrations qui menacent très sérieusement ses fondations. Commencé par Aménophis III et son architecte Amenhotep fils de Hapou, le temple inachevé fut délaissé par Aménophis IV, parti en Moyenne-Égypte à Tell el-Amarna. Le jeune Toutankhamon, successeur de ce dernier, compléta la colonnade par des reliefs bientôt usurpés par le pharaon Horemheb. À l'avant du temple d'Aménophis III, Ramsès II ajouta une cour à portiques et un pylône monumental. Pour conserver un petit reposoir de barque édifié sur le parcours de la procession par Thoutmosis III, Ramsès II dut dévier légèrement l'axe de ses nouvelles constructions. Plus tard, Alexandre le Grand apporta quelques modifications au sanctuaire. Les Romains élevèrent une forteresse sur le site et convertirent une partie du temple en sanctuaire du culte impérial. La dynastie fatimide enfin bâtit la mosquée Abou el-Haggag sur le massif de remblai qui occupait en partie la première cour. Les travaux de déblaiement commencèrent en 1883 sous la direction de Gaston Maspero.

Dromos★★ – La voie triomphale d'Aménophis III qui reliait Karnak à Louxor fut dotée d'une allée de plus de 700 sphinx à tête humaine par Nectanébo Ier à la XXXe dynastie (certains sphinx datent cependant d'Aménophis III). Le Service des antiquités a commencé à dégager ce dromos en partie enfoui sous la ville moderne.

1er pylône – *Voir aussi ABC d'architecture.* En regardant ce volume imposant qui marque l'entrée du temple, on peut tenter d'en restituer l'aspect originel. Sa façade

B. Pérousse / MICHELIN

Même à terre, les colosses de Ramsès II veillent encore devant le temple de Louxor.

était recouverte d'un enduit blanc sur lequel se détachait un décor gravé rehaussé de couleurs vives. Les scènes difficiles à lire de nos jours figuraient la campagne de l'an 5 contre la coalition syro-hittite. À l'ouest, on devine le camp égyptien : le roi tient conseil et fait bâtonner les espions. À l'est, c'est la célèbre bataille de Qadesh : Ramsès II et ses soldats sur leurs chars renversent les Hittites qui s'enfuient. Au registre inférieur du pylône se déploie, sous forme hiéroglyphique, le poème dit « de Pentaour » *(voir Abou Simbel)*. Quatre mâts à oriflammes dressés dans les rainures des massifs rivalisaient de hauteur avec les 2 obélisques placés en avant, de part et d'autre de l'entrée. Enfin, 6 statues colossales du roi ornaient la façade : 4 debout (il n'en reste qu'une) et 2 assises.

Cour de Ramsès II – Longue de 50 m et large de 57 m, elle était primitivement flanquée d'une double rangée de colonnes. Onze statues d'Aménophis III en granit rose (une en granit noir) usurpées par Ramsès II se tiennent debout entre les colonnes devant le 2e pylône. Deux autres statues en granit noir de ce roi assis en compagnie de Néfertari sont placées de part et d'autre de l'entrée du 2e pylône. Les **reliefs★** qui ornent les murs de cette cour sont très intéressants. Sur le mur ouest, défilent les bœufs qui accompagnent la procession de la barque sacrée. Le roi fait des offrandes au dieu Amon. Sur le mur est, le roi est en présence de diverses divinités tels Horus, Thot, Anubis, Rê, Amon, Mout et Amon ithyphallique. En-dessous *(côté sud)*, c'est la procession des personnifications des districts miniers. Sur le mur sud *(côté ouest)*, on assiste à l'inauguration du temple de Louxor : remarquez le pylône et ses 2 obélisques.

La partie est de la cour est occupée par la **mosquée Abou el-Haggag**, construite sur ce qui reste de l'épais massif de remblais qui encombrait le temple. Dans l'angle nord-ouest se trouve le **reposoir à barques de Thoutmosis III**, consacré à la triade thébaine et donc divisé en 3 chapelles. Celle d'Amon, au centre est la plus vaste.

Colonnade★ – Longue de 52 m, elle se compose de deux rangées de 7 colonnes campaniformes à fût lisse, hautes de 15,8 m. Sous Toutankhamon et Horemheb, les murs est et ouest ont été décorés de très belles scènes encore très influencées par l'art amarnien. Il s'agit d'une procession qui accomplit le tour de la salle, à partir de la face ouest du pylône : voyage des barques sacrées de Karnak à Louxor *(mur ouest)* accompagnées de prêtres, de porteurs d'étendard, de musiciens et de danseuses, accueillis par des soldats et des musiciens ; retour de Louxor à Karnak *(mur est)* après la fête d'Opet. À l'entrée de la colonnade, 2 groupes en calcaire portent les cartouches de Ramsès II (ils datent très probablement de Toutankhamon).

Cour d'Aménophis III★★ – Entourée sur trois côtés par un portique à double rangée de colonnes papyriformes, cette cour majestueuse mesure 48 m de long sur 52 m de large. Jadis, elle était fermée par des murs sur ses 2 côtés latéraux. On remarque à hauteur des abaques, partie supérieure des chapiteaux, que tous les cartouches d'Amon ont été martelés par Aménophis IV, qui n'hésita pas à supprimer même ceux de son père. Lors de la fête d'Opet, les barques traversaient la cour, en direction du naos. En 1989, en sondant les fondations de la cour, une mission américaine de l'Institut de Chicago découvrit une cachette qui renfermait 25 statues dont certaines, de grande taille, sont de véritables chefs-d'œuvre. *(voir musée d'Art égyptien de Louxor).*

Trop compliqué

Devant le 1er pylône on ne voit qu'un seul des 2 obélisques de Ramsès II. Tous deux furent donnés à la France par Mohammed Ali, en 1831. Le mieux conservé fut emporté le premier. Il fallut trois ans pour le transporter et l'installer place de la Concorde, à Paris. On ne répéta pas l'expérience, et la France renonça à ses droits sur le second en 1980.

Salle hypostyle★★ – Ses 32 colonnes papyriformes (4 rangées de 8 colonnes) forment un magnifique ensemble avec la cour précédente. Une série de cartouches désigne Ramsès IV, Ramsès VI, ainsi que le roi Sebekhotep II (XIIIe dynastie) rarement évoqué (il s'agit sans doute de blocs de remploi). Des restes de polychromie sont encore visibles au bas des colonnes. Le mur est est décoré sur trois registres : offrandes d'animaux à Amon, roi tenant des sceptres, roi accompagné de son *ka*. Ces scènes furent retouchées au début de la XIXe dynastie et le nom d'Amon martelé sur ordre d'Aménophis IV. Les bases des colonnes centrales ont été réduites sous Ramsès II pour faciliter le passage de la procession des barques sacrées, plus volumineuse qu'autrefois.

Pronaos – Par un vestibule successivement transformé à l'Époque romaine en chapelle de culte impérial (4 empereurs peints encore visibles) et en église à la fin du 5e s., on accède au pronaos décoré de scènes liturgiques : Aménophis III devant Amon et Min.

Naos – Il date d'Aménophis III, mais le reposoir des barques fut reconstruit par Alexandre le Grand figuré face à Amon. Il est entouré de plusieurs salles dont la **chambre de la naissance d'Aménophis III★**, à l'est du pronaos. La paroi ouest, divisée en 3 registres, illustre la conception divine du roi (théogamie) : le dieu Khnoum façonne le roi sur son tour de potier pendant qu'Amon s'unit à la reine Moutemouïa. Puis c'est la grossesse de la reine, avec Thot qui lui annonce la naissance d'un fils. Thouéris et Bès veillent sur l'accouchement. Aménophis enfant et son double sont allaités par Hathor. Le roi enfin monte sur le trône.

Extérieur du temple – *Sortir si possible par la porte ouest de la salle hypostyle.* En grande partie détruite, la décoration extérieure a gardé quelques restes : côté ouest, des scènes militaires de Ramsès II (prises de Tounip, de Dapour contre les Hittites, du fort de Soudana).

Se promener

Souk et Corniche★ – Avant d'embarquer pour leur croisière sur le Nil en direction d'Assouan, la majorité des touristes profitent du premier souk (**A3**) qu'ils découvrent en arrivant d'Europe. Situé à l'arrière du temple de Louxor, il n'offre certes pas la richesse colorée de ceux d'Assouan ou du Caire, mais le dépaysement est garanti. Pour les voyageurs individuels, il est l'occasion d'acheter des fruits et légumes frais, de préférence le matin. Ceux qui voyagent en groupe le visiteront en nocturne, sans perdre au change puisque l'animation y est plus intense.
La Corniche s'étire du Novotel au temple de Karnak, en longeant celui de Louxor. Du côté sud sont amarrées les felouques, tandis que du côté nord sont basés les énormes bateaux de croisière. Les felouques lèvent la voile pour de courtes promenades, notamment en direction de l'île Banane, un îlot planté de palmiers distant de 5 km de Louxor, ou pour passer sur l'autre rive, mais c'est bien sûr plus cher que le bac public *(voir aussi le carnet pratique).*

Se balader dans les plantations★ – Les maigres attraits urbains de Louxor n'incitent guère à une promenade prolongée en dehors de sa Corniche et de son souk. Pourtant, se balader à vélo ou en calèche du côté des plantations, particulièrement en fin de journée, est vraiment très agréable. En s'enfonçant dans les chemins de terre qui se déploient aux alentours de la ville, on découvre les champs, les bananeraies, les palmeraies et les plantations de canne à sucre qui cachent une intense activité paysanne. Et puis, comme si souvent en Égypte, le sourire des enfants, toujours heureux d'apercevoir des étrangers, compense à lui seul les fatigues du voyage.

LOUXOR
0
250
500 m
N
GRAND TEMPLE D'AMON
Lac
VILLAGE DE KARNAK
TEMPLES DE KARNAK
Nil
Centre Français
Lac
Mosquée et tombe de El Saiyid Yusef Abu el Haggag
Shari el Matar
Rue el Siyid Yussef
Chicago house (Institut oriental)
Shari el Karnak
Rue el Mansheya
Rue Mat-haf
Musée d'art égyptien ancien de Louxor
Rue Tohotmos
Shari Maabad
LOUXOR
Shari el Nil (corniche)
Ferry touristique
Rue Labib Habashy
Rue Nefertiti
Shari Ahmos
Shari Salah Salem
Shari Elseka el Hadid
Rue el Montazeh
Shari Yussef Hassan
Église Copte
Musée de la momification
Bur Sa'id
Souk
Rue du Souk
Shari Mustafa Kamel
Shari Cléopatra
Shari el Ramsses
Baladi
Mosquée Abu El Haggag
Ferry local
Corniche
Shari el Mahatta
TEMPLE DE LOUXOR
Shari el Salakhana
Rue Maabad Luxor
Shari M. Farid
Rue Moneim el Adisy
Police Touristique
Thomas Cook
American Express
Égyptair
Shari Ahmed Orabi
Rue de la Télévision
Rue Salah el Din
Shari el Nil (corniche)
Club Med
Shari Khalid Ibn el-Walid
A
B
1
2
3
4
SE LOGER
Iberotel.......... 1
New Pola.......... 2
Old et New Winter Palace.. 3
Philippe Hotel.......... 4
Queens Valley Hotel.......... 5
Saint Joseph.......... 6
Sonesta Hotel.......... 7
SE RESTAURER
Amoun Restaurant.......... 1
Jamboree Restaurant.......... 2
Maro Abou Zeid.......... 3
New Sunrise Restaurant.......... 4
Salt and Bread Cafeteria.......... 5

Aux alentours

À faire

Une promenade en felouque★★ sur le Nil en fin de journée, pour voir le soleil se coucher sur les montagnes qui dominent les vallées royales de la rive ouest. Une excursion en montgolfière★★★ tôt le matin, pour profiter d'une vue inoubliable sur la vallée thébaine.

CROISIÈRE SUR LE NIL★★★

Voir aussi le carnet pratique.

Une longue tradition – On ne sait si les barques solaires des pharaons naviguaient effectivement sur le Nil, mais depuis les premières barques de papyrus des temps antiques aux bateaux des croisières actuelles, le fleuve n'a cessé d'être descendu ou remonté, que ce soit pour le commerce ou le plaisir. Au Moyen Âge, plus de 30 000 embarcations empruntaient cette majestueuse voie d'eau. Certaines étaient de véritables palais flottants, dotées de dômes sur leur pont supérieur afin que leurs riches propriétaires puissent jouir du paysage après avoir acheté des esclaves ou de l'or dans la grande ville du Caire.

Naissance du tourisme et changement de cap – Pionnier du voyage organisé, l'Anglais Thomas Cook lance à partir de 1869 des vapeurs à aubes sur le Nil et invente pour l'occasion une formule d'avenir : les clients paient une somme forfaitaire couvrant la totalité du voyage. L'écrivain Pierre Loti, qui effectue en 1907 une croisière sur un des bateaux de cette compagnie, écrit à son retour : « Alléchés par les réclames, les Cookies affluent chaque hiver en troupeaux dociles. » Rien n'a changé !

La croisière actuelle – C'est peu dire que la formule fit des adeptes. Et si malheureusement plus aucun bateau de croisière touristique ne relie Louxor au Caire depuis le début des années 1990 – menaces terroristes obligent – environ 250 effectuent la rotation entre Louxor et Assouan, et sous bonne garde. La croisière peut s'avérer un enchantement par la douceur de vivre qui en émane, la somptuosité des paysages et les scènes de campagne que l'on observe depuis le pont promenade. La croisière typique se déroule sur 2 ou 3 jours, avec des escales matinales à Edfou et Kom Ombo.

Louxor pratique

Indicatif téléphonique – *095*

Informations utiles

OFFICE DE TOURISME ET AGENCES DE VOYAGES

Office de tourisme – *Corniche, Tourist Bazaar, au sud du temple de Louxor - ✆ 237 32 94 - tlj 8h-20h.*

Egyptair – *Corniche, au niveau du Old Winter Palace - ✆ 238 05 80 - tlj 8h-20h.*

Karnak Travel – *Corniche, au niveau du Old Winter Palace - ✆ 010 79 056 197 - alaa_luxor5@yahoo.com - tlj 8h-18h -* Agence liée à Egyptair. Le patron Alaa Anwer Amer très efficace et sympa organise toute excursion selon vos désirs, y compris dans les oasis.

Misr Travel – *Corniche, au niveau du Old Winter Palace - ✆ 237 35 51 - misrtrav@link.com.eg - tlj 8h-21h.* Très sérieux. Propose de nombreuses excursions.

AUTRES ADRESSES

Poste – *Sh. el-Mahatta, derrière le temple de Louxor - tlj 8h-14h sf vend.*

Banques – Nombreuses sur la Corniche avec distributeur à l'extérieur - horaires variables, ouvertes dès 8h30. Certaines ferment l'après-midi et le vend.

Pharmacies – *Derrière le temple de Louxor près du McDonald's ou en face du restaurant Amoun - Sh. el-Karnak (horaires variables).*

Internet – Dans les grands hôtels, c'est 3 fois plus chers. Nous conseillons : **Rainbow Net** – *19 r. Youssef Hassan (près de l'hôtel Emilio) - tlj 9h-0h - 6 £/1h.* Le patron Yasser Aboud vous aide au moidre problème. Il a fait un site sur l'Égypte *www.lxr.com.eg*. Voir également **Aboudi Book Shop** – *Corniche - tlj 9h-22h - 10 £/1h.*

Transports

Avion – Aéroport international à env. 20mn de Louxor. Par charter ou par Egyptair à partir du Caire, d'Assouan ou des grandes capitales.

Convois – Les touristes, qu'ils circulent en bus, en taxi ou en voiture, doivent impérativement suivre un convoi dès qu'ils s'éloignent de Louxor. Votre chauffeur connaît le point de ralliement. Les convois partent à heures fixes :
– Pour Hurghada : 8h, 14h, 18h.
– Pour Dendérah et Abydos : 8h, 14h.
– Pour Assouan : 7h, 11h, 15h.

Bus – station près de l'aéroport. Possibilité de rejoindre Le Caire (90 £), Assiout, Hurghada (30 £), Assouan (15 £). Billets et horaires auprès de **Upper Egypt Travel** –

Sh. el-Karnak, au nord du temple de Louxor - ✆ 237 21 18.

Train – Pour Le Caire *: 9h15, 21h15, 23h10. Trajet avec arrêts 10 à 12h. Entre 30 et 70 £. Train couchettes à 21h30. 400 £. Réduction étudiant sf couchettes.*

Pour Assouan *: voir carnet Assouan.*

Pour Khârga *: voir carnet Kharga*

Taxi – Louxor est une ville chère en ce qui concerne les taxis. Pour une matinée vers la Vallée des Rois, comptez entre 40 £ et 60 £ pour 3 sites (le chauffeur vous attend bien sûr). Pour un déplacement en ville, comptez de 10 à 15 £. Pour ceux qui voyagent hors circuits organisés, vous pouvez affréter un taxi pour Dendérah pour env. 100 £, 150 £ pour Abydos, 180 £ pour les 2.

Taxi collectif – Ils sont bien entendu très abordables *(1 £)*, mais la Corniche leur est interdite.

Calèche – Avec Assouan, Louxor est la ville d'Égypte où il y a le plus de calèches. Pas de problème pour en trouver une, c'est le cocher qui vous trouvera !
Un grand tour de 2h coûte environ 40 £ ; un petit déplacement 5 à 10 £. Marchandage recommandé ! Évitez les arrêts sinon le prix augmente beaucoup.

Bac public – Appelé *baladi*, il assure la rotation 24h/24 entre les deux rives : 1 £. Embarcadère à hauteur du temple de Louxor.

À vélo – Idéal ! surtout en hiver *(voir Loisirs ci-dessous).*

Excursion vers les oasis

Depuis peu, il est possible pour les étrangers d'emprunter la route qui, à partir de la rive ouest, part directement vers l'oasis de Khârga, ce qui évite de faire le long détour par Assiout. **Karnak Travel** peut vous organiser avec **Gabriel** une superbe excursion *(voir introduction aux oasis).*

Croisière sur le Nil

Voir ci-dessus. Quasiment tous les bateaux sont équipés de piscine et de salles de bains dans toutes les chambres. Il est vivement conseillé de réserver son passage par une agence de voyages avant de partir. Cela ne revient pas plus cher, au contraire. Si vous réservez sur place, les déconvenues ne sont pas rares (bateau complet, changement ou retard, cabine déclassée). Pour les agences, *Voir Organiser son voyage.*

Se loger

Les hôtels à Louxor sont très nombreux. Les 1re catégorie autour de la gare se valent tous. Les hôtels de prix moyens ont quasiment tous une terrasse sur le toit, une piscine, un café et un restaurant. Quant aux grands hôtels, vous trouverez ici toutes les grandes chaines : Mercure, Sonesta, Club Méditerranée…

⊜⊜ **Philippe Hotel** – *Sh. Labib Habashy, à 5mn du temple de Louxor - ✆ 237 22 84 - www.creativephilippe.com - 69 ch. 36 $* ☕. Dans sa catégorie, il est celui qui offre les chambres les plus luxueuses mais la qualité de la vue est variable. L'accueil est très agréable. Il est souvent complet.

⊜⊜ **Queens Valley Hotel** – *Sh. Youssef Hassan, près de l'hôtel Emilio - ✆ 238 17 38 - www.queensvalley.net - ⊠ - 56 ch. 35 $* ☕. Nouveau, à 5mn du temple de Louxor, cet hôtel est très sympa, l'accueil y est particulièrement chaleureux.

⊜⊜ **New Pola** – *Sh. Khalid ibn el-Walid - ✆ 236 50 81 - www.NewPolahotel.com - ⊠ - 81 ch. 25 $* ☕. Nouveau, peu connu, cet hôtel encore silencieux a des chambres agréables avec une belle vue.

⊜⊜ **St. Joseph Hotel** – *Sh. Khalid ibn el-Walid - ✆ 238 17 07 - ⊠ - 75 ch. 35 $* ☕. Pas mal pour un hôtel de ce prix mais un peu loin.

⊜⊜⊜ **Iberotel** – *Sh. Khalid ibn el-Walid au sud de la Corniche - ✆ 238 09 25 - www.iberotel-eg.com - 185 ch. 115 $* ☕. Cet hôtel au bord du Nil offre le grand confort et sa piscine est superbe.

⊜⊜⊜⊜ **Sonesta St. George** – *Sh. Khalid ibn el-Walid - ✆ 238 25 75 - 224 ch. 125/270 $.* Côté rue, c'est décevant, mais côté Nil, c'est enchanteur. Cet hôtel dont le décorateur avait manifestement une passion pour le marbre dispose d'un centre de remise en forme, d'un restaurant oriental et d'une piscine circulaire à peine troublée par le passage des felouques.

⊜⊜⊜⊜ **Old Winter Palace** – *Corniche - ✆ 238 04 22 - h1661@accor.com - 102 ch. 188/340 $, également 6 suites.* Construit en 1886 pour héberger les invités de marque du roi Farouk, le bâtiment fut transformé en hôtel en 1899. Vue sur le Nil avec un jardin magnifique à l'arrière. Raffiné et élégant, l'Old Winter Palace a un superbe restaurant, le *1902*, dont l'univers mauresque vous emporte au temps de l'Égypte des premiers touristes. Prenez-vous, l'espace de quelques nuits, pour Georges Clemenceau, Agatha Christie, Winston Churchill ou l'Agha Khan… qui y séjournèrent. L'hôtel possède aussi le New Winter Palace et le Pavillon, mais la féerie n'est plus la même.

Se restaurer

Les petits restaurants ne manquent pas. Pour un buffet, une cuisine continentale, se rendre dans un grand hôtel.

⊜ **Salt & Bread Cafeteria** – *midan el-Mahatta (face à la gare).* Repas sans prétention, copieux, pour quelques livres.

⊜⊜ **New Sunrise et King's Head** – *Sh. Khalid ibn el-Walid - 11h-23h.* Cuisine égyptienne et continentale, l'éventail devrait satisfaire tout le monde.

⊜⊜ **Amoun Restaurant** – *Sh. el Karnak - 8h-23h.* De la terrasse de ce restaurant au décor jaune et vert, on peut profiter de l'animation de la rue et du souk touristique. La cuisine égyptienne est bonne, le café également.

⊖⊖ **Maro Abou Zeid** – *Corniche, sur les quais.* Propose différents menus avec viande ou poissons. Cuisine correcte. Très agréable pour boire un verre.

⊖⊖⊖ **Jamboree Restaurant** – *Sh. el-Montazah, derrière le Mina Palace - ✆ 235 58 27 - fermé entre 15h-18h.* Tenu par des Anglais, le Jamboree sert des encas le midi et de savoureux plats orientaux le soir. Demandez à diner en terrasse.

Faire une pause

Pains chauds, biscuits et patisseries vous attendent dans les **boulangeries** – *dans le souk ou derrière le temple de Louxor.*

Café Oum Kalsoum – *Derrière le temple de Louxor, vers le souk.* Les chaises sont dans la rue et l'on y savoure de bonnes chichas.

Oasis Café – *Sh. Labib Habashy, devant le Philippe Hotel - tlj 10h-22h, en été 10h-23h.* Installé dans un immeuble de l'époque coloniale, ce café occupe un appartement décoré avec goût (murs rouge, jaune ou vert, photos anciennes, affiches de cinéma). Cafés, boissons et petits plats sont excellents et l'accueil très chaleureux. Un vrai moment de détente.

Ali Baba Café – *Sh. el-Karnak, juste derrière le temple de Louxor.* Depuis sa terrasse on peut siroter un verre ou manger un petit encas en rêvant devant le temple.

Café Métropolitain – *Corniche, sur le quai.* Agréable pour un moment de détente.

Loisirs

Vélo – Les boutiques en louent de même que les hôtels. La qualité du matériel est très variable. 10 £/jour. Ne pas laisser son passeport en caution mais une photocopie.

Promenade en felouque – On les trouve le long de la Corniche. Comme à Assouan, il faut négocier : env. 10 £-15 £/h. Sachez que les balades ne valent pas celles d'Assouan.

Vendeur d'épices au souk.

Achats

Dans les souks, on trouve aussi bien des épices que de fausses antiquités, des parfums et des boîtes en nacre, des vases en albâtre et toutes sortes de vêtements, des poteries et des bijoux, des nappes en coton et des tapis. Quelques boutiques particulières tentent de promouvoir le travail d'hommes et de femmes regroupés en association, éloignés des centres commerciaux (poteries du Fayoum et de Garagos, broderies bédouines, objets en métal ou en verre, bijoux, sacs, etc.). La qualité de cet artisanat est souvent remarquable et nous vous les recommandons vivement. **Fair Trade Center** – *Sh. el-Karnak derrière le temple de Louxor - FTC@computerized.net - tlj 9h-23h.* Également **Aisha** – *Sh. Youssef Hassan, devant l'hôtel Emilio - aishaegiptiancrafts@yahoo.com - tlj 10h30-23h.*

Pour les livres et autres souvenirs, **Aboudi Book Shop** et **Gaddis and Co** – *sur la Corniche, à proximité du Old Winter Palace - tlj 9h-20h.*

La rive Ouest★★★

CARTE GÉNÉRALE C3

Quelle émerveillement, quelle émotion lorsqu'on pénètre dans les tombes royales, que l'on visite les temples funéraires, que l'on déambule dans le village des artisans. Thèbes ouest est un enchantement pour les yeux, un rêve de tous les instants. Le contraste du passé à la lisière du désert et de la vie dans les vastes champs marquent tous ceux qui visitent les sites de la rive ouest. Thèbes est absolument inoubliable !

- **Se repérer** – En face de Louxor, sur la rive gauche.
- **À ne pas manquer** – La tombe de Sennefer, le relai des artisans sur la montagne thébaine, les reliefs représentant les Peuples de la Mer à Medinet Haboul.
- **Organiser son temps** – Il faut bien 3 jours pour la rive ouest, 5 c'est mieux !
- **Avec les enfants** – Une balade à cheval dans la campagne, escalader la montagne thébaine, visiter une fabrique d'albâtre et de papyrus, flâner dans Gourna.

Comprendre

LA RIVE OUEST

Pour gagner la rive ouest depuis Louxor, soit vous empruntez le pont qui se trouve 7 km au sud de la ville (ouvert à partir de 6h), soit vous empruntez le bac public en face du temple de Louxor. Ensuite vous pouvez louer un vélo, vous engouffrez dans un pick-up (1 £ pour Gourna) ou bien héler un taxi pour passer d'un site à l'autre. Rive ouest, les taxis sont moins chers qu'en ville si l'on sait marchander.
Les billets de la majorité des sites thébains s'achètent au guichet de l'Inspection des antiquités (Ticket office), situé à l'intersection des routes menant aux diverses curiosités (voir plan Louxor). Guichet et sites : tlj 6h-17h, été : 6h-18h. Les billets sont valables pour le jour même uniquement.

En progressant du Nil vers les hautes falaises de la chaîne Libyque qui se dessinent à l'horizon, on traverse un paysage verdoyant de cultures de canne à sucre que longent des habitations colorées. Très vite, on distingue deux colosses de grès, puis, plus loin, les silhouettes inégales de quelques temples funéraires. Vous venez de pénétrer dans le territoire éternel de la nécropole thébaine, universel chef-d'œuvre de l'art.

Hassan Fathy Cultural Palace – Signalé par une pancarte et situé à droite de la route en venant du Nil se trouve le village construit en terre crue par Hassan Fathy. Cet architecte a tenté de réhabiliter ce type d'habitat traditionnel et bon marché afin que l'Égypte ne s'écroule pas sous le parpaing. Mais ses tentatives ici ou dans les oasis *(voir à Khârga)* n'ont pas toujours été bien acceptées par les villageois. *Visite gratuite.*

Un engrais naturel

Certains fellahs (ou *sebakhin*) récupéraient autrefois sur les sites archéologiques la terre ou *sebakh* formée par la décomposition des édifices en brique crue et des déchets antiques. Ils s'en servaient pour fertiliser les champs. De même ils prenaient les blocs de calcaire pour en faire de la chaux.

Colosses de Memnon★

Sur la droite de la route principale qui mène à la montagne thébaine et à ses sites, ce célèbre duo de colosses marque comme une frontière entre les terres cultivées et le désert.

Les vestiges d'un temple – Ces deux blocs monolithes de quartzite pesant chacun 720 t et mesurant 16,6 m de haut se dressaient autrefois devant l'entrée du temple funéraire d'Aménophis III, détruit depuis l'Antiquité puisqu'il servit de carrière à d'autres pharaons. Ils représentent donc le pharaon coiffé du *nemès*, assis dans une des attitudes royales des plus typiques. Les côtés du trône sont flanqués d'une figure féminine : la reine Moutemouïa, la mère du roi ; la reine Tiyi, sa femme. Sur le socle, on voit une représentation de l'unification des Haute et Basse-Égypte : le dieu du Nil, Hapi, figuré deux fois, y noue le lotus (Haute-Égypte) et le papyrus (Basse-Égypte) autour du hiéroglyphe *sma (union)*.

Le désespoir de Memnon – On pense qu'en l'an 27 av. J.-C., ces deux colosses furent ébranlés par un tremblement de terre. Celui de droite se mit dès lors à manifester un phénomène curieux sur lequel s'est bâtie une légende. Après l'humidité de la nuit et avec la chaleur naissante du matin, il émettait comme un murmure plaintif.

Les Grecs y virent une réincarnation de Memnon, un des héros de la guerre de Troie, avec d'autant plus de conviction que les Égyptiens nommaient ces statues *memnou*, appellation désignant toute construction religieuse. Grâce à sa mère, Éos, c'est-à-dire l'Aurore, Memnon, tué par Achille, avait obtenu l'immortalité accordée par Zeus. Les Ptolémées furent donc convaincus qu'à chaque lever du soleil, Memnon saluait plaintivement l'apparition de sa mère qui, en réponse, le couvrait de rosée pour lui révéler ses larmes. En fait, seul le colosse de droite aurait dû s'appeler « colosse de Memnon ». Grecs, mais aussi Romains, entreprirent ainsi des pèlerinages aux pieds de la statue « vivante ». Plusieurs inscriptions en témoignent, dont une sur les jambes du colosse, laissée par une poétesse romaine du nom de Julia Balbilla, qui accompagnait Hadrien lorsqu'il vint écouter Memnon. Malheureusement, Septime Sévère fit restaurer la statue et depuis, plus aucun son n'en sort !

Medinet Habou★★

Voir plan de Louxor. Au sud de la Vallée des Reines. Billet au Ticket office. 20 £, étudiant 10 £, app. photo et vidéo gratuits.

Un vaste ensemble – Ramsès III éleva son temple funéraire à Medinet Habou à proximité d'un sanctuaire plus ancien construit sous Hatchepsout. Entouré d'une imposante enceinte en brique crue, le site aujourd'hui désert fut, sous la XXe dynastie, le centre administratif de Thèbes ouest. Durant les XXVe etXXVIe dynasties, les divines adoratrices d'Amon bâtirent en ces lieux leurs temples funéraires. À l'époque chrétienne, Medinet Habou devint une véritable cité mais avec la conquête arabe, la population copte se réfugia à Esna. Abandonné, le site servit de carrière de pierres.

La porte monumentale ou Migdol – À la différence de la plupart des autres sites du Nouvel Empire, l'entrée est ici marquée par une porte triomphale empreinte d'architecture militaire. Le pavillon ouvre par un corps de garde où l'on voit le pharaon offrir de l'encens à Amon. Les différentes scènes qui ornent cet édifice sont en rapport avec les conquêtes du roi. Le passage, où trônent deux statues de la déesse Sekhmet (trouvées hors du temple) est recouvert de scènes de captifs : au nord *(à droite)* les Asiatiques, au sud les Kouchites. Des bustes de captifs servent de rebord à des fenêtres aux étages. À l'intérieur, on peut voir le roi assis en présence de ses femmes où rendant hommage à diverses divinités.

Le temple des Thoutmosis★ – *À droite sur l'esplanade*. Il est l'œuvre de divers pharaons : Aménophis Ier, Thoutmosis Ier, Thoutmosis II, Thoutmosis III, Chabaka, Nectanébo Ier, Ptolémée IX, Ptolémée XII, Antonin. Malgré cet éventail d'interventions, l'édifice aux proportions harmonieuses et au plan élaboré a préservé l'élégance qui caractérise l'architecture de la XVIIIe dynastie. La cour romaine et son pylône ptolémaïque précèdent la colonnade de Nectanébo Ier et le pylône de Chabaka (XXVe dynastie). Viennent ensuite une cour, un péristyle et le naos, qui précède 6 chapelles, toutes décorées de scènes d'offrandes malheureusement peu visibles dans l'obscurité régnante.

Les chapelles des Divines Adoratrices d'Amon – *À gauche sur l'esplanade*. Il s'agit en fait de deux petits temples accolés ; À gauche, la chapelle d'Aménardis fille du roi

Hauts de 16,6 m, les colosses de Memnon semblent garder l'entrée de la nécropole.

Kachta, sœur de Piankhy (XXVe dynastie) dont le naos comporte la plus ancienne voûte en pierres appareillées ; à droite, une chapelle composée d'une cour et de 3 sanctuaires dédiés à Chepenoupet II fille de Piankhy, Mehetenousekhet et Nitocris fille de Psammétique Ier (XXVIe dynastie). Ces édifices sont décorés de scènes d'offrandes au dieu Amon.

Nilomètre et lac sacré – *Au nord du temple des Thoutmosis.* Le Nilomètre est formé par un escalier inscrit aux cartouches de Nectanébo Ier qui descend 20 m sous terre. Le lac avec ses 2 escaliers est un petit bassin carré de 20 m de côté.

Temple de Ramsès III★★ – Grandiose, le chef-d'œuvre architectural de ce pharaon se distingue par l'unité de son plan respecté par ses successeurs et ses 7 ha de surfaces décorées. Par ses dimensions, c'est le plus grand temple de Thèbes après celui de Karnak.

Influencé par le Ramesséum *(voir plus loin)* de Ramsès II, le temple se compose de 2 cours à portiques précédées chacune par un pylône, ainsi que d'un sanctuaire divisé en 3 salles hypostyles et un naos flanqué de chambres. Le portique gauche de la 1re cour ouvrait à l'origine sur le palais royal – dont on peut voir les fondations – et en constituait donc la façade. Son mur est interrompu par une ouverture, la « fenêtre de l'apparition », sorte de tribune élevée à 2 m du sol. La 2e cour, en meilleur état, est bordée sur 2 côtés de portiques comptant chacun 8 piliers osiriaques, sur les 2 autres par des portiques à 5 colonnes. À partir de la 1re salle hypostyle, dont ne subsistent que les assises des 24 colonnes qui en soutenaient le plafond, le temple est ruiné. Les 3 salles hypostyles sont entourées de chambres. Cinq d'entre elles, à gauche de la 1re salle hypostyle, étaient réservées au trésor, comme l'expliquent les représentations de vases et de coffrets précieux offerts par Ramsès III à Amon. La dernière salle donne accès au naos divisé en 3 chapelles consacrées à la triade thébaine. Celle du centre, ouverte dans l'axe du temple, servait de reposoir pour la barque sacrée.

Les parois internes du temple sont ornées de scènes religieuses, telles que les offrandes aux dieux ou les grandes fêtes religieuses des dieux Sokaris et Min. Les parois externes illustrent les victoires militaires du roi. Sur le 1er pylône, le roi s'oppose aux Syriens et aux Libyens. Sur le mur nord du temple, Ramsès III vainct lors d'un célèbre combat naval en Méditerranée en 1222 av. J.-C. les fameux **Peuples de la Mer★**. Observez leurs coiffures très particulières.

Particulièrement vivantes

Les **scènes de chasse★** au bouquetin, à l'âne et au taureau sauvage *(revers sud-ouest du 1er pylône)* sont d'une plasticité et d'une force expressive remarquables.

Palais d'Aménophis III – *Au sud-ouest de Medinet Habou.* Sur la rive ouest, ce pharaon avait non seulement son temple funéraire et son tombeau taillé dans la Vallée des Rois, mais aussi son palais à Malqata, au bord d'un lac artificiel, le Birket Habou, qu'un canal reliait au Nil.

VALLÉE DES REINES★★★

Voir plan de Louxor. La plus méridionale des nécropoles de la rive ouest a pour cadre un profond défilé de la chaîne Libyque appelé en arabe *Biban el-Harim,* les « Portes des Reines ».

Réservé aux reines et aux princes – À partir de la XVIIIe dynastie, cette vallée fut choisie pour abriter les hypogées des princes et princesses de sang royal, ainsi que de quelques hauts dignitaires de la Cour. Sous la XIXe dynastie – plus précisément avec l'inhumation de Sat-Rê, la femme de Ramsès Ier mère de Séthi Ier – il fut décidé d'y enterrer également les épouses royales, la plus célèbre étant Néfertari épouse de Ramsès II. Avec la Troisième Période intermédiaire, la vallée, déjà profanée par des pillards, accueillit les sépultures de quelques grands personnages non royaux. Pendant la domination romaine, la Vallée des Reines devint un cimetière populaire.

Le choix de la vallée – C'est le célèbre égyptologue Jean-François Champollion qui baptisa cette nécropole du nom de Vallée des Reines. Pour leur part, les Égyptiens la nommaient *Ta set Neferou* « la place de perfection ». On la nomma aussi « le lieu des fils du roi », par respect envers les fils de Ramsès III inhumés en ces lieux. Proche de la cime thébaine qui domine la Vallée des Rois, cette vallée abrite une soixantaine de tombes qui furent toutes pillées dans l'Antiquité. Les momies royales n'ont jamais été retrouvées…

Ernesto Schiaparelli (1856-1928) – Conservateur du Musée égyptien de Turin, cet égyptologue qui avait étudié auprès de Gaston Maspero a mené 12 campagnes

Dr. E. Strouhal / AKG-Images

La reine Néfertari jouant au senet (scène du 17e chapitre du « Livre des morts »).

de fouilles en Égypte, dont 2 dans la Vallée des Reines. En 1903 et 1904, aidé de l'égyptologue Francesco Ballerini, il découvrit d'importantes tombes parmi lesquelles celles de Seth-her-Khepechef, Khâemouaset, Amon-her-Khepechef, ainsi que celles des fils de Ramsès III. Mais, sa plus belle trouvaille est indéniablement celle de la reine Néfertari, généralement considérée comme incomparable parmi l'ensemble des sépultures thébaines.

Site

Billet à prendre sur le site. 20 £, étudiant 10 £, app. photo et vidéo interdits. Visite limitée à 10mn par sépulture (nous vous conseillons de lire la description des tombes avant de les visiter). Le tombeau de Néfertari est à nouveau fermé pour une durée indéterminée. D'autres tombes sont temporairement fermées (se renseigner sur place).

Hormis la sépulture de Titi, les tombes numérotées par ordre de découverte sont ici classées par ordre chronologique. Certaines, très dégradées, inachevées, fermées ou en cours de fouilles, ne sont pas décrites.

Néfertari★★★ – *N° 66.* Fermée en 1950 pour préserver les peintures d'une grande beauté qui se dégradaient rapidement, elle fit l'objet d'une restauration remarquable. Cette sépulture était destinée à « la plus belle, la bien aimée de Mout », à savoir l'épouse de Ramsès II, Néfertari. Son plan reprend celui des hypogées des rois.

Sous une voûte céleste parsemée d'étoiles, la décoration décrit le parcours périlleux que la reine, aidée des dieux, doit suivre pour atteindre la vie éternelle. Elle s'inspire du *Livre des morts.* La 1re salle – qui illustre le chapitre 17 du *Livre des morts* – nous plonge dans le style à la fois raffiné et maniériste du relief peint ramesside exécuté à une époque où l'on représente les personnages minces et sveltes vêtus de doux drapés. Remarquez Néfertari jouant au senet (jeu de dames), seule contre un adversaire invisible. Cette scène symbolise les épreuves que le défunt doit affronter pour entrer dans le monde d'Osiris. Que ce soit dans le vestibule ou la chambre dite « des étoffes » (la défunte en offre au dieu Ptah), on est ébloui par une succession d'images splendides aux couleurs vives où la reine est en présence de diverses divinités : Isis, Osiris, Nephtys, Maât, Khépri, Selkis, Hathor, Nekhbet, Thot *(voir à ce propos les planches des dieux).*

Les parois du 2e escalier portent des scènes symétriques montrant Néfertari offrant deux vases *nou* à Isis, Nephtys et Maât *(à gauche)*, Hathor, Selkis et Maât *(à droite)*. Sous l'*uræus*, on voit Anubis, le patron des embaumeurs. Avec son plafond astronomique, la salle du sarcophage (90 m^2) contient 4 piliers dont les faces internes portent des représentations d'Osiris vêtu de la même tunique à ceinture rouge que l'on a précédemment pu observer sur Néfertari. Cette association signifie que la défunte a subi, à la suite de son cheminement dans les salles précédentes, les transformations *post mortem.* Le pilier *djed* d'Osiris qui symbolise sa colonne vertébrale est flanqué des cartouches de Néfertari. Il faisait face à la cuve funéraire dont on n'a retrouvé qu'une partie du couvercle. Sur la paroi sud – chapitre 144 du *Livre des morts* – Néfertari s'adresse au gardien de la 1re porte *(à gauche)* et aux 3 gardiens de la 2e porte *(à droite)*. Au centre de la paroi est, Henty-Reki le petit génie tout nu, « celui qui fait fuir l'ennemi », garde la 5e porte du royaume d'Osiris. Néfertari devait s'adresser à chacun des gardiens avant de franchir l'obstacle pour achever son parcours.

Khâemouaset★ – *N° 44.* La sépulture du fils aîné de Ramsès III est une tombe royale de format réduit. La décoration polychrome tirée du *Livre des morts* est très bien conservée. Dans l'antichambre, Ramsès III suivi du prince honore Thot, Anubis et Rê-Horakhty *(à gauche)*. Dans la salle du sarcophage *(à droite)* on voit un chat (appelé *myou* par les Égyptiens). Le prince seul, s'adresse aux gardiens des portes du royaume d'Osiris. Dans l'annexe du fond, sur la gauche, Osiris a le visage peint en vert symbole de régénération.

L. Michel / MICHELIN

Le passage menant à la tombe de Pashed, sous la vigie du chacal Anubis.

Amon-her-Khepechef★★ – *N° 55, visite limitée à 5mn.* Cet autre fils de Ramsès III, commandant des chars du roi et « prince héréditaire », ne devait pas avoir 16 ans lorsqu'il décéda. Sa tombe a été découverte en parfait état de conservation. Remarquable, la décoration fourmille de détails. Ici, un somptueux vêtement d'apparat décrit avec minutie. Là, un casque orné de cercles d'or. Chaque scène mérite d'être examinée. Le jeune prince reconnaissable à sa mèche de cheveux est représenté en compagnie de son père à plusieurs reprises : le roi rend hommage aux dieux afin qu'ils accueillent favorablement son fils. Les reliefs de la salle du sarcophage évoquent les chapitres 145 et 146 du *Livre des morts*. Assisté de son père, Amon-her-Khepechef s'adresse aux génies des 5e, 6e, 7e et 8e portes du royaume d'Osiris : Heneb-Rekou (chien noir), Sématy (bélier), Loukenty (bœuf) et Qoutqetef. La cuve funéraire de granit se trouve aujourd'hui dans l'annexe du fond.

Titi – *N° 52.* La tombe de cette reine, épouse d'un Ramsès, a de jolis reliefs peints qui ont été malmenés en particulier dans la descenderie. La reine qui porte une mèche de cheveux tressés rend hommage à diverses divinités que vous pouvez tenter d'identifier *(voir le glossaire des dieux)*. Remarquez Hathor sous forme humaine dans son arbre sacré ou sous forme de vache devant la montagne.

DEIR EL-MEDINA★★

Voir plan de Louxor. À l'ouest du Ramesséum. Billets au Ticket office. Temple, village et tombes : 20 £, étudiant 10 £. Pashed : 10 £, étudiant 5 £, app. photo et vidéo interdits.

La route chemine doucement dans un paysage aride de désert caillouteux où s'agglutinent des grappes de maisons colorées. Tout apparaît comme nimbé d'une lumière dorée. Puis, le paysage change, la route monte, contourne la colline de Gournet-Mourraï pour déboucher soudain sur le village de Deir el-Medina. Son nom actuel le « monastère de la ville » vient du temple des Ptolémées transformé en monastère par les coptes *(au nord-est du site)*. Protégé par une enceinte pratiquement intacte, il était consacré à Hathor et Maât. Le site fut exploré par Bernard Bruyère de 1922 à 1951.

Le village ou « la Place de Vérité » – Dans cette petite vallée cachée par les collines se trouvent les restes d'un village jadis habité par les artisans qui travaillaient dans les tombes de la Vallée des Rois. Entouré d'une enceinte en pierre, les maisons soigneusement ordonnées sont modestes : une pièce principale, une chambre et une cuisine, accessoirement une cave. Les noms de leurs propriétaires étaient inscrits sur le montant des portes. Fondé sous Thoutmosis Ier, le village fut prospère durant les XIXe et XXe dynasties. Placé sous la protection de Ptah, patron des artisans, il était relié à la Vallée des Rois par un sentier qui traversait la montagne. Les équipes l'empruntaient pour rejoindre la tombe dans laquelle ils travaillaient 10 jours d'affilée. Ils dormaient le soir à la station du col, sorte de relais où les femmes leur portaient leurs repas.

Les tombes des artisans – Elles occupent les collines qui entourent le village. Les plus belles sont à l'ouest. Elles s'organisent sur deux niveaux : la partie visible comprend une cour avec la statue du défunt et une petite chapelle en forme de pyramide ; la partie souterraine qui était scellée est une petite chambre funéraire généralement voûtée, entièrement décorée de peintures. Les thèmes s'inspirent à la fois des tombes des nobles – on voit le défunt qui cultive les champs d'Ialou (ou Champs-Élysées) – et des tombes royales – le défunt s'adresse aux divinités afin de poursuivre sans encombre son chemin qui doit le conduire à une nouvelle vie. Ces décors sont d'une qualité supérieure à ce que l'on trouve habituellement dans les monuments privés.

Inherkhâou★ – *N° 359, XXe dynastie.* Il était « chef d'équipe du maître des deux terres dans la place de vérité », donc contremaître, sous Ramsès II et Ramsès IV. Les très belles peintures illustrent en 31 tableaux des extraits du *Livre des morts* et du *Livre des portes*. L'image domine le texte. Inherkhâou est représenté, le crâne rasé, en costume de prêtre.

Sennedjem★★ – *N° 1, XIXe dynastie.* Il était « serviteur dans la place de vérité », donc fonctionnaire de la nécropole, sous Séthi Ier et Ramsès II. Découverte en 1886, la tombe a livré un magnifique mobilier qui se trouve aujourd'hui réparti dans des musées, en particulier au Musée égyptien du Caire. Les peintures sur fond ocre sont célèbres pour leur beauté, la fraîcheur des couleurs, le rendu des corps, les détails des vêtements typiques de l'époque ramesside. Les scènes vivantes invitent au recueillement inhérent au monde funéraire. Sur le mur est, sur la petite paroi de droite, Sennedjem et son épouse Lyneferti cultivent les champs d'Ialou. À l'ouest, ils honorent 12 dieux dans un naos. Au nord, Sennedjem est agenouillé devant Osiris. Anubis prépare la momie. Au sud, celle-ci est veillée par Isis et Nephtys sous forme d'oiseaux.

Pashed★ – *N° 3, XIXe dynastie.* Par un passage voûté en berceau veillé par le chacal Anubis, on entre dans le caveau. À droite, Pashed se désaltère sous un palmier-doum. À gauche, les proches du défunt défilent représentés avec des tenues amples aux nombreux plis stylisés caractéristiques de l'époque.

RAMESSÉUM★★

Voir plan de Louxor. Sur la droite de la route menant vers la Vallée des Rois. Billet au Ticket office. 20 £, étudiant 10 £, app. photo et vidéo gratuits.

Les temples de millions d'années

À la limite des terres cultivées, au pied des massifs de la chaîne Libyque, plusieurs temples funéraires de pharaons du Nouvel Empire se jouxtent. Certains ont disparu, d'autres sont à peine identifiables, quelques-uns dressent encore leurs ruines éparses. Du sud au nord se succédaient les temples de Ramsès III, de Aï et Horemheb, d'Aménophis III (signalé par les colosses de Memnon), de Merenptah, de Thoutmosis IV, de Ramsès II, d'Aménophis II, de Thoutmosis III, de Ramsès IV et de Séthi Ier. Ce vaste champ de pierres est devenu un immense chantier archéologique où, au gré des découvertes, des équipes d'archéologues reconstituent des colonnades, des façades, des colosses… C'est Champollion qui, visitant le temple de Ramsès II en 1829 l'a surnommé le Ramesséum. Car son nom antique est : « Le château de millions d'années du roi Ousermaâtrê-Setepenrê qui s'unit à Thèbes la cité dans le domaine d'Amon, à l'Occident » (Ousermaâtrê-Setepenrê est le prénom de Ramsès II).

À la gloire d'Amon et de Ramsès II – Très endommagé mais d'une grande unité, le temple funéraire de Ramsès II a fait l'admiration de nombreux écrivains antiques. Diodore de Sicile et Strabon l'ont décrit avec précision. Commencé du vivant du pharaon, il fut érigé pour assurer le culte funéraire du roi défunt. Il était par ailleurs consacré au dieu Amon qui régnait déjà sur l'ensemble de Karnak. Une fois l'an, à l'occasion de la « belle fête de la vallée », le vénéré dieu, époux de Mout et père de Khonsou, quittait son Grand Temple de la rive est pour rendre visite au roi défunt.

La communauté des « hommes de la tombe »

Sous les Ramsès, les chantiers des hypogées royaux étaient administrés par la « grande et noble tombe de millions d'années ». Née sous Thoutmosis Ier (XVIIIe dynastie), cette institution regroupait les artisans et ouvriers appelés à préparer une sépulture royale ou princière (terrassiers, plâtriers, dessinateurs, sculpteurs, peintres, mais aussi chefs de chantier et scribes). L'équipe du chantier était divisée en deux groupes, travaillant chacun sur un côté de la tombe sous la responsabilité d'un chef d'équipe, aux ordres d'un architecte et d'un scribe. Tous ces hommes étaient recrutés par le vizir dans des familles qui se transmettaient leur art de génération en génération et vivaient à Deir el-Medina. Comme les prêtres, il étaient parmi les premiers à apprendre la mort de Pharaon, ce qui signifiait pour eux la fin d'un chantier autant que la perspective d'un nouveau.

Le site – Couvrant près de 5 ha, l'ensemble du site comprend un port, des enceintes en brique, un palais royal, un mammisi et le temple lui-même, orienté sud-est/nord-ouest. Plus encore que le temple de Ramsès III à Medinet Habou, la visite de cet édifice entièrement exécuté sous Ramsès II permet de comprendre la grandeur des temples de l'époque ramesside.

Le décor du Ramesséum – Il a pour objectif d'asseoir l'autorité du roi, car il ne faut pas oublier qu'il fonctionnait de son vivant. Par ses scènes militaires et cultuelles, ses tableaux familiaux et politiques, Pharaon prouve qu'il a su dominer ses ennemis, honorer les puissances divines, assurer la continuité de la dynastie, et guider son peuple.

Fouilles françaises

Une équipe du CNRS dirigée par Ch. Leblanc fouille actuellement le temple et ses dépendances. L'Association pour la sauvegarde du Ramesséum apporte sa contribution à ces travaux.

1er pylône – Partiellement effondré, large de 68 m, il présente sur les faces internes de ses massifs des scènes de guerre, dont la fameuse bataille de Qadesh, également illustrée à Abou Simbel et Karnak. Avant la construction du haut barrage d'Assouan, la crue du Nil parvenait jusqu'au 1er pylône du Ramesséum.

1re cour – Sur le côté sud de cette cour large de 56 m et profonde de 52 m s'élevait une double colonnade qui ouvrait sur le palais royal dont on ne voit plus que les arasements. Le côté nord était constitué d'un portique dont les piliers osiriaques représentaient le roi vêtu d'un pagne et flanqué de 2 de ses enfants. Du côté ouest se trouvaient **2 colosses★**. Celui de Ramsès II de 16 m de haut gît à terre en morceaux. L'autre, de 9 m de haut, représentait Mout-Touy, la mère du pharaon.

2e cour – *C'est par cette cour, dont le dallage de grès a été reconstitué, que s'effectue l'accès des visiteurs.* Le 2e pylône presque entièrement détruit garde quelques reliefs de la bataille de Qadesh et de la fête du dieu Min. La cour est en partie occupée par des piliers osiriaques et des colonnes papyriformes. Du côté ouest, on voit au sol une très belle **tête de Ramsès II★**, en granit bleuté, qui appartenait à l'une des 2 statues colossales qui flanquaient l'escalier menant à la salle hypostyle (le buste de celle de gauche, dont il reste la partie inférieure, a été prélevé en 1816 par Belzoni et se trouve actuellement au British Museum).

Salle hypostyle★ – On y accédait par 3 portes. Il ne reste que 29 des 48 colonnes qui soutenaient sa toiture. La **polychromie★** de celles de l'allée centrale a été restaurée ; les scènes représentent Ramsès et plusieurs divinités. Sur le mur est, les reliefs décrivent la prise de Dapour (Syrie) par Ramsès II. L'artiste a réussi à suggérer avec de nombreux détails la succession des événements, de l'attaque royale à la reddition de l'ennemi. Sur le soubassement du mur ouest, de part et d'autre de la porte, les fils et les filles de Ramsès défilent : Merenptah, son successeur, figure en 13e position. Une fois sur le trône, son pagne a été retouché, une tunique a été rajoutée, ainsi qu'un *uræus* sur son front.

Salle de la barque – Également hypostyle, la 1re des 2 salles subsistant au fond de l'édifice possède un magnifique **plafond astronomique★** qui est un calendrier céleste décomposé en 12 mois et 36 décans. Il servait probablement à déterminer les dates des fêtes cultuelles.

Salle des litanies – Identique à la précédente, cette salle rend hommage aux principaux sanctuaires d'Égypte. Ainsi, sur les reliefs de la paroi est sont glorifiées les divinités majeures de Memphis. Les autres pièces du temple y compris le sanctuaire sont en ruine.

Annexes et magasins – Déployé autour du temple, ce complexe en brique crue, que l'on a longtemps appelé « les greniers de Joseph » est actuellement l'objet de recherches qui éclaireront peut-être d'un jour nouveau ce que l'on considère comme le plus bel exemple de bâtiments économiques de l'époque pharaonique. On sait qu'à partir de la XXIIe dynastie, ces magasins furent transformés en nécropole.

TOMBES DES NOBLES★★★

Voir plan de Louxor. Au nord du Ramesséum, dans le village de Gourna. La zone qui s'étend entre Deir el-Medina et Deir el-Bahari compte près de 500 sépultures privées datant de la VIe dynastie à la Période gréco-romaine. Nettement moins visitées que celles des deux vallées royales, les tombes des hauts fonctionnaires thébains illustrent avec de nombreux détails l'univers quotidien de leur époque, à savoir de la XVIIIe à la XXe dynastie. Les plus belles et les mieux conservées d'entre elles sont de

Autrefois, les pieds des colosses osiriaques qui représentent Ramsès II étaient baignés par les eaux du Nil au moment de la crue.

véritables chefs-d'œuvre de l'art du Nouvel Empire. Les scènes sont plus familières, moins religieuses et content les travaux agricoles autant que le banquet funéraire accompagné de musique et de danse.

Sheikh Abd el-Gourna

Billets au Ticket office. Un billet permet de visiter plusieurs tombes : Nakht et Menna 20 £, Rekhmirê et Sennefer 20 £, Ramose, Ouserhat et Khâemhat 20 £, Khonsou, Ouserhat et Benia 20 £, étudiant 10 £, app. photo et vidéo interdits.

Les sépultures sont de structure identique : une cour, un vestibule ouvert ou fermé, une chapelle funéraire terminée par une niche où siègent les statues du défunt, une galerie ou un puits menant à la chambre funéraire. Seuls, le vestibule et la chapelle sont décorés. La colline de Gourna est habituellement divisée en 3 secteurs : le grand enclos (à flanc de colline), le petit enclos (cerné par un mur bas) et le village (tombes dispersées dans le village).

Nakht★★★ – *N° 52, petit enclos, XVIIIe dynastie.* Nakht était « scribe et astronome d'Amon » sous Thoutmosis IV mais la décoration n'y fait aucunement allusion. Sa femme était chanteuse d'Amon – le nom du dieu a été soigneusement gratté sous le règne d'Akhénaton. Seul le vestibule est décoré. Aux traditionnelles scènes d'offrandes et de rites funéraires s'ajoutent de remarquables scènes de la vie quotidienne. Dès l'entrée on assiste *(à gauche)* aux activités des champs : les céréales poussent dans la plaine tandis que Nakht assiste aux labours. Une fausse porte *(paroi gauche)* précède le banquet funéraire *(à gauche de la chapelle)*. Suivent des scènes de chasse et de pêche ainsi qu'une très belle représentation des vignes. Nakht et sa femme assistent à la purification des offrandes *(à droite)*. Enfin c'est le banquet funéraire en compagnie de **jeunes musiciennes★** qui jouent de la double flûte, du luth et de la harpe ainsi que des danseuses et un harpiste aveugle. Sous la chaise de l'épouse de Nakht, un petit chat mange un poisson.

Menna★★★ – *N° 69, grand enclos, XVIIIe dynastie.* Menna était « scribe du cadastre » sous Thoutmosis IV. Par sa conception et son programme iconographique, cette tombe peut être considérée comme le spécimen même du tombeau thébain privé. Ses couleurs sont encore pleine de fraicheur, les détails fourmillent.

Dans le vestibule, on voit successivement : les activités des champs *(à gauche)*, Menna et sa femme Hennout-Taoui devant Osiris *(paroi gauche)*, le banquet funéraire *(à gauche de l'accès à la chapelle)*, le couple recevant les offrandes *(à droite de cet accès)*, des personnages en prière devant une stèle *(paroi droite)*, les enfants du couple *(à droite)*. Répartis sur 4 registres, les activités des champs décrivent avec quantité de détails expressifs la comptabilité de la récolte des grains contrôlée par des scribes, ou les ouvriers mesurant la parcelle à l'aide d'une corde. Dans la chapelle, les funérailles *(à gauche)* font face à des scènes de chasse et de pêche, ainsi qu'à un pèlerinage à Abydos *(à droite)*. Dans ces scènes figurent des filles de Menna (l'une cueille des fleurs de lotus, l'autre porte des oiseaux et des poissons), et Menna, debout sur une barque de papyrus, pêche des poissons à l'aide d'un harpon. Le pèlerinage est représenté

El-Gourna : le village et derrière, percées dans les flancs des collines, les tombes antiques.

au registre supérieur par un cortège d'embarcations ; en dessous sont effectués les différents rituels devant la momie du défunt.

Rekhmirê★★★ – *N° 100, grand enclos, XVIIIe dynastie.* Rekhmirê était « gouverneur de la ville de Thèbes et vizir », sous Thoutmosis III et Aménophis II. Les hautes fonctions de ce personnage expliquent, d'une part, les dimensions imposantes de sa tombe, bien qu'elle présente un plan en T très simple, d'autre part, la variété des thèmes iconographiques et la superficie de la décoration (quelque 300 m^2). Les passionnés de peinture égyptienne trouveront ici un ensemble d'une richesse exceptionnelle, malheureusement impossible à décrire de façon exhaustive dans le cadre d'un guide. La tombe n'a pas de puits et de chambre funéraire, le défunt a donc été enterré dans un autre hypogée qui reste à découvrir.
Les parois du vestibule sont littéralement recouvertes de scènes passionnantes liées à l'agriculture ou au protocole administratif du défunt. À gauche de l'accès à la chapelle se trouve la **remise des tributs des peuples étrangers★**, cérémonie à laquelle dut assister le gouverneur de Thèbes. Divisée en 5 groupes, la scène montre les envoyés du pays de Pount (vêtement court, *voir Quseir*), ceux du pays de Kéfti (Crète, cheveux frisés au sommet de la tête, longues tresses et pagne brodé), ceux du pays de Kouch (Nubie, pagne en peau de panthère), ceux du pays de Retenou (Syrie, robe courte et manche collante), ceux d'autres pays (dont des Africaines). Ceux de Pount apportent de l'ébène, de l'ivoire, des plumes d'autruche, des singes, des léopards ; ceux de Kéfti, de l'orfèvrerie, des coupes et des vases ; ceux de Kouch, des œufs d'autruche, des plumes, des peaux, de l'or, un jaguar, des singes, des chiens, une girafe et, ceux de Retenou, un char et des armes, des amphores, 2 chevaux, un ours, un éléphant. Tous ces présents destinés au roi sont enregistrés par les scribes.
Profonde et étroite, la chapelle conserve des peintures en excellent état. Chacune des deux parois se divise en trois tableaux, subdivisés en plusieurs registres. À gauche, le 1er tableau montre Rekhmirê supervisant la récolte et la distribution des vivres aux ouvriers du temple d'Amon ; le 2e le montre dirigeant les travaux de ce temple. Les peintures dressent un portrait très intéressant de l'époque, car on y recense des corps de métiers (charpentiers, sculpteurs sur bois, orfèvres, maçons) et leurs techniques (fabrication des briques et leur transport, plan incliné servant d'échafaudage). Le 3e montre les funérailles. À droite, le 1er tableau représente deux bateaux voguant vers Aménophis II ; le 2e un banquet musical (luth, harpe, cithare, tambourin, flûte) présidé par le défunt accompagné de sa femme Mérit ; le 3e les vignettes du *Livre de l'ouverture de la bouche*. Le banquet musical n'est autre que le banquet funèbre précédant la séparation du mort des vivants. Les hommes sont séparés des femmes. Comme on peut l'observer dans la plupart des décors au Nouvel Empire, les personnages portent un petit cône sur le sommet de la tête : il s'agit d'une sorte de baume aromatisé qui fondait sous l'effet de la chaleur, répandant sur la perruque un arôme très pénétrant.

Sennefer★★★ – *N° 96, grand enclos, XVIIIe dynastie.* Sennefer était « maire de la ville de Thèbes, chef du district sud, administrateur des greniers et des troupeaux d'Amon » sous Aménophis II. Il appartenait à une famille de grands serviteurs de l'État. Son

frère était vizir. C'était un homme riche qui, semble-t-il, jouissait d'un ascendant au sein même de la Cour. En témoigne notamment le fait qu'on a trouvé des vases à son nom dans la tombe de Thoutmosis II. Fait pratiquement unique dans les annales des tombes privées de la nécropole thébaine, la chambre funéraire est décorée. Dans cette sépulture, le programme iconographique est entièrement centré sur le défunt, négligeant les divinités du monde de l'au-delà, comme reléguées au second plan. Au 19e s., l'hypogée fut baptisé la « tombe des vignes » pour son décor unique tout à fait remarquable. L'antichambre grossièrement excavée se situe 12 m sous terre. L'artiste a tiré profit des irrégularités de la roche à hauteur du plafond pour y placer de belles et grosses grappes de raisin que supportent des branches rouges, créant ainsi un effet de profondeur très réussi. Le défunt est représenté sous ce berceau de vigne, en train de recevoir des offrandes apportées par des prêtres en présence de sa fille, Mouttaoui chanteuse d'Amon, qui lui offre une amulette en forme de cœur. De part et d'autre de la porte, il rend hommage aux dieux en compagnie de sa femme.
La chambre funéraire évoque la vie *post mortem* du défunt et de son épouse. Le plafond est couvert de vigne et de motifs géométriques typiques des tombes de la XVIIIe dynastie. Les 4 piliers qui le soutiennent montrent sur trois de leurs faces Sennefer qui reçoit des présents de son épouse Mérit ; les autres faces ont des scènes diverses, comme par exemple le rituel de l'ouverture de la bouche *(pilier de droite)*.
La décoration des parois évoque le voyage de l'âme du défunt, aboutissant à sa régénération. Ce voyage débute par une scène d'offrandes à Osiris et Hathor, suivie des funérailles où l'on voit le sarcophage tiré par quatre bœufs. Sur le mur du fond, une scène nautique relate le pèlerinage à Abydos, la ville sacrée du tombeau d'Osiris.

El-Gourna

À flanc de colline, les maisons du vieux village d'El-Gourna cernent et recouvrent une quantité inchiffrable d'anciennes tombes percées dans ce gruyère que sont les premiers contreforts de la chaîne Libyque. Depuis le 19e s., les autorités suspectent les villageois de profaner des sépultures, d'en piller le mobilier et les statues, d'abîmer voire de détruire certaines parois. La famille Abdel Rassoul s'est rendue célèbre vers la fin de ce siècle en inondant le marché noir d'antiquités « prises » dans un puits que l'on appellera plus tard la cachette de Deir el-Bahari, dans laquelle étaient cachées les momies royales désormais au Musée égyptien du Caire. Aujourd'hui, les habitants du village affirment que le pillage est de l'histoire ancienne et que leur présence protège le secteur d'éventuelles tentatives mal intentionnées. Certains voudraient déplacer le village, d'autres s'y opposent farouchement...

Khâemhat★★★ – *No 57, village, XVIIIe dynastie.* Khâemhat dit Mahou était « scribe royal et inspecteur des greniers de Haute et Basse-Égypte » sous Aménophis III. La peinture cède ici la place au décor sculpté. La décoration révèle un style épanoui, typique du temps d'Aménophis III. Les scènes habituelles alternent avec des thèmes relativement rares, dont la symbolique n'est pas encore établie avec certitude.
Dans le passage menant au vestibule, Khâemhat se tient les bras levés, en adoration ; les litanies qui accompagnent cette scène inusitée nous apprennent qu'il adore le Soleil. Dans la chapelle, la plupart des scènes religieuses (funérailles, pèlerinage à Abydos) et les inscriptions sont extraites du *Livre des morts*. De part et d'autre de la niche se tiennent les statues du défunt, de sa femme Tiyi et de ses parents. Le plafond a un beau décor de damier.

Khonsou – *No 31, village, XVIIIe dynastie.* Khonsou était « premier prophète de Menkheperrê », c'est-à-dire Thoutmosis III. On revient ici à une décoration peinte très intéressante pour les rites religieux qu'elle détaille comme par exemple la fête du dieu Montou apparu dans la région thébaine à partir de la VIe dynastie. Le plafond est orné de papillons, d'oiseaux et de criquets.

Ramose★★★ – *No 55, village, XVIIIe dynastie.* Ramose était « gouverneur de la ville de Thèbes et vizir », sous Aménophis II et IV. Creusée et décorée peu après celle de Khâemhat, cette tombe est restée inachevée, car ce haut personnage dut suivre Aménophis IV-Akhénaton à Tell el-Amarna où il s'est probablement préparé une nouvelle tombe qui n'a jamais été retrouvée. Absolument splendide, la décoration exécutée en relief est d'un raffinement extrême, semblable à celle de la tombe de Khâemhat, mais différente par certains traits traduisant les agitations politico-religieuses qui précédèrent la révolution amarnienne.

Renenoutet la bienfaitrice

Dans sa tombe *(antichambre)*, Khâemhat présente des offrandes alimentaires à Renenoutet, divinité-cobra. Honorée par les paysans, cette déesse veillait sur les récoltes et les greniers. Le serpent n'était donc pas uniquement envisagé comme un animal malfaisant !

Seuls la cour et la salle hypostyle avec ses 32 colonnes sont décorées. Les visiteurs qui auront déjà observé l'art sous Akhénaton distingueront sans trop de difficultés les personnages « classiques » des personnages déjà marqués par l'art amarnien. Aux visages ronds très idéalisés succèdent des visages aux traits accentués, plus étirés. L'art amarnien pénètre progressivement le domaine privé. Dans le banquet funéraire, l'invité de Ramose *(à gauche de l'entrée)*, est encore un peu raide, et seuls l'œil et le sourcil sont peints, afin de souligner l'intensité du regard. Lorsque le roi et la reine remettent à Ramose les colliers d'or, l'influence amarnienne ne fait aucun doute.

Bénéficiant de l'éveil esthétique manifesté sous Aménophis III, plusieurs scènes gravées se préoccupent, non pas de perspective, mais de problèmes d'espace. Cet aspect, particulièrement développé sous Akhénaton, est manifeste pour les personnages répartis sur plusieurs plans, ou dans les nombreux détails d'une mode vestimentaire de plus en plus sophistiquée.

Benia – *N° 343, village, XVIII*ᵉ *dynastie.* Benia était « inspecteur des travaux ». Certes colorée, la décoration de cette tombe apparaît bien archaïsante au milieu des merveilles qui la côtoient. Les plus belles scènes *(à gauche et à droite de l'accès à la chapelle)* figurent le défunt devant une table d'offrandes et un banquet.

Ouserhat – *N° 56, village, XVIII*ᵉ *dynastie.* Ouserhat était « scribe royal » sous Aménophis II. La décoration peinte présente ici des dominantes pastel et un traitement très spontané de certains détails qui viennent rompre la régularité des scènes traditionnelles.

Ouserhat★ – *N° 51, village, XIX*ᵉ *dynastie.* Cet autre Ouserhat, dit Néferhebef, était « premier prophète du *ka* royal de Thoutmosis Iᵉʳ » sous Séthi Iᵉʳ. Ravissante, charmante, délicieuse, la décoration de cette tombe n'est cependant pas très originale.

B. Kaufmann / MICHELIN

Finement gravés dans le calcaire, les personnages de la tombe de Ramose ont été éxécutés avec une grande virtuosité.

Toutes les scènes sont belles et méritent un passage ne fût-ce que pour la qualité de leurs coloris. Dans l'antichambre, il faut remarquer la scène située sur le mur à droite : le défunt, sa mère et son épouse sont représentés devant un sycomore, accompagnés de leurs oiseaux-âmes à tête humaine.

El-Asasif et El-Khokha

Billets à prendre à Deir el-Bahari pour les sépultures de l'Asasif : Kherouef et Ankhhor 20 £, étudiant 10 £, Pabasa 20 £, étudiant 10 £, app. photo et vidéo interdits.
Billets au Ticket office pour les tombes d'El-Khokha : Neferrenpet, Nefersekherou et Dhoutmosi 20 £, étudiant 10 £ ; app. photo et vidéo interdits.

Ces tombes nettement moins belles ne sont à visiter que si vous avez encore du temps et du courage !

Kherouef★ – *N° 192, El-Asasif, XVIIIe dynastie.* Kherouef était « intendant de la grande épouse royale Tiyi » sous Aménophis III et Aménophis IV. Dans cette tombe immense assez dégradée, on s'intéressera surtout à la paroi ouest de la grande cour, de part et d'autre de la porte. Du côté gauche : le roi, assis dans un baldaquin à côté d'Hathor et de la reine, assiste à une fête lors de son jubilé (il porte le costume de fête). Dans le 1er registre, on voit des danseuses et des musiciennes représentées avec beaucoup de vie, des lutteurs (personnages gras) dont un porte un masque zoomorphe. Du côté droit : Kherouef offre des colliers précieux au couple royal toujours installé sous un baldaquin, pendant la fête de l'érection du pilier djed à laquelle participe le roi dans le dernier registre.

Ankhhor – *N° 414, El-Asasif, XXVIe dynastie.* Ankhhor était « grand intendant de la divine adoratrice Nitocris ». Cette tombe d'Époque saïte est une bonne introduction à l'art à la fois classique et « africain » de cette dynastie.

Pabasa – *N° 279, El-Asasif, XVIe dynastie.* Pabasa était « grand majordome de la divine adoratrice Nitocris » sous Psammétique Ier. Cette autre tombe saïte a de très beaux hiéroglyphes et des personnages très élégamment vêtus. Ainsi, face à l'entrée de l'antichambre : Pabasa, assis, est vêtu d'une belle robe plissée. Sous son siège, une gazelle tient une fleur de lotus dans sa bouche.

Restauration

Les peintures murales des tombes privées ont été malmenées par les pillards qui en ont découpé des fragments et plus récemment par le nombre croissant de visiteurs. Les plus belles ont pu être restaurées, étudiées, les autres faute de moyen sont fermées au public.

Neferrenpet – *N° 178, El-Khokha, XIXe dynastie.* Neferrenpet, dit Kenro, était « scribe du trésor dans les États d'Amon-Rê » sous Ramsès II. D'un style assez peu élaboré, cette tombe livre toutefois une belle scène visible dans l'antichambre : le défunt et son épouse s'abreuvant à l'étang de leur jardin, au milieu de lotus, de canards, de palmiers-doum et d'arbustes où nichent des oiseaux.

Nefersekherou – *N° 296, El-Khokha, XIXe et XXe dynasties.* Nefersekherou était « scribe des offrandes divines, préposé au trésor de la cité de Thèbes ». Thématiquement proche de la précédente, la tombe présente une antichambre très joliment décorée.

Par un petit passage, on accède à la tombe de **Dhoutmosi** *(n° 295)*, très délabrée.

DEIR EL-BAHARI★★★

Voir plan de Louxor. Billets sur le site. 21 £, étudiant 11 £, app. photo et vidéo gratuits.

Ce site, le « couvent du Nord », doit son nom au monastère que les chrétiens installèrent dans le temple d'Hatchepsout aux 6e et 7e s. Le 17 novembre 1997, un attentat meurtrier revendiqué par le commando des *Gama'at al-Islamiya* l'a malgré lui tristement projeté sous les feux de l'actualité. Depuis, et comme partout ailleurs en Égypte, le périmètre est l'objet d'une surveillance continuelle.
Jadis, la vallée était nommée Nefer-Neferou, « la sublime des sublimes ». Pour une vue inoubliable sur les temples de Mentouhotep II et d'Hatchepsout qui s'intègrent parfaitement au paysage, n'hésitez pas à escalader la montagne thébaine, en suivant bien sûr le chemin balisé à cet effet. Sinon, pour vous rendre au temple, évitez le petit train, allez-y à pied, c'est tellement plus prenant !

Temple d'Hatchepsout★★★

Le plus célèbre et le plus visité – Là où la vallée se termine en un vaste amphithéâtre, au pied de parois verticales ocrées, l'architecte de la reine Hatchepsout, **Senenmout**, également son favori et son chancelier, a réussi l'extraordinaire prouesse de construire un temple qui semble émerger de la roche. Ce temple est un spéos, c'est-à-dire un sanctuaire creusé dans le roc. Pour réaliser son projet grandiose, il s'est inspiré de la construction en terrasses ornée de portiques du temple voisin de Mentouhotep II. Par ses proportions divinement harmonieuses et la qualité de la réalisation de sa superstructure, ce temple funéraire a immortalisé le nom de la reine. Mais, Senenmout mérite la même éternité.

1re terrasse – Jadis, une allée bordée de sphinx précédée d'un canal relié au Nil joignait le temple d'accueil au temple funéraire. Un des sphinx de la reine est conservé au Musée égyptien du Caire. À l'ouest de cette terrasse plantée d'arbres à encens, s'ouvre un portique interrompu en son centre par une rampe qui donne accès à la terrasse supérieure. Ce portique en 2 parties se compose de 2 fois 11 piliers arrondis doublés de 11 colonnes. Deux colosses osiriaques représentant la reine étaient accolés aux extrémités. Le mur du fond du portique est décoré de reliefs. Côté sud, on assiste à **l'arrivée des obélisques** qui seront érigés dans le temple d'Amon. Des régiments égyptiens défilent à cette occasion.

2e terrasse – À l'ouest, cette terrasse tout comme la précédente est flanquée d'un portique interrompu au centre par une rampe qui permet d'accéder à la 3e terrasse. Le portique comprend 2 fois 24 piliers. Il est décoré de **bas-reliefs★★** particulièrement intéressants. Du côté droit : la mère d'Hatchepsout s'unit au dieu Amon qui s'est substitué à Thoutmosis I, son époux. Du côté gauche : l'expédition maritime au pays de Pount *(voir Quseir)* est décrite ici à la façon d'une chronique. On peut suivre le déroulement de cette campagne pacifique commandée par Nehesy, dont le but était de ramener des produits exotiques comme l'ivoire, l'ébène, des félins, de la résine ou encore l'arbre à encens que les prêtres appelaient le « parfum des dieux ». La reine du pays de Pount est représentée par deux fois et se distingue par son obésité toute royale (ce n'est qu'un moulage, l'original est au Musée égyptien du Caire). Du côté droit, on assiste à la naissance et à l'éducation d'Hatchepsout, ainsi qu'à son couronnement.

Tombe de Senenmout

À quelques dizaines de mètres au nord-est de la 1re terrasse se trouve le tombeau inachevé de l'architecte. Il fut en réalité enterré dans la Vallée des Nobles. Il a laissé son nom à l'intérieur ainsi qu'un croquis qui le représente de profil *(cette tombe est actuellement fermée).*

La terrasse se continue au sud par la **chapelle d'Hathor**. Ce petit spéos joliment décoré consiste en une enfilade de chambres précédées de 2 salles hypostyles. La première est occupée par deux rangées de colonnes et de piliers aux chapiteaux hathoriques ; la seconde est occupée par des colonnes hathoriques et des colonnes cannelées à 16 pans. Sur ses jolis reliefs défilent des soldats lors des fêtes célébrées en l'honneur de la déesse. Dans les chambres, la reine rend hommage à la déesse. Senenmout l'architecte a signé son œuvre en se faisant représenter derrière le battant de certaines des niches du spéos. Le côté sud de la terrasse est fermé par un mur de soutien décoré de grandes figures des déesses Nekhbet le vautour et Ouadjit le cobra.

La 2e terrasse est bordée au nord par un portique inachevé de 15 colonnes protodoriques. À gauche de ce portique s'ouvre une chapelle dédiée à Anubis qui comprend un vestibule et 3 sanctuaires. Parfaitement conservée, la salle hypostyle, en harmonie parfaite avec le portique, a encore son plafond bleu constellé d'étoiles jaunes.

3e terrasse – Initialement formé de 22 colonnes précédées de piliers osiriaques, son portique donne accès à une cour intérieure intacte de 40 m de large sur 26 m de profondeur. Cette cour ouvre sur plusieurs chambres *(fermées au public)*. Celle du sud est consacrée au culte funéraire de Thoutmosis Ier père d'Hatchepsout. À l'intérieur

B. Kaufmann / MICHELIN

Vue de la montagne thébaine sur les temples de Mentouhotep II et d'Hatchepsout.

la chambre des offrandes d'Hatchepsout ornée de magnifiques reliefs. Celle du nord est consacrée au culte du dieu solaire Horakhty. Le sanctuaire servait de reposoir pour la barque sacrée.

Temple de Mentouhotep II

Voir ABC d'architecture. Ne se visite pas.

Construit au début de la XIe dynastie, c'est-à-dire près de six siècles avant celui d'Hatchepsout, ce temple jetait les bases des constructions monumentales sur la rive ouest de Thèbes. Il est en majeure partie détruit.

Découvert au milieu du 19e s. par Lord Dufferin, le temple a été fouillé par le Suisse Édouard Naville et l'Américain Herbert Winlock. Quelques années plus tard, l'Anglais Howard Carter découvrit dans une tombe aménagée à l'avant du temple une superbe statue intacte de Mentouhotep II. Le roi assis aux chairs noires porte l'habit de son jubilé. Cette œuvre est au Musée égyptien du Caire.

Monument charnière – Symboliquement, l'édifice est encore relié à l'Ancien Empire. Il est en effet à la fois tombeau et temple funéraire or au Nouvel Empire, ces 2 éléments sont dissociés. Dans sa conception cependant, l'édifice annonce le Nouvel Empire avec ses étages en terrasses. Le temple auquel on accédait par une allée processionnelle et une rampe superposait deux terrasses à portiques. Chacune avait un déambulatoire qui tournait autour du mastaba central. Celui-ci renfermait un cénotaphe probablement surmonté d'une pyramide. À l'arrière, contre la falaise, un péristyle conduisait à une salle hypostyle et à un sanctuaire rupestre. Les archéologues découvrirent 6 hypogées consacrés aux princesses et aux épouses royales. Ils renfermaient encore une partie de leur mobilier funéraire tels les magnifiques sarcophages en pierre d'Ashaït et Kaouit, désormais au Musée égyptien du Caire.

Temple de Thoutmosis III

Entre les temples de Mentouhotep II et d'Hatchepsout, le Centre polonais d'archéologie découvrit en 1961 le temple inachevé de ce pharaon. Son architecture s'inspirait de celle de ses voisins. Des études devraient mener à sa restauration.

VALLÉE DES ROIS★★★

La vallée se divise en fait en deux bras : la vallée est ou Vallée des Rois, et la vallée ouest ou Vallée des Singes. Cette dernière ne contient que 4 tombes. La Vallée des Rois est, avec les pyramides de Gizeh et les temples de Louxor, le site le plus visité d'Égypte. Cette vallée appelée en arabe *Biban el-Molouk* (les « Portes des Rois ») est le fruit d'une érosion qui a ouvert d'étroits passages dans les massifs calcaires de la chaîne Libyque. Longue de plusieurs kilomètres, elle n'offre que la roche aux regards, ses 58 tombes connues étant cachées dans ses profondeurs.

Maison de Carter – En s'engageant dans la Vallée des Rois, on voit la maison de Howard Carter (la plus basse des deux), l'inventeur de la tombe de Toutankhamon. Il est prévu qu'un musée ouvre en ces lieux.

Le domaine des pharaons

La cime thébaine qui domine la vallée aurait, par sa forme pyramidale, suggéré aux pharaons des XVIIIe, XIXe et XXe dynasties de faire creuser leurs tombes dans ce morceau de désert brûlé par le soleil. En outre, la vallée est d'un accès difficile, et donc facilement contrôlable. Malgré cela, ces tombes, séparées de leur temple funéraire depuis Aménophis Ier, furent rapidement violées, et ce dès la XXe dynastie. Des papyrus de la Troisième Période intermédiaire racontent en effet les procès des voleurs pris sur le fait.

Creuser sa tombe – Pharaon commençait la construction de sa sépulture de son vivant. Une fois le site choisi, les terrassiers du village de Deir el-Medina se mettaient au travail. À l'aide de maillets en bois et de ciseaux métalliques, ils creusaient le calcaire et les bancs de silex suivant les ordres de l'architecte. À mesure de leur avancement, des plâtriers rattrapaient les irrégularités de la paroi en la recouvrant d'un stuc qu'ils polissaient ensuite en le couvrant d'un enduit fin blanchi à la craie. Les dessinateurs intervenaient alors et, dans un premier temps, quadrillaient à l'ocre rouge les surfaces à décorer. Une fois les hiéroglyphes et les personnages représentés, c'était au tour des sculpteurs d'intervenir. Ils travaillaient les volumes afin d'obtenir des bas-reliefs que des peintres coloraient en fonction d'une codification précise déterminée par les rites : par exemple, le fond jaune reprenait la couleur des papyrus funéraires.

Organiser sa tombe – Le **plan** plus ou moins long, reprend toujours les éléments suivants : un escalier, une descenderie, plusieurs pièce en avant et autour de la salle du sarcophage. Généralement, le couloir de descente des tombes de la XVIIIᵉ dynastie forme un angle droit et il est parfois interrompu par un puits, alors qu'il est rectiligne dans les sépultures de la XXᵉ dynastie. La **décoration** est exclusivement consacrée au monde de l'au-delà et au périple de Pharaon pour gagner le royaume d'Osiris. Elle contraste donc avec les représentations naturalistes des tombes privées, car ici il est question de la survie de l'âme royale.

Entrer dans sa tombe – Bien que d'origine divine, Pharaon finissait par mourir. Il fallait alors soixante-dix jours pour le momifier et l'emmailloter dans des bandelettes de lin. Il pouvait alors gagner sa demeure éternelle. Le cortège de prêtres et ses pleureuses le menaient dans son sarcophage de bois jusqu'au seuil de sa tombe que les ouvriers avaient théoriquement eu le temps de terminer et de « meubler ». On procédait au rituel de l'ouverture de la bouche qui restituait au défunt l'usage de ses 5 sens. Puis on descendait Pharaon jusqu'à la salle du sarcophage où une cuve monumentale en pierre l'attendait. Elle avait été préparée en même temps que la tombe. Une fois le couvercle scellé sur la cuve, on fermait définitivement le tombeau en apposant les sceaux royaux sur sa porte.

Le site

Voir plan Louxor. Billets à prendre sur place. Un billet pour 3 tombes au choix 55 £, étudiant 30 £. Tombe de Toutankhamon 70 £, étudiant 40 £. Tombe de Aï 20 £, étudiant 10 £, app. photo et vidéo interdits. Visite limitée à 10mn par tombe, 5mn pour Toutankhamon. Il fera chaud, donc commencez votre visite assez tôt surtout si vous y allez en vélo ! Emportez de l'eau afin d'éviter la déshydratation. Du parking des taxis, vous pouvez vous rendre en quelques minutes à pied sur le site ou prendre le petit train.

Les tombes, numérotées par ordre de découverte, sont ici classées par ordre chronologique, de la XVIIIᵉ à la XXᵉ dynastie. Certaines, très dégradées, inachevées, fermées ou en cours de fouilles, ne sont pas décrites. *Une douzaine de tombes sont ouvertes (par roulement), un panneau vous indique lesquelles.*

Thoutmosis Ier – *N° 38.* Il fut le premier pharaon à se faire construire une tombe dans la vallée. Avec son changement d'axe et une salle du sarcophage en forme de cartouche, le plan annonce les tombeaux à venir.

Hatchepsout – *N° 20.* La reine assumait les attributs mâles de Pharaon, c'est donc logiquement qu'elle délaissa son premier tombeau commencé dans la Vallée des Reines. Profond de 200 m, celui-ci est néanmoins resté inachevé, sans décor – il contenait son sarcophage et celui de Thoutmosis Ier.

Thoutmosis III★★ – *N° 34.* Située à l'extrémité d'une gorge étroite, cette magnifique tombe fut découverte en 1898 par le Français Victor Loret. Un grand escalier permet d'accéder à son entrée haut perchée dans une faille de la montagne. La descenderie est vertigineuse et donne la sensation de s'enfoncer au cœur même de la montagne. Elle débouche dans le vestibule décoré de peintures représentant 765 divinités. De là, un escalier mène à la salle du sarcophage en forme de cartouche, avec au centre une cuve funéraire vide, en quartzite rouge – la momie avait déjà été retrouvée par Maspero, dans une cachette de Deir el-Bahari, en 1881. Les parois sont décorées à l'image d'un gigantesque papyrus, illustrant le *Livre de l'Amdouat*, texte magique décrivant le parcours nocturne du soleil ; la subdivision en 12 sections correspond aux 12 heures de la nuit. Les piliers sont ornés d'extraits des *Litanies du soleil*, où le roi est assimilé à l'astre divin. Notez l'absence de relief, typique des tombes royales de la XVIIIe dynastie et le style cursif des figures dessinées au trait noir ou rouge, sur fond blanc.

Aménophis II★★ – *N° 35.* Également découverte par Loret en 1898, cet hypogée est un des plus profonds de la vallée. Il faut descendre jusqu'à la salle aux 6 piliers pour découvrir la décoration. Le roi évolue en présence de divinités. Comme dans la tombe de Thoutmosis III, les parois illustrent le *Livre de l'Amdouat* et sont décorées dans le même esprit. La salle du sarcophage renferme une cuve funéraire en quartzite rouge. La momie du roi demeura dans son cercueil jusqu'en 1934 mais elle fut malheureusement saccagée une nuit par des voleurs en quête de trésor. Elle repose aujourd'hui au Musée égyptien du Caire. Elle portait encore au moment de sa découverte une guirlande autour du cou, et un petit bouquet de mimosa posé sur sa poitrine.
Dans une des 4 chambres annexes excavées autour de la salle du sarcophage, Loret découvrit 9 sarcophages contenant des momies royales, dont celles d'Aménophis III, Ramsès V et Ramsès VI. Elles avaient été cachées dans cette sépulture par les grands prêtres à la fin de la XXe dynastie pour les protéger des pillards.

Toutankhamon – *N° 62.* En regard de l'aura que la découverte fabuleuse de cette tombe lui a assurée, la visite ne peut que décevoir. D'une part, la tombe est petite et seule la salle du sarcophage inachevée est décorée de quelques peintures au style banal. D'autre part, à l'exception de la cuve funéraire et de son **sarcophage extérieur★** qui renferme toujours la momie du roi, l'intégralité du célèbre trésor se trouve aujourd'hui au Musée égyptien du Caire. La tombe symbolise néanmoins l'invraisemblable richesse de l'art égyptien. C'est donc avant tout un lieu chargé de rêves et d'esprit aventureux que l'on visite ici. Lorque Carter pénétra dans l'antichambre de la tombe de Toutankhamon, remplie de fragments de poterie et d'objets divers déplacés (chars, lits plaqués d'or, coffres multiples, vases en albâtre, sièges et trône, bijoux et vêtements…), celle-ci offrait le spectacle d'une pièce fouillée, remuée par des pilleurs de tombe qui avaient été dérangés dans leur besogne et s'étaient enfuis. La tombe avait été scellée à nouveau et personne depuis n'avait pénétré dans ce lieu chargé d'histoire. Contre le mur nord de l'antichambre se tenaient 2 statues du roi grandeur nature. Elles montaient la garde devant la chambre funéraire. Howard Carter et Lord Carnarvon découvrirent dans cette salle du sarcophage 4 chapelles en bois doré emboîtées les unes dans les autres. Dans la dernière, une cuve en pierre renfermait 2 sarcophages anthropoïdes en bois doré incrustés de pâte de verre et de pierres semi-précieuses. Lorsque le deuxième cercueil fut ouvert, quel ne fut pas l'émerveillement des archéologues de découvrir un sarcophage en or massif. Le 28 octobre 1925, ce dernier fut ouvert à son tour révélant l'extraordinaire masque en or du jeune Toutankhamon. La momie royale était restée inviolée depuis que les prêtres funéraires en scellant la tombe avaient enfouis à jamais ce trésor fabuleux.

Presque par hasard

Engagé par Lord Carnarvon, Carter avait mis au jour la tombe d'Aménophis Ier avant sa fantastique découverte. La concession du lord arrivait à son terme lorsque, le 4 novembre 1922, fouillant un dernier recoin de gravats sous l'entrée de la tombe de Ramsès VI, Carter dégagea une marche taillée dans la roche. Elle allait le mener à la gloire.

Horemheb – *N° 57.* Lorsqu'il découvrit cette tombe en 1908, l'Anglais Edward Ayrton dut d'abord déblayer des monceaux de gravats et de débris charriés par les rares pluies torrentielles qui s'abattent parfois sur la chaîne Libyque. Interrompue en de nombreux endroits, la décoration nous donne l'occasion de détailler les techniques utilisées par les artistes de l'époque. On distingue en effet sans peine les quadrillages employés par les dessinateurs pour reproduire leurs figures.
Cet hypogée marque un changement dans la conception de la tombe royale : la descente n'est plus coudée à angle droit et les bas-reliefs apparaissent.

Ramsès Ier★ – *N° 16.* Découverte par Giovanni Belzoni en 1817, elle est d'un plan modeste car ce roi ne régna que deux années. En revanche, la décoration murale, proche de celle de la tombe de Horemheb par son style, est vraiment très belle. Elle reprend des scènes extraites du *Livre des portes*. Sur la paroi sud de la salle du sarcophage est évoquée la 4e heure du livre : au registre supérieur, 9 momies dominent, au registre inférieur le gigantesque serpent Apopis flanqué de 12 déesses figurant ici les 12 heures nocturnes. Chaque matin et chaque soir, Apopis attaquait le soleil ; Il fallait donc l'empêcher de lui nuire d'où de terribles luttes. Seuls certains rituels permettaient à Rê de triompher de ce combat perpétuel.

Séthi Ier★★★ – *N° 17 ; voir aussi ABC d'architecture.* Bien que fermée depuis 1991, cette tombe mérite un bref commentaire tant sa structure et sa décoration en font incontestablement le plus admirable des hypogées de la vallée. Découvert par Belzoni, sa longueur de 120 m donne lieu à un plan complexe. Toutes les parois sont ornées de bas-reliefs et de peintures, y compris les plafonds, déclinant une féerie décorative depuis les *Litanies de Rê* du 1er couloir jusqu'au parcours du soleil extrait du *Livre de l'Amdouat*, dans la salle du sarcophage. Belzoni emporta avec lui le sarcophage d'albâtre translucide de Séthi Ier, qui fut acquis par un collectionneur, John Soane, l'architecte de la Banque d'Angleterre.

Mérenptah – *N° 8.* À partir de cette tombe, longue de 115 m, la hauteur des couloirs de descente évolue. Du point de vue décoratif, elle se distingue par deux factures différentes. On voit tout d'abord des reliefs de belle qualité, que prolongent des bas-reliefs plus pauvres techniquement. Il est possible que ce roi couronné alors qu'il était déjà sexagénaire ait fait accélérer les travaux pour que sa sépulture soit prête à l'accueillir.

Séthi II – *N° 15.* Elle fut utilisée par Carter pour emmagasiner et restaurer les pièces qu'il retirait de la tombe de Toutankhamon. Le couloir de descente est décoré d'extraits des *Litanies de Rê*, le vestibule de divinités funéraires.

Setnakht★ – *N° 14.* Le premier roi de la XXe dynastie a en fait usurpé cette tombe primitivement conçue pour la reine Taousert, épouse successive de Merenptah et Séthi II. Setnakht fit recouvrir toutes les représentations de la reine, que l'on peut toutefois voir dans le couloir restauré *(immédiatement à gauche)*. Dans la salle aux 8 piliers, le roi est représenté en érection afin de prouver qu'il est vivant. Sous lui se trouve le serpent Apopis, incarnation du Mal.

B. Kaufmann / MICHELIN

Détail du plafond astronomique de la salle du sarcophage de Ramsès VI.

Ramsès III★★★ – *N° 11.* Lorsqu'il l'explora en 1768, l'Anglais James Bruce la baptisa « tombe des harpistes », en raison de deux superbes représentations de ces musiciens. Longue de 125 m, elle a un plan complexe, marqué par un décrochement : en creusant cette sépulture, les ouvrier se heurtèrent à la tombe d'Amenmesse (actuellement fouillée par Otto Schaden). La décoration illustre les *Litanies de Rê*, le *Livre de l'Amdouat*, le *Livre des portes*. La grande particularité de cette tombe se trouve dans les 8 chambres latérales du 2e couloir. Les scènes y sont tout à fait inhabituelles pour la vallée : préparation des aliments, barques sur le Nil, céréales, personnification du Nil, armes royales (arcs, casques, chars, etc.), personnifications des nomes d'Égypte, mobilier et vases, double du roi, labourage des champs, les 2 harpistes jouant devant les dieux Chou, Atoum et Onouris (dieu chasseur et guerrier). Dans la salle à 4 piliers se trouvent représentées les 4 races humaines que connaissaient alors les Égyptiens et des scènes d'offrandes à Rê-Horakhty, Khépri et Atoum (les formes de la divinité solaire). La salle du sarcophage, à 8 piliers, ne se visite pas. La cuve funéraire en quartzite rouge est aujourd'hui au musée du Louvre, à Paris ; son couvercle, au Fitzwilliam Museum de Cambridge.

Ramsès IV – *N° 2.* Utilisée comme église au 5e s., la tombe possède la plus grande cuve funéraire de la vallée (3,3 m de long, 2,12 m de côté, 2,75 m de haut). On voit le roi sur son couvercle protégé par Isis et Nephtys. Le plafond de la salle du sarcophage est décoré de représentations astronomiques et de la figure de la déesse Nout. Il a conservé une couleur bleu extraordinaire.

Ramsès VI★★ – *N° 9.* Prévue pour Ramsès V, la tombe fut utilisée par son successeur, probablement pour des raisons économiques. Son iconographie splendide, à dominantes rouges et jaunes, est particulièrement complexe. Jusqu'à la salle aux 4 piliers, elle est, sous un plafond astronomique, consacrée au *Livre des cavernes* et au *Livre des portes*, traitant d'une géographie de l'au-delà. Entre cette salle et la salle du sarcophage, la décoration enchaîne sur le *Livre de l'Amdouat* et le *Livre des morts*. Chacun de ces livres recelait un pouvoir magique animant le monde du défunt, le guidant et le protégeant à la fois par des formules de conjuration qui lui permettait de dominer les forces du Mal. Celles-ci sont repérables dans la salle du sarcophage sous la forme de personnages décapités devant leurs bourreaux.
Au plafond de la salle du sarcophage, la déesse Nout est représentée deux fois : l'une avec le disque solaire (le jour), l'autre avec des étoiles (la nuit). Elle engloutit l'astre solaire le soir (soleil rouge) avant de le régénérer au matin.

Ramsès VII – *N° 1.* Décorée d'extraits du *Livre des cavernes*, sa salle du sarcophage possède un beau plafond astronomique. À l'entrée se trouve un très beau portrait du défunt.

Ramsès IX★ – *N° 6.* La décoration développe les thèmes de la tombe de Ramsès VI, auxquels elle ajoute les *Litanies de Rê*, qui décrivent les 75 transformations opérées par le dieu et le pharaon durant leur voyage nocturne. Dans les 2e et 3e couloirs sont représentées des divinités infernales. La salle du sarcophage est décorée d'un plafond astronomique (Nout engloutit le soleil). Sur la paroi sud une scène illustre la naissance du soleil, avec le scarabée Khépri, forme matinale de Rê.

Aï – *N° 23, à 2 km, dans la vallée de l'ouest.* Le successeur de Toutankhamon n'a régné que trois années : sa tombe est inachevée. Découverte par Belzoni en 1816 *(voir son nom gravé sur une pierre à côté de l'entrée)*, elle présente un plan linéaire qui annonce ceux de la XXe dynastie. Elle contient une belle scène de chasse aux oiseaux, habituellement réservée aux tombes privées.

TEMPLE DE SÉTHI Ier★

Voir plan de Louxor. Billet au Ticket office. 20 £, étudiant 10 £, app. photo et vidéo gratuits.

Édifice le plus septentrional de la rive ouest de Thèbes, il fut autrefois nommé le « temple de Gourna » en raison de la proximité de ce village.

« Gloire à Séthi à l'occident de Thèbes »

Tel était le nom que les Égyptiens donnaient à ce temple funéraire, le mieux conservé des « temples de millions d'années » se situant à la lisière des terres cultivables.

Enceinte – Elle délimitait un périmètre contenant le temple, mais aussi un palais royal au sud, et au nord, des entrepôts où étaient emmagasinés les produits des récoltes. L'intégration de ce type de bâtiment dans une enceinte royale est une

Système graphique

La représentation de la figure humaine était descriptive, ce qui explique que le visage, vu de profil, soit enrichi d'éléments vus de face : sourcils, yeux, demi-bouche. Chaque partie du corps est rendue pour les définir au mieux. Les épaules sont de face pour bien positionner les bras. Le bassin est de trois quart afin de situer le nombril. Les jambes sont de profil, mais chaque pied présente le gros orteil au spectateur.
Pour exécuter un bas-relief ou une peinture, on reproduisait sur la paroi et à grande échelle la grille tracée sur un dessin préparatoire. Généralement haute de 21 carrés, elle pouvait être subdivisée. Cette technique de **quadrillage** permettait aux dessinateurs qui travaillaient pratiquement sans lumière de respecter les proportions de leur sujet.
Selon une typologie des couleurs, le noir (charbon ou suie) symbolise la mort et la vie éternelle. Le rouge (oxydes de fer) le feu central. Le jaune (sulfure d'arsenic) l'or ou la résurrection. Le blanc (gypse) l'argent. Le vert (sels de cuivre) la régénération. Le bleu (synthèse de sels de cuivre, de calcite et de sels de sodium) le ciel.

nouveauté pour l'époque. Ramsès II le fera par la suite au Ramesséum *(voir ce site)*. Dressé à l'intérieur de l'enceinte, le palais royal revêtait ici une fonction rituelle : à l'occasion des festivités, une statue placée dans la salle du trône permettait au roi défunt de se manifester.
Temple – *Entrée par l'enceinte nord.* Après avoir emprunté l'ancienne allée des processions, on accède à la 1re cour. Précédé jadis par 2 pylônes et 2 cours, l'édifice a seulement conservé un beau **portique** à colonnes papyriformes fasciculées. Les bas-reliefs datent pour l'essentiel de Ramsès II, Séthi Ier n'ayant pas eu le temps de décorer l'édifice. On voit Mout et Hathor allaiter ce roi. Dans le sanctuaire, les chapelles ont conservé de beaux reliefs : à voir notamment une splendide tête de bélier surmontée du disque solaire, enseigne de la grande barque sacrée d'Amon.

La rive Ouest pratique

Se loger

Les hôtels font également restaurant. Durant la haute saison, il vaut mieux réserver car ils sont très vite au complet.
Habu Hotel – *Devant le temple de Medinet Habou - ✆ 231 16 11 - ⊠ - 15 ch. 60 £ ☕.* Spartiate, cet hôtel ordinaire offre une vue superbe sur le temple depuis sa terrasse.
Marsam Hotel – *Au niveau du Ticket office - ✆ 237 24 03 - marsam@africamail.com - ⊠ - 23 ch. 130 £ ☕.* Également appelé Abd el-Rasul ou Sheikh Ali, cet hôtel en terre crue au mobilier simple occupe d'anciens logements d'archéologues. Le jardin très agréable donne sur la campagne.
Nour El-Gourna – *Au niveau du Ticket office - ✆ 231 14 30 - ⊠ - 8 ch. 130 £/200 £ ☕.* D'architecture traditionnelle, cet hôtel très agréable, à l'ambiance familiale, occupe un vaste jardin. La nourriture est excellente.
Sennefer Guesthouse – *Gourna - ✆ 231 31 37 - senneferguesthouse@yahoo.fr - ⊠ - 12 ch. 200 £ ☕.* Le patron parle français et vous accueille chaleureusement. Au cœur du village, on a une vue magnifique depuis la terrasse sur toute la vallée.
El Gezira Gardens – *Près du débarcadère - ✆ 231 25 05 - gezira_hotels@yahoo.de - 60 ch. 30 £ ☕. 8 appart. à louer.* Dans un agréable jardin entourant une piscine, cet hôtel offre tout le confort désiré. Loin des sites mais proche de l'animation des bords du Nil.

Se restaurer

Au bord du Nil, les petits restaurants ne manquent pas. Dans les terres, les hôtels que nous recommandons font également restaurant : leur cuisine traditionnelle est généralement bonne.
Toutankhamon – *Proche du bac public - ✆ 231 09 18 - ⊠.* Le patron Mahmoud vraiment très sympa parle parfaitement français. Il a travaillé à la mission française de Karnak et dans de grands hôtels. Sa cuisine traditionnelle est excellente. Sur commande il prépare de vrais banquets et des gâteaux d'anniversaire. Ses menus sont très copieux. Une des meilleures adresses de Louxor !

Faire une pause

Cafeteria El-Ramsion (Ramesséum Guesthouse) – *Après le Ramesséum, en contrebas de la route.* Possibilité de boire un verre et de prendre une collation sur une terrasse ombragée. Très agréable.

Loisirs

Si vous aimez marcher, profitez-en, les distances ne sont pas si longues et une partie des sites peut se faire à pied. Le matin au lever du soleil, c'est magnifique. Attention le soir, les chiens errants deviennent agressifs.

Vélo – C'est un moyen idéal pour visiter les différents sites. Les hôtels louent des vélos pour 10 £/j. Au débarcadère on peut en louer auprès d'**Ahmed Youssef** ou d'**El-Nady** pour 10 £ la matinée. Dans tous les cas, vérifiez la mécanique et demander un antivol.

Promenade à cheval, à dos d'âne ou en dromadaire – C'est un moyen très agréable pour découvrir la campagne thébaine. Quel que soit votre choix, vous êtes accompagné durant votre balade. On peut même venir vous chercher sur l'autre rive en bateau. À moins d'avoir des reins en béton, le cavalier à dos d'âne regrettera à coup sûr d'être allé jusqu'à la nécropole thébaine. Les distances entre les sites sont plutôt longuettes et la chaleur n'arrange rien à l'affaire. Nous conseillons **Nobi Mahmoud Omar** – *à hauteur de la station Mobil* - *✆ 010 50 48 558* - cheval arabe ou dromadaire pour 25 £/1h. Également **El-Nady** – *derrière le Toutankhamon* - *✆ 010 51 54 652* - cheval 20 £/1h, âne ou dromadaire 15 £/1h.

Excursion en montgolfière – Les agences de Louxor organisent des tours en ballon au-dessus de la rive ouest et de la Vallée des Rois avec diverses compagnies. 45mn à 1h de vol. Entre 100 et 250 $. On vient vous chercher en barque à moteur à votre hôtel entre 5h et 5h30 et on vous y ramène. **Hod-Hod Soliman** – *✆ 237 01 16* - *hodhodoffice@yahoo.co.uk*. **Balloons Over Egypt** *✆ 010 56 85 294*.

Achats

Vous n'aurez aucune difficulté à trouver tous les souvenirs classiques à ramener d'Égypte, que ce soit dans le souk à Louxor ou à l'entrée des vallées royales, particulièrement dans la Vallée des Rois. Dans ce dernier cas, vous croiserez inévitablement un vendeur qui, par amitié pour vous, sera prêt à vous vendre « une antiquité » cachée au creux de sa main. La vente d'antiquités est interdite. Ne vous laissez donc pas abuser. Rien ne vous empêche d'acheter cet objet, mais au prix d'une œuvre récente. Les habitants de Gourna travaillent l'albâtre. C'est le moment de vous arrêter dans une de leur boutique. Vous verrez les sculpteurs au travail. Si vous désirez de beaux papyrus, allez au **Queen's Papyrus Institute** *(vers les colosses de Memnon)*. Khirey Hussein Shebeb vous expliquera très gentiment sa fabrication. Ses papyrus sont de qualité, ses prix sont honnêtes et l'accueil est chaleureux.

De Louxor à Assouan★★★

CARTE GÉNÉRALE C3-D3

Esna, Edfou, Kom Ombo… Sur ces sites célèbres, les visiteurs s'immergent dans une période particulière de l'histoire de l'Égypte : l'Époque ptolémaïque. Ici, en effet, les souverains d'origine hellénistique ont élevé de magnifiques temples à la gloire d'Horus ou de Sobek en reprenant l'architecture égyptienne. Mais les reliefs sont marqués par un style nouveau, tout en rondeur, beaucoup plus chargé, qui mélange curieusement les éléments de la mythologie égyptienne. Et les parois couvertes de textes liturgiques écrits en ptolémaïque témoignent de l'activité de ces sanctuaires.

Se repérer – Esna : à 61 km au sud de Louxor sur la rive droite du Nil. El-Kab : à 32 km au sud d'Esna sur la rive droite du Nil. Edfou : à 108 km au sud de Louxor, 53 km au sud d'Esna et 115 km au nord d'Assouan sur la rive gauche du Nil. Kom Ombo à 167 km au sud de Louxor, 65 km au sud d'Edfou et 45 km au nord d'Assouan sur la rive droite du Nil.

À ne pas manquer – À Edfou, la statue du faucon Horus et les scènes de son combat pour défendre Osiris. À Kom Ombo, les instruments de chirurgie et les scènes astronomiques.

Organiser son temps – L'idéal, c'est de rejoindre Assouan depuis Louxor (ou inversement) en visitant au passage Edfou et Kom Ombo. Comptez une journée.

B. Kaufmann / MICHELIN

Plafond hypostyle du temple de Khnoum à Esna.

Circuit de découverte

ESNA

Les croisières n'y font généralement pas escale, et les convois organisés pour Edfou et Kom Ombo ne s'y arrêtent pas. Mais l'excursion est possible en prenant un taxi qui quittera le convoi au niveau d'Esna. Il suffit simplement d'informer les autorités de sa destination.
Signalée par un élégant minaret fatimide et un pont-écluse long de 875 m construit en 1905, cette petite ville agricole est également un centre de l'industrie textile.

Temple de Khnoum★

Tlj 7h-17h, été : 7h-18h. 20 £, étudiant 10 £, app. photo et vidéo gratuits.
Le petit temple d'Esna occupe une dépression au cœur du village. De cet édifice commencé sous Ptolémée VI, achevé par l'empereur Vespasien, dégagé à la fin du 19e s., il ne reste qu'une **salle hypostyle★★**. Ce très beau témoignage de l'architecture gréco-romaine a conservé, comme le temple d'Edfou, un plafond intact. Ses 24 colonnes aux chapiteaux composites (tous différents) soutiennent des architraves décorées de scènes astronomiques. Les textes des colonnes évoquent les fêtes consacrées entre autres au dieu-bélier Khnoum et à Horus. Les cartouches de Claude, Titus et Vespasien sont inscrits sur la façade. Un texte de Dèce, l'un des derniers rédigés en

hiéroglyphe, est gravé à gauche de la porte, à l'intérieur de la salle. Sur le mur est, les empereurs romains Septime Sevère, Caracalla et Geta font des offrandes à Khnoum, à son épouse Nebétou et à leur fils Héka, dieu de la Magie. Titus, Domitien et Trajan combattent des ennemis sur les murs extérieurs est et ouest du temple. Les inscriptions de cette salle sont d'un intérêt considérable car elles présentent un des rares ensembles complets de textes liturgiques. Mais elles sont extrêmement difficiles à déchiffrer. Certains textes trop complexes n'ont pu être traduits !

EL-KAB

Les croisières n'y font pas escale, et les convois organisés entre Edfou et Louxor ne s'y arrêtent pas. Il faut donc demander une autorisation spéciale et prendre un taxi.

Les temples – El-Kab correspond à l'ancienne *Nekheb*, dont le nom est attesté depuis la IIe dynastie. De cet important centre religieux que les Grecs nommèrent *Eileithyiaspolis*, il ne reste aujourd'hui que des ruines. La route qui relie Louxor à Assouan longe l'imposante enceinte de brique crue qui cache aux yeux des profanes les restes chaotiques d'un temple de l'époque de Thoutmosis III, d'un sanctuaire d'Aménophis II et d'un lac sacré. L'égyptologue belge **Jean Capart** (1877-1947), à la tête d'une expédition commanditée par la fondation Reine-Élisabeth, entreprit l'exploration du site en 1939 et en 1945. Sa maison est toujours debout, entre la ligne de chemin de fer et le Nil.

Consacré à Nekhbet –La divinité majeure du site est Nekhbet, « celle de Nekheb », figurée par un vautour. Déesse tutélaire du pays, elle représente la Haute-Égypte tandis que la déesse-cobra Ouadjit patronne la Basse-Égypte. Ensemble, elles protègent le pharaon de leurs ailes déployées.

Nécropole – Les tombes rupestres et princières d'El-Kab remontent pour la plupart au début de la XVIIIe dynastie. Celle de Paheri, gouverneur de Nekheb, est décorée de scènes de la vie quotidienne polychromes (famille, travaux agricoles, chasse, funérailles). La sépulture de Renini, haut fonctionnaire d'Aménophis Ier, a de jolies scènes agricoles. Celle d'Ahmès, amiral d'Ahmosis, est célèbre pour son récit des combats qui opposèrent les Égyptiens aux Hyksôs. La chapelle de Sétaou de la XXe dynastie est intéressante pour son banquet funéraire.

EDFOU★★

Accès : en bateau de croisière. Également par la route en prenant le convoi à partir de Louxor ou d'Assouan, en bus ou en taxi (trajet 3h depuis Louxor, visite 1h). Train déconseillé car la gare est loin du temple.

Au débouché d'anciennes pistes caravanières, Edfou est devenue la principale ville-étape des croisières sur le Nil. Centre agricole et sucrier, la localité doit ce succès à son temple d'Horus, le mieux conservé de toute l'Égypte. Si les touristes n'y font généralement et malheureusement qu'une halte rapide, ils y connaissent un bain de foule tout aussi bref qu'intense.

Temple d'Horus★★

Tlj 7h-17h, été : 7h-18h. 35 £, étudiant 20 £, app. photo et vidéo gratuits.

La construction de ce temple, l'un des mieux conservés d'Égypte, débuta en 237 av. J.-C. sous Ptolémée III et dura une trentaine d'années. Par la suite et ce jusqu'à Ptolémée XIII, l'édifice fut agrandi et embelli. Ses dimensions (137 m sur 79 m) en font le deuxième temple le plus important d'Égypte après Karnak. Il se singularise par son orientation nord-sud (les temples sont généralement perpendiculaires au Nil). Son état de conservation est remarquable. Ensablé jusqu'à hauteur des chapiteaux, il ne fut débarassé de cette protection naturelle qu'en 1860 par Auguste Mariette, alors chargé de la sauvegarde des monuments antiques. Autrefois au cœur de l'urbanisme, il est désormais bordé à l'est par la ville moderne. Le dieu Horus figuré comme un faucon ou un homme à tête de faucon était vénéré en ces lieux sous sa forme céleste. Il est omniprésent sur tous les reliefs.

Edfou, le « Siège d'Horus » – Apollonopolis Magna pour les Grecs, était la capitale du 2e nome de Haute-Égypte. La ville gréco-romaine recouvre la cité du Nouvel Empire inexplorée à ce jour et la nécropole de la VIe dynastie en partie fouillée au début du 20e s. par des archéologues français.

La triade d'Edfou – À votre gauche en arrivant se trouve le **mammisi** dans lequel les prêtres célébraient la naissance d'Harsomtous, fils d'Horus et d'Hathor. Des représentations du dieu Bès, qui préside aux accouchements en protégeant mère et enfant, surmontent les chapiteaux des colonnes du péristyle qui encercle la cour, la salle et le sanctuaire. Diverses divinités musiciennes ornent les colonnes de la cour.

Un plan classique – Les puissants massifs du **pylône★** haut de 36 m montrent Ptolémée XII sacrifiant des prisonniers devant Horus et Hathor. Le pylône est divisé en chambres sur 4 étages. Un escalier permettait d'atteindre la terrasse. La vaste **cour**, entourée sur 3 côtés par une **colonnade** aux chapiteaux très variés, présente des reliefs qui relatent les épisodes de la *fête de la Bonne Réunion*, durant laquelle la déesse Hathor portée en procession depuis Dendérah s'unit à son époux. Une superbe statue en granit du **faucon Horus★** coiffé du *pschent* monte la garde près de l'entrée (la seconde est fragmentaire).

A. Mouraret / MICHELIN

Edfou : à l'entrée du naos se tient un magnifique faucon coiffé du pschent.

Plongée dans la pénombre, la **première salle hypostyle** – une des rares ayant conservé sa toiture – est décorée d'un grand nombre de scènes d'offrandes disposées en registres. La fondation du temple est décrite à gauche de l'entrée. La **seconde salle hypostyle**, entourée de 3 petites chambres, s'ouvre sur la **salle des offrandes** par laquelle on accède à la terrasse. Les escaliers sont ornés d'une grande procession de prêtres qui conduisent la statue du dieu dans un petit kiosque afin qu'elle soit régénérée par les rayons du soleil. Il s'agit de la *fête du Nouvel An*. En redescendant, vous entrez dans le vestibule puis dans le sanctuaire dont le **naos** est un granit monolithe de 4 m de haut. Inscrit au cartouche de Nectanébo II, il était à l'origine fermé par une porte en cèdre du Liban, plaquée d'or et de cuivre.

Entourant le sanctuaire, un couloir dessert **10 petites chapelles** aux destinations définies par les inscriptions : la « chambre des étoffes », la chapelle dédiée à Rê... Remarquez en passant la réplique moderne en bois d'une barque solaire. Entre le temple et l'enceinte extérieure, un long **déambulatoire** contourne l'édifice. Les murs couverts de bas-reliefs sont d'un grand intérêt. À l'ouest, un épisode célèbre du mythe d'Isis et Osiris : leur fils Horus armé d'un harpon tue le dieu Seth figuré par un hippopotame. Des fêtes commémoraient cet événement majeur de la mythologie égyptienne. Au nord se déroule le couronnement d'Horus. Tous les ans, un faucon bien vivant habité par le dieu tout-puissant était officiellement couronné au sein du temple. Dans l'angle nord-est, un texte évoque Imhotep, l'architecte divinisé de Djéser. À l'est, Ptolémée VIII est intronisé : il porte successivement la couronne blanche de Haute-Égypte puis la rouge de Basse-Égypte. Les murs sont ornés de gargouilles à têtes de lion, tout à fait inutiles dans ce pays ! À l'est du temple, un escalier conduit au Nilomètre.

KOM OMBO★★

Accès : par bateau de croisière ou en taxi, à partir de Louxor et Assouan en prenant le convoi (trajet 4h30 depuis Louxor, visite 1/2h). Des taxis collectifs relient Edfou et Kom Ombo mais vous déposent à 1 km au nord du temple. Éviter le train beaucoup trop lent.

Dépendant du 1er nome de Haute-Égypte dont la capitale était située sur l'île Éléphantine à Assouan, la cité s'en est vraisemblablement affranchi sous la forme d'une province autonome, et ce à partir de la XVIIIe dynastie. Le temple actuel date de l'Époque ptolémaïque.

Temple★★

Tlj 7h-20h. 20 £, étudiant 10 £, app. photo et vidéo gratuits.

Idéalement placé sur un tertre aux allures d'acropole qui domine le fleuve, ce sanctuaire du dieu-crocodile Sobek charme l'œil au premier regard. Imposant, majestueux et attrayant, bien qu'assez ruiné (il a servi de carrière au 19e s.), il dessine sa lourde silhouette de pierre sur la toile éternellement bleue du ciel de Haute-Égypte, au milieu d'un paysage verdoyant de cultures et de canne à sucre. Ce tableau est réellement pittoresque, au sens ancien du mot, une image qui charme aussi bien les yeux que l'esprit.

Commencé par Ptolémée VI, le temple a été achevé au 3e s. de notre ère. L'édifice fut dégagé en 1893 par le Service des antiquités égyptien sous la direction de Jacques de Morgan.

Doublement consacré – Tout à fait original, ce temple est en fait consacré à deux divinités : **Sobek** le crocodile et **Haroéris** à tête de faucon, qui n'est autre que Horus le Grand fils du dieu-soleil Rê.

Sobek

Le **crocodile** était vénéré à travers lui. Dieu de l'Eau fertilisant la terre, il fut surtout adoré dans le Fayoum mais également à Kom Ombo. Au Nouvel Empire, il était considéré comme l'époux d'Hathor et le père de Khonsou. Avec la construction du haut barrage d'Assouan, les crocodiles ont disparu en Égypte. Ils sont au contraire nombreux sur le lac Nasser. Mais, le dieu Sobek veille toujours…

Un plan mystérieux – Si sa ressemblance avec le temple d'Horus à Edfou est manifeste (un pylône, une cour, deux salles hypostyles dont 1 pronaos, 3 vestibules contre 2 à Edfou, des pièces annexes et 1 naos), le plan du temple de Kom Ombo s'en distingue par une particularité tout à fait inattendue : il est le seul de toute l'ancienne Égypte à posséder, d'une part, deux entrées, d'autre part, deux galeries ou couloirs parallèles autour du sanctuaire. Cette singularité, mystérieuse par son caractère unique, s'explique par la double consécration du temple, qui combine deux sanctuaires en un seul. Le temple sur son esplanade est entouré par un mur en brique.

Le mammisi – En avant et à gauche du temple, on devine les restes de cet édifice destiné à célébrer la naissance de l'enfant divin. Il fut construit par Ptolémée VIII au 2e s. av. J.-C.

Les premières salles – Le pylône a entièrement disparu. La cour de Tibère du 1er s. apr. J.-C. conserve quelques colonnes dont les beaux reliefs « dans le creux » laissent encore apparaître des couleurs. La **façade★** actuelle du temple, qui correspond au mur extérieur de la 1re salle, est percée d'une double porte. De part et d'autre, des scènes montrent Ptolémée XIII devant Horus et Thot à gauche, Sobek et Haroéris à droite. Le plafond de la **1re salle hypostyle**, la plus grande, est décoré de scènes astronomiques. Les 10 colonnes campaniformes à chapiteaux ouverts portent le nom de Ptolémée ainsi que des scènes d'offrandes. Quant aux parois de la salle, elles sont ornées de scènes rituelles accompagnées des noms de Ptolémée VIII, Ptolémée XII et Cléopâtre II.
La 2e salle hypostyle ou **pronaos** est plus petite. Elle regroupe néanmoins 10 colonnes et ses parois sont décorées de scènes d'offrandes gravées aux noms de Ptolémée VI et Ptolémée VIII.

Au cœur du temple – La **salle médiane**, la **salle des offrandes** et la **salle de l'Ennéade**, décorées sous Ptolémée VIII et Cléopâtre II, entourées de pièces annexes précèdent le naos divin constitué de **deux sanctuaires** dédiés à Haroéris *(à gauche)* et Sobek *(à droite)*. Une crypte sépare les deux pièces. Un double déambulatoire ouvrant sur des annexes isole le cœur sacré du temple. La **galerie intérieure** proche des sanctuaires montre des scènes d'offrande aux cartouches de Néron et Vespasien. La **galerie extérieure★**, décorée sous Domitien et Trajan, est plus intéressante : sur la paroi externe, dans l'axe du naos, sont représentés des instruments chirurgicaux (pinces, bistouris, ciseaux, trépan) ; sur la paroi interne, on voit la déesse lionne Sekhmet, incarnation divine de l'œil de Rê. Certains reliefs de la partie arrière du temple sont inachevés. Prenez le temps de les regarder, vous n'en comprendrez que mieux le travail des sculpteurs ! Quelques édifices occupent l'espace autour du temple : un puits circulaire avec son escalier, une chapelle dédiée à

L. Michel / MICHELIN

Kom Ombo : bas-relief de la déesse-lionne Sekhmet.

Hathor ornée de jolis reliefs. À l'intérieur, vous pourrez voir 2 momies de crocodiles et devant, quelques sarcophages.

Daraw et le marché aux dromadaires

Souk al-Gamaal : 8 km au sud de Kom Ombo, à 2 km du village de Daraw. Accès en voiture ou en taxi collectif depuis Kom Ombo - mar. 7h-14h, en hiver : mar. et dim. Visitez le marché le dim. si possible av. 11h car il rassemble parfois plus de 1 000 dromadaires.

Ce marché haut en couleur, tenu par un personnage attachant, le cheikh Badawi, rassemble des dromadaires du Soudan, acheminés par des nomades de la tribu bishari. À proximité se tient un marché aux fruits et légumes ainsi qu'une foire aux bestiaux : les vaches côtoient les chèvres parfois transportées sur l'épaule des marchands.

De Louxor à Assouan pratique

Informations utiles

Organiser son périple depuis Louxor ou Assouan en louant un taxi ou un minibus soit auprès de son hôtel, soit dans une agence. On part vers 7h, on arrive en milieu d'après-midi à Assouan ou Louxor. Le coût de revient diminue quand le nombre de passagers augmente.

Se restaurer

Edfou – Cafétéria : *à l'entrée du site près du souk touristique.*

Kom Ombo – Cafétéria au **Rural Village** – *en contrebas de l'entrée du temple* - Vous pouvez consommer des sandwiches et des boissons.

Également **El-Noba** – *Route principale.* Poulet, koftas et légumes.

Assouan★★★

246 500 HABITANTS
CARTE GÉNÉRALE D3

Aux portes de la Basse-Nubie, Assouan est une ville tout en séduction. Sa population nubienne est très accueillante, l'air y semble miraculeusement pur, le ciel est d'un bleu azur. Les felouques, toutes voiles déployées, qui voguent sur le Nil entre les énormes rochers de granit et les îles verdoyantes, se détachent sur le sable jaune du désert. Le splendide site archéologique de Philae ouvre sur le lac Nasser et la Nubie mystérieuse. La plus méridionale des villes d'Égypte invite au rêve et au repos, à un art de vivre très éloigné de l'agitation du Caire.

Se repérer – À 913 km au sud du Caire, à 213 km au sud de Louxor.

À ne pas manquer – Les inscriptions rupestres de l'île Sehel, la tombe de Sarenpout II, le musée de la Nubie.

Organiser son temps – Groupez Philae avec Kalabsha, le barrage et l'obélisque. Groupez aussi les tombeaux et St-Siméon à faire tôt le matin. Faites le souk de préférence le soir car il est nettement plus féerique.

Avec les enfants – Une balade en felouque, St-Siméon à dos de dromadaire et une escapade au souk.

Comprendre

De l'ivoire au granit – Fondée dès les premières dynasties, la ville n'occupait à l'origine qu'une partie de l'**île Éléphantine**, capitale du 1er nome de Haute-Égypte, dont le nom *Abou* signifie « ivoire ». Contrôlant la frontière avec la Nubie, c'est donc par là que transitaient les caravanes en provenance d'Afrique noire chargées de marchandises exotiques (or, fer, obsidienne, bois d'ébène, épices, gomme arabique, plumes et œufs d'autruche, peaux de tigre, singes, girafes, etc.). Le gouverneur égyptien et sa garnison résidaient dans la ville portuaire d'Éléphantine, chargé de la surveillance de ce point stratégique, lieu de passage du trafic terrestre et fluvial.
Dans les carrières d'Assouan, les tailleurs de pierre extrayaient massivement le basalte et le granit dans lesquels les sculpteurs taillaient obélisques et colosses, sarcophages monolithes, chapiteaux et statues destinés aux tombeaux et aux temples du pays.

Le saviez-vous ?

Dodécaschène, tel était le nom de la région qui s'étendait d'Assouan à Meharraqa (parce qu'elle mesurait 12 schènes, ou 360 stades). Cette zone incarnait la neutralité entre les Méroïtes du Soudan et les Ptolémées d'Égypte, neutralité qui sera violée une fois par le roi Ergamène d'Éthiopie à la fin du 3e s. av. J.-C.

Une longue histoire – À l'Époque saïte, de nombreux mercenaires juifs participèrent à la défense de la frontière sud d'où la naissance d'une communauté juive sur l'île.

Cl. Rigault / MICHELIN

Les fameuses felouques autour de l'île Kitchener.

Avec les Grecs, la ville se développa sur la rive droite du fleuve autour du marché de *Souanou* et prit le nom de *Syène*. De ce terme dérive le mot syénite, qui désignait jadis le fameux granit rose d'Assouan (aujourd'hui il est attribué à une autre roche). Sous les Romains, la ville servit de garnison pour les cohortes chargées de la défense du *limes*. Les empereurs envoyaient les généraux en disgrâce dans cette place reculée qui devint un évêché à l'ère chrétienne. Les coptes la baptisèrent *Souan*. Des incursions de Blemmyes au 8e s., de Quenous de Nubie et de Haouârah de Haute-Égypte par la suite malmenèrent la cité. Assouan connut alors une longue période de crise avant de revivre grâce à la construction du haut barrage.

Les Nubiens – Ils ont pour origine les Nubæ, la grande tribu libyenne qui domina jadis le territoire de l'actuelle Éthiopie que les Égyptiens nommaient « pays de Kouch » *(à ce propos voir musée de la Nubie)*.

Avec la construction des deux barrages en amont d'Assouan, ce peuple installé en Basse-Nubie a vu ses terres inondées lors de la création du lac Nasser. Il fut donc forcé d'abandonner ses dattiers et ses *sakiehs (norias)* dont il était si fier et qui symbolisaient sa culture. Transplantés entre Assouan et Louxor, les Nubiens ont recréé leur univers aux environs immédiats d'Assouan ainsi que dans la région de Kom Ombo où le gouvernement égyptien les invita à s'installer en masse. Solidaire et hospitalière, la communauté nubienne a su préserver son identité. Elle a notamment reconstitué ses villages de maisons chaulées aux couleurs vives. Désormais, les Nubiens vivent dans toutes les grandes villes du pays, y compris à Alexandrie, où les *gamma'iyyat*, ces sortes de sociétés confraternelles, entretiennent une entraide indéfectible entre les Nubiens dont la générosité et la gentillesse n'est pas une légende.

Tout près du tropique du Cancer – Au 5e s. av. J.-C., à l'occasion d'une éclipse de Lune, le Grec Anaxagore remarque la forme circulaire de l'ombre portée de la Terre.

Deux siècles plus tard, son compatriote **Ératosthène**, bibliothécaire à Alexandrie, mesure pour la première fois à Syène la circonférence de notre planète. Il constate la verticalité des rayons du soleil sur les parois d'un puits le jour du solstice d'été. Puis il mesure l'angle entre les rayons du soleil et la verticale lors du solstice d'été à Alexandrie. En évaluant à 5 000 stades la distance entre les deux villes, il calcule alors la circonférence terrestre : environ 250 000 stades, soit à peu près 44 000 km. Sa mesure était exacte à 10 % près. On crut longtemps que la ville était traversée par le tropique du Cancer mais il se situe en fait à une cinquantaine de kilomètres plus au sud.

D'où son atout – Assouan doit en grande partie sa réputation à son ciel d'un bleu pur et à la qualité de son climat. Si la température peut largement dépasser les 40 °C en été, elle est très supportable car l'air est particulièrement sec. Les Anglais et les Français furent attirés par Assouan dès la fin du 19e s. : le poète Percy Shelley, Winston Churchill, Agatha Christie ou, plus récemment, François Mitterrand, aimaient descendre dans le célèbre hôtel Old Cataract, de style colonial, qui fait face à l'île Éléphantine.

Se promener

LE LONG DU NIL

La ville avec ses immeubles en béton qui poussent comme des champignons, ses hôtels un peu défraîchis, sa corniche animée et son souk rutilant plein de vie est étonnante et séduisante. En face, les reliefs désertiques aux couleurs chaudes et la longue et verdoyante île Éléphantine ancrée au milieu du fleuve invitent au rêve. Plus que partout ailleurs en Égypte, le Nil apparaît ici dans tout son éclat. Domestiquées par le barrage, les eaux du grand fleuve sont d'un calme apaisant. Les felouques glissent entre les îles fleuries dans la douce lumière d'Assouan. À ce tableau féerique, on ne peut résister…

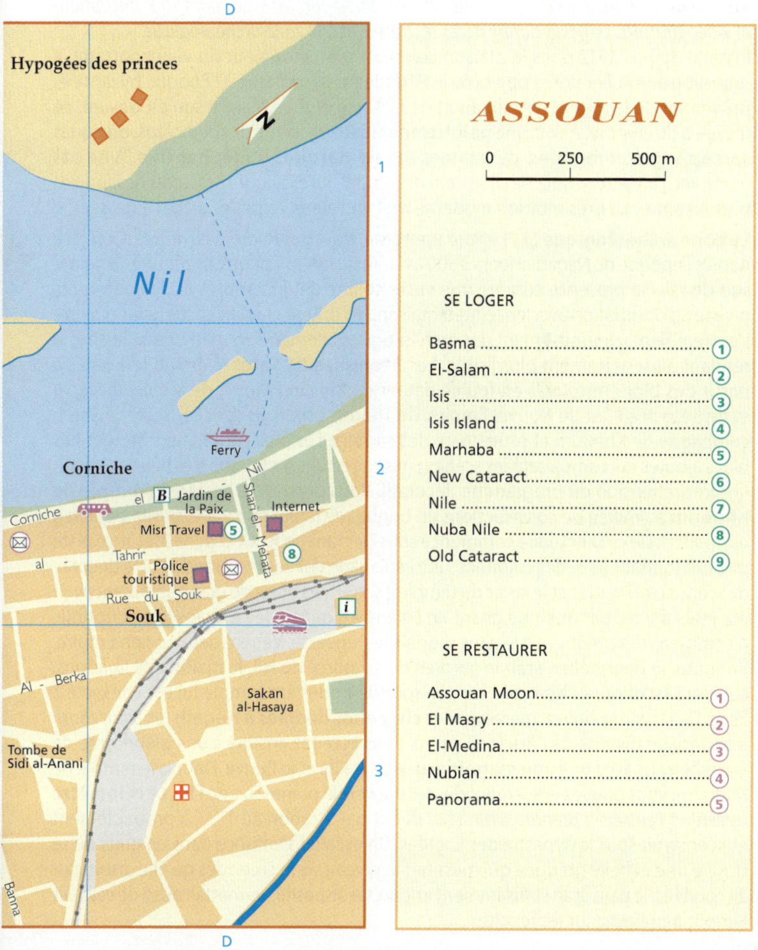

Corniche★★

C'est par elle que la majorité des touristes découvrent Assouan et son attrayante atmosphère nubienne. C'est ici qu'ils apprécient le changement de décor topographique qui caractérise le sud du pays. Depuis Louxor, le Nil ouvrait sur les vastes horizons de la vallée fertile. À Assouan, le désert est davantage présent. Il rejoint le fleuve, laissant peu de place à la végétation. La première cataracte et ses énormes rochers est toute proche. Nous voici vraiment en Afrique.

Promenade en felouque★★★

Une felouque emporte de 1 à 8 personnes. Prix à négocier. (Voir le carnet pratique.)
Incontournable ! La promenade en felouque couronne un séjour à Assouan – et en Égypte – en conférant toute sa noblesse à l'oisiveté. Car la felouque est délicieusement lente… Elle est presque un art de vivre qui ensorcelle le touriste en l'entraînant bien loin des trépidations incessantes de son quotidien « civilisé » et du rythme souvent astreignant des circuits organisés. Même la merveilleuse phrase de Théophile Gautier, « cette indolence occupée, qui est un des charmes du voyage », perd de sa substance lorsqu'on se laisse emporter en felouque. Oubliez tout en savourant le thé offert par votre marin nubien. Vous pouvez faire un simple tour autour des îles Kitchener et Éléphantine ou bien transformer votre promenade en véritable petite croisière de rêve jusqu'à l'île Sehel.

Île Éléphantine★★ (A-C2)

Face à la Corniche. Accès par le ferry à gauche du restaurant Panorama. 1 £.
C'est une île-jardin dont la pointe nord est malheureusement envahie par le béton et de son riche passé, il ne subsiste que quelques vestiges. S'y promener en fin d'après-midi est idéal : le jolie petit jardin du musée, le village nubien et les ruines chaotiques de la ville antique forment un décor des plus agréables lorsque le soleil commence à rougir dans le ciel d'Assouan.

Musée des Antiquités (A2) – *Tlj 8h-17h, été : 8h30-18h. 20 £, étudiant 10 £, app. photo et vidéo gratuits. Le ticket donne accès au musée et à la zone archéologique.*
Installé depuis 1912 dans la maison coloniale d'un ingénieur du vieux barrage, il regroupe une collection d'objets de la Période prédynastique à l'Époque byzantine, provenant de la région d'Assouan et de la Basse-Nubie. Malgré son air désuet, ce musée a du charme. À voir, une **palette en schiste** en forme de rhinocéros, quelques **sarcophages** et **momies**, des statues des **nomarques d'Éléphantine**. À ne pas manquer, l'annexe *(à gauche en sortant du musée)* qui explique le résultat des fouilles plus récentes. La présentation moderne met en valeur les belles pièces exposées.

La zone archéologique (A2) – *Pour y parvenir, traversez le jardin du musée.* Occupée depuis l'époque de Nagada I (vers 3 500 av. J.-C.) jusqu'à l'Époque byzantine, la pointe sud de l'île se présente comme une vaste colline de décombres où les différents niveaux d'occupation avec enceintes, maisons en brique et édifices cultuels en pierre s'entremêlent. Heureusement, les archéologues allemands ont aménagé le site, le rendant ainsi nettement plus lisible. Les **3 temples de Satet** *(à droite)* remontés à partir des blocs retrouvés en fouille datent du Moyen Empire, de Mentouhotep II et de Sésostris Ier et du Nouvel Empire, de Thoutmosis III. Ils sont consacrés à Satet, compagne de Khnoum et protectrice des carriers. Les blocs originaux côtoient des blocs ajoutés qui complètent les scènes par suggestion, technique très heureuse pour la compréhension du programme décoratif. Vous découvrez ensuite le **temple de Khnoum** au milieu de constructions en brique *(de retour en arrière, suivez le chemin qui monte)*. De ce sanctuaire commencé sous Nectanébo II (XXXe dynastie), il ne reste que des fondations et des colonnes, une esplanade dallée, une grande porte décorée de scènes d'offrandes et le cœur du temple. D'énormes blocs de granit semblent avoir été jetés à terre par quelque géant en colère. Au milieu de ce chaos indescriptible, ô combien romantique, git le naos monolithe renversé. Vénéré dès l'Ancien Empire, Khnoum, le dieu-bélier, était le gardien de la source du Nil, le maître des libations, celui qui façonne les hommes sur son tour de potier. Un temple lui est consacré à Esna. De là, vous pouvez apercevoir les **chapelles dédiées à Héqaib** *(en contrebas)*, personnage divinisé de l'Ancien Empire. Vous accédez ensuite à une plateforme de laquelle vous avez une **vue magnifique★★** sur l'île et le fleuve. Depuis le temple de Khnoum, vous pouvez également descendre vers la pointe sud de l'île. Le **Nilomètre** *(revenir à l'entrée et prendre à gauche)* décrit par Strabon au 1er s., a probablement été construit sous la dynastie des Lagides. Un escalier s'enfonce dans un puits où se trouve une échelle graduée qui mesurait le niveau de la crue : dès qu'elle atteignait 24 coudées, le pays était suffisamment irrigué. Ce dispositif permettait aussi de calculer l'impôt à prélever sur les récoltes.

Île Kitchener★★ (B-C1)

Derrière l'île Éléphantine. Tlj 8h-17h, été : 8h-18h. Accès par bateau (felouque ou barque à moteur). Entre 10 et 20 £.

Son nom lui vient de Lord **Horatio Herbert Kitchener** (1850-1916), baron de Khartoum, consul général et commandant de l'armée d'Égypte qui vengea en 1898 l'échec de l'expédition soudanaise de Gordon pacha. Après un ultimatum britannique à la France, il obtint le retrait du général explorateur Jean-Baptiste Marchand de Fachoda, dont la mission officieuse était de placer la France en position de force sur le Nil. Kitchener est aussi tristement célèbre pour sa sauvagerie lors de la guerre des Boers. Paisible et enchanteresse, cette île de forme oblongue est plus communément appelée l'île aux Fleurs. Elle est recouverte d'un **jardin botanique★** créé en 1898 par Lord Kitchener, jadis propriétaire de l'île. Ce havre de verdure où poussent des plantes d'Extrême-Orient, d'Inde ainsi que d'Afrique équatoriale et subéquatoriale s'inscrit dans un paysage splendide, contrastant avec la rudesse des falaises de la rive ouest du fleuve. Les dendrologues amateurs y repèreront diverses espèces de sycomores, de palmiers, d'ébéniers, de tecks, d'eucalyptus, de fromagers (dont les fibres fournissent le kapok) ou de tamaris, mais aussi des plantes médicinales et une multitude d'arbustes fleuris comme le bougainvillier ou le jasmin. Lorsque la température monte, l'île est un havre de fraîcheur *(éviter cependant le vendredi, jour de forte affluence, car les habitants d'Assouan viennent y pique-niquer)*.

Mausolée de l'Agha Khan III (A1)

Sur la rive ouest, face à l'île Éléphantine. Ne se visite plus.

Mohammed shah, Agha Khan III (1877-1957), 48e imam des ismaéliens, a choisi d'être inhumé sur la rive gauche de la ville où il venait chaque hiver passer plusieurs mois. Une tranquillité intemporelle règne sur l'éminence où il repose. Ceux qui ont visité le site avant sa fermeture savent combien la **vue** sur le fleuve et la ville y est magnifique.

Le tombeau – Sous des aspects de petite forteresse surmonté d'un dôme, il a été conçu selon le modèle des sépultures fatimides du Caire, s'inspirant plus particulièrement de la mosquée El-Guyushi qui s'élève sur le Moqattam. Construit en granit et en grès rose, il abrite un sarcophage en marbre de Carrare décoré de textes extraits du Coran. Une atmosphère de grande simplicité émane du mausolée de cet homme qui, de son vivant, se vit souvent reprocher le luxe de son train de vie (lors de cérémonies décennales, il se faisait remettre l'équivalent de son poids en or, en diamants ou en platine).

La rose de la bégum

La **bégum** (titre équivalent à celui de princesse), épouse de l'Agha Khan, vivait dans la villa blanche située en contrebas du mausolée. Chaque jour, cette fille de couturière qui connut un destin fabuleux, Miss France en 1930, faisait déposer une rose rouge sur le sarcophage de son époux. Elle s'est éteinte en 2000 et repose désormais à ses côtés.

Deir el-Amba Samaan (monastère St-Siméon)

Sur la rive gauche, à 1 km au nord-ouest du mausolée. Accès à partir des hypogées des princes. Tlj 7h-16h sf lun. 20 £, étudiant 10 £.

Niché sur une hauteur désertique protégée par des dunes, le **monastère Saint-Siméon** occupe un site fréquenté par des anachorètes, à l'aube du christianisme. En approchant des vestiges de ce monastère du 7e s., on quitte le monde actuel pourtant si proche, transporté aux temps où les tribus bédouines venaient le piller. Difficile à alimenter en eau, il fut abandonné au 13e s. à la suite d'une terrible attaque menée en 1173 par le sultan Salâh al-Dîn al-Ayyûbî (Saladin).

Les ruines – À la fois sévères et solennelles, elles s'intègrent parfaitement à leur environnement, se fondant totalement dans le paysage. L'enceinte en pierre et en brique crue est encore ponctuée de tours de guet. Située à l'est, l'entrée principale ouvre sur les vestiges d'une église cruciforme dont l'abside a conservé des fragments de décors (Christ dans le cul-de-four et apôtres sur la paroi nord). Le flanc ouest de l'église abrite des cellules aménagées dans des alvéoles rocheuses naturelles, destinées aux anachorètes. L'une d'elles est décorée de peintures antérieures à la fondation du monastère. L'enceinte renferme également des cellules de moines couvertes de graffitis de voyageurs, un réfectoire, une cuisine, un four, un pressoir à vin, ainsi que deux bassins, l'un pour décanter l'eau, l'autre pour le sel.

Hypogées des princes★ (D1)

Sur la rive gauche. Accès par ferry (en face de la rue de la gare) pour 1 £ - tlj 8h-16h, été : 8h-17h. 20 £, étudiant 10 £, app. photo et vidéo gratuits. Il est recommandé d'y aller tôt.

Détail du décor de la tombe de Sarenpout II.

Ces nombreuses sépultures creusées dans la falaise étagée en terrasses remontent à l'Ancien et au Moyen Empire. Elles étaient destinées aux nomarques et aux dignitaires d'Éléphantine chargés de protéger la frontière sud du royaume d'Égypte. Bien que délabrées pour la plupart, les 5 chapelles que l'on visite valent d'autant plus le coup d'œil que la **vue**★★ sur le Nil et Assouan est superbe ! Vastes, ces hypogées se composent généralement d'une cour, d'une grande salle soutenue par des piliers et d'une petite pièce avec la statue du défunt dans une niche. Des décors gravés et/ou peints ornent les parois. L'entrée des puits menant aux caveaux se distingue au sol. Des traits de peinture accentuent les veines naturelles de la pierre.

Tombe de Sarenpout II★ – XIIe dynastie. Le couloir séparant les deux chambres est flanqué de niches occupées par des statues polychromes de Sarenpout momiformes, sculptées dans la roche. Dans la 2e chambre, sur les 4 piliers, le défunt évolue en compagnie de son fils et de sa femme, prêtresse d'Hathor. Remarquez le tableau à l'entrée du couloir : Sarenpout tient les insignes de sa fonction sur un fond d'un bleu clair étonnamment lumineux. Au fond de la chapelle, une niche le montre en famille. Les hiéroglyphes peints de cette tombe sont particulièrement beaux.

Tombe de Mekhou et Sabni – VIe dynastie. Cette double sépulture était destinée au chancelier du roi de Basse-Égypte (règne de Pépi II) et à son fils. Les gros piliers qui soutiennent les deux salles sont à peine dégrossis. La décoration est partielle. Observez les différents poissons de la jolie scène de pêche.

Chapelle chrétienne – Installée dans une sépulture, ses magnifiques peintures risquent malheureusement de disparaître si rien n'est fait pour les protéger.

Tombe de Harkhouf – VIe dynastie. De part et d'autre de la porte, de célèbres inscriptions relatent les expéditions entreprises par le défunt pour le compte du pharaon. Apprenant son retour de Nubie, le futur Pépi II encore enfant lui écrit « Tu as dit que tu as ramené un Pygmée du pays des habitants de l'horizon à l'est… Quitte les autres et amène avec toi ce nain pour réjouir le cœur du roi… »

Tombe de Sarenpout Ier – XIIe dynastie. La plus grande de toutes les tombes est également la mieux conservée dans ses parties extérieures. Sa cour est précédée d'un portail dont les montants sont très finement sculptés. 6 piliers ornés de bas-reliefs forment un portique. À gauche et à droite de l'entrée, Sarenpout, grand prêtre de Satet, est représenté sur sa barque. L'intérieur de la chapelle est très endommagé.

Île Sehel★★

À 5 km au sud d'Assouan. Accès en felouque ou en bateau à moteur à partir de la Corniche. *Voir le carnet pratique.*

La ballade en felouque jusqu'à l'île de Sehel est un véritable enchantement. Nettement moins fréquentée que les autres îles, Sehel est un très agréable but d'excursion. Les Nubiennes vous accueillent avec beaucoup de gentillesse. Le village installé sur l'île est sympathique et coloré. Les **maisons nubiennes** sont construites en pierre ou en brique crue. En général, elles comprennent une entrée, une cour, des chambres, une cuisine, des toilettes et une pièce pour le four en terre. Le toit est en feuilles de palmier, certains sont en dôme quand le propriétaire est aisé. Le sol est recouvert de sable ou de tapis, les murs de chaux colorée. Le paysage a gardé sa rudesse sauvage et le dépaysement est total. Tout au long de votre promenade sur l'île, vous serez accompagné par des enfants qui chercheront à vous vendre des colliers ou des poupées de chiffon, mais toujours avec le sourire.

Les inscriptions rupestres★ – *Tlj 7h-16h, été : 7h-17h. 20 £, étudiant 10 £.* Au delà du village, la montagne et ses éboulements de rochers est désormais protégée des voleurs par une grille. Quand le soleil frappe les rochers granitiques de l'île, l'ascension de la colline peut éprouver les moins résistants, mais le **panorama★** grandiose sur les alentours permet d'apercevoir Assouan, le désert Libyque au loin et, au pied de l'éminence, à l'origine des remous du fleuve, la fameuse **première cataracte**.

Au sommet, dans le cadre insolite des éboulis rocheux, repose paisiblement la célèbre **stèle de la famine★**. Entourée de blocs recouverts d'inscriptions, elle fut gravée en 187 av. J.-C. sous le règne de Ptolémée V. Son texte mentionne le roi **Djéser** (IIIe dynastie) en lui attribuant la conquête de la Basse-Nubie. Il nous apprend également que sous son règne, l'Égypte fut marquée par une grande famine qui dura sept ans. Les crues étaient insuffisantes. « [...] tout ce qu'on avait à manger était peu abondant, chacun était frustré de son revenu. On en venait à ne plus pouvoir marcher, l'enfant pleurait, l'homme était abattu, le vieillard avait le cœur triste. [...] Même les courtisans étaient dans le besoin, les temples fermaient, les sanctuaires étaient empoussiérés. Tout ce qui existe était dans l'affliction. » En réponse aux prières du roi, le bienveillant dieu Khnoum favorisa à nouveau la crue. Les autres inscriptions du site évoquent les crues ou les expéditions royales en Nubie.

La première cataracte

Une cataracte est une chute d'eau. Le Nil en compte six qui se succèdent du Soudan à Assouan. Elles consistent en une suite de petits rapides créés par les rochers granitiques qui s'opposent au cours du fleuve sur une courte distance. La première cataracte au-delà de l'île Sehel n'est guère spectaculaire. Le fleuve est d'autant plus calme qu'il est freiné par le haut barrage d'Assouan. Longtemps elle constitua une frontière naturelle au royaume d'Égypte, car même si les rois firent momentanément la conquête de la Nubie, la première cataracte demeurait une limite psychologique inaltérable vers laquelle ils se replièrent à plusieurs reprises.

L. Michel / MICHELIN

La fameuse stèle de la famine sur l'île Sehel.

AU CŒUR DE LA VILLE

Bien qu'elle ait connu une forte expansion démographique au cours des dernières décennies, la ville a su préserver son authenticité. Aucun pont n'enjambe le Nil à hauteur d'Assouan. Les immeubles gagnent progressivement les collines environnantes et la ville s'étire vers le sud. Bigarrée, la capitale du gouvernorat d'Assouan a de tout temps attiré des populations diverses, concentrant les échanges économiques et les mélanges culturels entre le monde arabe et l'Afrique noire. À la charnière de la Haute-Égypte et de la Basse-Nubie, Assouan a en outre, depuis la construction du haut barrage, absorbé une communauté nubienne qui a afflué en masse, et entretient donc cette diversité que stigmatise l'atmosphère quelque peu exotique de son marché. Assouan est une ville où il fait bon flâner au gré de son inspiration. C'est le meilleur moyen de découvrir son âme éminemment cosmopolite et son charme tranquille de cité typiquement nubienne.

Souk★★ (D2)

La rue du Souk s'étire parallèlement à la Corniche, depuis la sh. Abbas Farid jusqu'à la gare ferroviaire.

Quand vous souhaitez filmer un marchand et son étal, demandez-lui l'autorisation. Quand vous désirez acheter un produit, comparez et marchandez. Enfin, le meilleur moment pour traverser le souk est sans aucun doute le soir.

Bleu indigo et rouge paprika – Bien que ce marché soit devenu extrêmement touristique, son bain de foule demeure une curiosité incontournable. On y vend quantité de choses. Une liste exhaustive est bien entendu impossible : pigments multicolores, vêtements suspendus aux cintres des devantures, T-shirts et *galabiyyas* brodées de perles, nappes de coton, épices innombrables, narguilés en verre et en ferblanterie, tapis de laine, fleurs et plantes séchées tels le karkadé et la menthe, pains empilés sur des plateaux transportés en vélo, colonnes de paniers en feuilles de palme tressées, souvenirs en albâtre ou en granit, coquillages de la mer Rouge, pyramides de légumes et de fruits divers dont les obligatoires dattes fraîches ou séchées, parfums et encens, viande pendue aux crochets des boucheries, poissons frits, et aussi, dans des coins plus discrets, de petits crocodiles capturés dans le lac Nasser. Le tout entre des carrioles bringuebalantes tirées par des ânes fatigués, au milieu de petites échoppes où braillent sans discontinuer des transistors antédiluviens rivalisant avec les klaxons des voitures. Vous êtes au pays des mille et une saveurs et des mille et un bruits !

Cimetière fatimide (A3)

Au sud-est d'Assouan, derrière le musée de la Nubie. En traversant le cimetière on peut gagner à pied l'obélisque inachevé.

Si la plupart des tombes sont récentes, les plus anciennes remontent au 10e s. C'est l'occasion de constater l'évolution de l'architecture funéraire, et plus particulièrement celle de l'Égypte méridionale dont les petits mausolées (11e s.) se caractérisent par des dômes érigés sur des sortes de tambours évasés. Ces constructions édifiées en pierre de taille et en brique ressemblent à la fontaine aux ablutions de la mosquée Ibn Touloun édifiée au Caire. De nombreuses pierres tombales sont désormais exposées au Musée islamique du Caire.

Obélisque inachevé (A3)

Derrière le cimetière fatimide, à 1 km de la ville - tlj 7h-17h, été : 7h-18h. 20 £, étudiant 10 £, app. photo et vidéo gratuits.

Ce monument n'a jamais quitté la carrière de granit d'où les carriers tentèrent de l'extraire. Une fêlure apparut alors que trois faces étaient déjà terminées. Long de 41,5 m et d'un poids estimé à quelque 1 200 t, cet obélisque unique aurait de loin surpassé les autres par sa taille exceptionnelle. Il fut donc abandonné dans son lit de granit.

Taille et transport d'un obélisque – Après avoir taillé et poli la face externe, les ouvriers creusaient des encoches sur les côtés de l'obélisque à l'aide de marteaux en diorite, une roche plus dure que le granit. Pour détacher les côtés et la face interne, les Égyptiens plaçaient dans ces orifices des coins en bois. Imbibés d'eau, ces derniers en séchant se mettaient à gonfler et faisaient éclater la roche, détachant ainsi l'obélisque de sa gangue de granit. Le travail s'achevait à l'aide de ciseaux en cuivre ou en bronze. Le monument une fois dégrossi était hissé hors de sa fosse à l'aide de poutres puis amené à son point d'embarquement en le laissant glisser sur des rondins de bois. Le navire de transport chargé de lest (80 m de long dans le cas des obélisques d'Hatchepsout) venait se placer parallèlement au monument. Une fois l'obélisque bien amarré, on retirait le lest. Le navire récupérait alors une bonne ligne de flottaison et gagnait tranquillement le site choisi.

Les carrières de Nubie

Très tôt, les Égyptiens envoyèrent en Nubie des expéditions chargées de l'exploitation des carrières. Les pierres rares, telle la diorite de la statue de Chéphren au faucon, étaient réservées uniquement à la statuaire royale. Une fois extraits, les blocs étaient acheminés en Égypte. Avant de partir, le chef d'expédition faisait graver une stèle dans la carrière pour marquer son passage. Le musée en expose plusieurs.

Universel trophée – Admirés et convoités, certains obélisques égyptiens furent transportés loin de chez eux dès l'Époque romaine. Rome mais également Paris, ou Londres en ont orné leurs places.

Visiter

Musée de la Nubie★★ (A3)

Derrière l'hôtel Old Cataract. Tlj 9h-13h et 17h-21h. 35 £, étudiant 20 £, app. photo et vidéo gratuits. Prévoir 2h de visite.

Le bâtiment – Inauguré en 1997, ce magnifique musée a été conçu par l'architecte égyptien **Mahmoud el-Hakim**. C'est une réussite, tant formellement – car il est harmonieusement intégré à son environnement rocheux – que techniquement – car les œuvres exposées sont bien protégées de la chaleur et de la lumière.

La Nubie – Cette région désertique de l'Afrique s'étend d'Assouan en Égypte (première cataracte) à Debba au Soudan (quatrième cataracte). Les anciens textes égyptiens la nomment *Ta-Seti*, le « pays de l'arc », d'après l'arme favorite de ses habitants. Les archers nubiens étaient en effet très appréciés dans les armées de Pharaon.

Les collections – Ce magnifique musée vous fera découvrir, à travers des objets particulièrement beaux, l'histoire, la culture et l'art nubiens. Sa visite est chaudement recommandée. En lisant les tableaux rédigés en anglais, vous vous plongerez dans un monde fascinant, en regardant les photos du sauvetage des temples, vous ressentirez l'émotion de ces instants magiques durant lesquels des monuments furent sauvés tandis que d'autres disparurent à jamais sous les eaux du Nil. Les collections très diverses mettent l'accent sur l'authenticité du patrimoine et du particularisme nubien, rendant ainsi hommage à une région qui a consenti à d'énormes sacrifices lors de la construction du haut barrage d'Assouan. De nombreuses maquettes très didactiques complètent la visite qui commence par le rez-de-chaussée.

B. Kaufmann / MICHELIN

Reconstitution d'une école de village au Musée nubien.

Préhistoire – Outils, poteries et corps recroquevillé témoignent d'une période où les hommes circulaient le long du Nil à la recherche de leur nourriture.

Nubie pharaonique – Cette époque est divisée en 3 périodes : groupe A (3100-2700 av. J.-C., prédynastique), groupe B (Ancien Empire), groupes C1-C3 (2140-1069 av. J.-C., Moyen-Nouvel Empire).
Sous l'Ancien Empire, les Égyptiens n'ont pas encore dépassé la deuxième cataracte. Leur rapport avec la Nubie est surtout commercial. Diverses statues dont celles d'**Héqaib** présentent les fonctionnaires chargés des questions nubiennes.
Avec le Moyen Empire et Sésostris Ier (XIIe dynastie), la Haute-Nubie devient le pays de **Kouch**. Cette région prospère joue le rôle de relais commercial entre l'Égypte et l'Afrique. Les pharaons conquièrent une partie de la Nubie et bâtissent tout un réseau de forteresses en brique, telle celle de **Bouhen** (maquette), pour maintenir leur domination dans ces terres éloignées toujours promptes à se soulever.
Sous la Deuxième Période intermédiaire, cet État s'affirme et devient une menace pour l'Égypte. Sa capitale **Kerma** est alors le plus grand centre commercial de l'Afrique équatoriale.
Au Nouvel Empire, les pharaons assurent leurs frontières. L'occupation égyptienne de la Basse et de la Haute-Nubie est totale durant les XVIIIe et XIXe dynasties. Les témoignages archéologiques abondent : **statue de Nehi** vice-roi de Kouch sous Thoutmosis III, magnifique **colosse de Ramsès II** du temple de Garf Hussein avec son visage polychrome, le **naos décoré avec son scarabée** géant de Ramsès II... Les rois élèvent des temples grandioses le long du Nil dans des lieux stratégiques, ceux-là même que l'Unesco tentera de sauver au moment de la construction du barrage.
Avec la fin du Nouvel Empire, la Nubie entre dans une longue période obscure de trois siècles dont on ne sait presque rien.

Ère kouchite – Piankhy roi nubien entreprend la conquête de l'Égypte. Avec lui commence la XXVe dynastie ou dynastie kouchite. Les pharaons respectent les coutumes égyptiennes, adoptent les titres, la langue, l'écriture, la religion et l'art. Ainsi, les œuvres kouchites sont conformes aux canons égyptiens, mais avec des influences nubiennes. Telles sont les magnifiques **têtes en granit des roi Chabataka et Taharqa**, la très belle statue du **prince Horemakht** grand prêtre d'Amon en quartzite rouge, la statue de **l'intendant Harwa** assis un genou levé ou celle de **Iriketakama** représentant du roi de Kouch. Sur la **stèle du songe**, le roi Tanoutamon raconte son rêve d'unifier l'Égypte.

Période méroïtique – Cette époque peu connue s'étend de 593 av. J.-C. à l'an 350 de notre ère. Les Perses puis les Ptolémées tentent de pénétrer en Nubie, sans succès. Durant cette période, l'influence de l'art égyptien demeure, mâtiné d'influences

H. Champollion / MICHELIN

Le vieux barrage d'Assouan.

diverses dûes à l'intensité des rapports commerciaux entretenus par le roi. Située entre les cinquième et sixième cataractes, **Méroé** est la capitale d'un pays qui développe sa propre culture, mais qui sera finalement absorbé par le royaume éthiopien d'Aksoum. À voir les **oiseaux à tête humaine** en pierre.

Nubie romaine et chrétienne – Un traité est signé entre Méroé et les Romains, qui héritent de la Basse-Nubie. Mais les nombreuses attaques des peuples du désert, les **Blemmyes** et les **Nobades**, poussent Rome à fermer ses frontières à hauteur de la première cataracte en 296 apr. J.-C., ce qui sonne le glas du royaume de Méroé. Lorsque en 380, **Théodose** proclame le christianisme religion officielle, la région s'enflamme. Rome écrase la rébellion, mais concède aux vaincus le droit d'adorer la déesse Isis à Philae. Sous l'empereur **Justinien** (527-565), le christianisme se répand en Nubie : certains adoptent le rite copte, d'autres le rite byzantin. Les mausolées de **Ballana et Qustul** ont livré de véritables trésors : des boucliers et des lances, de somptueux harnachements de chevaux, des couronnes en argent, des brûle-parfums et des encensoirs en bronze, etc. Les **peintures murales de l'église d'Abdalla Nirqi** sont désormais au musée accompagnées de tissus, de stèles et d'icônes coptes.

Nubie islamique – C'est à partir des **Abbassides** que la présence arabe musulmane s'impose progressivement en Nubie. Sous les **Fatimides**, de nombreux Nubiens se convertissent à l'islam et une puissante principauté arabe, sous l'autorité de la tribu de Rabia, s'installe dans la région. La guerre contre les croisés ne détourne pas les **Ayyoubides** de la Nubie qu'elle continue de soumettre malgré des troubles. Sous les **mamelouks**, le sultan d'Égypte commence à nommer des rois nubiens. Considérés comme sujets de l'État islamique, ceux-ci lui payent un tribut. En 1305, le sultan Nasser Mohamed ibn Qalaoun vainct le dernier roi nubien rebelle qu'il contraint à se convertir. Au 16e s., l'islam supplante définitivement le christianisme en Nubie. Ici les objets foisonnent, d'une qualité remarquable : lampes en verre mameloukes, tissus, lettre sur papyrus de Qasr Ibrim étonnante par ses dimensions, poteries vernissées, plats en métal, stèles funéraires de Quran, reconstitution d'une tombe islamique…

Une salle explique **le sauvetage des temples** par l'Unesco, dans une autre sont reconstituées avec des mannequins des **scènes de la vie quotidienne** des Nubiens. À l'étage, vous pouvez voir diverses statues et momies ainsi qu'une émouvante collection de **photographies anciennes** qui montrent les monuments nubiens avant le barrage. Prenez le temps de vous promener dans les jardins, vous y verrez des tombes du cimetière fatimide, une maison nubienne et des gravures rupestres.

Aux alentours

ANCIEN BARRAGE D'ASSOUAN

À 8 km au sud de la ville (photos interdites).

Au niveau de la première cataracte, l'ancien barrage fut construit entre 1898 et 1902 par les Britanniques, en granit d'Assouan. Avec une longueur de 2 440 m (1 960 m à la verticale du Nil) et une hauteur initiale de 30 m rehaussée à 35 m en 1912 puis à 45 m en 1934, c'était alors le plus grand ouvrage du genre dans le monde. Son réservoir d'une capacité de 1 milliard de m^3 fut porté par la suite à une capacité de 5 milliards de m^3. L'eau retenue au moment de la crue était déversée sur l'Égypte au printemps. Il permit de développer la superficie des terres cultivables et de fournir l'énergie hydroélectrique au pays. Malheureusement il s'est rapidement avéré insuffisant. Il inondait entre autres Philae qui se trouvait ainsi en partie submergé par les eaux plusieurs mois de l'année. Il fut donc décider d'en construire un nouveau *(voir Lac Nasser)*.

Assouan pratique

Indicatif téléphonique – *097*

Informations utiles

OFFICE DE TOURISME ET AGENCES DE VOYAGES

Office de tourisme – *À gauche de la gare ferroviaire - ✆ 232 32 97 - 8h-15h, 18h-20h sf vend. 9h30-15h.* Succursale près de la Corniche - *sh. Abtal at-Tahrir, proche de l'hôtel Marhaba - mêmes horaires.*

Egyptair – *Au sud de la Corniche, en face du restaurant Panorama - ✆ 231 50 06 - tlj 8h-20h.*

Karnak Travel – *À côté d'Egyptair - ✆ 231 50 06 - tlj 8h-20h.*

Misr Travel – *À côté du Marhaba Hotel - tlj 8h-15h30.*

AUTRES ADRESSES

Poste – *Corniche, en face de la tour ronde du Rowing Club - tlj 8h-18h.*

Banques – Nombreuses sur la Corniche avec distributeur à l'extérieur - *tlj 8h-20h, fermées parfois l'apr.-midi à partir de 14h et le vend.*

Pharmacies – *À côté de la gare et sur la Corniche - tlj 9h-20h (horaires variables).*

Internet – **El Tagdef-net coffe** - *Dans le Rowing Club (tour ronde avec des grilles noires), Corniche - tlj 9h-22h, 10 £/h* ou **Coffé Net** – *Près de la gare à côté du Nuba Nile Hotel - tlj 9h-22h, 10 £/h.*

Se rendre à Assouan

Avion – Par Egyptair depuis Louxor ou Le Caire.

Bateau de croisière – Le plus souvent en provenance de Louxor.

Bus ou voiture – Depuis Louxor en prenant *les convois de 7h, 11h ou 15h - Trajet 5h depuis Louxor (arrêts possibles à Edfou et Kom Ombo), 12h depuis Le Caire.*

Train – *Louxor-Assouan : 7h, 9h30, 17h - Assouan-Louxor : 6h, 18h, 20h (horaires à vérifier) - trajet 3h - entre 16 et 30 £.*

Transports

En calèche – Comme à Louxor, on peut se déplacer en calèche. Un grand tour de 2h coûte environ 35 £, un petit déplacement de 5 à 10 £. A chaque arrêt imprévu, les prix grimpent !

En taxi – À Assouan, les taxis sont moins chers qu'à Louxor : un trajet en ville coûte en moyenne 10 à 15 £. Philae AR 40 £. Une journée Philae, Kalabsha, Haut Barrage et obélisque 130 £. Pour ceux qui voyagent hors circuits organisés, vous pouvez affréter un véhicule pour Abou Simbel vous-même ou par l'intermédiaire de votre hôtel : le prix varie de 100 à 400 £ selon la prestation proposée.

En taxi collectif – Un trajet coûte 1 £. Ils ressemblent aux taxis (tout blancs), mais s'en distinguent par leur état…

Promenade en felouque

Vous pouvez faire simplement un petit tour face à Assouan. Les prix sont bien sûr à négocier et ont tendance à augmenter avec la saison touristique. Pour 2 pers., comptez env. 20 £ pour 1h, 40 £ pour 3h.

Si vous avez le temps (5h), partez pour l'île Sehel. Vous remonterez le Nil en longeant la rive ouest vers la première cataracte, vous vous arrêterez sur l'île pour visiter le village et voir les inscriptions rupestres et vous reviendrez sur Assouan en suivant la rive est (env. 60 à 80 £).

Vous pouvez également partir une journée en descendant le Nil avant de le remonter quand le vent se lève en fin d'après-midi. Le déjeuner est prévu à bord.

Un autre circuit vous emmène pour un trajet de 2 jours et 1 nuit jusqu'à Kom Ombo, ou 3 jours et 2 nuits jusqu'à Edfou. Il est interdit d'aller au-delà. Évitez les propositions des petits hôtels (ils touchent une commission et ne proposent pas toujours le service idéal) et ne vous laissez pas décourager par les nombreux rabatteurs. Vérifiez certains détails : état général du bateau, présence de couvertures, menu des repas, nombre exact de passagers, sécurité des bagages, destination exacte. Comptez au moins 80 £ par pers.

Nous conseillons vivement **Gelal**, un Nubien de l'île de Sehel. Il stationne au niveau du restaurant Panorama (adressez-vous au restaurant qui vous l'indiquera).

Se loger

Les hôtels d'Assouan sont nettement plus chers qu'à Louxor et leur entretien (pour les petites catégories) laisse parfois à désirer. Les chambres qui donnent sur la Corniche peuvent être bruyantes.

El-Salam Hotel – *Corniche, en face de l'Isis Hotel - ✆ fax 230 26 51 - mwahish@hotmail.com - 30 ch. 80 £.* Bien situé, désuet, un peu vétuste, cet hôtel offre un bon rapport qualité/prix.

Nuba Nile Hotel – *Sh. Abtal el-Tahrir, à 25 m de la gare - 231 24 03 ou 231 32 67 - - 32 ch. 70 £* . Dans cet hôtel agréable, l'accueil est très sympa, et les chambres sont calmes et lumineuses.

Nile Hotel – *Corniche, en face du restaurant Panorama - 231 42 22 - www.nilehotel-aswan.com - - 15 ch. 25 $* . Absolument neuf, cet hôtel offre confort et gentillesse ainsi qu'une belle vue sur le Nil.

Marhaba Hotel – *Corniche, proche de la gare - 233 01 02 (ou 03) - fax 233 01 05 - www.marhaba-aswan.com - 40 ch. 75 $* . Cet hôtel plaît avec sa décoration assez kitsch de peintures « pharaoniques », sa terrasse avec une vue imprenable sur le Nil, sa piscine et sa situation proche du souk.

Isis Hotel – *Corniche, proche de la rue de la gare - 231 51 00 (ou 52 00) - fax 231 55 00 - - 100 ch. 80 $* . Entre la Corniche et le fleuve, cet ensemble se compose de petits bungalow voûtés qui entourent un jardin et une piscine. La situation au bord du Nil est agréable.

Basma Hotel – *Face au Musée nubien - 231 09 01 - 208 ch. 100 $/140 $* . L'un des plus agréables de sa catégorie. Son bar domine une belle piscine et offre, comme les chambres, une très belle vue sur le Nil et le désert. Des navettes régulières le relient au centre d'Assouan.

Isis Island Hotel – *Sur une île au sud de l'île Éléphantine - 231 74 00 - 447 ch. 155 $* . Isolé, à proximité de la première cataracte, cet établissement, l'un des mieux équipés d'Assouan, est dans un cadre magnifique. Pour ceux qui aiment le grand confort !

New Cataract – *Sh. Abtal el-Tahrir - 231 60 00 - h1666@accor.com - 144 ch. 126 $/177 $ (vue Nil)*. Son gros cube blanc moderne jouxte l'Old Cataract. Les chambres des étages les plus élevés côté fleuve offrent une vue exceptionnelle sur l'île Éléphantine. Les chambres à l'arrière sont décevantes.

Old Cataract – *sh. Abtal el-Tahrir - 231 60 00 - 131 ch. 300 $ (minimum)*. À l'instar du Cecil à Alexandrie ou de l'Old Winter Palace à Louxor, l'Old Cataract appartient à la légende. Situé face à l'île Éléphantine, ce grand hôtel qui n'a pas changé depuis son ouverture en 1899 offre à sa clientèle une atmosphère d'un autre temps. Les personnalités d'antan et les grands de ce monde y séjournent volontiers. Malheuresuement, l'entretien et les prestations ne sont pas toujours à la hauteur de sa renommée. Prendre un verre à son bar est désormais un privilège réservé aux clients.

Se restaurer

Pour se restaurer à des prix dérisoires, essayez un des nombreux petits cafés-restaurants situés devant la gare.

El-Medina Restaurant – *Sh. Saad Zaghloul, proche de l'hôtel Cléopatra - tlj 11h30-0h*. Minuscule, cette gargotte au cœur du souk propose un service rapide et des repas simples et copieux : koftas, viandes grillées, poissons, accompagnés de riz et de salade. Ne pas s'y rendre le soir trop tard car il est vite plein !

El-Masry – *Sh. El-Mattar - tlj 12h-0h*. Très connu à Assouan, ce petit restaurant très propre où l'on ne sert aucune boisson alcoolisée propose quelques menus (kebab, kofta, pigeon farci) servis avec salade et tahina. La clientèle se partage entre les Égyptiens et les touristes ne voyageant pas en circuits organisés.

Panorama – *Corniche - 230 61 69 - 12h-21h sf vend. 15h-21h*. Au bord du Nil, la terrasse est un havre de paix et de fraîcheur. La salle est un véritable petit musée, décorée avec des objets nubiens. Le maître d'hôtel Hossam, dans un français impeccable, vous initie avec humour au rituel du café. La nourriture égyptienne est par ailleurs excellente.

Assouan Moon – *Corniche, 10mn au nord du rest. Panorama - tlj 8h-22h*. En terrasse sur un ponton au bord du Nil ou dans des salles climatisées, ce restaurant propose une cuisine égyptienne traditionnelle de qualité. Le service est cependant un peu lent.

Nubian Restaurant – *Île Essa (navette gratuite à l'extrémité sud de la Corniche, à proximité du rest. Panorama) - tlj 10h-23h*. Typique, avec un spectacle nubien à 20h30, ce restaurant est joliment situé au sud de l'île Éléphantine : les tagines sont sa spécialité.

Faire une pause

Pour savourer un verre dans un endroit frais, installez-vous au bord du Nil sur les terrasses du **Panorama** ou de l'**Assouan Moon**.

Nubian House – *À 700 m du Musée nubien, après l'hôtel Basma - tlj 10h-23h*. Cette maison de style nubien offre, de ses terrasses, la plus belle vue d'Assouan : la ville, le désert de la rive ouest, et la première cataracte. Outre des coktails de fruits savoureux et des bières sans alcool, la maison sert également quelques plats égyptiens.

Esmo Eah – *À proximité de la gare, juste après le Nuba Nile Hotel*. Qui ne rêve pas un jour de patisseries orientales ? Ici, le patron Aymon qui parle français se fait un plaisir de vous les faire découvrir.

Loisir

Tatouage au henné

C'est à Assouan, et surtout dans les villages nubiens, que le tatouage provisoire au henné est une véritable spécialité. Le village situé juste au nord des hypogées des princes est sans doute le lieu idéal pour se faire décorer les mains. Entre 20 et 30 £ selon le motif.

Philae★★★

CARTE GÉNÉRALE D3

La « perle de l'Égypte » ne pouvait pas disparaître. La mort de Philae ne pouvait être. Car devant tant de beauté, de majesté, d'orgueil, la terre entière s'est mobilisée. Isis amante fidèle, mère protectrice veillait. Désormais les temples de Philae sont sauvés. Laissez-vous gagner par la magie des lieux. Vous entendrez les cris de joie de la foule antique lors des processions en l'honneur d'Isis, vous sentirez l'émotion des visiteurs du 19e s. contemplant ces temples à demi engloutis et vous comprendrez le sentiment de triomphe ressenti par ceux qui les ont sauvés !

Se repérer – À 5 km au sud d'Assouan.

À ne pas manquer – Le kiosque de Trajan, la représentation des sources du Nil (porte d'Hadrien), la naissance du divin Horus dans le mammisi.

Organiser son temps – Commencez par l'obélisque inachevé puis le haut barrage, Kalabsha et finir par Philae. Comptez une journée.

Avec les enfants – Le son et lumière, une ballade en bateau autour de Philae.

Comprendre

Une histoire tardive – Les plus anciens monuments de Philae ne remontent pas au-delà de la XXXe dynastie, bien qu'on ait découvert, lors du démontage, des blocs de remploi gravés au nom de Taharqa, pharaon de la XXVe dynastie. Le culte d'Isis se manifesta avec éclat à partir de la Basse Époque et se répandit par la suite dans tout l'Empire romain. Au Ier s. de notre ère, Philae était à son apogée. Les Blemmyes de Nubie fervents adorateurs d'Isis, considéraient Philae comme leur sanctuaire. Ils attaquèrent maintes fois la Haute-Égypte si bien que Maximin, gouverneur romain de la Thébaïde, signa un traité de paix avec eux et leur octroya le droit d'emporter chez eux chaque année, pour un temps donné, la statue de la déesse afin qu'ils puissent la vénérer. Isis revenait ensuite à Philae en procession ce qui donnait lieu à de grandes réjouissances. Le retour de la déesse annonçait l'arrivée prochaine de la crue bienfaitrice. Le christianisme sonna le glas de la gloire de Philae. La Nubie fut évangélisée et le temple d'Isis transformé en église.

Submergée par les eaux – Avec la construction de l'ancien barrage d'Assouan *(Voir Assouan)*, Philae, la « perle de l'Égypte », se retrouvait partiellement inondée durant près de 10 mois de l'année. Le site, que l'on visitait alors en barque, prenait une allure des plus fantomatiques. Les monuments étaient ainsi submergés sur plus d'un tiers de leur hauteur. Ils ne réapparaissaient entièrement que lorsqu'on vidait le réservoir. L'érosion gagnait les reliefs.

Philae, une vision romanesque – En janvier 1907, Pierre Loti écrit *La Mort de Philae* « Au-dessus de nos têtes se dressent les énormes pylônes, ornés de personnages en bas relief : une Isis géante qui tend le bras comme pour nous faire signe, et d'autres divinités au geste de mystère. La porte, qui s'ouvre dans l'épaisseur de ces murailles, est basse, d'ailleurs à demi noyée, et donne sur des profondeurs déjà très en pénombre. Nous entrons à l'aviron dans le sanctuaire. Halte et silence ; il fait sombre, il fait froid ; tout à coup le bruit d'une chute pesante, suivie de remous sans fin : quelque grande pierre sculptée qui vient de plonger à son heure, pour rejoindre dans le chaos noir d'en dessous celles déjà disparues, et les temples déjà engloutis, et les vieilles églises coptes, et la ville des premiers siècles chrétiens, et tout ce qui fut jadis l'île de Philae, la « perle de l'Égypte »l'une des merveilles du monde.

Le sauvetage – Avec le futur haut barrage, c'était la « mort de Philae » annoncée par Pierre Loti. Il fut alors décidé, sous l'égide de l'**Unesco**, d'épargner à ces temples la submersion totale en les déplaçant sur l'île voisine d'Agilkia, non concernée par l'inondation artificielle de cette section du Nil. De 1972 à 1974, Agilkia, située à 300 m au nord-ouest de l'île de Philae, fut arasée à la dynamite (retrait de 300 000 m^3 de granit) pour lui donner la configuration topographique de cette dernière. Les sanctuaires isolés de l'eau par un immense batardeau furent découpés en 40 000 blocs. Les différents édifices purent ensuite être reconstitués sur leur nouveau site à partir de 1977. En mars 1980, l'opération était achevée. Son coût : 15 millions de dollars, assumé pour un tiers par l'État égyptien.

Se promener

TEMPLES DE PHILAE★★★

Accès par bateau uniquement, à partir de l'embarcadère situé à Shellal, au sud-est de l'ancien barrage. Tlj 7h-16h, été : 7h-17h. 35 £, étudiant 20 £, app. photo et vidéo gratuits. Comptez 25 £ pour l'AR en bateau en journée, parfois un peu plus le soir pour le son et lumière.

Temples et monuments

La description ci-dessous débute au débarcadère situé au sud de l'île que le bateau contourne avant d'accoster.

Pavillon de Nectanébo Ier – Datant de la XXXe dynastie, il est constitué d'un petit portique supporté par 14 colonnes campaniformes (elles étaient 18 à l'origine) ornées de l'effigie de la déesse Hathor.

Au nord se dressait un temple dédié à une divinité nubienne, Arsénouphis, construit par Ptolémée IV Philopator.

Colonnades★ – Le long de la terrasse qui surplombe le Nil, deux colonnades encadrent un *dromos*. Celle de l'est est inachevée, celle de l'ouest compte 31 colonnes aux chapiteaux tous différents. Ces portiques forment un véritable propylée, sorte de vestibule à ciel ouvert menant au temple. Les colonnes et le mur du fond sont en partie couverts de scènes d'offrandes aux cartouches d'Auguste, Tibère, Caligula, Claude et Néron.

Temple d'Isis★★★ – Il est le plus méridional des grands temples ptolémaïques de Haute-Égypte, celui dont se sont inspirés les architectes du royaume de Méroé. Temple majeur de l'île, il fut commencé par Nectanébo Ier, embelli par les Ptolémées et achevé sous l'Empire romain. Beaucoup plus ramassé que le temple d'Horus à Edfou, ce temple a été conçu en tenant compte des inégalités du terrain, c'est pourquoi l'axe principal du plan est dévié à hauteur du second pylône.

Jadis flanqué de 2 obélisques (aujourd'hui en Angleterre, à Kingston Hall) et de 2 lions de granit encore visibles (quoique très dégradés), son **premier pylône★** est large de 37 m, haut de 18 m. Ses deux môles sont ornés de grands bas-reliefs qui montrent Ptolémée XII procédant au massacre des ennemis, une scène habituelle pour ce type de monument. Les divinités représentées sont Isis, Horus et Hathor. À droite du môle est subsistent les vestiges de la porte de Ptolémée II Philadelphe. La porte du pylône est inscrite au nom de Nectanébo Ier.

La **cour centrale** dans laquelle on pénètre ensuite est délimitée au nord par le second pylône, à l'ouest par un mammisi et à l'est par un édifice avec un portique constitué de 10 colonnes qui ouvre sur une série de 6 chambres. La 3e contient une inscription méroïtique et la 5e, placée sous la protection du dieu Thot et de la déesse Séshat, servait de bibliothèque.

Fondé par Évergète II et achevé sous Tibère, le **mammisi★**, édifice autonome, offre des similitudes avec ceux d'Edfou et de Dendérah. Entouré d'une couronne de colonnes à chapiteaux composites et dé hathorique, il comprend un pronaos suivit de 3 salles. Les scènes gravées relatent la naissance et l'éducation d'Horus (par exemple sous la forme d'un faucon au milieu des marais du Delta). Un texte de la paroi est du pronaos *(face externe)* reproduit le célèbre décret bilingue de la pierre de Rosette (exposée au British Museum à Londres). À côté du mammisi se trouve le **Nilomètre**.

Isis et Osiris

La légende d'Isis et Osiris est sans aucun doute l'un des plus beaux récits de toute la mythologie, qui assura à Isis son image de déesse amoureuse et de mère dévouée.

Osiris, marié à sa sœur Isis, fut invité à un festin par son frère Seth : ayant fait tailler un coffre à la mesure d'Osiris, il proclama qu'il en ferait don à celui qui le remplirait. Osiris l'essaya sans se méfier. Seth l'enferma aussitôt et jeta le coffre à la mer. Dès lors, Isis entreprit de rechercher le corps de son époux. Sa longue quête aboutit à Byblos où le coffre était prisonnier des racines d'un arbre. Isis l'emporta et le cacha dans les marais du Delta. Seth découvrit la cachette et fit découper le corps d'Osiris en quatorze morceaux qu'il dispersa à travers le pays. Retrouvant treize morceaux, Isis parvint à reconstituer le corps de son aimé, qu'elle fit embaumer par Anubis. Transformée en oiseau, la déesse insuffla la vie à son époux en battant des ailes, s'unit à lui et donna naissance à Horus. Celui-ci réussit à venger son père, qui connut la renaissance au royaume des morts.

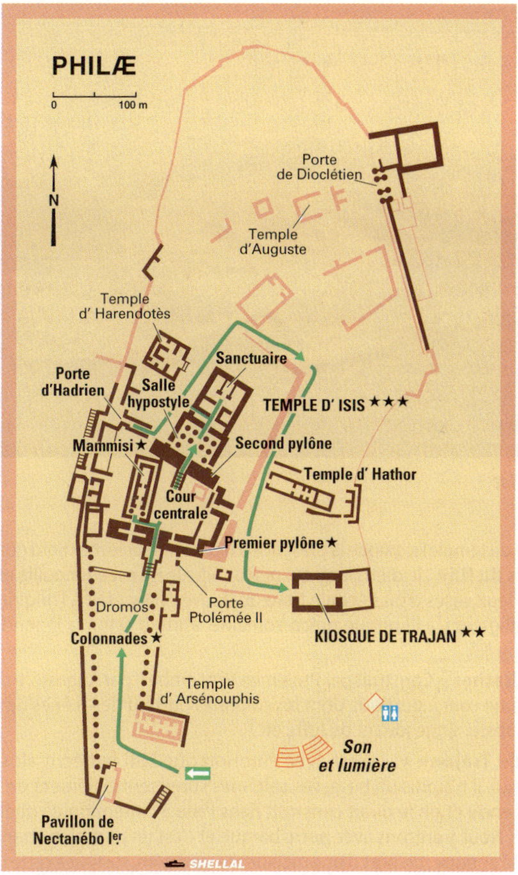

Plus étroit et moins haut (32 m sur 13 m) que le premier, soit un tiers du volume du précédent, le **second pylône** est à nouveau orné de grands bas-reliefs représentant Ptolémée XII dans des scènes de massacre. La stèle en granit du môle est est en réalité un rocher arasé sur lequel Ptolémée VI a fait reproduire le texte d'une donation de terrain qu'il a faite au temple. Un escalier précède l'entrée du pylône, ce qui est inhabituel.

Par le portail, on accède à la **salle hypostyle** qui regroupe 10 colonnes. Elle fut transformée en église dédiée à saint Étienne en 557 ce dont témoignent les croix coptes gravées sur les parois et les colonnes. La partie centrale du plafond est couverte de vautours symbolisant la Haute et la Basse-Égypte tandis que les travées latérales ont des scènes astronomiques et des barques solaires. Les dépôts de limon ont endommagé les décors des parois.

Le **sanctuaire** compte 12 chambres à décoration liturgique et une crypte. Le saint des saints a conservé son naos. Un escalier mène à la terrasse où se trouve la **chapelle d'Osiris**. Les scènes représentées sont liées à l'embaumement d'Osiris, à son culte et aux rites garantissant sa survie.

Porte d'Hadrien – Parce que ses bas-reliefs illustrent le culte d'Osiris, cet édifice a souvent été assimilé à une chapelle dédiée à ce dieu. Il s'agit en réalité d'une porte commencée sous Hadrien et achevée sous Marc Aurèle. Elle ouvrait jadis, symboliquement du moins, sur l'île de Biga, aujourd'hui au sud des temples de Philae. Son orientation d'origine (avant le

Biga, l'île d'Osiris

Au sud de l'île d'Agilkia, celle de Biga, en partie submergée, est le lieu du sommeil éternel d'Osiris. Personne ne devait donc commettre le sacrilège d'y poser le pied excepté les prêtres chargés du rituel journalier. Isis, en procession, visitait son époux tous les dix jours. Les monuments de Biga révèlent cependant de nombreuses inscriptions de visiteurs, et un temple d'Époque ptolémaïque fut même transformé en église *(Cette île est fermée au public)*.

Hany A. Aziz / MICHELIN

Le site de Philae.

remontage du temple) explique la présence d'une scène sur le mur nord qui représente **les sources du Nil★** : le dieu Hapy qui personnifie le Nil est agenouillé et tient dans ses mains deux vases d'où s'écoule l'eau du fleuve. Hapy était à l'origine dans l'axe de l'île de Biga qui, à l'Époque gréco-romaine, abritait selon la légende la source mythique du Nil.

Temple d'Hathor – Construit par Ptolémée VI et embelli par Auguste, il conserve les vestiges d'une cour à portique dont les colonnes portent des scènes de musiciens : harpiste, flûtiste, singe jouant du luth, etc.

Kiosque de Trajan★★ – C'est avec émotion que Loti le décrit ainsi en 1907 : « Aujourd'hui, il n'a plus de base, ses colonnes surgissent isolément de cette sorte de lac suspendu et on le dirait construit dans l'eau à l'intention de quelque royale naumachie. Nous y entrons avec notre barque et c'est un port bien étrange, dans sa somptuosité antique ; un port d'une mélancolie sans nom, surtout à cette heure jaune du crépuscule extrême… Mais combien il est adorable ainsi, le kiosque de Philae, dans ce désarroi précurseur de son éboulement ! Ses colonnes, comme posées sur de l'instable, en deviennent plus sveltes, semblent porter plus haut encore leurs chapiteaux en feuillage de pierre : tout à fait kiosque de rêve maintenant, et que l'on sent si près de disparaître à jamais sous ces eaux qui ne baissent plus… »
Du point de vue de l'architecture, c'est le plus beau monument de l'île. Sa conception en forme de portique laisse supposer que les processions qui accostaient l'île abordaient au pied de cette élégant petit édifice. Ses 14 colonnes campaniformes aux chapiteaux magnifiquement sculptés lui confèrent une grâce presque aérienne. On peut remarquer qu'entre ces derniers et l'architrave, les dés sont restés inachevés : à l'instar du pavillon de Nectanébo, ils devaient être ornés de chapiteaux hathoriques. Enfin, ici comme sur la plupart des autres monuments du site, on distingue sur la pierre de nombreuses inscriptions gravées par les visiteurs du 19e s.

Philae pratique

Son et lumière de Philae

Installé face au kiosque de Trajan, un **son et lumière★★** se déroule chaque soir en différentes langues. Séances en français les lun., vend., dim. à 21h15, les mar., merc., jeu. à 20h. *(Vérifier les horaires car ils peuvent changer.)* 65 £ + 25 £ pour le passage en bateau, app. photo gratuit. Si vous vous y rendez en taxi, songez à le réserver pour le retour. L'achat des billets se fait sur place à Philae ou dans une agence de tourisme à Assouan.

Lac Nasser★★★

CARTE GÉNÉRALE C4-D4

Vaste étendue d'eau au cœur du désert, le lac Nasser est tout simplement fascinant. Il soulage les Égyptiens en retenant le temps nécessaire les eaux du Nil, il afflige les Nubiens en les privant de la terre de leurs ancêtres. En le créant, les hommes ont dû réaliser des prouesses techniques pour sauver les temples qui trônaient majestueusement sur les rives du fleuve. Les archéologues ont exploré les forteresses en brique et les nécropoles cherchant à garder une trace de ces vestiges antiques. Impossible à déplacer, ils reposent désormais au fond du lac, mémoire engloutie du peuple de Kouch.

Se repérer – Au sud d'Assouan.

À ne pas manquer – Le temple de Beit el-Wali, la tombe de Pennout, Wadi el-Seboua.

Organiser son temps – Visiter avant, si possible, le musée de la Nubie à Assouan, vous n'en saisirez que mieux la grandeur des temples. La croisière prend 3 ou 4 jours l'aller (retour en avion ou en bus), le double avec le retour.

Comprendre

Le drame égyptien – D'une superficie d'un peu plus d'un million de km^2, l'Égypte ne compte guère plus de 50 000 km^2 de terres cultivables. Avec ses 72 millions d'habitants, il était donc devenu vital pour le pays d'accroître ces terres afin de répondre aux besoins de la population. En outre, il s'avéra dès le début des années 1950 que l'ancien barrage ne parvenait pas à contenir les très grandes crues du Nil, imprévisibles.

Nasser, l'homme du barrage – Le 26 juillet 1956, le président **Gamal Abdel Nasser** nationalisa le canal de Suez pour financer le haut barrage d'Assouan, les fonds lui ayant été refusés par les États-Unis et l'Europe. « Le barrage et les usines qui en naîtront seront nos pyramides ! » Mais la crise du canal de Suez gela les ambitions de Nasser qui ne le rouvrit à la circulation maritime qu'en 1957. Il fit donc appel aux Soviétiques qui acceptèrent de financer le projet du barrage auquel personne ne croyait et dont les plans avaient été dressés dès 1952. Leurs ingénieurs réalisèrent la construction de cette structure d'une longueur de 3 600 m, d'une hauteur de 111 m, d'une épaisseur de 980 m à la base et de 40 m au sommet, qui nécessita quelque 40 millions de tonnes de granit et d'argile, soit 6 fois la quantité de matériaux utilisés pour la seule pyramide de Chéops. Une centrale électrique de 2 100 MW s'y adosse.

Avantages et inconvénients du barrage – L'Égypte a considérablement augmenté la superficie de ses terres cultivables, doublé ses ressources énergétiques, régularisé l'irrigation et développé ses rizières, stabilisé les eaux du fleuve favorisant ainsi une navigation permanente. Avec le barrage, les paysans font désormais deux récoltes et ils ne sont plus soumis ni aux sécheresses, ni aux inondations du fleuve capricieux. À la vingtaine de temples condamnés, il a fallu ajouter le déplacement de quelque 100 000 Nubiens, la perte du limon fertile entraînant l'emploi croissant d'engrais chimiques, ainsi que des modifications climatiques (davantage de pluies au Caire) et une augmentation de la salinité des terres du Delta.

Un sauvetage exceptionnel – En 1960, l'Unesco lança un appel international afin d'obtenir les concours financiers et techniques qui permettraient de sauver quelques temples de la montée des eaux du lac Nasser. Répondant à cet appel, de nombreux pays envoyèrent en Nubie des missions archéologiques. Quatorze temples ont donc pu être déplacés et remontés à l'abri sur des terres plus hautes, en respectant au maximum la topographie de leur site d'origine. D'autres furent fouillés et étudiés méthodiquement avant de disparaître, engloutis à jamais, comme par exemple les 7 forteresses en brique du Moyen Empire situées à proximité de la deuxième cataracte. Tous étaient érigés sur des îles ou sur la rive gauche du Nil (à l'exception du temple de Derr) afin de faire face au soleil levant.

Les temples rescapés ont été répartis en 4 groupes géographiques : 1) Kalabsha, Beit el-Wali et Kertassi ; 2) Dakka, Meharaqqa et Wadi el-Seboua ; 3) Amada, Derr et la tombe de Pennout ; 4) les 2 temples d'Abou Simbel, Abou Oda et la niche du tombeau de Pasar. À ces temples et monuments, il faut ajouter les 3 temples de Dabod, Dendur et Tiffa, donnés par l'Égypte aux pays étrangers en remerciement de leur collaboration. C'est ainsi que le temple de Dabod se trouve aujourd'hui à Madrid, celui de Dendur à New York, le temple de Tiffa à Leyde, le premier spéos du Nouvel Empire à Turin, un

P. de Franqueville / MICHELIN

Vue depuis le haut barrage d'Assouan.

colosse d'Aménophis IV à Paris, une porte ptolémaïque de Kalabsha à Berlin. Situés entre l'ancien et le nouveau barrage d'Assouan et n'appartenant donc pas au groupe des monuments du lac, les temples de Philae furent également déplacés.

Le plus grand bassin artificiel du monde – Le lac ainsi créé – baptisé du nom de Nasser – a une capacité de 157 milliards de m^3 d'eau. D'une superficie de plus de 5 200 km^2, il s'étire d'Assouan au Soudan sur 500 km de long et 10 à 30 km de large. Il pénètre largement au Soudan sur 150 km. Cerné par les ors des sables du désert, les rives du lac sont inoccupées puisque son niveau fluctue, ce qui a interdit toute implantation villageoise. En 1978, le président **Sadate** a toutefois permis à des Nubiens de s'installer sur certaines hauteurs proches du lac. Ces quelques milliers d'habitants vivent désormais dans des petites cités qui, bien qu'éloignés des anciens villages engloutis, n'en demeurent pas moins sur la terre de leurs ancêtres nubiens.

Visiter

Haut barrage d'Assouan★

À 15 km au sud d'Assouan. Tlj 6h-17h, été : 6h-18h. 8 £, photos tolérées sans objectif à grande focale, vidéo interdite.

Signalé par le **Mémorial de l'amitié entre l'Union soviétique et l'Égypte** qui représente une gigantesque fleur de lotus, le haut barrage (*Sadd el-Ali* en arabe, c'est-à-dire la « haute digue ») est un ouvrage colossal édifié entre 1960 et 1964, mais dont le chantier ne prit réellement fin qu'en 1971.

Croisières sur le lac★★★

Aucune route ne longe le lac. Voir aussi le carnet pratique.

Cinq bateaux effectuent la rotation entre Assouan et Abou Simbel (leur nombre devrait être limité à 6). C'est la plus merveilleuse façon de gagner les fabuleux temples élevés par Ramsès II. Hors du temps, le bateau avance paisiblement sur les eaux tranquilles du lac. Aucune contrainte, simplement quelques haltes dans des lieux magiques aux noms qui font rêver : Kalabsha, Kertassi, Beit el-Wali, Wadi el-Seboua, Dakka, Meharaqqa, Amada, Derr, Qasr Ibrim. Le calme absolu, la vrai détente sous un ciel bleu très pur. Au loin, le sable ocre du désert. Sous les eaux, les forteresses nubiennes et les villages engloutis. Le soir, les couchers de soleil inoubliables aux teintes vives puis le silence de la nuit et le ciel étoilé…

SITE DE KALABSHA★

À 1 km au sud du haut barrage. tlj 7h-18h. 20 £, étudiant 10 £. Embarcadère juste à droite avant le Mémorial soviéto-égyptien (compter 60 £ pour l'AR en barque à moteur, cela revient moins cher si vous êtes à plusieurs).

Seul site du lac avec celui d'Abou Simbel à pouvoir être visité en dehors des croisières, il regroupe le temple de Kalabsha, consacré à Mandoulis, avatar nubien du dieu Horus, et les temples de Kertassi et de Beit el-Wali.

Temple de Kalabsha★

Premier des temples nubiens à avoir été déplacé, Kalabsha était originellement situé à plus de 40 km au sud, sur le site de l'ancienne Talmis. Son démontage a été financé par l'Allemagne fédérale. Il s'agit d'un des plus grands temples de Nubie (71,6 m de long). On y vénérait Mandoulis, dieu-lion figuré ici sous la forme d'un enfant et d'un adulte. Assimilé au soleil et à la pleine lune, il symbolisait le renouveau et la plénitude. Tout comme Isis, il était particulièrement aimé des Blemmyes.

Du quai, on accède par un escalier à ce temple construit par l'empereur Auguste à l'emplacement d'un sanctuaire élevé par Aménophis II (XVIIIe dynastie). Légèrement dévié par rapport à l'axe de l'édifice, le **pylône** (14 m de hauteur) est divisé en salles réparties sur plusieurs étages. Les escaliers permettent de monter au sommet d'où l'on bénéficie d'une belle vue sur le lac et le désert. La **cour à portiques** (sur 3 côtés), dont les colonnes portent des chapiteaux composites, donne accès au nord et au sud à 4 petites pièces. La **salle hypostyle** avait à l'origine 12 colonnes campaniformes magnifiquement décorées de motifs végétaux. La colonne située à droite de l'entrée est gravée d'une inscription très difficile à comprendre, en écriture méroïtique. Un autre texte de cette salle *(proche du précédent)*, est un décret rédigé en grec en 250 apr. J.-C. qui annonce que les porcs de la ville de Talmis doivent être expulsés du temple pour raison religieuse. Les parois de la salle sont décorées de scènes d'offrandes et d'adoration en faveur des dieux Min, Khnoum et Mandoulis. Le **sanctuaire** et ses 3 chambres présentent Auguste en adoration devant diverses divinités dont Mandoulis. Il fut transformé en église au 4e s. de notre ère. La hauteur des portes diminue au fur et à mesure que l'on avance. Le temple est cerné par une enceinte en pierre qui délimite ainsi un déambulatoire dans lequel se trouve le Nilomètre *(côté est)*. À l'origine, une seconde enceinte en brique isolait le temple des regards.

Chapelle de Dedwen

À l'angle sud-ouest du temple de Kalabsha. Ce petit mammisi se composait d'une cour à péristyle inachevée et d'une salle creusée dans la roche.

Temple de Kertassi

Au Sud du temple de Kalabsha. Ce kiosque se trouvait initialement 30 km plus au sud de sa position actuelle. Il fut déplacé par le Service des antiquités. Il est du même style que le kiosque de Trajan à Philae mais ses dimensions sont plus modestes et il est plus ruiné que son semblable : il ne reste en effet que 2 piliers hathoriques et 4 colonnes composites reliés par des encorbellements. Divers graffitis en démotique, en grec et en copte ainsi que des inscriptions dues à des voyageurs des 19e et 20e siècles sont gravés au hasard sur les parois du monument.

Stèle de Psammétique II

Trouvée en 1964 lors de travaux de terrassement effectués à Shellal, l'embarcadère pour Philae, elle relate une expédition entreprise par Psammétique II en l'an 3 de son règne (XXVIe dynastie) au pays de Kouch (la Nubie), commandée par Amasis, son général en chef.

Temple de Beit el-Wali★

Partir de l'arrière du temple de Kalabsha vers l'ouest et suivre le chemin qui monte en serpentant. Ce petit spéos de l'époque de Ramsès II fut reconstruit par le Service des antiquités grâce à des capitaux américains. Il se trouvait jadis à 1,5 km du temple de Kalabsha. Dédié au dieu Amon-Rê, il fut plus tard transformé en église et baptisé la « maison du saint ». La cour qui le précède est décorée de belles **scènes polychromes** évoquant les victoires du pharaon sur les Libyens et les peuples d'Asie *(paroi nord)*, les tribus du pays de Kouch *(paroi sud)*. Il est très amusant de les détailler tant elles sont expressives.

SITE DE WADI EL-SEBOUA★★

Ne se visite qu'à l'occasion d'une croisière.

Temple de Wadi el-Seboua★

Remonté à 2 km de son site d'origine par le Service des antiquités grâce à un financement américain, cet hémispéos en partie construit, en partie creusé dans la roche, est dédié à Amon-Rê et Rê-Harmakhis. Il se compose d'un **1er pylône** assez ruiné suivi d'une **cour** avec une **allée de sphinx** d'où son nom la « vallée des lions ». Le **2e pylône** précédé d'un colosse de Ramsès II ouvre sur une **cour à portique** dont les 6 piliers ont des colosses du roi adossés. Les soubassements des murs montrent des processions des innombrables enfants de Ramsès II. Le **pronaos** avec ses 12 piliers et **l'antichambre** sont ornés de scènes d'offrande. À partir de là, on accède au **spéos**,

B. Kaufmann / MICHELIN

Le temple de Wadi el-Seboua précédé de son allée de sphynx.

sorte de salle hypostyle à 12 piliers dont les parois sont recouvertes de scènes d'offrandes (il fut reconverti en église à l'époque paléochrétienne ; on remarque encore une image de saint Pierre sur le badigeon). Au fond, une niche abrite 3 divinités : Ramsès II au centre, Amon et Rê-Harmakhis. Comme dans la majorité de ses temples, Ramsès II est déifié. On lui rendait donc un culte comme aux autres divinités.

Temple de Dakka★

Jadis situé 40 km plus au nord, ce petit temple consacré à Thot, démonté par le Service des antiquités, est exceptionnellement orienté au nord. Il fut commencé sous Ptolémée II par le roi d'Éthiopie Ergamène à l'emplacement d'un édifice du Moyen Empire. Les travaux continuèrent sous les Ptolémées et l'empereur Auguste. La porte du **pylône** montre Ptolémée VIII faisant des offrandes à Thot, Tefnout, Hathor et Isis. Le pronaos est au nom de ce roi. Le mur du fond correspond à l'ancienne façade du temple d'Ergamène. Dans le vestibule, une seule paroi ornée porte le nom de ce roi de même que le **sanctuaire primitif** qui est la partie la plus intéressante du temple : sur ses murs, on voit 2 ibis du dieu Thot et la déesse Tefnout sous la forme d'une lionne. Le second sanctuaire fut consacré par Auguste.

Temple de Meharaqqa

Plus modeste par ses dimensions, il était situé 10 km au sud du précédent. De l'Époque romaine, inachevé, il est consacré à Isis et Sérapis, dieu d'Alexandrie. Il n'en reste qu'une salle hypostyle, un escalier et une terrasse.

SITE D'AMADA★

Ne se visite qu'à l'occasion d'une croisière.

Temple d'Amada

Par la fragilité des **bas-reliefs peints★** exécutés sur un enduit trop fin, ce petit édifice a nécessité un véritable tour de force technique de l'équipe française : ne pouvant être découpé, il fut soigneusement maintenu et déplacé en un seul bloc sur une voie ferrée de 2,5 km de long, sur 65 m de dénivelé. Les dromadaires grossièrement sculptés de la façade sont sans doute l'œuvre de voyageurs du Moyen Âge. La **salle hypostyle** et ses 12 piliers date du Nouvel Empire. La **colonnade** aux 4 colonnes protodoriques également. De l'étroit vestibule, on accède au **sanctuaire** et à ses 2 chapelles : au fond, une stèle d'Aménophis II évoque la construction du temple par Thoutmosis III. Dans la chapelle nord sont figurées les cérémonies liées à la fondation et à la consécration de l'édifice transformé par la suite en église.

Temple de Derr

Érigé sur la rive droite du Nil à 11 km au sud-ouest de son emplacement actuel, il fut construit par Ramsès II et consacré à Amon-Rê. Il s'agit d'un temple rupestre transformé par les chrétiens en église. Dans la 1re salle, qui contenait 12 piliers, les parois sont ornées de scènes évoquant une campagne militaire en Nubie ou montrant Ramsès II en face de diverses divinités. Dans le vestibule à 6 piliers subsistent de rares traces de peintures : le roi est devant Amon-Rê, Ptah, Sekhmet,

Thot, Atoum, Harsiésis, Harmakhis. Selon Champollion, les statues assises, très abîmées, représentent : Amon-Rê et Ptah *(à gauche)*, Ramsès et Rê-Harmakhis *(à droite)*.

Tombeau de Pennout

Déplacé de 40 km par le Service des antiquités, il était à l'origine à Aniba. Cet hypogée est la sépulture d'un haut fonctionnaire de Ramsès VI, « gouverneur du pays de l'Ouaouat ». Très bien conservée, sa décoration évoque la vie quotidienne *(côté droit)* et la vie dans le royaume des morts *(côté gauche)*. Un texte biographique relate ses victoires sur les peuples nubiens et précise qu'il a conquis de nouvelles terres. Pennout parfois accompagné de sa femme et de ses enfants s'adresse à diverses divinités. Des scènes illustrent ses funérailles et le jugement des morts.

Un gigantesque chantier en milieu hostile

À 70 km à l'ouest d'Abou Simbel, dans le désert Libyque, un lieu nommé Tochka est le cadre d'un projet... pharaonesque lancé en 1997 par le président Moubarak. Entre canicule et scorpions, quelque 7 000 ouvriers creusent une oasis artificielle afin d'accroître la surface cultivable nationale qui est actuellement de 5 % le long de la vallée du Nil. Un million et demi d'hectares de terre supplémentaires devraient pouvoir être mis en culture dans la région de Tochka. Plusieurs millions de personnes pourraient venir s'installer dans ces lieux autrefois désertiques. Baptisée « Moubarak », la plus grande station de pompage au monde y est actuellement en construction afin d'ouvrir le « canal de la vallée du sud » qui alimentera cette oasis du bout du monde. Les travaux devraient prendre fin en 2017.

QASR IBRIM

Ne se visite pas, mais le bateau marque un arrêt de 15mn ce qui permet de l'observer depuis les ponts supérieurs.

Toujours installée sur son site initial, cette forteresse occupait une position stratégique en surplombant le Nil du haut d'un à-pic de 70 m. Après avoir été un bastion du paganisme, le site fut converti tardivement au christianisme et devint un centre ardent de la chrétienté en Nubie, au point qu'il résista à l'influence islamique jusqu'au 16e s. Les vestiges de cette place forte qui a connu divers occupants regroupent les ruines de monuments égyptiens, d'églises coptes et de mosquées.

Les Égyptiens, les Nubiens, les Romains, les Byzantins et les mamelouks laissèrent sur place des garnisons chargées du contrôle de la région. Qasr Ibrim fut abandonné au début du 19e s.

Lac Nasser pratique

Croisière sur le lac Nasser

Parmi les 5 bateaux qui effectuent actuellement la croisière, 2 sortent du lot : le *MS Eugénie* et le *Qasr Ibrim*. Climatisés, ils offrent une décoration somptueuse, un service impeccable et un large éventail d'animations et de distractions. L'*Eugénie* plus petit évoque par son style les bateaux du début du siècle comme celui du film *Mort sur le Nil*. La croisière AR dure 8 jours et 7 nuits. L'aller simple 3 jours et 2 nuits ou 4 jours et 3 nuits selon si qu'on démarre d'Abou Simbel ou d'Assouan. Si vous partez d'Abou Simbel, vous commencerez votre croisière avec le son et lumière suivi d'un diner à bord devant les temples. Si vous partez d'Assouan, vous arriverez avec le lever du soleil sur Abou Simbel. À vous de choisir ! Consultez les agences spécialisées de votre pays *(voir Organiser son voyage)* pour connaître les formules disponibles (aller et/ou retour, type de la cabine, sites visités, présence d'un conférencier, transfert). Il est préférable de réserver votre séjour à l'avance même si vous voyagez en individuel car vous risquez de ne plus avoir de place. Les prix varient considérablement selon la saison et le bateau que vous choisissez.

Le « MS Eugénie », luxueux palais flottant du lac Nasser.

Abou Simbel★★★

6 262 HABITANTS
CARTE GÉNÉRALE C4

Dédié à la gloire de Ramsès II et à son épouse bien aimée Néfertari, les temples d'Abou Simbel sont désormais célèbres dans le monde entier. Située à proximité de la frontière avec le Soudan, cette merveille isolée sur les rives du lac Nasser laisse à ses visiteurs le souvenir d'un lieu magique béni des dieux. À travers ses monuments, Ramsès offre un témoignage grandiose de sa puissance, témoignage qui ne pouvait finir sous les eaux du lac.

Se repérer – À 1 195 km au sud du Caire, à 253 km au sud d'Assouan, sur la rive gauche du lac Nasser.

À ne pas manquer – Les reliefs de Qadesh du grand temple, Néfertari avec Isis et Hathor dans les reliefs de son temple, le son et lumière.

Organiser son temps – Si vous venez en bus, essayez de dormir sur place car sinon, avec le principe des convois, vous ne resterez que 1 à 2h sur le site ce qui est très frustrant ! Ainsi vous pourrez assister au son et lumière.

Comprendre

La menace du barrage d'Assouan – Des édifices anciens menacés par les eaux du lac Nasser, les 2 temples d'Abou Simbel étaient de loin les plus difficiles à sauver. Avant l'édification du haut barrage, Abou Simbel était inconnu du grand public. C'est l'égyptologue française **Christiane Desroches Noblecourt** qui, en alertant l'opinion internationale, obtint leur mise en sûreté par l'Unesco. En 1963, soit quelques années à peine avant l'inondation définitive, l'Égypte et l'Unesco accordaient à des entreprises française, allemande, italienne, suédoise et égyptienne le soin de démanteler, de transporter puis de reconstruire bloc par bloc, 65 m plus haut que leur situation originelle, les deux temples rupestres d'Abou Simbel. C'était la solution la plus simple et la moins coûteuse.

Le secours de la haute technologie – On protégea le site des crues du Nil en érigeant une digue provisoire de plus de 350 m de long et 25 m de haut. Les collines qui surmontaient chaque temple furent arasées, 300 000 t de roche évacuées. Pour atténuer les vibrations, les façades des deux temples furent recouvertes de sable et un passage fut aménagé pour accéder aux sanctuaires. Le grès rose nubien étant devenu très friable avec le temps, il fallut le consolider avec des résines synthétiques avant de scier l'ensemble en plus de 1 000 blocs dont certains pesaient plus de 30 tonnes. Chaque morceau, maintenu avec des barres de cuivre, fut prélevé par une grue, déposé sur un pont roulant puis transporté au sommet de la falaise. Le remontage des temples

H. Ruiz / MICHELIN

Les colosses de Ramsès II, soigneusement découpés lors du sauvetage du Grand Temple.

tient compte de leur orientation d'origine. On érigea une superstructure en béton qui servit d'armature aux édifices. La topographie du lieu d'origine fut reconstituée. Les travaux débutèrent en 1963, le site fut inauguré en 1968. Ce chantier dantesque mobilisa 900 hommes pendant 6 ans !

Un peu d'histoire – Bâtis par Ramsès II pour servir sa gloire, les temples furent rapidement envahis par le sable. Les soldats de l'armée de Psammétique II gravèrent leurs noms sur les monuments. Puis le site disparu de la mémoire des hommes… En 1813, le Suisse Burckhardt déguisé en marchand syrien visita le petit temple qu'on lui avait signalé. Quel n'est pas son étonnement de découvrir un peu plus loin un second temple ensablé, apparemment inconnu des Nubiens. Ayant lu son récit de voyage, Drovetti arrive à Abou Simbel en 1816 et paye les villageois pour désensabler les temples. Mais ceux-ci, superstitieux, refusent. C'est donc un autre aventurier du nom de Belzoni qui finit par pénétrer dans le Grand Temple en 1817. Ce n'est qu'en 1909, sur ordre de l'égyptologue Maspero que le temple fut définitivement désensablé.

Découvrir

Tlj 7h-17h. 36 £, étudiant 20 £, vidéo payante.

Ce site date du Nouvel Empire, précisément de la XIXe dynastie, de Ramsès II.

Grand Temple★★★

Parmi les temples rupestres construit par Ramsès II en Nubie, celui-ci est indéniablement le plus impressionnant même si ses autres monuments aspirent au gigantesque. En bâtissant un temple d'une telle ampleur, le pharaon contribuait à pacifier une région d'une importance capitale pour l'économie de l'Égypte et sa politique, tout en protégeant symboliquement les frontières du royaume.

D'illustres visiteurs

Champollion, le dessinateur Robert Hay, le photographe Maxime du Camp, l'écrivain Gustave Flaubert visitent tour à tour Abou Simbel au 19e s. et retranscrivent leurs impressions.

La façade★★★ – Impressionnante, elle est taillée en forme de pylône (33 m de haut, 38 m de large) et ornée de 4 colosses assis du roi. Au-dessus du portail d'entrée, une niche abrite la statue de Rê-Horakhty à tête de faucon, qui symbolise le soleil. Le roi agenouillé de part et d'autre lui fait offrande. Un rébus hiéroglyphique précise que le bénéficiaire du temple est le roi déifié. La façade est surmontée d'une corniche décorée de 22 cynocéphales (singes). Le temple est précédé d'une terrasse dont les soubassements sont ornés de captifs agenouillés.
Les **4 colosses★★★** figurent Ramsès II assis, regardant en direction du soleil levant. Coiffé du *nemès* surmonté du *pschent*, il porte également une barbe postiche ; ses cartouches donnent ses différents noms. L'un des colosses de gauche est mutilé : son buste s'est détaché probablement à la suite d'un tremblement de terre. Celui de droite *(extrémité)* a été restauré pendant l'Antiquité. Directement taillés dans la falaise, ils sont hauts de 20 m, donc plus grands que les colosses de Memnon à Louxor (front 59 cm, nez 98 cm, œil 84 cm, bouche 110 cm, main 264 cm). L'artiste a travaillé ici de façon réaliste comme pour mieux souligner que nous sommes devant le temple d'un roi tout-puissant, soucieux de traduire à la fois une impression de puissance, d'unité et de calme. Malgré les dimensions, la perfection est atteinte. À côté et entre les jambes, des statues plus petites représentent entre autres sa mère, la reine Touy, Néfertari son épouse, les princesses Méritamon, Nebettaoui et Bentanat, les princes Ramessou et Amon her-khopchef. En s'approchant on remarque de nombreuses inscriptions, gravées par les soldats grecs de l'Époque saïte ou les voyageurs européens des temps modernes. Au sud sont gravées **3 stèles** : la première évoque les exploits militaires du roi, la troisième son mariage avec une princesse syrienne, la seconde reprend un texte écrit par un fonctionnaire d'Amon-Rê.

Le spéos★★★ – Dédié à Amon-Rê, le Grand Temple d'Abou-Simbel est intégralement creusé dans la masse rocheuse. Profond de 62 m, il respecte la typologie traditionnelle des temples de plein air. Décoré de vautours aux ailes déployées, le plafond du **pronaos** est supporté par **8 piliers osiriaques★**, éléments typiques de la cour des temples : les statues de 10 m de haut représentent Osiris sous les traits de Ramsès II (ceux du Sud portent la couronne de Haute-Égypte, ceux du Nord le *pschent*). Les autres faces des piliers montrent le roi en présence de divinités. Les bas-reliefs des murs illustrent des faits militaires. La paroi nord montre différents moments de la célèbre **bataille de Qadesh★★**. Au registre inférieur, on voit : le roi sur son trône

La bataille de Qadesh

La ville syrienne de Qadesh, sur le cours supérieur de l'Oronte, fut l'objet d'un enjeu politique entre l'Égypte et ses voisins de l'Est. Thoutmosis III puis Ramsès II s'en emparèrent. Cependant, Mouwattali, roi des Hittites, constitua la plus formidable coalition jamais formée contre l'Égypte et menaça les frontières du royaume. Sans attendre, Ramsès II marcha sur la Syrie à la tête de 4 divisions. Pensant à tort que l'ennemi s'était retiré à Alep, il campa aux portes de Qadesh avec une seule division. Mouwattali attaqua aussitôt, mettant l'armée égyptienne en déroute. Composée essentiellement de mercenaires, l'armée de Ramsès II disposait d'arcs, de lances, de glaives, de boucliers et de cuirasses en cuir recouvertes d'écailles de bronze. Les chars égyptiens à 2 roues, tirés par 2 chevaux, emmenaient un combattant et un écuyer. Ceux des Hittites supportaient un 3e homme. Selon le poème de Pentaour, c'est par son courage que Ramsès II parvint à renverser la situation en repoussant vaillamment l'adversaire. Il sortit finalement vainqueur de cette bataille mémorable. En réalité, il n'y eut ni vainqueur ni vaincu et Pharaon accorda à Mouwattali le droit de conserver Qadesh.

tenant conseil, son char et sa garde, des espions hittites bastonnés ; le camp égyptien avec des chevaux et des soldats travaillant au cantonnement ; le départ des troupes (infanterie et chars). Au registre médian, l'engagement de la cavalerie avec les Hittites à droite. Au registre supérieur : le roi sur son char décochant des flèches sur l'ennemi, la citadelle de Qadesh encerclée par les eaux du fleuve Oronte, les Hittites. Dans l'angle nord-est supérieur : fin de la bataille avec le roi, debout sur son char, assistant au dénombrement des victimes (mains et sexes coupés). Sur la paroi sud, des scènes d'offrandes précèdent des scènes de guerre dont une représente le roi et ses 3 fils chargeant à la tête de son armée, dans un style expressif. Sur la paroi ouest, le roi conduit des prisonniers devant des divinités. Sur la paroi est, le roi immole des captifs. De part et d'autre du pronaos, **8 salles transversales** basses de plafond, à la décoration inachevée, sont entourées de banquettes destinées à recevoir les offrandes et les objets cultuels. Du pronaos on passe au **vestibule** soutenu par 4 piliers décorés de scènes liturgiques. Une petite salle étroite précède le **sanctuaire**. Aux extrémités, deux portes mènent à deux **chapelles** décorées de scènes d'offrandes. Enfin, on accède au **naos** où sont assises, taillées dans la masse rocheuse, 4 statues *(de gauche à droite)* : Ptah (sans couronne), Amon-Rê, Ramsès II et Rê-Horakhty. Ainsi, Ramsès II est présenté à l'égal des dieux, à côté de la triade divine. Détail surprenant : deux fois par an, le 20 février et le 20 octobre, les rayons du soleil viennent frapper 3 des 4 statues ; la seule à rester dans l'ombre est celle de Ptah, dieu des Profondeurs.

Au sud du temple, une petite **chapelle** est consacrée à Thot. Plus au sud se trouvent **5 stèles**. Au nord du temple, une **cour** est consacrée au culte du soleil. Un piédestal supportait 4 babouins adorant le soleil, un second un naos qui renfermait une statue de scarabée géant et un cynocéphale. Ces divers éléments sont en partie exposés au Musée nubien d'Assouan.

B. Kaufmann / MICHELIN

Ramsès II triomphant de l'ennemi sur son char, en pleine bataille de Qadesh.

Temple d'Hathor★★

Au nord du Grand Temple consacré au roi, un petit sanctuaire, le temple d'Hathor dédié à la reine Néfertari. Également orienté à l'est (légèrement décalé), il rend hommage à la déesse-vache qui chaque jour met au monde le soleil et à Néfertari « pour qui le soleil se lève ». Sur les contreforts, on distingue de grandes inscriptions dédicatoires en hiéroglyphes.

La façade★★ – Certes moins imposante, également taillée en forme de pylône, elle présente une étonnante succession de 7 contreforts inclinés dans l'intervalle desquels se tiennent **6 colosses★★** debout dans l'attitude de la marche. Sculptés dans la masse rocheuse sur une hauteur de 10 m, ils figurent *(de gauche à droite)* : Ramsès II coiffé de la couronne de Haute-Égypte, Néfertari vêtue du costume d'Hathor et coiffée de cornes et de hautes plumes enserrant le disque solaire, Ramsès II coiffé de la couronne de Haute-Égypte, Ramsès II coiffé du pschent, Néfertari puis Ramsès II coiffé du nemès surmonté du disque solaire. Une frise de cobras qui n'est pas sans rappeler celle que l'on voit dans la cour méridionale du complexe funéraire de Djéser à Saqqara, protège l'entrée du temple.

Le spéos★★ – Il est nettement plus petit que le temple dédié à Ramsès. Le plafond du **pronaos** est supporté par 6 **piliers hathoriques**. Les bas-reliefs des parois nord et sud montrent Hathor offrant l'éternité au roi, Néfertari présentant le sistre (instrument de musique de la déesse Hathor) à Anouket déesse de la Cataracte, le roi offrant des papyrus. Au fond, un large vestibule donne accès au **naos**. Entre 2 piliers hathoriques, la statue en mauvais état de la déesse Hathor semble émerger de la roche pour présenter Ramsès II qu'elle immortalise.

Abou Simbel pratique

Se rendre à Abou Simbel

Par la route depuis Assouan – Par bus ou minibus, place à réserver dans une agence ou auprès de votre hôtel *(voir carnet pratique d'Assouan)*. Le trajet dure de 3 à 4h (départ vers 3h ou 3h30, arrivée vers 7h30). Temps de visite sur place de 1h30 à 2h.

Par bateau – Croisière à partir d'Assouan *(voir carnet pratique d'Assouan)*.

Par avion – tlj par Egyptair.

Son et lumière

Sans conteste, le plus beau de tous ! Mais il faut loger sur place. *Tlj 18h, 19h45 et 21h15 (à vérifier) - durée 3/4h - 65 £.*

Se loger

Nefertari Hotel – 5mn du site - ✆ *340 05 08 - 100 $*. Bien situé au bord du lac, l'hôtel propose également un restaurant correct.

Plongeur sur un récif de la mer Rouge.
K. Tigrine / MICHELIN

LE SINAÏ ET LA MER ROUGE

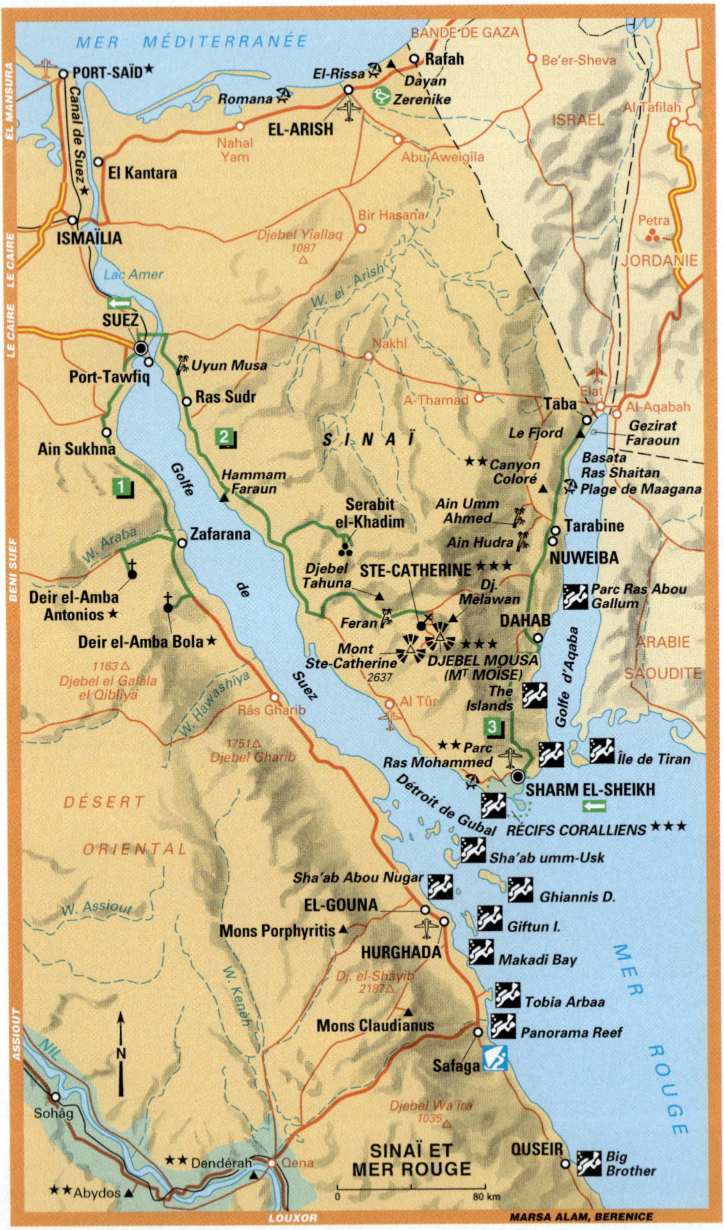
MER MÉDITERRANÉE
BANDE DE GAZA
PORT-SAÏD ★
Canal de Suez ★
El-Rissa
Rafah
Dayan
Romana
Zerenike
EL-ARISH
Be'er-Sheva
Nahal Yam
ISRAEL
Al Tafilah
El Kantara
Abu Aweigîla
Bir Hasana
Petra
ISMAÏLIA
Djebel Yiallaq 1087
JORDANIE
Lac Amer
W. el-Arish
SUEZ
Nakhl
Port-Tawfiq
Uyun Musa
Ras Sudr
A-Thamad
Taba
Elat
Al-Aqabah
Gezirat Faraoun
Le Fjord
Ain Sukhna
S I N A Ï
Basata
Ras Shaitan
Plage de Maagana
★★ Canyon Coloré
Hammam Faraun
Golfe
Serabit el-Khadim
Ain Umm Ahmed
Tarabine
Ain Hudra
NUWEIBA
Zafarana
W. Araba
Djebel Tahuna
STE-CATHERINE ★★★
Parc Ras Abou Gallum
Deir el-Amba Antonios ★
de
Dj. Melawan
DAHAB
Deir el-Amba Bola ★
Feran
ARABIE SAOUDITE
Mont Ste-Catherine 2637
★★★ DJEBEL MOUSA (Mt MOÏSE)
1163
Djebel el Galâla el Qibliya
W. Hawashîya
Suez
The Islands
Golfe d'Aqaba
Râs Gharib
Al Tûr
1751
Djebel Gharib
★★ Parc Ras Mohammed
Île de Tiran
SHARM EL-SHEIKH
DÉSERT ORIENTAL
Détroit de Gubal
RÉCIFS CORALLIENS ★★★
Sha'ab umm-Usk
Sha'ab Abou Nugar
Ghiannis D.
EL-GOUNA
W. Assiout
Giftun I.
Mons Porphyritis
HURGHADA
Makadi Bay
MER ROUGE
Dj. el-Shayib 2187
W. Keneh
Tobia Arbaa
Mons Claudianus
Panorama Reef
NIL
N
Safaga
Sohâg
Djebel Wa'ira 1035
SINAÏ ET MER ROUGE
QUSEIR
Big Brother
★★ Dendérah
Qena
★★ Abydos
0
80 km
EL MANSURA
LE CAIRE
LE CAIRE
BENI SUEF
ASSIOUT
LOUXOR
MARSA ALAM, BERENICE

Port-Saïd★

528 300 HABITANTS
CARTE GÉNÉRALE C1

Avec son statut de port franc, Port-Saïd est la ville la plus prospère du canal de Suez. Née en 1859 du percement de ce dernier, et donc bien jeune par rapport aux autres grandes villes du pays, l'agglomération est un des principaux points de passage maritime du globe. Conçu selon un plan en damier tout occidental, Port-Saïd nous éloigne de l'Égypte des pharaons pour nous plonger dans le monde moderne, celui du commerce.

Se repérer – À 180 km au nord-est du Caire, précisément au débouché septentrional du canal de Suez sur une levée de terre artificielle, côté Afrique ; Port-Fouad est son pendant asiatique.

À ne pas manquer – L'ambiance du port, la Maison du canal de Suez.

Comprendre

L'« affaire » du canal – Le 26 juillet 1956, **Gamal Abdel Nasser** nationalise le canal de Suez. Il garantit la liberté de trafic entre la Méditerranée et la mer Rouge, et fait remplacer aussitôt les pilotes français et britanniques par des Égyptiens et des Soviétiques. Paris et Londres, victimes principales de cette décision, se demandent si Nasser ne va pas leur barrer la route du pétrole. De son côté, Washington s'inquiète d'une éventuelle intervention militaire, alors qu'Israël, auquel la navigation sur le canal reste interdite, y voit l'occasion de mettre un bémol aux ambitions de Nasser. La France, la Grande-Bretagne et Israël vont donc mener une opération d'envergure.
Le 29 octobre, Israël envahit le Sinaï – avec des Mystère français dont les cocardes ont été camouflées sous des étoiles de David… Aussitôt, Paris et Londres demandent aux Israéliens et aux Égyptiens de retirer leurs troupes du canal. Comme convenu, Israël accepte ce qui est inacceptable pour les Égyptiens. Dès lors, Français et Britanniques disposent d'un prétexte pour passer à l'attaque, qui prend le nom de plan « Mousquetaire ». Nasser, qui a saisi l'enjeu, bloque instantanément le canal en y faisant couler 47 vieux navires. Le 5 novembre, 1 000 Français, dont les parachutistes du général Massu, et 600 Britanniques débarquent à Port-Saïd et occupent la ville – qui, bien que reconstruite, gardera longtemps les traces des conflits de 1956, 1967 et 1973. Alors que les troupes franco-britanniques se préparent à fondre sur Ismaïlia, voici que l'Union soviétique, par la voix de Boulganine, agite la menace nucléaire, que le général Eisenhower, à peine réélu, joue la modération, et que l'ONU décrète un cessez-le-feu. En décembre, les deux vieilles nations européennes quittent le territoire égyptien, ce que les Israéliens ne feront que le 14 mars 1957. Nasser rouvre alors le canal à la circulation maritime.

Le prestige du raïs – Au départ, Nasser nationalise le canal de Suez pour financer le haut barrage d'Assouan, les fonds lui ayant été refusés par les États-Unis et les Européens. Cette nationalisation, cumulée à ses achats d'armes aux pays communistes et à son refus de « s'aligner » sur les théories occidentales le transforme rapidement en héros de la cause arabe. Le mythe nasserien est né.

Port-Saïd, port franc – Un port franc consiste en une zone portuaire et urbaine bénéficiant d'un statut administratif et fiscal spécial. Le transit des marchandises y est libre, c'est-à-dire que les douanes ne s'y intéressent que si elles franchissent réellement la douane. L'avantage de ce statut est d'accélérer la rotation des navires en réduisant les formalités douanières, comme à Gibraltar ou l'île de Malte. Les désavantages sont peu nombreux, bien que certains y voient comme un encouragement à la contrebande puisque les contrôles sont quasi inexistants. Port-Saïd est port franc depuis 1975.

Vous passerez la douane en y entrant et en ressortant, n'oubliez pas votre passeport. Celui-ci doit porter le cachet d'entrée de votre caméscope si vous en possédez un.

Le saviez-vous ?

Le port doit son nom à Mohammed Saïd pacha, fils de Mohammed Ali et ami de Ferdinand de Lesseps, qui fonda la ville autour d'un campement de baraquements sur pilotis. Le remblai dégagé pour percer le canal servit à combler le terrain gagné sur le lac Manzala.

Mikhaïl Fedorovitch Larionov (1881-1964), des Ballets russes, a-t-il visité la ville ? Toujours est-il qu'il a signé en 1935 les décors du ballet *Port-Saïd* donné au Coliseum de Londres.

Se promener

Ville

En été, les Cairotes fréquentent activement le quartier commercial *(Al-Togari)* de Port-Saïd pour y faire des achats. Avec ses innombrables magasins de vêtements et ses boutiques où l'on trouve tous les gadgets que peut produire le Sud-Est asiatique, il tient du bazar. À y regarder de plus près, ce quartier, le plus ancien de la ville et qui s'étend à proximité du quai *(rue Palestine)*, réserve à ses visiteurs l'attrait d'une architecture coloniale fin de siècle très séduisante quoique un peu délabrée. Après avoir flâné dans ce Hong-Kong en réduction, une des meilleures choses à faire est d'aller sur la nouvelle promenade surélevée qui longe le quai, depuis le port de pêche au bassin du Commerce. Côté nord, vous verrez le piédestal qui portait la statue de Ferdinand de Lesseps.

Plage – Bien que la Méditerranée n'offre pas ici une propreté irréprochable, la plage est bordée de clubs et d'appartements. Moins animée que celle d'Alexandrie, elle est également moins fréquentée par les étrangers. Le soir, la longue rue Tarh el-Bahr s'anime grâce à son grand nombre de restaurants et de bars, mais aussi parce que les magasins de vêtements restent ouverts.

Port

Il est le théâtre d'un étonnant va-et-vient de cargos, de bacs et de barges.

Le port, en quelques chiffres – Le chenal mesure de 200 à 600 m de largeur. La jetée ouest (en fait un brise-lames impraticable aux promeneurs) est longue de 7 300 m, la jetée est, de 1 900 m. Les musoirs sont distants de 900 m. Le feu de son ancien phare portait à 23 milles (le nouveau se trouve sur la plage). En 1998, quelque 14 500 navires chargeant de 150 000 à 260 000 t y ont transité, avec une fréquence de près de 90 bâtiments par jour.

Maison du canal de Suez★ – *Ne se visite pas.* Tout au bout de la rue Mustafa Kamel et situé entre les bassins de l'Arsenal et du Commerce, ce superbe bâtiment a été achevé en 1869 pour l'inauguration du canal. Pour apprécier sa belle façade éclatante de blancheur qui s'élève au bord du canal et son dôme vert, il faut prendre le bac gratuit qui relie Port-Saïd à Port-Fouad.

R. Deschamps / MICHELIN

La Maison du canal de Suez surmontée de son dôme vert.

Port-Fouad

Ce quartier résidentiel de Port-Saïd se trouve sur la rive sinaitique du canal. Nous sommes donc ici en Asie.

Fondée en 1925 pour héberger des employés de la Société du canal de Suez, cette banlieue rend hommage par son nom au roi Fouad Ier, troisième fils du khédive Ismâil pacha. Doté d'un port de plaisance, Port-Fouad contraste avec Port-Saïd par son atmosphère calme et ses petites maisons entourées de jardins de jasmin blanc.

Visiter

Port Said National Museum

Sh. Palestine (côté nord du quai). Fermé pour travaux.

Les pièces installées dans le jardin proviennent du musée d'Ismaïlia. À l'intérieur, la collection n'offre qu'un intérêt assez relatif, même si près de 2 500 pièces sont exposées sur deux niveaux et cinq sections : pharaonique, gréco-romaine, copte, islamique, moderne. On y voit donc un peu de tout, depuis des sandales en cuir et en papyrus (Ve dynastie) jusqu'au phaéton de la famille de Mohammed Ali, en passant par de singulières icônes coptes, dont une représentant le Christ en gloire entouré d'apôtres, d'anges, du diable, et d'Adam et Ève (fin 15e s. ; la date de 1191 concerne les coptes, dont le calendrier commence en 284 de notre ère et correspond à « l'année des martyrs » en référence aux persécutions de l'empereur romain Dioclétien contre les chrétiens d'Égypte).

La plus belle pièce du musée est une « tête de réserve » grandeur nature, en calcaire. Ce type de sculptures idéalisées et pourtant déjà réalistes aurait servi de matrice pour des moulages, ce qui expliquerait que la plupart ont les oreilles cassées (par le démoulage).

Musée militaire

Sh. du 23-Juillet - ouv. 9h-16h - 5 £/3 £; app. photo et vidéo payants.

Inauguré par Nasser en 1964, ce petit musée rassemble des maquettes et des dioramas ainsi que des documents iconographiques (photographies et peintures) principalement relatifs au conflit de 1956, ainsi qu'aux guerres égypto-israéliennes de 1967 et 1973. Bien sûr, il intéresse surtout les Égyptiens, mais tout amateur d'histoire militaire y trouvera son compte s'il comprend l'anglais. Remarquez, à l'entrée, les trois vitrines centrales où sont exposées de très belles armes (du 12e au 16e s.).

La statue de Lesseps

Son imposante statue trônait à l'entrée du port, tout au nord de la promenade qui borde le quai le long de la rue Palestine. Si le piédestal porte encore le nom du grand diplomate, il ne soutient plus de statue. En effet, celle-ci a été dynamitée le 24 décembre 1956, au lendemain de l'intervention franco-britannique. Remisée durant de longues années dans un magasin de la Compagnie du canal de Suez, cette statue a été redressée après avoir été restaurée. Elle attend patiemment en face de son emplacement originel, dans l'arsenal de Port-Fouad, qu'on décide de son sort.

Port-Saïd pratique

Indicatif téléphonique – *066*

Informations utiles

Office de tourisme – *Rue Palestine - ✆ 323 52 89 - tlj 9h-19h, vend. 9h-14h.*

Original. net – Au 1er étage du Panorama Hotel, ce comptoir Internet indépendant de l'hôtel permet de relever et adresser vos e-mails. *5 £/h.*

Transports

Train – À partir du Caire et via Zagazig (dép. à 6h20, 9h15 et 11h30 ; tr. 4h).

Bus – Compagnies Superjet ou Charq al-Delta à partir du Caire (toutes les heures de 6h à 20h ; tr. 3h).

Ferry – *Gratuit pour les piétons.* Rotation toutes les 5mn entre Port-Saïd et Port-Fouad (embarcadère juste au nord de la Maison du canal de Suez).

PROMENADE EN BATEAU

Noras I – Embarcadère situé Gate n° 1 (face au Port Said National Museum). Ce bateau vous emmène pour une petite croisière sur la Méditerranée et l'entrée du canal, jusqu'à hauteur du centre-ville. *Excursions à 15h et 20h : 15 £, avec une boisson comprise. 1h de tour.*

Se loger

Noras Beach Hotel – *Sh. Atef el-Sadate - ✆ 332 98 34 - 12 ch. : 100 £/120 £ l'été.* Il s'agit d'un « hôtel-village », donc limité à 3 étoiles égyptiennes par la réglementation mais offrant un confort supérieur. Croisières-déjeuner et croisières-dîner sur la Méditerranée ; pour 10 £, on peut se contenter de boire un verre.

Panorama Hotel – *Sh. al-Gomhuriya - ✆ 332 51 01 - 64 ch. : 170 £.* Cet hôtel agréable qui se flatte d'être situé « au coin de l'Afrique et de l'Asie » est toutefois un peu proche d'une mosquée.

Palace Hotel – *19 sh. Ghandy - ✆ 323 94 50 - 84 ch. : 245 £/270 £.* Simple et propre, il possède une salle de billard.

Helnan Port-Said Hotel – *Corniche - ✆ 332 08 90 - 202 ch. : 100 $/120 $ en été.* Impeccablement situé entre la plage et l'entrée du canal, cet hôtel tout confort possède une discothèque et un sauna équipé d'un Jacuzzi. Pour les chambres, privilégier celles donnant sur l'entrée du canal et le port de pêche.

Sonesta Port-Said – *Sh. Sultan Hussein - ✆ 332 55 11 - www.sonesta.com/egypt_portsaid - 110 ch. : 150 $ (vue sur la ville)/185 $ (sur le canal).* Donnant sur l'entrée du canal, l'hôtel propose un centre fitness et des chambres avec connexion Internet. La piscine est idéalement placée.

Se restaurer

El-Ektesad – *19 sh. Safeia Zaghloule.* On vient à *L'Économie* pour l'accueil très sympathique et pour manger du riz aux foies, du khebab et du kofta (boulettes de viande). Si vous commandez une mehalabeya (crème égyptienne) au dessert, il y a des chances que vous voyez le serveur enfourcher sa bicyclette pour aller en chercher au magasin le plus proche. Pas de boissons alcoolisées.

Pizza Pino – *Sh. al-Gomhuriya.* Les pizzas y sont vraiment excellentes.

El-Bagaa – *Sh. Tahr el-Bahr. Le Pélican* est lui aussi réputé pour ses poissons, particulièrement pour son riz aux fruits de mer et son tagine de poissons. Pas de boissons alcoolisées. Compter 50 £ pour un repas.

El-Borg – *Sh. Tahr el-Bahr - ✆ (066) 32 34 42. La Tour* est très connue à Port-Saïd, et même au-delà, et mérite son excellente réputation. Spécialité de poissons (vous pouvez les choisir, ainsi que le mode de cuisson). À ne pas manquer : la soupe de poissons avec crabe et coquillages, et la crème de potiron et noix de coco offerte au dessert. Pas de boissons alcoolisées. Environ 80 £ le repas.

Sports et loisirs

Plage – Au nord de la ville s'étend une longue plage où l'on peut louer des parasols pour 5 £ la journée. À part quelques sections privées réservées aux hôtels de luxe, la plage est publique.

Louer un vélo – À deux pas de l'office de tourisme, rue Hafez Ibrahim, vous trouverez un magasin sur le trottoir sud. *3 £/h.*

Achats

Magasins – Le shopping est la spécialité de la zone franche de Port-Saïd. On achète principalement des vêtements et des chaussures (attention aux contrefaçons). N'hésitez pas à marchander. Rendez-vous dans les rues Al-Gomhuriya (parallèle à la rue Palestine qui longe le canal) et El-Nahda, ainsi que le long de la plage.

Ismaïlia

299 600 HABITANTS
CARTE GÉNÉRALE C1

Un soupçon de nostalgie souffle dans les rues d'Ismaïlia. Ceci est dû à l'architecture coloniale que l'on peut apprécier dans cette ville née au cours de la seconde moitié du 19e s. Malgré son explosion urbaine et la réputation des excellentes mangues qu'on cultive dans ses environs immédiats, Ismaïlia reste en effet marquée par le canal de Suez qui l'a créée.

Se repérer – À 120 km au nord-est du Caire, à 80 km au sud de Port-Saïd, sur le canal de Suez, juste au nord du lac Timsâh.

À ne pas manquer – Le musée, la maison de Ferdinand de Lesseps, le spectacle des bateaux glissant sur le canal.

Comprendre

Arrière-petit-fils de Mohammed Ali, le fondateur de la ville, Ismâil pacha (1830-1895) devint khédive, c'est-à-dire vice-roi d'Égypte, en 1867. À l'instar de son oncle Mohammed Saïd pacha, il avait favorisé le percement du canal de Suez qui fut inauguré sous son règne, deux ans plus tard.

Claude François

On sait peu que l'auteur et interprète d'*Alexandrie, Alexandra* est né à Ismaïlia, le 1er février 1939. Son père était employé à la Compagnie du canal de Suez. La famille quitta l'Égypte après la nationalisation du canal.

Se promener

Le centre-ville, au plan quadrillé, permet de retrouver l'atmosphère de l'ancien quartier européen. Son charme désuet est dû aux anciens bureaux de la Compagnie du canal *(à côté de la maison de Lesseps)* et aux villas de ses agents, entourées de jardins. On se croirait dans une ville d'eau européenne *(le long et au bout de la rue Mohammed Ali qui longe le canal d'eau douce, puis vers l'église et la place Champollion)*. On peut profiter des jardins bordant le lac Timsâh et ses plages, mais on vient surtout voir le canal lui-même, large tranchée d'eau bleue entre les rives de sable doré séparant l'Afrique de l'Asie.

Lieu de pèlerinage – Le cimetière européen est un lieu assez spectaculaire mais peu entretenu où les descendants des agents de la Compagnie maritime universelle du canal de Suez viennent fréquemment se recueillir.

Le canal★

Ne pas prendre la direction de Ferdan Ferry Boat (accès réservé aux camions et aux militaires), mais de Ferry n° 6.

Les bateaux empruntent le canal en convoi, du sud vers le nord ou du nord vers le sud (deux dérivations permettent des croisements, à Ballah et dans le lac Amer). Le spectacle de ces énormes masses d'acier glissant sur l'eau calme et étroite du canal n'est donc pas continu, il faut attendre qu'un convoi succède à un autre.

Maison de Ferdinand de Lesseps

Sh. Mohammed Ali. Visite exclusivement réservée aux invités de l'Autorité du canal.
Jusqu'à l'achèvement des travaux de percement, le créateur du canal de Suez *(voir Suez)* résida dans cette maison rappelant un chalet normand.

Lac Timsâh

Le « lac du Crocodile » se situe au sud-est de la ville.

Association Ferdinand de Lesseps

Maison de Ferdinand Marie de Lesseps.

Visiter

Musée d'Ismaïlia

Rue Mohammed Ali. Ouvert tlj de 9h à 16h (17h en été). 6 £ ; étudiant 3 £ ; app. photo 5 £ ; vidéo 100 £.
Le style très néoclassique du bâtiment, avec son amusante touche « retour d'Égypte », est en soi une curiosité. Malheureusement, les collections et leur présentation sont un peu décevantes. À voir cependant la **grande mosaïque** (fin 4e s.) qui représente une scène mythologique sur trois registres : Phèdre envoie une lettre d'amour à Hippolyte ; Dionysos sur son char et la vertu d'Héraklès ; conclusion morale (aimer son prochain). Parmi les antiquités égyptiennes, il faut mentionner une tête d'Oukaroman en grès (XIXe dynastie) ; des papyrus coptes ; des bijoux en or. De la Période gréco-romaine datent de très belles fioles en verre ; la statue de Vénus au dauphin en marbre. De l'Époque islamique, des bombes à pétrole en poterie ; deux encensoirs en cuivre (14e s., période mamelouke).

Aux alentours

El-Qantara

28 km au nord d'Ismaïlia.
Presque entièrement détruite en 1973 pendant la guerre contre Israël, la ville tire son nom d'un pont, le *qantara el-Khasna*, supprimé lors du percement du canal.
Les travaux d'achèvement du gigantesque **pont suspendu** qui enjambera le canal au sud de la ville nous rappellent que celle-ci fut de tout temps un point de passage essentiel entre le delta du Nil et la Palestine. La route qui reliait ces deux régions passait déjà par ici voici cinq millénaires.

Ismaïlia pratique

Indicatif téléphonique – *064*

Transports

Train – À partir du Caire et via Zagazig (5 dép. par j. ; tr. 2h30).

Bus – Par la West Delta Bus Company à partir du Caire (ttes les heures de 6h à 18h30 ; tr. 2h).

Ferry – Le passage entre l'Asie et l'Afrique est assuré par le ferry n° 6 à l'est de la ville (Ferdan Ferry Boat situé à 4 km au nord-est, nécessite un permis spécial).

Passage gratuit avec rotations de 6h à 0h.

Se loger

⊖⊜⊜⊜ **Mercure Coralia** – *Forsan Island* - *✆ 391 63 16. 152 ch. : 100/80 €.* Seul à offrir une superbe vue sur le lac, cet hôtel de luxe propose un confort irréprochable.

Se restaurer

⊖⊜ **George's Place** – *11 Sultan Hussein Street.* Spécialité de poissons et de crevettes, et un bar où prendre un apéritif (alcoolisé). Environ 50 £.

Loisirs

Les plages – *Sur le lac Timsâh, au sud de la ville.* Elles appartiennent à des clubs ou hôtels, (droit d'entrée de 20 £ comprenant parfois l'accès à un déjeuner).

Suez

477 200 HABITANTS
CARTE GÉNÉRALE C1

Ville éponyme du golf et du canal et seule ville à être de fondation ancienne sur tout le parcours du même canal, Suez semble avoir pour destin de se métamorphoser perpétuellement. Autrefois pharaonique, jadis port de la malle des Indes anglaises, naguère terminal pétrolier puis presque entièrement détruite lors des guerres contre Israël, elle est aujourd'hui une ville toute neuve.

Se repérer – À 150 km à l'est du Caire, à 92 km au sud d'Ismaïlia, à l'embouchure sud du canal de Suez.

À ne pas manquer – La baie de Suez, les couvents de St-Antoine et de St-Paul.

Organiser son temps – N'accordez que peu de temps à la visite de Suez. Les deux circuits de découverte proposés valent réellement le détour. Ils vous demanderont une grosse journée. Mais la meilleure façon de les apprécier consiste à les parcourir en deux jours. Prenez votre temps !

Comprendre

L'ancien canal des pharaons – Pharaon de la XXVIe dynastie et fils de Psammétique Ier, **Nékao** entreprit de creuser un canal reliant la mer Rouge à Bubastis *(voir Zagazig)*, d'où les navires gagneraient la mer Méditerranée par le Nil. Ce « canal des pharaons », achevé par le Perse **Darius Ier** à la fin du 6e s. av. J.-C., commençait à hauteur de Klymsa dont l'emplacement est aujourd'hui marqué par le tell visible à l'entrée du canal actuel. Si l'on en croit Hérodote, pas moins de 120 000 hommes commencèrent à creuser le canal de Nékao, mais ce dernier stoppa son projet dès qu'un oracle lui eut prédit « qu'il travaillait au profit des Barbares ».

Entretenu par les Romains, le canal s'ensabla ensuite progressivement sous l'Empire byzantin, puis fut abandonné pour des raisons stratégiques au 8e s. par le calife Mansour après que des travaux d'entretien eurent toutefois été engagés par le calife Omar au siècle précédent.

Mauritius / PHOTONONSTOP

Un paquebot porte-containers glissant sur le canal.

Un canal à travers l'isthme de Suez – On ne saura jamais avec certitude qui eut le premier l'idée de percer un canal à travers le désert séparant la mer Rouge de la mer Méditerranée. On sait néanmoins que le général Amr qui servait le calife Omar, les Vénitiens, le philosophe Leibniz et les sultans ottomans y ont songé, jusqu'à ce que **Bonaparte**, général en chef de l'armée d'Orient, se penche très sérieusement sur la question en chargeant l'ingénieur Lepère d'en étudier les possibilités techniques. L'Histoire n'autorisa pas le futur Napoléon d'associer son nom à ce projet grandiose. Aujourd'hui, le projet du canal de Suez serait considéré comme banal. Au 19e s., il fallait une folie digne d'un chercheur d'or pour oser y penser. Les saint-simoniens ne furent pas en reste, car c'est eux qui complétèrent les études entamées pendant l'expédition d'Égypte.

Le pionnier : Ferdinand de Lesseps – Lepère avait prévu deux canaux : l'un vers Alexandrie, l'autre vers Péluse *(au sud-est de Port-Saïd)*. Il avait calculé une dénivellation de 10 m entre les deux côtes, ce qui aurait exigé des écluses. Or, les travaux exécutés par Bourdaloue en 1847 pour la malle des Indes permirent d'établir que la différence de niveaux était quasiment nulle.

Fort de cette certitude et des études menées par des saint-simoniens, De Lesseps, en véritable héros de Jules Verne, décide de remuer ciel et terre pour vaincre le désert et offrir au monde le premier canal reliant deux mers. Le vicomte Ferdinand de Lesseps (1805-1894) a indéniablement marqué Suez et son canal de son empreinte en étant l'homme qui réalisa enfin ce rêve deux fois millénaire. Fils du consul de France en Égypte, Mathieu de Lesseps, Ferdinand fut lui-même consul de France au Caire de 1831 à 1838. Il quitta la diplomatie en 1849 puis, appuyé par l'impératrice Eugénie, sa cousine, et grâce au vice-roi **Mohammed Saïd pacha** qu'il avait connu lors de sa carrière diplomatique, il obtient en 1854 un traité de concession lui attribuant l'autorisation de creuser ce canal surhumain.

Le rêve devient réalité – Les travaux commencent en 1859 à hauteur du futur Port-Saïd. Très vite, Lesseps s'affirme comme un meneur d'hommes et un promoteur de premier ordre. Sa foi renverse les obstacles les uns après les autres, si bien que, le 17 novembre 1869, les eaux de la mer Rouge se mêlent à celles de la Méditerranée sous une salve de 21 coups de canon. Le soir même, l'empereur d'Autriche François-Joseph et le prince Frédéric-Guillaume de Prusse sont là pour voir le khédive Ismâil pacha et l'**impératrice Eugénie** inaugurer le canal aux navires de mer, à bord de *L'Aigle*, le bateau impérial. Les sceptiques sont convaincus : les 11 696 km séparant Londres de Calcutta via Le Cap sont réduits à 8 019 km, Marseille n'est plus qu'à 7 169 km de Saïgon contre 11 990 km auparavant. Le gain de temps est considérable.

Le canal, enjeu diplomatique et militaire – Administré jusqu'en 1956 par la Compagnie universelle du canal maritime de Suez fondée par Lesseps, la voie d'eau sera constamment l'objet d'intrigues et de combats, essentiellement parce qu'il commandait la route des Indes.

L'acte signé en 1856 accordait à la compagnie une concession de 99 ans, à compter de l'ouverture du canal à la navigation, soit un terme en 1968. En 1956, **Gamal Abdel Nasser** surprend son monde en nationalisant le canal, parce que « c'est l'Égypte qui est devenue la propriété du canal ». Le trafic est interrompu pendant près de quatre mois *(voir Port-Saïd)*. Il le fut à nouveau le 5 juin 1967, lors de la guerre contre Israël, pour une durée nettement plus longue puisqu'il fallut attendre le 5 juin 1975 pour voir le président **Anouar el-Sadate** le rouvrir un peu moins de deux années après la fin de la guerre du 6 octobre (ou du Kippour) et après de longs travaux de déminage (730 000 engins explosifs dans le canal et 690 000 mines sur les berges). Depuis cette date, la voie d'eau reliant Suez et Port-Saïd, « la voie d'eau internationale la moins chère », semble être redevenue un long canal tranquille.

Les chiffres

Ce canal à niveau – donc sans écluse – est long de 173 km. Sa largeur minimale est de 200 m, sa profondeur minimale est de 20 m. Le tirant d'eau maximal autorisé est de 16,2 m. Le km 0 est situé à hauteur du phare de Port-Saïd. La traversée totale prend généralement 15h.

Se promener

Fondée au 15e s. à proximité de la colline de Kom el-Koulsoum où fut bâtie une cité à l'époque pharaonique, Suez est aujourd'hui une ville de transit par excellence. Pour de nombreux pèlerins musulmans de l'Afrique du Nord, elle symbolise l'embarquement vers La Mecque.

La grande sinon l'unique curiosité de Suez est sa baie et le chenal d'entrée dans le canal qui permet aux navires de le franchir à marée basse.

Avant de réaliser la statue de la Liberté pour le port de New York, le sculpteur Frédéric Auguste Bartholdi (1834-1904) avait esquissé une statue colossale devant servir de phare à la ville de Suez. Le projet resta à l'état d'ébauche.

Port-Tawfiq

Quartier résidentiel de Suez, Port-Tawfiq, bâti sur une presqu'île artificielle constituée par les remblais du percement, se situe à l'entrée du canal.

Circuits de découverte

Bien qu'il soit toujours possible de louer une voiture, l'option la plus intéressante consiste à louer un taxi. Vous pourrez ainsi profiter du paysage et laisser au chauffeur, qui connaîtra l'itinéraire, le soin de vous mener sans erreur à bon port.

LE GOLFE DE SUEZ PAR L'OUEST 1

Circuit de 413 km environ.

Quitter Suez par la Corniche. La route passe au pied du massif du djebel Ataqa et passe à proximité du petit port d'Adabiya. On croise ensuite Ras Ghuba, Bir Odeib et Ghabet el-Bos avant d'arriver à Ain Sukhna.

Ain Sukhna

Cette bourgade dont le nom signifie littéralement « source chaude » bénéficie d'un cadre agréable peu à peu absorbé par les nouvelles constructions de villages de vacances qui poussent « comme des champignons ».

Zafarana

Cette petite ville-étape (son nom signifie « safran ») sur la route d'Hurghada est essentiellement fréquentée par des Égyptiens qui viennent y passer le week-end.

Prendre la route qui, à gauche, s'engage vers Beni Suef en traversant le désert Arabique. À 33 km de Zafarana, tourner à gauche (panneau bleu) et parcourir 14 km.

Deir el-Amba Antonios★

Ouvert tte l'année de 9h à 16h (fermé durant Semaine sainte copte, qui n'est pas fixe). Pas d'hébergement.

Chronique ascétique – Le **couvent St-Antoine** est dédié au fondateur de l'anachorétisme en Égypte. Né en 250, Antoine se consacra à l'ascétisme et s'enfonça dans le désert où il décéda à l'âge de 105 ans. Peu de temps après, des disciples fondèrent un monastère au pied des montagnes qui avaient abrité la pieuse existence de ce saint moine. Il est à noter que du 17e au 19e s., les patriarches d'Alexandrie et les métropolites de Jérusalem en provenaient.

Un cadre magnifique – Une trentaine de moines vivent dans ce microcosme clos par une enceinte de 1 km de long et 12 m de hauteur où le recueillement trouve l'écho d'une nature propice.

Au centre du monastère, la tour (6e s.) témoigne de la menace permanente des incursions bédouines : on y accède par un pont-levis placé à hauteur du 1er étage ; un vieil ascenseur à poulie répond à la même préoccupation à l'entrée du couvent. Celui-ci recèle un **cycle de fresques★★** magnifiquement colorées, le plus complet du monde pictural copte. Récemment nettoyées par des restaurateurs italiens et illustrant la vie des martyrs, ces fresques exécutées sur un enduit sec remontent d'une part, aux 7e et 8e s., d'autre part, au 13e s. ; la plupart des martyrs sont représentés à cheval, accompagnés d'un épisode miraculeux de leur vie. (côté Occidental : des saints guerriers représentés avec leur martyre en arrière-plan. Côté sud, chapelle de l'Apocalypse : un Christ enseignant flanqué de la Vierge et saint Jean-Baptiste. Côté oriental : des saints ascètes d'Égypte (Pacôme, Bishoï, Antoine, Maxime, Moïse le Noir, etc.). Dans le chœur de l'église dédiée à saint Antoine (12e s.), la tombe du saint est entourée de représentations de saints datant du 14e s. Les icônes du 13e s. ont été elles aussi restaurées, par une équipe russe. Dans la palmeraie, l'église Saint-Marc (15e s.) conserve les reliques de ce saint, réputées miraculeuses.

R. Deschamps / MICHELIN

Le monastère Saint-Antoine.

Située à 300 m en aplomb du monastère, la grotte où saint Antoine se retirait est accessible par un sentier *(3/4h de marche)* parfois abrupt. De la terrasse, la **vue** sur la plaine désertique est admirable.

Revenir à la route côtière que l'on prend à droite. Après 25 km, prendre à droite et parcourir 13 km.

Deir el-Amba Bola★

Ouv. tte l'année 9h-16h (fermé Semaine sainte copte, qui n'est pas fixe). Pas d'hébergement sf autorisation préalable au ✆ (02) 590 02 18.

Chronique érémitique – Très semblable au couvent St-Antoine, le **couvent St-Paul** est niché au fond d'une dépression rocheuse aux parois abruptes, versant sud du djebel el-Galala méridional qui sépare les deux monastères. Là, dans une caverne, vécut celui que saint Jérôme a appelé le premier moine : Paul de Thèbes, né en 228. Sa vie reculée lui permit d'atteindre l'âge vraiment très respectable de 113 ans. Pourtant, toujours selon Jérôme, il ne se nourrissait que d'une miche de pain que lui apportait chaque jour un corbeau.

Un cadre superbe – Ici aussi, une haute enceinte protégeait les édifices monastiques des incursions bédouines, parfois si féroces qu'on surnomma l'endroit le « monastère des Tigres ». Fondé probablement à la fin du 6e s., le couvent compte notamment 2 églises curieusement disposées : l'une dédiée à saint Paul (dont la partie sud est creusée dans la grotte du saint), l'autre à saint Mercure (située au-dessus de la grotte). La tour (6e s.) dotée d'un pont-levis comprend une chapelle de la Vierge couverte d'une coupole de bois.

On a le choix : soit on poursuit la route côtière vers Hurghada, soit on rentre à Suez et on poursuit par la côte est du golfe de Suez.

LE GOLF DE SUEZ PAR L'EST 2

Circuit de 780 km environ. Emprunter le tunnel qui passe sous le canal, au nord de la ville. Le tunnel (taxi 1,50 £, voiture 2 £, minibus 4,50 £) est ici considéré comme km 0.

Après quelques kilomètres, la route *(no 34)* rejoint le golfe, qu'elle longe. Jusqu'à l'embranchement avec la route pour le monastère Sainte-Catherine, 3 postes de police vous contrôleront.

Uyun Musa

Entre la route et le golfe. Km 29.

C'est ici que Moïse aurait frappé de son bâton les eaux d'une source amère pour les purifier. Cette oasis minuscule baptisée donc « Sources de Moïse » offre surtout un intérêt biblique, si l'on peut dire, car on n'y voit que 2 puits circulaires encore alimentés (le 3e est asséché), 1 source chaude aux eaux saumâtres non potables, et quelques palmiers (dont certains décapités pendant les guerres du Sinaï). On peut aussi acheter de petits bracelets et colliers colorés à de jeunes Bédouines vêtues de jolies robes brodées.

Ras Sudr

Km 61. Quinze kilomètres après Uyun Musa on voit le premier village touristique du pôle de Ras Sudr, qui débute en fait au km 66. La plage a pour voisines les citernes d'une raffinerie. Du reste on en apercevra plus loin, ainsi que des plates-formes de forage du golfe de Suez. Cette station est encore en chantier, la plupart des villages touristiques n'offrant pour l'instant que des fondations à leurs futurs clients (96 villages étant prévus pour 15 actuellement réalisés). Mais, on construit rapidement en Égypte…

Hammam Faraun

Km 114. Les « Bains du Pharaon maudit » se situent à proximité d'un grand rocher calcaire qui fait face au golfe. Une station thermale (maladies respiratoires et rhumatismes) serait bientôt construite à proximité de cette source sulfureuse (70 °C) dont les eaux se jettent dans la mer en créant un nuage de vapeur. Le nom de ces sources a été donné par les Bédouins : d'après la légende, l'armée de Pharaon qui poursuivait Moïse y aurait été engloutie.

C'est à partir d'ici que le paysage s'embellit vraiment, la route s'engageant entre les premiers contreforts du Sinaï avant de rejoindre le golfe.

Serabit el-Khadim

Km 136, tourner à gauche et parcourir 40 km. Uniquement accessible aux véhicules tout-terrain.

La « Montagne du Serviteur » abrite une ancienne mine de turquoise exploitée dès l'Ancien Empire. Un temple de la XIIe dynastie est dédiée à la déesse Hathor, « celle qui sème la turquoise pour en faire des étoiles ». Le second sanctuaire est dédié à Sodpou, dieu-faucon veillant sur la frontière de l'Est et protégeant la piste menant à la mine.

Pour visiter ces temples, il faut se rendre au village de Sheikh Barakat (km 40, prendre la piste à gauche à hauteur du dôme blanc). Engagez un guide pour vous mener à Serabit el-Khadim, distant de 7 km.

Au km 207, on peut tourner à gauche pour rejoindre le monastère Sainte-Catherine (voir à ce nom) ou continuer tout droit en direction de Sharm-el-Sheikh.

SHARM EL-SHEIKH 3

Voir ce nom – Le long du golfe d'Aqaba. Circuit de 460 km environ.

Suez pratique

Indicatif téléphonique – *062*

Informations utiles

Office de tourisme – *Sh. Canal Suez - Port-Tawfiq - ✆ 333 11 41 - tlj 8h-20h, sf vend. sam. 8h-14h.*

Transports

Train – À partir du Caire (3 dép./j. ; tr. 2h, 3 £).

Bus – Par East Delta depuis Le Caire (toutes les 1/2h de 6h du matin à 21h ; tr. 2h, 7 £).

Se loger

⊖ **White House** – *Sh. el-Geish - ✆ 333 15 50 - 45 ch : 79 £.* Malgré quelques détails accusant un manque de soin (la porte de l'ascenseur !) cet hôtel situé en pleine ville a la faveur de nombreux jeunes voyageurs car les chambres sont propres.

⊖⊖⊖ **Red Sea Hotel** – *1 sh. el-Riad, Port-Tawfiq - ✆ 333 43 02 - 81 ch. : 332 £ (vue sur la rue), 374 £ (vue sur le canal).* Le meilleur hôtel de Suez dispose de chambres donnant sur l'entrée du canal et sur l'Asie. Au 6e étage, le restaurant ouvre sur une vue magnifique sur le golfe. On ne vous y servira ni alcool ni bière.

Green House Hotel – *Sh. Port Said - ✆ (062) 333 15 53 - 48 ch. : 260 £.* À l'est de Suez et à l'angle de la Corniche longeant la baie, cet hôtel agréable malgré un hall affreux propose plusieurs chambres donnant sur le golfe. Une belle piscine ronde se trouve à l'arrière.

EN ROUTE

⊖⊖ À 38 km au sud de Ras Sudr se trouve l'hôtel **Moon Beach**, en bordure du golfe. *✆ (069) 340 15 00 - 71 ch. : 60 $. (1/2 P).* Outre la détente sur la plage, on peut prendre le temps de pratiquer la planche à voile.

Se restaurer

⊖⊖ **Abou Ali** – *Sh. el-Geish (angle rue El-Hareem).* Le cadre est simple mais la nourriture est très correcte. Pour 55 £ vous mangerez calamars, crevettes, crabes et dessert. On sert de la bière sauf durant les fêtes religieuses. 40 £.

⊖⊖ **Fish Restaurant** – *Sh. as-Salaam (près de la rue El-Geish).* La pêche du jour est au menu et vous aurez du mal à finir le plat tant les portions sont généreuses.

Hurghada

70 200 HABITANTS
CARTE GÉNÉRALE D2

Destination phare des tour-opérateurs spécialisés sur la mer Rouge, Hurghada n'existait pratiquement pas voici une vingtaine d'années. C'est aujourd'hui une station balnéaire aux nombreux complexes hôteliers. Si ses rivages sont resplendissants grâce à des fonds marins exceptionnels, la ville est décevante car le béton règne ici en maître.

- **Se repérer** – À 536 km au sud-est du Caire, à 406 km au sud de Suez, à 277 km au nord-est de Louxor, sur la mer Rouge.
- **À ne pas manquer** – La découverte des fonds marins, la vie nocturne.
- **Organiser son temps** – L'heure est au farniente…
- **Avec les enfants** – Le sous-marin *Sindbad*, le Red Sea Aquarium.

Se promener

Autant le dire tout de suite, il n'y a pratiquement rien à voir. Naguère, simple port de pêcheurs isolé, Hurghada est aujourd'hui vouée à la plongée et aux plaisirs de la plage. Au nord se trouve Dahar *(downtown)*, le centre-ville touristique aux hôtels bon marché, au sud le quartier de Sigala où débute la longue chaîne des complexes hôteliers de luxe calée entre la mer et la route nationale.

Red Sea Aquarium – *Arabia Street - ouv. tte l'année 8h-22h (fermé pendant la prière le vend.) - 15 £ ; app. photo 20 £ ; vidéo 60 £.* Presque touchant tant il est défraîchi, il est une très modeste vitrine de la station de biologie marine dont il occupe le rez-de-chaussée.

Sindbad Submarine★ – *Renseignements dans la plupart des hôtels, surtout*

Le saviez-vous

À l'époque des Ptolémées, l'endroit se nommait *Myos Hormos* et constituait un important port de transit de marchandises.

auprès du Sindbad Hotel; capacité 44 pers; 50 $ par pers. 25 $ (enf. -12 ans) - réserv. la veille - départ tlj, ttes les heures 10h-14h. Ce sous-marin vous emmène pour un tour de 2h le long des récifs coralliens de la côte environnante. La plongée dure 50mn. L'engin atteint jusqu'à 22 m de fond, offrant un spectacle rare et inoubliable à ses occupants, rarement adeptes de la plongée.

Aux alentours

Au royaume de la plongée★★★

Cadre et sites – Bien que très abîmée par l'urbanisation et les filets de pêche à mailles serrées, « la côte de la mer Rouge figure parmi les plus riches écosystèmes du monde » selon Mahmoud Hanafi, directeur des réserves du gouvernorat de la mer Rouge. Depuis 1995, 22 îles occupant le **détroit de Gubal** (entre le Sud-Sinaï et la côte africaine) ont été déclarées réserve naturelle. À l'exception de celle de Giftun, la visite de ces îles qui accueillent de nombreux oiseaux migrateurs est interdite, les plongeurs étant accusés d'avoir trop détruit les récifs en y jetant l'ancre. Actuellement, aucune signalisation n'indique la présence d'une telle réserve.

Le golfe de Gubal

Prolongeant le golfe de Suez, le détroit de Gubal est considéré par les marins comme une zone dangereuse. Causes principales de cette réputation, de violents coups de vent et les nombreux récifs non visibles à la surface de l'eau.

Comme à Sharm el-Sheikh, le grand inconvénient des plongées à Hurghada est... la quantité de plongeurs ! En effet, la majorité des bateaux partent à la même heure (vers 8h) et s'amarrent à des bouées installées à la verticale des mêmes sites. Tout ceci génère un intense va-et-vient aux environs des îles les plus proches de la côte, car Hurghada est devenu un pôle international de plongée sous-marine. Même si les poissons n'ont pas tous apprécié cette popularité – beaucoup ont donc émigré vers des eaux plus calmes – le spectacle demeure unique et inoubliable car le détroit de Gubal est riche de récifs splendides, de poissons pélagiques et de nombreuses épaves, victimes de l'accroissement du trafic maritime depuis l'ouverture du canal de Suez en 1869.
Voici une sélection de quelques sites renommés.

Les fonds marins – Ils renferment deux espèces principales de coraux : durs, tels l'acropora et le boraites, mous, tels le zenia et le sarcophyton (les plus colorés). Outre les dégâts causés par les ancres, ils sont directement menacés par l'étoile de mer.

Sha'ab umm-Usk – *Entre les îles de Gubal et de Shadwan.* Cette grande barrière de corail en forme de fer à cheval renferme un lagon auquel on accède par une passe située à l'ouest. La présence des dauphins y est fréquente.

Épave du « Ghiannis D » – *Au nord de l'île Shadwan.* La mieux conservée du secteur : il s'agit d'un cargo de 100 m de long qui coula en 1983 après avoir heurté le récif d'Abou Nuhas (aucune victime). De nombreux poissons-perroquets viennent visiter la poupe et l'imposante cheminée *(attention aux tôles coupantes).*

Sha'ab Abou Nugar – *Entre El-Gouna et Hurghada, au sud de l'île de Sha'ab el-Erg.* Bien protégé des vents et d'eau très claire, ce récif est riche de volumineuses masses de coraux dont les fascinantes structures assurent une plongée captivante.

Umm Gamar – *Au nord de l'île Giftun.* Par son plateau situé à 30 m de fond, on arrive à une paroi qui chute jusqu'à 70 m de profondeur et constituant un bon poste d'observation de poissons pélagiques. Le côté est du site regorge de coraux multicolores.

Carless Reef – *Au nord-est de l'île Giftun.* Réputé pour être la plus belle plongée d'Hurghada, il exige de bonnes conditions météo. Presque tout s'y trouve, du requin à pointe blanche à l'hippocampe, mais surtout on y observe la murène géante qui occupe les anfractuosités des lieux.
Assez fréquente en mer Rouge, la murène géante *(Gymnothorax javanicus)* ne se caractérise pas uniquement par sa longueur (2,5 m maximum). Sa nature tranquille semble apprécier le contact des plongeurs. N'oubliez toutefois pas qu'il s'agit d'un prédateur.

El-Fanadir – *Au nord de l'île Giftun.* La paroi verticale de son haut-fond est recouverte de coraux. Ce site est très apprécié des poissons-pierres et des poissons-scorpions, tous deux vénimeux.

R. Deschamps / MICHELIN

La marina d'El-Gouna.

Giftun Seguir – *Juste à l'est de l'île Giftun.* La plus petites des deux îles Giftun recèle une très belle paroi verticale dont le nom anglais, *Gorgonia Reef*, témoigne de la présence de nombreuses gorgones.

Sha'ab Abou Ramada – *Au sud de l'île Giftun.* L'eau peu profonde, mais fraîche, de ce site est propice à une plongée sans bouteilles. L'endroit est très poissonneux, aussi est-on sûr d'y assister à un spectacle merveilleux. Du reste, le site est surnommé « l'aquarium » : mérous, poissons-flûtes, poissons-empereurs, rougets et balistes s'y donnent rendez-vous en permanence.

Makadi Bay – *Au sud d'Hurghada.* Cette belle barrière de corail abrite de nombreux poissons, dont des sergents-majors et de farouches poissons-cochers.

El-Gouna

À 22 km au nord de Hurghada.

De la lagune à la marina – Appelée tantôt la « petite Venise égyptienne », tantôt la « petite Venise de la mer Rouge », El-Gouna n'a qu'une dizaine d'années d'existence. Si la comparaison avec la cité des Doges prête à sourire, la petite cité balnéaire n'a pas à rougir de ce qu'elle est : une splendide marina. En effet, les promoteurs ont su exploiter à merveille les diverses passes du cordon littoral – El-Gouna signifie « lagune » – pour agencer ce complexe touristique sillonné de canaux ouvrant sur de petits lagons aux eaux turquoise.

Un cadre de rêve – En arrivant à El-Gouna, le touriste en quête de séjour bon marché et d'atmosphère populaire comprend bien vite qu'il s'est trompé de chemin. Cette petite cité, qui semble être sortie en droite ligne d'un luxueux magazine de décoration, n'a rien de commun avec ses consœurs, pas même Sharm el-Sheikh dont le faste est essentiellement hôtelier. Ici, nulle médina, aucun déchet, pas d'alignements urbains qui défigurent si souvent les stations balnéaires modernes. L'ensemble a été dessiné et construit avec un sens aigu de la fonctionnalité et un respect des éléments naturels du site pour le plus grand plaisir des quelques habitants et des touristes qui y bénéficient de nombreux services. Ce cadre unique sur les bords de la mer Rouge paraîtra peut-être sans intérêt aux amateurs de voyages « authentiques », mais si l'on recherche à la fois l'isolement et le confort, on frappe ici à la bonne porte. Microcosme de luxe dans un pays moins riche que le Maroc, El-Gouna ouvre peut-être la voie vers une nouvelle image de l'Égypte.

Deux en une – El-Gouna possède deux marinas. Au sud, **Abydos**, la plus « ancienne ». Au nord, **Abu Tig**, inaugurée fin 2000 et conçue par l'architecte italien Alfredo Freda. Ce dernier a dessiné une cité moderne tout imprégnée d'architecture traditionnelle yéménite.

Sport et farniente – À l'instar des grandes stations balnéaires, El-Gouna rompt avec le tourisme archéologique qui caractérise l'Égypte. Forte de plusieurs centres de plongée et d'infrastructures sportives élaborées, la marina s'enorgueillit de posséder un golf de classe mondiale dessiné par Gene Bates et Fred Couples. Finalement, on pourrait se croire dans un village des Seychelles ou sur quelque île du Pacifique, mais avec la possibilité de poursuivre son voyage en remontant le temps jusqu'aux pyramides.

Les plages – Zeytuna Beach est située sur une île accessible par 2 ponts *(réservée aux habitants et aux clients)*. Mangroovy Beach, près de Abu Tig, devrait bientôt être dotée d'un camping (que l'on peut à l'avance supposer somptueux).

Épave

Au sud-est du port, le *Salem Express* repose par 32 m de profondeur. Ce ferry-boat en provenance de Djeddah, en Arabie Saoudite, a coulé le 15 décembre 1991, causant la mort de centaines de pèlerins revenant de La Mecque. C'est aujourd'hui un site de plongée.

Mons Porphyritis

À 41 km d'El-Gouna. Difficile à visiter en dehors d'un circuit (consulter son hôtel à El-Gouna ou Hurghada).

Ces carrières de porphyre – roche volcanique rouge foncé mêlée de cristaux blancs, utilisée dans la décoration des temples de Rome – furent exploitées par les Romains. Au cœur d'une zone riche en paysages de toute beauté, ces vestiges de colonnes, de temples dédiés à Isis et Sérapis et d'habitations recèlent un je-ne-sais-quoi de mystérieux.

Safaga

À 55 km au sud de Hurghada.

Du port à la station balnéaire – Il n'y a pas si longtemps encore, Safaga était le principal port égyptien de la mer Rouge. De nombreux pèlerins continuent d'y prendre le bateau pour La Mecque, et on y exporte des phosphates exploités à proximité ainsi qu'à Abou Tartur, en Moyenne-Égypte. La station balnéaire profite d'un large bassin naturel qui s'ouvre entre Ras Abou Soma, au nord, et une barrière de corail, au sud. Tout au long de ce golfe se succèdent de belles plages.

Un spot pour les véliplanchistes – Grâce au vent du nord qui y souffle régulièrement tout au long de l'année, Safaga est devenu le rendez-vous égyptien des passionnés de planche à voile et de funboard. C'est également un centre de plongée de plus en plus fréquenté par ceux qui désirent s'isoler un peu du succès des sites d'Hurghada.

Sites de plongée – Parmi les principaux sites des environs « émergent » tout d'abord celui de **Tobia Arbaa** *(au sud du cap de Ras Abou Soma)*, idéal pour une plongée nocturne durant laquelle ses sept ergs de coraux de 12 m de hauteur révèlent une beauté absolument sensationnelle. Signalé par un petit phare rouge, **Panorama Reef** *(à l'est du port)* encercle une petite île. Il s'agit indéniablement de l'un des sites les plus spectaculaires de la côte. Large plateau corallien, il présente notamment une paroi verticale de 35 m chutant au-delà dans les profondeurs de la mer Rouge. Un secteur est appelé « Anémones City », une fantastique concentration de polypes multicolores.

Mons Claudianus

À 61 km de Safaga. Difficile à visiter en dehors d'un circuit (consulter son hôtel à Safaga ou Hurghada).

À l'Époque romaine, ce lieu aride cerné de montagnes désertiques abritait une forteresse et un caravansérail. En arabe, ce lieu se nomme *Umm Diga*, c'est-à-dire « la mère des colonnes », parce que le granit y était exploité. De malheureux prisonniers condamnés au bagne passaient de leur cellule à la carrière, les blocs qu'ils en dégageaient rejoignaient ensuite *Myos Hormos*, l'actuelle Hurghada, afin d'être acheminés à Rome. Ce site archéologique recèle d'innombrables amas de vaisselles et d'amphores que l'on continue d'inventorier.

Hurghada pratique

Indicatif téléphonique – *065*

Informations utiles

Office de tourisme – *Village Road - ✆ 346 32 21 - tlj 8h-20h.*

Internet Café et Coffee Shop – Dans le bâtiment du Princess Palace Hotel (sur la droite). De 10h à 0h. Pour une fois, c'est vraiment un café ! Quelques ordinateurs pour relever et adresser vos e-mails en buvant un verre. 8 £/h.

Transports

Bus – Toutes les heures depuis la gare Meena Station du Caire par les compagnies Superjet et Upper Egypt. Durée : 6h - 50 £.

Aéroport – À partir du Caire, en avion par Egyptair.

Convois – Pour gagner Louxor par la route, les convois s'effectuent sous escorte militaire et démarrent à Safaga : départs à 7h, 9h et 17h. Pour Le Caire : départs à 3h, 12h et 17h.

Liaison Hurghada-Sharm el-Sheikh – Les catamarans rapides effectuent la traversée en 1h30. Départs samedi, lundi à jeudi à 8h. Tarif : 250 £/pers. Les horaires sont un peu fluctuants, renseignez-vous auprès de la réception de votre hôtel pour réserver des places.

Liaison Hurghada-El-Gouna – Pour gagner El-Gouna à partir de Hurghada, prendre un taxi (environ 50 £) ; les hôtels assurent une navette. Des bateaux circulent à l'intérieur de la marina.

Liaison à partir de Safaga – Pour gagner Hurghada ou Quseir, vous pouvez utiliser un taxi, qui empruntera un convoi. Une règle : le marchandage. Des bus quotidiens relient Safaga à Hurghada (5 £), à Louxor (25 £) et au Caire (35/55 £).

Se loger

HURGHADA

Sea Horse – *Dahar - ✆ 354 95 07 - 44 ch. : 25/30 €*. Fréquenté par une clientèle allemande, cet hôtel bien tenu et assez proche de la mer dispose d'une plage et d'un centre de plongée à 1,5 km.

El-Gezira – *Dahar - ✆ 354 87 08 - 34 ch. : 28 $.* Proche du précédent, cet hôtel sans fantaisie mais correct possède un accès gratuit à la plage de l'hôtel Sand Beach, dont les tarifs ne justifient pas d'y loger.

Three Corners Empire Hotel – *Dahar - ✆ 354 78 16 - 396 ch. : 34/44 $.* Principalement fréquenté par des Néerlandais et des Scandinaves, ce petit immeuble vieillot possède une plage bien qu'il soit situé en retrait de la mer. Ici on applique strictement une règle rarement suivie dans l'hôtellerie égyptienne (« *no food no drinks* »), aussi l'arrière du comptoir de la réception aligne-t-il les boissons des clients (qui les récupèrent en partant !).

Marriott – *Hurghada - ✆ 344 69 50 - 283 ch. : 85/105 $.* Toutes les chambres ont vue sur la mer Rouge. Depuis la plage on peut rejoindre l'îlot privé de l'hôtel à la nage. Nombreuses possibilités d'activités sportives dont squash, ski nautique, planche à voile et parachute ascensionnel. Discothèque de 21h30 à 3h (60 £ pour les non-clients).

Sofitel Hurghada – *14 km au sud de Hurghada - ✆ 346 46 46 - 312 ch. : 120/160 €.* Avec sa piscine de 800 m² et sa longue plage privée, ce Sofitel ouvert en 1995 joue la carte du repos et du sport. Presque tout y est possible, y compris le parachute ascensionnel. Certainement l'un des mieux tenus de la station. Discothèque de 0h à 3h (accès gratuit aux non-clients). Un défaut tout de même : la navette pour Hurghada est payante (10 £).

Sindbad Hotel – *Hurghada - ✆ 344 32 61 - 259 ch. : 167 $ (1/2 P)/130 $ (1/2 P).* Très connu par son sous-marin d'exploration des fonds marins, le *Sindbad*, cet hôtel à la clientèle principalement allemande et russe organise des excursions en bateau.

Le Meridien – *Makadi Bay - 40 km au sud de Hurghada - ✆ 359 05 90 - 1 031 ch. : 160 $.* Tout nouveau, tout beau, il relève presque du village-vacances. Avec autant de chambres, on tutoie le gigantisme, on frise l'usine, mais l'hôtel est luxueux et très agréablement organisé autour d'une piscine magnifique. Les chambres offrent toutes une belle vue. Malheureusement, son restaurant demi-pension propose une cuisine affligeante, contrairement à la plupart des hôtels de cette chaîne habituellement portée sur la gastronomie.

Hilton – *10 km au sud de Hurghada - ✆ 346 50 20 - 276 ch. : 180/67 $.* Efficace et très bien soigné, il ne décevra personne tant il est parfaitement équipé. Activités sportives et animations centrées sur la mer. Discothèque de 22h à 3h (20 £ pour les non-clients).

EL-GOUNA

Khan – *✆ 358 00 52 - 25 ch. : 75 $.* Pas de piscine (on peut accéder à celle d'un autre hôtel), pas de centre de plongée (on peut faire de la planche à voile), mais une plage. Réellement charmant avec son architecture de type nubien, cet hôtel appartenant à la chaîne Swiss Inn propose des chambres typiques de la campagne égyptienne, mais avec tout le confort nécessaire aux vacanciers européens.

Club Med Hôtel – *✆ 354 79 34 - 239 ch. : 122/100 $ (1/2 P).* Inauguré en 1992, il fut alors le premier hôtel de Hurghada et ses environs (il s'appelait alors Sonesta Paradisio). Appartenant maintenant au Club Med, il conserve son calme et son service irréprochable. Son cadre en fait un lieu de séjour apprécié. Au centre de plongée s'ajoute la possibilité (65 €) d'une croisière (de 9h à 17h30) sur un yacht doté de 8 cabines, le *MS Galatea*.

Sheraton Miramar – *✆ 358 01 00 - 338 ch. : 107/135 $.* L'architecte américain Michaël Graves a réalisé ici une petite merveille d'architecture colorée combinant les traditions arabes et les lignes modernes. Il est rare de voir pareille réussite. En face, la mer semble plus turquoise qu'ailleurs… Calme et activités nautiques assurés. Quant aux chambres, luxueuses et spacieuses, elles possèdent une terrasse ouvrant sur des lagons artificiels ou des bougainvilliers. La navette pour Hurghada coûte 5 £.

SAFAGA

Toubia Hotel – *✆ 325 12 94 - 14/16 € 1/2 P.* Petit mais très correct, il est fréquenté par les plongeurs. Les balcons sont orientés vers la mer, et s'il n'a ni piscine ni plage, on peut accéder à celles du Lotus Bay.

Holyday Inn Resort – *✆ 326 01 00 - 302 ch. : 40 €.* La plage est superbe mais un peu étroite. L'hôtel correspond aux grands standards internationaux. Le petit-déjeuner peut vous nourrir pour toute la journée.

Se restaurer

Généralement, on déjeune et on dîne à son hôtel, car la principale clientèle est constituée de groupes de circuits organisés. Pour ceux qui veulent s'en affranchir un instant, Hurghada et Dahar concentrent quelques restaurants bon marché mais guère attirants par leur cuisine, sauf :

Felfela – *9h-0h.* Sur la Corniche entre Hurghada et Dahar *(Sheraton Road)*. Ceux qui sont allés au Caire savent que cette enseigne sert une cuisine égyptienne de qualité. La terrasse domine la mer Rouge et ses eaux turquoise. Pas de boissons alcoolisées pour arroser les spécialités : taamia, foul, tagine de calamars, poisson grillé. Environ 70 £.

Pronto – *12h-0h.* À côté du bureau de réservation du Submarine, Sindbad Hotel. La carte est surprenante puisqu'elle combine les cuisines italienne et russe. On peut ainsi commencer par un bortsch et suivre par des spiedini di gamberi alle griglia. On aperçoit la mer et on voit les cuisiniers travailler. La partie italienne est dirigée par un chef égyptien, la partie russe par une Russe. Environ 70 £.

Faire une pause

The Boat Bar – *9h-1h - Sheraton Miramar (accessible aux non-clients) - Hurghada.* Entre l'hôtel et la mer, on vient boire un verre de bière ou un cocktail sur le pont du *Samir 2*, en toute tranquillité, au soleil ou à l'ombre.

Sports et loisirs

HURGHADA

Centres de plongée – Presque tous les hôtels disposent d'un centre de plongée offrant des prestations a priori similaires. Tous n'étant peut-être pas du même niveau, n'hésitez pas à en visiter quelques-uns et à comparer les prestations avant de vous décider.

Blue Club – Petit frère du Blue Sea Diving Center de Sharm el-Sheikh, ce centre homologué SSI, PADI, CMAS et FFSSEME répond aussi bien aux attentes des débutants qu'à celles des chevronnés.

Red Sea Diving Center – *✆ 354 77 04.* Homologué PADI, SSI, CMAS, il est très réputé et particulièrement bien équipé.

Aquanaut Red Sea – *✆ 354 98 91.* Homologué PADI, ce membre fondateur du Hurghada Quality Dive Club, garantissant sécurité et qualité des prestations, est spécialisé dans les croisières de plongée.

Safaris – La plupart des hôtels vous proposent le service payant d'organiser des circuits, vers les Mons Porphyritis et Mons Claudianus *(ces deux sites nécessitent un guide)*, et jusqu'à Louxor pour une excursion d'une journée.

EL-GOUNA

Sports nautiques, karting, golf, tennis, squash, randonnées équestres, ULM, centres de remise en forme… Vous trouverez tous les renseignements auprès de votre hôtel.

SAFAGA

Planche à voile – L'hôtel Shams Safaga possède un excellent centre Mistral dirigé par des Allemands. Compter environ 20 € la location.

Quseir

23 900 HABITANTS
CARTE GÉNÉRALE D3

Nouvelle destination touristique au centre de la future « riviera » égyptienne, Quseir a pourtant une longue histoire derrière elle. La localité est en effet un des plus anciens ports de la mer Rouge. La brise marine y transporte le souvenir des aventuriers qui écumaient jadis les environs tout en apportant un peu de fraîcheur à ses nouveaux visiteurs.

- **Se repérer** – À 860 km au sud-est du Caire, à 85 km au sud de Hurghada, sur la mer Rouge.
- **À ne pas manquer** – La vieille ville.
- **Organiser son temps** – En été, préférez les promenades matinales et vespérales et les après-midi, optez pour une sieste indispensable sous les chaudes températures.
- **Avec les enfants** – La plage et les activités nautiques.

Comprendre

Les anciens secrets de la mer Rouge – Les premiers Égyptiens l'appelaient du même nom que la Méditerranée : « la Grande Verte ». Elle était pour eux une mer énigmatique. Jusqu'à la XIIe dynastie, aucun port ne fut fondé sur ses rives occidentales, seuls des bateaux provenant de Byblos s'y risquaient. De cette époque date le fameux *Conte du naufragé*, relatant l'étonnante histoire d'un passager embarqué sur un bateau en partance vers les mines du Sinaï. Ce naufragé fut jeté par une tempête sur l'île du Ka (l'énergie vitale), en pleine « Grande Verte » dont les côtes incarnaient la terre divine où demeuraient les dieux. C'est donc une mer tout auréolée de spiritualité et d'inconnu qui s'ouvrait à la hauteur de Quseir. Quant à son nom actuel de « Grande Verte », elle le doit paradoxalement à une algue bleue *(Trichodesmium erythræum)* qui en mourant devient rouge.

Le pays de Pount – Dès l'Ancien Empire, les Égyptiens envoyèrent des expéditions maritimes vers le pays de Pount. Ce dernier se trouvait « quelque part » sur les rives de la mer Rouge. La reine Hatchepsout (XVIIIe dynastie) y lança une expédition vers le mystérieux « pays de Pount ». Son temple à Deir el-Bahari est orné de bas-reliefs peints consignant la chronique de cette expédition Un lieu qui n'est pas le même selon qu'on se réfère aux documents du temps d'Hatchepsout ou de Horemheb. Ainsi, les uns situent ce pays en Arabie Saoudite, d'autres en Abyssinie, c'est-à-dire en Éthiopie. Maspero suggérait de le situer à proximité de l'actuel cap Guardafui, au nord de la Somalie.

Se promener

La vieille ville – Avant l'ouverture du canal de Suez, Quseir fut le principal port d'embarquement des pèlerins d'Égypte et d'Afrique du Nord en partance vers La Mecque. Puis, le port déclina brutalement, survivant grâce aux mines de phosphate aménagées dans les environs au début du 20e s. par une compagnie italienne. L'après-midi, toute activité semble disparaître. Malgré la chaleur, c'est le meilleur moment pour découvrir l'**architecture★** de cette ville dominée par un fortin ottoman construit au 16e s. par le sultan Selim. Pendant que tout sommeille, on remarque au hasard des rues désertées que les habitations sont dans l'ensemble dotées de beaux moucharabiehs. Sur le front de mer, portez une attention particulière aux anciennes demeures. Certaines ont été bâties avec des blocs du matériau le plus disponible sur place : le corail. Ce détail est une réelle curiosité !

Aujourd'hui – Quseir est une station touristique en devenir, en témoignent les restaurations engagées il y a peu dans la vieille ville, au risque d'altérer l'atmosphère si particulière qui baigne ces lieux très accueillants.

Étymologie

Fondé sous Mentouhotep II, Quseir s'appela Toua, puis Leukos Limen (« port blanc ») sous les Ptolémées. Aujourd'hui ensablée, son site originel se situait 8 km plus au sud de la localité actuelle.

Rascasse volante ou poisson-scorpion. Les épines de sa nageoire dorsale sont à éviter !

Aux alentours

Destination plongée

Le récif côtier est parsemé de sites recelant une faune sous-marine magnifique. Les plongeurs les plus chanceux auront peut-être le bonheur de voir le dugong ou « vache marine », mammifère marin en voie d'extinction pouvant atteindre 3 m de long.

Encore peu fréquentés – donc peu menacés – les fonds marins sont considérés comme les plus intacts de la côte égyptienne.

On peut supposer que les leçons tirées des destructions subies par les récifs de Hurghada protégeront ceux de Quseir.

Big Brother – Les abords de cette île concentrent tout ce qu'un passionné de plongée peut espérer. Grâce à une excellente visibilité, la succession des parois s'avère féerique ; côté large, le grand bleu n'est troublé que par les requins et des bancs de barracudas.

Marsa Alam

À 145 km au sud de Quseir.

Ce petit port de pêche tranquille commence lui aussi à ressentir le développement de la politique touristique. Quelques plongeurs viennent y profiter des jolies anses aux eaux turquoise et admirer la beauté des fonds marins. Mais, il y a encore peu de bateaux équipés pour ce sport.

Mise en garde ! N'accédez pas à une plage sans guide. Toutes n'ont pas été déminées !

Berenice

À 145 km au sud de Marsa Alam. Un laissez-passer militaire émis au Caire est actuellement nécessaire pour y accéder.

Aperçu historique – Éloigné, donc préservé, le port de Berenice a été fondé vers 275 av. J.-C. par Ptolémée II qui lui donna le nom de sa mère. Le port connut durant un demi-millénaire une intense activité commerciale, et fut avec Quseir le lieu de transit de la soie et du bois précieux importés d'Afrique orientale, de Perse et d'Inde.

Temple de Sémiramis – Fouillées à la fin du 19e s., ses ruines portent encore quelques représentations, dont celle de l'empereur Tibère en offrande devant le dieu Min.

Une histoire de mines – Dans le Wadi Sakait, non loin de Berenice, furent exploitées des mines d'émeraudes. Très appréciées des Égyptiens comme des sultans mamelouks, leur production cessa sous Mohammed Ali.

Sur l'île de Zabargad, c'est l'olivine, pierre semi-précieuse, qui fut extraite entre 1500 av. J.-C. et le milieu du 20e s.

Quseir pratique

Indicatif téléphonique – *065*

Transports

Bus – À partir du Caire (65 £ ; tr. 11h), de Hurghada (15 £) ou de Safaga (8 £), ou en taxi.

Se loger

Mövenpick Sirena Beach (Mövenpide resort El-Quseir) – *7 km au N de Quseir - ✆ 333 21 00 - 250 ch. : mai-juil. : 190 $ (jardin)/244 $ (mer) ; août-oct. : 250 $ (jardin)/326 $; nov.-déc. : 190 $ (jardin)/244 $ (mer) ; Noël et Nouvel An : 250 $ (jardin)/326 $ (mer) ; janv.-mars : 188 $ (jardin)/244 $ (mer) ; avr. : 250 $ (jardin)/326 $ (mer).* Hôtel de prestige construit dans le style de l'architecture nubienne, il est remarquablement intégré à son environnement, face à la baie des Sirènes. Magnifique, le cadre incite à une vraie détente (centre de plongée Subex).

El-Arish

119 700 HABITANTS
CARTE GÉNÉRALE D1

Longtemps réputée pour sa merveilleuse palmeraie, la capitale de la région du Nord-Sinaï est devenue une station estivale attirant de nombreux Cairotes. Située sur l'ancienne route militaire empruntée notamment par les pharaons, les Perses et les croisés lors de leurs conquêtes, El-Arish vit aujourd'hui du tourisme balnéaire.

Se repérer – À 315 km au nord-est du Caire, à 160 km à l'est de Port-Saïd, à 41 km de la frontière avec Israël et la bande de Gaza, sur la côte méditerranéenne.

À ne pas manquer – Le marché bédouin.

Avec les enfants – Le parc Zerenike.

Se promener

Plages

L'industrie du tourisme semble vouloir ronger la plus importante ville du Sinaï en bétonnant progressivement la proximité de ses belles plages de fin sable blanc. Ceci dit, il reste des coins intacts et, de toute façon, l'eau méditerranéenne est ici d'une transparence enivrante.

L'embarras du choix – La plage la plus attirante est incontestablement celle d'**El-Rissa** *(à 4 km sur la route de Rafah)* dont la station balnéaire est la plus belle du secteur avec sa petite colline de palmiers plongeant vers la mer azurée. On l'appelle localement « la plage des palmiers » et elle est d'accès libre. D'autres plages sont également gratuites : **El-Nakhil**, juste à côté de la précédente ; **El-Massaïd**, à 5 km à l'ouest d'El-Arish ; et **Romana**, à 20 km plus à l'ouest. Les plages de **Sama El-Arish** et de **Coral Beach** sont réservées aux résidents des villages touristiques ou d'accès payant.

Lieu de passage

Ont transité par El-Arish : la sainte Famille, lors de sa fuite en Égypte ; le roi Saint Louis lorsqu'il rêvait de nouveaux horizons et de mission divine. Enfin, si Baudouin Ier (1058-1118), roi de Jérusalem, fut enterré dans la ville du Saint-Sépulcre, il est mort à El-Arish où furent ensevelies ses entrailles au lieu dit Tourbet el-Bardaouil, le tombeau de Baudouin.

Le rocher de Dayan – Au sommet de la colline de Cheikh Zowayeid se trouve une grosse roche déposée par les Israéliens. Transportée ici depuis le Sud-Sinaï, elle porte les noms de 10 généraux israéliens tombés en 1973 lors d'une mission d'espionnage. Les accords de Camp David (1979) prévoient qu'« on doit la conserver pour toujours ». Tout en ressemblant à un menhir, on dit que sa forme dessine la carte de la Palestine.

Ville et souk

À l'époque où régnaient les pharaons, la ville s'appelait *Rinclora*. Elle est devenue *Al-Orche* au moment de la conquête arabe, puis El-Arish.

Il subsiste dans l'ancienne ville les vestiges d'une forteresse ottomane du 16e s. occupée par les troupes de Bonaparte mais détruite lors de la Première Guerre mondiale. À proximité de ces ruines *(rue Souk el-Khamis)* se tient, le jeudi matin, un marché bédouin : les hommes y vendent des selles de dromadaires et des tapis, les femmes des bijoux et des vêtements. L'un des attraits du souk est de voir les femmes voilées négocier leurs beaux objets en argent ou en or. Elles réservent les plus fins aux négociants venus de la capitale.

Visiter

Sinai Heritage Museum

Sur la route côtière, en direction de Rafah - ouv. sam-jeu., 9h30-14h. 2 £ ; app. photo 5 £ ; vidéo 25 £.

Les pièces de ce musée ouvert en 1991 évoquent la vie des Bédouins (nomades du désert) du Nord-Sinaï. À remarquer : les reconstitutions de noces araïchites et la finesse des bijoux en argent (bracelets, boucles d'oreilles et pendentifs) d'origine probablement yéménite.

Aux alentours

Parc de Zerenike

Entrée à 35 km à l'est d'El-Arish. Tlj du lever au coucher du soleil - 5 $. Cafétéria.

Cette réserve de quelque 200 km^2 a été créée en 1985 pour abriter et protéger des oiseaux migrateurs.

Les forts du désert

Porte orientale de l'Égypte, le Nord-Sinaï compte plusieurs forts aux environs d'El-Arish. Le plus important est celui de Farama, à 35 km à l'ouest de la ville. Bâti en l'an 239 de l'hégire par le calife Al-Motawakel Ala Allah il a été réduit par Baudouin Ier en l'an 510 du même calendrier.

Rafah

À 45 km à l'est d'El-Arish. Accès : en bus à partir d'El-Arish (tr. 45mn) et via le poste frontière égyptien.

À 4 km de la frontière avec Israël et la bande de Gaza, donc sur la route de la Palestine pour les Arabes, cette petite ville annonce par ses cultures agricoles et sa végétation plus verte une pluviométrie nettement plus élevée que dans le reste du Sinaï. **Salaheddine Street** mérite un passage : ce long souk est une véritable rue aux épices exotiques. Attention, il n'y a pas d'hôtel à Rafah.

Passage de la frontière – *Se renseigner au préalable.* Après le contrôle de votre passeport au poste frontière égyptien, vous êtes obligé d'emprunter un minibus pour gagner le poste frontière israélien *(taxe de 20 £).*

El-Arish pratique

Indicatif téléphonique – *068*

Informations utiles

Office de tourisme – *Sh. Fouad-Zikry - ✆ 336 37 43 - Tlj 9h-14h et 16h-20h. (Au rdc du Sinai Beach Hotel.)*

Transports

En avion – Par Air Sinaï, le lundi et le jeudi, à partir du Caire.

Bus – À partir du Caire (dép. 7h, 16h ; tr. 5h) ou d'Ismaïlia (dép. 11h, 12h, 13h ; tr. 3h). De vieux breaks Mercedes et des limousines américaines d'un autre âge assurent pour 25 pt la liaison entre la mer et la gare routière, place du souk, ainsi qu'avec le quartier résidentiel d'El-Masa.

Se loger

⊜⊜⊜ **Egoth Oberoi** – *El-Fateh Street - ✆ 335 13 21 - 226 ch. et bungalows : 90/110 $ l'été.* Il dispose d'une plage privée ; un des rares endroits où boire une bière.

⊜⊜⊜ **Semiramis Arish** – *Rue El-Fariq Fouad Zikry - ✆ 34 41 67 - 125 ch. : 70/135 $.* Deux sections : la première côté plage, la seconde côté route ; très grande piscine.

Se restaurer

⊜ **Aziz Restaurant** – *Tahrir Street, presque en face de la mosquée.* Spécialités de foul et de koftas. On peut aussi y prendre un petit-déjeuner.

⊜⊜ **Maxim** – *Entre Sh. Fouad Zikry et la plage - ouv. en été.* Plats de poisson au milieu des palmiers.

Ste-Catherine★★★

CARTE GÉNÉRALE D2

Au cœur du Sinaï, au pied du mont Moïse où le prophète reçut les Tables de la Loi, le monastère Ste-Catherine repose dans un monde de pierre et de silence. Ici, où les pèlerins des trois religions monothéistes viennent célébrer leur foi, pas de tourisme. À la place, une extraordinaire sensation de fraternité, dans la lumière éblouissante de ce désert mythique pour les uns, mystique pour les autres.

- **Se repérer** – À 310 km au sud-est du tunnel de Suez, à 220 km au sud-ouest de Nuweiba, dans le massif du Sinaï.
- **À ne pas manquer** – Le lever du soleil au sommet du mont Moïse et, si vous avez le temps, l'ascension du mont Ste-Catherine.
- **Organiser son temps** – Tenez compte des heures de fermeture du monastère qui ne se visite que le matin et est fermé le vendredi et pendant les fêtes orthdoxes.
- **Avec les enfants** – L'ascension du mont Moïse à dos de dromadaire.

B. Kaufmann / MICHELIN

Le monastère Ste-Catherine s'est implanté à l'emplacement même du Buisson ardent.

Comprendre

Moïse dans le Sinaï – C'est au pied d'une montagne de la gigantesque péninsule du Sinaï que le fondateur de la religion et de la nation d'Israël aurait eu la vision du Buisson ardent, lui révélant sa mission. Sur cette montagne, le mont Moïse d'aujourd'hui, il reçut ensuite les Tables de la Loi pendant l'Exode, épisode de l'Ancien Testament qui le vit conduire les Israélites hors d'Égypte. Pendant quarante ans ils empruntèrent alors ce qu'il est convenu d'appeler les « routes les plus vieilles du monde », jusqu'à ce que le prophète les mène en Terre promise. Généralement, on s'accorde pour retracer cet itinéraire de la manière suivante : Delta oriental, lacs Amers, isthme de Suez, rive est du golfe de Suez, oasis de Feran, mont Moïse. On montre aussi dans le monastère un puits auprès duquel Moïse aurait rencontré sa future épouse. Il est amusant de constater que la tradition a regroupé ici trois lieux en réalité distincts, théatres d'épisodes importants de la vie du prophète.

Sainte Catherine – Figure populaire de notre Moyen Âge, sainte Catherine fut martyrisée au début du 4e s. à Alexandrie par l'empereur Maxence après qu'elle l'eut défié. Elle avait proposé une discussion philosophique à ce persécuteur des chrétiens. En réponse, il avait convoqué 50 philosophes qu'elle réfuta un à un. Il lui fit vainement endurer le supplice de la roue puis la fit décapiter, après avoir fait subir le même sort à son épouse qui avait eu l'audace de défendre la jeune fille de 18 ans. Lorsque le bourreau lui coupa le cou ce ne fut pas du sang mais du lait qui coula. Son corps fut transporté par des anges dans le Sinaï, sur l'actuel mont Catherine. Le monastère auquel elle a donné son nom a été érigé dans la vallée. (Avant d'être convertie au christianisme et rebaptisée par un moine syrien, Catherine s'appelait Dorothée.)

Découvrir

Monastère Ste-Catherine★★

Fondation – Vers le milieu du 6e s., l'empereur Justinien le fit bâtir afin de protéger les moines qui s'étaient installés autour du Buisson ardent. Un demi-siècle plus tard, guidés par un rêve, des moines du monastère retrouvèrent le corps de la martyre et l'y placèrent dans un sarcophage. L'endroit lui fut dès lors dédié.

Monastère – *Ouv. tte l'année 9h-12h, sf vend., dim. et fêtes - gratuit - photos et vidéo interdites à l'intérieur.* Son aspect de petite forteresse remonte à sa fondation, lorsque Justinien en fit dresser la muraille pour le protéger des incursions bédouines. Appartenant à l'Église grecque orthodoxe, le monastère a été protégé de Mahomet à aujourd'hui. Jamais conquis, il n'a jamais été détruit. Plusieurs fois refait, il conserve sa silhouette primitive. L'enceinte regroupe des constructions d'époques diverses, dont une mosquée élevée au 10e s., un trésor, un musée (splendides icônes et manuscrits, objets liturgiques), un ossuaire, la chapelle du Buisson ardent et une très riche bibliothèque (conservant la plus ancienne version des Évangiles, le *Codex Syriacus*), que l'on ne visite pas.
Près de l'entrée, on peut toutefois voir un document qui serait signé de la main de Mahomet et un fac-similé signé de Bonaparte (tous deux évoquent la protection dont jouit le monastère).

Église★★ – Construite en granit, décorée en style byzantin, elle date du milieu du 6e s. Ses deux anciennes **portes★** sont rarissimes : la 1re est fatimide (11e s.), la 2e byzantine (6e s.). À l'intérieur, les murs de cette basilique sont littéralement recouverts d'icônes. Deux d'entre elles, accrochées dans le narthex, doivent retenir l'attention : un **saint Pierre★** (début 6e s.) au réalisme rappelant les portraits du Fayoum, et un **Christ Pantocrator★** (7e s.) davantage byzantin. Dans l'abside, la mosaïque de la Transfiguration est la plus ancienne de l'Orient : Jésus-Christ y est flanqué de Moïse, Élie, Pierre, Jean et Jacques. À droite du chœur, le sarcophage de la sainte.
Face à l'entrée de l'église se trouve le puits de Moïse.
Derrière l'église, le **Buisson ardent★★** pousse toujours ! Il a en fait été transplanté, la chapelle du même nom ayant été construite à son emplacement originel. Il se dit qu'aucune tentative de bouturage n'a réussi…

Djebel Mousa★★★

Au sud du monastère.

Le mont Moïse – Mont Sinaï, mont Moïse, Saint Sommet, Sainte Cime ou encore mont Horeb dans la Bible sont autant de noms identifiant le même sommet, non pas le plus haut, mais un des plus élevés dans les 40 000 km² de désert aride formant le Sinaï. Culminant à 2 285 m, il est dépassé en hauteur par le proche mont Catherine (2 637 m), ainsi que par les monts Umm Shumar (2 586 m) et Thabt (2 438 m). Mais, il les surpasse de loin dans le cœur des hommes puisque Dieu choisit de s'y manifester à Moïse mille trois cents ans avant le Christ.

Conseils

Pour l'ascension de nuit, emportez de l'eau et une collation. À défaut, vous croiserez des baraques de Bédouins où prendre un thé et acheter un petit quelque chose à grignoter. Couvrez-vous bien, la nuit est froide. N'oubliez pas un chapeau pour la descente, la journée peut être chaude.

Il est une tradition chez les musulmans, les chrétiens et les juifs, celle d'effectuer l'ascension du mont Moïse, de préférence de nuit afin d'assister au lever du soleil et de profiter d'une **vue★★** grandiose sur la grande solitude de la mer de pierre qui s'étale vers l'est. Les pèlerins, souvent plusieurs centaines, se mettent alors en route aux alentours de 2h30 du matin.
Si vous souhaitez éviter la foule et profiter des meilleures places au sommet, partez une heure avant.
Une autre option consiste à monter en fin d'après-midi afin de contempler les derniers feux du soleil. La descente s'effectue alors de nuit.
Deux voies s'offrent à vous – notez que le mont Moïse n'est pas la montagne que l'on voit depuis le monastère.

Ascension par la piste des dromadaires – *Vous trouverez les Bédouins et leurs dromadaires juste après le monastère.* Tracée au milieu du 19e s. par Ibrahim Abbas pacha, elle se fait soit à pied soit à dos de dromadaire, c'est la plus aisée des deux. Laissant à gauche le mont Jethro puis la vallée du Wadi Isbaiyah, une ancienne piste caravanière reliant la Palestine au Caire, elle rejoint la 2e voie pour les 750 dernières marches. Tout le long du trajet, de petites échoppes vendent boissons et biscuits et autorisent une halte au marcheur épuisé. Près du sommet, des Bédouins louent *(15-20 £)* des couvertures pour attendre au chaud l'apparition du soleil *(compter 2h30 pour l'aller et 2h pour le retour, quel que soit le véhicule)*.

L. Gontier / MICHELIN

Après l'ascension, la récompense de voir le soleil se lever sur le Sinaï.

Ascension par les marches du Repentir – Voie traditionnelle des pèlerins, elle débute 200 m au sud de la station de dromadaires et compte environ 3 700 marches. Elle passe par une chapelle byzantine, par un petit cirque montagneux où les cyprès croissent près d'une source, puis par la porte de l'Absolution où l'on confessait jadis ses pêchés contre un certificat attestant le passage. Assez pénible, elle est hautement déconseillée aux cardiaques. Les marches, qui portent décidémment bien leur nom, ne sont plus que l'ombre d'elles-mêmes et rendent même la descente *(2h30)* difficile. Mais l'expérience demeure inoubliable et, lors du retour au monastère, pourquoi ne pas changer de voie ?

Mont Catherine – Situé au sud-ouest du monastère, il est couronné par une chapelle dédiée à sainte Catherine. On peut en faire l'ascension *(4h30 aller)* si l'on est entraîné. Au sommet, un refuge permet d'y passer la nuit. De ce point culminant, la **vue★★★** est extraordinaire.

Aux alentours

Djebel Melawan

10 km au nord du monastère.

En 1980, le président Sadate a commandé à l'artiste belge Jean Vérame une intervention de « Land Art » : 15 km^2 ont donc été recouverts de 10 t de peinture bleue, d'où le nom de « Désert bleu » que l'on donne désormais au djebel.

Oasis de Feran

61 km au nord-ouest du monastère.

Longue de près de 4 km, cette oasis appelle à une halte bien agréable sur la splendide route menant au monastère Sainte-Catherine. Plantée de palmiers, d'acacias et de tamaris, elle est habitée par des Bédouins qui y cultivent dattes, maïs et blé.

Un djebel biblique – Sur le djebel Tahuna qui domine l'oasis, Moïse aurait assisté à la victoire des Hébreux sur les Amalécites, ce qui ferait du lieu la Rephidim de la Bible. Occupée par des ermites au 1er s. de notre ère, l'oasis devint un siège épiscopal au 4e s. avant que ses monastères ne fussent détruits au 7e s.

À l'entrée de la palmeraie subsiste un ermitage dépendant du monastère Sainte-Catherine. Les ruines des deux églises que l'on peut encore distinguer remontent au 12e s.

Ste-Catherine pratique

Indicatif téléphonique – *069*

Informations utiles

Banques – Pas de banques à Ste-Catherine. Prenez vos précautions et munissez-vous de suffisament de liquide pour faire face aux dépenses d'hôtellerie, transport, nourriture et, bien sûr, menus souvenirs.

Transports

Bus – À partir du Caire à 7h et 10h30 (45 £, tr. 9h) mais aussi à travers les excursions organisées par la plupart des hôtels de Sharm el-Sheikh, Dahab et Nuweiba. Départ en bus de Sharm el-Sheikh à 7h30 et 11h30 (8,50 £), de Dahab, à 8h. De Ste-Catherine, on rejoint Le Caire par le bus de 6h (37 £), Dahab (16 £) et Nuweiba (21 £) par celui de 13h.

Taxi – Compter 100 £ pour un trajet depuis Dahab ou Nuweiba, 200 £ pour ralier Sharm el-Sheikh.

Se loger

L'excursion au monastère Ste-Catherine étant axée sur une ascension du mont Moïse, les hôtels proposent tous la demi-pension, les clients souhaitant généralement se reposer après cet exercice. Il n'y a pas de discothèques, pour cause de site religieux.

Monastery Guesthouse – *Dans les jardins du monastère - ✆ 47 03 53 - 40 ch. : 55 $ en 1/2 P obligatoire*. Sans aucun doute la meilleure option. La qualité de l'hébergement, simple sans être austère, n'a d'égal que le plaisir de se réveiller au cœur des montagnes et à l'ombre des murailles du vénérable monastère. Vous serez en plus au premières loges pour attaquer l'ascension nocturne du mont Moïse.

El-Wadi el-Mouquduss – *Dans le village - ✆ 347 02 25 - 81 ch : 45 $*. Cet hôtel récent, meublé avec goût et couleurs, offre des chambres coquettes agencées sur deux étages autour d'une belle piscine centrale.

Daniela – *Dans le village - ✆ 347 03 79 - 74 ch. : 78 $ en 1/2 P*. Accueil très sympathique, ambiance conviviale et confort relatif mais correct pour cette adresse connue des voyageurs individuels.

Catherine Plaza – *Dans le village - ✆ 347 02 99 - 136 ch : 80 $ en 1/2 P*. Cet hôtel très agréablement conçu propose des chambres propres, bien que d'un confort un peu daté, aménagées dans des bungalows. Son bar sert du vin et de la bière. Organisation de safaris dans le désert, à dos de dromadaire ou en VTT.

Ste Catherine Tourist Village – *À l'entrée du village - ✆ 347 03 24 - 118 ch. : 60/100 $*. On vante l'intégration harmonieuse au site (on le devine depuis le monastère) de l'architecture de ses bungalows à façade de pierre, mais les chambres sont quelque peu défraîchies ! L'hôtel donne un peu l'impression de compter sur sa réputation et sur une clientèle garantie par les circuits organisés.

Se restaurer

Dans le village, on trouve de nombreux petits restaurants modestes et de qualité équivalente, surtout autour de la rue principale menant à la mosquée. Quelques viandes grillées et salades vous donneront les forces nécessaires pour vos escapades dans la région.

Achats

Isis Bazaar – Dans cette boutique située à côté de la poste, dans le village, on trouve la panoplie habituelle des souvenirs, mais surtout un petit lot de tapis fabriqués par les Bédouins. Les moins chers en coton *(10 £)*, les plus chers en laine de dromadaire non teintée *(95/130 £)*.

Ascension du mont Moïse

En dromadaire – Une grande partie de l'ascension peut se faire à dos de dromadaire, jusqu'aux 750 dernières marches, section que l'on termine à pied. Il en coûte 35 £ pour l'aller. En général, on redescend l'intégralité du mont à pied, mais vous pouvez reprendre un dromadaire si vous êtes fatigué, pour 35 £ à nouveau. Un Bédouin vous guide, à l'aller comme au retour, sauf si vous marchez.

Nuweiba

CARTE GÉNÉRALE D2

Nœud de communication entre le port jordanien d'Aqaba et l'Égypte, Nuweiba se situe à l'embouchure du Wadi Watir, un delta asséché dix mois sur douze. Un trafic portuaire important anime le sud de cette localité aux alentours très séduisants, mais la station balnéaire n'est pas des plus engageantes.

Se repérer – À 475 km du Caire, 165 km au nord-est de Sharm el-Sheikh, à 70 km de la frontière avec Israël, sur le golfe d'Aqaba.

À ne pas manquer – Le Canyon coloré.

B. Kaufmann / MICHELIN

Les roches du « Canyon coloré ».

Se promener

Nuweiba City

Pour aller du port à Nuweiba City ou à Tarabine, les taxis collectifs demandent des sommes exorbitantes. Donc, si vous arrivez en bus depuis Sharm el-Sheikh, demandez au chauffeur de vous y arrêter. Ce n'est pas prévu dans l'itinéraire mais il y a toujours moyen de s'arranger.

Située 8 km au nord du port et de son terminal de ferries assurant la liaison avec Aqaba, la localité était à l'origine un simple village bédouin. Aujourd'hui, c'est une petite ville, avec ses boutiques de souvenirs et un souk chétif. Même si elle bénéficie de la proximité de récifs coralliens et de belles montagnes arides, cette station ne parvient à masquer son âme d'« attrape-touristes ». On ne voit en outre pas pourquoi des vacances décontractées devraient rimer avec propreté douteuse et inconfort rarement bon marché.

Holeen le dauphin – Un jeune Bédouin, Abdallah, sourd et muet, originaire du village de Mizena *(1 km au nord de Nuweiba)*, remarqua la présence dans la baie en contrebas de son village d'un dauphin solitaire. Il se lia d'amitié avec l'animal et sut communiquer avec celui qu'il baptisa Holeen. Depuis, Abdallah a déménagé, tout comme le dauphin. Holeen a eu des petits et se fait désormais rare. Si bien que personne ne sait vraiment à quelle fréquence elle visite les eaux de Nuweiba qu'elle finira peut être un jour par déserter définitivement.

Tarabine

À 4 km au nord.

On gagne facilement Tarabine en longeant la baie de Nuweiba *(15mn à pied)*. Ce village bédouin riche d'une citadelle turque du 18e s. possède une plage aux eaux chaudes. L'endroit fait penser à un Dahab en miniature.

Aux alentours

Le point fort de Nuweiba est d'être une excellente base de départ pour les safaris en Jeep ou à dos de dromadaire vers les djebels du Sinaï. Consultez votre hôtel ou votre camp ou encore un centre de plongée pour organiser l'excursion qui vous intéresse.

Tourisme israélien

Les Israéliens, avec lesquels les Égyptiens entretenaient de bons rapports, venaient en nombre en vacances dans ces lieux. Mais depuis les attentats de Sharm el-Sheikh et Nuweiba en juillet 2005 et de Dahab en avril 2006, ils se font rares. Ces deux dernières stations balnéaires ont donc pâti de cette baisse de fréquentation. Nombre d'établissements touristiques ont fermé et la construction d'hôtels a été arrêtée, rendant parfois le paysage et l'atmosphère quelque peu désolés.

La côte entre Nuweiba et Taba★

Avec ses montagnes plongeant en pleine mer qui semblent répondre à celles d'Arabie Saoudite qu'on distingue au loin, c'est incontestablement une des plus belles portions du littoral sinaïtique. Le long de la route côtière, même si de nombreux villages touristiques ont quelque peu dégradé la beauté sauvage du secteur, plusieurs plages n'attendent que votre serviette.

Maagana Beach – *8 km au nord de Nuweiba.* Près d'un campement où il est possible de loger, sa baie est proche de rochers colorés et de bancs de coraux.

Ras Shaitan – *11 km au nord de Nuweiba.* Par sa forme, une pointe rocheuse a donné son nom au site : « tête du diable ». La plage, idéale pour la baignade, est environnée de 4 campements.

Basata – *23 km au nord de Nuweiba.* La plage dépend d'un campement conçu avec un très grand respect de la nature. Si l'on n'en est pas client, on paye un droit d'accès de 10 £ *(plongée avec bouteilles interdite).*

Canyon Coloré★★ (Coloured Canyon)

À 35 km au nord-ouest de Nuweiba.

Amoureux du silence, le « canyon Coloré » sera votre éden s'il n'y a pas trop de groupes lors de votre passage. Totalement abritée des vents, cette gorge creusée jadis par un cours d'eau doit son nom aux strates de couleur qui décorent naturellement ses falaises rocheuses d'une palette alliant le sable à des teintes bleutées ou vertes. Cette curiosité géologique est un superbe but de promenade qui vous prendra 2h si vous êtes bon marcheur. Un impressionnant passage de 700 m de long peut s'avérer difficile pour les personnes pratiquant rarement la randonnée.

Ain Hudra

47 km à l'ouest de Nuweiba.

Myriam y aurait été frappée de la lèpre pour avoir osé critiquer Moïse. Cette petite oasis située près du djebel Ghlim (1 230 m) et où vit un campement bédouin n'a que des palmiers à offrir, mais les **paysages★** alentour méritent à eux seuls une escapade de quelques heures.

Ain Umm Ahmed

50 km à l'ouest de Nuweiba.

Cette seconde petite oasis est splendide. Lorsqu'on s'y rend sous le soleil printanier ou estival, on a beaucoup de mal à imaginer que son cours d'eau gèle parfois en hiver.

Wadi Ghazala

40 km à l'ouest de Nuweiba.

Le sol de cette vaste vallée recouvert de sable est parsemé d'acacias. On y croise parfois des gazelles, d'où son nom.

Nuweiba pratique

Indicatif téléphonique – *069*

Informations utiles

Banques – On trouve des distributeurs de billets au port.

Transports

Bus – Depuis Le Caire, départ à 9h et 15h, retour aux mêmes heures et à 11h (55 £). Depuis Sharm el-Sheikh, via Dahab, départs à 9h, 14h30 et 17h (21 £). À 6h30 et 15h30 pour Dahab (15 £) puis Sharm el-Sheikh (27 £). Départ vers Taba à 9h, 11h et 15h (10 £).

Se loger

⊖ **Basata** – *23 km au nord de Nuweiba - ✆ 350 04 81 - camping : 8 $/pers. ; 18 huttes : 12 $/pers. ; cases : 15 $/2 pers. + 2 enf.* Basata veut dire « simplicité », et c'est bien le maître mot ici depuis quinze ans. Le propriétaire, Sherif Ghamrawy, est un écologiste, au sens propre du terme, soucieux des échanges culturels et du respect de la nature. À Basata, pas d'alcool ; pas de télévision parce que pas de bruit… Tous les matériaux sont naturels et la nourriture est cultivée, élevée ou pêchée sur place. Chacun fait confiance à chacun, et on note ce que l'on consomme sur une feuille placée à l'entrée de la cuisine, ouverte 24h/24. Tous les déchets sont triés. Repos et vie saine assurés.

⊖ **Petra Camp** – *Tarabine - ✆ (010) 472 20 01 - 30 £ avec clim., 20 £ sans*. Quelques petites huttes en bord de mer, certaines sont climatisées et les sanitaires sont communs. L'ensemble est bien tenu et invite à la détente sous les parasols en fibre de palmier.

⊖⊖⊖ **Nakhil Inn** – *À Tarabine - ✆ 350 08 79 - 29 ch. : 38 $.* Niché dans la partie nord de Tarabine, cet hôtel aux airs de camp affiche un confort parfait pour à un prix raisonnable. Chambres spacieuses et récentes, décorées avec soin. L'accueil est à la hauteur. Connexion Internet Wi-Fi, pour les inconditionnels.

Se restaurer

⊖ **Dr Sheesh Kebab** – *Nuweiba City - ouv. 7h-1h.* Petit restaurant fort célèbre à Nuweiba. La déco évoque les ambiances bédouines, quant à la cuisine, elle est classique, à base de grillades et de… kebabs. C'est bon et copieux.

⊖⊖ **Cleopatra** – *Nuweiba City - ouv. 11h-23h.* On dîne (ou déjeune) sur une petite terrasse closed'une haie et que domine une fontaine au chant rafraîchissant. Dans l'assiette, des poissons grillés ou frits, délicieux, et servis de la façon la plus attentive qui soit.

Safaris

Tous les camps et hôtels organisent des excursions. Au camp de Basata *(voir ci-dessus)*, Sherif Ghamrawy vous indiquera d'excellents guides pour les randonnées à dos de dromadaire dans les djebels. Vous pouvez aussi joindre le guide bédouin Mohamed Mousad *(✆ (010) 080 51 18)*. Il organise des circuits d'une journée au départ de Nuweiba. La promenade en dromadaire commence dans l'étendue désolée de la vallée des Gazelles (Wadi Ghazala), l'oasis de Ain Hudra où l'on prendra le thé en compagnie des Bédouins avant de rejoindre le canyon Blanc (White Canyon) à pied et de regagner Wadi Ghazala en dromadaire et enfin Nuweiba. Compter 50 €/pers. sur une base de deux personnes, tout compris, 35 € sur une base de 10.

Passage en Jordanie

Deux bateaux assurent la lisaison. Le ferry coûte 45 $ + 100 $ par véhicule pour 3h de traversée (horaires de départ imprécis !). La navette rapide effectue le trajet en 1h pour 55 $ par personne. Départ autour de 14h40. Le visa jordanien s'obtient à bord.

Dahab★

1 300 HABITANTS
CARTE GÉNÉRALE D2

Après avoir connu pendant des années la fièvre hippie et ses nuages de fumée écolo, Dahab se consacre aujourd'hui à des activités plus classiques. Modernisée, la station balnéaire a toutefois conservé son attrayant caractère cosmopolite et décontracté.

- **Se repérer** – À 103 km au nord-est de Sharm el-Sheikh, à 72 km au sud-ouest de Nuweiba, sur le golfe d'Aqaba.
- **À ne pas manquer** – Une promenade nocturne sur le front de mer.
- **Organiser son temps** – Il n'y a pas grand-chose à faire à Dahab à part profiter de l'atmosphère un peu nonchalante et de partir explorer les sites de plongée. Passez-y au moins deux jours pour profiter de l'ambiance nocturne.

L. Gontier / MICHELIN

Vue de Dahab.

Se promener

Le village bédouin qui assurait l'authenticité du charme de la localité a émigré au nord de Dahab, à Assalah. Bordée de palmiers, la baie concentre les hôtels, les bars et les restaurants, tandis que les commerces et les services administratifs se trouvent dans le village proprement dit. On se baigne peu dans les eaux qui bordent la station. D'abord à cause du vent, fréquent et parfois violent. Et même si à quelques mètres du rivage, les fonds marins sont déjà spectaculaires, ils sont malheureusement jonchés de détritus et parfois pire, de verre brisé. Seuls les clubs de plongée y font faire leurs premiers pas à leurs élèves novices.

Aux alentours

Sites de plongée★★

The Canyon★ – L'un des sites les plus impressionnants. Les poissons-verre y grouillent mais la fosse étroite descendant à 40 m de profondeur est à déconseiller aux plongeurs inexpérimentés.

The Blue Hole – *8 km au nord de Dahab.* Ce trou de 80 m de profondeur n'est situé qu'à quelques mètres du rivage ! À 60 m de fond se trouve un tunnel exclusivement réservé aux plongeurs très expérimentés.

The Islands – *17 km au sud de Dahab.* Son labyrinthe de corail constitue une attraction extraordinaire.

Chicha, oui ou non ?

Dahab est un lieu de consommation de drogue réputé. Sachez que la détention de drogue est illégale en Égypte et que les peines encourues sont extrêmement lourdes. Lorsque vous fumez une chicha (narguilé), restez vigilant sur la nature de son tabac.

Le parc naturel de Ras Abu Gallum

À 10 km au nord de Dahab par la piste menant au Blue Hole et juste après ce dernier. Cette bande de 400 km^2 entre Dahab et Nuweiba est parcourue par deux pistes parallèles orientées nord-sud, l'une traversant les reliefs et les wadis, l'autre longeant la mer. Les montagnes de granits y sont spectaculaires et semblent parfois tomber directement dans la mer tant la plaine littorale est étroite. Mêlant climat tropical et influences méditerranéennes, la réserve naturelle est le refuge de 167 espèces végétales parmi lesquelles 44 ne croissent qu'ici. Hyènes et renards y ont élu domicile ainsi qu'une grande variété de reptiles parmi lesquels le cobra noir et la vipère à cornes. Attention donc au cours des fort belles randonnées le long des sentiers balisés. Cet écosystème est unique dans le golfe d'Aqaba. Aussi, on veillera à ne rien abandonner derrière soi et à s'abstenir de récolter pierres, coquillages, plantes et coraux. La pêche artisanale pratiquée par les Bédouins est régulée afin de protéger les récifs coraliens. Le long des plages, les coquillages se mêlent aux galets de granit multicolores. De loin en loin, des sites de plongée aménagés permettent de découvrir le milieu aquatique.

Dahab pratique

Indicatif téléphonique – *069*

Informations utiles

Banques – On trouve des distributeurs de billets dans la rue principale.

Internet – Les cybercafés sont nombreux et demandent autour de 4 £/h.

Transports

Bus – Nombreuses liaisons quotidiennes depuis Le Caire (durée 9h, 65 £, 75 £ de nuit), Sharm el-Sheikh (durée 1h15, 11 £) et Nuweiba (durée 1h, 11 £).

Se loger

Camps et hôtels se partagent l'hébergement à Dahab. Une particularité : l'eau des douches est salée !

⊖ **Bishbishi Camp** – *✆ 364 07 27 - 22 ch. : 80 £* ▭. Un vrai petit village aux bungalows noyés dans la verdure et les palmiers. Les chambres y sont vastes et bien tenues mais c'est surtout l'ambiance décontractée qui fait le charme des lieux.

⊖⊖ **Jasmine Hotel** – *✆ 364 08 52 - 8 ch. : 120 £.* De très jolies chambres dont la moitié donnent sur la mer. Excellent accueil. L'une des adresses les plus charmantes de Dahab même si les douches sont parfois un peu capricieuses.

⊖⊖⊖⊖ **Swiss Inn** – *À Dahab City - ✆ 364 04 71 - 76 ch. : 70/130 $.* Pour ceux qui veulent vraiment allier confort et plongée ou planche à voile. L'hôtel dispose bien entendu d'une plage privée, accessible aux non-résidents pour 50 £.

⊖⊖⊖⊖ **Ganet Sinaï Hotel** – *À Dahab City - ✆ 364 04 40 - 70 ch. : 60 $.* Les chambres sont petites et s'avèrent un peu chères, mais l'hôtel possède une bonne école de planche à voile ainsi qu'une plage, un centre de plongée et deux piscines, dont une pour les enfants.

⊖⊖ **Sphinx Hotel** et **New Sphinx Hotel** – *À Mashraba, Shat el-Mashrabey - ✆ 364 04 94 - 40 ch. : 150 £ et 120/80 £.* Deux hôtels de même direction au cœur de la station. Plage et centre de plongée à petit prix. Préférer les chambres récentes, plus spacieuses et proches de la piscine.

Se restaurer

⊖ **Jasmine Restaurant** – *Sur la plage en face de l'hôtel du même nom - ouv. du petit-déj. au dîner.* Face à la mer, assis sur des coussins, on sert sur des tables basses une cuisine variée et fort goûteuse. Fajitas au poulet, viandes grillées, mezzés ou poisson, tout est bon.

⊖⊖ **Three Fish** – *Sur la plage, un peu au nord du précédent - ouv. 11h-0h.* La déco façon vieux navire et instruments de marine annonce la couleur : on mange ici du poisson. Excellents plats de homard en sauce ou grillé.

Faire une pause

Oum Kalsoum Café – *Dans la rue principale de Mashraba.* Fréquenté par les locaux, ce petit café est l'un des meilleurs endroits pour fumer une chicha dans une authentique ambiance égyptienne.

En soirée

El-Zar – Très célèbre à Dahab, cette discothèque est située près du Dolphin Camp. Musique rock plein les oreilles garantie.

Black Prince – *5 £.* Également très célèbre dans la station. Pas de boissons alcoolisées.

Loisirs

Plongée – Les centres sont nombreux. Celui du **Penguin Village** *(✆ 364 01 17, www.penguindivers.com)* et le **Sea Dancer Dive Center** *(✆ 364 08 86, www.seadancerdivecenter.com)* proposent tous types de prestations, de l'initiation aux sorties pour plongeurs confirmés en passant par les plongées de nuit.

Sharm el-Sheikh★

19 200 HABITANTS
CARTE GÉNÉRALE D2

En quelques années, la plus belle des stations balnéaires égyptiennes a connu un formidable essor au point de devenir la plus importante du Sinaï. La proximité du parc Ras Mohammed et du splendide détroit de Tiran assurent un cadre magnifique à ce centre de plongée de réputation mondiale. Certes la plus chère du pays, la station de Sharm el-Sheikh est incontestablement la plus séduisante.

Se repérer – À 500 km au sud-est du Caire, à 380 km au sud de Suez, à la pointe sud du Sinaï, entre les golfes de Suez et d'Aqaba.

À ne pas manquer – Une plongée dans le parc de Ras Mohammed, le Old Market à Sharm el-Sheikh. Souvenirs en tout genre et faune des marchands.

Organiser son temps – À moins d'aimer la plongée, le farniente et la vie nocturne, il est peu probable que Sharm el-Sheikh vous retienne plus d'une journée.

Avec les enfants – La plage, bien entendu. La plongée avec masque et tuba, l'Aquascope.

B. Kaufmann / MICHELIN

Naama Bay et le début de la chaîne montagneuse de la péninsule du Sinaï.

Se promener

Sharm el-Sheikh et Naama Bay

Deux localités en une – À l'ouest, **Sharm el-Sheikh** a grandi autour de son petit port naturel (Sharm el-Moya), joliment inscrit au pied d'une falaise. L'occupation de la péninsule par les Israéliens, de 1967 à 1982, a donné une première impulsion à cet ancien village de pêcheurs qui n'a pas tardé à croître au point de rejoindre sa voisine, située 7 km plus à l'est. En retrait de la plage, une petite médina mêle les boutiques pour touristes et des comptoirs minuscules où l'on peut manger un petit quelque chose (des aubergines frites par exemple) ou boire un verre à moindre frais. Par son port assurant une liaison avec Hurghada et situé à l'est de la plage, Sharm el-Sheikh est surtout un point de transit maritime.

Une petite Italie – De création toute récente, puisqu'elle n'a guère plus d'une vingtaine d'années d'existence, **Naama Bay** s'étend le long de la très belle baie

Processus de paix

Par ses réunions au sommet d'octobre 2000 entre les présidents Moubarak, Clinton, Barak et Arafat, Sharm el-Sheikh est devenu synonyme de processus de paix. La tradition s'est perpétuée puisque c'est ici que se sont rencontrés en mai 2006 M. Abbas, président de l'autorité palestinienne, et certains responsables israéliens.

qui lui a donné son nom. Par son cadre réellement charmeur et l'atmosphère détendue de son petit village tout récent qui vit surtout en soirée, cette station est la vedette du duo qu'elle forme avec celle qu'on appelle « Sharm ». Une promenade piétonne bordée de restaurants et de centres de plongée longe la plage qui épouse la baie en forme de fer à cheval. Parallèlement, le village développe sur la même distance une rue marchande également piétonne. Avec des airs de Las Vegas égyptien miniature – vous ne verrez cependant aucun Égyptien dans ses casinos – elle accumule maintenant les hôtels de haute catégorie qui rivalisent par leur confort et leur gigantisme.
Un peu à l'écart de cet univers éminemment touristique s'ouvre le désert avec des montagnes escarpées en guise de ligne d'horizon. Là débute l'univers des Bédouins qui vivent dans des tentes colorées offrant un contraste saisissant avec le modernisme des deux stations.

Les plages – Presque toutes sont privées et dépendent des hôtels qui s'égrainent entre la mer et la route nationale menant à l'aéroport *(accès non résidents : autour de 20 £)*. Il existe quelques plages publiques, indiquées par un panneau « Public Beach » sur les côtes de Sharm el-Sheikh, Naama Bay, et Shark's Bay. Les privées bénéficient de tout le confort : transatlantiques, parasols et bars ; les publiques sont équipées de parasols en fibres végétales pour se protéger des rayons du soleil *(généralement, location 15 £)*. Si l'on dispose d'un véhicule, on peut aussi poser sa serviette sur une des plages des alentours (emmener ses provisions pour pique-niquer), mais l'ombre est à rechercher à l'abri des rochers.

Découvrir

Parc Ras Mohammed★★

À 12 km au sud-ouest de Sharm el-Sheikh. Deux entrées : la première au nord-ouest, la seconde au nord-est, à proximité de la station balnéaire. Possibilité d'accès par la mer pour les plongeurs. Accès terrestre refusé aux détenteurs d'un visa limité au Sinaï (cas des voyageurs en provenance d'Israël). Ouv. 8h30-19h. 5 $; véhicule 10 $. Un plan du parc accompagne les tickets.
Munissez-vous de sandwiches et d'eau minérale car il n'y a aucun magasin ou comptoir dans le parc.

> **Nature protégée**
>
> Il est expressément demandé aux visiteurs de respecter les lieux, de ne pas rouler en dehors des pistes, de ne pas nourrir les poissons et de ne pas s'aventurer dans les zones interdites signalées par un panneau blanc barré d'une ligne rouge.

Créé en 1983, le parc Ras Mohammed, devenu « national » en 1988, occupe une étroite bande de terre tout au sud de la péninsule (Ras signifie « cap »). Même si l'on n'y voit rien de proprement spectaculaire, à moins de plonger dans ses eaux, ce site au paysage minéral est tout simplement exceptionnel par sa beauté sauvage.

829 km² de terre et de mer sauvages – Grâce à ce parc naturel protégé, qui s'étend en fait jusqu'à l'île Tiran par la mer, le littoral du Sud-Sinaï a été partiellement préservé des ambitions des promoteurs ; seulement 10 % du parc sont accessibles aux visiteurs. Réserve d'oiseaux migrateurs comme la cigogne, mais aussi d'orfraies et de spatules, la partie terrestre du parc se signale par des criques, des baies, des cordons dunaires et une mangrove *(flèche verte)* située au sud du cap. Quelques espèces d'animaux ont été réintroduites, tels la gazelle ou le renard, dans cette réserve dont la mission est de protéger et conserver la faune et la flore tant terrestre que marine. Sachez en outre que le camping sauvage y est formellement prohibé.

Les plages du parc – Le parc compte plusieurs plages signalées chacune par une couleur sur les fléchages permettant de s'orienter. **Khashaba Beach** *(flèche rose)*, sur la baie de Marsa, n'est pas la mieux située, mais on est presque certain d'y être seul. Orientée plein ouest, juste au nord de la mangrove, **Old Kay** *(flèche verte)* est très attirante par ses eaux turquoise et son vaste horizon sur le grand large. Près d'un point de vue intéressant sur le parc à la pointe de la péninsule, **Observatory Beach** *(flèche orange)* est baignée par les vagues et ne se prête pas vraiment aux bains de soleil. **Main Beach** *(flèche bleue)* est très agréable, les baigneurs équipés de masque et tuba apprécieront son mur vertical de corail. **Yolanda Bay** *(flèche rouge)* est sans conteste la plus belle – qualité qui attire bien sûr les groupes venus visiter le parc ; sa petite anse crée un cadre de rêve où les enfants peuvent barboter tranquillement car il faut s'éloigner de plusieurs dizaines de mètres du bord pour perdre pied.
Entre Yolanda Bay et la mangrove s'ouvre la profonde échancrure de Hidden Bay, une ancienne barrière de corail fossilisée. Attrayante, elle est interdite à la baignade, mais pas au plaisir des yeux…

Rouge pour danger ?

La mer Rouge doit son nom à une algue bleue qui en mourant devient rubis. En plongeant dans ses eaux on entre dans un paradis merveilleux et fascinant. Cependant, il n'est peut-être pas inutile d'en connaître les dangers. Tout d'abord, ne vous baignez pas au large si vous avez une blessure, le sang attire les requins, bien qu'ils soient inoffensifs pour la plupart. Ensuite, si vous êtes profane, consultez les plaquettes disponibles auprès des garçons de plage de la plupart des plages privées pour repérer les diverses espèces de poissons présentant un danger pour l'homme. C'est le cas du poisson-scorpion ou rascasse volante aux épines vénéneuses, et surtout du poisson-pierre qui devient rouge lorsqu'il est dérangé et éventuellement mortel en cas de piqûre. Évitez de fouiller les anfractuosités car la murène géante a des mâchoires bien acérées, ou de toucher le corail de feu dont le contact peut s'avérer très désagréable, mais la recommandation est inutile puisqu'il est interdit de toucher au corail de la mer Rouge…

Plongeurs, à vos masques ! – La partie maritime du parc, lieu de prédilection pour la plongée sous-marine, bénéficie d'une eau non polluée propice aux découvertes sous-marines. Dans le décor des gorgones et des coraux jaunes, bleus, blancs, mauves ou roses, on voit évoluer une multitude de poissons : labre, fusilier, poisson-perroquet, mérou, poisson-empereur, rouget, baliste, poisson-papillon, demoiselles, chétodon, poisson-clown, et bien d'autres encore.
Certes denses en poissons, les fonds sont particulièrement réputés pour la diversité de leurs **récifs coralliens★★★** multicolores, absolument sublimes, les plus beaux du monde à en croire les acharnés. 137 espèces de coraux ont été recensées dans les eaux du parc. On sait peu que le corail est dur ou mou, qu'il s'agit d'un animal pluricellulaire et qu'il est présent sur notre planète depuis quelque 450 millions d'années – le mot désigne aussi son squelette calcaire utilisé en bijouterie. La clarté de l'eau est telle que même en restant au bord on distingue les fonds jusqu'à une profondeur de 15 m. C'est donc une plongée en aquarium géant qui vous attend à Ras Mohammed.

Visiter

Aquascope Submarine★

6 dép./j. à partir de 8h, dernier dép. 15h30 ; capacité 24 pers. ; 150 £ - réserv. conseillée au ☏ (010) 667 25 36, ou via la réception de votre hôtel ; on vient vous chercher à votre hôtel en minibus moyennant suppl. Embarcadère sur la plage de Sharm el-Sheikh.
Malgré son nom, ce n'est pas un sous-marin, mais une petite embarcation dont le fond est constitué de deux parois vitrées. Le tour dure 1h1/2 et permet à tous ceux qui ne plongent pas de se faire une idée des secrets de la mer Rouge. L'épaisseur des parois déforme un peu la vision du spectacle, mais l'impression reste sensationnelle tant les eaux sont poissonneuses et les coraux nombreux.

R. Deschamps / MICHELIN

Yolanda Bay au bout du parc Ras Mohammed à Sharm el-Sheikh.

K. Tigrine / MICHELIN

Plongeur près de l'épave du « Thistlegorm ».

Aux alentours

Au paradis des plongeurs★★★

Selon certaines sources, 25 % des visiteurs de la station balnéaire sont des plongeurs. Si vous en faites partie, n'oubliez pas d'emporter vos diplômes de plongée. Tous ceux qui viennent s'adonner par ici à leur passion utilisent des bouteilles, principe qu'ils doivent à Jacques-Yves Cousteau (1910-1997) et Émile Gagnan, inventeurs du scaphandre autonome automatique.
Pour immortaliser vos plongées, pourquoi ne pas acheter un appareil de photo sous-marin jetable ? Vous en trouverez dans les magasins à Naama Bay. Vous pourrez même louer des appareils numériques équipés de caisson étanche pour 50 €/jour face au Red Sea Diving College, sur la promenade piétonne.

Cadre et sites – Si la côte elle-même n'est plus vraiment vierge depuis que les constructions modernes ont émergé, la portion de mer qui s'étend entre le **parc Ras Mohammed** et l'**île Tiran** réserve aux amateurs de plongée la garantie d'un des plus merveilleux spectacles auxquels ils puissent aspirer. Les eaux turquoise et translucides qui séparent ces deux sites regorgent en effet d'une incroyable diversité de coraux et de poissons multicolores, ceci grâce aux courants circulant dans le détroit de Tiran qui ouvre sur le golfe d'Aqaba.
Les sites de plongée sont nombreux et dépendent du parc. Les plongeurs noteront que les îles Tiran et Sinafir sont interdites. L'ancrage étant prohibé, des bouées sont placées sur zone. Nous avons sélectionné les principaux, décrits d'ouest en est. Bien que le nombre des bateaux autorisés à transporter les plongeurs sur zone soit limité, ces sites attirent près de 50 000 visiteurs par an, un chiffre susceptible de croître dans les années à venir.

Ras Mohammed★★

Sans aucun doute le plus renommé. L'accès est limité puisqu'il s'agit d'un parc protégé *(voir ci-dessus)*. Il compte en fait 20 sites. Outre ses merveilleux coraux, on peut y visiter les épaves du *Dunraven* (navire anglais qui sombra en 1876 lors d'une liaison Newcastle-Bombay), et du *Thistlegorm*, la plus connue du Sinaï, découverte par Cousteau (navire anglais coulé pendant la Seconde Guerre mondiale).

Râs um Sid

Accès par la plage si l'on est client des hôtels qui la gèrent, sinon passer par la gauche du phare situé sur un promontoire. Entre Sharm el-Sheikh et Naamay Bay, ce site est connu pour la beauté de son jardin corallien. Naguère merveilleux domaine de coraux divers, il a été très abîmé par certains plongeurs. En s'éloignant on rencontre des gorgones à 20 m de profondeur.

The Tower

Face à Naama Bay, à 15 m de la plage. Il se caractérise par un profond abîme de plus de 30 m. Plus intéressant pour ses reliefs que pour ses poissons, peu nombreux. Déconseillé aux débutants.

Near Garden

À la pointe nord-est et à 10mn de Naama Bay. Très beau site avec du plancton phosphorescent quand on éteint sa lampe. Idéal de nuit. En journée, attention aux bateaux à fond en verre qui sillonnent la zone.

Middle Garden

À l'est de Naama Bay. Ce site sablonneux réputé « facile » ne dépasse pas 12 m de profondeur. Il est fréquenté par des poissons de toutes sortes.

Far Garden

À l'est de Naama Bay, juste au nord du précédent. Ce site ne dépasse pas 15 m de profondeur. À sonder en plongée dérivante pour ses petits poissons et ses rascasses.

Shark's Bay

6 km au nord-est de Naama Bay. Face à Beit el-Irsh, Shark's Bay (la « baie du Requin ») est une faille de 20 m où passent des raies manta. Les alentours de cette faille constituent le cadre idéal pour un baptême de plongée.

Râs Nusrâni

Au nord de Shark's Bay. Au bord d'une plage, ce site regorge de petits poissons tels des poissons-verre. Attention au courant, qui ne facilite pas la sortie.

Quelques précautions

La plongée peut être pratiquée par tout le monde moyennant une bonne condition physique. Sous l'eau, le plongeur évolue en apesanteur dans un monde où toutes les sensations sont modifiées, c'est pourquoi une formation minimum est nécessaire.
La sécurité joue donc un rôle essentiel. Les incidents matériels sont extrêmement rares, à partir du moment où le plongeur et son binôme assurent une bonne gestion de l'air. Les principaux incidents qui surviennent sont d'ordre physique. Il faut garder son calme et remonter : 1) si on ressent un problème aux oreilles ; 2) en cas d'essoufflement ou de sensation de froid ; 3) en cas de narcose trop présente (à partir de 30 m). Enfin, ne pas plonger au lendemain d'une soirée trop arrosée, d'un décalage horaire important ou si l'on ne se sent pas en forme. Sachez aussi que pour des raisons de dépressurisation, il faut éviter de plonger le jour de votre arrivée ou de votre départ en avion. On observe en général un délai de 24h. Les mêmes recommandations s'appliquent si vous effectuez des excursions en montagne.

Woodhouse Reef

Entre la côte et l'île Tiran, juste au sud-ouest du suivant. Peu captivant par son manque de poissons, ce site est surtout connu pour le bleu de ses eaux.

Jackson Reef

Entre la côte et l'île Tiran, à 1h1/4 de Naama Bay. Ce site est réservé aux spécialistes : d'une part, à cause de la présence de requins, d'autre part, à cause des courants du détroit, souvent violents dans cet abîme dont la paroi verticale de 25 m peut atteindre 40 m. La zone ouest du site est la plus riche ; la température y est plus fraîche. Les parois de la faille de ce site sont réputées pour être les plus spectaculaires du Sinaï.

Circuit de découverte

LE LONG DU GOLFE D'AQABA 3

Circuit de 232 km de Sharm el-Sheikh à Taba.
Quitter Sharm el-Sheikh par la route nationale menant à l'aéroport ; dépasser la station Esso et faire demi-tour pour prendre à droite la route vers Dahab et Nuweiba.

Dahab★ *(voir ce nom, p. 321)*

Au km 130, on croise l'embranchement avec la route menant au monastère Sainte-Catherine (poste de contrôle policier).

Nuweiba *(voir ce nom, p.318)*

Circuler dans le Sud-Sinaï

Région d'une beauté impressionnante et d'une sécheresse parfois impitoyable, le désert du Sud-Sinaï est traversé de quelques axes routiers goudronnés reliant uniquement les zones habitées en permanence. Plus rares que dans le reste du pays, les taxis collectifs ne sont pas habitués à embarquer des étrangers. Il existe des bus, mais il n'est pas facile d'en connaître les destinations. Enfin, il ne faut pas oublier que la région n'a pas été entièrement déminée, ce qui rend dangereux tout écart en dehors des pistes. Aussi est-il préférable de s'en remettre à des excursions organisées et conduites par des Bédouins si l'on souhaite visiter l'une ou l'autre curiosité éloignées du littoral.

La guerre des Six Jours : 5-10 juin 1967

S'estimant menacé par la politique panarabe de Nasser, le resserrement des alliances militaires égypto-syro-jordanniennes, mais aussi par le départ des troupes des Nations unies stationnées aux frontières du Sinaï depuis la guerre de 1956, Israël décida à l'aube du 5 juin de déclencher une guerre dite « préventive » contre l'Égypte et la Jordanie. Dès les premières heures, l'aviation égyptienne est détruite au sol par les raids israéliens. Attaquant à la fois dans la péninsule du Sinaï et en Cisjordanie, les forces terrestres israéliennes s'emparèrent de Gaza le 6 juin et encerclèrent la ville arabe de Jérusalem, conquise le 7 juin, ainsi que Jéricho et Naplouse.
Toute la Cisjordanie ayant été occupée en deux jours, l'État jordanien accepta au soir du 7 juin le cessez-le-feu proposé par les Nations unies. Ce même jour, l'offensive « sioniste » atteignit Sharm el-Sheikh, et les rives orientales de Suez le lendemain. L'Égypte fut contrainte de se retirer des combats au soir du 8 juin. Le 9 juin, la Syrie vit les conquêtes successives du plateau du Golan et de la ville de Kuneita. Le cessez-le-feu fut conclu dans l'après-midi du 10 juin.
Israël devait conserver l'intégralité de ses conquêtes territoriales jusqu'en 1973. Une 4e guerre israélo-arabe, dite guerre du Kippour en Israël et guerre du 6 Octobre 1973 en Égypte, permit de montrer une combativité importante, une efficacité nouvelle des armées arabes contre Israël, ainsi qu'une solidarité panarabe, notamment lors de l'embargo pétrolier contre l'Europe.

Taba

Il a fallu des années de rencontres diplomatiques entre l'Égypte et Israël pour résoudre le problème que posait l'hôtel Hilton, de construction israélienne. En effet, le Sinaï fut restitué aux Égyptiens en 1982, mais ce n'est qu'en 1989 que l'enclave de Taba a retrouvé pleinement le rôle de poste frontière qui est le sien.
Nichée presque au fond du golfe d'Aqaba, à quelques encablures d'Eilat, Taba n'offre aucune distraction sinon celles proposées par l'hôtel en question. La bourgade est essentiellement un point de transit.

Gezirat Faraoun – *5 km au sud de Taba. Accès par bateau entre 9h et 17h : 13,50 £, ticket à prendre à la réception de l'hôtel adjacent. Visite de la citadelle 20 £ : ticket à prendre sur l'île.* L'île du Pharaon, pour les Égyptiens, ou l'île de Corail, pour les Israéliens n'est qu'à 250 m de la côte. Dominée par les ruines d'une forteresse construite par les croisés et agrandie par le sultan Salâh al-Dîn al-Ayyûbî (1138-1193), c'est-à-dire **Saladin**, l'île est réputée pour ses bancs de coraux situés du côté nord-est (moins spectaculaires cependant que ceux visibles aux alentours de Sharm el-Sheikh).

Le Fjord – *9 km au sud de Taba.* Comme son nom l'indique, il s'agit d'une baie (toute petite) bien protégée qui ravira les amateurs de bains de soleil, bien que la route soit un peu proche.

Sharm el-Sheikh pratique

Indicatif téléphonique – *069*

Informations utiles

Agence Thomas Cook – *À Namaa Bay, au bord de la Peace Road, à côté de l'hôtel Pigeons House - ✆ 360 18 08 - ouv. tlj sf vend. 10h-20h.* Agence de très bon conseil.

Banques – On trouve des distributeurs de billets un peu partout, tant à Namaa Bay qu'à Sharm el-Sheikh.

Internet – Nombreuses boutiques à Namaa Bay (dont une dans le centre commercial). À Sharm el-Sheikh, vous trouverez un cybercafé dans le Old Market. Les prix sont prohibitifs. Comptez environ 20 £/h.

Transports

ACCÈS

Aéroport international – *À 18 km au N de Sharm el-Sheikh.* À partir du Caire par Egyptair (compter au moins 1 000 £). Trois vols par jour. Un vol pour Louxor samedi et jeudi. Compter 20 £ en taxi pour rejoindre Namaa Bay, 40 £ pour aller jusqu'à Sharm el-Sheikh. Négociez fermement. Les prix tombent à 1 et 2 £ en taxi collectif.

Bus – La station se trouve entre Sharm el-Sheikh et Namaa Bay, derrière la station Mobil. Depuis Le Caire, transport par la East Delta Company (de 40 à 65 £ ; tr. 7h) ou Superjet (55 £). Départs à 7h, 8h30, 11h, 14h30, 16h, 17h15, 20h, 23h30 et minuit, retour à 7h30, 10h30, 11h30, 12h30, 13h30, 15h, 16h, 17h30, 22h, 23h, 23h30 et minuit. Horaires fluctuants, il est indispensable de se renseigner.

Liaison Sharm el-Sheikh-Hurghada – Les catamarans rapides effectuent la traversée en 1h30. Départ samedi, lundi au jeudi à 18h. Tarif : 250 £/pers. Les horaires sont un peu fluctuants, renseignez-vous auprès de la réception de votre hôtel pour réserver des places.

SUR PLACE

En navette (minibus) – Tous les grands hôtels situés un peu à l'écart de Naama Bay mettent une navette gratuite à la disposition de leur clientèle qu'elle dépose généralement au parking de la station (à l'extrémité ouest de la promenade piétonne). Prenez bien note de l'horaire de retour car, fait exceptionnel en Égypte, les navettes sont ponctuelles.

En taxi – Comme à Louxor, les taxis sont hors de prix, par rapport au Caire. Il faut compter un minimum de 15 £ pour relier Sharm el-Sheikh à Namaa Bay. Et encore, il s'agit là d'un tarif âprement négocié.

En taxi collectif – Beaucoup moins onéreux, ces vieux minibus (blancs à bande verte) partent de Sharm el-Sheikh et longent la route nationale jusqu'au dernier hôtel. Le trajet coûte 1 £. Le chauffeur vous déposera à hauteur de votre destination que vous lui aurez préalablement signalée.

Se loger

À SHARM EL-SHEIKH

Quelques précautions s'imposent si vous souhaitez réserver un hôtel avant votre départ. Sharm el-Sheikh connaît un tel

R. Deschamps / MICHELIN

Piscine du Jolie Ville Golf Hotel.

développement que de nombreux établissement ont été construits en bord de route et souvent très loin des plages ou des centres touristiques. Les adresses suivantes ont été choisies pour la qualité de leur emplacement. Les prix des établissements importants sont donnés en $ principalement ou en €.

Seti Sharm – *✆ 366 08 70 - 305 ch. : 3 648 $*. À côté de l'Iberotel mais moins douloureux pour le porte-monnaie, cet hôtel offre pratiquement les mêmes services.

Aida – *Sur la falaise - ✆ 366 07 20 - 185 ch. : 50/70 $*. Pas de vue directe sur la mer, mais ayant 2 plages auxquelles on accède par une navette, l'hôtel possède un centre de plongée et organise des excursions. Optez si possible pour l'une des 50 nouvelles chambres.

Iberotel Palace – *✆ 366 11 11 - 260 ch. : 100/175 $*. Donnant sur la plage (privée) à hauteur de la médina, cet établissement de luxe possède un centre de plongée et 3 piscines, dont 1 couverte.

À NAAMA BAY

Pigeons House – *Au bord de la Peace Road, dans la partie est de Namaa Bay - ✆ 360 09 96 - 70 ch. : 95 £ (standard) ; 170 £ (supérieur)*. Préférer les « superiors », les autres ayant une salle de bains collective. Pas de plage, une piscine en projet, mais un centre de plongée. Une bonne formule pas chère pour la station, dans le cadre d'une architecture bédouine.

Sanafir Hotel – *✆ 360 01 97 - 72 ch. : 66/105 £*. Pas directement situé sur la plage (mais il en possède une), cet hôtel séduit par son architecture davantage conforme à l'habitat du Sinaï. Centre de plongée et possibilités d'excursions.

Tropicana Rosetta – *Route nationale (après le Marriott) - ✆ 601 888 - 385 ch. : 120/150 $*. Bien qu'en retrait de la côte, l'hôtel possède une plage (Delta Sharm Beach). De l'agréable piscine, on voit les montagnes du Sinaï.

Camel Hotel – *Dans la rue piétonne - ✆ 360 07 00 - 38 ch. : 76/108 €*. Au cœur de l'animation du centre-ville, voilà un refuge paisible bâti autour d'une belle piscine entourée d'arbres. Le confort et l'accueil concourent à faire de cette adresse l'une des meilleures du centre de Namaa Bay. Son centre de plongée est réputé *(voir rubrique loisirs)*.

Mövenpick Jolie Ville – *Face au Sharm Conference Center - ✆ 360 01 00 - 396 ch. : 270/290 $*. C'est effectivement une petite ville ou un grand village (de luxe), qui s'étend perpendiculairement à la plage. On peut presque tout y faire, jouer au tennis ou au casino et choisir entre 5 restaurants. Centre de plongée à disposition, bien sûr. Les chambres sont dans des bungalows, entre la route et la plage.

À L'EST DE NAAMA BAY

Pyramisa Resort – *Shark's Bay - ✆ 360 10 91 - 720 ch. : 170/140 $*. Gigantesque complexe hôtelier, cet établissement, à l'instar de tous ceux qui sont situés au-delà de Naama Bay, propose un « plus » afin d'attirer la clientèle. Ici, c'est la piscine, annoncée comme la plus grande du Moyen-Orient (en fait il y en a 3, dont 1 couverte). Comptoir Internet, sauna, squash, etc. Concernant la mer : 3 plages et un centre de plongée.

Jolie Ville Golf Hotel – *Um Marikha Bay - ✆ 360 32 00 - 288 ch. : 175/188 $ (vue sur les montagnes), 196/210 $ (vue sur mer)*. Cet hôtel de grand luxe a hébergé les présidents Clinton et Moubarak – qui y descend régulièrement – et le roi de Jordanie. Service impeccable offrant de nombreuses possibilités dont la plongée, cadre grandiose (la plus belle piscine d'Égypte), et un golf 18 trous au parcours de 6 km (par 72). Seule absence, une discothèque, mais est-ce un défaut ?

Se restaurer

En dehors des restaurants des hôtels situés sur la plage, il en existe à l'arrière de la plage qui ne dépendent pas des hôtels.

À SHARM EL-SHEIKH

Safsafa – *Old Market - ouv. 11h-23h.* L'endroit est tout petit et ne paie pas de mine. Pour 35 £, les spaghettis aux fruits de mer ou les poissons grillés vous rassasieront car l'assiette est ici particulièrement bien servie. Une excellente soupe de poissons à 15 £. Mais, pas de bière.

El-Fanar – *Ras Um Sid, au pied du phare - ouv. 10h-23h.* On déjeune sur la terrasse qui domine le golfe d'Aqaba avec l'Arabie Saoudite comme horizon. La nuit tombée, la grande salle aux allures de grotte à l'immense plafond distille une ambiance feutrée. Dans les assiettes, une cuisine fine d'inspiration italienne où se côtoient poissons et pâtes.

À NAMAA BAY

Andrea – *11h-2h - à côté du Hard Rock Cafe.* Cette chaîne très connue en Égypte sert des grillades. Il en coûte 20 £ pour un 1/2 poulet accompagné de salade et de feuilles de vigne. Il sert de la bière ; galette de pain payante à la pièce.

Zeytounah – *24h/24. Sur la rue commerçante piétonnière.* Cet excellent restaurant libanais s'est fait une spécialité des fruits de mer, mais on peut aussi commander du *shawerma*, un steak grillé ou un *shish taouk* (poulet à l'ail) en buvant une bière ou du vin. On peut aussi y prendre un petit-déjeuner. La terrasse est grande et préférable à la salle arrière.

Safsafa – *Au 1er étage du centre commercial.* Le petit frère de celui de Sharm el-Sheikh. La même qualité est au rendez-vous. Ne vous privez pas !

Little Buddha – *11h-2h - fermé entre 16h et 18h - dans la partie SO de Namaa Bay.* C'est très chic et très cosy. Dans la salle ronde du sous-sol que domine un gigantesque bouddha doré, on dîne dans une douce lumière. Spécialités de sushis. Compter 120 £ le repas.

Boire un verre

À NAAMA BAY

Hard Rock Cafe – *13h-0h - disco 0h-3h.* Ouvert en 1998, il fut le 1er HRC d'Égypte. On ne vient pas ici pour découvrir le Sinaï, mais pour retrouver l'atmosphère rock'n roll de cette chaîne dont chaque café offre le même cadre. Bien sûr, quelques-unes des 60 000 « memorabilia pieces » sont accrochées aux murs. La Stella « locale » est à la pression, mais on peut aussi goûter au cocktail Hard Rock Hurricane. La partie restaurant sert de l'« American cooking » à la carte.

Bar Fishawy – *9h30-3h.* Entre les deux rues piétonnes. Pour boire un anis chaud ou un thé ou encore fumer une chicha, en retrait de la foule.

New Tiran Hotel Bar – *Sur la plage, extrémité ouest.* On y accepte les non-clients avec le sourire (20 £ pour accéder à la plage). Les jus de fruits frais y sont excellents (citron, mangue, fraise, melon, banane, orange, goyave, de 8 à 16 £), mais on peut aussi y prendre un whisky (30 £) voire du champagne (150 £).

Café Bédouin – *À l'extrémité ouest de la rue piétonne, près du parking.* Presque indécelable car fondu dans le décor naturel de la falaise où sont aménagés des petites niches et divers paliers tapissés de coussins. Repérable à ses photophores. Jus de fruits frais, thé à la menthe et belle vue sur la baie.

En soirée

Bus Stop – *Dans le Sanafir Hotel.* Impossible de rater sa façade maquillée en bus anglais. L'intérieur est à l'avenant avec ses pistes de danse et son ambiance feutrée. Il est possible qu'on vous demande un droit d'entrée de 50 £. On y boit et on y danse dans une ambiance souvent survoltée.

Sports et loisirs

Les sports nautiques sont à l'honneur, mais il faut bourse délier…

PLAGE

Le long de la plage ou auprès des hôtels, plusieurs activités sont proposées. Voici quelques prix indicatifs : planche à voile, 114 £/h ; masque, tuba et palmes, de 20 à 30 £/jour ; voile, autour de 120 £/h ; pédalo, 50 £/h ; parachute ascensionnel, 170 £ en simple, 250 £ en double ; canoë (sauf à Namaa Bay), 25 £/tour.

La plupart des plages étant rattachées à un hôtel et par conséquent privées, leur accès se négocie entre 20 et 40 £.

BATEAUX À FOND DE VERRE

Il n'y a pas que l'Aquascope *(voir Visiter)*, même s'il est le plus impressionnant. Vous en trouverez plusieurs (moins chers) sur Naama Bay (en général, réservation 1h à l'avance). Certains proposent un arrêt plongée de 15mn à hauteur des plus beaux récifs pour ceux qui ont leur masque et leur tuba avec eux. Durée moyenne : 1h.

CENTRES DE PLONGÉE

Presque tous les hôtels, sinon tous, possèdent un centre de plongée offrant des prestations a priori similaires. C'est pratique car tout est organisé au pied de votre chambre. Sachez toutefois que tous ne sont pas du même niveau, du point de vue des compétences et des sites visités.

C'est parfois un peu « l'usine » à touristes… esprit auquel échappe notamment le centre **Subex** dépendant du Mövenpick Jolie Ville, et le **Sinaï Divers** du Ghazala Hotel.

Quelques centres sérieux et vraiment spécialisés émergent. Visitez-en quelques-uns et comparez leurs prestations.

Blue Sea Diving Center – *Sharm el-Sheikh, à l'hôtel Uni Sharm - ✆ (010) 123 21 11 - www.blueseadiving.com.* Homologué SSI, PADI, CMAS et FFESSM, ce centre a choisi d'opter pour Internet pour les informations et les réservations directes, histoire de faire l'impasse sur les tour-opérateurs encombrants. Pour les débutants, y compris les enfants à partir de 8 ans (PADI). L'initiation évite tout stress et s'effectue d'abord en piscine, puis en mer, sur un petit bateau, et sur le site White Knight à fond sablonneux (compter 1 journée, déjeuner en mer). Pour les plongeurs confirmés, les possibilités sont nombreuses, dont la visite de l'épave *Thistlegorm*.

Red Sea Diving College – *Naama Bay - ✆ 360 01 45 - college@sinainet.com.eg.* Homologué PADI, ce centre dirigé par un plongeur belge, Alain Sobol, un amoureux de la mer Rouge, dispose d'un effectif de 30 plongeurs et moniteurs parlant français, anglais, italien, arabe, espagnol, allemand et russe… Pas de formation en piscine mais directement en bord de côte et cours « junior open water » pour les enfants à partir de 10 ans.

Camel Dive Club – *Naama Bay - ✆ 360 07 00.* Homologué SSI, PADI, NAUI et CMAS, ce centre est dirigé par un plongeur égyptien renommé, Hisham Gabr. Particulièrement recommandé pour les handicapés qui souhaitent s'initier à ce sport magnifique. Les premiers cours s'effectuent dans la piscine du Camel Hotel dont le centre dépend.

SAFARIS

À nouveau, la plupart des hôtels vous offrent le service payant d'organiser vos safaris en minibus ou en 4x4. Les mauvaises surprises sont rares, l'exercice étant bien rôdé, sauf peut-être à propos des dîners bédouins, souvent un peu « fabriqués ». En dehors de ces excursions, il existe d'autres possibilités moins courues mais tout aussi dépaysantes.

Balades en buggy – Ces véhicules à 3 roues qui se conduisent comme une moto se louent 75 £/h (pour 2 pers.). Halte thé à la menthe à mi-parcours. Réservation et départ près du Ghazala Hotel et/ou en face du Marriott, côté route nationale.

San Marino – *Naama Bay (promenade piétonne) - ✆ (010) 370 94 88.* Parmi les formules proposées, la promenade à cheval (arabe) coûte 35 € pour 2h, la promenade à dos de dromadaire au coucher du soleil coûte 20 €, l'excursion à l'île Tiran coûte 20 € et permet aux

R. Deschamps / MICHELIN

Aquascope conçu par Jacques Rougerie à Sharm el-Sheikh.

nageurs hésitants et aux enfants d'aller nager du côté de Blue Lagoon (déjeuner compris), comme de vrais plongeurs. Une agence de professionnels totalisant plus de 15 ans d'expérience.

Star Tours – *Naama Bay - ✆ (010) 106 20 82.* Spécialité de safaris en Jeep. Du parc de Ras Mohammed (25 €/pers.) au canyon Coloré via Dahab et Nuweiba (35 €/pers.) en passant par Ste-Catherine (20 €/pers.). L'agence propose aussi un dîner chez les Bédouins du désert avec excursion à dos de dromadaire (25 €/pers.).

Achats

À l'exception de quelques objets d'artisanat bédouin, les boutiques ne proposent rien d'authentiquement local. Paradis des T-shirts et des cartes postales (particulièrement onéreuses). On trouve des marchands d'épices et d'encens. Attention au safran. S'il est bon marché, ce n'en est probablement pas. Ici, et peut-être plus qu'ailleurs, vos compétences en marchandage seront mises à rude épreuve.

Passage de la frontière

Située à 200 m de la frontière, Taba est le passage frontière du Sud-Sinaï. Il faut actuellement le préférer au poste frontière de Rafah, dans le Nord-Sinaï, trop proche de la bande de Gaza. Une taxe de sortie du territoire égyptien (2 £) est demandée à ceux qui ont voyagé au-delà du Sinaï. Le poste israélien délivre gratuitement un visa. Pour des raisons d'incompatibilités diplomatiques entre certains pays, certains souhaiteront peut-être ne pas voir figurer le visa israélien sur leur passeport : demandez alors un « flying visa », apposé sur une feuille à part jointe à votre passeport. Sachez aussi que le tampon « Taba Crossing Point » impérativement apposé par les autorités égyptiennes lors de votre sortie peut vous poser des problèmes lors d'une entrée au Liban ou en Syrie, car il signifie que vous êtes passé par Israël ! (Vous êtes au Moyen-Orient !)

Frontière ouverte 24h/24, sauf durant la nuit du vendredi au samedi.

Palmeraie de Beir el-Gahal à Dâkhla.

Hany A. Aziz / MICHELIN

LES OASIS ET LE DÉSERT

Siwa★★

23 000 HABITANTS
CARTE GÉNÉRALE A2

À l'écart de la route qui relie en boucle ses quatre consœurs, l'oasis de Siwa est assurément l'un des coins les plus pittoresques d'Égypte. On ne passe pas à Siwa, on va à Siwa, que l'on peut atteindre seulement en 4x4 depuis Baharîya. Mais ce bout du monde est une étonnante réserve de paysages où d'innombrables sources fertilisent des vagues de sable. Et puis, Siwa appartient à ces lieux où, la nuit, on a l'impression de pouvoir toucher la Voie lactée.

- **Se repérer** – À 720 km à l'ouest du Caire, à 591 km au sud-ouest d'Alexandrie, à 300 km au sud-ouest de Marsa Matrouh, à 380 km au nord-ouest de Baharîya (par une route goudronnée uniquement réservée aux 4x4 à cause des dunes de sable qui l'enjambent).
- **À ne pas manquer** – Flâner dans les jardins au bord des lacs salés, la vue depuis le mont Dakrur, la tombe de Si-Amon.
- **Organiser son temps** – 3 jours suffisent à visiter l'oasis mais une semaine permet de bien profiter de son atmosphère unique. Et puis le trajet est si long…

F. Soreau / MICHELIN

Les ruines de pierre et de terre séchée du temple de l'Oracle.

Comprendre

L'oasis de l'oracle – Avant la XVIe dynastie, Siwa ignorait le monde pharaonique. Sous domination libyenne, l'oasis était toutefois au contact des caravanes soudanaises qui venaient vendre et acheter des marchandises chez ceux que les Égyptiens appelaient les *Tehenou* du nom du lieu sous l'Ancien Empire. Vers 550 av. J.-C., le pharaon Amasis y édifia un temple consacré à Amon, où le dieu rendait l'oracle. C'est d'ailleurs sous le nom d'Ammon qu'elle est désignée sous les Grecs. La renommée du lieu grandit rapidement, au point que **Crésus**, le richissime roi de Lydie, envoya son représentant à Siwa pour connaître les projets de son ennemi perse, Cyrus. Crésus dut être bien surpris d'être battu par Cyrus, qui le condamna au bûcher. Mais il dut aussi reconnaître la valeur de l'oracle quand Cyrus lui épargna la mort et en fit son ami.

Sous l'influence de Cyrène (ville hellénisée à l'est de la Libye), le dieu fut assimilé à Zeus. Dès lors, les Grecs se rendirent en pèlerinage au temple de Siwa, qui vit son plus célèbre visiteur franchir sa porte en 331 av. J.-C.

Attention !

À part une cabane où boire un thé et acheter de l'eau, les 305 km entre Marsa Matrouh et l'oasis sont bel et bien déserts.

Alexandre le Grand à Siwa – Lorsqu'il débarqua dans le port de *Parætonium*, l'actuelle Marsa Matrouh, le conquérant macédonien était seulement âgé de 25 ans. Il y avait déjà cinq années qu'il était roi de Macédoine. Il était maître de la Grèce, avait vaincu Darius III, occupé la Syrie et la Phénicie, et entamait la conquête de l'Asie. Sachant que la voix des prêtres du temple d'Amon était limpide et parlait le grec, il décida de joindre l'oasis pour consulter et obtenir la confirmation de sa nature divine. Escorté de quelques hommes seulement, Alexandre mit cinq jours pour traverser le désert, essuyant une tempête de sable qui faillit le perdre. Le jeu en valut la chandelle car le dieu l'accueillit comme un fils et lui prédit le titre de maître du monde.

Une oasis berbère – La population de Siwa (nom qu'elle prend au 18e s.) est unique en Égypte. Ses habitants parlent une langue qui leur est propre, le siwi, dialecte des Issiwanes. Ceux-ci constituent le peuplement berbère le plus oriental d'Afrique du Nord, qui résista toujours aux incursions bédouines. L'oasis est le fruit d'un curieux mélange, visible lorsqu'on s'y promène. D'une part, les Noirs, descendants des esclaves soudanais qui y firent souche, d'autre part, les Berbères, aux yeux et aux cheveux clairs. Ceux-ci, dont on perçoit vite la retenue, voire la méfiance, mais qui cependant restent très hospitaliers, sont restés insoumis à l'autorité égyptienne jusqu'en 1820. Encore l'armée dut-elle recourir au canon pour parvenir à ses fins.

Se promener et visiter

Il n'y a pas grand-chose à « faire » à Siwa, sinon s'imprégner de la **douceur oasienne★★** de cet immense jardin bordé de lacs salés. Malgré le désert, la vraie richesse de Siwa sont ses cultures (olives, légumes, fruits), et principalement ses dattes, les meilleures du pays que l'on célèbre lors de la grande fête annuelle d'octobre. La renommée de ses oliveraies a traversé les siècles. L'oasis continue de produire une délicieuse huile d'olive que l'on achète dans les boutiques du village.

Le village et sa forteresse

Au centre de l'oasis, les vestiges dentelés de **Shali** (la « ville » en berbère) dessinent un décor fantomatique dont le temps viendra un jour à bout. Cette forteresse fut construite au 7e s., puis, après une attaque bédouine, rebâtie au 13e s. avec des blocs de sel et de l'enduit glaiseux appelé *karshif*. Elle est abandonnée depuis, sauf son vieux minaret qui diffuse les appels du muezzin, et subit l'assaut des pluies et parfois des rares inondations. En gravissant son tertre, on bénéficie d'une belle **vue** sur les palmeraies environnantes. Le village, avec son souk et ses boutiques, s'étend à ses pieds. En y flânant, il se peut que l'on vous invite à une séance de henné ou même à un repas. L'agglomération moderne s'est quant à elle développée vers le nord et plus à l'est.

House of Siwa Museum – *Théoriquement ouv. 10h-12h, sf le vend. - par la rue au sud de l'office de tourisme - 3 £.* Vêtements, bijoux et outils traditionnels. Le jardin est agréable, encore plus si on vous invite à y prendre un thé.

Siwa pratique

Pour visiter l'oasis et ses alentours, rien de tel que louer un vélo. Des routes de terre écrasées de soleil aux chemins ombragés des palmeraies, on part à l'aventure, vers l'âme sereine du « pays de l'olive ». Location face à l'Abdu Restaurant ou aux hôtels Arouss al-Waha et Palm Trees *(3 £/1/2 j, 6 £/j).*

Temple de l'Oracle

À 2 km à l'est. Ouv. tlj de l'aube au crépuscule.
Le sommet de la colline d'Aghormi porte des ruines de pierre et de *karshif*. Les pierres sont celles du temple d'Amon, transformé en Ammon sous les Grecs, où un prêtre, caché dans un faux plafond, diffusait l'oracle du dieu. Ce lieu largement éventré par des oasiens en quête de trésor fut recouvert par un village dont subsiste des parois et un étrange minaret. Découvert en 1852, le temple a été dégagé en 1971 par l'archéologue Ahmed Fakhry.
Près de ce temple, les Libyens extrayaient du chlorure d'« ammonium » naturel. En grec, libyen se disait *ammôniakos*, c'est l'origine du mot ammoniac.

Du haut des 25 m de la colline, la **vue★★** domine le village moderne, une mer de palmiers et le grand lac Zeytun. Au nord, on aperçoit le djebel al-Mawta. Au sud, on aperçoit le djebel Dakrur. En contrebas, on distingue à 300 m les ruines du **temple d'Umm Ubayda**, consacré à Amon par Nectanébo II (restes de reliefs) et dévasté par un tremblement de terre en 1811.

Les sources

Des mille sources antiques n'en demeurent que 281, éparpillées sur toute l'oasis et exploitées afin d'irriguer les cultures. L'aspect très traditionaliste des usages locaux

En 1926, une pluie diluvienne a réduit les 4 étages de la forteresse de Shali à l'état de ruines.

fait que l'on ne s'y baigne pas aussi aisément que dans les autres oasis. *Les femmes de Siwa sont voilées et couvertes de la tête aux pieds par une milaya. En dehors des hôtels, les Occidentales veilleront donc à se baigner habillées sauf autorisation clairement formulée.* Récemment fut retiré à l'entrée de Siwa un panneau mentionnant : « Nous demandons aux femmes de respecter nos coutumes et nos traditions en gardant bras et jambes couverts. Alcool et affection interdits en public. » Si le panneau a disparu, l'esprit demeure.

Bains de Cléopâtre – *À l'est.* Son nom actuel est impropre puisque la reine ne s'y baigna jamais. Elle s'appelle *Aïn el-Guba*, la « source de Jupiter ». Les oasiens se baignent dans cette source évoquée dans le Coran, au verset 86 de la sourate 28 : « Quand Dhû el-Qarnaïm [Alexandre le Grand] eut atteint le couchant, il vit le soleil disparaître dans une fontaine bouillante. » Une source évoquée par Hérodote, Aristote et saint Augustin qui apparaît au simple visiteur que nous sommes sous la forme d'un modeste bassin circulaire. Son eau à 26 °C y est l'une des plus claire de l'oasis, même si quelques algues en parsèment le fond. Située en pleine palmeraie, elle constitue un très agréable but de promenade.

Mont Dakrur

Au sud. Lors de la pleine lune d'octobre se tient la fête du *Sihaya* sur ce djebel d'où la **vue★★** est magnifique. Cette fête de 3 jours célébrant la fertilité de l'oasis est l'occasion de grands repas communs. On vient de toute l'Égypte pour participer à cet événement. C'est l'un des rares moments où hommes et femmes se côtoient, chacun portant des costumes éclatants. On peut y assister à de belles scènes soufies. La fête est pour les habitants l'occasion de régler querelles et discordes de voisinages et familiales.

Lac Siwa

À l'ouest. Située à 24 m sous le niveau de la mer, l'oasis est constellée de lacs, et bien des parties sèches cernées par les dunes semblent avoir appartenu à une mer évaporée comme en témoignent les nombreux fossiles. On vient sur l'île Fatnas du lac Siwa pour assister au coucher du soleil dans un calme absolu. Le lac, presque asséché, se traverse à pied en 45 minutes.

Djebel al-Mawta

Au nord. Tombes accessibles 7h-14h (12h le vend.) - 20 £ pour les 3 tombes.
La « montagne des Morts » est un massif de calcaire criblé d'hypogées. Quelques-uns se visitent.

Tombe de Si-Amon★ – *XXVIe dynastie.* De style égyptien, les peintures montrent une nette influence grecque, très probablement due aux origines cyrénéennes du défunt. Beau plafond représentant la déesse Nout.

À voir aussi, la **tombe du Crocodile** (ainsi nommée à cause d'une effigie du dieu Sobek), et la **tombe de Mesu-Isis** (4e-2e s. av. J.-C.), décorée de 21 uræus rouges et bleus.

Tombe de Niperpathot – *XXVIe dynastie.* Ses dessins au trait font la part belle à Osiris – et non à Amon comme aurait dû l'imposer le culte local.

Aux alentours

La « Grande Mer de sable »

Si l'on gravit le mont Dakrur, on voit nettement les premières vagues de l'océan de dunes de cette partie du désert Libyque. Il vous est possible d'y pénétrer en 4x4, mais uniquement accompagné d'un guide local *(voir carnet pratique)* et muni d'une autorisation officielle payante (10 $/j/pers. Tarif variable).

Siwa pratique

Indicatif téléphonique – *046*

Informations utiles

Banques – La Banque du Caire possède un distributeur de billets.

Transports

Par bus – Par West Delta ou Superjet : à partir d'Alexandrie (15 £-25 £, tr. 8h) ou Marsa Matrouh (8 £-10 £, tr. 4h). Du Caire en 10h, environ 4 bus/j. Bien se renseigner sur les horaires, la veille à la station des bus Turgoman et Midan Moneim Briat. Attention aux transferts à Marsa Matrouh sinon vous devrez attendre quelques heures en pleine nuit au café de la gare routière…

En voiture – Depuis Baharîya, compter 1 200 £ le 4x4 et 10h de trajet. Une autorisation est obligatoire, elle s'obtient en déposant votre itinéraire auprès des autorités. Elle coûte environ 5 $. La démarche demande une quinzaine de jours. Renseignez-vous, le passage dans ce sens est parfois fermé.

Se loger

L'oasis compte plusieurs hôtels, généralement mal tenus ou sans cachet.

Amun Hotel – *Mont Dakrur - 16 ch. : 15 £*. Très, très modeste, avec salle de bains commune, ce qu'on n'ose à peine appeler un hôtel offre toutefois un attrait : un traitement contre les rhumatismes par immersion dans le sable. 5 nuits avec massage *(50 £)*.

Siwa Inn – *✆ 460 04 05 - 10 ch. : 130 £ (hiver), 90 £ (été).* Ici, le client est à la maison. La cuisine de Mme Amira est bio et cultivée dans le jardin, et le patron va chercher son poisson à Marsa Matrouh. Mme Amira prépare les repas en fonction des convives prévus, aussi faut-il prévenir à l'avance. Si l'hôtel est difficile à trouver, on ne veut plus le quitter une fois installé, car s'il est simple il est aussi d'une propreté scrupuleuse. De plus, il y a une source naturelle dans le jardin où se rafraîchir. Organise des safaris dans les environs.

Le Shali Lodge – *À Shali - ✆ 460 22 99 - 9 ch. : 200/250 £.* Un véritable hôtel de charme à l'architecture originale bien situé dans la palmeraie. L'intérieur est décoré de tableaux en sable de Badr, artiste bien connu à Farâfra. Le mobilier en fer forgé (baldaquin et moustiquaire) et salle de bains en belle pierre de Siwa confère un confort équivalent à un 4 étoiles. Accueil francophone.

Siwa Safari Paradise – *✆ 460 22 89 – 78 ch. : 250/290 £ (1/2 P).* Dans une palmeraie, aux abords du village, les pavillons s'avèrent rustiques pour le prix, mais le cadre est idyllique. L'hôtel possède une très belle source à l'abri des regards pour faire trempette. L'établissement organise des excursions et des safaris.

Gafar Village – *À 10 km à l'ouest - ✆ 736 78 79 – 30 ch. : 400 £.* À l'écart de tout, des constructions de pierre et de terre séchée se fondent dans la roche de la montagne blanche. C'est un hôtel séduisant ; la simplicité touche ici au luxe. Rien n'est superflu. Dire que le lieu est calme relève de l'euphémisme. La vue est sublime, et l'atmosphère exclusive, surtout le soir lorsque les chandelles suppléent à l'absence volontaire d'électricité. Pour les amoureux de la nature et des expériences hôtelières uniques.

Se restaurer

Abdu Restaurant – Le plus connu et le plus facile à trouver. On mange en terrasse, du foul, de l'omelette, du poulet salade et de bonnes pizzas. Inutile de demander une bière, on ne sert pas d'alcool à Siwa.

Fatnas Island – *Lac Siwa.* On y vient pour le coucher de soleil et boire un thé. Si l'on prévient M. Abbas Ahmed Mohammed, il vous préparera une grillade pour le lendemain. Excellent méchoui.

Achats

Tapis, poteries, paniers de palmes tressées et voiles (noirs et brodés de fils rouges et oranges) sont les spécialités artisanales. On en trouve dans les boutiques du village.

Safaris

Tous les hôtels, et même les restaurants, en organisent. Les programmes se font à la demande, de la balade à dos d'âne dans les dunes voisines jusqu'au safari d'une semaine traversant la frontière libyenne à travers la Grande Mer de sable. L'excursion traditionnelle vous emmène en une journée à la source de Bir Wahid *(environ 100 £ repas compris)* où certains situent la tombe d'Alexandre.

Baharîya★

25 000 HABITANTS
CARTE GÉNÉRALE B2

À quatre heures de trajet du Caire à travers un désert de sable et de rochers, Baharîya est la première étape sur la route des Oasis. Un havre de verdure, des dattiers et de l'ombre s'offrent aussitôt comme une récompense au visiteur qui a décidé de découvrir une autre Égypte. Et effectivement, nous entrons ici dans un autre univers.

- **Se repérer** – À 360 km au sud-ouest du Caire, à 185 km au nord de Farâfra, au cœur d'une dépression de 2 000 km^2.
- **À ne pas manquer** – Le musée des Momies dorées, les hypogées de Zed Amon Iouf Ankh et de Baen-Netyou, une balade dans la palmeraie
- **Organiser son temps** – Réservez le matin aux excursions et profitez l'après-midi de l'atmosphère plus douce des tombeaux souterrains.

A. Abou Gzazala / MICHELIN

Les reliefs du désert Noir.

Comprendre

Sur la route des caravanes – Depuis des temps immémoriaux, les caravanes passent par l'oasis de Baharîya. Elles ne convoyaient pas d'esclaves, comme le faisaient celles qui passaient par Farâfra pour rejoindre directement Siwa pour les vendre aux Grecs ou aux Arabes de la Méditerranée. Plus placides, les caravanes qui transitaient par Baharîya transportaient des olives et des dattes (on en trouve 17 sortes dans l'oasis), du sel et de l'huile pour aller les vendre dans le Fayoum ou au Caire. D'autres voyageurs s'y arrêtaient : venant d'Afrique du Nord, ils s'y reposaient au cours de leur pèlerinage vers La Mecque.

Une petite oasis – Même si Baharîya mesure 94 km sur 42, cela reste bien peu de chose face à l'immensité du désert environnant. Son nom exact est El-Wâhât el-Baharîya, c'est-à-dire « l'oasis du Nord ». À l'Époque romaine, elle comptait quelque 30 000 habitants répartis entre la ville et les nombreux villages. On l'appelait alors « la petite oasis », par comparaison avec celle de Khârga.

Un pâturage en plein désert – Déjà active sous le Nouvel Empire, l'oasis fut longtemps une halte privilégiée car on y trouvait des pâturages et une source canalisée par les Romains. Aujourd'hui encore, les sources irriguent champs, palmeraie et rizières. Cette situation privilégiée attira, à partir du 4e s., une communauté chrétienne qui vint s'installer près de Baharîya, érigé en évêché au 12e s. Dès lors, l'oasis prospéra malgré les attaques des tribus bédouines. Tout ceci explique la présence tout autour de l'oasis des vestiges de puits et de fortins, et même d'une église de plan basilical non loin d'El-Hayz, un peu plus au sud.

La vallée des Momies – En 1996, les sables de l'oasis de Baharîya ont livré une vaste nécropole de momies gréco-romaines. Plus de deux cents momies ont donc surgi de deux millénaires d'oubli, révélées par un âne dont la patte s'était coincée dans la cavité où elles reposaient. Elles passionnent les archéologues, car si l'on avait déjà mis au jour de telles nécropoles, notamment dans l'oasis de Khârga ou à El-Hawara dans le Fayoum, celle de Baharîya, qui pourrait contenir jusqu'à 10 000 momies, était totalement inviolée. C'est donc une mine d'informations pour les spécialistes, qui ont été surpris de découvrir ici des masques dont la coiffure est souvent ornée de *l'uræus*, le cobra dressé habituellement réservé aux membres de la royauté, ainsi que des représentations d'ibis, tout à fait inusitées pour des momies.

Se promener

Bawati

Les rares constructions antiques de l'oasis étant pratiquement inaccessibles quand elles ne sont pas retournées au sable, le grand attrait de la « capitale » repose sur l'harmonie intacte de son patrimoine architectural villageois. Aujourd'hui habitée par des descendants de Bédouins sédentarisés, cette petite ville a su préserver son âme malgré l'arrivée progressive d'un tourisme naissant. En s'écartant un peu de la rue principale, on découvre un univers très attachant sur lequel le temps semble n'avoir aucune emprise.

Les sources – *Pour les quatre premières sources, les hommes se baignent de jour, les femmes en soirée (sans se découvrir). À Bir el-Ghaba, où les deux sexes peuvent se baigner en même temps, il est nécessaire de prévoir son pique-nique.*

Aller se tremper dans une source en plein désert est un privilège que vous pouvez vous offrir ici. Les environs de Bawati en comptent plusieurs. Les plus proches, et les plus fréquentées, sont celles d'El-Bishmu (30 °C) d'où l'on profite d'une jolie vue sur le désert aux teintes rouges. Non loin *(2 km)*, celles de Bir el-Ramla (45 °C) plairont aux amateurs de bains chauds « sulfureux ». Non loin non plus *(3 km)*, celles de Bir el-Muftella sont les moins belles. Plus loin *(8 km)* et peu fréquentées, celles de **Bir el-Matar** (le « puits de l'aérodrome », 30 °C), que l'on gagne en taxi, s'écoulent d'un aqueduc et sentent le souffre. Plus éloignées *(16 km vers le nord-est)*, celles de **Bir el-Ghaba** (le « puits de la forêt », 26 °C) que l'on gagne également en taxi, sont les mieux situées, à la lisière du désert et à l'ombre crépusculaire de la majestueuse « montagne pyramide ».

Tradition

Dans les oasis, mais plus encore à Baharîya, la tradition est garante de l'ordre social. Il n'y a pas si longtemps, toute personne coupable de vol était placée sur le dos d'un âne et promenée à travers le village, à la grande honte de la famille du larron. Du coup, l'honnêteté est ici une seconde nature.

Visiter

Baharîya se révèle riche en sites archéologiques remarquables. Ils sont relativement éloignés les uns des autres, n'hésitez pas à louer un taxi pour une petite demi-journée. Le ticket, valable pour les 5 sites suivants, coûte 30 £ (photos 150 £) et s'achète au bureau du Service des antiquités (rue El-Mathaf, derrière le commissariat), ouv. 9h-15h.

Musée des Momies dorées

Derrière le bureau des antiquités.

Hangar plutôt que musée, il abrite 10 momies gréco-romaines, dont deux d'enfants, parmi les plus remarquables trouvées dans la nécropole de l'oasis. Remarquez les visages de plâtre peints. On peut aussi y voir des sarcophages de pierre et des blocs sculptés dont certains portent des caractères grecs, témoins de la présence hellénique dans la région.

Hypogées de Bawati

Sur une colline perdue dans le village de l'autre côté de la rue principale. Demander Qarat Qasr Salim.

On accède par deux puits à deux tombes de la XXVIe dynastie, celles de Zed Amon Iouf Ankh et de son fils Baen-Netyou. Dans cette dernière, organisée comme la précedente autour d'une salle à 4 piliers, les murs de la chambre funéraire sont peints de scènes évoquant la pesée de l'âme du défunt et son voyage dans l'au-delà.

Tombe de Amenhotep Huy

À 3 km au sud-ouest de Bawati.

Éventrée par l'érosion de son tumulus, la tombe d'Amenhotep Huy est la plus ancienne découverte dans l'oasis. Datant de la XXVIIIe dynastie, elle comprend une antichambre suivie de deux caveaux ornés de scènes agricoles rappellant, par leur style, celles des tombeaux de la Vallée des Rois.

Ain al-Muftillah

À 2 km au nord-ouest de Bawati.

On visite deux des quatre chapelles de la XXVIe dynastie. La plus grande, véritable temple composé de 5 pièces en enfilade, est dédiée au dieu Bès protecteur des femmes enceintes. On peut apercevoir les pieds massifs du dieu-nain au milieu des scènes d'offrande qui ornent les murs.

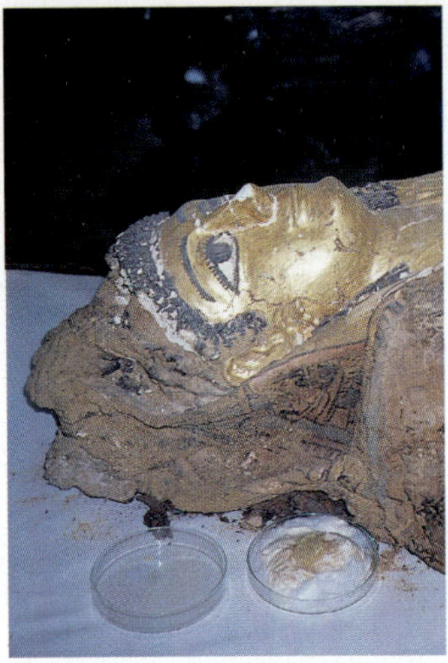

Un grand nombre de momies sont dotées d'un masque en cartonnage recouvert de poudre d'or.

Temple d'Alexandre le Grand

À 4 km au sud-ouest de Bawati, derrière le Ahmed Safari Camp.

Un vrai champ de ruines qui demandera un effort pour imaginer ce qui fut un complexe cultuel de 45 salles ! L'archéologue **Ahmed Fakhry** a retrouvé dans le temple un bas-relief représentant Alexandre ainsi qu'un cartouche à son nom, mais vous ne verrez dans le mur que le trou marquant leur emplacement.

El-Qasr

Juste à l'ouest de Bawati.

Ici s'élevait l'ancienne capitale de l'oasis sous la XXVIe dynastie. Elle gît en lisière de palmeraie sous le village d'El-Qasr dont les maisons en brique, quelque peu délaissées, portent parfois en façade des fresques évoquant le pélerinage à La Mecque. En avril, la fête de *Cham en-Nessim* célèbre l'arrivée du printemps. À cette occasion, des groupes chantent et dansent aux quatre coins de l'oasis.

Palmeraie

Elle borde le nord de Bawati (accès facile par la route qui longe l'hôtel Beshmo) et de El-Qasr.

Oliviers, abricotiers, citronniers et orangers croissent ici dans des jardins clos au milieu d'une forêt de palmiers irriguée par une eau de source ferrugineuse. On y croise dès le matin les *fellahin* au travail ou en route pour les champs alentour, juchés sur d'improbables charrettes. Ils pourront vous indiquer les ruines d'une arche romaine. La promenade est déconseillée aux femmes seules.

Oasis Heritage Museum

À 1 km du centre de Bawati, en direction du Caire. Gratuit mais bakchich bienvenu.

Ce petit musée privé de l'artiste Mahmoud Eid évoque la vie quotidienne de l'oasis. L'originalité des statues réside dans leur technique de cuisson au bois (la couleur varie selon la nature du bois utilisé). Costumes traditionnels et nattes en roseau tressé complètent l'ensemble.

Aux alentours

Gebel al-Ingleez

Prendre la route du Caire, puis bifurquer en direction de Bir el-Matar. Continuer jusqu'à la colline par des sentiers (1h).

Cette colline, qui porte les ruines d'une construction érigée au cours de la Première Guerre mondiale, est un merveilleux but de randonnée. Du sommet, on profite d'un panorama magnifique sur Bawati, le lac qui occupe une dépression de l'oasis et les rizières alentour. Au loin, le désert passe du rose au marron foncé selon l'heure du jour. Le capitaine britannique Williams, dont la colline a hérité le surnom, y surveillait les mouvements de la tribu libyenne des Senoussis. Et il y était seul…

Désert Noir

Prendre la route de Farâfra.

À 20 km au sud de Bawati, le désert se couvre de masses coniques sombres, anciennes collines volcaniques, jadis immergées et depuis érodées par le temps. Ces monts solitaires semblent percer l'étendue de sable. L'érosion a déposé sur le sol des éclats de basalte et de pyrite de fer dont les teintes ont donné le nom à ce désert. Au bord de la route, on peut escalader la **Black Mountain** (ou Gebel Gala Siwa), ancien poste d'observation des caravaniers, dont le sommet offre au visiteur pressé une vue panoramique sur le désert.

El-Hayz

À 40 km au sud de Bawati.

Le bourg d'El-Hayz, jadis réputé pour ses vignobles, se tient à l'extrémité sud de la dépression de Baharîya. Non loin de là s'élèvent les ruines de la forteresse romaine de **Qasr Masouda** et **l'église copte St-Georges** remontant au Ve s. *(en cours de restauration).*

Baharîya pratique

Indicatif téléphonique – *02*

Informations utiles

Office de tourisme – *Sam.-jeu. 8h30-14h.*

Banques – *Pas de banques à Baharîya.* Pensez à changer suffisamment avant de partir pour les oasis !

Transports

Bus – Depuis Le Caire par la route des oasis : *gare routière midan Turgoman - tr. 5h - 5 AR/j. : départ 7h, 8h, 14h, 17h (ces deux derniers partent de Al-Mounib Station), 18h, retour 6h30, 10h, 12h, 15h, 0h, horaires à vérifier - env. 20 £.* Des mini-bus relient Baharîya et Farâfra tlj.

Voiture – Vous pouvez vous rendre dans les oasis en voiture et circuler dans Baharîya en taxi ou minibus.

Se loger

New Oasis Hotel – *847 30 30 – 11 ch. : 50 £ (80 £ avec clim.).* À flanc de colline, les chambres, petites mais propres, dominent une forêt de palmiers. Probablement l'établissement le plus calme de la ville.

Beshmo Lodge – *847 35 00 - 25 ch. : 130 £.* Juste avant le précédent, ce bel hôtel bâti en lisière de palmeraie offre des chambres-bungalow de bon confort. Accueil chaleureux et repas copieux (30 £).

Oasis Panorama Hotel – *847 33 54 - www.oasispanoramahotel.com - 32 ch. : 105 £.* À la sortie de Bawati en direction du Caire. Les chambres climatisées sont propres et parfaitement équipées.

International Hot Spring Hotel – *847 30 14 - 35 ch. : 60 $.* Dirigé par un Allemand incollable sur la région et guide à ses heures, cet hôtel en bordure du désert possède une source chaude où se plonger.

Se restaurer

Cafétéria Al-Rahma – *Dans la rue principale, près du commissariat.* Plats orientaux et occidentaux.

Rashed Restaurant – *Dans la rue principale.* Ce restaurant récent a su se tailler une solide réputation. Cadre agréable et plats soignés. On y fume aussi la chicha.

Safaris et méharées

Tous les hôtels en organisent, ainsi que **Helal a Bead** – *847 28 38, www.helaltravel.com)*

Rolou Abd al-Raouf – *(02) 847 32 28 -* (parle l'anglais et le français) organise des randonnées pédestres de 10 à 15 j. dans le désert Blanc. Prix en fonction du programme mais compter 300 à 500 £ par pers. et par jour pour 6 personnes.

Achats

Ganoub – *Dans la rue principale - 012 717 99 14 - ouv. merc.-lun. 9h30-13h, 16h-20h.* Couvertures en laine de dromadaire, vêtements traditionnels, bijoux et livres.

Girls Workshop – *Derrière la caserne des pompiers - 847 14 85 - ouv. sam.-jeu. 10h-13h.* Boutique-atelier d'artisanat local dont les bénéfices sont intégralement reversés aux femmes qui y travaillent.

Le désert Blanc : Farâfra★

4 000 HABITANTS
CARTE GÉNÉRALE B2

La plus petite et la moins peuplée des oasis du désert Libyque constitue à elle seule l'une des vingt-six provinces de l'Égypte. Tout comme Baharîya, elle se situe au fond d'une dépression. Isolée, éloignée, un peu lénifiante, Farâfra est l'oasis par excellence, celle du verre d'eau tant attendu. Mais elle est aussi celle du désert Blanc, certainement l'un des plus étranges déserts qui soient au monde.

Se repérer – À 545 km au sud-ouest du Caire, à 185 km au sud de Baharîya, à 315 km au nord-ouest de Dâkhla.

À ne pas manquer – Un safari ou une méharée dans le désert Blanc.

Organiser son temps – Flâner dans Farâfra vous prendra une demi-journée. Consacrez au moins deux jours au désert, les nuits à la belle-étoile sont inoubliables.

Avec les enfants – Un bain dans les sources d'eau chaude.

Hany A. Aziz / MICHELIN

Le désert Blanc ou le fantastique travail de l'érosion.

Comprendre

Au temps du roi Cambyse – Au printemps de l'an 525 av. J.-C., le roi perse Cambyse II écrase l'armée égyptienne et s'empare de la presque totalité du pays qui devient une province de l'Empire achéménide. Arrivé à Thèbes (l'actuelle Louxor) une fois l'Égypte nilotique soumise, il décide de mettre la main sur la ligne des oasis, depuis Khârga jusqu'à Siwa, que l'on nommait alors Ammon. Cette ligne assurait d'une part le contrôle de toutes les pistes permettant de gagner la Méditerranée autrement que par le Nil, d'autre part elle constituait la frontière occidentale de l'Égypte.

La légende de l'armée perdue – D'après Hérodote, le roi perse donne donc l'ordre à l'un de ses corps d'armée de marcher en direction d'Ammon, à partir de Thèbes. Selon lui, cette armée forte de 50 000 hommes atteint Khârga après sept jours de marche, puis dit-il, on perd ensuite totalement sa trace. Son explication : l'armée a été entièrement ensevelie par un violent vent de sable soufflant du sud. Et où a-t-elle disparu ? Toujours à en croire Hérodote, l'armée devait se situer approximativement à mi-chemin entre Khârga et Ammon, soit aux environs de l'oasis de Farâfra. Selon nombre d'historiens, l'histoire d'Hérodote est techniquement fantaisiste. Pourquoi des Perses, habitués au désert, auraient-ils envoyé 50 000 soldats là où ne survivent que des groupes très mobiles ? En outre, pourquoi ne pas avoir gagné Siwa à partir du Delta ?

Le premier explorateur européen – L'Allemand Gerhard Rohlfs (1831-1896) fut le premier Européen à s'aventurer dans le désert Libyque. En 1873, accompagné de guides et de 250 dromadaires, il atteignit Farâfra. Il rapporta avoir assisté en plein désert à une pluie diluvienne de 48 heures !

Découverte d'indices – En 1991, on a un moment cru pouvoir accorder du crédit au récit écrit par Hérodote, un Grec, c'est-à-dire un homme de culture anti-perse. Un Allemand, Carl Bergman, retrouve non loin de Farâfra ce que Gerhard Rohlfs avait noté dans le journal de son expédition : une très grande quantité de tessons, restes selon lui de jarres transportant l'eau d'une armée. Malheureusement, l'analyse au carbone 14 de ces tessons a démontré qu'ils étaient postérieurs à l'époque du roi Cambyse. Toutefois, même si le récit d'Hérodote paraît douteux, il a été rédigé moins de cent années après les faits, et il n'est pas improbable qu'une armée de seulement 1 000 soldats ait été volontairement égarée par des guides bédouins mal intentionnés… La légende a donc encore un bel avenir.

Découvrir

Le désert Blanc★★

Si l'on est pressé, on peut gagner Farâfra directement par la route, mais rien ne vaut une arrivée dans l'oasis par le désert Blanc. Pour y pénétrer, il est indispensable de disposer d'un 4x4 (safari) et bien sûr d'un chauffeur, sauf si vous-même avez une solide expérience de la conduite dans le désert, sinon vous resterez bloqué aux abords. À moins d'apprécier la marche et de disposer de l'équipement adéquat. Reportez-vous au carnet pratique ainsi qu'à celui de Baharîya.

À la lisière de la « Grande Mer de sable » – C'est ainsi que l'explorateur Gerhard Rohlfs désignait l'immense océan de dunes aux ondulations infinies séparant le Sud-Ouest de l'Égypte de Siwa. Un désert extrêmement sec où il ne tombe que 5 mm de pluie annuelle alors que le Sahara en reçoit 100 mm. Un désert où les traces de vie sont rares, où les gazelles, les fennecs et les gerbilles tentent de survivre dans un monde minéral.

Crystal Mountain – Elle s'élève au bord de la route à 60 km au nord de Farâfra en direction de Baharîya. Il s'agit en fait d'une grotte à la voûte effondrée et dont il ne subsiste qu'une arche. Le sol est jonché de cristaux blancs translucides, ceux-là même qui ont donné au site son nom. La piste des safaris et des méharées quitte alors la route et plonge vers l'est. Elle atteint, au bout de quelques kilomètres, un nouveau site où les guides se plaisent à vous montrer, à quelques centimètres de distance, des sables de natures et de couleurs différentes.

Aqabat – Environ 1 km plus loin, la piste plonge ensuite dans la dépression de Farâfra. Le spectacle de la descente est fascinant. De part et d'autre, on progresse au milieu de gigantesques pains de sucre de craie. À l'est, l'horizon est barré par la silhouette des Twin Peaks, sommets jumeaux emblèmes de cette partie du désert. C'est ici un lieu de bivouac prisé par les guides. Le silence y est absolu, troublé seulement au coucher et au lever du soleil par une légère brise. Il n'est pas rare qu'un fennec, attiré par les effluves du repas, fasse son apparition.

Ain al-Wadi – On traverse cette petite dépression longue de 8 km loin de toute trace de piste ou de route. Quelques palmiers et herbes hautes émergent par touffes.

Ain Hadra – Surnommée « Magic Spring », ce bouquet de végétation semblant émerger comme par magie de l'aridité du désert doit sa luxuriance à une petite source. On a découvert à proximité des vestiges d'établissement romain ainsi que deux tombes de l'époque pharaonique. Les méharées y font étape pour la nuit.

Wadi Sunt – Un acacia torturé domine une petite colline de pierre nue dans laquelle est creusé un puits. Il y a quelques années, l'arbre, autrefois plus fourni, a été en partie détruit par un feu de camp mal maîtrisé. Il se couvre de fleurs tous les hivers en novembre-décembre. En direction du sud, s'étendent les premières formations du désert Blanc.

Les « tentes » – L'impression qui domine est en effet celle de cheminer entre les tentes immaculées d'un gigantesque campement. L'absence de repères rend difficile l'évaluation de la taille réelle de ces dômes majestueux. On s'attend à tout moment à voir surgir les soldats de quelque armée antique perdue. Peu à peu, les formes deviennent moins harmonieuses, plus torturées. Certains aperçoivent des tables, d'autres des animaux fabuleux.

Les fantômes des blocs de craie – C'est ici que se dressent les plus fascinantes formations rocheuses du désert Blanc, le Sahara el-Beida. Cette petite région regorge de concrétions crayeuses d'une blancheur éclatante. L'érosion a longuement sculpté ces roches, au point de les faire ressembler à d'immenses champignons blancs aux formes mystérieuses. Quand on vient dans le désert Blanc, il faut absolument s'offrir le temps d'admirer le travail qu'opère la lumière sur ces innombrables blocs de craie. Le spectacle est inoubliable, car sur fond de sable ocre on voit ces formes fantomatiques passer du blanc au rose, puis à l'orange avec le coucher du soleil, avant de s'évanouir dans la nuit étoilée saharienne. Et c'est bien la nuit que le désert Blanc prend toute sa dimension évocatrice. Sur l'encre de la nuit, des formes blanches se découpent : ici un sphinx, là un chameau, plus loin une poule et pourquoi pas une baleine.

Bir Regwa – Coupant plein ouest à travers le désert où de loin en loin des plaques de sel émergent de sous le sable, la piste rejoint ici la route goudronnée. Farâfra s'étend 30 km plus au sud.

Un peu plus loin

La fameuse grotte de Rohlfs – *Sur le plateau d'Abu Muhariq, à 180 km de Farâfra, au bord de la piste reliant Assiout.* Lors de son expédition de 1873, Gerhard Rohlfs visita, sur l'indication de ses guides, une vaste grotte souterraine, entre Farâfra et Dâkhla. Ceux-ci connaissaient la cavité comme étant un point d'eau traditionnel. Rohlfs se glissa dans la grotte, qu'il baptisa Djara, dont l'entrée était obturée par du sable et gagna une salle volumineuse mesurant près de 40 m sur 30, le plafond montant jusqu'à 10 m de hauteur par endroits. Il resta émerveillé par ce qu'il découvrit car de la voûte rocheuse pendaient d'énormes stalactites, ce qui confirmait ce que lui avaient annoncé ses guides. Une source tarie coulait donc autrefois dans la grotte. La découverte, qui peut paraître anodine, renforce le constat du lent tarissement des sources dans le désert Libyque, dont l'alimentation en eau demeure un problème crucial malgré les lacs des oasis. En 1991, Carl Bergman a retrouvé l'entrée de la grotte, que Théodore Monod a visitée deux ans plus tard. Ce dernier y a découvert des gravures rupestres représentant des ongulés, ce qui prouve que des hommes fréquentaient jadis le secteur à la recherche d'eau.

Se promener

Qasr Farâfra

Entre les escarpements rocheux de deux plateaux montagneux, Qasr Farâfra, perché sur une petite éminence, vit tranquillement à l'écart de tout. Il ne reste aucun vestige de monuments antiques pour s'imprégner de l'histoire du site, même l'enceinte qui le protégeait encore naguère, et dont on peut voir l'emplacement au centre du village, a disparu. Aussi vient-on ici pour faire le plein d'images. Superbe palmeraie, maisons en terre crue, artisanat de paniers et de tricots en laine écrue, kilims pendant aux murs, charrettes tirées par des ânes infatigables… tel est le décor du bourg. On comprend en se promenant à Qasr Farâfra combien cette oasis ne fut jamais qu'un lieu de passage. Aujourd'hui, dans la cadre du projet de la Nouvelle Vallée visant à augmenter la production agricole, Farâfra se couvre de nouvelles constructions destinées à héberger des *fellahin* venus de la vallée du Nil.

Mister Socks

Personnage incontournable de Qasr Farâfra, « Socks », comme l'appellent les habitants (de son vrai nom Gaafar Abdullah), sillonne le bourg sur sa moto, s'arrêtant ici et là pour étaler ce qu'il a à vendre. Vous pourrez ainsi acquérir des vêtements en poil de dromadaire, ainsi que les chaussettes qui lui ont valu son surnom !

Bir Sita – *À 3 km du bourg, à côté de l'hôtel Aqua Sun.* La source n° 6 de Bir Sita permet de se baigner dans une eau chaude ferrugineuse située au pied des montagnes. Une conduite transporte cette eau à 36° C dans un bassin étroit avant d'être utilisée pour irriguer les plantations.

Visiter

Musée Badr

À côté de la poste. Entrée gratuite.

Dans un bâtiment en brique crue, construit par ses soins, vous découvrirez l'art naïf peint et sculpté d'un artiste local, Badr abd el-Moghny, qui se consacre à la vie quotidienne de son oasis (sculptures en terre, tableaux utilisant le sable comme pigment). L'ensemble a des airs de palais du Facteur Cheval et se compose d'un enchevêtrement de salles, d'escaliers et de terrasses où sont exposées les œuvres. Elles représentent les différents aspects de la vie quotidienne dans l'oasis (travaux agricoles, jardinage, cuisine, jeux) dans un style à la fois naïf et réaliste. Le jardin se veut être une métaphore du désert.

Le désert Blanc : Farâfra pratique

Informations utiles

Banques – *Pas de banque à Farâfra.* Pensez à changer suffisamment avant de partir pour les oasis !

Transports

Uniquement par la route des Oasis, donc en voiture ou en bus pour 25 ou 27 £, à partir de la gare routière des oasis au Caire – *pl. Al-Turgumân* (départ à 7h et 18h30 ; retour à 9h et 21h30). Compter 9h de trajet.

Se loger

Badawiya Hotel – *Gamal Abdel Nasser St. - (092) 751 11 63 - www.badawiya.com - 20 ch. : 30 $. (13 suites à 45 $)*. À l'entrée du village. Les allées qui mènent aux bungalows donnent à cet hôtel refait à neuf un petit air de village de charme. Pour le même prix, demandez une chambre en duplex : de vrais petits appartements. Les suites sont climatisées. Petite piscine souvent ensablée.

Aqua Sun Hotel – *À 3 km en direction de la caserne militaire puis tourner à droite - (02) 337 28 98 - 21 ch. : 32 $*. Un peu isolé, à deux pas de la source de Bir Sita et d'un lac d'eau douce, ses chambres sont plus classiques que celles de son concurrent. La climatisation systématique fera cependant la différence pendant les saisons, ici, très chaudes. Piscine sommaire, mieux vaut aller se baigner dans la source proche.

Se restaurer

À l'exception de ceux des hôtels, il n'existe pas de restaurant proprement dit à Farâfra. De nombreuses cantines s'alignent le long de la rue principale. On y sert des plats traditionnels et des viandes grillées pour quelques livres.

Loisirs

SAFARIS DANS LE DÉSERT BLANC.

Les guides sont plus nombreux à Baharîya, reportez-vous également à sa partie pratique. Dans tous les cas, demandez bien le détail des prestations, surtout concernant les safaris. Beaucoup de guides ne vous montrent que Crystal Mountain et les premiers champignons du désert Blanc, c'est-à-dire les sites en bord de route, pour le prix d'une traversée du désert.

Badawiya Safari – *(092) 751 11 63.* L'hôtel organise des excursions dans toutes les directions, en Jeep, à dos de dromadaire ou à pied. Safari 70 $/j/pers.

Excursion inattendue - À 85 km au sud de l'oasis, le seul bar de la route menant à Dâkhla, dans le village d'Abu Minqâr, organise de petites balades en tracteur à travers les dunes de sable alentour.

Achats

Hany A. Aziz / MICHELIN

Le célèbre Mister Socks, vendeur de vêtements et de chaussettes.

Le musée Badr vend des sculptures et des tableaux, sinon il y a Mister Socks et ses stocks de pulls, gants et chaussettes. N'hésitez pas à marchander !

Événements

Flûte bédouine – Tous les bars, hôtels et restaurants de Farâfra peuvent vous mettre en contact avec les flutistes Magdi, Mabruk et Fatih qui peuvent jouer sur commande et vous accompagner pour animer de leur instrument vos nuits dans le désert.

Zikrs – À Qasr Farâfra, ces cérémonies religieuses sont l'occasion de découvrir les traditions locales. Les visiteurs sont acceptés, à condition de respecter ce rite.

Dâkhla★★

CARTE GÉNÉRALE B3

De riches palmeraies, des vaches broutant paisiblement une herbe d'un vert lumineux, des orangers ployant sous les fruits, des bougainvilliers chargés de fleurs, telle est Dâkhla, la plus fertile et la plus peuplée des oasis. Ici, la richesse des paysages révèle une beauté stupéfiante qui dissipe en un instant la légère inquiétude du voyage au cœur du désert. Après des heures de route entre des collines rocheuses et des plaines de sable, c'est le paradis qui s'offre à vous !

Se repérer – À 675 km au sud-ouest du Caire, à 315 km au sud-est de Farâfra, à 195 km à l'ouest de Khârga.

À ne pas manquer – Le village ancien d'El-Qasr, le site de Qila el-Dabba, le coucher de soleil sur le désert.

Organiser son temps – Visiter les sites du désert de préférence le matin.

Avec les enfants – Le Musée ethnographique, les potiers d'El-Qasr, les oiseaux du bassin aux poissons et une petite baignade dans les sources chaudes.

L. Michel / MICHELIN

Une salle du Musée ethnographique.

Comprendre

Un désert particulièrement aride – Les hautes dunes mouvantes sont le résultat de l'action des vents qui dénudent les plaines, formant ainsi de vastes étendues caillouteuses, les regs. Ici, la pluviométrie moyenne n'atteint que péniblement 0,2 mm par an ! Il pleut si rarement aux confins du désert Libyque que les courageux nomades qui s'engagent dans cette zone du globe croisent parfois de très anciennes traces de voyageurs laissées dans les grands regs plusieurs décennies plus tôt. Ainsi Théodore Monod disait avoir coupé en 1993, entre Assiout et Dâkhla, des traces laissées par des pneus dont l'écartement inhabituel prouvait qu'ils avaient appartenu à la Citroën utilisée en 1928 par le prince Kemal…

Une oasis fertile – Les Égyptiens l'appellent El-Wâhât ed-Dâkhla « l'oasis intérieure » ou El-Wâhât el-Gharbî « l'oasis occidentale ». Avec ses 30 km de long pour 45 km de large, c'est la plus grande oasis du désert Libyque. Le contraste est saisissant avec le désert environnant. Ses riches palmeraies produisent des dattes réputées dans toute l'Égypte. Des centaines de sources jaillissent comme par miracle, arrosant les vergers et les champs de céréales. Les fermes bâties en briques de terre crue, soigneusement entretenues, ponctuent le paysage tout comme les oliveraies. Le soir, les hommes rentrent des champs juchés sur leurs ânes. L'oasis fertile est un havre de paix.

Théodore Monod, « le fou du désert »

« Pour être entré un jour, à cinq ans, dans ce monde enchanteur, je ne l'ai plus quitté. » C'est ainsi que le grand explorateur français Théodore Monod (1902-2000) évoquait la naissance de sa passion du désert, lors d'une visite au Muséum national d'histoire naturelle à Paris. Rattaché à cette institution, Monod est envoyé en Mauritanie pour une mission d'étude. Subjugué par le désert, il décide alors de suivre à pied une caravane en partance pour Dakar. Au cours de ses méharées, il étudie avec passion aussi bien la préhistoire que les roches, les insectes ou les plantes des déserts qu'il traverse. Il passe à maintes reprises à Dâkhla, à la recherche du verre libyque, longtemps considéré comme d'origine extraterrestre. Marcheur infatigable, géologue, naturaliste « à l'ancienne », ce botaniste scrupuleux double son œuvre scientifique d'une quête spirituelle qui fait de lui un véritable humaniste. Il n'est pour ainsi dire aucun désert d'Afrique qui échappe à sa quête, celle d'une fleur jamais trouvée. À plus de 90 ans, cet écologiste convaincu arpentait encore le désert dans les mêmes conditions ascétiques de sa jeunesse : un litre et demi d'eau, un peu de riz et quelques dattes.

Visiter

Mût

Capitale de l'oasis, Mût possède en surplomb de son quartier moderne une vieille ville aux ruelles tortueuses qui courent entre les maisons de terre crue. Depuis les ruines de la citadelle, on profite d'une belle vue sur l'ancienne mosquée et la cité. Un peu plus au sud de la vieille ville, se dresse le « Tourist Village » conçu par le célèbre architecte égyptien **Hassan Fathy** dont les constructions s'inspirent de l'architecture traditionnelle. L'emploi de la voûte nubienne et de cloisons ajourées assure aux différentes pièces une climatisation naturelle très efficace.

Musée ethnographique – *Ouv. sur demande tlj sf vend. mat. : s'adresser à la maison de la culture (Kasr el-Sakafa), entre les places El-Iseaf et El-Tahrir ou directement auprès du conservateur ✆ (002) 092 782 17 69.* Ce modeste petit musée regroupe des dizaines d'objets de la vie quotidienne exposés dans le cadre d'un habitat local. Le conservateur, Ibrahim Camel, extrêmement gentil, se fera un plaisir de vous en expliquer les usages à n'importe quelle heure du jour ou même en soirée. Cette visite que nous recommandons chaudement est une excellente introduction à la vie de l'oasis. Le musée est gratuit mais une petite gratification pour son entretien sera appréciée.

Les sources – Il en existe plusieurs comme à Baharîya. La plus fréquentée est celle de **Mût Talata** *(3,5 km au nord sur la route d'El-Qasr, 5 £)*. L'eau à 42 ° C est plus ou moins ferrugineuse selon les sources.

Le bassin aux poissons – *À 1 km des sources.* Ce petit lac réputé pour ses poissons est le repère de nombreux oiseaux et des caravanes de chameaux passent souvent à proximité. Idéal pour un pique-nique !

Balât

35 km à l'est de Mût.

Une promenade dans le vieux quartier abandonné aux ruelles couvertes procure une sensation troublante. L'architecture sans arête, en terre crue, de l'habitat traditionnel offre un étonnant contraste avec les constructions récentes anguleuses en béton et parpaing de la ville moderne en contrebas. Le vieux quartier qui remonte au 14e s. n'a pas résisté à la pression de la modernité importée du Caire.

Aïn Asil – *2 km au sud. Accessible uniquement en 4x4.* C'est à la suite d'une importante tempête de khamsin (vent du sud, chaud et sec) qu'en 1972 furent découverts, émergeant du sable, les vestiges de l'ancienne capitale des oasis de Dâkhla et de Khârga. Les vestiges les plus anciens de cette cité fortifiée remontent à l'Ancien Empire. Dans la nécropole située à **Qila el-Dabba★** *(1 km au sud-ouest, 8h-17h. 20 £)*, l'archéologue égyptien **Ahmed Fakhry** a mis au jour six mastabas en brique crue de gouverneurs contemporains de Pépi II (VIe dynastie). Celui de Ima-Pépi *(no 2)* renfermait encore une sculpture du gouverneur et de son épouse, Isout. Dans la chapelle en pierre de Khentika *(no 3, la seule qui se visite)*, des peintures murales évoquent la vie quotidienne du défunt. Dans le tombeau inviolé du prince Medou Nefer *(no 5)*, la décoration murale illustre l'activité agricole. Dans le caveau reposait le sarcophage et son mobilier funéraire, en particulier de magnifiques bijoux en or. Les fouilles poursuivies par l'Institut français du Caire (IFAO) ont permis de confirmer par l'étude des décors et du matériel archéologique les liens tissés entre l'oasis et le pouvoir central établi dans la vallée du Nil.

Eshbet Bashendi – *8 km à l'ouest, sur la route de Khârga puis 2,5 km à gauche.* Ce vieux village aux maisons en terre figées par le temps cultive deux spécialités : la confection de kilims et la vannerie, faite à base de fibres de palmes séchées. Des femmes vêtues de bleu vendent leur artisanat à côté de leur maison dont l'intérieur est recouvert d'une pellicule de sable destinée à conjurer le mauvais sort. Certains jours, le barbier exerce son métier dans la rue, sur une natte, et les hommes assis sur le sol jouent au siga, sorte de jeu de dames qui remonterait à la plus haute Antiquité.

Eshbet Bashendi

Le nom du village dériverait du cheikh Hindi. Venu de Constantinople au 11e s., il est aujourd'hui vénéré comme un saint dans un marabout aux murs recouverts d'empreintes au henné de mains féminines. En accomplissant ce geste, les femmes font un vœu pour avoir un enfant.

L. Michel / MICHELIN

Le village d'El-Qasr avec le minaret de la mosquée Nasr el-Din (12e s.), caractéristique de l'architecture islamique ayyoubide.

El-Qalamûn

10 km au nord-ouest de Mût.

Cette petite cité mamelouke fortifiée a été édifiée au sommet d'une colline. Pour profiter au mieux du panorama, une petite visite au cimetière s'impose…

El-Qasr★★

30 km au nord-ouest de Mût. 8h-17h.

Le voyageur qui découvre El-Qasr peut facilement imaginer qu'il arrive dans une cité sortie en droite ligne du Moyen Âge. Ce grand village fondé au 11e s. n'a en effet que très peu modifié l'aspect qu'il présentait jadis aux caravanes qui l'abordaient. Ses ruelles parfois couvertes forment un vaste labyrinthe surmonté par la haute silhouette du minaret de l'antique **mosquée Nasr el-Din**★ qui rappelle à chaque instant l'époque où la cité résonnait d'un fourmillement aujourd'hui disparu. Les maisons en brique crue en partie abandonnées sont fermées par des portes aux vieilles serrures en bois, surmontées de magnifiques linteaux sculptés. L'agencement varié des briques orne les façades de motifs géométriques. Demandez à votre guide ou à quelqu'un du village de vous ouvrir les cours où se trouvent le moulin à farine, le pressoir pour les olives ou les forges encore en activités. À voir absolument !

Dans le quartier de Badoura, dix fours en terre servent encore de nos jours à cuire la poterie employée dans la vie quotidienne. Vous pouvez voir les potiers en activité dans leur atelier et leurs réalisations en cours de séchage ou au sortir du four. Remarquez les cruches ovales appelées *segas*, production typique du village.

Paradis des photographes en mal de clichés authentiques, El-Qasr est une cité profondément arabe, moins oasienne. Ses maisons présentent ainsi de nombreux moucharabiehs, ornement typiquement arabe faisant office de balcon grillagé.

Amheida – *4 km au sud-ouest. Pas de visite actuellement.* Une des 3 000 tombes de la ville romaine de Trimithis est connue des passionnés d'archéologie car des scènes mythologiques y illustrent la légende de Persée qui réussit à décapiter la Gorgone Méduse dont il ne fallait jamais croiser le regard sous peine d'être pétrifié de terreur.

El-Muzawwaka – *9 km au sud-ouest.* Cette nécropole gréco-romaine perdue au milieu des collines rocheuses offre une très belle vue sur le désert environnant. Composée de près de 400 tombes destinées aussi bien aux populations modestes qu'aux personnages influents, elle se distingue par ses décors qui mêlent aussi bien les styles et les thèmes égyptiens que gréco-romains. Les plafonds des sépultures des gouverneurs **Pétosiris** et **Pétubastis** sont connus pour leurs évocations du zodiaque *(elles sont malheureusement fermées).* La visite se borne à quelques tombes modestes contenant des momies entières ou démaillotées.

Deir el-Hagar – *12 km au nord. 8h-17h. 20 £.* Ce temple – littéralement le « couvent de pierre » – marquait une étape importante pour les caravanes, car il représentait la dernière source d'eau fraîche avant l'immensité désertique. Le temple en grès restauré par une mission australienne en 1992 est dédié à Amon. Il occupe le cœur de la ville ancienne de Set Ouha érigée sous Néron et achevée sous Domitien (1er s.). Des bas-reliefs et des graffitis témoignent de cultes aux dieux Khonsou et Thot. Des inscriptions gravées dans la pierre rappellent l'expédition de **Gerhard Rohlfs** *(voir Farâfra).*

Histoire de fouilles

Les oasis explorées par Ahmed Fakhry sont désormais étudiées par des équipes d'égyptologues canadiens (Dakhleh Oasis Project), français (IFAO) et égyptiens. Fouilles et survey se succèdent dans le but de recenser les sites tout en commençant leur prospection.

Dâkhla pratique

Indicatif téléphonique – *092*

Informations utiles

Banques – *Fermées vend.-sam. -* . Pensez à changer suffisamment avant de partir pour les oasis !

Transports

Bus – Depuis Le Caire par la route des oasis : *gare routière midan Turgoman - trajet 8-10h - 4 AR/j. : dép. 7h, 18h30, 19h, 20h, retour 6h, 18h, 19h, 20h, horaires à vérifier - env. 60 £.*

Depuis Assiout : *2 AR/j. en provenance du Caire.*

Pas de bus depuis Louxor actuellement. Des minibus relient Dâkhla à Khârga et Farafra tlj.

Voiture – Vous pouvez vous rendre dans les oasis en voiture et circuler dans Dâakhla en taxi ou minibus.

Se loger

El-Forsan Hotel – *Mût, El-wady el-Gedid - 782 13 43 - elforsan1@yahoo.com - - 22 ch. : 50 £* . À proximité du vieux cimetière, jardin agréable avec cafétéria, accueil chaleureux. Chambres avec ou sans salle de bains.

Mebares Hotel – *Mût - 782 15 24 - - 33 ch. : 68 £* . Propre, petite piscine et jardin.

El Ngoom Hotel – *Mût - 782 00 14 ou 27 91 - fax (092) 782 30 84 - - 52 ch. : 70 £* . Accueil agréable, chambres confortables, jardin avec terrasse ombragée où l'on peut déjeuner, ping-pong, ne sert pas d'alcool. Internet.

Mût Resort Hot Spring – *Mût, à 3 km du centre-ville - 782 15 30 - fax 792 79 83 - www.solymar-hotels.com - - 14 ch. : 70/90 $* . La source chaude de Mût Talata alimente la piscine. Seul inconvénient, les moustiques !

Desert Lodge – *El-Qasr - (002) 690 52 40 - fax (002) 690 52 50 - www.desertlodge.net - 32 ch. : 100/160 $* . Cet hôtel de charme qui se veut écologique est construit en matériaux naturels. Idéalement situé sur une colline, il offre une vue panoramique splendide ainsi que de belles prestations.

Se restaurer

La cuisine à Dâkhla est basique mais bonne : viandes grillées, salades, riz. *Repas 10/20 £ quel que soit le restaurant.* **Ahmed Hamdys** près du Mebares Hotel est plus touristique. Au **Mût Resort Hot Spring**, la qualité des repas varie selon la fréquentation de l'hôtel.

Achats

Il est possible d'acheter de l'artisanat local un peu partout : des kilims à Eshbet Bashendi, des poteries à El-Qasr, du mobilier et des objets décoratifs au village d'El-Guedida, à 22 km au nord de Mût, de belles vanneries et des dattes excellentes un peu partout.

Khârga★★

38 550 HABITANTS
CARTE GÉNÉRALE C3

Capitale de la « Nouvelle Vallée » baptisée sous Nasser en écho aux grands projets de modernisation des oasis, Khârga se démarque de ses consœurs par son aspect résolument moins sauvage. L'agriculture s'y est fortement développée. Si l'on veut découvrir les oasis crescendo, c'est par celle-ci qu'il faut commencer. Mais le voyageur ne pourra être déçu car les sites archéologiques à la lisière du désert sont d'une grande beauté.

Se repérer – À 202 km à l'est de Dâkhla, à 233 km au sud-ouest d'Assiout, à 280 km à l'ouest de Louxor.

À ne pas manquer – Qasr el-Ghoueita, la nécropole de Bagawat et le coucher de soleil sur le temple de Douch et son désert.

Organiser son temps – Commencer par Bagawat et le temple d'Hibis et finir par Douch.

Avec les enfants – Dormir sous la tente ou à la belle étoile dans le désert de Douch.

L. Michel / MICHELIN

La nécropole de Bagawat.

Comprendre

Une vieille histoire – L'oasis de Khârga tout comme Dâkhla fut occupée par les Égyptiens depuis la plus haute Antiquité mais ce sont essentiellement les vestiges d'Époques ptolémaïque et romaine qui nous sont parvenus. Ils nous révèlent à quel point l'homme maîtrisait déjà fortement son environnement. Ainsi des canalisations en terre cuite et des citernes (explorées par les archéologues) assuraient le ravitaillement en eau des forteresses et des villages reliés par de simples pistes.

La piste des Quarante Jours – *Darb el-Arbaïn*, tel est le nom de la piste jadis la plus fréquentée du désert Libyque. La « piste des Quarante Jours » reliait sur 1 700 km les montagnes du Darfour au Soudan à Assiout en Moyenne Égypte. Les caravanes qui l'empruntaient, de 5 000 chameaux en moyenne, passaient donc par Khârga, chargées d'épices, de défenses d'éléphant et d'esclaves destinés à être vendus au nord d'Assiout. Le périple nécéssitait en réalité 50 jours. Des fonctionnaires égyptiens inspectaient les caravanes et prélevaient les taxes imposées sur tous les produits venant d'Afrique.

Le difficile miracle de l'eau – Que de l'eau puisse jaillir en plein désert a longtemps été reçu comme une bienveillance des dieux. Avec l'âge moderne, des forages à grande profondeur ont perpétué le miracle et autorisé des potentialités hydrauliques autrefois insoupçonnées. Cette technique cependant présente le désavantage de provoquer la remontée de la nappe phréatique et du sel dans les terres agricoles. La tendance actuelle est de transformer ces anciennes oasis caravanières aux ressources limitées en eau en oasis luxuriante à l'agriculture développée. L'ensemble des oasis concernées par le projet comptait autrefois 3 000 sources et puits d'une profondeur maximum de 80 m. Le gouvernement égyptien a fait creuser 300 nouveaux puits de 500 m à 1 500 m de profondeur.

La « Nouvelle Vallée » – En 1959, **Gamal Abdel Nasser** lançait un vaste programme de colonisation du désert. Farâfra, Dâkhla et Khârga se virent regrouper au sein d'un même gouvernorat répondant au nom de Wadi el-Gedid « Nouvelle Vallée » et couvrant une superficie de 460 000 km^2. L'objectif de ce programme était de désengorger la vallée du Nil réellement asphyxiée par l'essor démographique en développant intensivement les ressources agricoles (3 000 000 ha exploitables idéalement) et industrielles (exploitations minières, briqueteries, minoteries) des oasis. Citadins et paysans sans terre purent s'y installer dans des conditions favorables, mais les chiffres prouvent que la « Nouvelle Vallée » n'a pas réalisé son but. La population est passée de 120 000 habitants pour le gouvernorat en 1959 à seulement 143 000 en 1996. Les perspectives agricoles envisagées au début du projet n'ont malheureusement pas été atteintes.

Sans effet de serre

Si la journée il fait très chaud dans le désert, c'est parce que la moyenne des jours sans nuages est supérieure à deux cents jours par an. L'absence de nuages a pour conséquence d'empêcher l'effet de serre qui réchaufferait les nuits, qui sont donc particulièrement fraîches.

Se promener et visiter

L'oasis de Khârga occupe une dépression longue de 150 km et large de 30 km. Elle abrite la plupart des vestiges archéologiques visibles dans l'ensemble des oasis. Certains sites qui ne sont pas décrits ici nécessitent une autorisation spéciale *(Bureau des antiquités face au musée des Oasis, 8h-14h)*.

Qasr Khârga

La capitale de l'oasis est devenue une cité moderne qui atteste de la volonté du gouvernement de créer une agglomération opulente en plein désert. De la ville fortifiée du 11e s. demeurent un dédale de ruelles et de vieilles maisons en terre.

Musée des Oasis★ – *Sh. Gamal Abdel Nasser. Tlj 8h30-17h, été : 9h-18h, fermé vend. entre 11h-14h. 20 £, étudiant 10 £.* Le musée expose des objets de la préhistoire à l'Époque islamique, découverts lors des fouilles entreprises dans les oasis. Quelques pièces émergent, comme la stèle de Khentika, des masques en cartonnage, le groupe en calcaire polychrome d'Ima-Pépi II et de son épouse Isout, le sarcophage de Badi Bastet, une très belle collection d'oiseaux-*ba*, des tissus du 7e au 9e s., des icônes du 18e s.

Temple d'Hibis★

2 km au nord. Tlj 8h-17h. 20 £, étudiant 10 £, app. photo gratuit.

Consacré au dieu Amon-Rê, le temple d'Hibis est particulièrement bien conservé. Édifié par Darius Ier, il fut agrandi sous Nectanébo II et les Ptolémées. Précédé d'un *dromos* dont il ne reste que quelques bases, le temple mesure 42 m sur 20 m. Son principal intérêt réside dans le **décor sculpté** des parois du sanctuaire, sorte de catalogue du panthéon égyptien. Autrefois situé au bord d'un lac, il est aujourd'hui menacé par des infiltrations d'eau. Des ingénieurs tentent d'isoler le secteur du temple dans un grand caisson étanche souterrain avant de commencer la restauration des reliefs. Le monument ne se voit donc que de loin.

Temple de Nadura

Face au temple d'Hibis. Visite gratuite.

Ces ruines modestes se dressent au sommet d'une colline d'où la **vue★** sur l'oasis est splendide, particulièrement au coucher du soleil. Le temple édifié en l'an 138 sous Antonin le Pieux fut doublé d'une forteresse par les Turcs, au 18e s.

Nécropole de Bagawat★★

3 km au nord. Tlj 8h-17h, été : 8h-18h. 20 £, étudiant 10 £, app. photo gratuit.

De cette nécropole des 4e-10e s. encadrée de montagnes et de désert, émane une atmosphère étonnante de cité endormie. Ce site particulièrement beau s'accroche à flanc de colline. Les innombrables tombes avec leurs chapelles en brique crue surmontées de dômes s'organisent autour d'une église du 4e s. Elles étaient destinées aux chrétiens persécutés qui suivirent l'église nestorienne apparue dès le 5e s. Le cimetière de Bagawat est l'un **des plus anciens du monde chrétien**. Certaines de ces chapelles possèdent encore de magnifiques **fresques** paléochrétiennes qui illustrent des scènes de l'Ancien et du Nouveau Testament. D'autres sont couvertes de graffitis laissés par des pèlerins et des voyageurs de toutes époques.

Chapelle de la Paix★ – *N° 80.* Sa coupole du 5e s. a immortalisé Adam et Ève, Abraham et Isaac, la Paix et la clef de vie, Daniel dans la fosse aux lions, la Justice et sa balance, l'Arche de Noé, l'Annonciation et sainte Thècle, le tout encadré de paons rouges et de pampres de vigne.

Nestorius l'hérétique

Ce personnage, à l'origine de l'église nestorienne, qui compte plusieurs milliers de fidèles de par le monde, fut convaincu d'hérésie par le patriarche Cyrille lors du concile d'Éphèse en 431. Il soutenait que seule la nature humaine du Christ avait réellement souffert sur la croix et non pas sa nature divine. Marie devenait ainsi simplement la mère d'un homme. Exilé à Khârga en 434, il mourut quelques années plus tard, en 440.

Chapelle de l'Exode★ – *N° 30.* La plus ancienne tombe de la nécropole (4e s.) présente paradoxalement les fresques les mieux conservées. Au-dessus de décors exécutés dans le style architectural typique d'Alexandrie (imitation de mosaïques et de marbre), la coupole figure l'exode du peuple d'Israël guidé par Moïse et pourchassé par l'armée de Ramsès II. À remarquer : la croix du Golgotha sous le signe de vie égyptien *ankh*.
À voir également, les chapelles n° 23, 24 et 25. Cette dernière a été baptisée « chapelle des raisins » *(Anaïd al-Ainab)* en raison de sa décoration végétale.

Ermitage – *En contrebas de la nécropole.* Cet édifice en brique crue comprend une série de minuscules cellules destinées aux anachorètes, organisées autour de petites chapelles. Un lieu favorable à la méditation…

Ein Mustapha Kashif

1 km au nord du cimetière, entrée par la nécropole de Bagawat, même ticket.
Ces ruines d'un ancien monastère du 5e s. et d'une forteresse romano-byzantine portent le nom d'un gouverneur de l'oasis de l'époque mamelouke. De ce lieu stratégique, on a une belle vue sur l'oasis, en particulier sur la nécropole et l'ermitage de Bagawat.

Aux alentours

Au nord de Khârga à 32 km de l'oasis se dressent encore les impressionnantes murailles de la **forteresse romaine d'El-Deir**, utilisée par les Britanniques lors de la Première Guerre mondiale.

DE KHÂRGA À EI-DUSH

Qasr el-Ghoueita

20 km au sud de Khârga. Tlj 8h-17h. 16 £, étudiant 8 £.
Bâti par Darius, embelli sous les Ptolémées, ce petit temple caché par son imposante enceinte domine le désert et l'oasis. Ce site remarquable d'où se dégage une profonde sérénité offre un panorama absolument magnifique. Consacré à la triade thébaine (Amon, Mout, Khonsou) le temple conserve une salle hypostyle, quelques belles colonnes et des reliefs de qualité. Au loin, sur une colline, s'élèvent les ruines du temple romain de **Qasr ez-Zayan**, nettement moins spectaculaires *(mêmes conditions de visite).*

Baris

72 km au sud de Khârga.
La ville n'offre aucun intérêt, excepté New Baris, un village créé par **Hassan Fathy**. Cet architecte égyptien est connu pour avoir voulu créer un habitat moderne à partir d'éléments architecturaux traditionnels. Commencé en 1967, le village jamais terminé fut ignoré par les oasiens qui préférèrent garder leurs

Hany A. Aziz / MICHELIN

Le temple de Qasr el-Ghoueita avec ses beaux chapiteaux ptolémaïques.

anciennes demeures. Et pourtant, les maisons et le marché contruits en brique crue sont particulièrement frais grâce aux voûtes multiples et aux conduits d'aération qui assurent une ventilation naturelle. Badigeon ocre, arcades et dômes donnent beaucoup de charme à cet ensemble.

El-Dush★★

23 km au sud-est de Baris. Tlj 8h-17h. 16 £, étudiant 8 £, app. photo gratuit.
Ancienne place forte frontalière érigée au carrefour de plusieurs pistes caravanières et notamment celle des « Quarante Jours », ce site remarquable est connu pour sa forteresse romaine du 4e s. qui abrite un **temple** consacré à Isis et Osiris-Sérapis. Construit par Domitien, achevé par Trajan et Hadrien, l'édifice reprend le plan classique des temples de la vallée du Nil. Protégé par une enceinte en brique crue de 50 m de côté et 6 à 12 m de haut, il domine le désert perché sur sa colline. En fouillant l'extrados d'une voûte de cet édifice construit par Domitien, les chercheurs français de l'Institut du Caire (IFAO) ont mis au jour, en 1989, le fameux **« trésor de Douch »**. Caché dans une jarre, cet ensemble de 1,2 kg d'or comprenait deux bracelets ornés de pierres semi-précieuses, un grand collier, une couronne en or massif décorée de feuilles de vignes et de pampres et 180 plaques votives en l'honneur de Sérapis. Le site de Douch compte également une nécropole qui a livré quelque 500 momies dont l'étude médicale a fourni de précieux renseignements sur la vie des oasiens à l'Époque romaine. La moyenne d'âge des décès a pu être évaluée à 38 ans.
Le coucher de soleil sur le site vaut vraiment le déplacement. Et dormir sur place à la belle étoile ou sous la tente est un vrai moment de bonheur. N'hésitez pas à vous isoler un peu, vous goûterez au silence du désert, au ciel limpide rempli d'étoiles.

Khârga pratique

Indicatif téléphonique – *092*

Informations utiles

Banques – *Fermées vend.-sam.* - [pas de cartes]. Pensez à changer suffisamment avant de partir pour les oasis !

Transports

Bus – Depuis Le Caire par la route des oasis ou par la route du Nil en passant par Assiout, *gare routière midan Turgoman - trajet 7-9h - 4 AR/j. : dép. 6h, 21h, 22h30, 23h, retour 6h, 18h, 19h, 20h, horaires à vérifier - env. 40 £.* Pas de bus depuis Louxor actuellement. Des minibus relient Khârga à Dâkhla et Farâfra tlj.

Train – Depuis Louxor. *jeu. mat. 7h, retour vend. mat., 3e classe uniquement, trajet 8h, 15 £.*

Voiture – Vous pouvez vous rendre à Khârga en voiture et circuler ensuite en taxi ou minibus. Possibilités d'excursions en taxi à prix raisonnables.

Se loger

⊖ **Khârga Hotel** – *Sh. Gamal Abdel Nasser - ✆ 792 49 40 - [pas de cartes] - 30 ch. : 84 £* [petit-déj. compris]. Hôtel calme avec une belle terrasse.

⊖ **Al-Sahoura Village** – *Route de Baris, 20 km au sud de Khârga - [pas de cartes] - 54 ch. : 85 £* [petit-déj. compris]. Cet hôtel simple mais propre, visible de loin avec ses coupoles jaunes et ses murs roses, est en bord de route.

⊖⊖⊖ **Sol Y Mar Pionneers** – *Sh. Gamal Abdel Nasser - ✆ 792 79 82 - www.solymar-hotels.com - 102 ch. : 70/90 $* [petit-déj. compris]. Le luxe dans les oasis, ça existe ! Ce bel établissement à l'architecture soignée possède une véritable piscine dans un jardin soigneusement entretenu. Un havre de fraîcheur au cœur de Khârga. La qualité et la variété de la cuisine proposée augmentent avec le nombre de clients.

NOTES

D

E

F

G

H

I-J

K

L

M

N

O

P

Q

R

S

T

U

V

W

Y-Z

CARTES ET PLANS

CARTES GÉNÉRALES

CARTE THÉMATIQUE

PLANS DES VILLES

PLANS DE MUSÉE

PLANS DES SITES

PLANS DE RÉGIONS

MUHAFAZAT / GOUVERNORATS

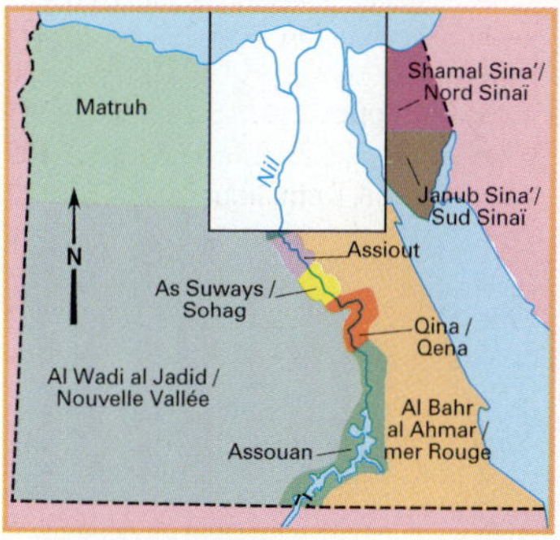

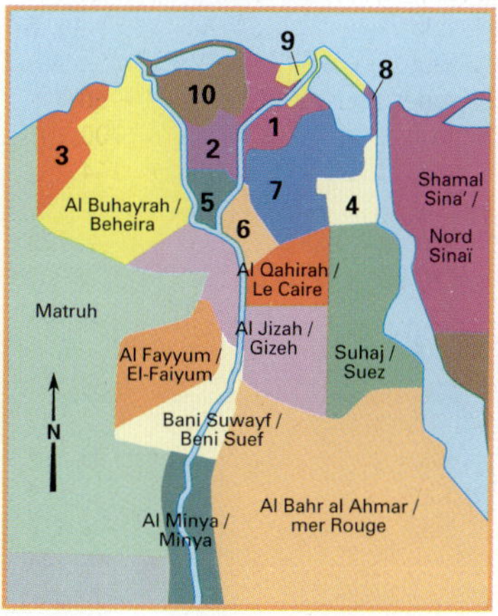

1 Ad Daqahliyah / Dakahliya
2 Al Gharbiyah / Gharbiya
3 Al Iskandariyah / Alexandrie
4 Al Isma'iliyah / Ismaïlia
5 Al Minufiyah / Monofiya
6 Al Qalyubiyah / Kalyobiya
7 Ash Sharqiyah / Sharkiya
8 Bur Sa'id / Port-Saïd
9 Dumyat / Damiette
10 Kafr ash Shaykh / Kafr El-Sheikh

Manufacture française des pneumatiques Michelin
Société en commandite par actions au capital de 304 000 000 EUR
Place des Carmes-Déchaux - 63000 Clermont-Ferrand (France)
R.C.S. Clermont-Fd B 855 200 507

Imprimeur : IME, Baumes-les-Dames
Imprimé en France : janvier 2008
Dépot légal : janvier 2007

QUESTIONNAIRE
LE GUIDE VERT

VOTRE AVIS NOUS INTÉRESSE...
TOUTES VOS REMARQUES NOUS AIDERONT À ENRICHIR NOS GUIDES.

Merci de renvoyer ce questionnaire à l'adresse suivante :
MICHELIN
Questionnaire Le Guide Vert
46, avenue de Breteuil
75324 PARIS CEDEX 07

En remerciement,
les 100 premières réponses recevront en cadeau
la carte Local Michelin de leur choix !

VOTRE GUIDE VERT

Titre acheté : ....

Date d'achat : ....

Lieu d'achat (librairie et ville) : ....

VOS HABITUDES D'ACHAT DE GUIDES

1) Aviez-vous déjà acheté un Guide Vert Michelin ?

O oui O non

2) Achetez-vous régulièrement des Guides Verts Michelin ?

O tous les ans
O tous les 2 ans
O tous les 3 ans
O plus

3) Sur quelles destinations ?

– régions françaises : lesquelles ? ....

....

– pays étrangers : lesquels ? ....

....

– Guides Verts Thématiques : lesquels ? ....

....

4) Quelles autres collections de guides achetez-vous ?

....

5) Quelles autres sources d'information touristique utilisez-vous ?

O Internet : quels sites ? ....

....

O Presse : quels titres ? ....

....

O Brochures des offices de tourisme

Les informations recueillies font l'objet d'un traitement informatique destiné à actualiser notre base de données clients et permettre l'élaboration de statistiques.
Ces données personnelles sont réservées à un usage strictement interne au groupe Michelin et ne feront l'objet d'aucune exploitation commerciale ni de transmission ou cession à quiconque pour des fins commerciales ou de prospection. Elles ne seront pas conservées au-delà du temps nécessaire pour traiter ce questionnaire et au maximum 6 mois, mais seulement utilisées pour y répondre.
Conformément à la loi « informatique et libertés » du 6 janvier 1978, applicable sur le territoire français, vous bénéficiez d'un droit d'accès, de modification, de rectification ou suppression des données vous concernant. Si vous souhaitez exercer ce droit, veuillez vous adresser à MICHELIN, Guide Vert, 46 avenue de Breteuil, 75324 Paris Cedex 07

VOTRE APPRÉCIATION DU GUIDE

1) Notez votre guide sur 20 : ....

2) Quelles parties avez-vous utilisées ? ....

....

3) Qu'avez-vous aimé dans ce guide ? ....

....

4) Qu'est-ce que vous n'avez pas aimé ? ....

....

5) Avez-vous apprécié ?

	Pas du tout	Peu	Beaucoup	Énormément	Sans réponse
a. La présentation du guide (maquette intérieure, couleurs, photos...)	O	O	O	O	O
b. Les conseils du guide (sites et itinéraires)	O	O	O	O	O
c. L'intérêt des explications sur les sites	O	O	O	O	O
d. Les adresses d'hôtels, de restaurants	O	O	O	O	O
e. Les plans, les cartes	O	O	O	O	O
f. Le détail des informations pratiques (transport, horaires, prix…)	O	O	O	O	O
g. La couverture	O	O	O	O	O

Vos commentaires ....

....

6) Vos conseils, vos avis, vos suggestions d'amélioration : ....

....

7) Rachèterez-vous un Guide Vert lors de votre prochain voyage ?

O oui O non

VOUS ÊTES

O Homme O Femme Âge : .... Profession : ....

Nom ....

Prénom ....

Adresse ....

....

....

....

....

Acceptez-vous d'être contacté dans le cadre d'études sur nos ouvrages ?

O oui O non

Quelle carte Local Michelin souhaitez-vous recevoir ?

Indiquez le département : ....

Offre proposée aux 100 premières personnes ayant renvoyé un questionnaire complet. Une seule carte offerte par foyer, dans la limite des stocks disponibles.